決定版

フナ釣り タナゴ釣り入門

葛島一美

つり人社

里川にフナ釣あり

抜けるような
青空の下、釣り仲間が勢ぞろい。春本番の乗っ込みブナ釣りを楽しむ

a 新芽が顔を出し始めた春のヤッカラ地帯。根掛かりも恐れず、ねらうは尺上のジャンボブナ一発だ
b ヤッカラの根元からサオを絞り込んだのは一番乗っ込みの美しい魚体が輝く尺ブナである
c 竹の個性が光る！土手下のホソねらい専用として別注した、８尺前後の乗っ込みザオが勢ぞろい
d まだまだ寒々しい霞ヶ浦を取り巻く土手下のホソ。春先の巣離れ期から通い詰め、今か遅しと初陣の乗っ込みブナをねらう
e 親ウキの小さな世界は小粋に楽しむ！
f 大きく円弧を描く細身の和ザオを自由自在に操り、手元に響く引き味を楽しみながら良型ブナを浮かせる

g 中ブナと呼ばれる6～7寸（約 18 ～ 21cm）のフナこそ、春の乗っ込みシーズンの数釣りの主役なのだ
h 雑草の隙間に見え隠れするのは、親ウキと羽根芯のイトウキがワンセットの連動シモリ仕掛け。微妙なトップバランスで秋の可愛い小ブナと戯れる
i フナ釣り仕掛けの好みは十人十色。唐桟（とうざん）の生地で作った伊達巻き式の仕掛け入れもこれまた粋である

水郷にタナゴ釣りあり

江戸前流の
寒タナゴ釣り道場といえば、霞ヶ浦＆北浦湖岸に点在する舟溜まりのドック。近年は芳しい釣果があがっていないが、ぜひ復活を望みたい

小さな魚体に
小さな仕掛け。タナゴ釣りの奥深き世界がここにある

Ｔの字に
交差するホソのピンポイントに仲よくしゃがみ込んだ２人連れ。クチボソ（モツゴ）の猛襲をかわしつつ本命のオカメを拾う

a 江戸和ザオ伝統の小継ぎザオの真骨頂は、タナゴザオにあり。仕舞い寸法は８寸（約 24cm）を定寸とし、６寸５寸４寸とぜいたくをいえばきりがない
b 春シーズンに釣ったオスのオカメタナゴ（タイリクバラタナゴ）にはメタリックな婚姻色が出始めていた
c 背ビレに稚魚斑が残っている当歳魚のミニオカメ。これぞまさしく寒タナゴ釣りの大本命である
d 思いもよらぬ雪化粧に見舞われた初釣り。新年の釣運をかけて、タナゴファンは土手下のホソを目差す

写真／熊谷正裕（解説は P230 へ）

ヤリタナゴ

タナゴ

アカヒレタビラ

タイリクバラタナゴ

カネヒラ

オオタナゴ

ニッポンバラタナゴ

アブラボテ

カゼトゲタナゴ

ゼニタナゴ

イチモンジタナゴ

シロヒレタビラ

セボシタビラ

フナ釣り入門……目次

タナゴ釣り入門……目次

図版　北圃政司

まえがき

今から50年近く前、小学生だった下町の釣り少年（のちの著者）は生意気にも江戸前の小もの釣りに目覚めていた。学校が終わるとランドセルを放り投げ、近所の釣り道具屋をひと回り。ついでに本屋にも寄り道して、レジ番のおじさんの視線を気にしつつ本を読みふける立ち読み常習犯だった。

あの時代は、本当にたくさんの釣り実用書が街の小さな本屋の棚を埋めていた。あらゆる釣りの基礎知識をまとめた分厚い総合書。船や磯・堤防・投げなどの海釣りの本。渓流から清流、湖沼や里川といった淡水の釣り。さらには釣り場ガイドに至るまで、対象魚別にズラリと数10冊が並んだ解説書の数々は子供心にも圧巻だったと記憶している。

それらの書名には、面白いことに個性というかちょっとしたこだわりの違いがあった。最初に魚種名をあてがった「〇〇入門」や「〇〇釣り」「〇〇の釣り方」「〇〇仕掛けと釣り方」などは一般的だが、なかには「〇〇必釣法」とか「秘伝〇〇釣り」など、挑発的なものも多く見受けられたのだ。

対象魚別の解説書は、僕にとっては学校の教科書に匹敵する（？）釣り教書であり、めざとく新刊本を見つけると、それがどんな魚種でも一応さらりと目を通したものだった。

小中学生時代、こうして大切な玉銭の小遣いは釣りイトやウキ、ばら売りの釣りバリなどの仕掛け類や駄菓子とともに、ハヤ（ウグイ）、ヤマベ（オイカワ）、フナ、タナゴ、ハゼなど興味がある釣りの本の購入でほとんど全部消えてしまった。

穴が開くほど繰り返して読んだ当時の書物の半数近くは、あれから何十年たった今でも手元に残っている。そして時折りページをめくってみると、僕の淡水小もの釣りの基盤は全部この中に詰まっていることを改めて思い知らされる。

今なおノベザオで楽しめる淡水の小もの釣りの双璧として、変わらぬ人気を誇るフナ釣りとタナゴ釣り。しかし、不思議なことにそれらの解説書は昭和50年代以降、ほとんど出版されていない。このような釣り書籍の盲点を突くように、平成のフナ釣り・タナゴ釣り実用書の決定版として約30年ぶりの出版となったのが『フナ釣り　タナゴ釣り入門』である。

フナもタナゴも奥の深い釣りだ。本書はビギナー向けの入門書に終わらず、ある程度腕に覚えがある中級者にとっても仕掛けや釣り方など、必釣好釣につながるキーポイントを充実させた内容となっている。

また、この釣りのファンの間で人気がある、粋な和の釣り道具の紹介も本書の自慢の一つ。竹の和ザオからビクやエサ箱、仕掛けケースといった独特の手作り木製品まで、それらの購入ガイドとしても役立つはずだ。

フナ釣り入門

フナ釣り入門 パート1

釣り道具を揃える

フナの釣り具はそれほど多くないが、道具選びは充分に吟味したいもの。サオ、ビク、エサ箱、玉網など、実用と伝統、その両面から解説していこう。

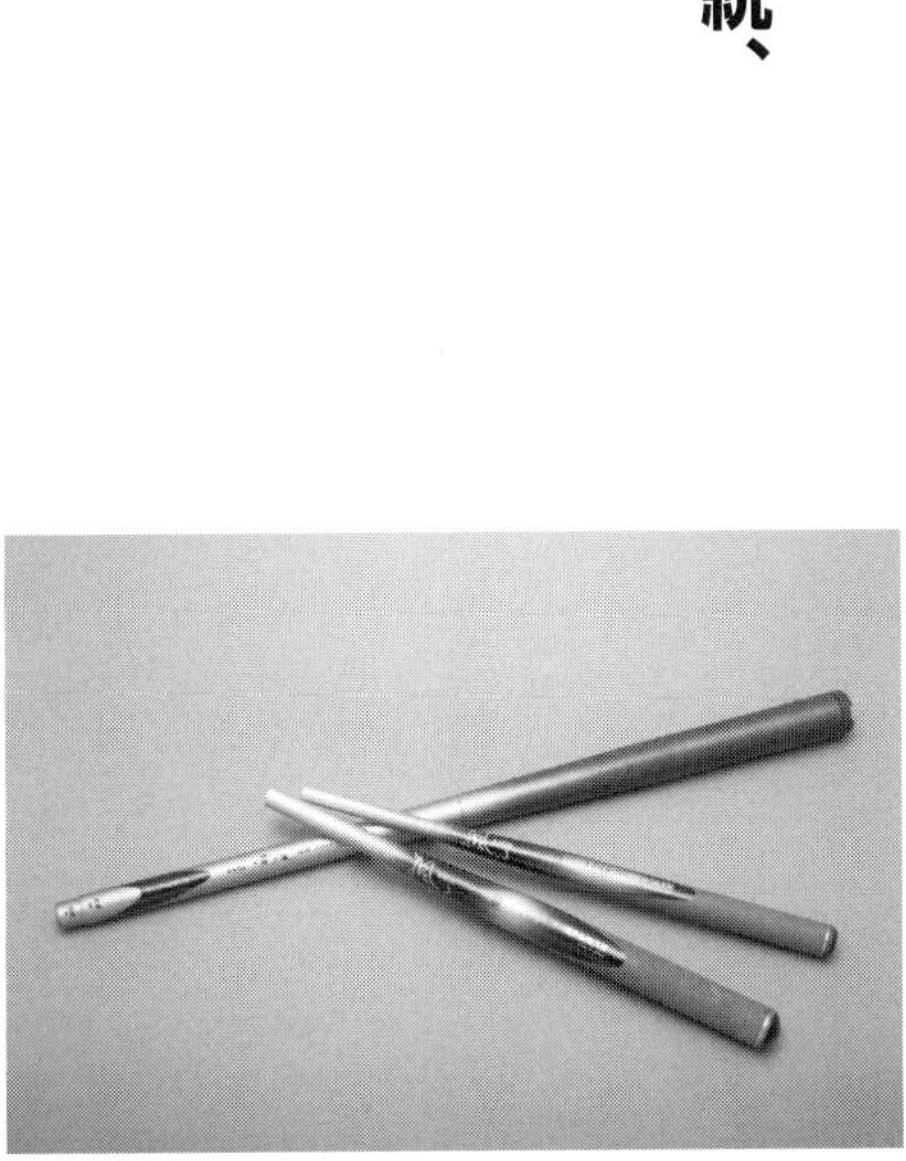

サオ

長短自在のズームロッドで釣り場の規模に対応

【振り出しザオ】

現代の釣りザオといえば、カーボンザオが全盛。フナ釣りに関しても振り出し式のカーボンザオが主流だが、釣り具メーカーから発売されているものの中に、フナザオと名がついた専用ザオはない。このため、ヤマメ&アマゴ用の渓流ザオやヤマベ、ハヤなどを対象にした清流ザオ（または万能ザオ）を流用しているのが現状だ。

　これらの渓流ザオや清流ザオの中で、里川のフナ釣りに適したサオの調子は、中硬調〜硬調の表示があるタイプが目安。サオの全長は釣り場の規模やシーズン、釣り方などによって異なるので、必要に応じて長短を揃えたい。

　春の乗っ込みブナ釣りシーズンには、中小河川が中心となるため2・5〜4・5mクラスが欲しいし、中河川以上の大場所をねらうことが多い巣離れブナ釣りには4・5〜5・3m。また、冬の寒ブナ釣りは場所によって、6〜7mの超ロングロッドの必要性も出てくる。その一方で、秋から師走にかけて、ホソなどの小水路をねらう小ブナ釣りでは1・5〜2・7mの短ザオの出番が増える。

　とはいっても、数10㎝刻みの単体ザオで揃えるのは無理な話だから、2段式や3段式の最新ズームロッドを主軸にして、長短ザオをカバーしてしまうのが最良の選択である。

　たとえば、春の乗っ込みブナ釣りシーズンなら3・2→2・9→2・5m、または3・6→3・2→2・9mのどちらかと、4・5→4・2→3・9mの3段式ズームロッド2本で万全の態勢が整う。これに、5・3m以上の2段式か3段式ズームロッドをもう1本プラスすると、大中河川の寒ブナや巣離れブナ釣りも楽しめる。

　一方、小水路の小ブナ釣りには前記した3・2→2・9→2・5mのズームロッドに加えて、主に中小釣り具メーカーや釣具店がオリジナルで発売している2m前後の小ブナ&タナゴ用短ザオを、1〜2本買い求めさえすれば、オールシーズンのフナ釣りが堪能できる。

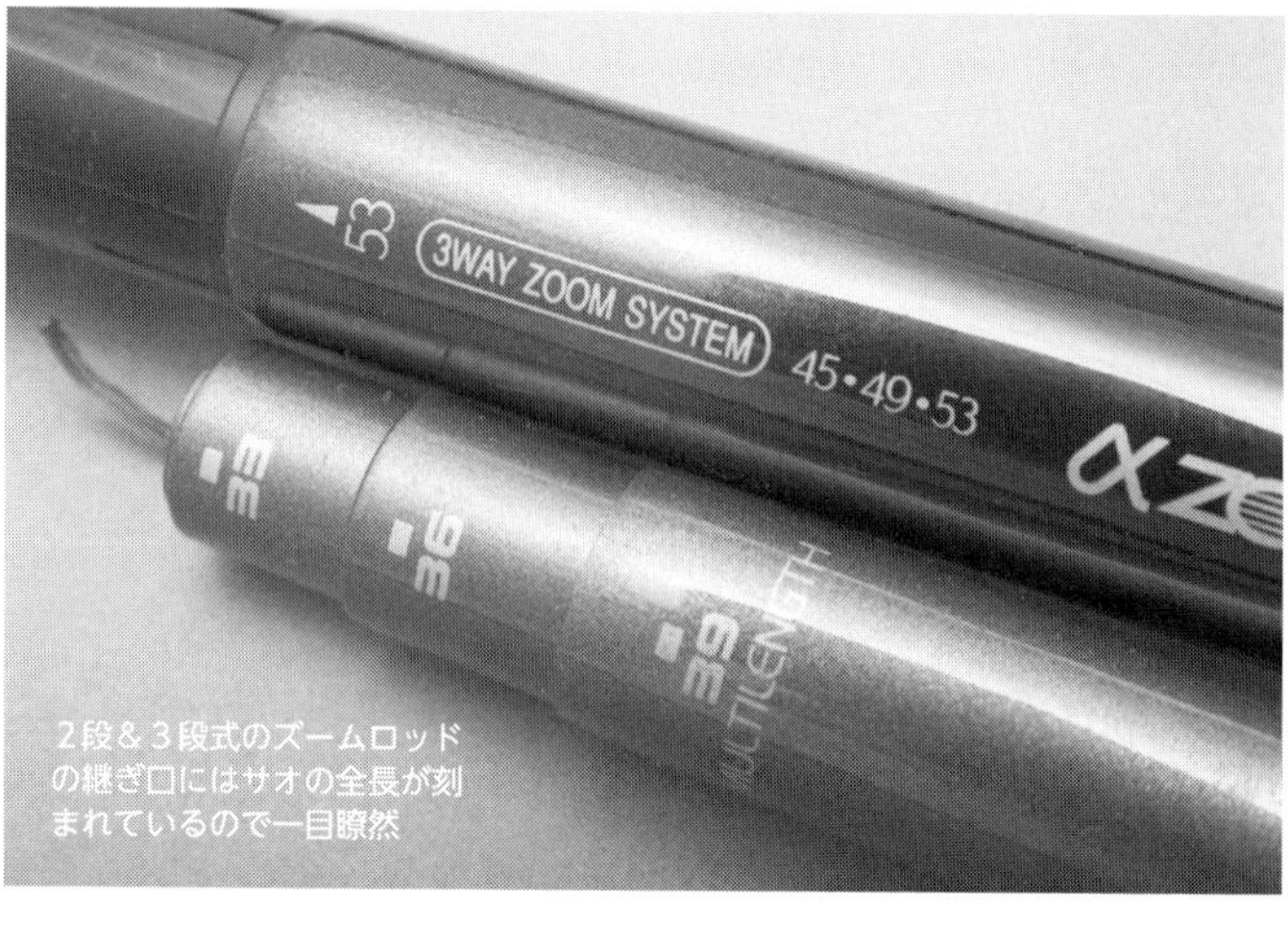

2段&3段式のズームロッドの継ぎ口にはサオの全長が刻まれているので一目瞭然

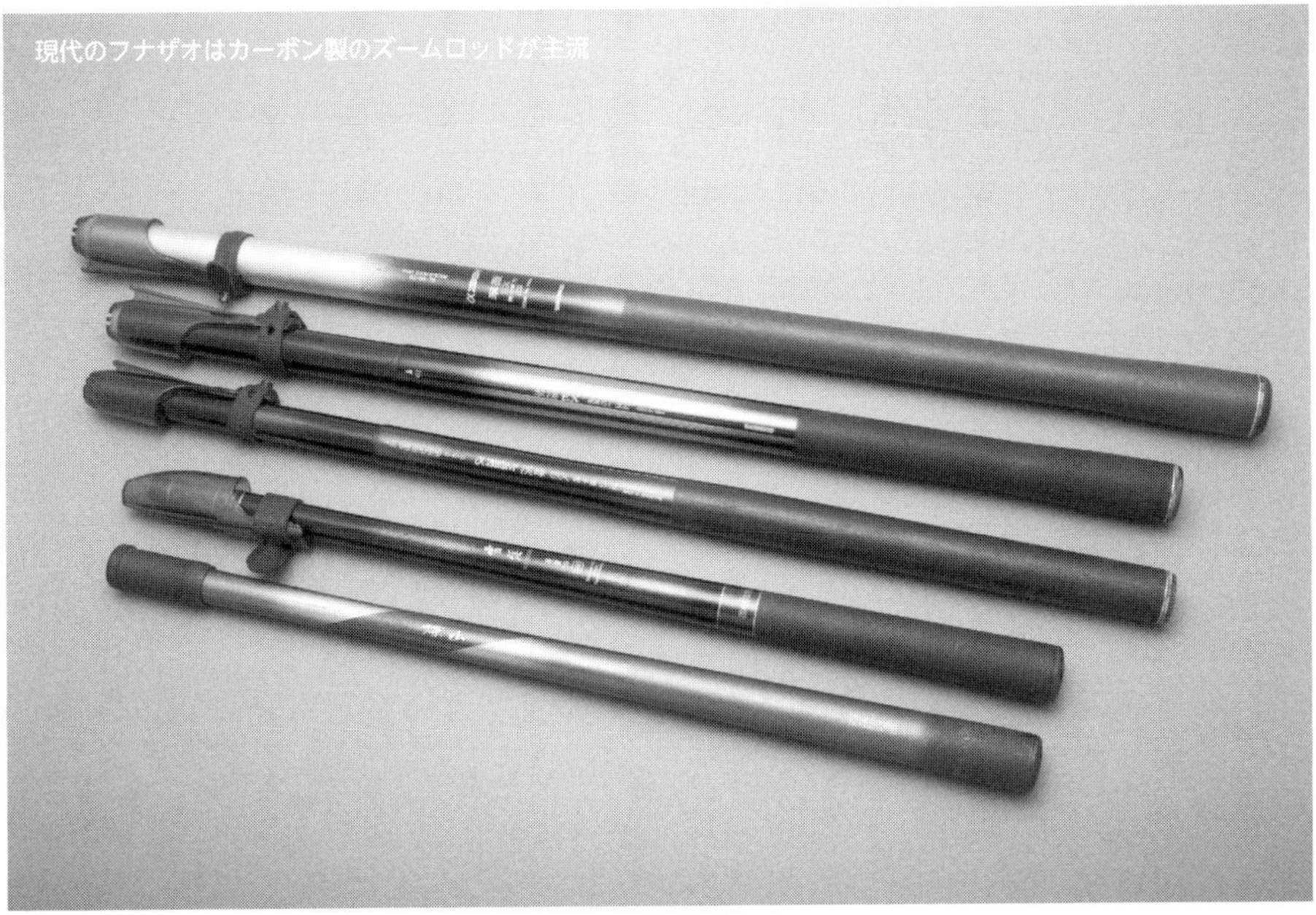

現代のフナザオはカーボン製のズームロッドが主流

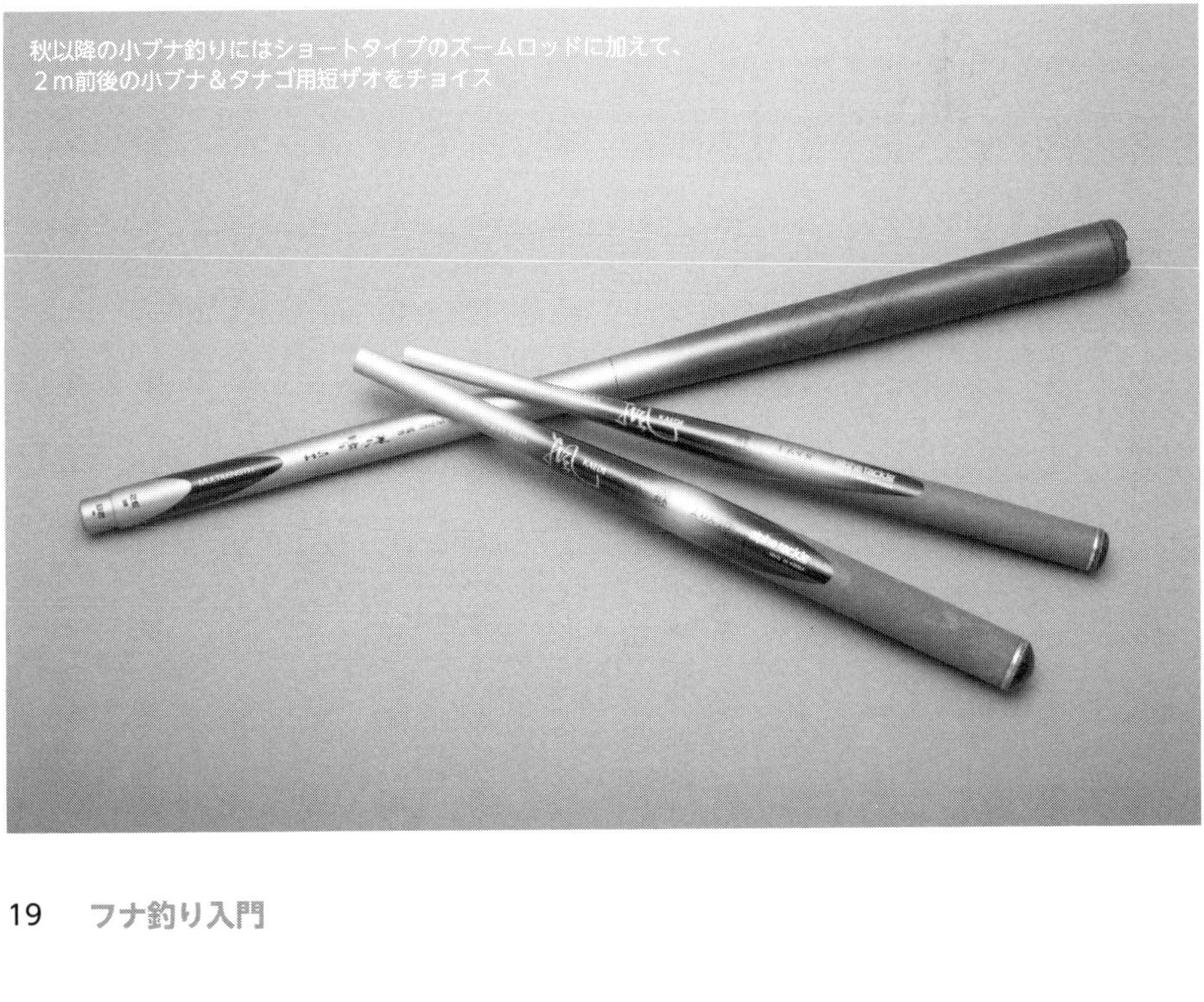

秋以降の小ブナ釣りにはショートタイプのズームロッドに加えて、
２ｍ前後の小ブナ＆タナゴ用短ザオをチョイス

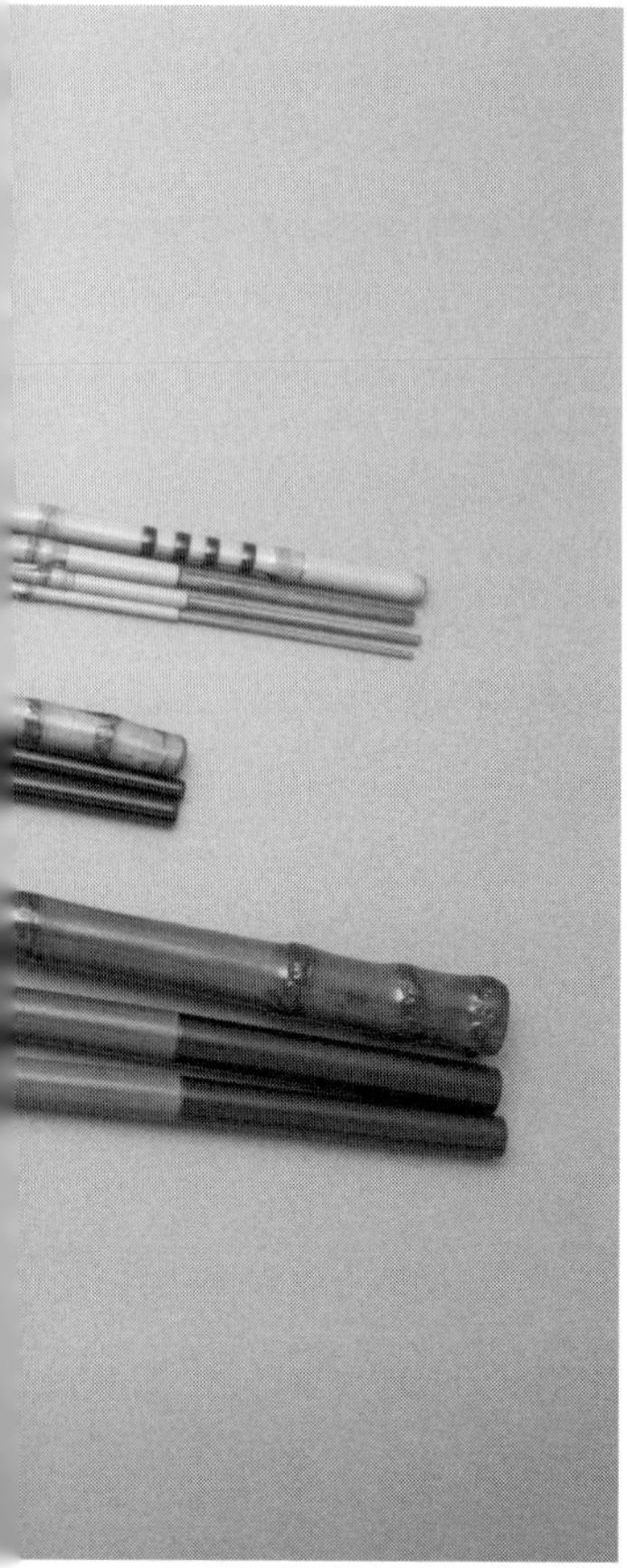

【竹のフナザオ】

都内の江戸和ザオ師とともに、埼玉県の川口や鳩ケ谷などの和ザオ職人たちが、現在でも、伝統の技法で1本1本手作りしている竹のフナザオ。繊細な漆塗りが施された竹肌はもちろんのこと、フナを掛けた時のサオのしなりの美しさや、優しく響く手応えなど釣り味の点では、カーボンザオにはない魅力が備わっている。

竹のフナザオは小継ぎザオの部類に入り、尺8寸元（約54㎝）の仕舞い寸法が定寸といわれる。

サオの全長に応じて継ぎ数は5本、6本……10本というように増えていき、最終的には、3本仕舞いに収めることができる。また、小ブナザオに限っては、昔から尺2寸（約36㎝）元が粋な切り寸法といわれている。ただし、難点は手作りゆえに高価なこと。

そこで提案。まずは初めの1本として好きな釣り場&釣り方限定のスペシャルザオを購入してみてはいかがだろうか。

一例だと、小河川の探り釣りが大好きな方には9尺（約2・7ｍ）ザオが定番で、このサオなら、春の乗っ込みブナ釣りシーズン、ホソの釣りにも活躍してくれる。

【サオの手入れ】

晴天、雨天にかかわらず、一日楽しませてもらったサオには水分だけでなく、細かなゴミや泥が付着しているので、帰宅後の手入れは欠かせない。

カーボンザオは元ザオの尻栓を抜き、1本ずつに抜き取ってサオの外面と内部を流水で洗い流し、ざっと水分を拭いた後、風通しのよい場所に立てかけてサオの内部まで乾燥させること。

これだけでも充分だが、さらに釣り具用のフッ素樹脂コーティング剤を使って表面を保護しておくと、ゴミや泥が付着しづらい上に簡単に落とすことができる。そのうえ、雨天時にはサオにミチイトがまとわりつかずに、快適な釣りが楽しめるのが利点だ。

一方、竹のフナザオは1本ずつにしてボロ布などで乾拭きをした後に、カーボンザオと同じく、風通しのよい場所に立てかけて乾燥させる。その後、専用のサオ油で油拭きを施しておくと竹肌の艶やかさが増す。しかし、サオ油の付け過ぎは逆にゴミが付着する元なので注意。そこで、サオ油用のボロ布1枚を用意しておき、ある程度油で湿った状態で軽く磨けばOKだ。

なお、サオとサオの継ぎ口がしっかりと差し込めなくなったりメンテナンスが必要になった場合、シロウト修理は困難だから、買い求めた釣具店もしくは和ザオ師に依頼することが鉄則だ。

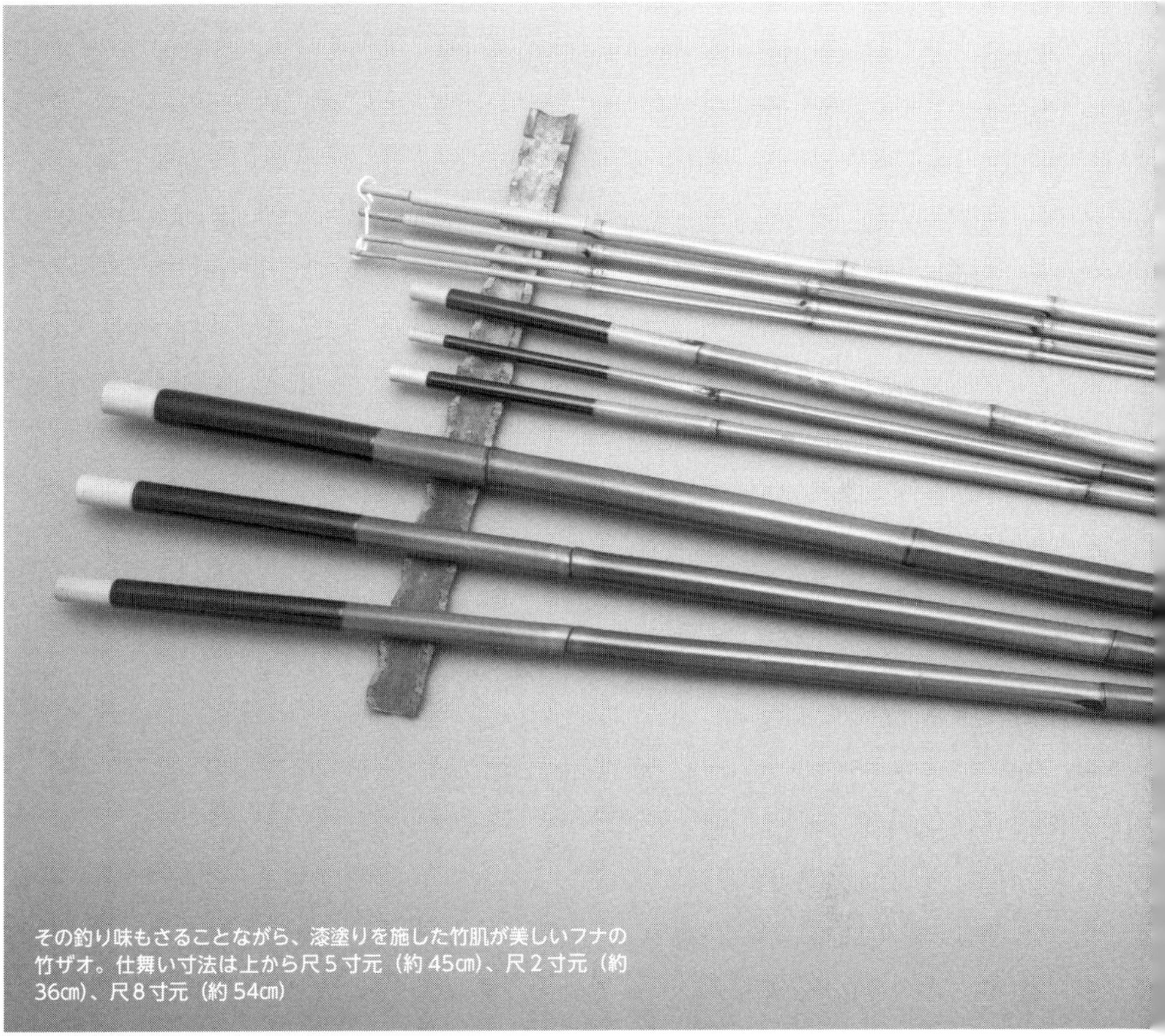

その釣り味もさることながら、漆塗りを施した竹肌が美しいフナの竹ザオ。仕舞い寸法は上から尺５寸元（約 45㎝）、尺２寸元（約 36㎝）、尺８寸元（約 54㎝）

一例として、小ブナ用の尺２寸元（約 36㎝）７本継ぎだと７尺（約２・１ｍ）ザオになる。フナの竹ザオの素材は矢竹が多く使われ、高級品には総布袋（ほてい）竹ザオもある

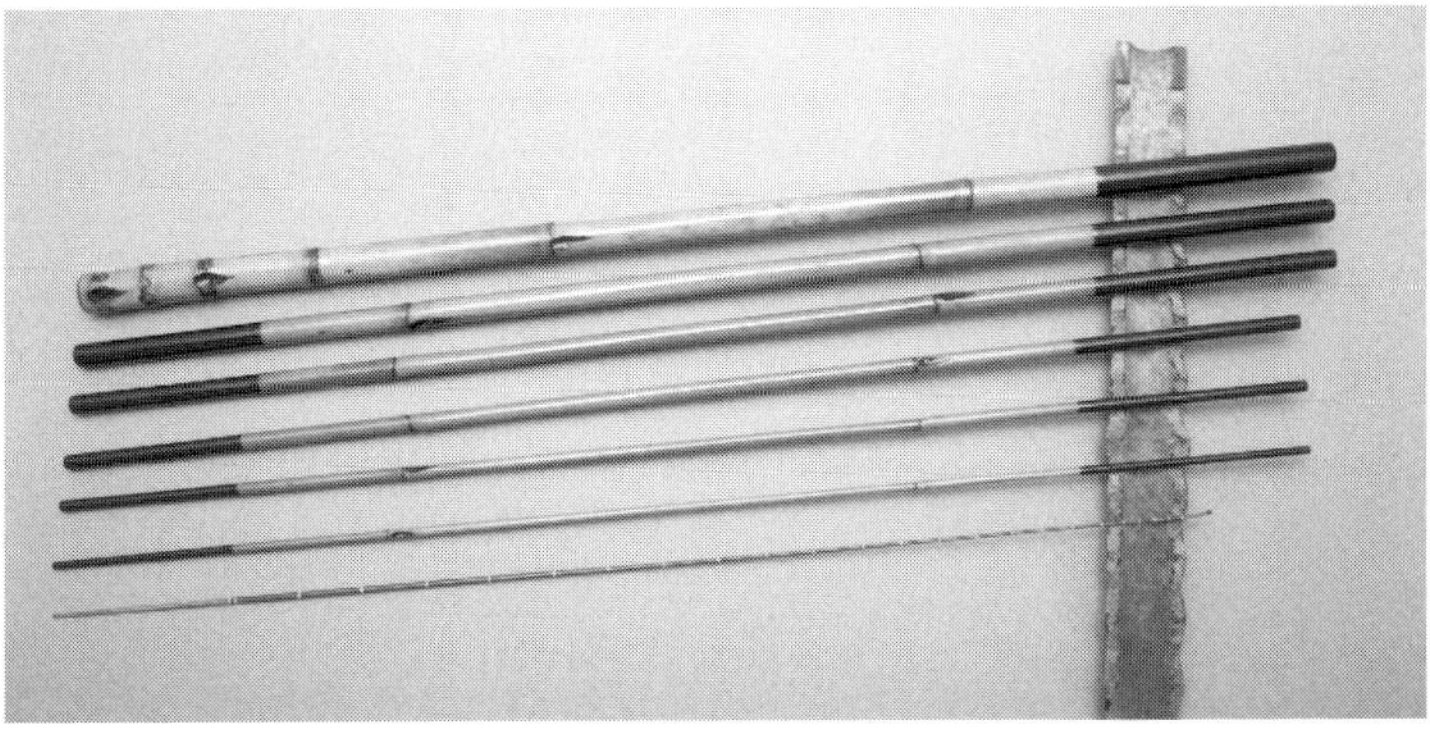

ビク

実用派の折りたたみ式、情緒派の水箱。さて、どちらを選ぼう。

[折りたたみ式活かしビク]

主に磯釣りや堤防釣り用品として市販されている自立型の水くみバッカン類は、折りたたみ式のコンパクトなタイプが多く、フナの探り釣りやエンコ釣りの活かしビクとしても大変便利。ここ最近、愛用するファンが増えた。

　尻手ロープが付属しているものは、高い足場からでも水を汲むことができ、さらに網フタ付きだと魚を活けたまま水を取り換えられるので、酸素不足などフナに与えるダメージを少なくすることができる。

　ほかに、小ブナ釣りにはエビエサ用の活かしビクなどが流用できる。釣り道具をコンパクトにまとめる必要がないマイカー釣行には、大型雑貨店などで売られている中小型のフタ付きハードバケツも使いやすい。

磯釣りや堤防釣り用の自立型水くみバッカン（左）は、高い足場からでも水が汲める尻手ロープ付きがおススメ。また、小ブナ釣り（右）には、エアポンプ用のポケットがついたエビエサなどの活かしビクが流用できる。どちらもコンパクトにたためるのが長所

[ズックビク]

小もの釣り用の網ビクの中でも、下部に帆布製の魚入れが付いたズックビクはフナ釣りにも人気が高い。しかし、ポイントを釣り歩く探り釣りだとフナへのダメージが心配で、どちらかというと1ヵ所に陣取って釣るエンコ釣りに適している。

　このズックビクを水中に垂らすには足場を考慮して、数mの細引きとともに吊し棒として、投げ釣り用の一脚式サオ立てやヘラブナ用のサオ掛けを用意しておくこと。

帆布製の魚入れが付いたズックビクは、1ヵ所に陣取って釣るエンコ釣りに最適

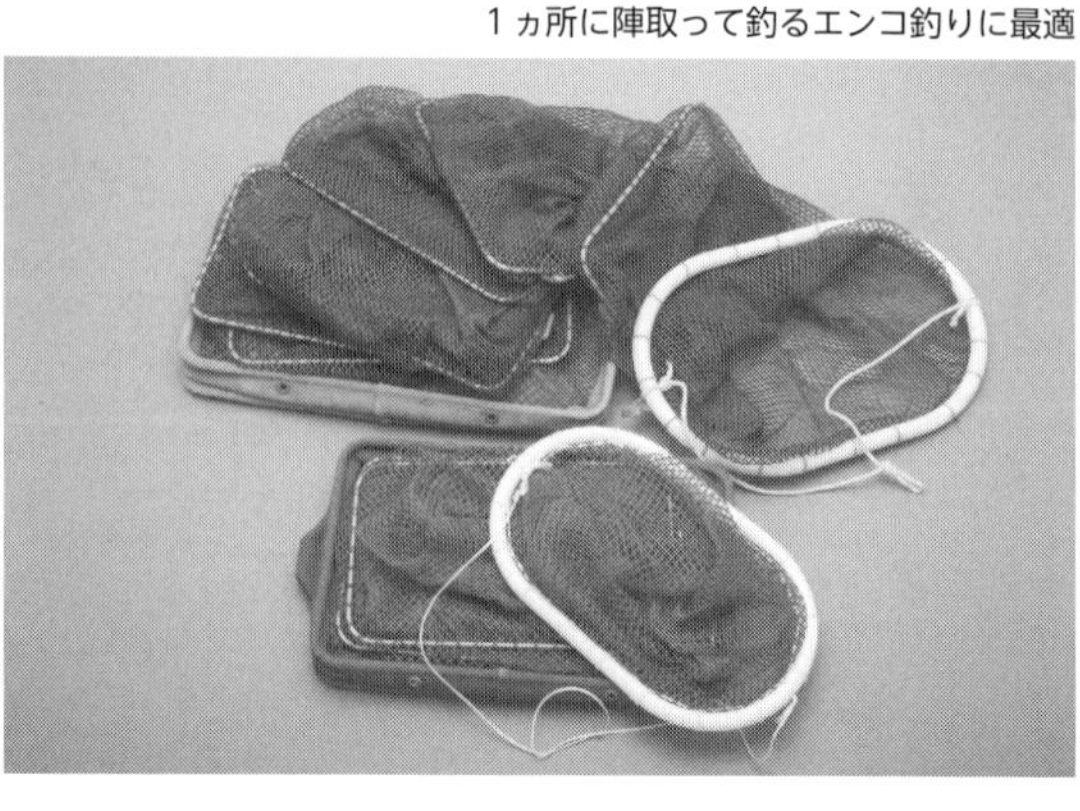

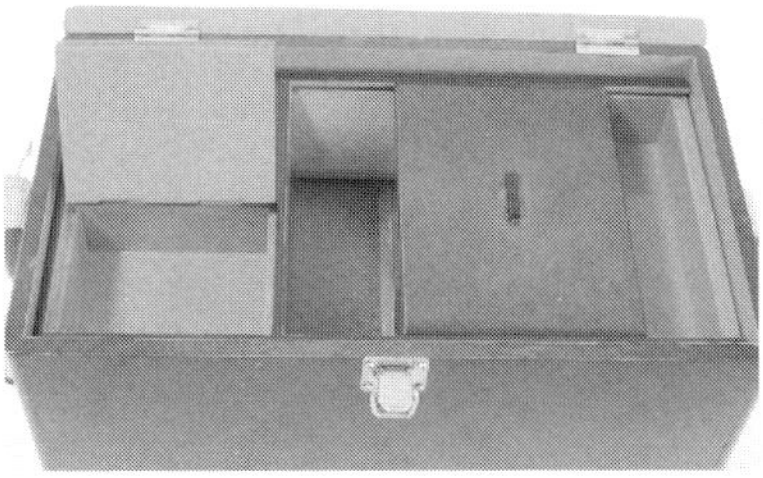

フナ釣りファンのトレードマークにもなっている首掛け式の水箱がこれ。中籠（なかご）と呼ぶ中箱はエサ箱と魚の投入口に区切られているものが多い

【水箱】

昔からフナ釣りファンのトレードマークにもなっているのが首掛け式の水箱だ。この水箱には箱ビクと桶ビクの2種類があって、横幅が決まっている。

通常、フナの探り釣りには8寸（約24㎝）か9寸（約27㎝）の水箱がちょうどよい大きさ。このほか、尺箱と呼ぶ横幅30㎝以上の大型や、6寸（約18㎝）とか7寸（約21㎝）といった小ブナ釣りに好適な水箱もある。

水箱に注ぐ水の量はビクの容量の5分の1から4分の1。魚体が浸かるくらいでよく、ある程度ビクにフナが溜まった時点で、キャッチ・アンド・リリースを繰り返しながら楽しむのが、現代のフナ釣りである。

これらの水箱は数万円と高価だが、永年使い込むうちに木肌が味わい深い色合いに変化し、それこそ一生ものの価値がある。

なお、木製の水箱に限らず、ビクやエサ箱の手入れは、帰宅後、ざっと水洗いして魚臭さや汚れを落としたら、風通しのよい場所に置いて乾燥させせて収納するだけでよい。

上が桶ビク、下は小ブナやタナゴ釣りに適した小型サイズの６寸（約 18㎝）の水箱

小道具あれこれ

釣趣が増す
品々がいっぱい！

[エサ入れ]

赤虫やキヂといった虫エサを使うことが多いフナ釣り用のエサ入れには、エサ箱とも呼ばれる小さな箱型のものがよく使われている。プラスチック製と木製があるが、気温の高い時期には、通気性がよい昔ながらの木製のほうが虫エサの鮮度が保てるようだ。

また、渓流釣りの川虫やイクラエサに愛用されている首掛け式のエサ入れも、フナ釣りの虫エサ用としてお勧めしたい。特に活かしビクを足下に置いて、首から下げたエサ入れ一つと、サオ１本の身軽な釣りスタイルで、あちこち歩く探り釣りは快適そのものだ。

一方、小ブナ釣り用の黄身練りは専用の小型ポンプが便利だ。なお、グルテンエサを作る際には、エサがこびりつかないヘラブナ用のグルテンボウルを用意したい。

エサ持ちがいい木製のエサ箱。赤虫とキヂといったように２種類のエサが収納できるものもある

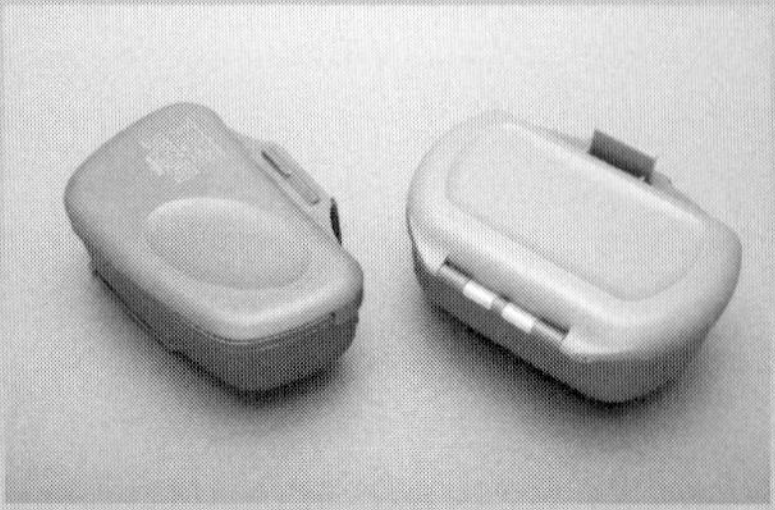

最新の渓流用やプラスチック製のエサ箱は様々なタイプがあるので、好みのものを選ぶとよい

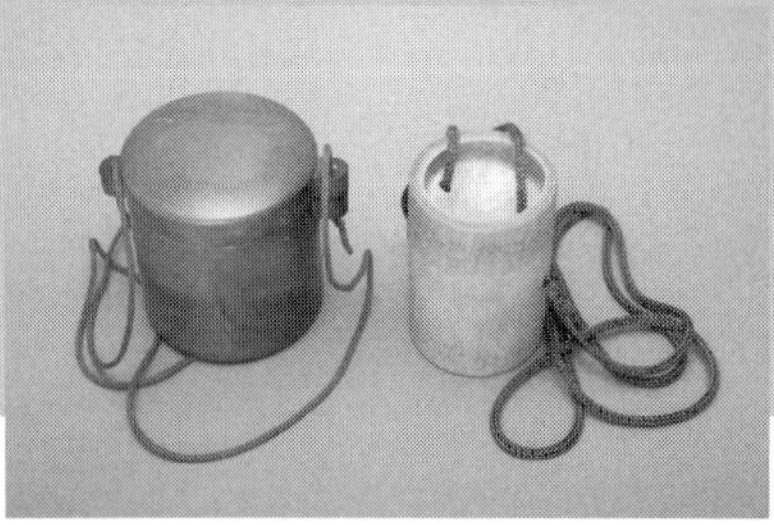

渓流釣りの川虫やイクラエサ用に売っている木製の首掛け式エサ入れは、フナ釣りの虫エサ用としても便利

小ブナ釣りに使う黄身練りポンプはタナゴ用を流用するとよい

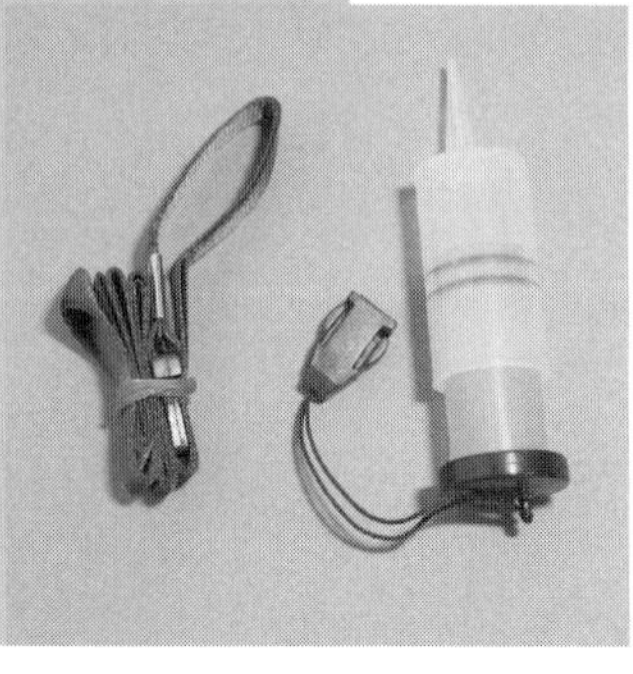

[サオケース]

マイカー釣行が多い現在では、必要不可欠なアイテムではなくなってしまったサオケース。だが、常時、フルセットのフナザオをひとまとめにしておけば、忘れ物の心配がない。

カーボン製のズームロッドには、渓流ザオ用のインナーハードのロッドケースが市販されており、仕舞い寸法60～70㎝が数種類用意されている。

また、古くからフナ釣りファンに親しまれてきたソフトタイプのたすき掛け式サオケースは、タナゴザオ用の30㎝前後から1m以上の長尺ものまで各サイズが揃っている。しかし、近年は需要が少ないためか、たすき掛け式サオケースの在庫があるのは、小もの釣りに力を注いでいる釣具店しかないようだ。

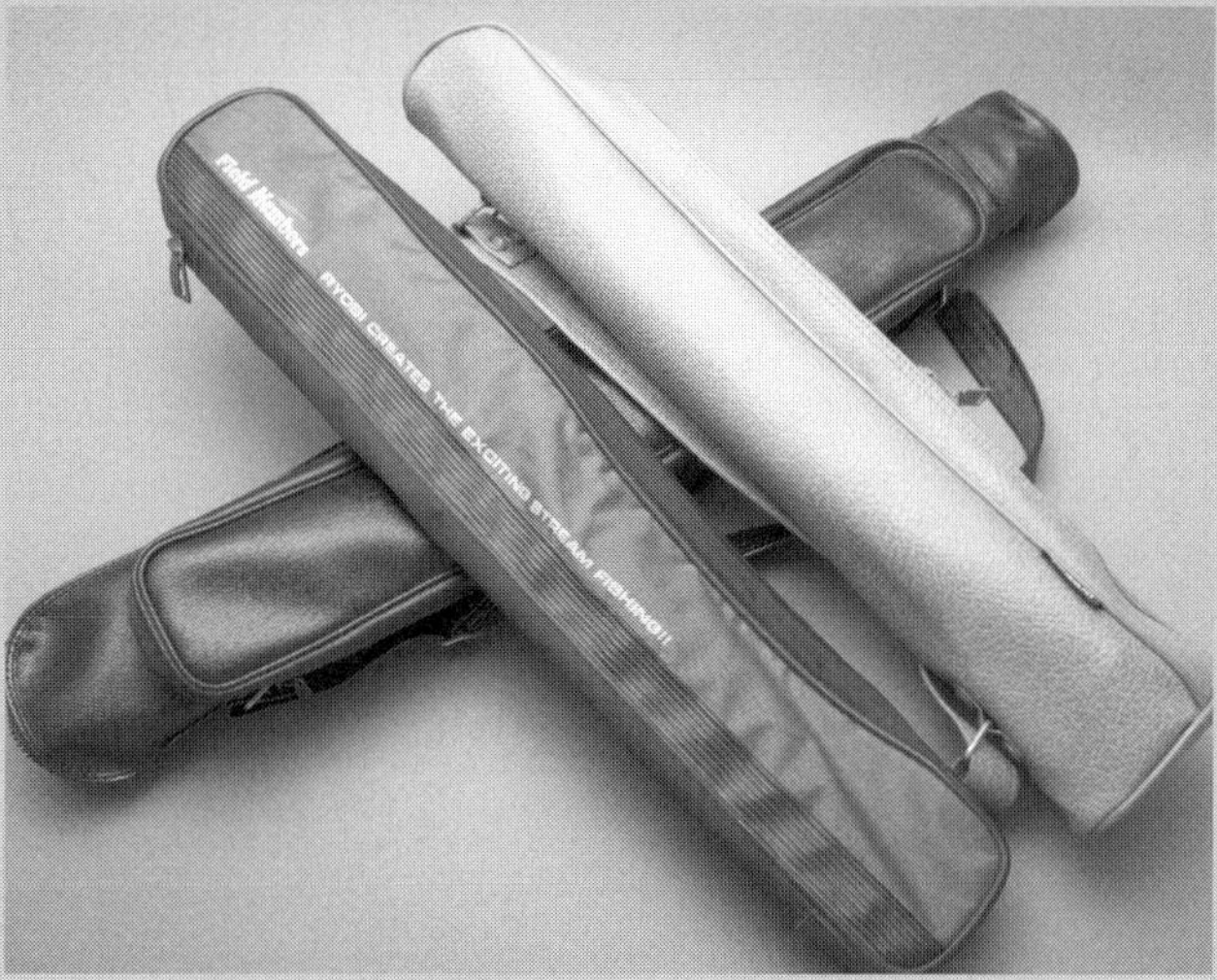

フルセットのフナザオを、サオケースにひとまとめにしておけば、忘れ物の心配がない。ソフト、またはインナーハードの2タイプが一般的

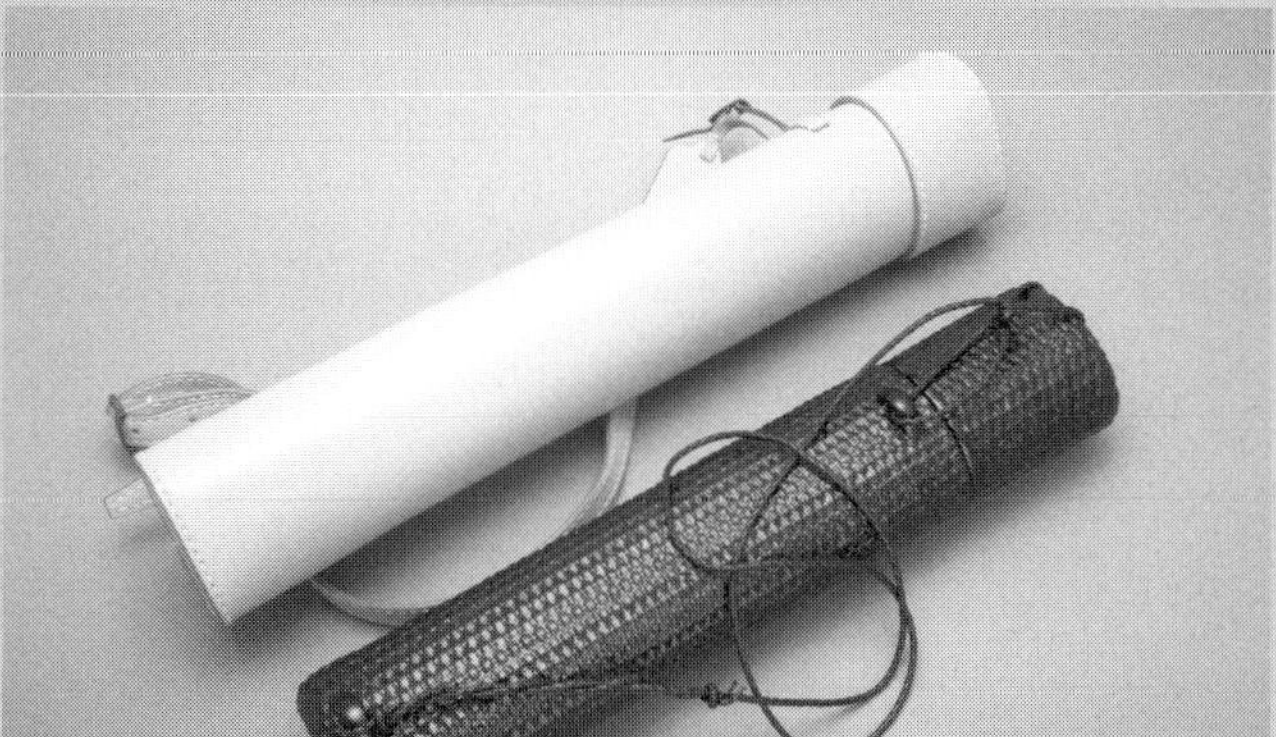

古き時代のフナ釣りファンが愛用したサオケースには皮製（上）や和紙を漆で固めた漆筒（下）、そして、真鍮やブリキなどの金属製があった

[玉網]

四季折々のシーズンの中でも、特に大型が期待できる春の乗っ込みブナ釣りでは玉網の出番が多い。安価でポピュラーな製品としては、ヘラブナ用の振り出し式玉網がよい。玉枠30～33㎝と、2～3段式のグラス製玉ノ柄（全長1.2～1.5ｍ）が付属している玉網セットが選ぶ目安だ。

このヘラブナ用の振り出し式玉網は、釣り座をあまり動かないエンコ釣りには申し分ないが、ポイントを釣り歩く探り釣りには玉ノ柄が長い分、持ち歩きにちょっと不便。

そこで、小もの釣りを得意とする一部の釣具店では、このような探り釣りファンの要望に応えて、グラスやカーボンザオを改良したショートタイプの玉ノ柄単体、または玉枠付きの玉網セットを発売している。

仕舞い寸法が短い玉ノ柄が付いた玉網の場合、フライフィッシングのランディングネット用のマグネットリリースを利用するのがグッドアイデア。片方のマグネットを玉ノ柄にセットしておき、もう片方はズボンのベルト通しや小型のショルダーバッグ、水箱などに装着すると、肌身離さず玉網が持ち歩けると同時に、大型ブナが掛かった時には玉ノ柄を握って磁石を外すだけのクイック脱着が可能なのだ。お試しあれ。

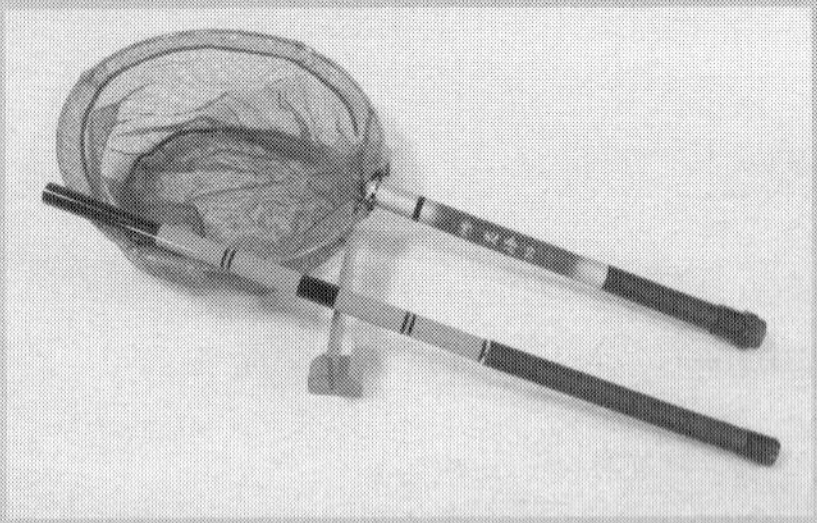

大型が出る春の乗っ込みブナ釣りには玉網が欠かせない。上がグラスザオを改良して作った玉ノ柄、下はヘラブナ用のもの

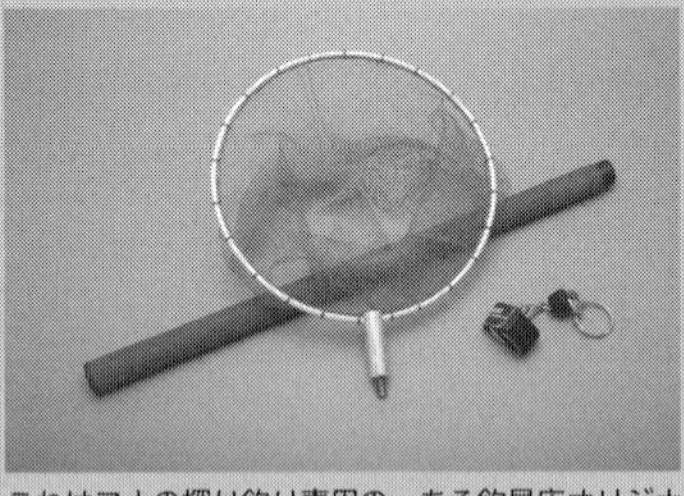

これはフナの探り釣り専用の、ある釣具店オリジナルの玉網。小径の玉枠と仕舞い寸法が短い玉ノ柄のペアに、フライフィッシングのランディングネット用マグネットリリース（右）を組み合わせると使い勝手抜群だ

[サオ掛け＆釣り台]

ノベザオ1本の探り釣りには必要ないが、近年マブナ釣りファンの間で増えたヘラブナスタイルの練りエサ釣りには、サオ掛けに簡易式の釣り台を併用すると便利だ。

ヘラブナの岸釣りの場合、専用のアルミ製釣り台、サオ掛け、サオ掛けを固定する万力の3点セットが基本。しかし専用台は高価なので、写真のようにホームセンターで購入した木材でサオ掛け取り付け部を設けた土台を作り、折りたたみイスと組み合わせると、オリジナルの釣り台セットが安価にできる。

[エアポンプ]

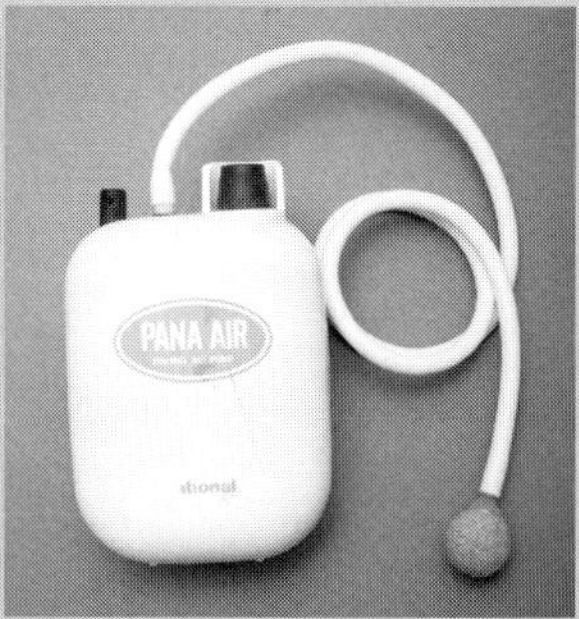

最近はミニサイズのエアポンプが市販されており、気温が高い時期用として1台用意しておきたい

5月あたりから9月いっぱいまでは、気温・水温とも高い時期。このため、釣り場移動のたびにキャッチ・アンド・リリースを行なうことが理想だが、加えてフナを弱らせないフォローとして、小型エアポンプの併用を勧めたい。

自立型の折りたたみ式活かしビクには、エアポンプ付属の引っ掛け金具をビクの縁に掛けるだけ。一方、水箱は引っ掛け金具の角度を少し調節するか、ヒモ通し金具へセットするとよい。

[折りたたみイス]

歩き疲れてちょっとひと休み！ディパックに忍ばせておいても苦にならない軽量折りたたみイスは便利グッズの一つ

のんびりとフナ釣りを楽しむ家族揃っての釣行やエンコ釣りでは、折りたたみイスがあれば楽チンだ。マイカー釣行ならアウトドア用の大型チェアでもいいし、併せてレジャーシートを用意しておくと、ランチタイムもゆっくりとくつろげるというものだ。

[合切箱]

タナゴ釣りにばかりでなく、小ブナのエンコ釣りにも重宝する合切箱

主にタナゴ釣りに多用されている合切箱。その名のとおり、釣り道具から弁当まで一切合切収納できる上に、蓋の上部にはクッションが付属していてイス代わりにもなる。先人の知恵が詰め込まれた魔法の木箱である。

フナ釣りには無縁と思われる合切箱だが、ミニブナ相手の初冬のエンコ釣りにはまことに使い勝手がよい。ちょっと贅沢もフナ釣り道楽の一つだ。

フナ釣り入門　パート2

フナ釣りのエサ

フナ釣りの定番エサである赤虫やキヂ。
その選び方、ハリ付け、保存法は？
近年注目のグルテンや黄身練りなどの作り方も
紹介する。

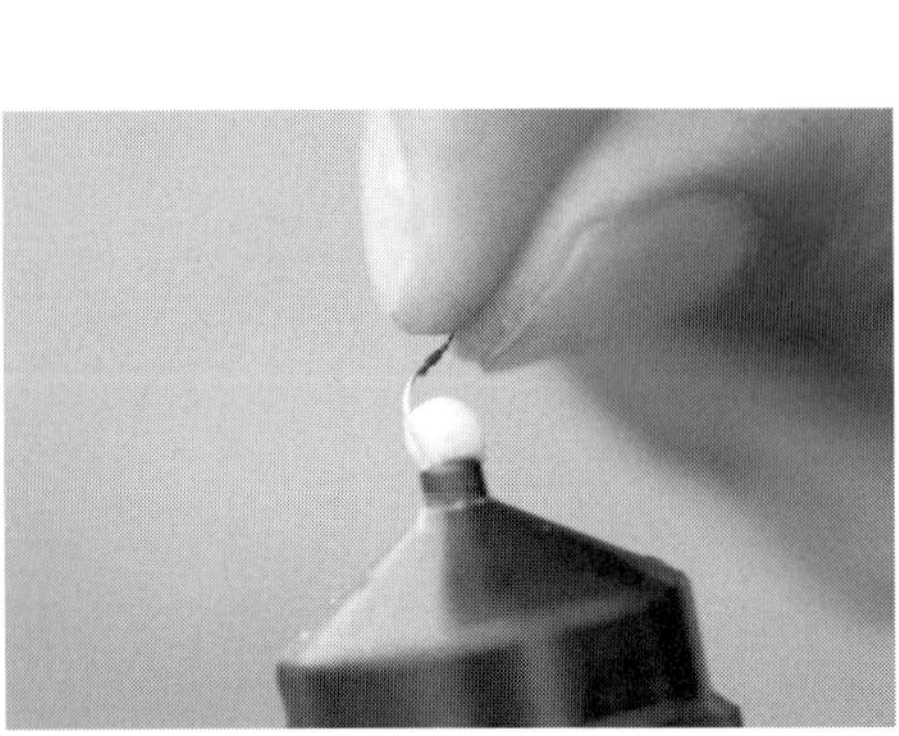

赤虫

フナ釣りの定番エサ

淡水の小もの釣りの万能エサとして定評がある赤虫は、フナにとっても大好物。時期を問わず、1年中フナ釣りに活躍してくれる。

ハリ付けはチョン掛けが基本。以前はよく黒い頭部に刺すといわれたが、エサ付けのスピードを考慮すると適当なところで構わない。ただし、赤い体液が流れ出て、体色が薄くなると食いが悪くなるので、頻繁に付け替えることが原則だ。

指先で赤虫をつまんでハリ付けしたくない方や虫エサが苦手な女性などの場合は、輪切りにした大根に赤虫を乗せて刺す方法もあるが、エサ付けが遅くなるのが欠点。

ハリ付けする赤虫の匹数はフナの型による。5～6㎝未満の小ブナなら1～2匹、15㎝以上の中ブナが揃うようなら5～6匹の房掛けが基本だ。さらに、春の乗っ込みなど大型ブナが期待できる時や、反対に活性が低い寒ブナ釣りなら、ハリの軸が埋まるほどたっぷりと房掛けにしたほうが、アピール度が高く食いもよい。

なお、赤虫は温度の変化に弱い。特に気温が高い時期には、前日に釣具店やエサ屋で買い求めた場合は冷蔵庫の野菜室で保冷しておいたほうが安心。この時、水分補給のために、水で湿らせた古新聞紙などで包んでおくことを忘れずに。

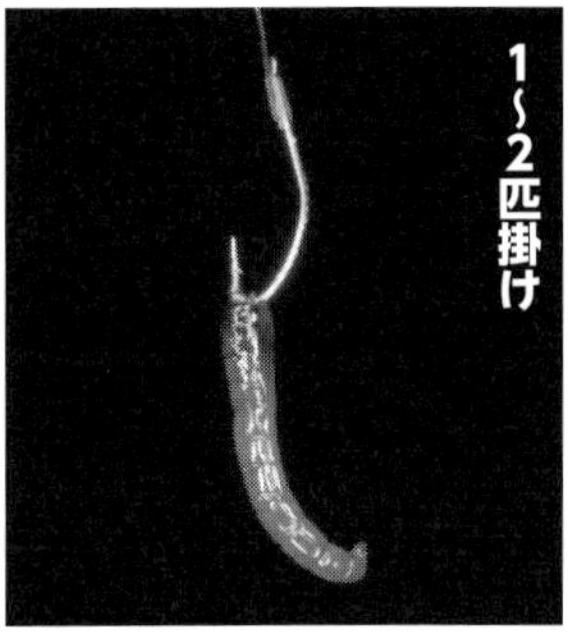

小ブナ釣りは1～2匹掛け。これはハリを黒っぽい頭に刺している

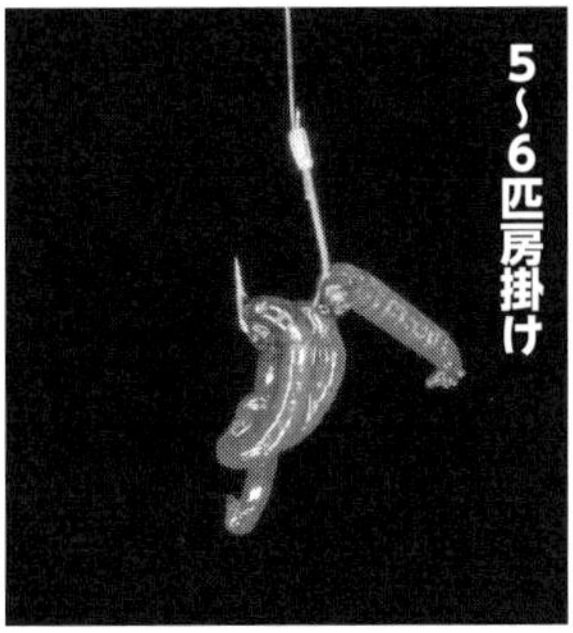

15㎝以上の中ブナが揃うようなら5～6匹の房掛け。釣れるフナの型に応じて加減すればよい

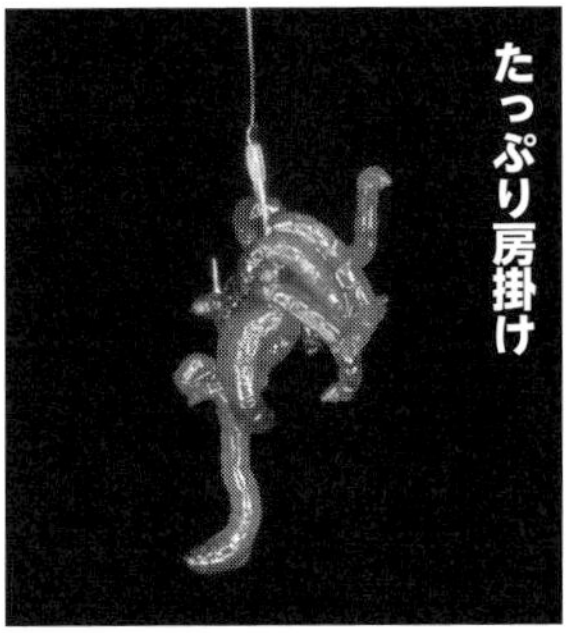

大型ブナが期待できる春の乗っ込み期、反対に活性が低い寒ブナ釣りには、ハリの軸が埋まるほどたっぷりと房掛けがベスト

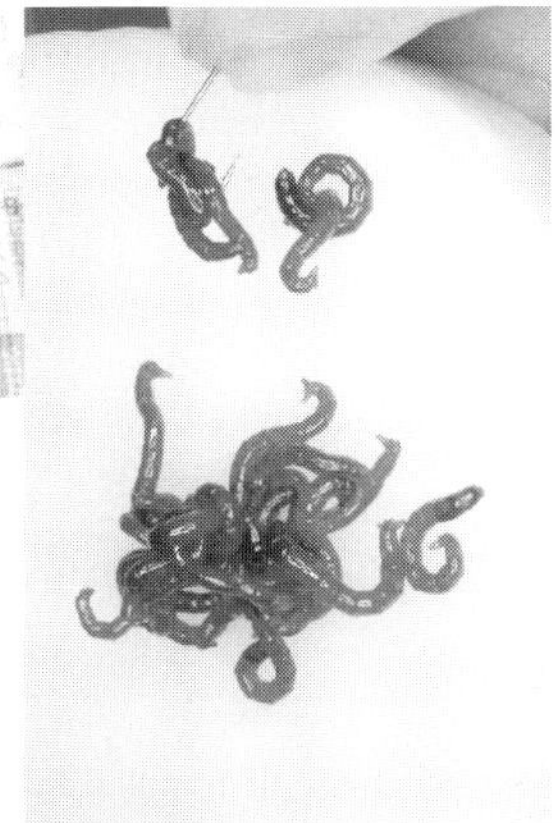

上／フナの万能エサである赤虫は、1袋200～300円単位で売られていてリーズナブル。1日分として1袋購入すれば、まずは充分
右／小さすぎてハリ付けが苦手な人や虫エサを敬遠する女性は、輪切りにした大根を用意し、その上に赤虫を乗せて縁に寄せた赤虫をハリ先で刺す方法もある

キヂ

大型のフナの特効エサ

キヂつまりミミズは、赤虫と並ぶフナ釣りの代表的な虫エサである。その体液の強烈な臭いとクネクネとした動きが刺激的なのか、大型ブナの特効エサとして人気があり、特に春の乗っ込みシーズンには欠かせない。また、雨後など水色が濁っている場合にも効果を発揮する。

市販されているキヂエサは、ビニールパックの紙箱入りが大半。キヂの大きさは大中小があり、オールマイティなのは中小サイズ、大型ブナねらいには大サイズを使ってもよい。

ハリ付けは1匹のチョン掛けでよく、小さめのキヂなら2～3匹掛けでもよい。動きが鈍くなってダラリとしてしまった時が付け替え時だ。

キヂは生命力が強く、冷蔵庫の野菜室に入れておくと数週間の保存が可能。一度使ったビニールパックの場合は、その蓋を輪ゴムなどで密封しておかないと這い出す恐れがあるので要注意。

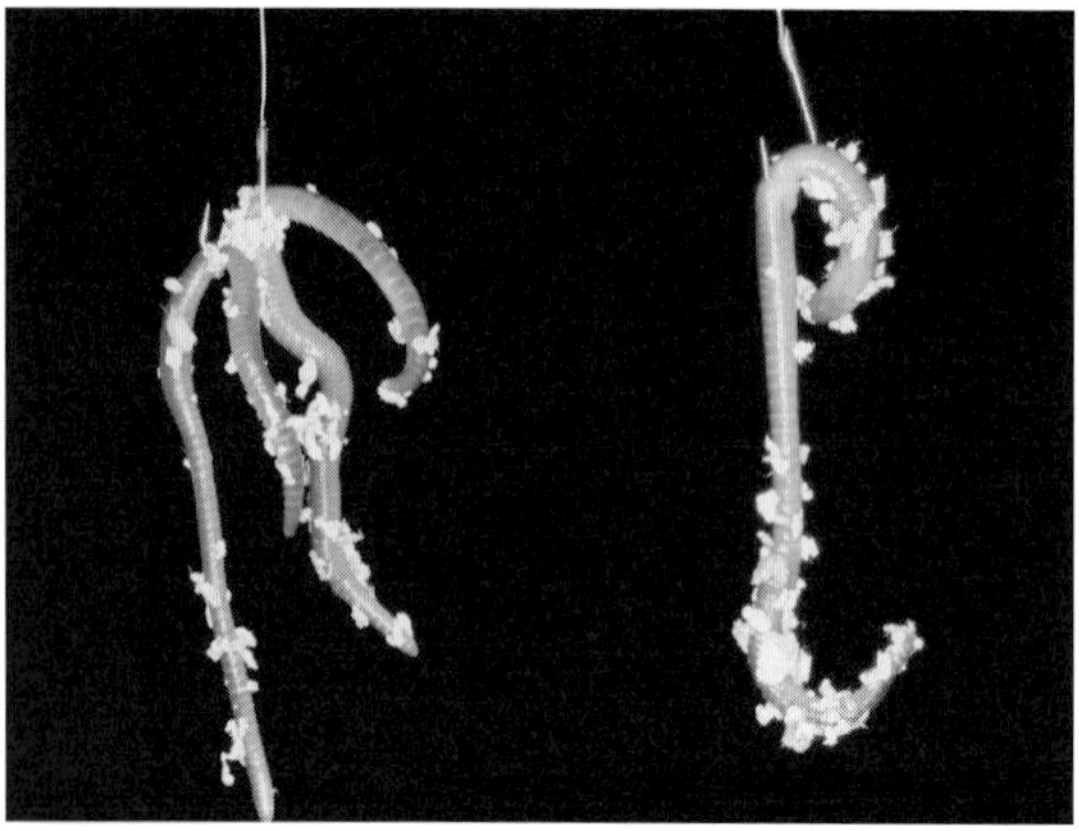

右／基本は１匹のチョン掛け。ハチマキと呼ばれる太い部分を刺すとよく、キヂをひねるようにして縫い刺しにしてもよい
左／小さめのキヂなら２～３匹掛け。特に大型ブナねらいには有功だ

渓流釣りなどほかのジャンルでも使われるキヂは最も入手しやすいエサだ

ボッタ

入手困難な幻のエサ

熱帯魚や金魚のエサとして売られているイトミミズと同じ仲間で、ボッタはイトミミズに比べて太め。指で簡単にちぎれてしまうほど柔らかく、特に冬から早春にかけての寒ブナ釣りや巣離れブナ、そして、潮の干満によって淡水と海水が

ぼってりとした感じでハリにまとわり付いたボッタエサ。この状態で数匹のボッタが刺さっていて食わせエサとなり、残りは水中でばらけて寄せエサの集魚効果を発揮するという寸法だ

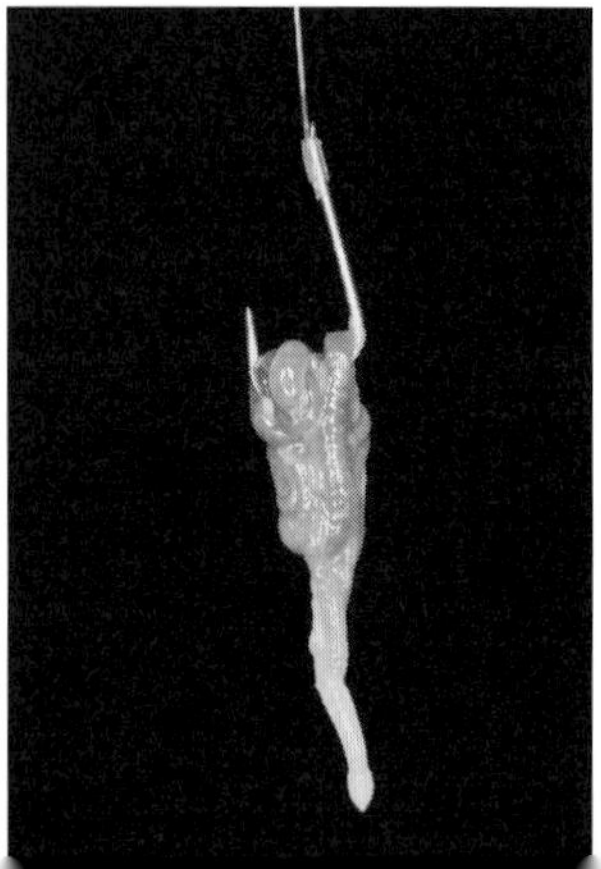

入り交じる汽水域のフナ釣り、また、水質が悪化している河川では抜群に食いがよい虫エサである。

　しかし、現在では、ボッタエサを扱うエサ屋や釣具店は東京の下町界隈の数軒以外にほとんどなく、入手困難のために幻のエサと化しているのが現状だ。

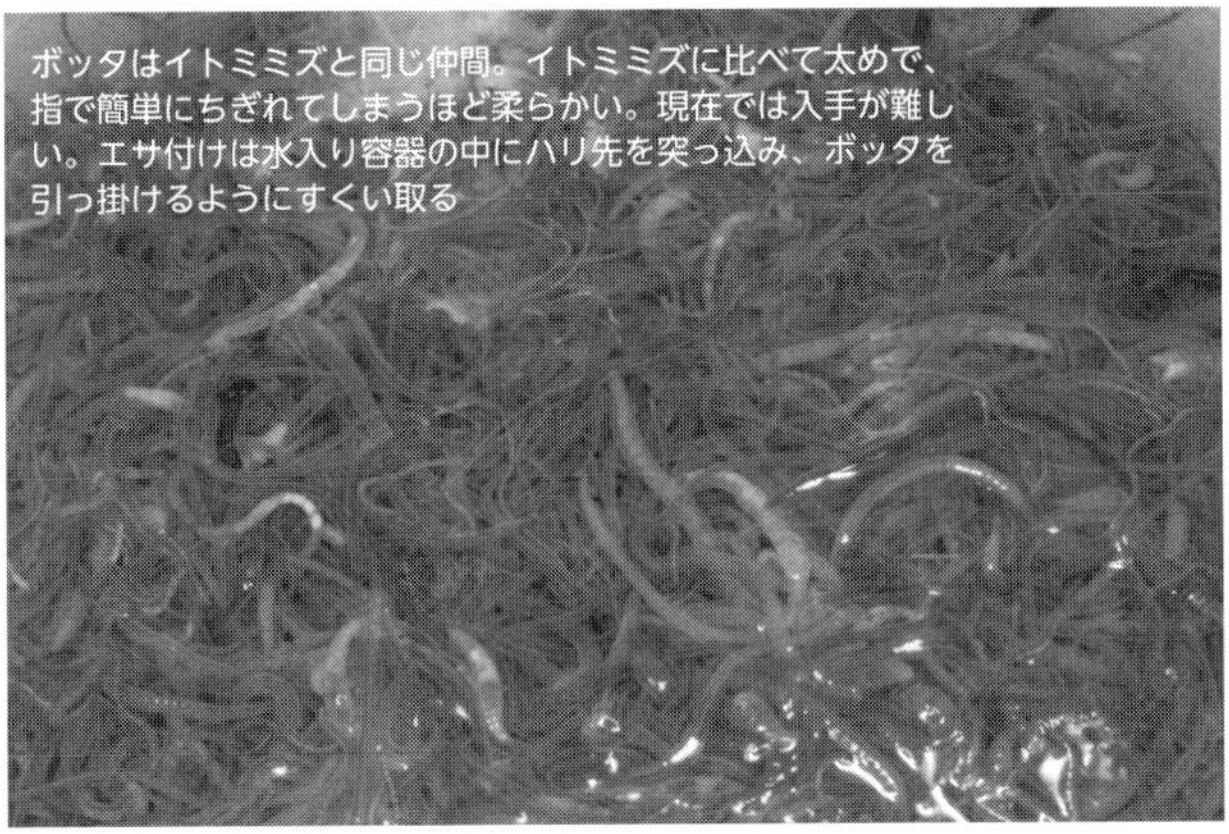
ボッタはイトミミズと同じ仲間。イトミミズに比べて太めで、指で簡単にちぎれてしまうほど柔らかい。現在では入手が難しい。エサ付けは水入り容器の中にハリ先を突っ込み、ボッタを引っ掛けるようにすくい取る

グルテン

小ブナのエンコ釣りに効果大

　主に、ヘラブナ釣り用として市販されているグルテンは、植物性の繊維を多く含んだ集魚性が高い練りエサだ。

　最近は、ヘラブナ釣りタックルのドボン釣りで、フナをねらうファンが主流に使っているほか、探り釣りでも虫エサとグルテンを併用したり、また、水温が低い時期の小ブナ釣りでも好釣果が上がっている。

　グルテンエサの基本的な作り方は簡単で、説明書きどおりの分量でグルテンと水を合わせ、ざっくりと混ぜ合わせた後に数分間放置するだけでよい。

　でき上がったグルテンエサはひとまとめにしておく。

　ただし、グルテンエサは時間の経過などによって、少しずつ変化していくので作り溜めは禁物。

[グルテンエサの作り方]

用意するもの／ヘラブナ用の粉末グルテンとグルテンボウルなどの小型容器

①小分けの１袋を小型容器に開け、指定どおりの水を正確に計って入れたら…
②手早くざっくりと混ぜ合わせ、数分間寝かせておく
③この後グルテンエサはひとまとめにし、必要に応じて軽くもみ込んでネバリ加減を調節する
④小ブねらいのエンコ釣り用のエサ付けは、グルテンエサをピンポン玉大に取り、ハリ先に引っ掛ける感じでラフにまとまればＯＫ

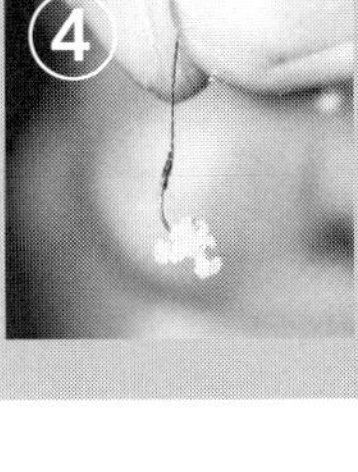

黄身練り

元祖ミニブナの特効エサ

　タナゴ用釣りエサとして知られる黄身練りは、乳白色の煙幕とその匂いがフナの食欲を誘うのか、初冬から師走にかけてのミニブナのエンコ釣りにもよく使われる。

　卵黄に混ぜ合わせる粉は薄力粉やおかゆ粉、ホットケーキの素、ヘラブナ用の凝固材・魔法の粉が使われ、香り付けに菓子用のバニラエッセンスを数滴垂らす人もいる。因みに、黄身練りは冷凍保存が可能。小型のチャック付きビニール袋で小分けにして冷凍しておくとよい。

　また、ハエ（ヤマベ）釣り用のチューブ入り練りエサも、小ブナ釣りに向いている。

[黄身練りの作り方]

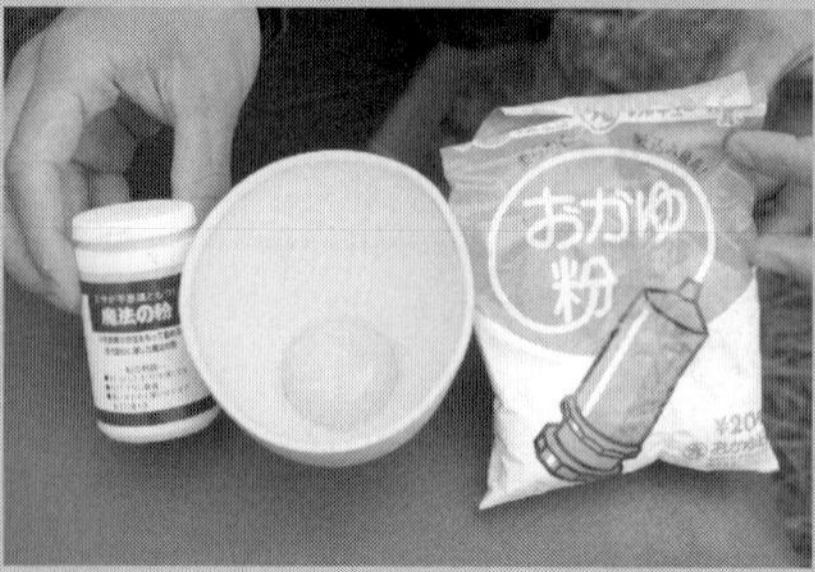

用意するのは鶏卵の卵黄と、おかゆ粉（右）や薄力粉、ホットケーキの素のほかへラブナ用の凝固材・魔法の粉（左）でもよい。甘い香りがする菓子用のバニラエッセンスを数滴垂らす人もいる

底の丸い小型容器とバター用などのへらがあると混ぜやすい

↓

黄身をつぶしたら、少しずつ粉を加えながら…

③

粉の粒が残らないようによく混ぜ合わせ、さらにある程度の硬さになったら練り込んでいき、やや緩いようなら微量の粉を加えて調節

④

練り加減はへらで持ち上げてみて、簡単に落ちないくらいの垂れ具合が基本

⑤

黄身練り専用のミニポンプには目一杯入れず、3分の1～2分の1詰め込めばセットOK

⑥

エサ付けは、ポンプを軽く押し出し、ハリのフトコロですくい取る要領。小ブナ用にはやや大きめの4～5㎜の玉にエサ付けする

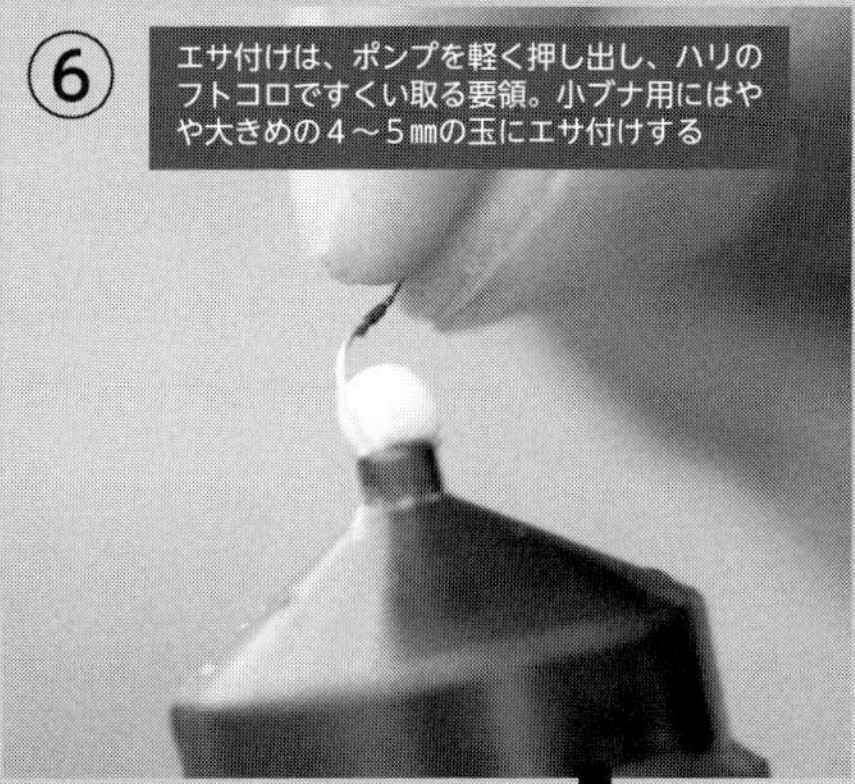

⑦

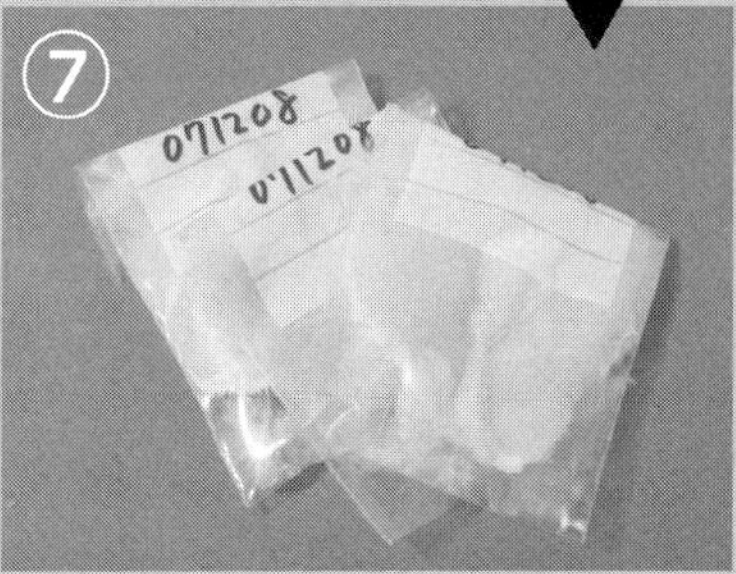

鶏卵の卵黄1個分の黄身練りを作ると1日分だと余ってしまう。そこで小型ジップバッグ数個に小分けにし、冷凍保存しておくと便利だ

小ブナ釣り用の予備の練りエサとして重宝するのが、ハエ（ヤマベ）釣り用のチューブ入り練りエサ。いざという時用に1本忍ばせておこう

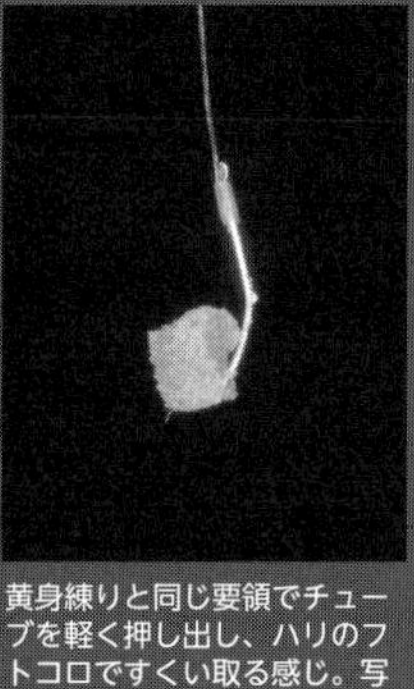

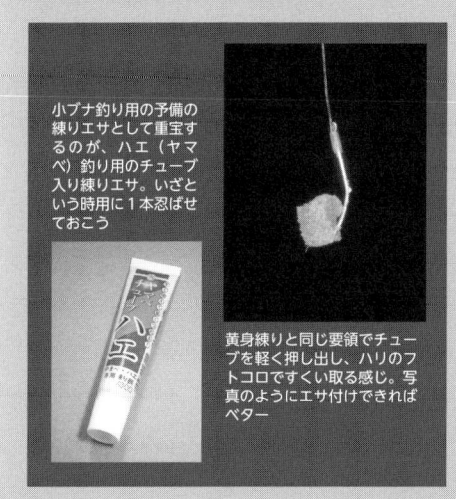

黄身練りと同じ要領でチューブを軽く押し出し、ハリのフトコロですくい取る感じ。写真のようにエサ付けできればベター

フナ釣り入門　パート3

仕掛けパーツを準備する

フナの多彩で微妙なアタリを捉えるために、
繊細な心遣いで仕掛けパーツを選びたい。
ミチイト、ハリス、ウキ、ハリ、オモリなど。
そのいずれにもこだわりがある。

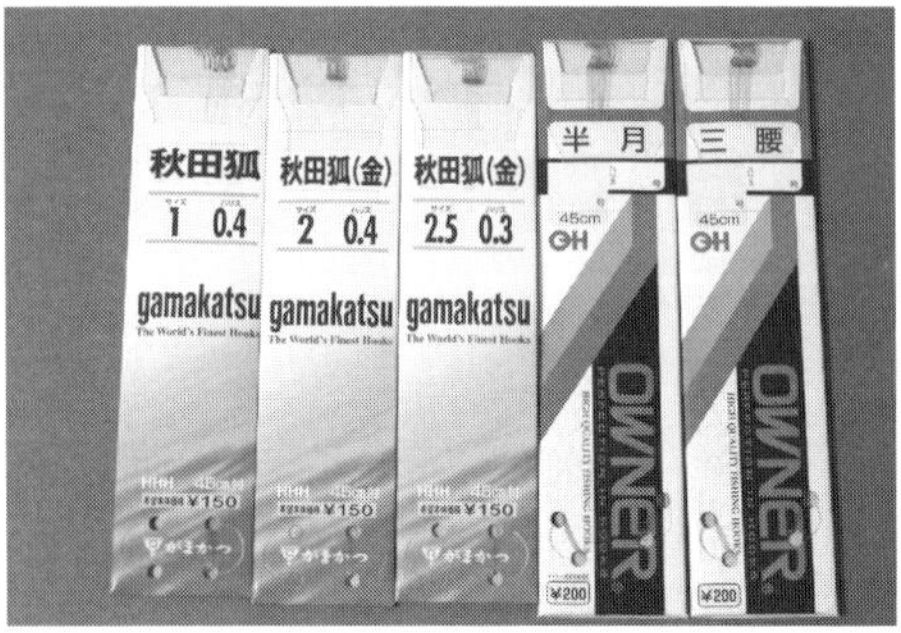

ミチイト

ヘラブナ用 色染めタイプが人気

フナ釣りに使われるミチイトには、フロロカーボンとナイロンイトがあるが、最も一般的なのはナイロンイトで、視認性がよいヘラブナ用の色染めミチイトを好む方も多い。安価なボビン巻きは避け、少し値段が張っても良質のミチイト&ハリス専用イトを選んだほうが無難だ。

　ミチイトの号数は釣期など諸条件によって、太中細を使い分けるのが目安。「太」ミチイトはズバリ1・5号、良型のフナが揃う春の乗っ込みシーズン専用。今の時代、ミチイトは0・3〜0・4号の細さでも尺ブナが上がるほどの強度を誇るが、障害物周りを果敢に攻めつつ、ハリ掛かりしたフナとある程度強引にやり取りするには、1・5号の太いミチイトが安全というわけ。

　「中」ミチイトは探り釣りを中心にしたオールラウンド用で、1・2号が基準。標準シモリ仕掛けをはじめ、連動シモリ仕掛け、立ちウキ仕掛け、引き釣りまで、この号数があれば問題ない。春の乗っ込みシーズンでも安心して使える強度があるので、中ブナ以上をねらう仕掛けはすべて1・2号で揃えてもよい。

　最後の「細」ミチイトは0・4〜0・6号を用いた小ブナ釣り仕掛け用。欲をいえば、雑草など障害物が少ないホソの探り釣り用仕掛けは0・6号、一方、タナゴ仕掛けに類似した繊細な連動シモリには0・4号を使い分ける手もある。「細」ミチイトのおかげで、軽いオモリバランスに仕上げた仕掛けとウキが、きびきびと反応してくれるはずだ。

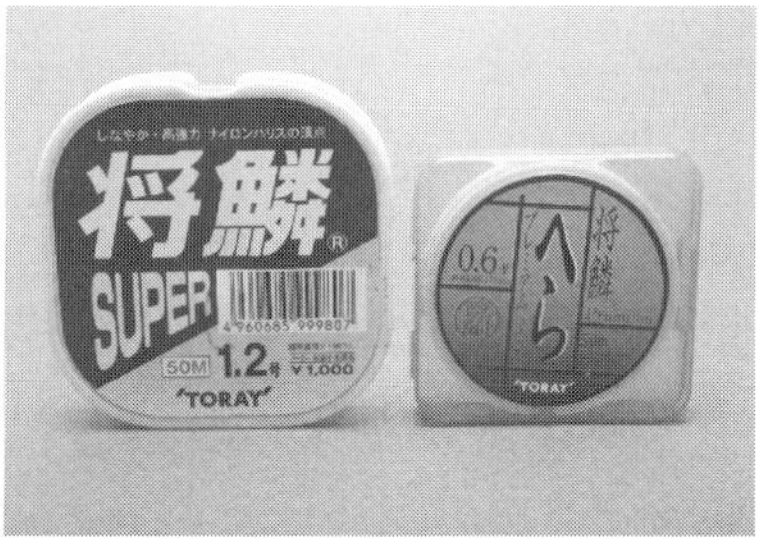

少し値が張っても、良質のミチイト、またはハリス専用イトのほうが安心

ハリス

ミチイトの半分の太さが基本

市販品のハリス付きバリの精度がよく、近年は単体バリにハリスを巻く機会が少なくなってしまった。それでも尺ブナの確率が高い時期など、ここぞと力が入る場面では、やはり好みに応じたハリスを使って臨みたい。その場合、ハリス専用として発売されている強度のあるナイロンイトを選ぶこと。しかし、強いばかりが能ではなく、しぶとい根掛かりでは、自主的に切れる細さも考慮するのがハリス合わせの鉄則だ。

　フナ釣りジャンルでは、ハリスの号数はミチイトの半分くらいの太さというのが常識と考えてよい。特に障害物周りの根掛かり多発ゾーンで、ミチイト1・2〜1・5号仕掛けを使う場合には、ハリスの号数は0・6〜0・8号が好適。これが小ブナ用のミチイト0・4〜0・6号仕掛けの場合は、ハリス0・3〜0・4号でよい。

ウキ

仕掛けのスタイルで使い分ける

【中通し玉ウキ】

　里川におけるフナ釣りではシモリ仕掛けを多用することから、中通し玉ウキの出番が多い。中通し玉ウキの形状は大きく分けて球形とナツメ型があり、その号数はそれぞれ00号、0号、1号、2号、3号、4号、5号、6号、7号といったように大小サイズが揃っている。

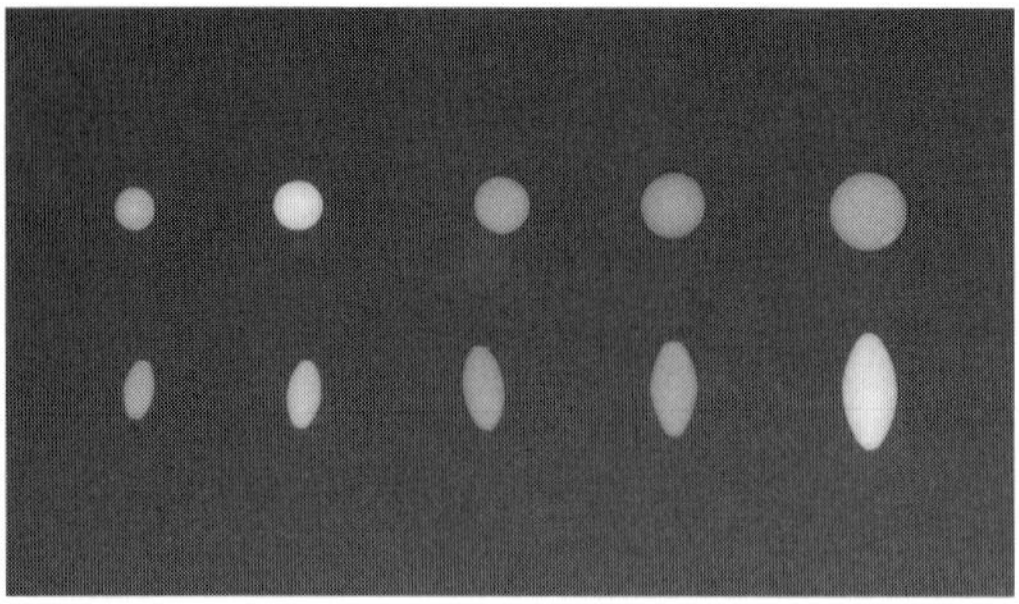
中通し玉ウキの形状は球形（上）とナツメ型（下）の２種類。その号数は（左の小さいほうから）00号、0号、１号、２号、３号といったように、大きなサイズは７号あたりまで揃っている

　玉ウキの材質は主にプラスチック、硬質発泡スチロール、軟質発泡スチロールの3種類があって、最近では、蛍光塗料で塗装した視認性がよい硬質の発泡ウキの人気が高い。

　発泡ウキは同号数のプラスチックウキに比べて浮力・視認性とも高く、ワンサイズかツーサイズ小さな玉ウキが使える。その分、仕掛けの水馴染みが向上して、素直なアタリが出るのがメリットといえる。

　一方、プラ玉と呼ばれるプラスチック製の中通し玉ウキを長年親しんでいる固定ファンも多い。衝撃に弱くて破損しやすい発泡ウキに対して、プラ玉は頑丈一点張りではあるが、その感度も意外に悪くない。

　号数の使い分け方の目安は、一般的なフナの探り釣りにはサオの長短によって1号、2号、3号の3サイズを、ロングロッドを駆使した寒ブナの引き釣り用は6〜7号、反対に短ザオの小ブナ釣り用には00号、0号、1号を組み合わせるのが基準。もちろん、球形とナツメ型は好みで選べばよい。

【立ちウキ】

　フナ釣りといえば、真っ先に思い浮かぶのは、水面にちょこんと頭を出したトウガラシの形をした立ちウキだろう。ところが近年はフナの魚影が半減したため

収集するだけでも楽しい立ちウキを中心としたバリエーション
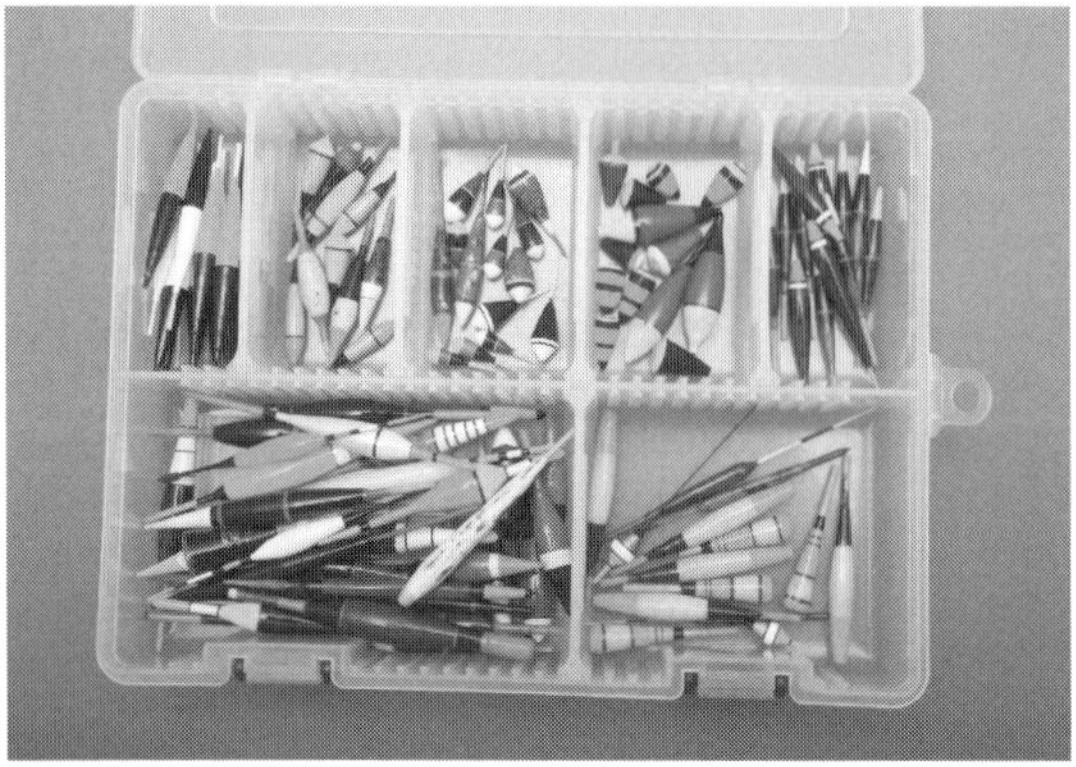

か、2～3本ザオの並べ釣りでねらうようなシチュエーションがめっきりと減ってしまい、立ちウキ1本のごくシンプルなフナ仕掛けを使う機会が少なくなってしまった。

　最近では立ちウキは立ちウキでも、通称・親ウキと呼ばれているトップウキが流行している。主に中通し式の小型玉ウキや羽根ウキ、イトウキと合わせて配列して使うもので、連動シモリ仕掛けに多用されている。

　この親ウキは立ちウキの役割とともに、最上部の玉ウキ代わりの寝ウキに見立てることも可能。親ウキの形状はトウガラシ型はもちろんのこと、野球のバットに似たバットウキやコマウキなど多種多彩で、仕掛けや釣り方によって大中小のサイズを使い分けること。

　また、グルテンなど練りエサでねらうフナ釣りファンは、クジャクの芯ボディーに長いトップが付いたヘラブナ用のヘラウキを好んで使っている。フナ釣りはベタ底ねらいが主力のため、細めのトップでボディーラインがスマートな底釣り用のヘラウキが適している。このほか、流速が伴う大中河川用では、カンザシウキと呼ぶ特殊な形をしたものも使われている。

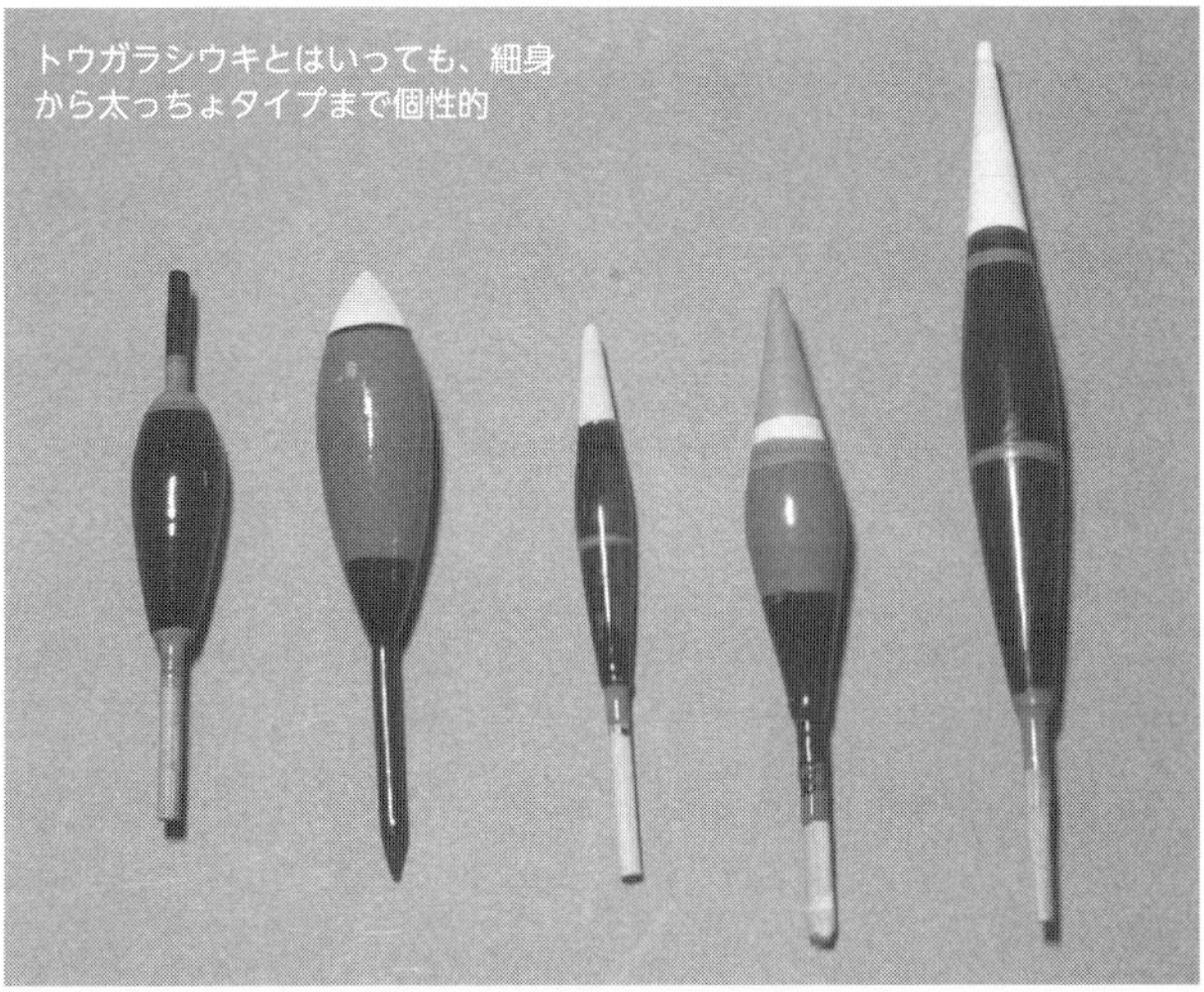
トウガラシウキとはいっても、細身から太っちょタイプまで個性的

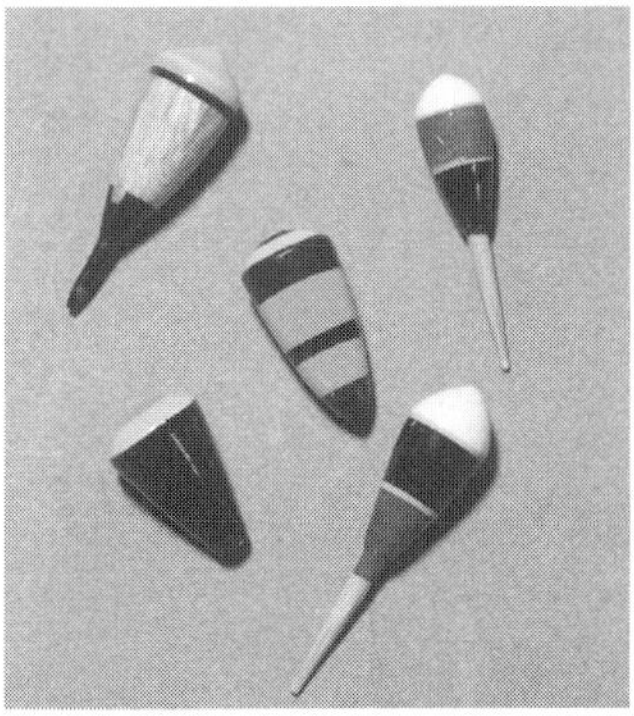
主に小ブナ用の連動シモリ仕掛けに使う極小ウキ。コマウキを含め中通しタイプも多い

ここ最近、特に連動シモリ仕掛けの親ウキとして多用されているのがバットウキだ
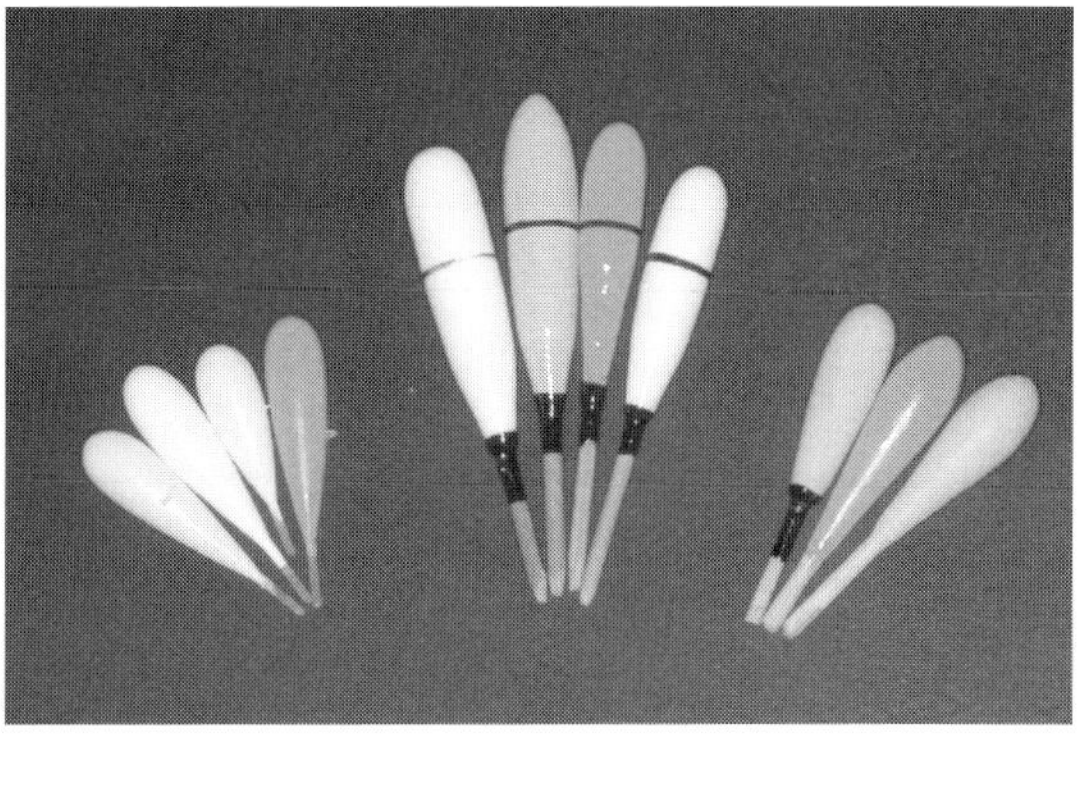

【羽根ウキ】

ニワトリのほか、水鳥などの羽根の芯を細工して作った羽根ウキは適度な浮力があって、繊細なアタリをキャッチできることが持ち味だ。

古くは5～6㎜に刻んだ小さな羽根ウキを10～20個もつないだ羽根ウキシモリ仕掛けが、寒中の小ブナ釣りの定番仕掛けになっていた時代もある。

近年は羽根ウキを自製するファンも少ないが、小もの釣りに力を注ぐ釣具店では、オリジナル羽根ウキを買い求めることができる。

今では羽根ウキは、連動シモリのアタリウキとして用いることが多くなった。

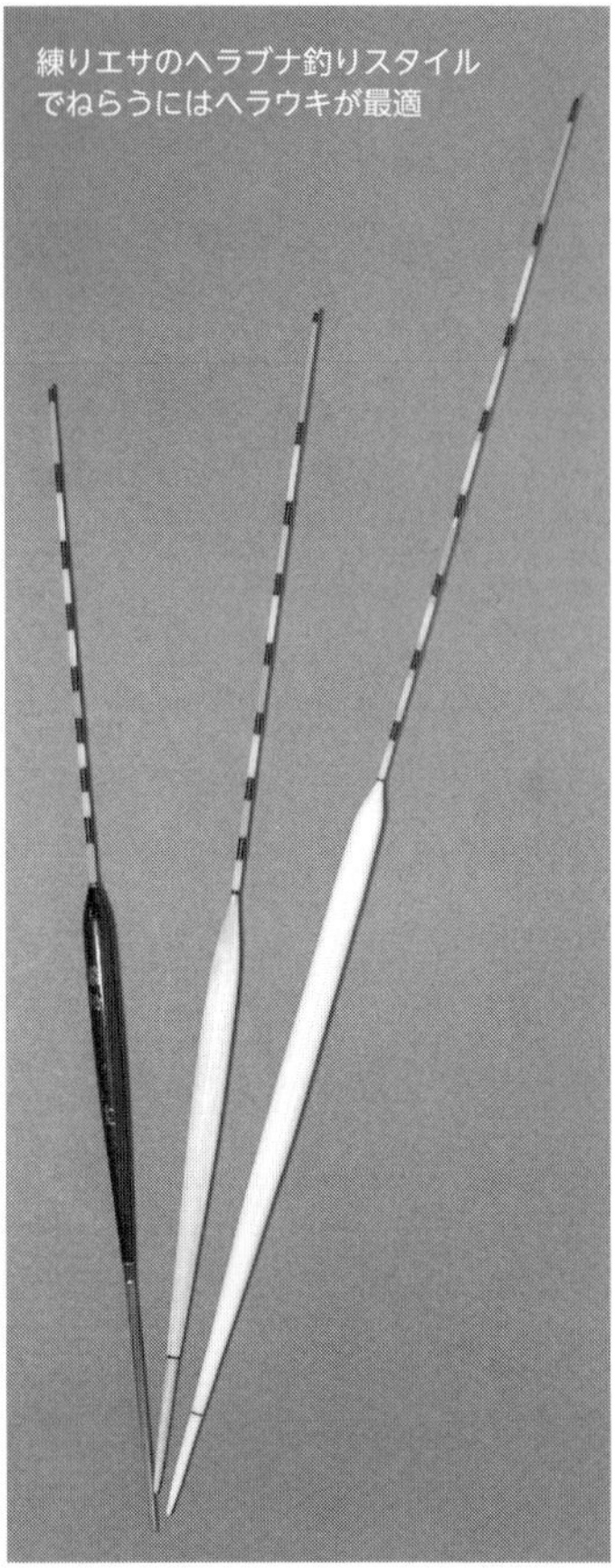

練りエサのヘラブナ釣りスタイルでねらうにはヘラウキが最適

【イトウキ】

タナゴ釣りに代表されるイトウキだが、小ブナ釣り用の連動シモリ仕掛けにもイトウキがよく使われている。イトウキはミチイトに通した極小の羽根の芯や硬化性樹脂を固めた粒などの上に蛍光塗料で塗り固めて作られるが、自製のイトウキで楽しむファンも多い。

小ブナ釣りでは、タナゴ釣りに使う仁丹粒大の極小イトウキに比べて、ツーサイズからスリーサイズ大きめでよい。淡水の小もの釣りが得意な釣具店では、オリジナルのイトウキが置いてある。

羽根ウキやイトウキは連動シモリ仕掛けや小ブナねらいで、繊細なアタリを楽しむ釣りに向いている

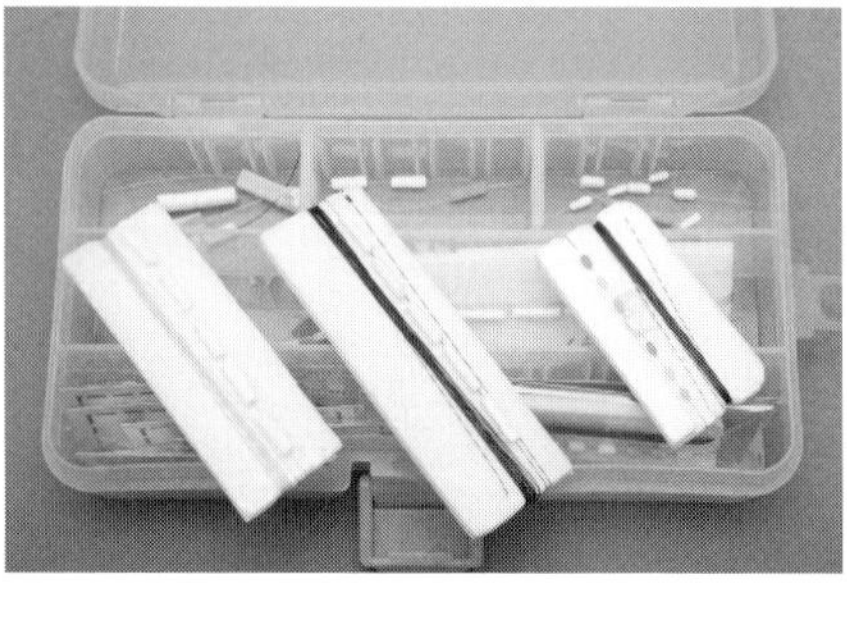

ハリ

袖バリに始まって袖バリに終わる

ハリ型の種類は、渓流やアユを含めた淡水用だけでも、１００種類を軽く超えるほど膨大な数に及ぶ。しかし、里川のフナ釣りに限れば、数種類のハリ型を選べば事足りる。

その代表的なものは袖バリである。小もの釣りの万能バリとして知られ、虫エ

サのフナ釣りにはオールシーズン袖バリ一筋で通す頑なファンも多い。

　フナ釣りに好適な袖バリの号数は2〜6号あたりまで。探り釣りの小ブナ用に2号、中小ブナが混じるようなら3〜4号、そして乗っ込み期の良型ブナねらいだと5〜6号といった具合に使い分ければよい。

万能タイプの袖バリは２〜６号の各サイズを揃えておけば、秋の小ブナから春の乗っ込みブナまで通用する

　その一方で、小ブナは小ブナでもミニブナ釣りには秋田キツネとタナゴバリが人気。秋田キツネは1〜2・5号を使い分け、さらに『柿の種』の愛称を持つミニブナねらいには、タナゴバリのほうがフッキング率がよいこともある。

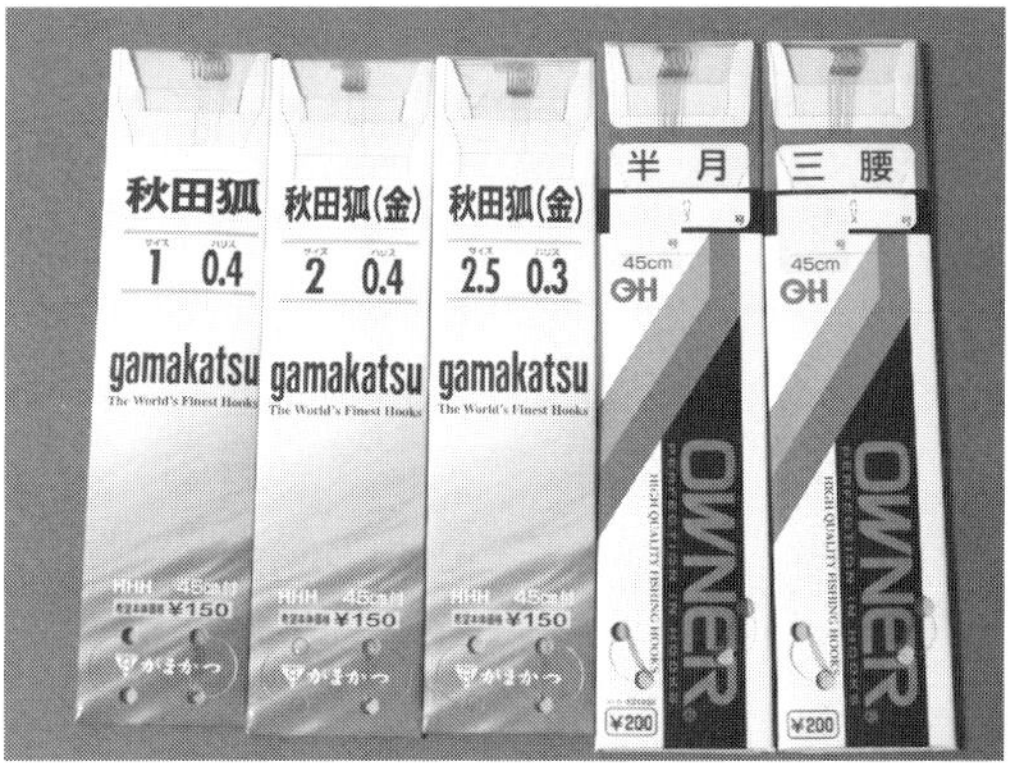

秋田キツネやタナゴバリはミニブナ用として持っていたいもの

　ただし、ハリのフトコロが狭い秋田キツネやハリ先が短いタナゴバリの場合は、小もの釣りの定石でいう『小バリは大バリを兼ねる』が通用しない。特に、中小サイズのフナが混じるような場面で、必要以上の小バリを選んでしまうと、少しでもいい型のフナが掛かった時に、その狭いフトコロや短いハリ先が弱点となって、ポロリポロリと底バレしてしまうケースが多いのだ。

　一方、グルテンなど練りエサを使ったヘラブナ釣りスタイルでは、同じヘラブナ用のスレバリがメイン。釣りバリメーカーでは続々と新型バリを発売しているが、最もポピュラーなのは改良ヤラズで、フナの型によって4〜6号を使い分ける。

オモリ

微調整は板オモリに限る

　フナ釣りでよく使う板オモリは、大まかな量をミチイトに巻き込んだ後から細かく切っていくことによって、微妙なウキの浮力調節が容易にできるのが最大のメリットだ。

　市販されている板オモリの厚さにも、いろいろある。フナ釣りの各種シモリ仕掛けには、薄めの0・17㎜か0・2㎜、また、繊細な小ブナ用は極薄の0・1㎜が扱いやすい。

このほか、シモリ仕掛けに多用されているのはガン玉オモリ。

玉ウキの号数や個数が決まっているマイパターンのシモリ仕掛けの場合、その仕掛けの浮力を一度把握できれば、板オモリを使わずにガン玉1個で簡単に済んでしまう。

ガン玉はイトのはさみ口の開閉が柔らかく、脱着しやすいソフトタイプがお勧め。号数は小さいほうから8号、6号、4号、2号、1号、B、2B、3Bあたりまで揃えておくと便利。

このようなガン玉の大小を揃えておくと、軽いバランスの遅ジモリ仕掛けから、即座に重いバランスの早ジモリ仕掛けへと変更したい場合に便利。B以上の重めのサイズは、取り外しが楽なゴム張りタイプも使いやすいので用意しておこう。

また、寒ブナの引き釣りには、ナツメ型などの中通しオモリの0・5〜1号を使う。

オモリのストッパー&クッションとして、極小のパール玉やビーズ玉を併せて用意しておくこと。

フナ釣り用の板オモリは厚さ 0.2㎜か 0.17㎜が使いやすい。このほか、小ブナやミニブナ用の繊細な仕掛けには厚さ 0.1㎜が巻きやすい

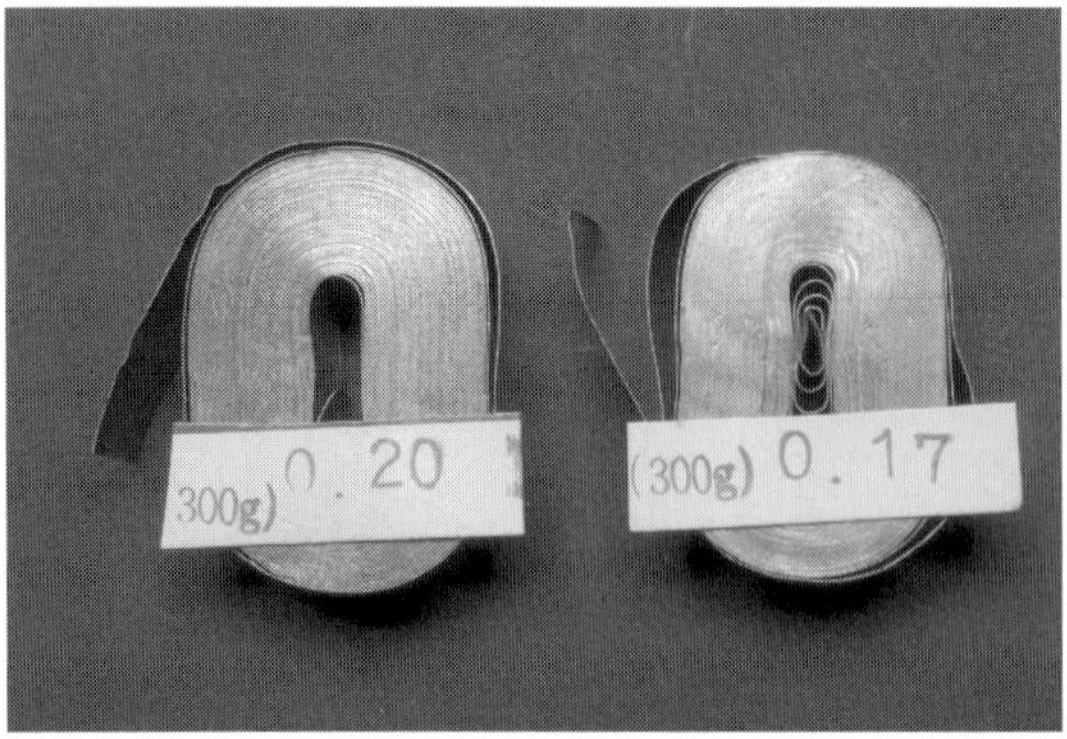

ガン玉はソフトタイプが使いやすい。大小のサイズを揃えておこう。また、重めＢサイズ以上はゴム張りガン玉が使いやすい

寒ブナの引き釣りに多用されるナツメ型などの中通しオモリは、主に 0.5 号、0.8 号、1 号の 3 サイズ。ストッパー&クッションとして、極小のパール玉やビーズ玉も用意しておこう

接続具とその他のパーツ

フナ釣りに限らず、釣りの仕掛けというのはシンプル・イズ・ベスト。とはいっても、最小限の接続具を介することで、仕掛け作りが容易になると同時に、使い勝手もよくなるものだ。

　その最たるものが丸カン。単にミチイトとハリスを接続するだけの役割ではあるが、ハリ交換がしやすくて障害物周りにも絡みにくい形状は、捨てがたい古典的なフナ釣り用の接続具といえる。

　大小揃っている丸カンの中でも、フナ釣り用には極小、小小、小の3サイズがあれば充分。

　小ブナ用のミニ仕掛けは極小、そして、大中ブナ仕掛けには小小、または小の丸カンを使い分ければよい。

　ほかに、よりハリ交換が楽な接続具にはハリス止メがある。一体型とフック式の2種類に分かれるが、カギ状のフック式はゴミを拾いやすいため、フナ釣りには一体型のハリス止メをお勧めしたい。特に小ブナ仕掛けに使うことが多く、サイズは極小、または小小が好適だ。

　立ちウキをミチイトに固定するゴム管も必須アイテム。ウキの軸の長さにカットする棒状のゴム管は、大小の内径が市販されている。数種類買い求めておくと重宝するし、ほかに、小ブナ釣りに使う小型立ちウキ用として、ミニゴム管やウレタンチューブもある。

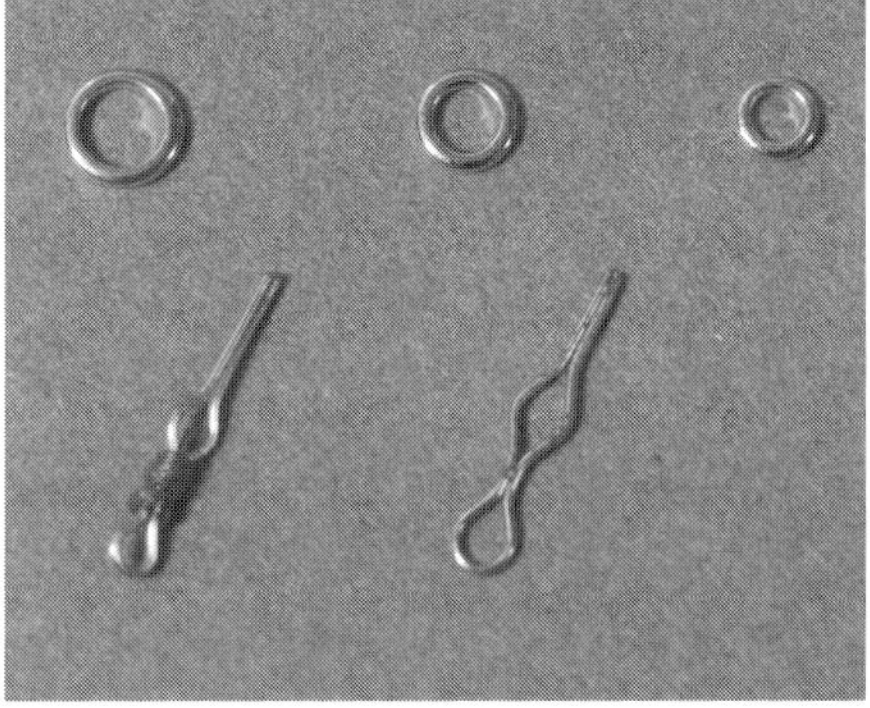

丸カン（上）は小、小小、極小の3サイズ、下の一体型ハリス止メは極小または小小が好適

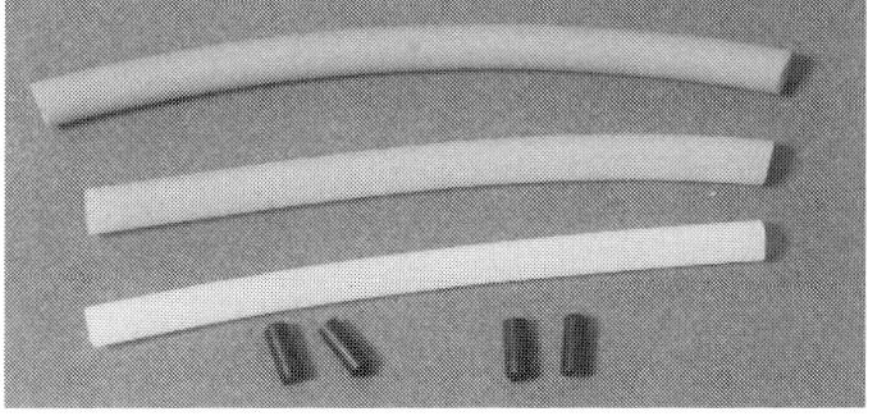

立ちウキを通すゴム管は、ウキの軸の太さによって内径サイズを使い分けること

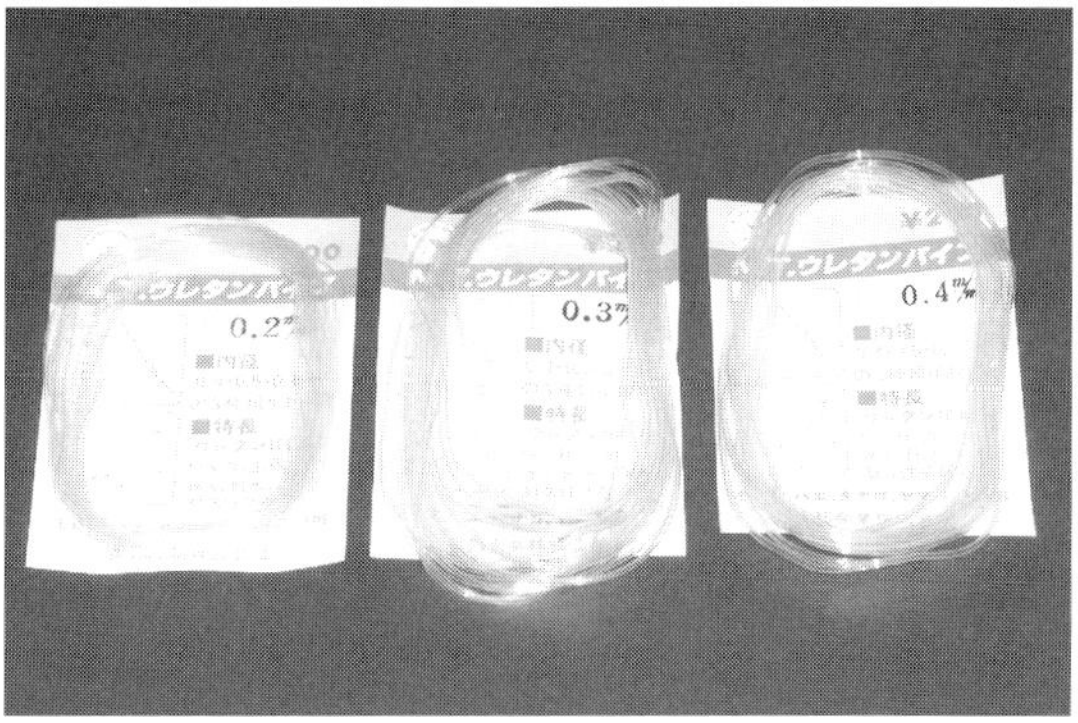

小ブナ釣りに使う小型立ちウキ用には、ミニゴム管のほかウレタンチューブを切って使ってもよい

フナ釣り入門　パート4

仕掛け周りグッズとケース類

フナ釣り専用の道具箱を用意しよう。イト、ウキ、ハリなどの在庫とともに、仕掛けの予備や仕掛け作りに使う工具類も一括して整理しておこう。

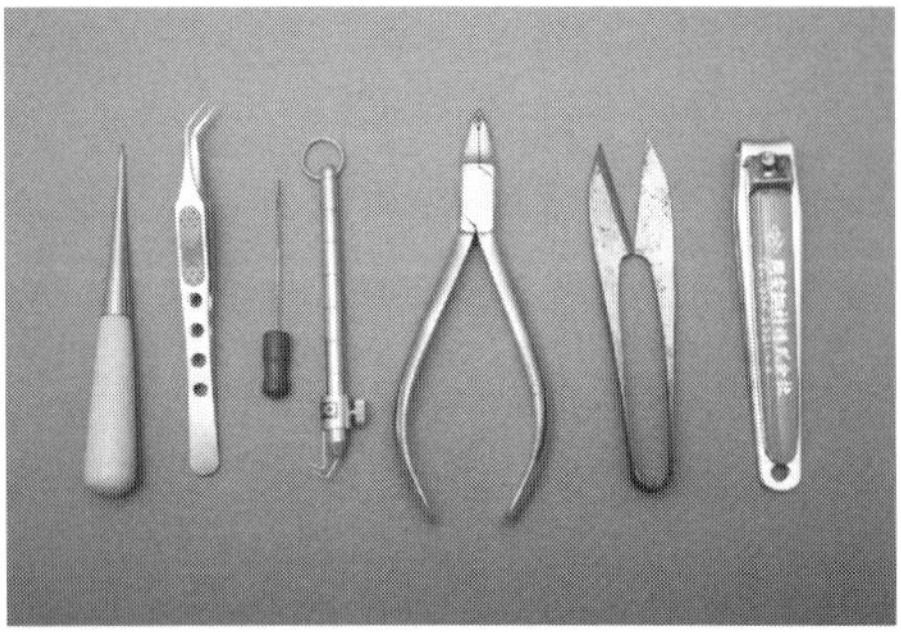

道具箱を開けてみる
[中蓋1段目]

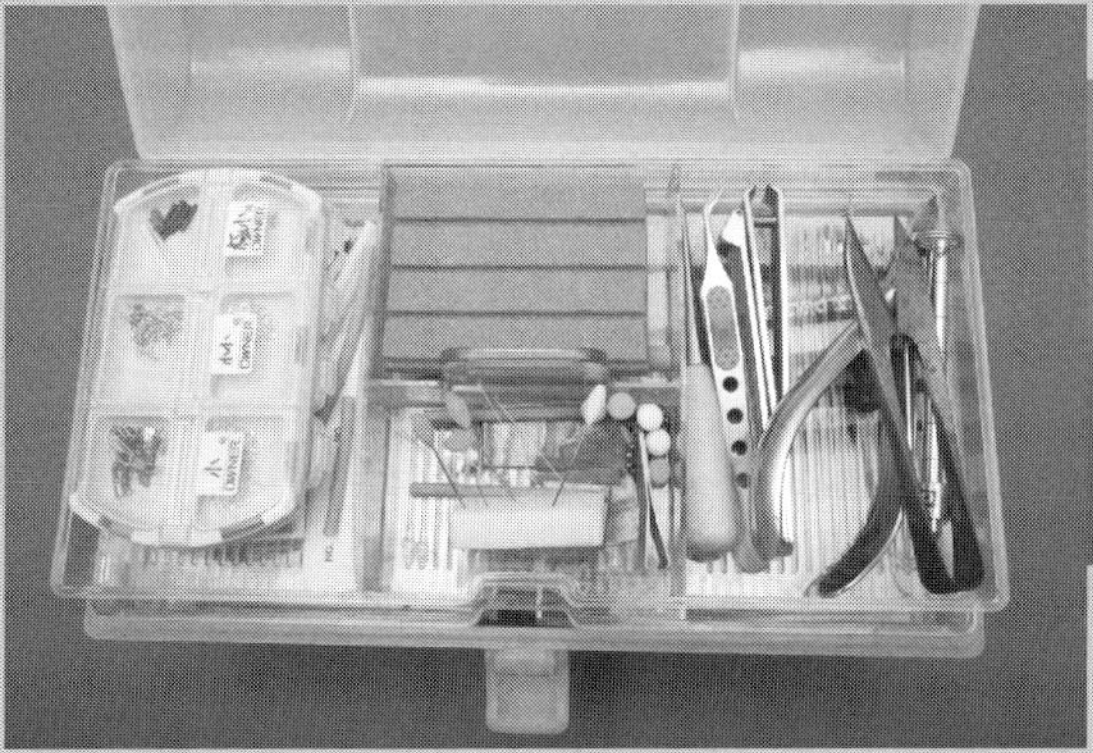

最も使う頻度が高い細工道具やパーツ類が収納してある

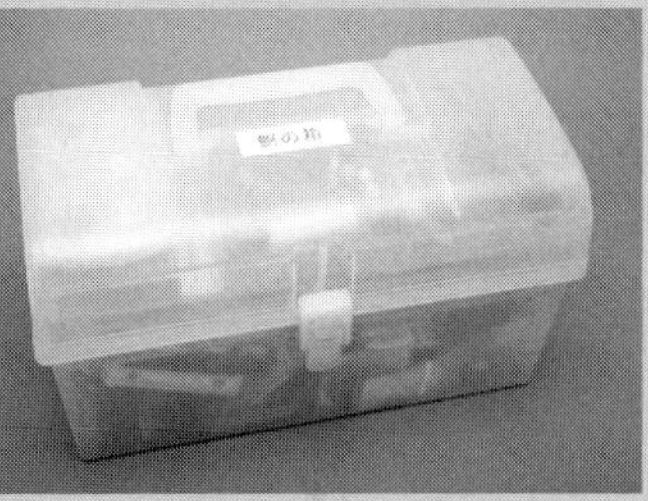

上蓋に“鮒の箱”のシールを貼ってある私の道具箱。このように好きな釣りのジャンルはそれぞれの道具箱を準備してある

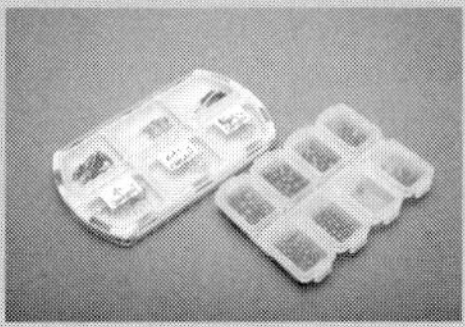

よく使う接続具やガン玉はパーツケースで整理整頓

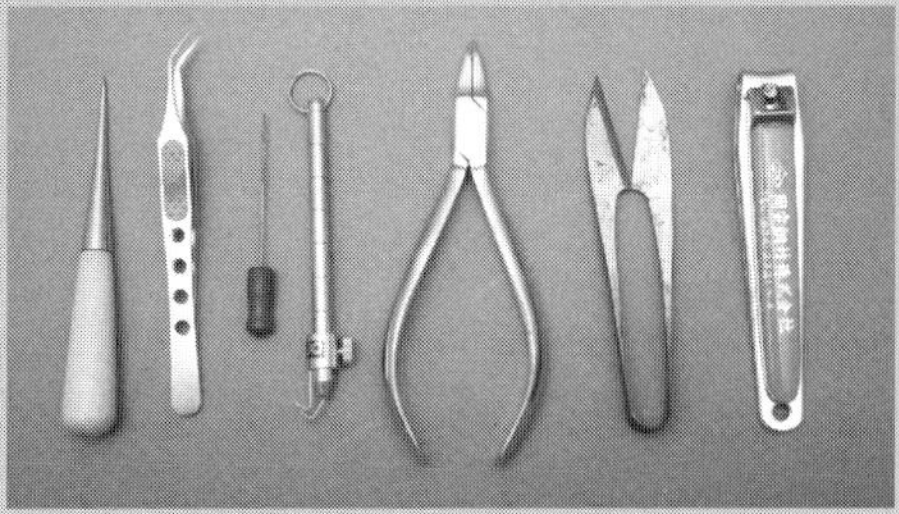

細工道具は左から千枚通し、ピンセット、8の字結び器セット、小型ニッパー、和バサミ、ウキ止メ用の爪楊枝をカットする爪切り

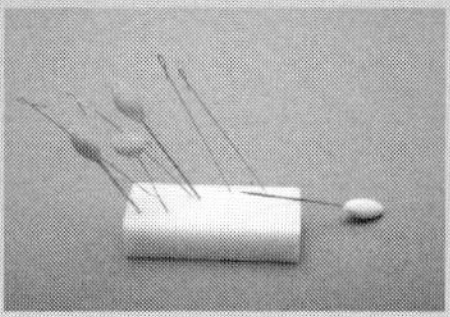

消しゴムの台座に刺してあるのは何かと便利な極細ピン。紛失防止とともに持ちやすいように、瞬間接着剤でナツメ型玉ウキのヘッドを付けてある

道具箱

100円ショップをのぞいてみよう

フナの仕掛け作り道具一式を収納しておく道具箱は、自分一人の小さな工房である。ハサミや千枚通しといった細工道具からオモリや接続具、そしてミチイト、ハリス類に至るまで、蓋を開くとフナ釣りの世界が広がる玉手箱といってよいだろう。

一番手軽で安価な道具箱は、釣具店のほか100円ショップにも並んでいるプラスチック製のタックルボックスだ。大小のサイズはお好み次第だが、1～2段の仕切り付き中蓋が入っていたほうが、ハサミなど小物類の整理がしやすい。

また、大小さまざまで散らばりやすい玉ウキや立ちウキなどの整理には、同じく100円ショップのほか、釣具店で売っている細かく仕切りが付いたパーツケースが便利である。

道具箱を開けてみる

[中蓋２段目]

雑多な仕掛けをあれこれ入れるフリースペースとして活用している

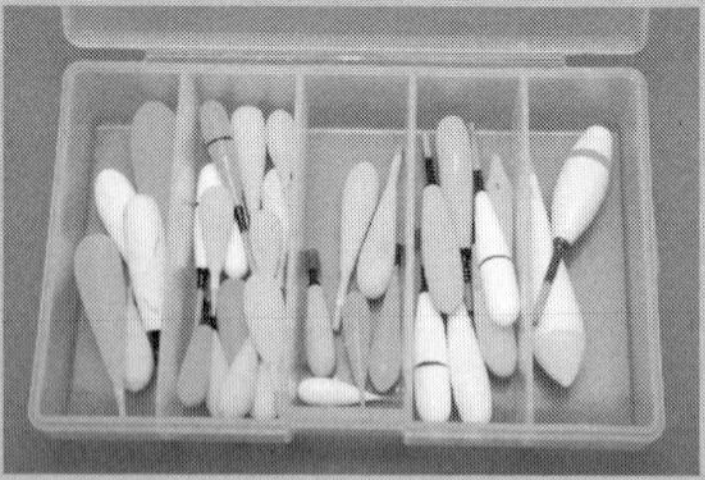

立ちウキのほか、親ウキ用のバットウキ専用ケースもある

[最下段の内箱]

ミチイトやハリスのほか、予備の仕掛け巻きなどを収納してある最も大きなスペースだ

大小いろいろなサイズがある玉ウキには、仕切りコマの大きさが自由に変えられる大型のパーツケースがよい

[仕掛け巻き]

仕掛け巻きはいろいろな材質のものがあり、値段もそれ相当。中でも使いやすいのは昔ながらの竹製仕掛け巻きと、スポンジ製の仕掛け巻きだ。

竹製の仕掛け巻きの全長は1寸（約3㎝）、1寸5分（約4・5㎝）、2寸（約6㎝）、2寸5分（約7・5㎝）、3寸（約9㎝）といったように1・5㎝刻みが定寸で、フナ釣りには1寸5分から2寸5分のサイズが適している。やや高価ながら使い込んでいくと、竹独特の風合いが増すのが魅力である。

スポンジ製仕掛け巻きの全長も竹製に

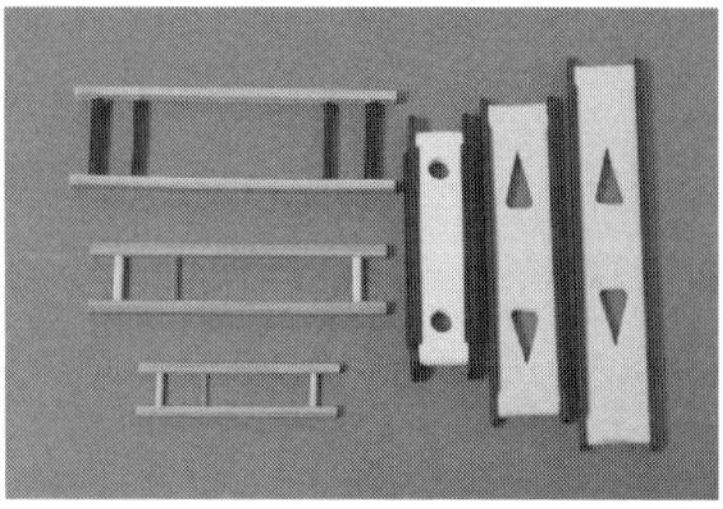

左が竹製仕掛け巻き、右はスポンジ製仕掛け巻き。使いやすい長さをセレクトしよう

準ずるが、長ザオ用の引き釣り仕掛けは全長12～15㎝の大型仕掛け巻きのほうが使いやすい。このほか、プラスチック製や発泡スチロール製といった多彩な仕掛け巻きが市販されているのでお好み次第。また、厚紙や樹脂の板などで、自分流の仕掛け巻きを自作する人もいる。

【仕掛けケース】

ミチイトの長短や種類別に巻き込んだ仕掛け巻きを収納して、釣り場へ持ち運ぶのが仕掛けケースだ。

便利なのは、家庭製品として広く出回っているポリプロピレン製の小型容器。それこそ100円ショップには大中小の容器が山と積まれているので、自分が愛用している仕掛け巻きサイズと収納本数にマッチしたタイプを選ぶとよい。

また、専用品では竹製仕掛けを収納する木製の仕掛け入れがある。和の道具をメイン商品にしている釣具店のオリジナル品をよく見かける。1つ数1000円以上と値が張るが、一生ものの価値がある。

なお、スポンジ製仕掛け巻きが収納できる渓流用のコンパクトな仕掛けケースは、ミャク釣り仕掛け用に設計されているため、仕切り幅が狭すぎてウキ仕掛けが入らず、フナ釣りには向かない。念のため。

【ハリケース】

自分で巻いたハリや、好みの長さでチチワ結びにした市販のハリス付きバリを収納して携帯するには、ハリケースが必

竹製仕掛け巻きを収納しておく仕掛けケースは、古風なフナ釣り道楽？

仕掛けスタイル別の仕掛けケース数個はさらに、同じく100円ショップのタックルボックスに入れてある。マイカー釣行の際にはこのタックルボックスを持っていけば、あらゆる釣り方とポイントを攻略できるのだ

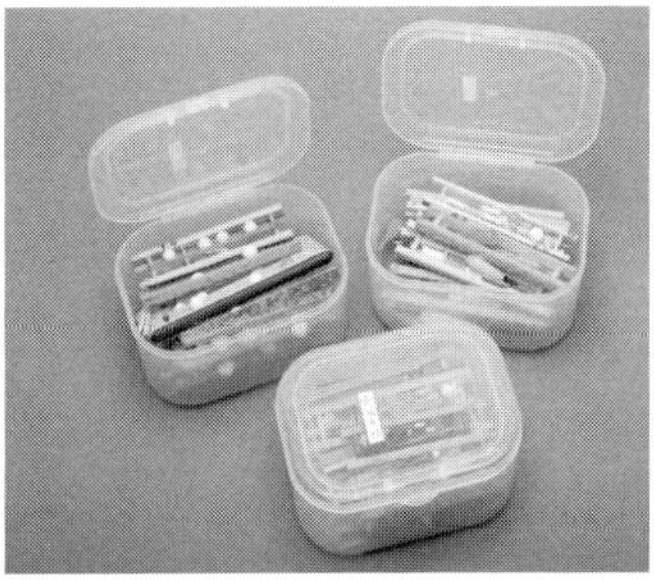

私が愛用している仕掛けケースは100円ショップで買い求めたポリプロピレン製の小型容器。この容器には20組前後の仕掛け巻きが収納できる

要だ。長いハリスを使うヘラブナ釣りには長いハリケースがあり、里川のフナ釣りにも短いハリスに見合った小型のハリケースが市販されている。

各種ある小型ハリケースの中で、一番使いやすいのはフェルト数枚をはさんだブックタイプのもの。収納するハリスの長さ別に7〜8㎝サイズから20㎝前後まである。

通常、長さ10㎝未満のハリスを使うことが多い探り釣りには12〜13㎝のハリケースが適しているほか、短ハリスの小ブナ用には7〜8㎝もの、そして、少し長めのハリスを用いる寒ブナの引き釣り用には20㎝タイプを用意しておくとよい。

【携帯用パーツケース】

携帯用パーツケースとは、常に釣り場で持ち歩くコンパクトな応急処理箱と考えていただきたい。

このため、パーツケースに収納しておく小物類は人それぞれ。板オモリやガン玉の大小数種類はもちろんのこと、丸カンやハリス止メ、ゴム管をはじめ、中通し玉ウキのスペア止め栓などなど、好みに応じて必要と思われるパーツを少量ずつ忍ばせておこう。

このようなパーツケースの種類は豊富だが、中でも渓流やアユ用に発売されている簡易防水型パーツケースの使い勝手は抜群だ。このほか100円ショップに並んでいるパーツケースも見逃せない。

ハリケースはフェルトを重ねたブックタイプがポピュラー

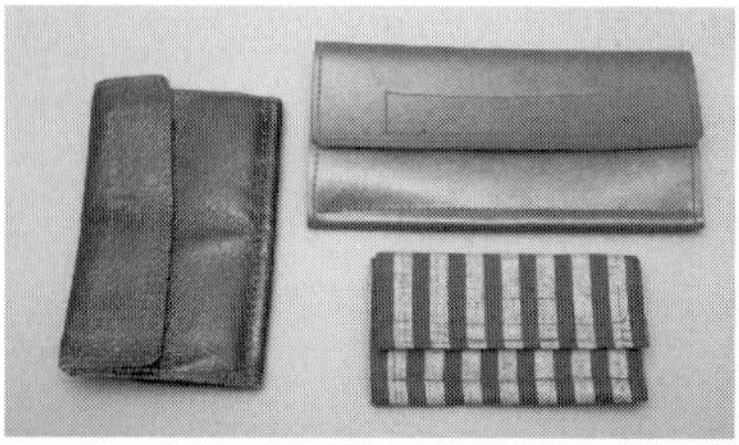

ハリケースはハリスの長さ別に選ぶ

携帯用パーツケースに収納しておく小物類は個人差がある。応急処理用として必要と感じたものを少しずつ忍ばせておくとよい

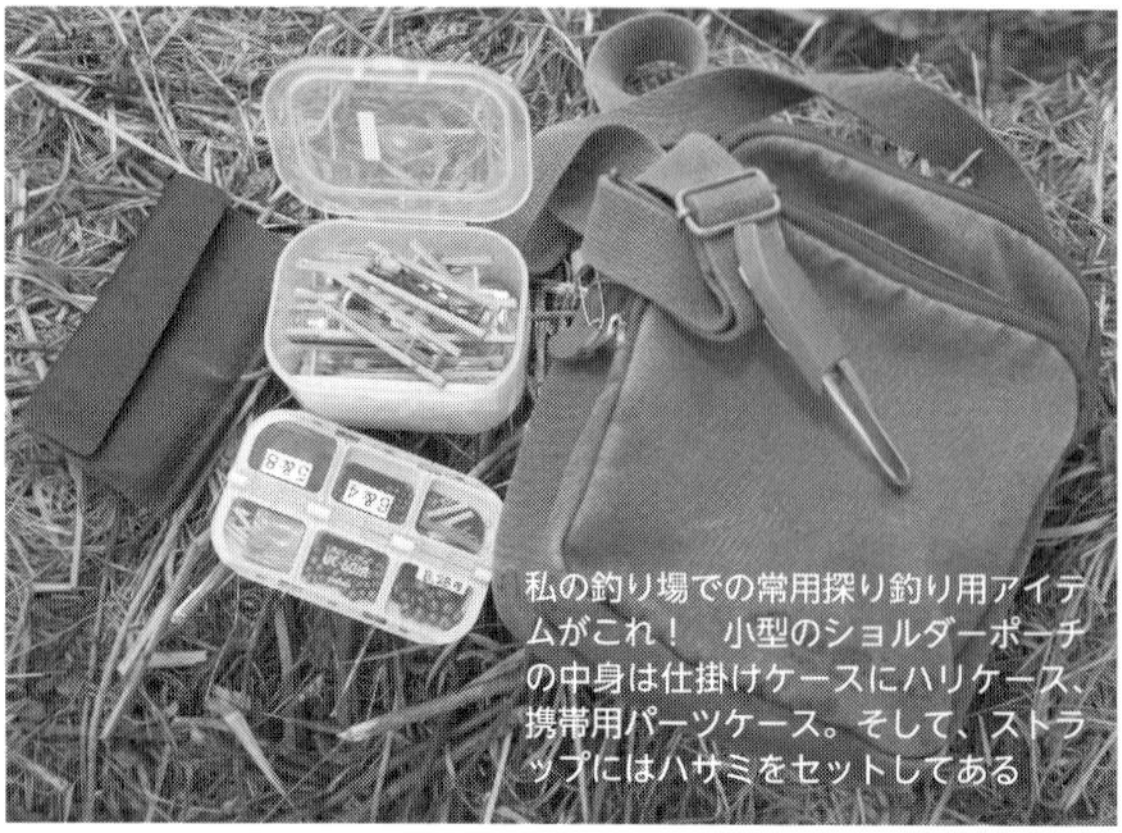

私の釣り場での常用探り釣り用アイテムがこれ！ 小型のショルダーポーチの中身は仕掛けケースにハリケース、携帯用パーツケース。そして、ストラップにはハサミをセットしてある

フナ釣り入門　パート5

仕掛けを作る

仕掛け作りのためのテクニックを紹介。穂先と仕掛け、イトとイト、イトと接続具、ハリスとハリの結び方のほか、板オモリの取り付け方やウキの作り方などをイラストと写真で詳解。

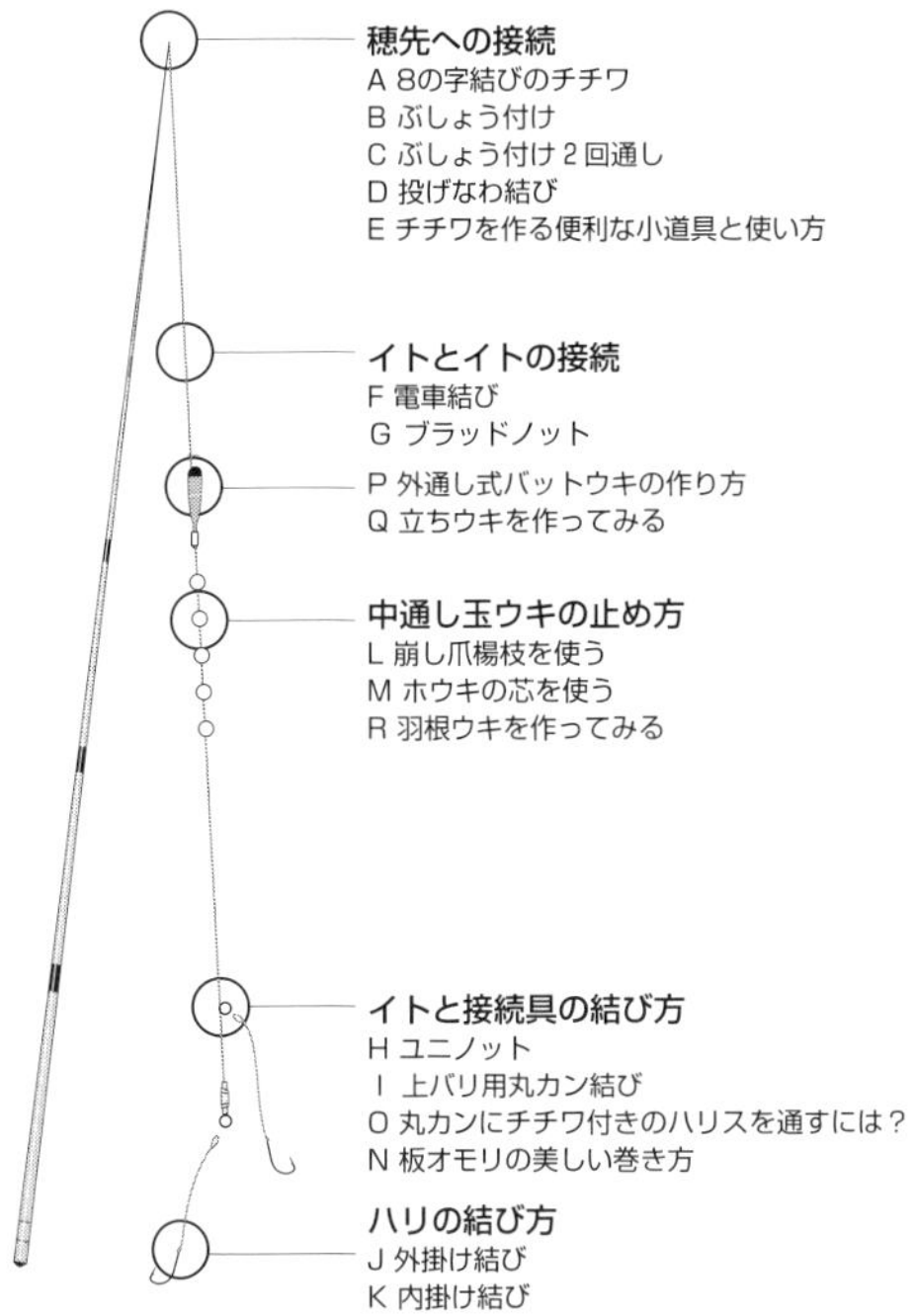

8の字結びのチチワ

仕掛けの接続用としてナイロンリリアンが付いている穂先は、
8の字結びで作った大小2つのチチワによって取り外しが可能になる。
この8の字結びのチチワは穂先ばかりでなく、ハリスの長さを決めた交換バリでも使うので、必須の結び方である。

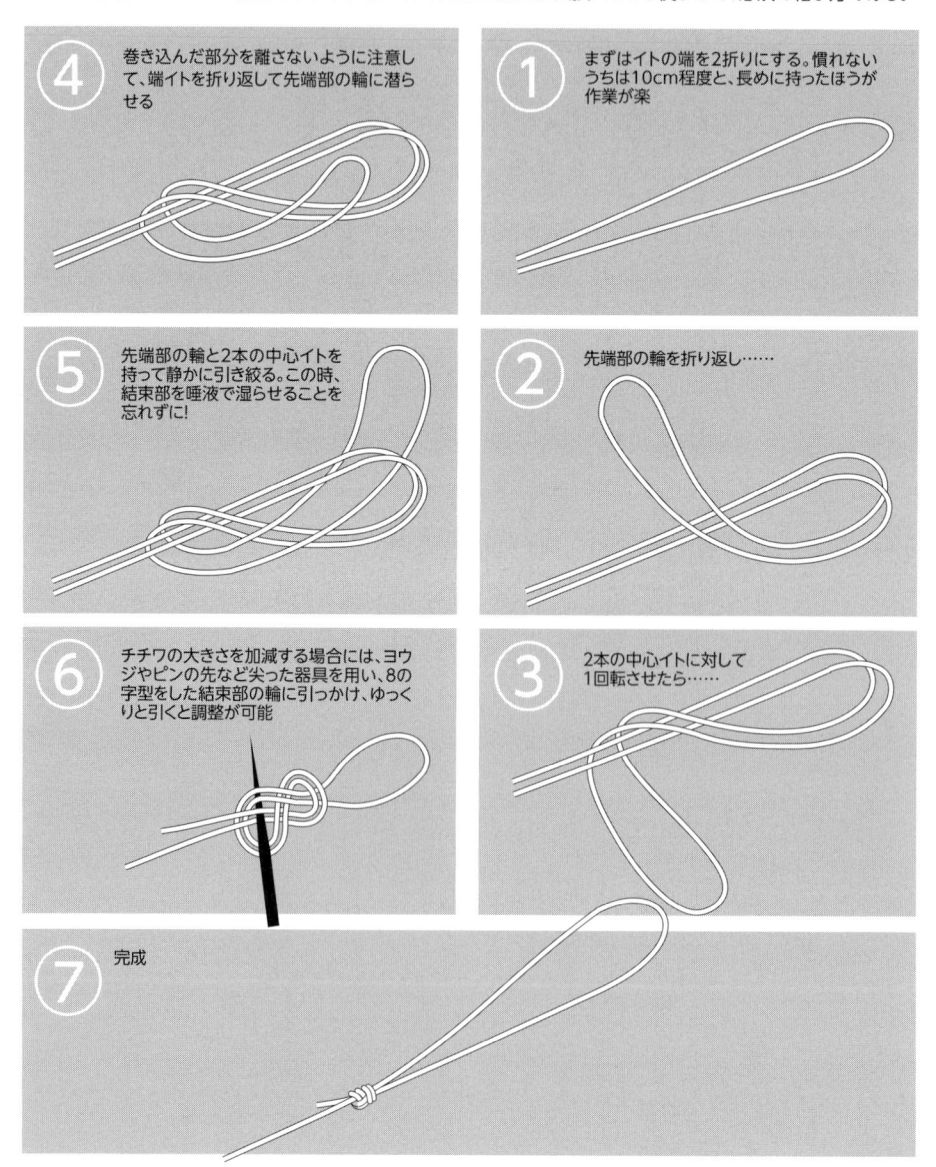

1 まずはイトの端を2折りにする。慣れないうちは10cm程度と、長めに持ったほうが作業が楽

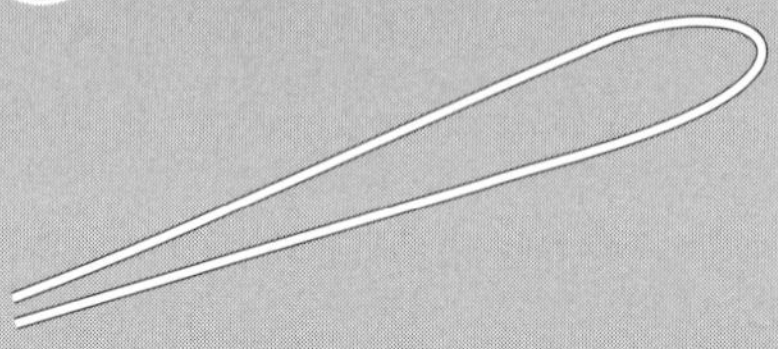

2 先端部の輪を折り返し……

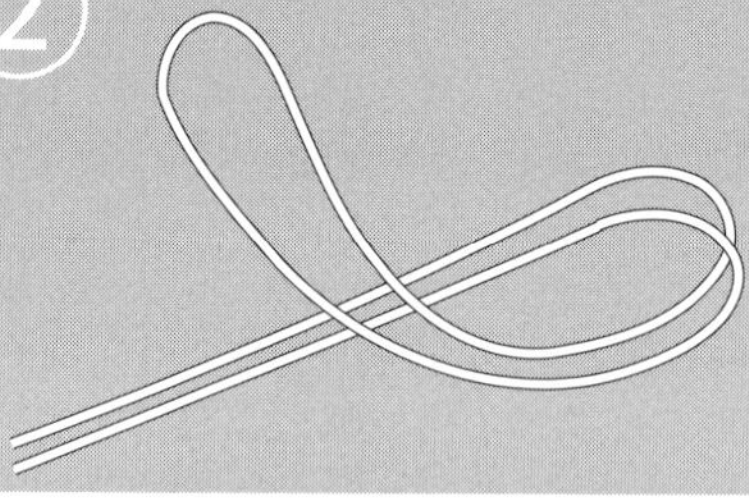

3 2本の中心イトに対して1回転させたら……

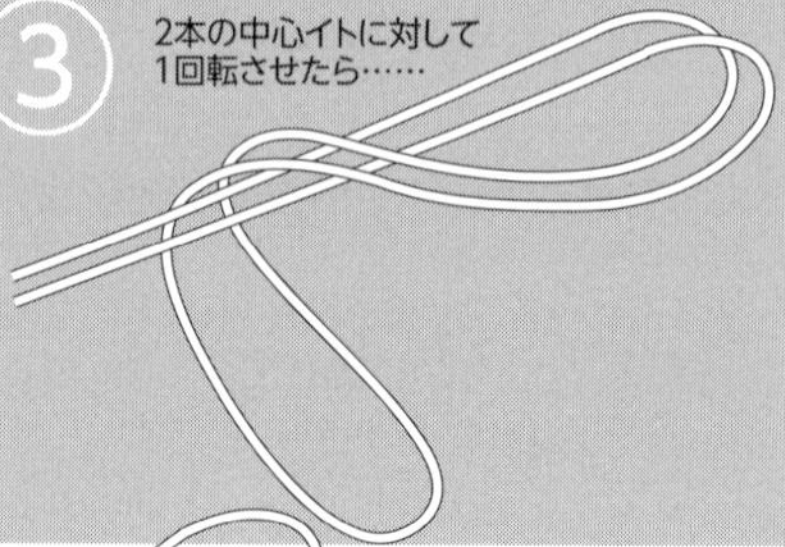

4 巻き込んだ部分を離さないように注意して、端イトを折り返して先端部の輪に潜らせる

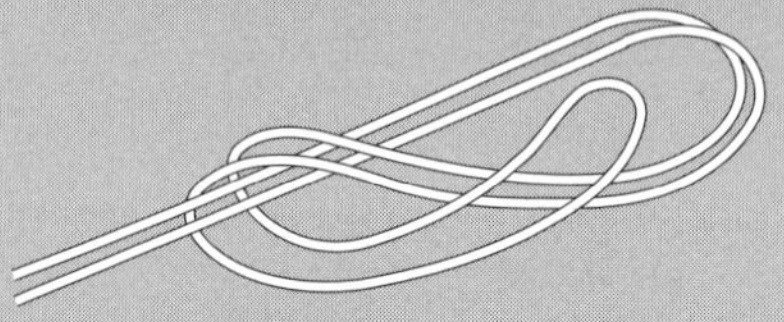

5 先端部の輪と2本の中心イトを持って静かに引き絞る。この時、結束部を唾液で湿らせることを忘れずに!

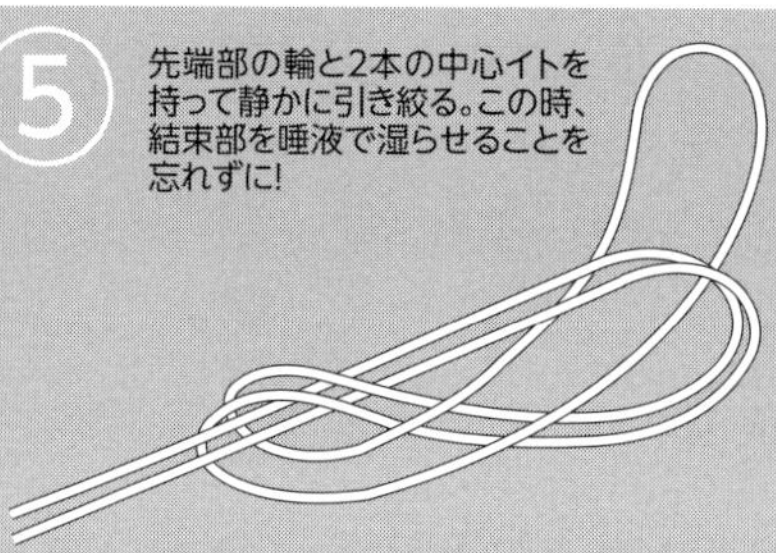

6 チチワの大きさを加減する場合には、ヨウジやピンの先など尖った器具を用い、8の字型をした結束部の輪に引っかけ、ゆっくりと引くと調整が可能

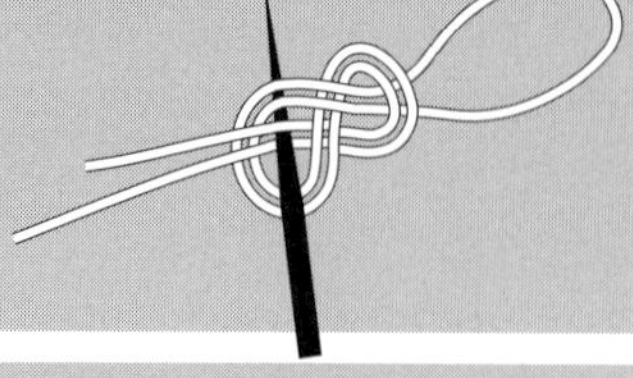

7 完成

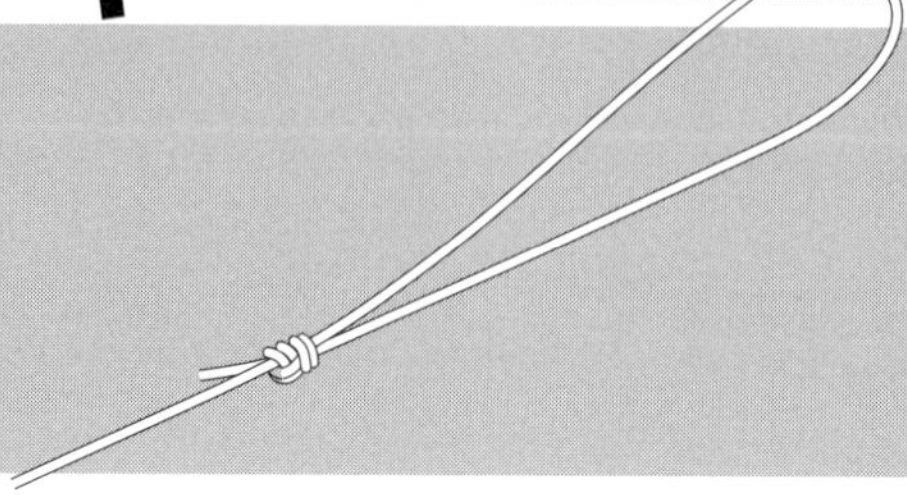

穂先への接続

ぶしょう付け

8の字結びで作った大小2つのチチワによる穂先への基本的な接続法が、このぶしょう付けだ

① 穂先側の端に8の字結びで、5mmくらいの引きほどき用の小さなチチワを作り、余分な端イトをカットする

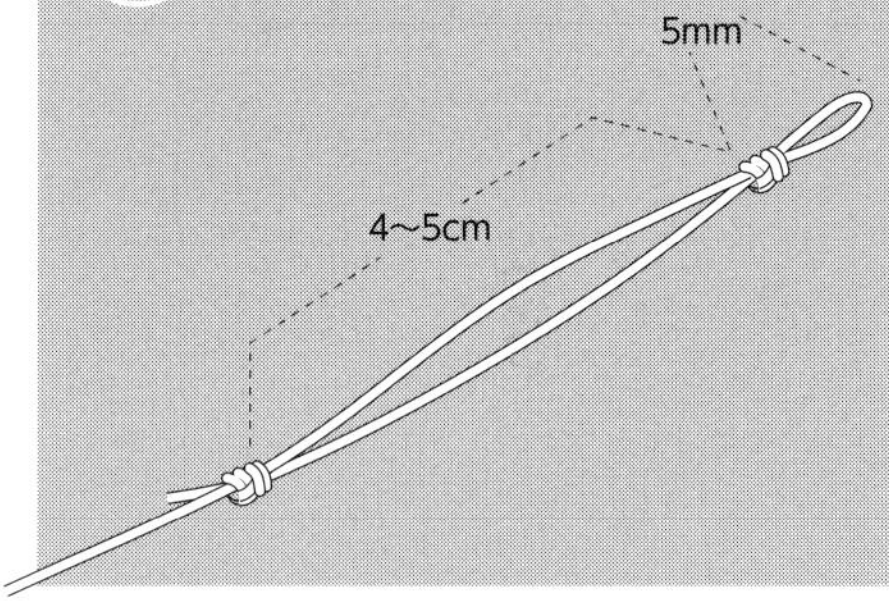

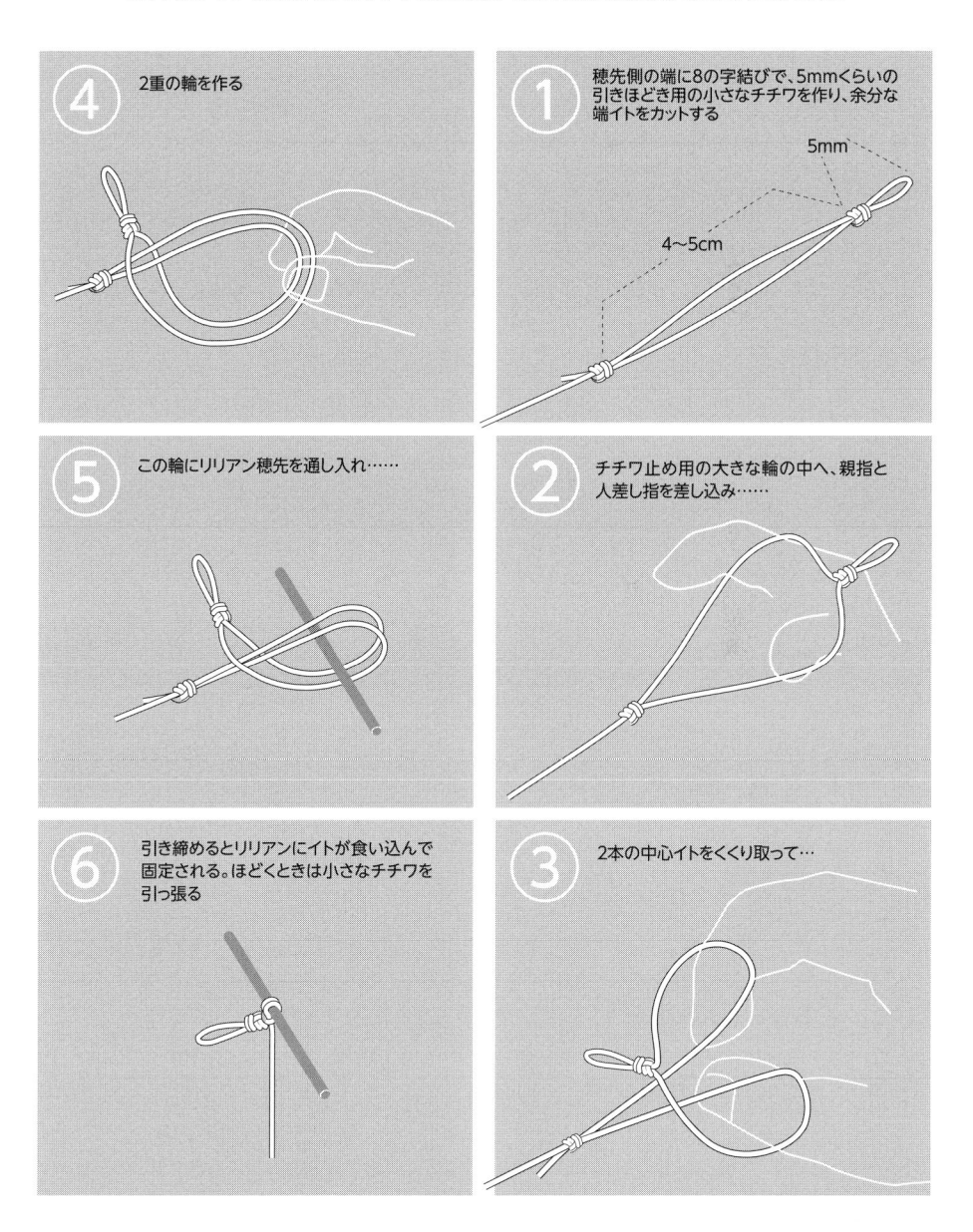

② チチワ止め用の大きな輪の中へ、親指と人差し指を差し込み……

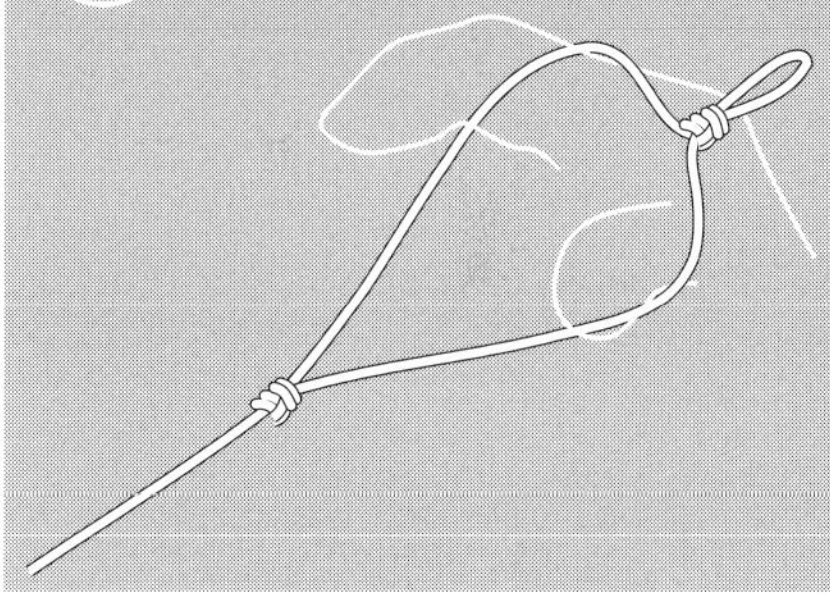

③ 2本の中心イトをくくり取って…

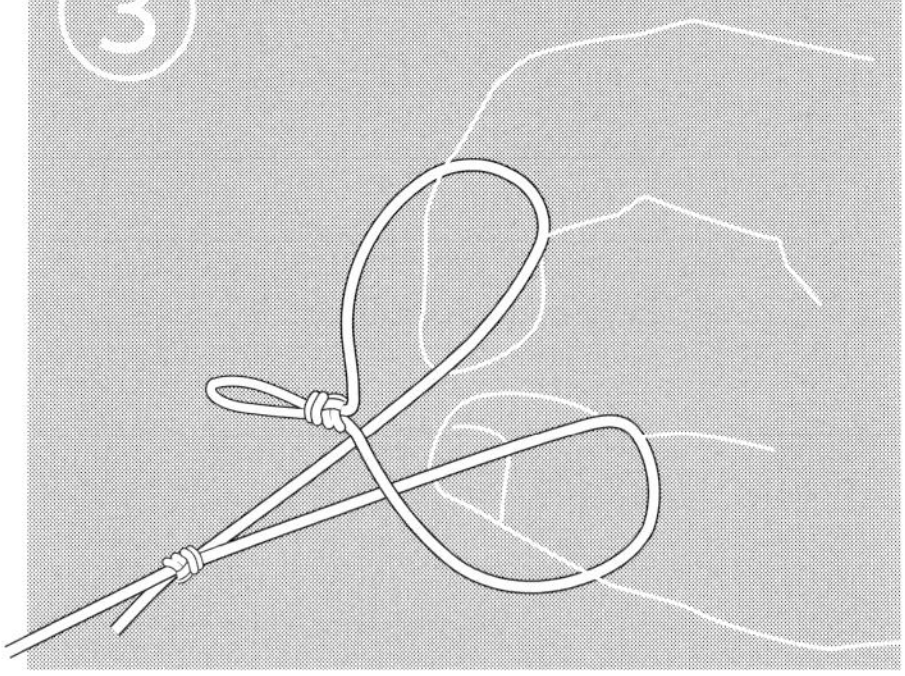

④ 2重の輪を作る

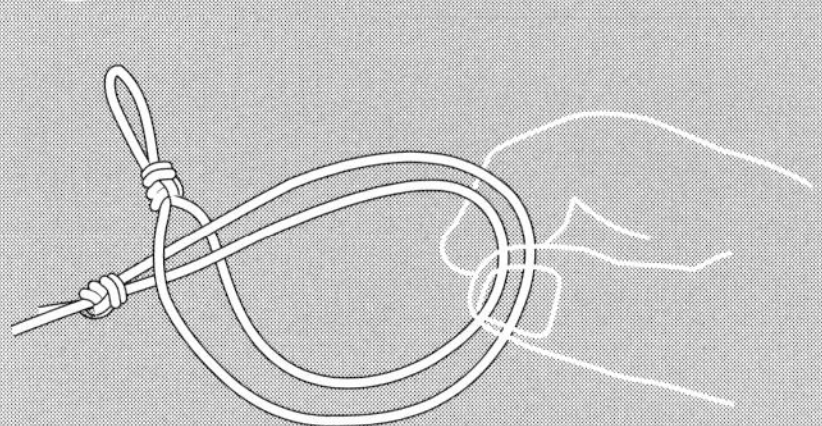

⑤ この輪にリリアン穂先を通し入れ……

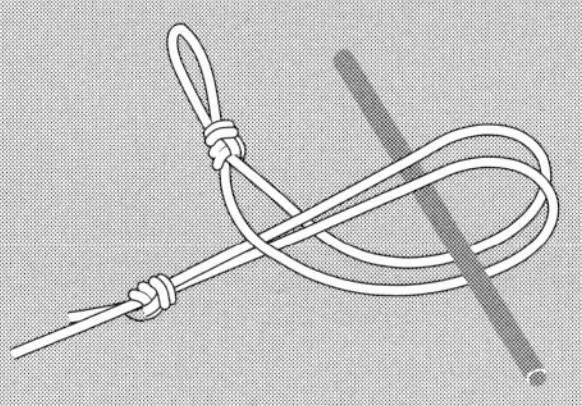

⑥ 引き締めるとリリアンにイトが食い込んで固定される。ほどくときは小さなチチワを引っ張る

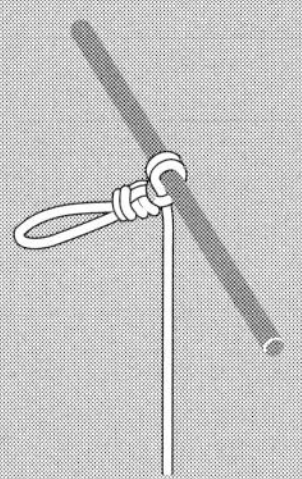

ぶしょう付け2回通し

結び方自体はぶしょう付けと同じ。

この2回通しは、太さの関係で外れやすい1.2〜1.5号などのミチイトに適している

1 引きほどき用とチチワ止め用の大小2つのチチワを作る

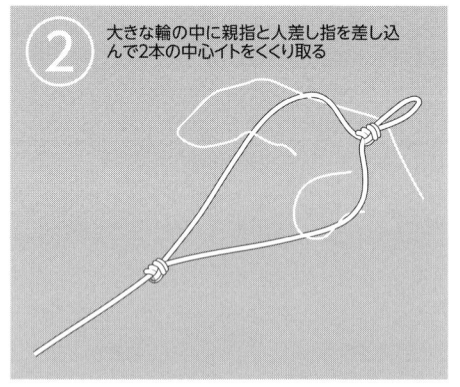

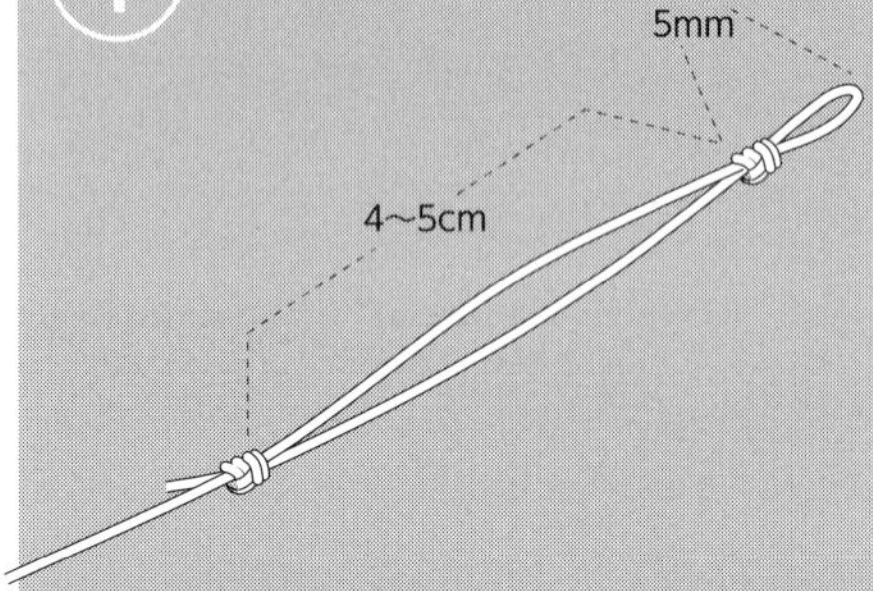

2 大きな輪の中に親指と人差し指を差し込んで2本の中心イトをくくり取る

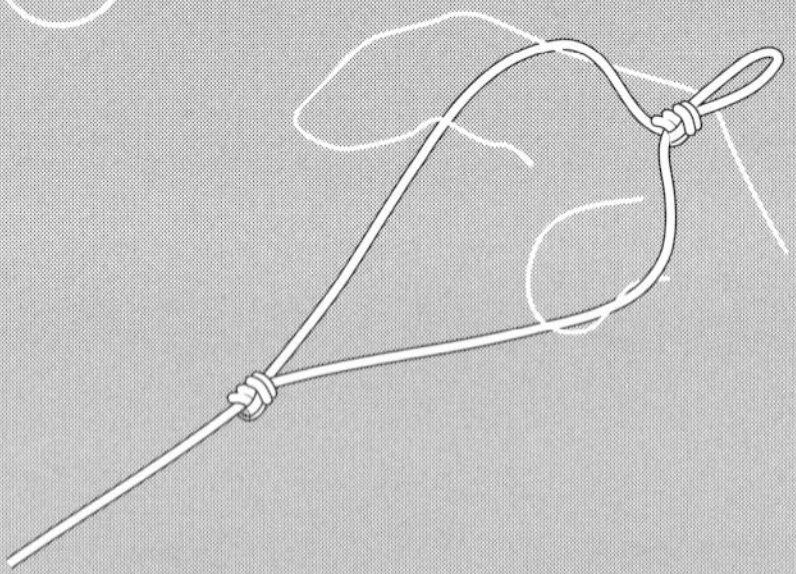

3 ぶしょう付けと同じようにリリアン穂先を通したら……

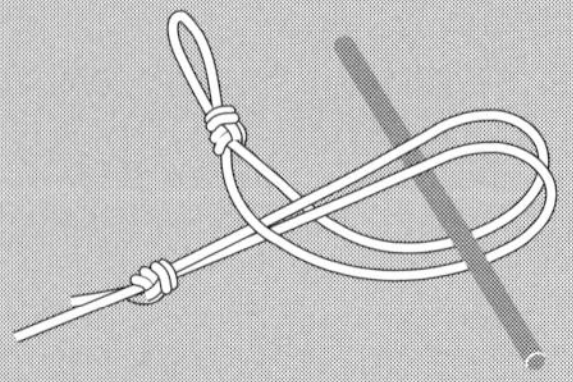

4 もう1回リリアン穂先を輪に潜らせ……

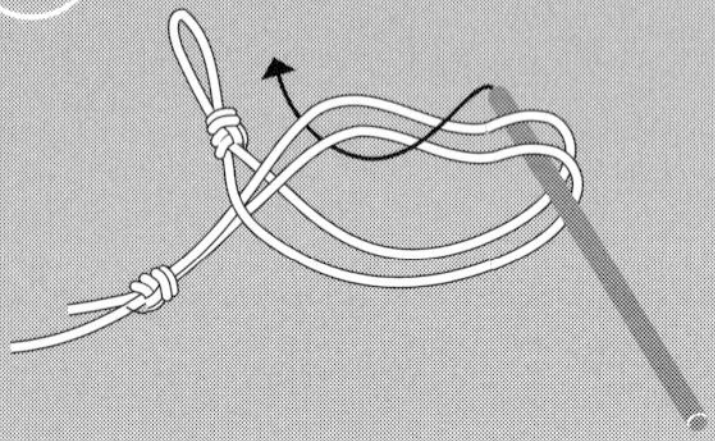

5 天井イトを引き絞って止める

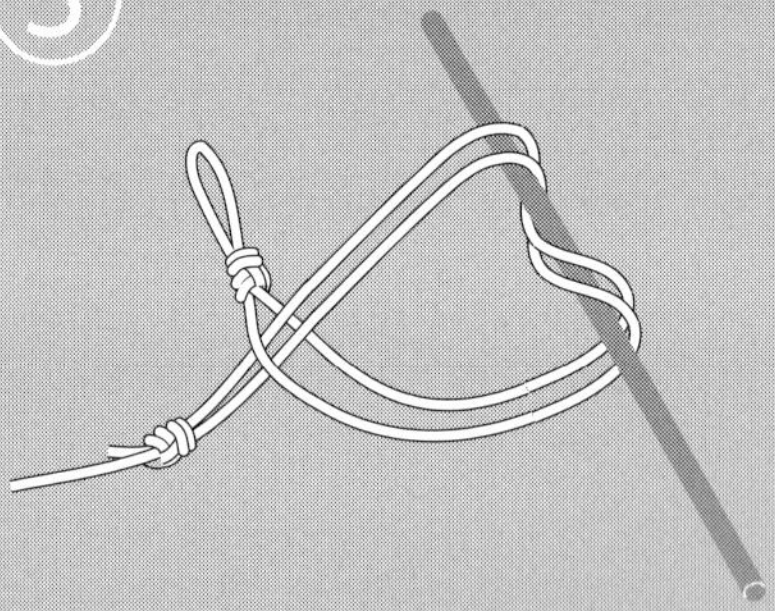

6 ほどくときは小さなチチワを引っ張ればよい

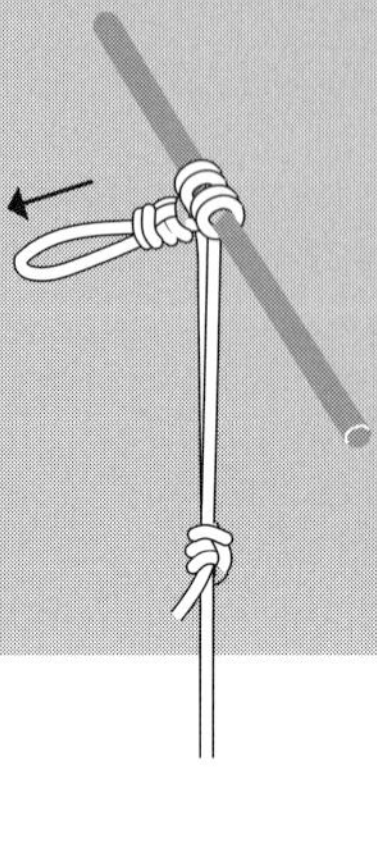

穂先への接続

投げなわ結び

ここ最近、フナ釣りに流用する最新の渓流ザオには金属製の回転トップが主流になった。

この投げなわ結びは回転トップばかりでなく、従来のリリアン穂先にも使える。

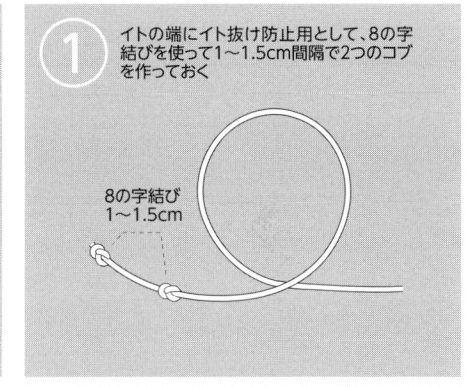

① イトの端にイト抜け防止用として、8の字結びを使って1〜1.5cm間隔で2つのコブを作っておく

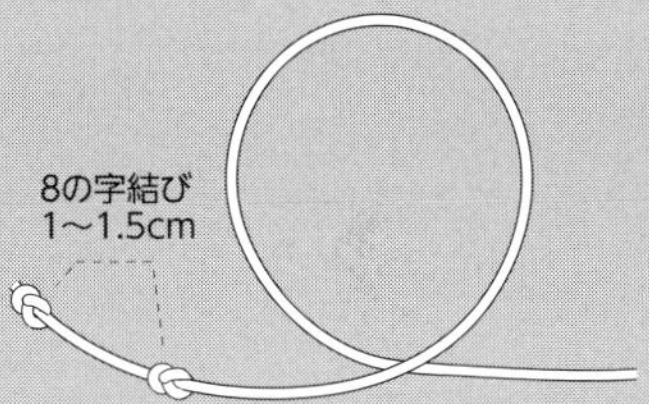

② 最初にイトを交差させたら、端イトをぐるりと回して輪を作り……

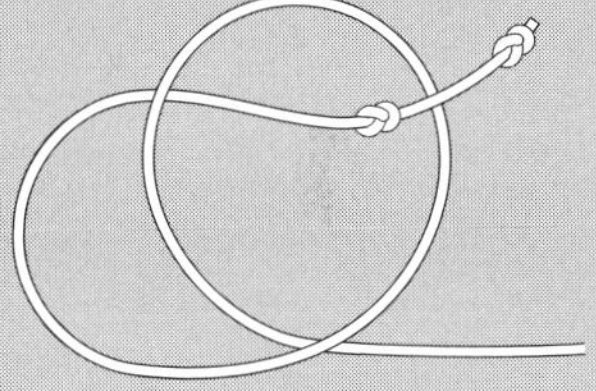

③ できた輪にもう一度、端イトを回す

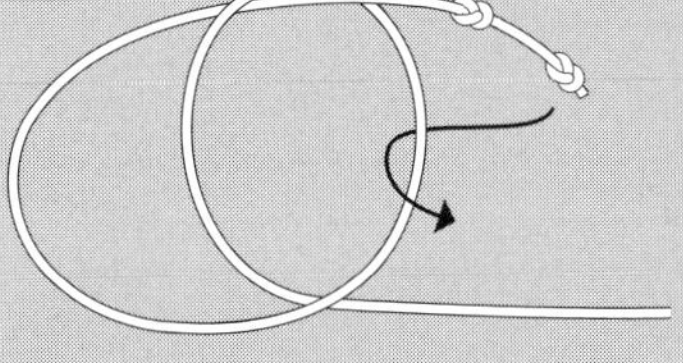

④ 手前のコブの際で止まるようにチチワを作る

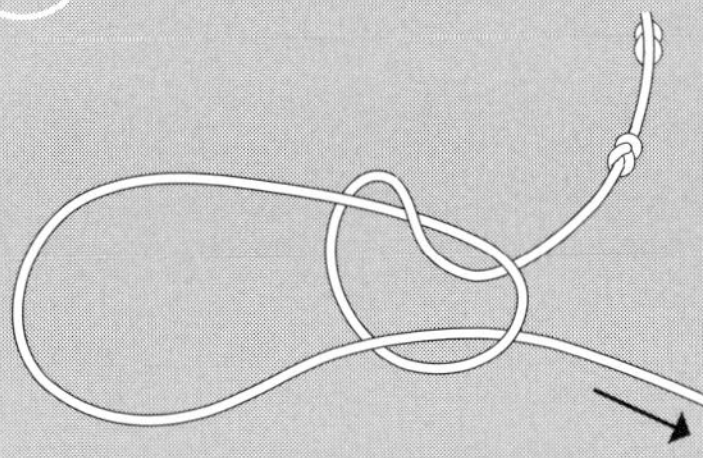

⑤ このチチワに穂先を通して引き絞る

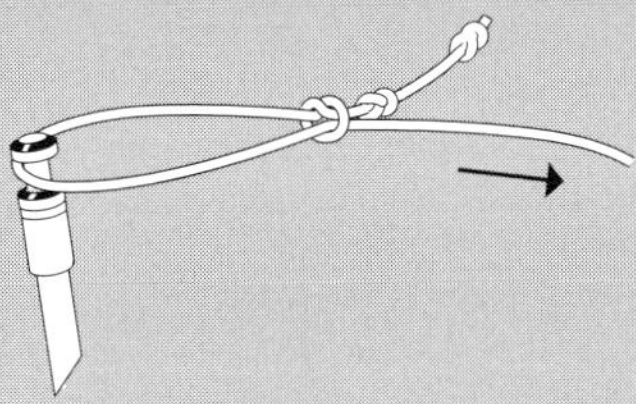

⑥ ほどく際にはコブのある端イトを引けばよい

フック式穂先も同じ方法で

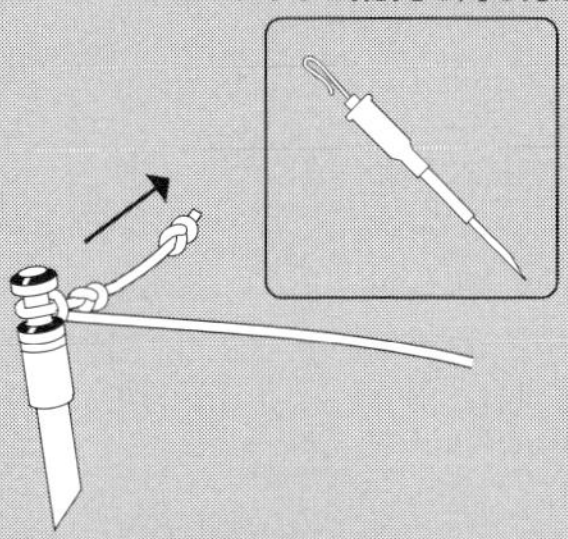

チチワの大小は自由自在！

チチワを作る便利な小道具と使い方

チチワの大きさを思いどおりに作ることは意外に難しい。

そこで利用したいのは『8の字フック』や『速攻8の字むすび』、『ハイテクチチワニードル』といった8の字結びに便利な小道具。

一度使ったら手放せなくなるはず。なお、手先の器用な人ならピンセットや爪楊枝でも代用できる。

①
イトを2つ折りにする。長さは10cmくらい

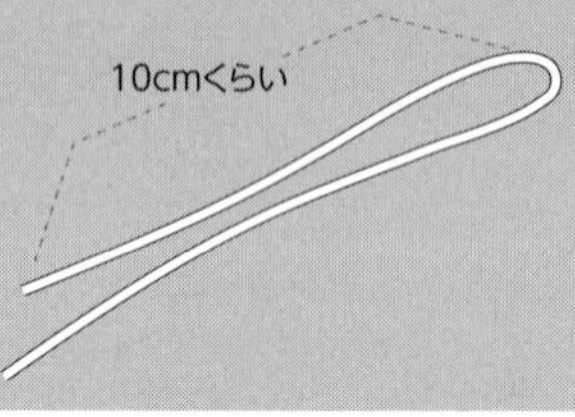

②
2本のイトを交差させて作った輪を作る

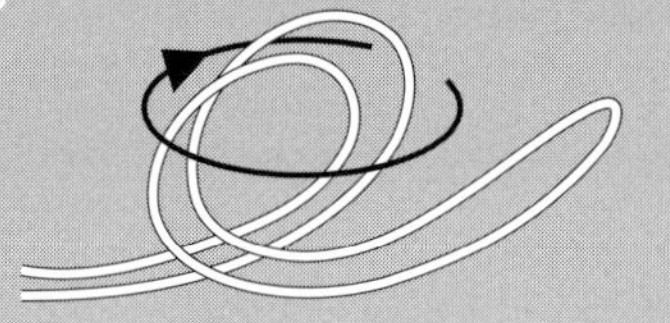

③
指先で押さえたチチワに「8の字フック」または「速攻8の字むすび」の軸を差し込み、1回転させたら、フック部分で片方のチチワを引っかけて引き抜く

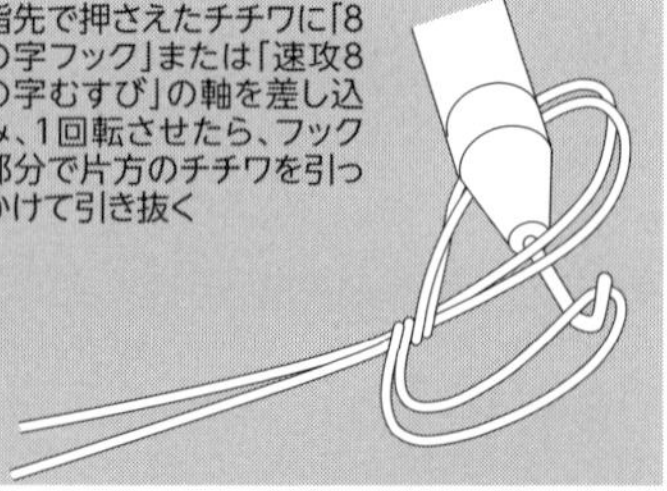

④
8の字を緩く作った状態で、「ハイテクチチワニードル」を使い、前後の2つの突起部分を8の字前方の2本イトと先端部の輪の中に差し込む

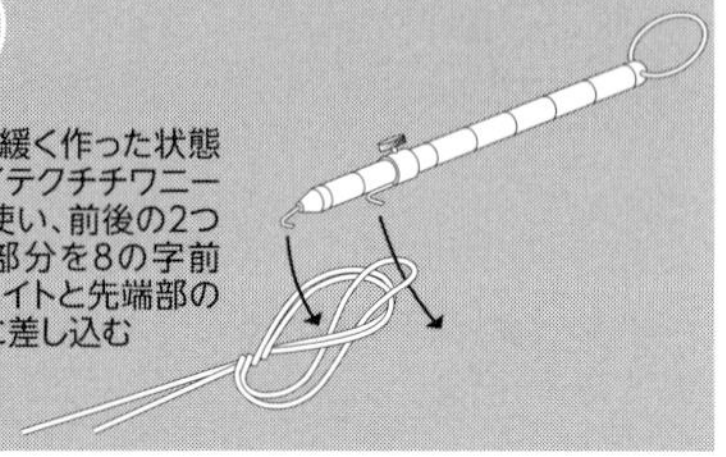

⑤
結束部全体を唾液で湿らせてから、ゆっくりと引き抜く

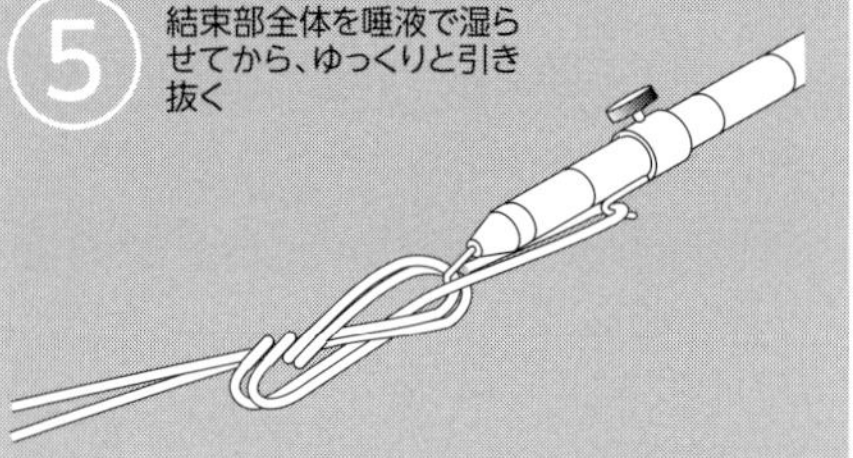

⑥
引き絞る1歩手前で「ハイテクチチワニードル」を外し……

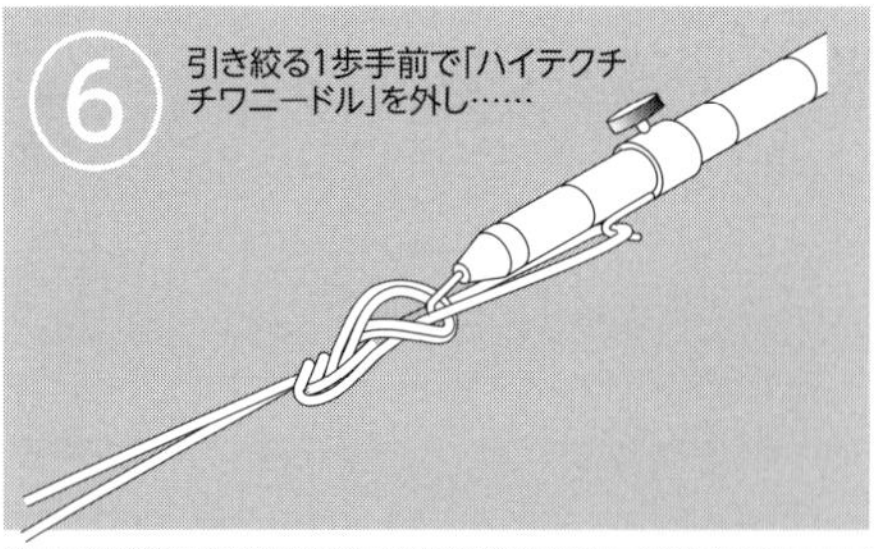

⑦
改めて唾液を付け直してしっかりと締める

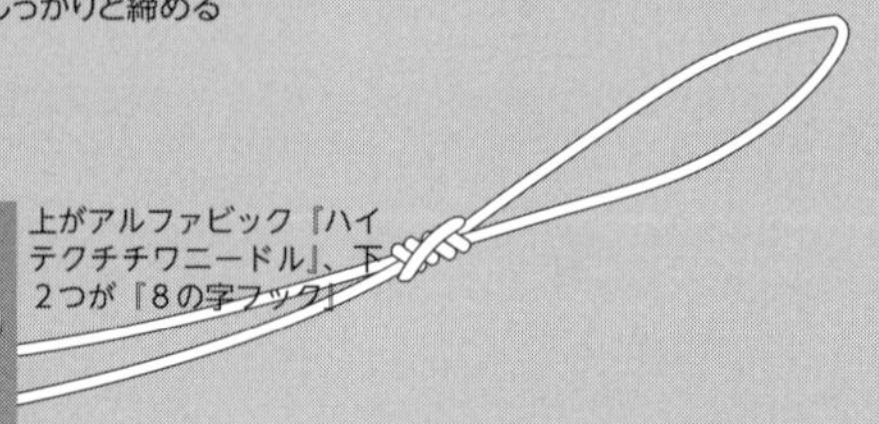

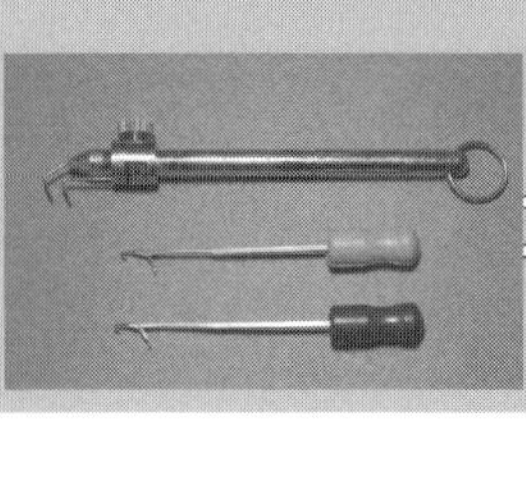

上がアルファビック『ハイテクチチワニードル』、下2つが『８の字フック』

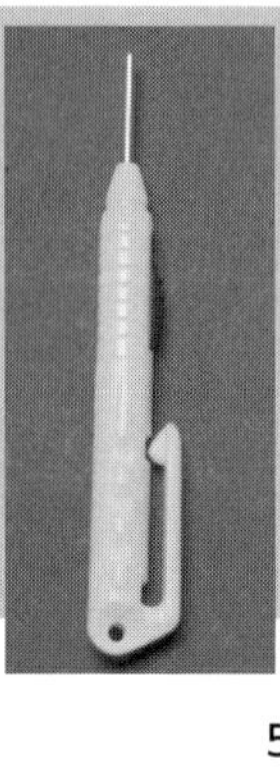

ダイワ『速攻８の字むすび』

電車結び

短仕掛けにミチイトを足したい時などの応急処置に覚えておきたい
最も簡単なイトとイトの接続法がこれ。強度も問題ない。

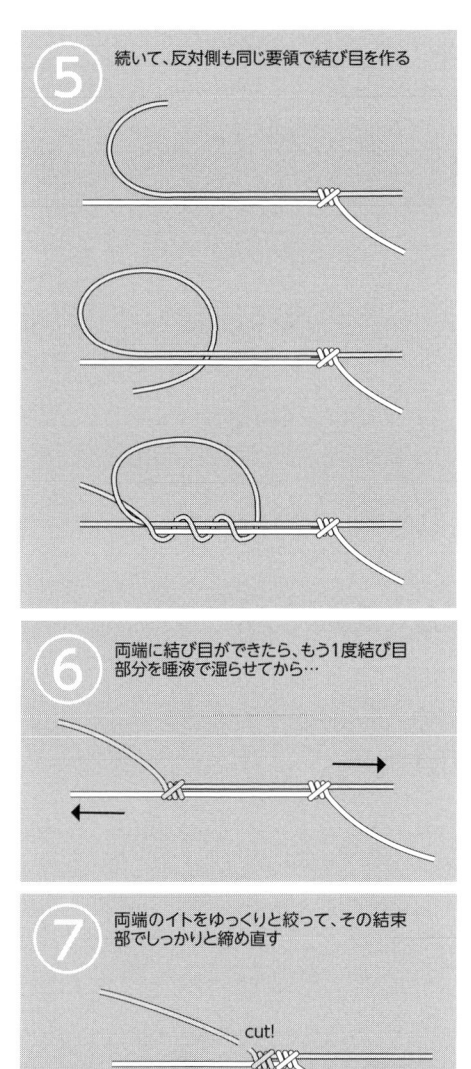

1 結びしろ分を考慮して2本のイトを合わせ、まずは1本の端イトを折り返し……

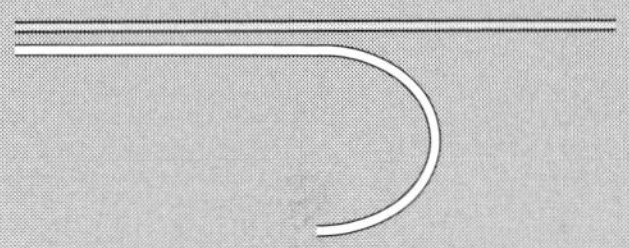

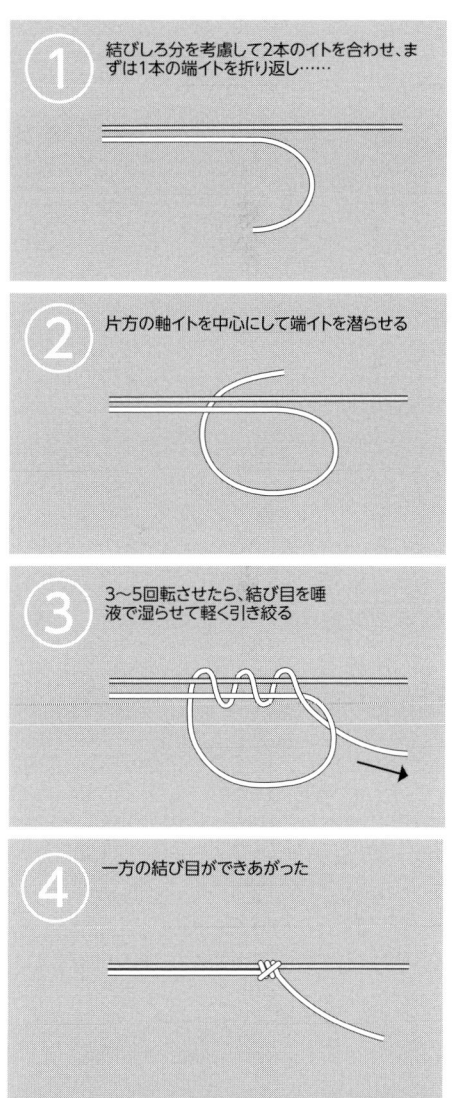

2 片方の軸イトを中心にして端イトを潜らせる

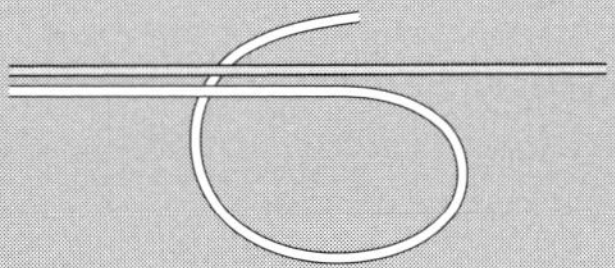

3 3〜5回転させたら、結び目を唾液で湿らせて軽く引き絞る

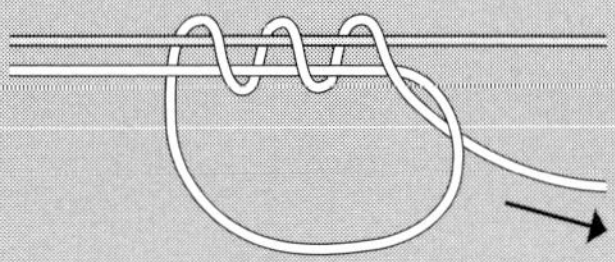

4 一方の結び目ができあがった

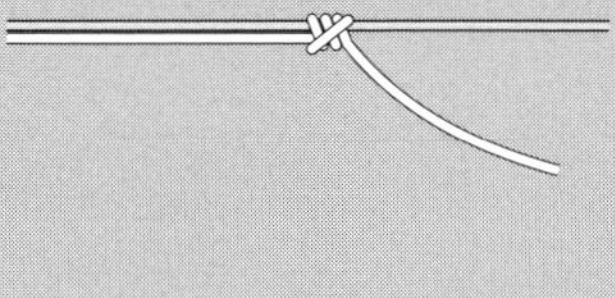

5 続いて、反対側も同じ要領で結び目を作る

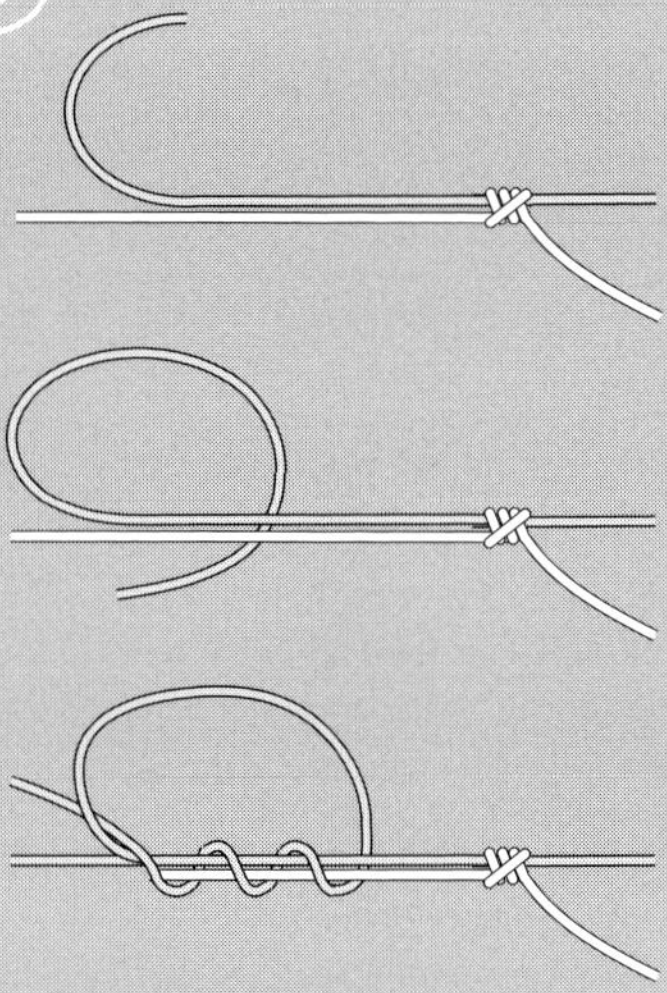

6 両端に結び目ができたら、もう1度結び目部分を唾液で湿らせてから…

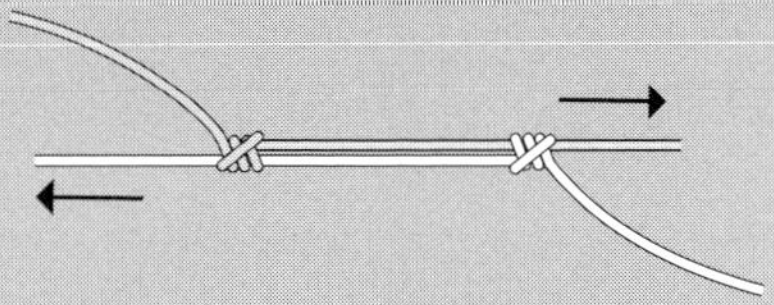

7 両端のイトをゆっくりと絞って、その結束部でしっかりと締め直す

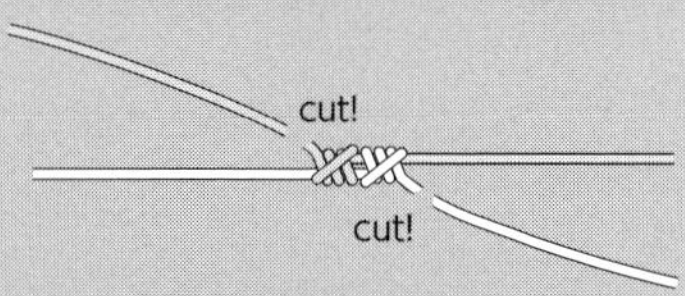

イトとイトの接続

ブラッドノット

イトとイトを結び止める方法として世界中で信頼されている基本的なノットの一つ。
慣れれば決して難しくない。

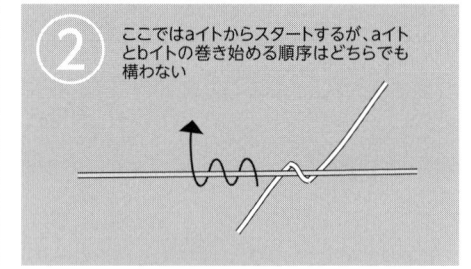

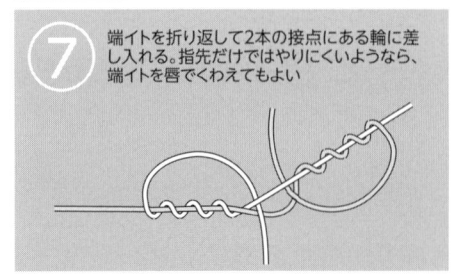

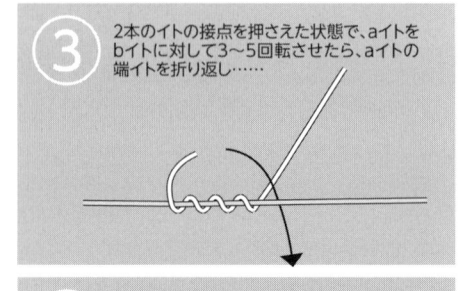

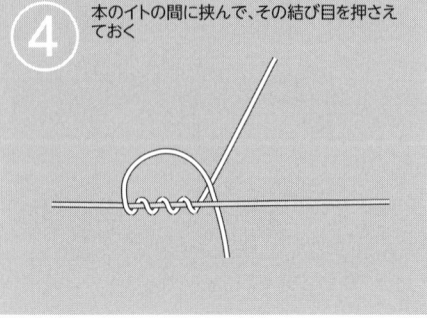

1 結び止める2本のイトを交差させ、その接点を押さえて持つ

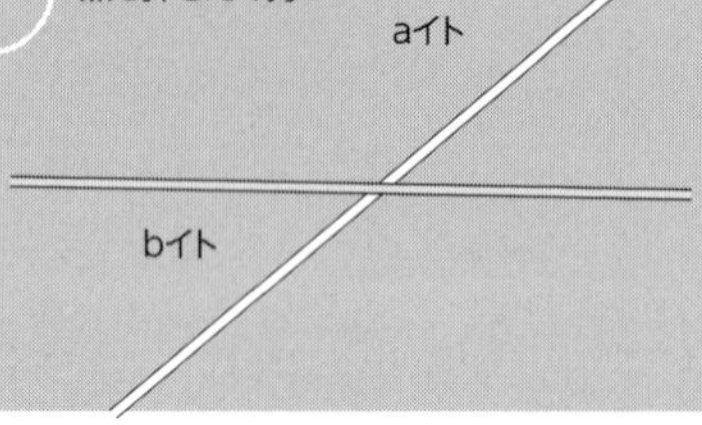

2 ここではaイトからスタートするが、aイトとbイトの巻き始める順序はどちらでも構わない

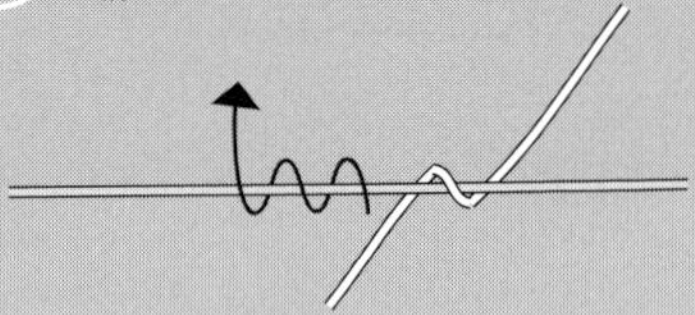

3 2本のイトの接点を押さえた状態で、aイトをbイトに対して3〜5回転させたら、aイトの端イトを折り返し……

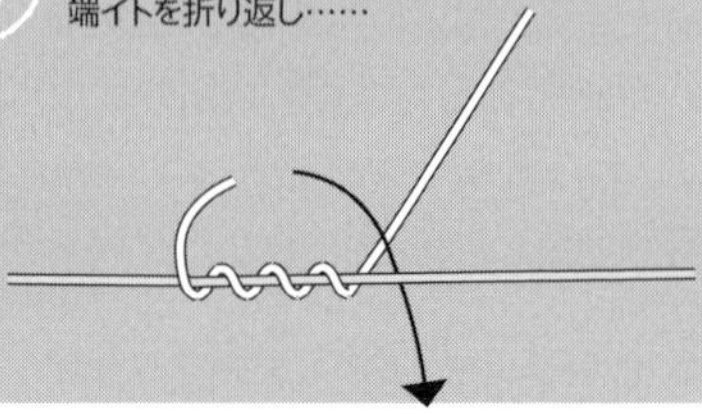

4 本のイトの間に挟んで、その結び目を押さえておく

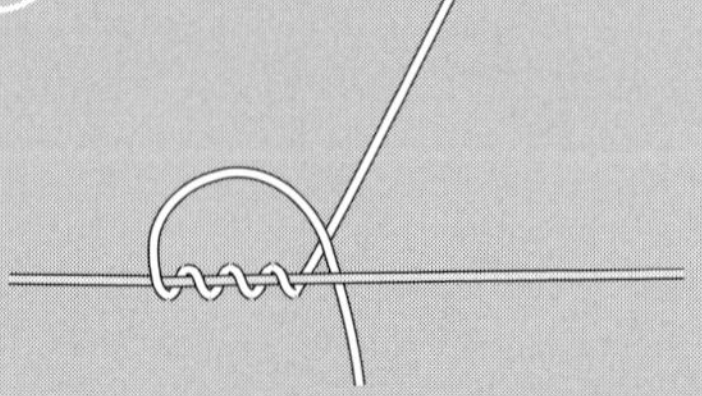

5 今度はbイトをaイトに対して3〜5回転させて……

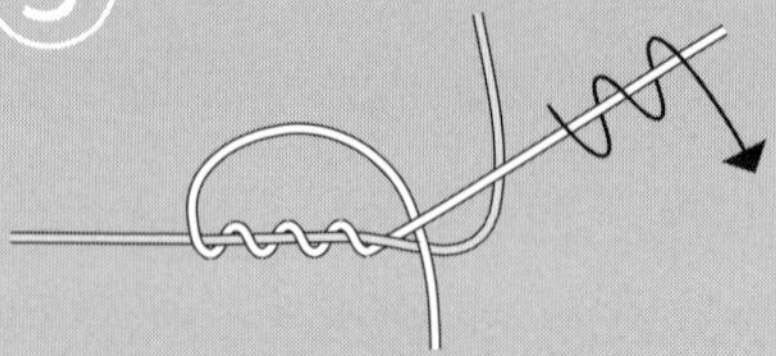

6 この時も結び目はしっかりとキープしたまま……

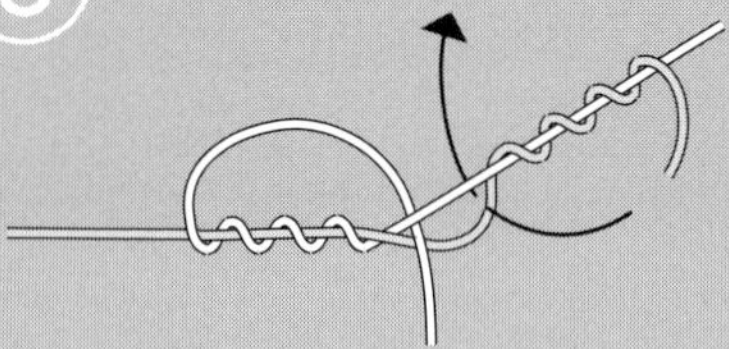

7 端イトを折り返して2本の接点にある輪に差し入れる。指先だけではやりにくいようなら、端イトを唇でくわえてもよい

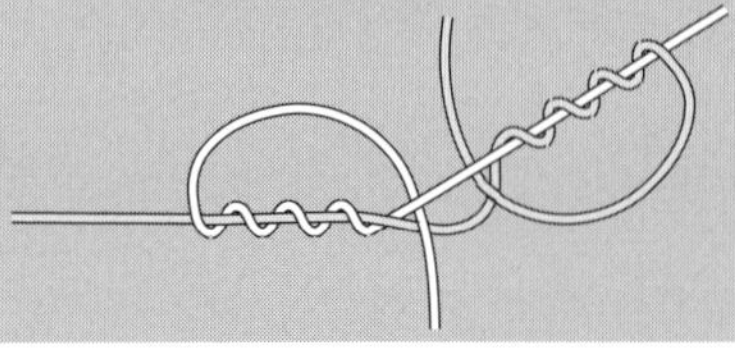

8 結び止める時は、必ず結び目周辺を唾液で湿らせる

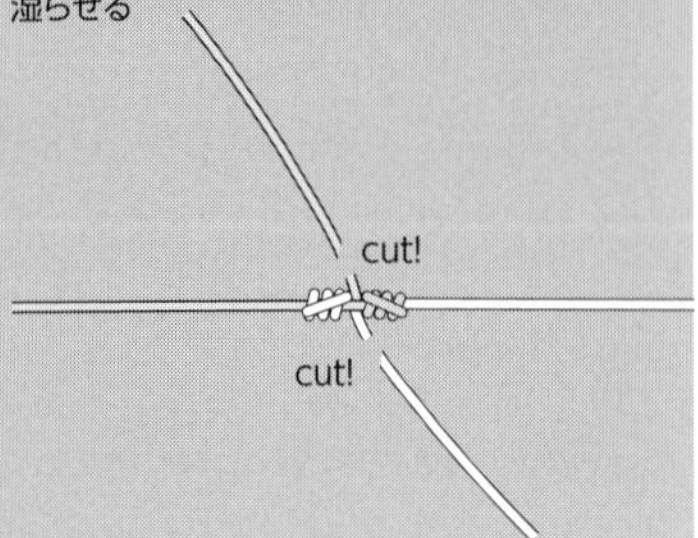

イトと接続具の結び方

ユニノット

簡単で信用性が高いノット。

フナ釣りではこれ一つマスターしておけば、丸カンや自動ハリス止メなどの接続具にイトが結べる。

1 丸カンなどの接続具にイトを通したら……

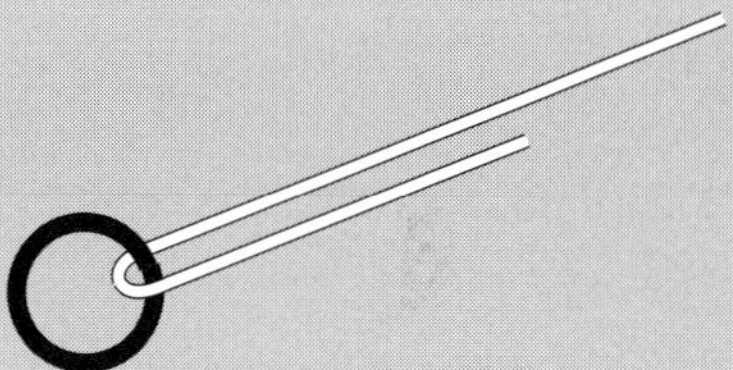

2 端イトを折り返し、輪を作る

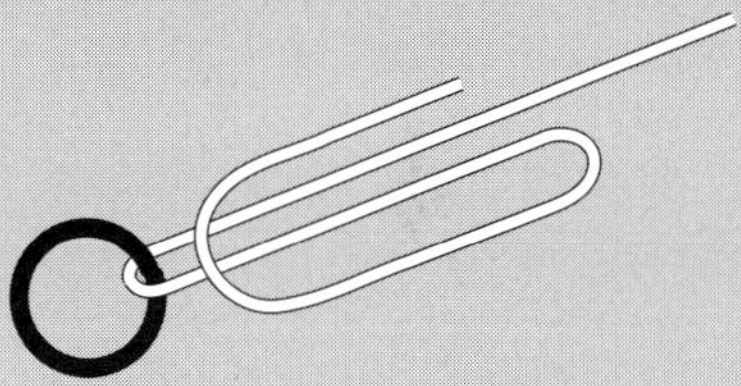

3 その輪に端イトを潜らせていく。巻き込む回数は5〜6回

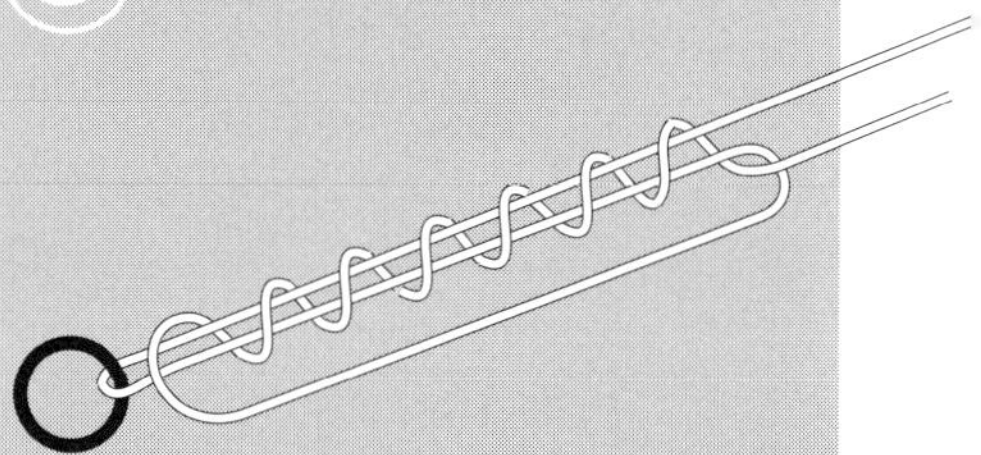

4 端イトを引いて軽く締めたら唾液で湿らせてから……

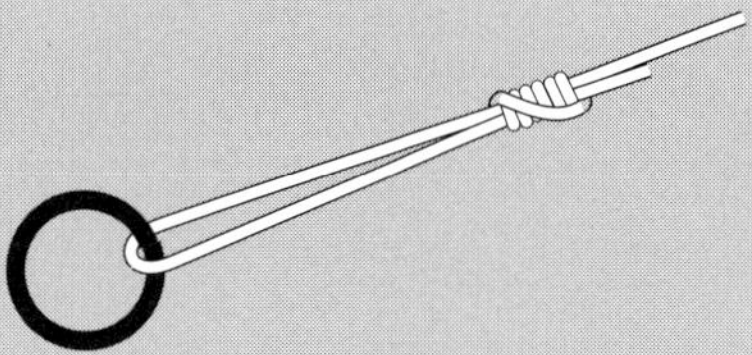

5 本線のイトを絞り込む

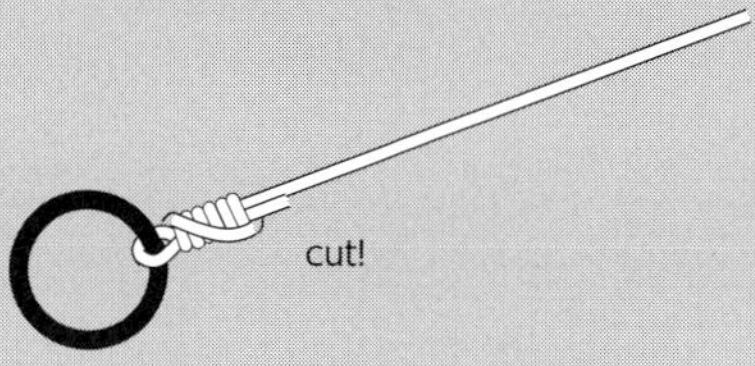

6 完成

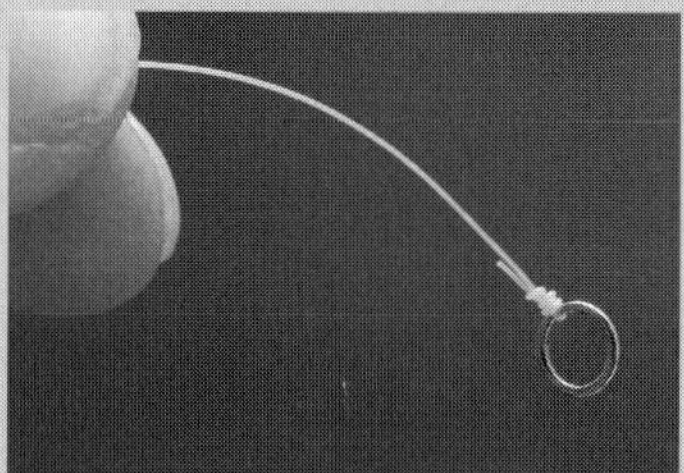

上バリ用丸カン結び

上バリ用の丸カンはユニノットで上下2個を結び止めればできるが、
捨てイト部分の長さを微調整するには、この結び方を試してほしい

①
ユニノットで結んだ下の丸カンから7、8cm離れたところを2つ折りにし、上バリ用の丸カンを通す

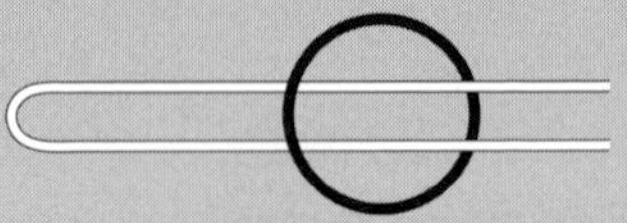

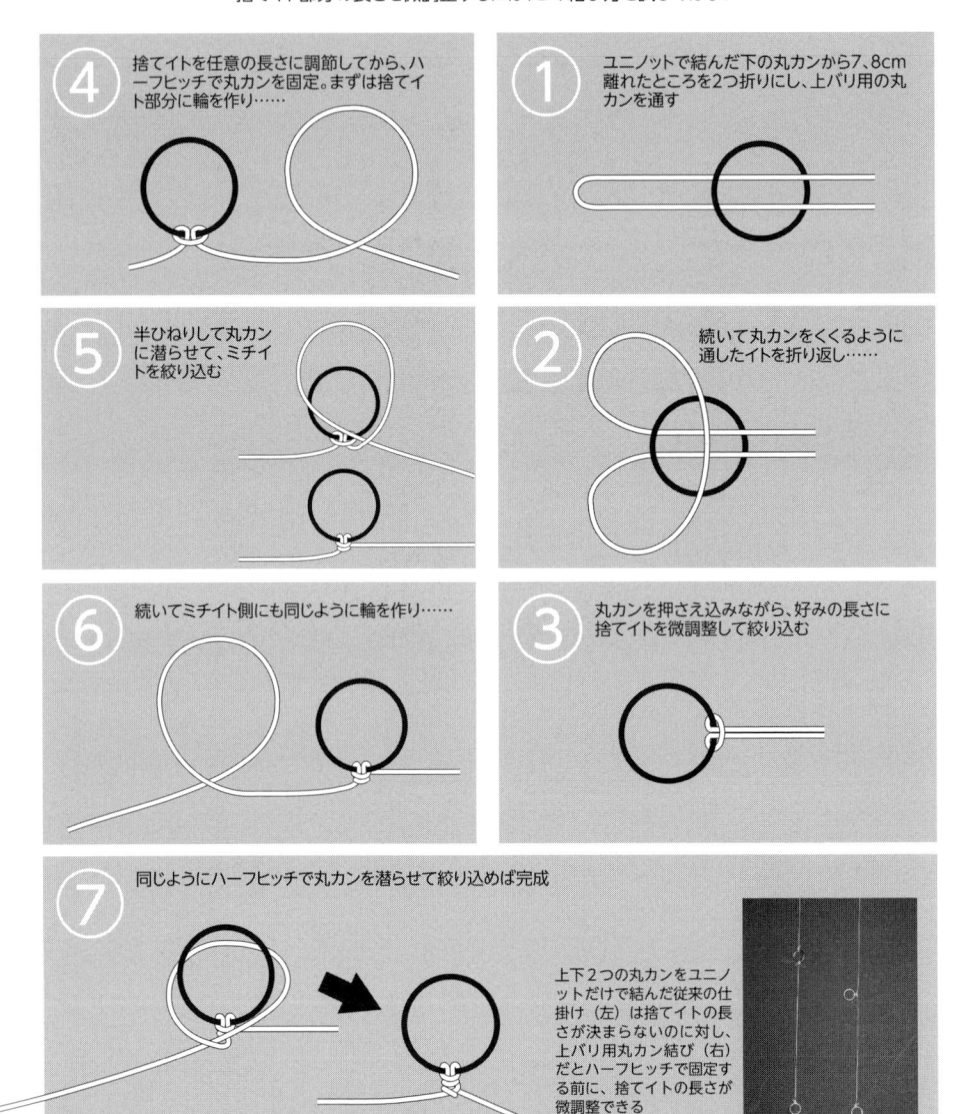

②
続いて丸カンをくくるように通したイトを折り返し……

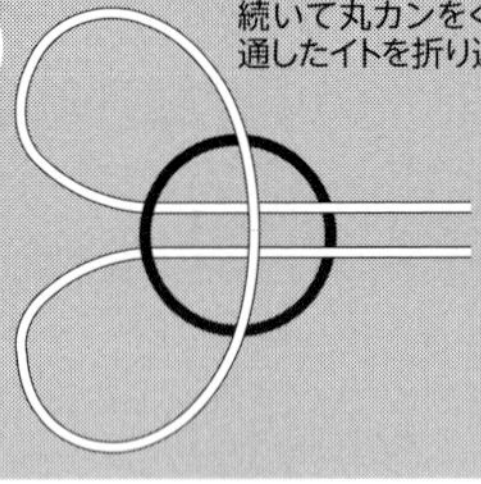

③
丸カンを押さえ込みながら、好みの長さに捨てイトを微調整して絞り込む

④
捨てイトを任意の長さに調節してから、ハーフヒッチで丸カンを固定。まずは捨てイト部分に輪を作り……

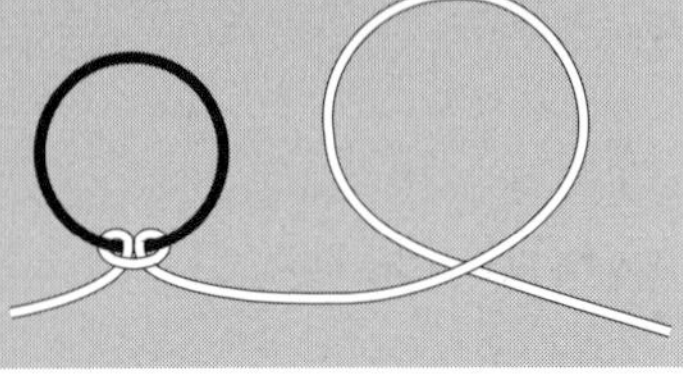

⑤
半ひねりして丸カンに潜らせて、ミチイトを絞り込む

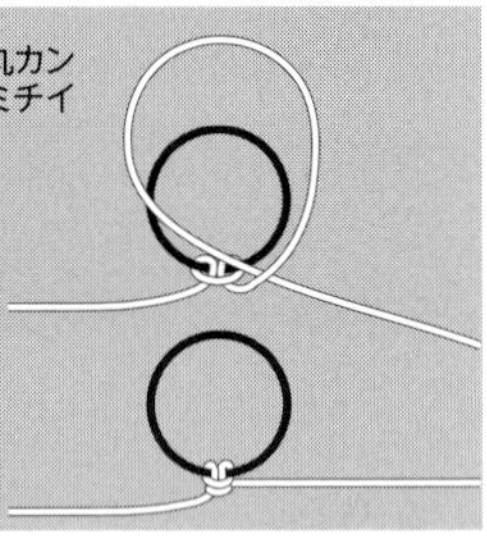

⑥
続いてミチイト側にも同じように輪を作り……

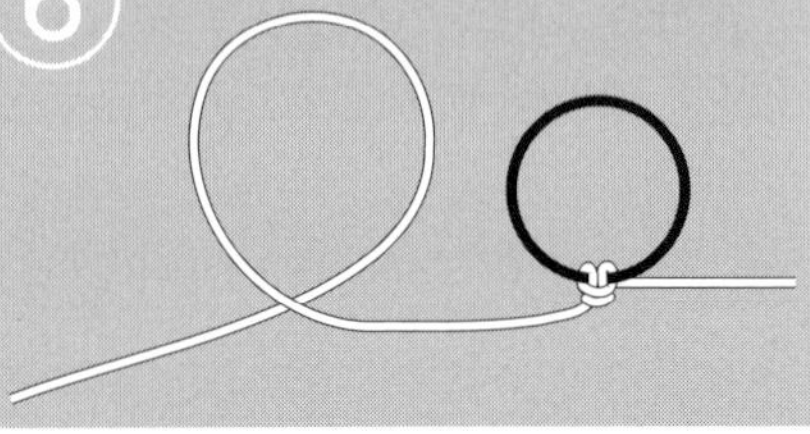

⑦
同じようにハーフヒッチで丸カンを潜らせて絞り込めば完成

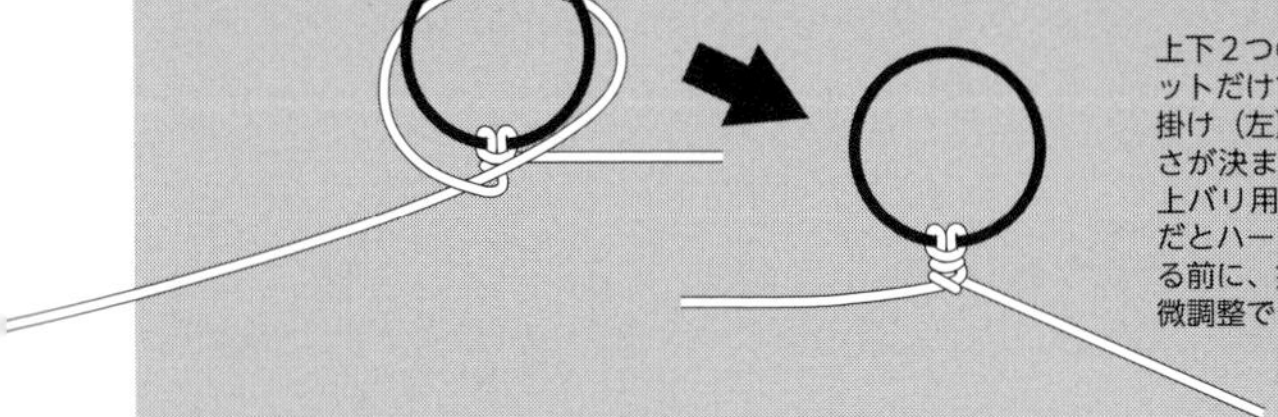

上下２つの丸カンをユニノットだけで結んだ従来の仕掛け（左）は捨てイトの長さが決まらないのに対し、上バリ用丸カン結び（右）だとハーフヒッチで固定する前に、捨てイトの長さが微調整できる

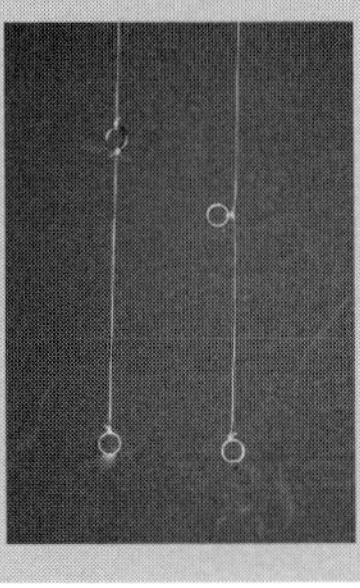

[ハリスと捨てイトの基本的なバランス]

73ページで後述しているように、私のフナ仕掛けの大半は上下2個の丸カンを介した捨てオモリ式として、上バリの1本バリを使うことが多い。オモリを固定する上下2個の丸カンの間は捨てイトと呼び、その長さは5～6㎝が基準。そして、上部の丸カンにセットするハリスの長さは通常8～10㎝としている。

このほか、根掛かり多発地帯用として3～5㎝の短ハリスも準備してあり、これらのスペアバリはすべてチチワ付きのハリスに結んで、ハリの号数別にハリケースに収納してある。

また、根掛かりの少ない平場などで2本バリを使う場合には上部の丸カンに3～5㎝の短ハリスを介し、一方の下部の丸カンには8～10㎝のハリスをセットするケースもある。

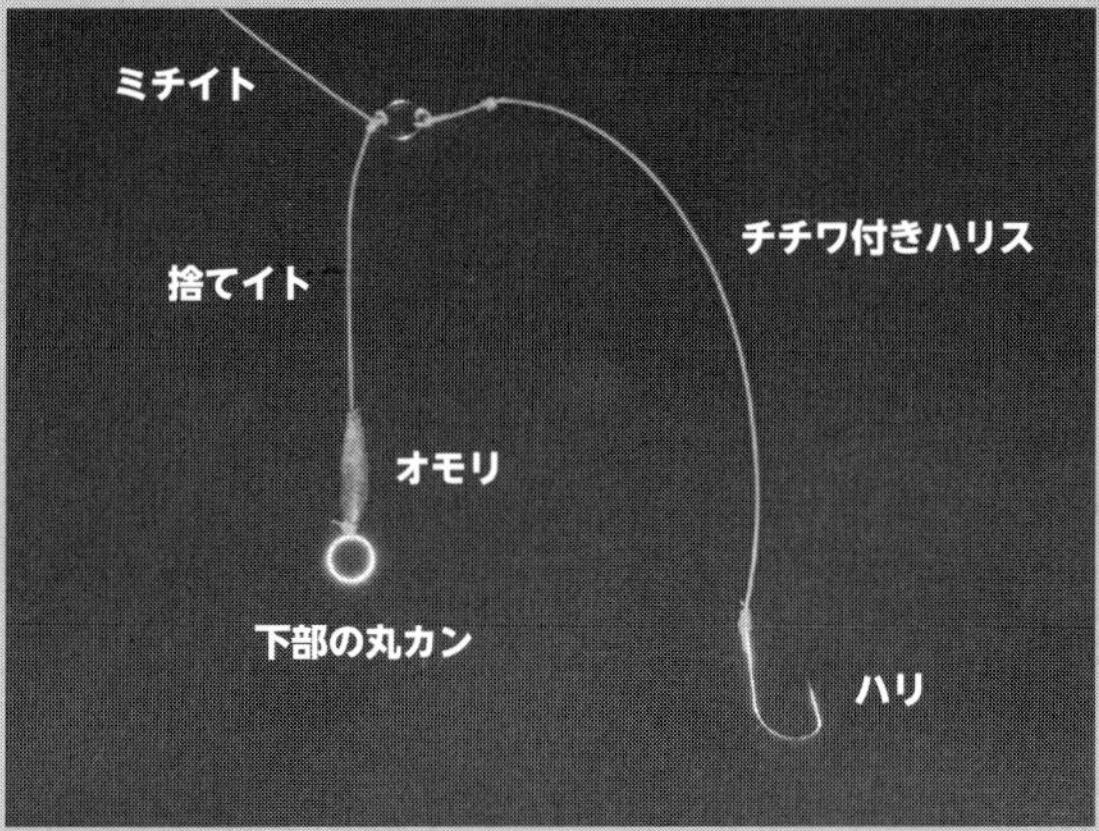

私流の上バリ1本の捨てオモリ式がこれ！

ハリケースには号数別にチチワ付きのスペアバリをたくさん用意しておくこと

ハリの結び方

外掛け結び

フナ釣りばかりでなく、淡水から海釣りまでオールラウンドに通用するハリの結び方だ

1 先端部に1cm前後の小さな輪を作るように端イトを6~7cmを残してハリ軸に添える

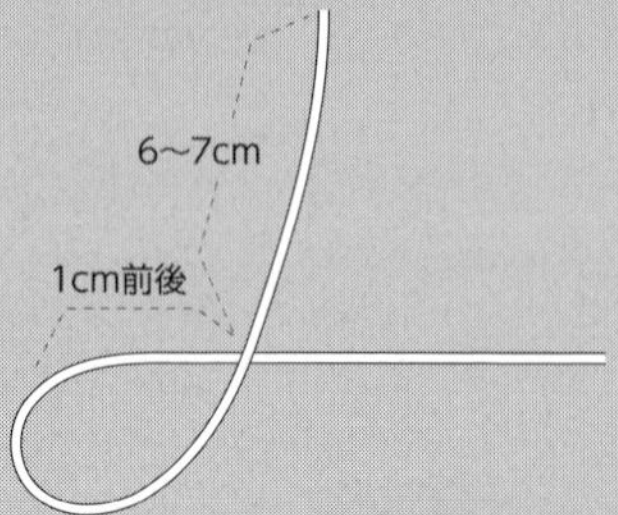

2 イトを交差させた部分を押さえ、本線イトを張りながら端イトで巻き始める

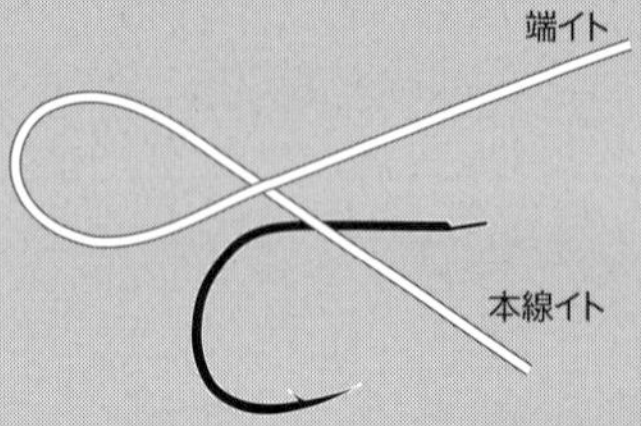

3 1回転させるごとに、巻いた部分をしっかりと押さえ直し……

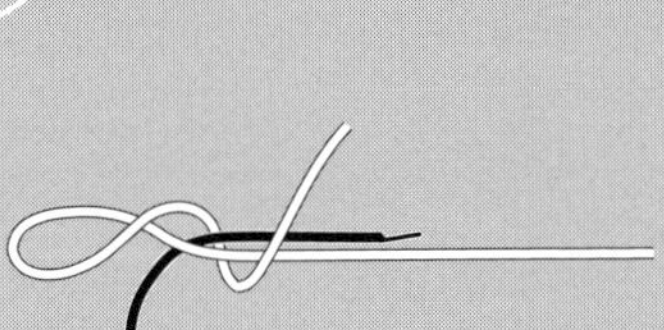

4 4~6回転させる

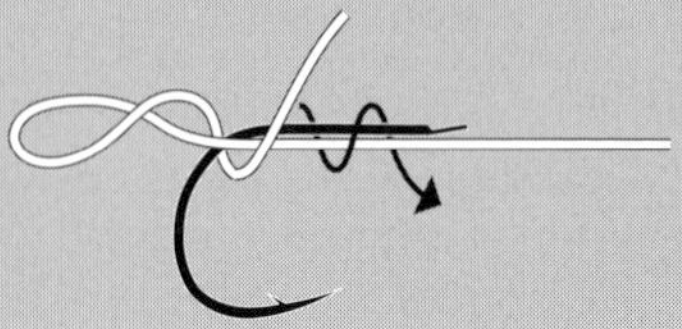

5 巻いた部分を離さないように注意して、端イトを折り返して先端部の輪に潜らせる

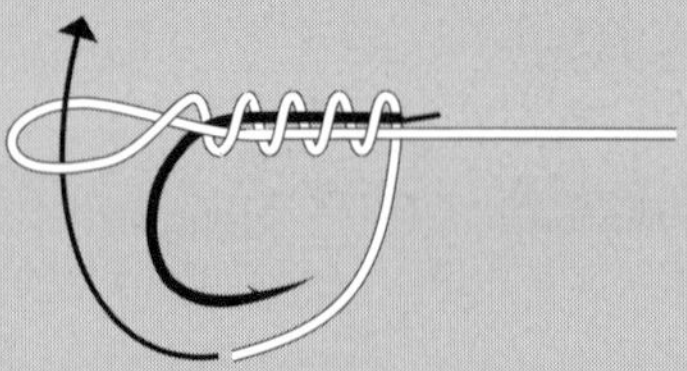

6 ここでも巻いた部分は決して離さず、まずは歯やニッパなどで端イトを張った状態にして、本線イトを引き絞って仮止めする。次に本線イトがハリのチモト内側から出るように調整し、最後に本線イトをもう一度引き絞って結び目を止める

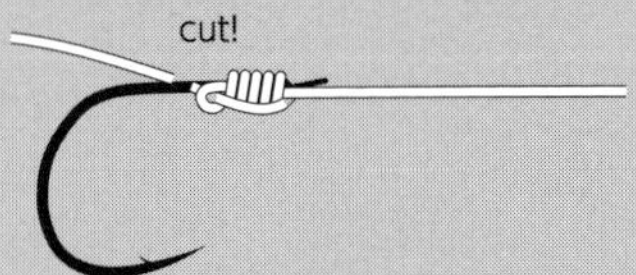

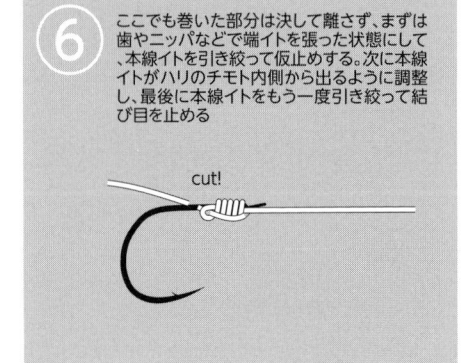

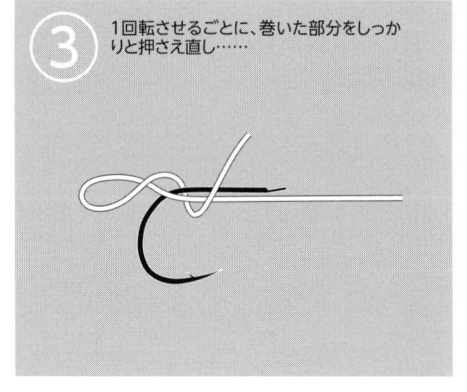

ハリの結び方

内掛け結び

昔から小もの結びの別名があるように、
フナをはじめ淡水の小もの釣りファンに親しまれているハリの結び方だ。結束力に関しても問題ない

① ハリ軸に添わせるように小さな輪を作り、ハリのチモトに近い位置を指先で押さえる

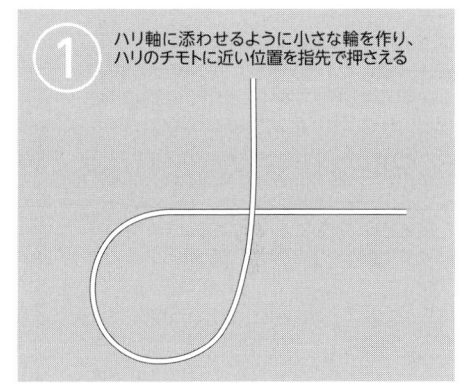

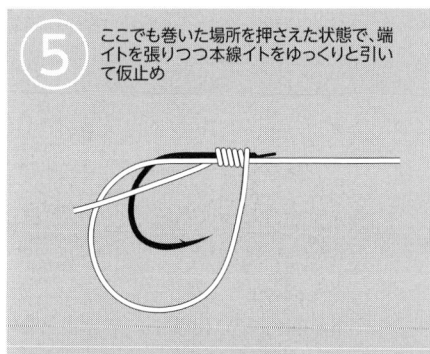

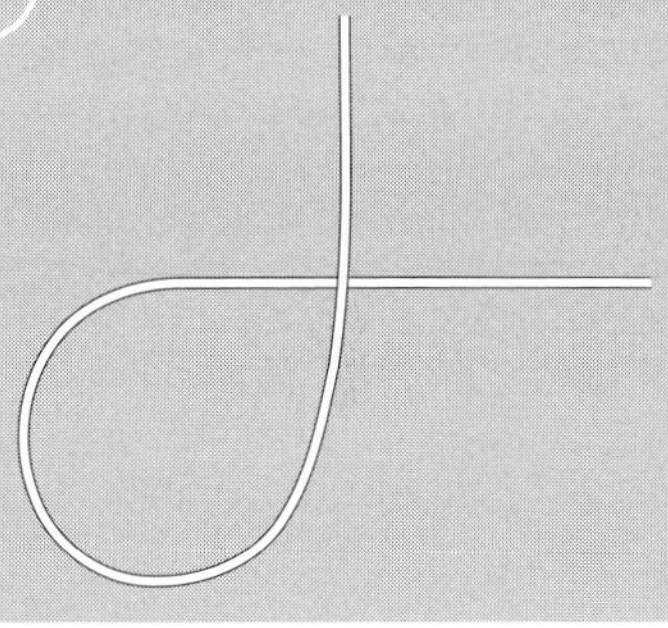

② 押さえた指先を離さないように注意し…

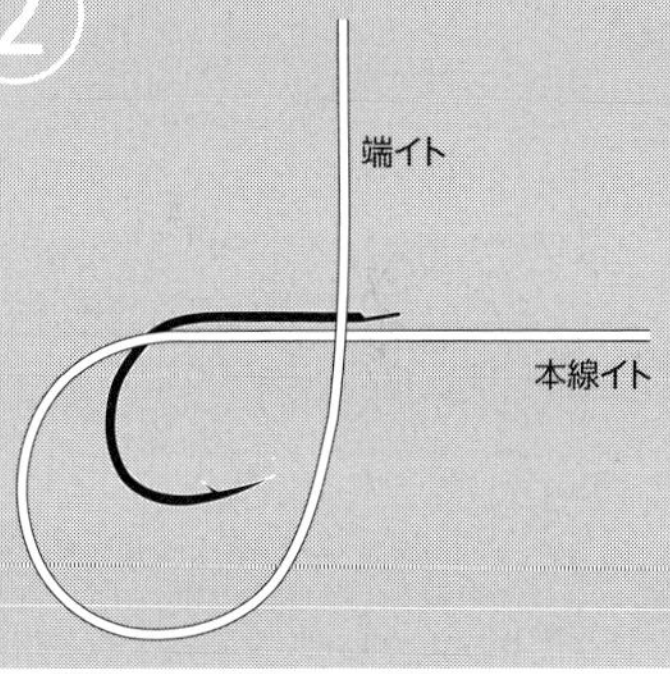

③ 端イトはハリ軸と本線イトを回して、輪の中に潜らせる

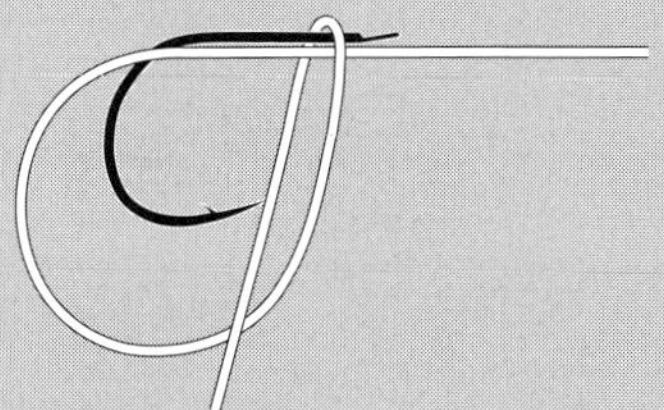

④ 巻き数は4～6回転でよい

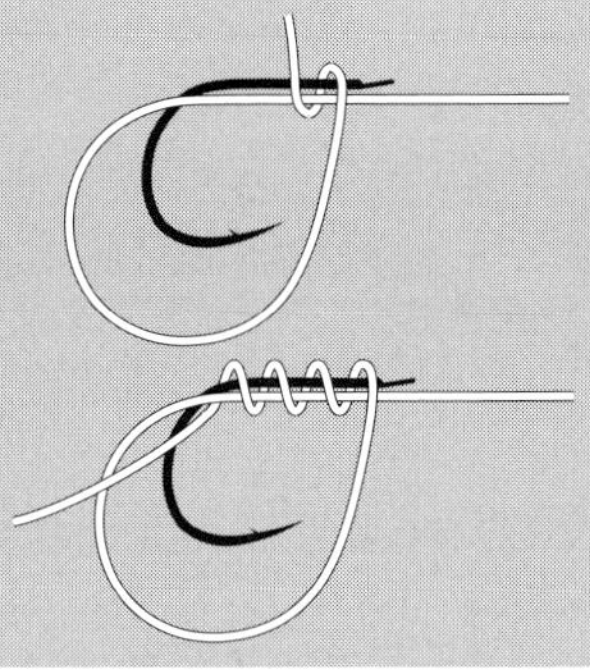

⑤ ここでも巻いた場所を押さえた状態で、端イトを張りつつ本線イトをゆっくりと引いて仮止め

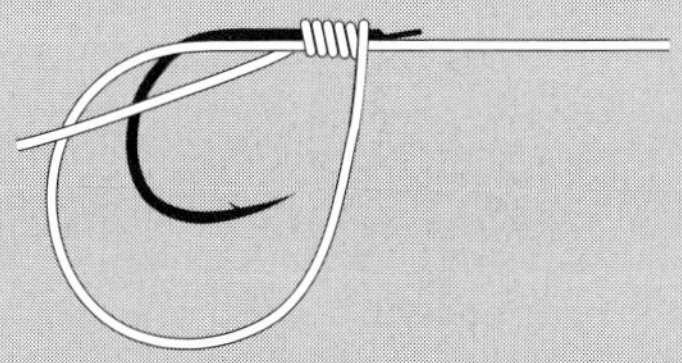

⑥ 最後にハリのチモト内側から本線イトが出るように調整してから、もう一度締め直す

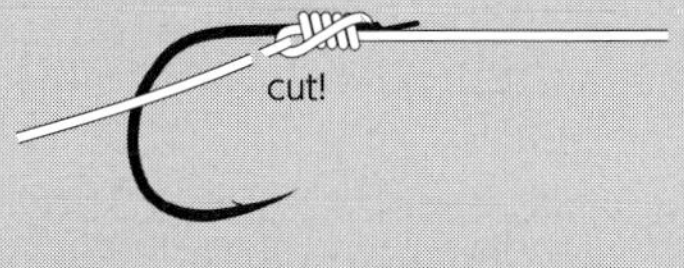

中通し玉ウキの止め方

崩し爪楊枝を使う

昔ながらのプラスチック製の中通し玉ウキの通し穴はストレートタイプ。これに対して、最近のポピュラーな硬質発泡製のシモリウキなどは、中通し部分がV字型にカットされたタイプが多く、必然的に同じような形状をした爪楊枝の先端部を利用してくさび止めにしたほうがたやすい。

ところが爪楊枝は素材が硬いため、知らぬ間にポロリと抜け落ちてしまう。そこで爪楊枝の繊維を縦に崩してみたところ、ミチイトとの馴染がよくすっぽ抜ける率が減った。

必要な道具は上から先細型の小型ペンチ、爪楊枝、大型の爪切り

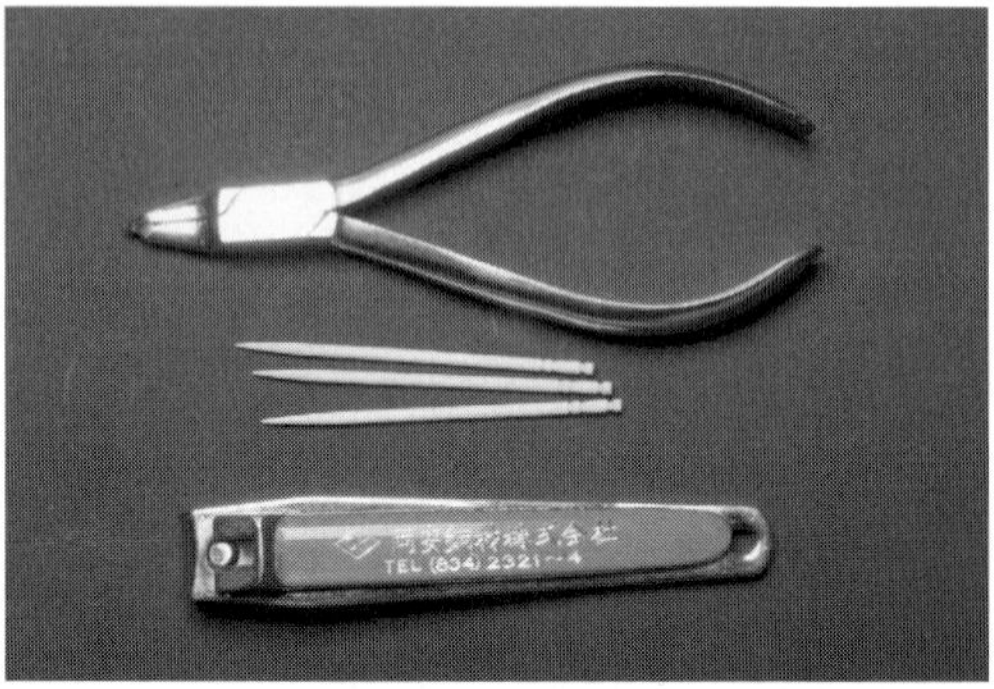

1 爪楊枝を少しずつ回しながら先端部15～20㎜をペンチで軽くつぶす。木の繊維が縦に崩れるくらいでちょうどよい

2 ミチイトに通した玉ウキの穴に崩した爪楊枝を差し込み、ウキが壊れない程度に少し強めに押し込む

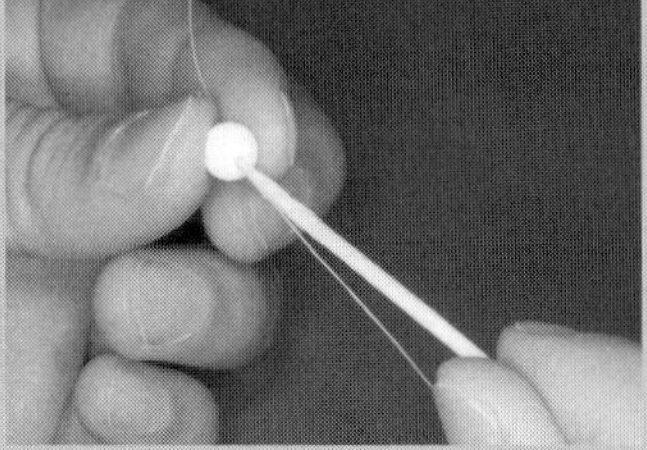

3 爪切りで爪楊枝の端を1㎜くらい残し、余分な部分をカットする。先端部の余分な部分も切り落としてもよい

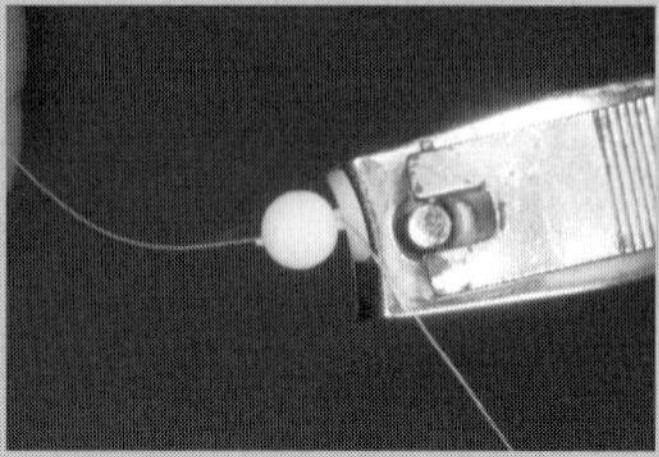

4 ここで玉ウキを上下にスライドさせてみて、固定具合を確かめる。そして、釣り場に到着したら玉ウキを動かす前に、そのまま川へ放り込んで爪楊枝の繊維に水を含ませて膨張させると、くさび止めのすっぽ抜けが防げる

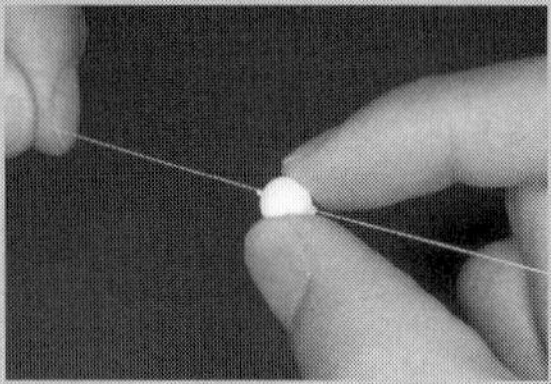

ホウキの芯を使う

中通し玉ウキの止め方は水鳥の芯、爪楊枝、輪ゴムなど数種類のものが使われてきた中で、最もポピュラーなのがホウキの芯を使う方法だ。

ホウキの芯でうまく止めるコツは節々がある細目のものを選び、数本まとめて折り重ねて差し込むこと。

ウキ止メに使うホウキの芯は小型の手ボウキ（写真）や庭先ボウキから引き抜く。都会には見かけなくなったが、フナが釣れるような郊外の雑貨屋さんや金物屋さんで探すのが手っ取り早い

1 最初にホウキを広げてホウキの芯をセレクトする

2 節のない1本芯(上)はNG。下のように節がある細目のものを選ぶこと

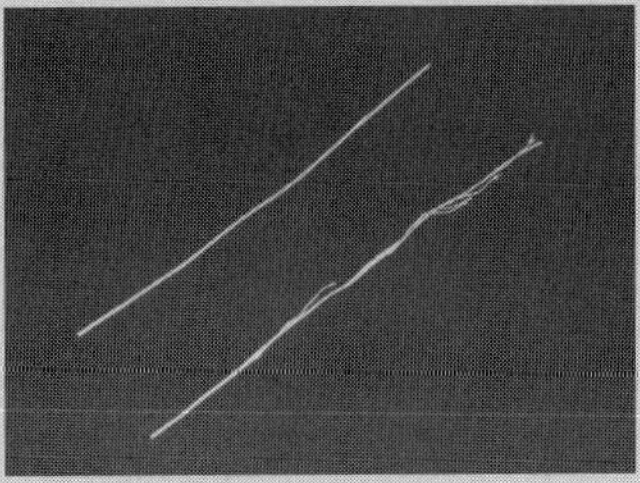

3 ホウキの芯はごく細い枝も取らないで、玉ウキの通し穴に合わせて2折り3折りして加減をみる

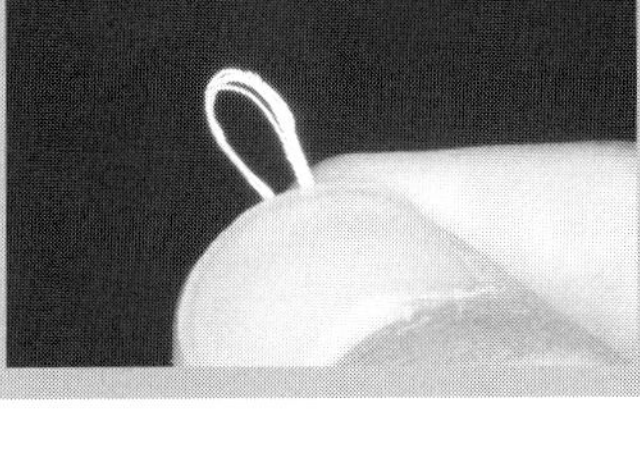

4 折り重ねたホウキの芯をねじ込むようにして通し穴に入れ…

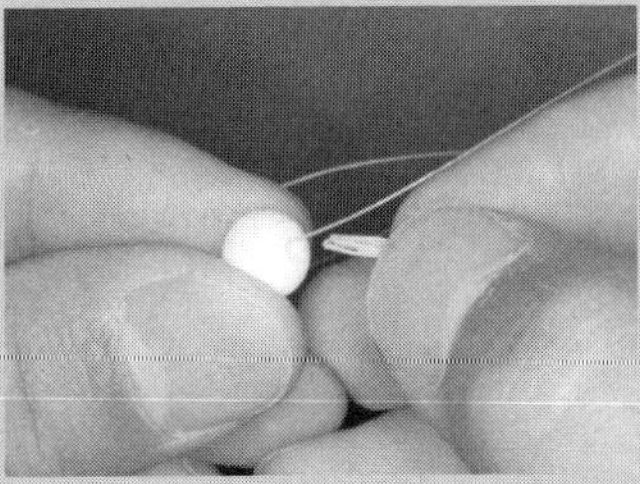

5 適度なテンションを保って止まれば、通し穴の入り口で根元をカットする。釣り場では仕掛けをセットしたらホウキの芯が抜け落ちないよう、川へ投げ込んで水に浸してからウキ下を調節すること

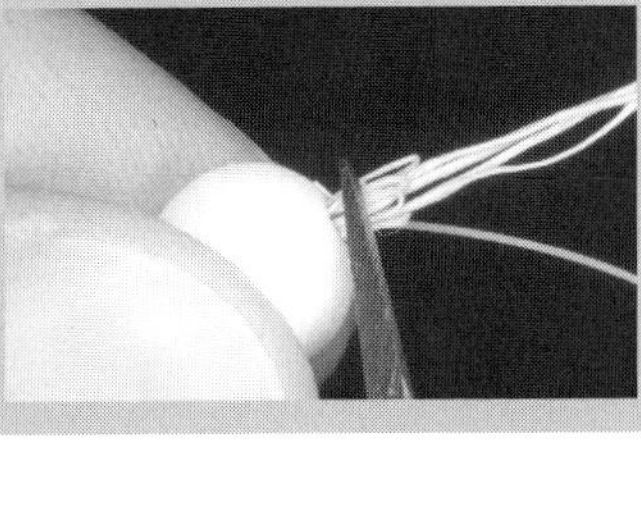

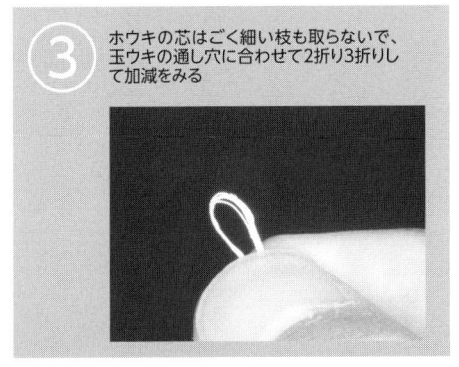

仕掛け作りのヒント

板オモリの美しい巻き方

フナに限らず川の小もの釣りは、板オモリを使ってウキの浮力バランスを整えるのが基本。

自由自在に板オモリで調整できるようになれば、一人前の釣り人というわけだ。

① 板オモリは使用するウキの浮力よりも重めに切った後、巻きやすいように、両サイドを斜めにカットして……

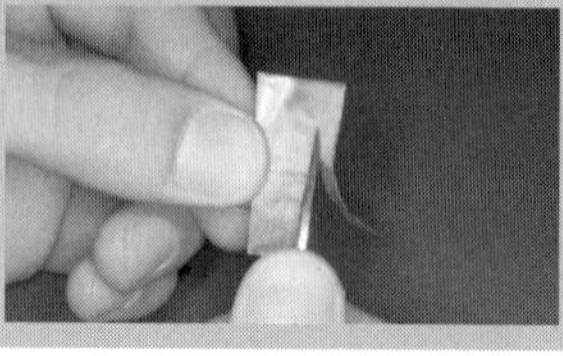

② このような形に成型する

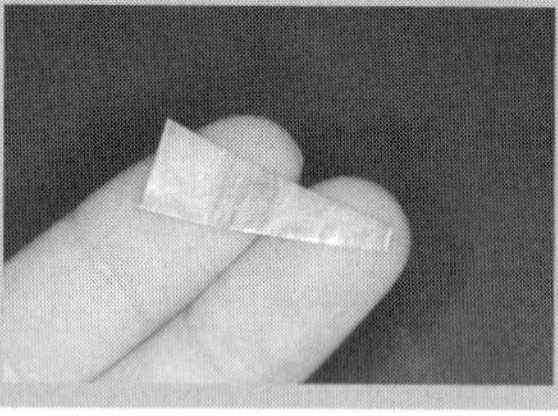

③ 次にハサミの刃を使ってイトをはさむリード部分を2㎜程度折り曲げたら……

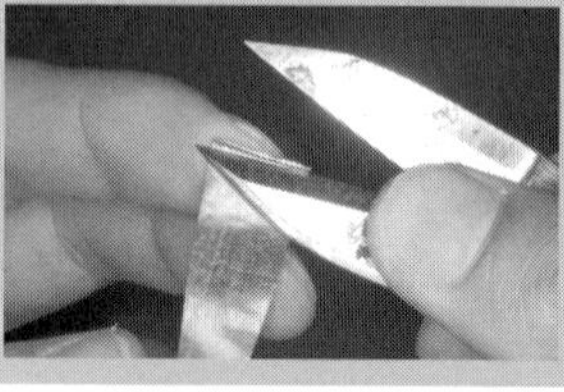

④ イトにはさみ込み、最初のうちはハサミの刃でフォローしながら板オモリを巻き込んでいく

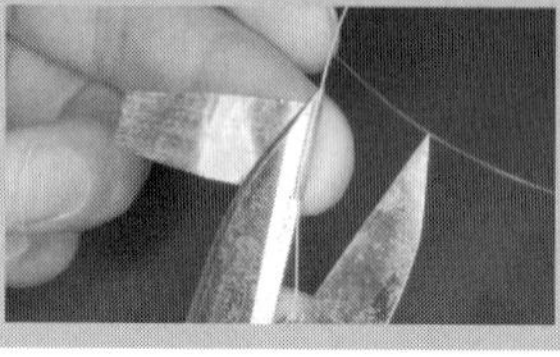

⑤ 数回巻いた後は指先で巻き込めるようになる

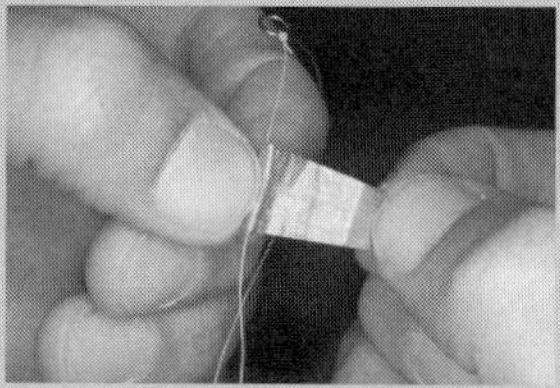

⑥ 紡錘形に巻ければ仕上がりもきれい

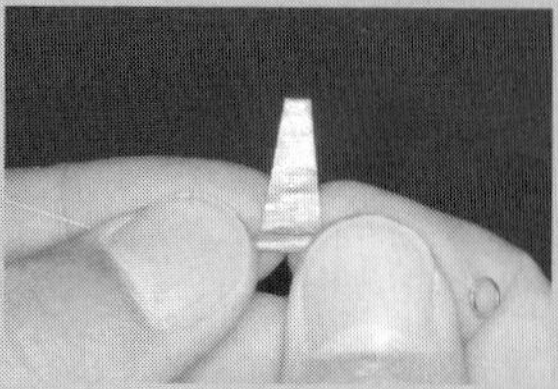

⑦ ウキの浮力バランス調節は水を張った容器に仕掛けを入れ、オモリの端を少しずつカットしながら慎重に行なうこと。なお、③の段階で縫いバリなど極細の芯を添えて板オモリを巻くと、中通しオモリ仕様になる

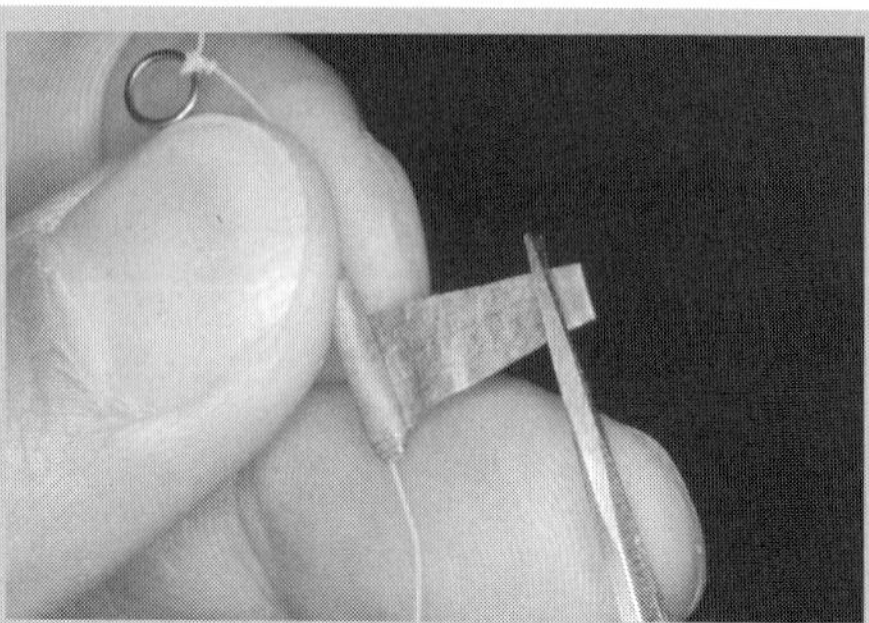

仕掛け作りのヒント

ちょっとした勘違い？
チチワ付きのハリを丸カンに通す正しい接続法

著者流のフナ釣り仕掛けには接続具として最もシンプルな丸カンを多用している。このため、使いたいハリスの長さが決まるように、事前にチチワ付きのスペアバリを作って号数別にハリケースへ収納してある。ところが、チチワ付きバリを丸カンに接続する際にちょっとした勘違いで、上下逆に通そうと苦労している人が意外に多い。

① まずはチチワ付きのハリを用意する。チチワを5～10㎜と小さく作るためには、［穂先への接続］で紹介した『8の字フック』や『速攻8の字むすび』、『ハイテクチチワニードル』といった8の字結び専用の小道具を使うと便利

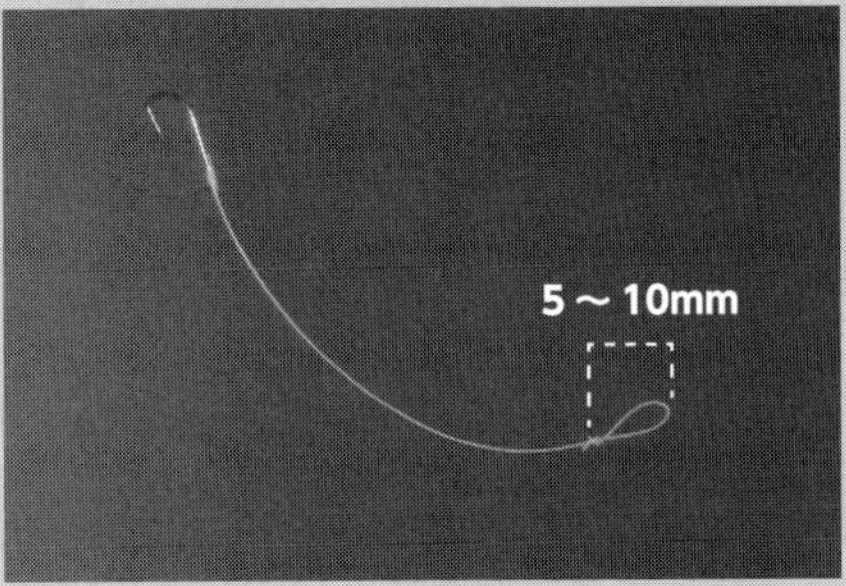

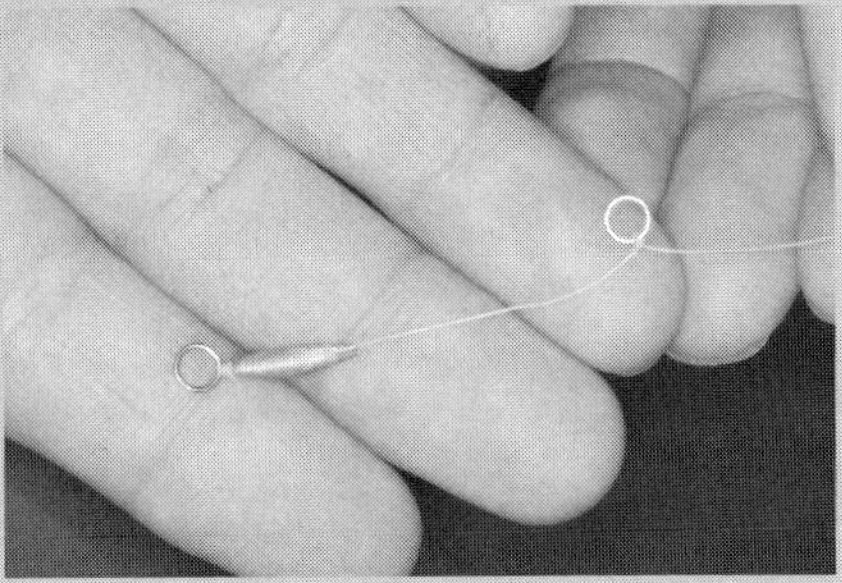

② そして、丸カンには必ずハリ先から通すことが鉄則。反対側のチチワから通そうとすると丸カンが邪魔してイライラが募るはず

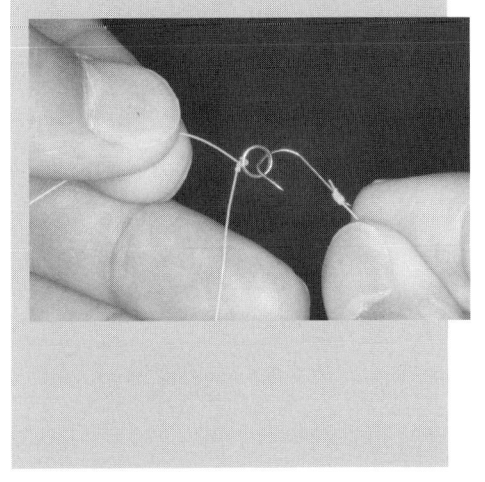

③ 最後にハリスを軽く引き絞ればよい

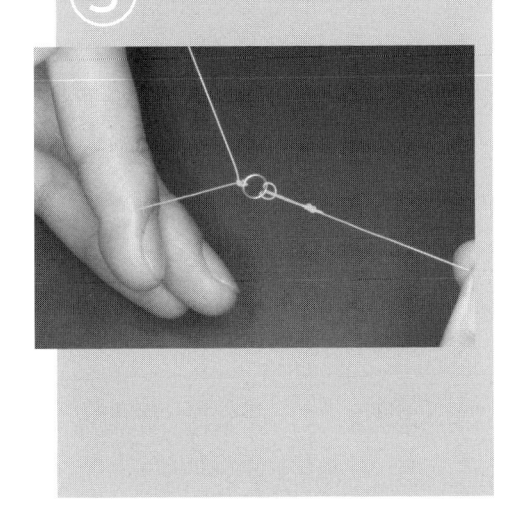

外通し式バットウキの作り方

蛍光塗料を塗った単色バットウキは、連動シモリ仕掛け用の親ウキとして人気が高い。立ちウキのバリエーションの一種なので、そのままゴム管に差し込んで使える。ところが外通し式のバットウキに加工することで、親ウキと中通し玉ウキが一体化して水に馴染みやすくなり、まるで普通のシモリ仕掛けと同じような感覚で操作できるのだ。

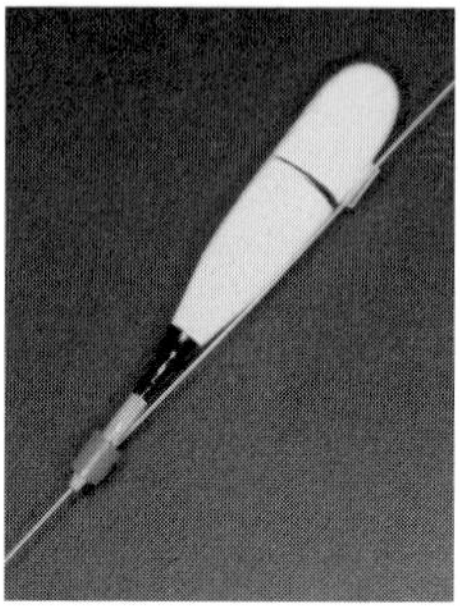

また、アシ際などの障害物周りをねらう場合でも、親ウキの部分が引っ掛かることが少なく、水草の間をすり抜けてくれるので、果敢に攻められることも大きな利点だ。

① 外通し部品に使うウレタンパイプは釣り具として売っているもので、ウキの大小によって内径3㎜を中心に0.2～0.4㎜を使えばよい

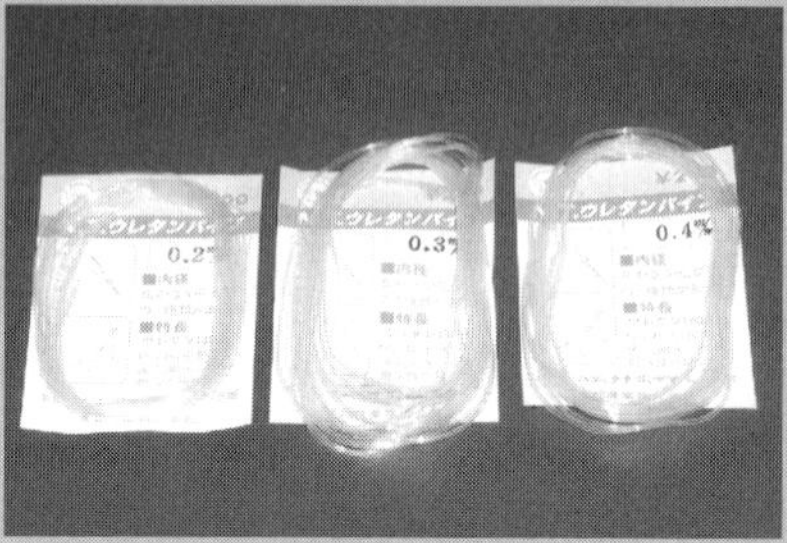

② まずはウレタンパイプを2～3㎜にカットしておく

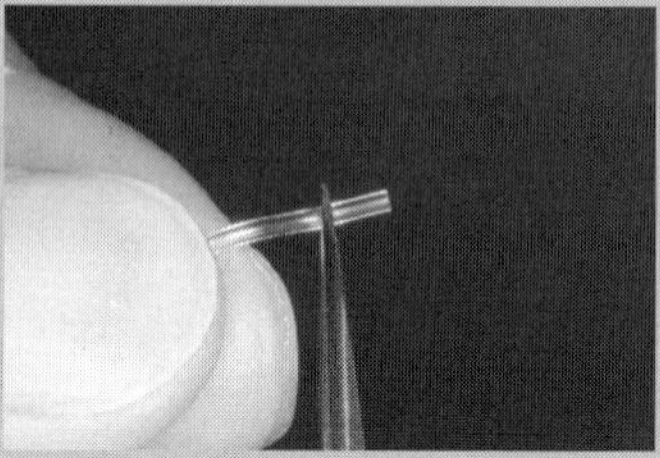

③ バットウキの上部側面に瞬間接着剤を1滴垂らし…

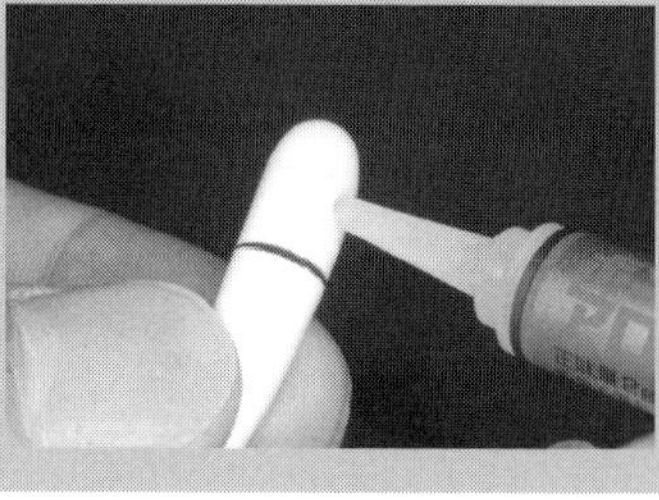

④ ピンセットでウレタンパイプをはさみ、乗せて接着させる

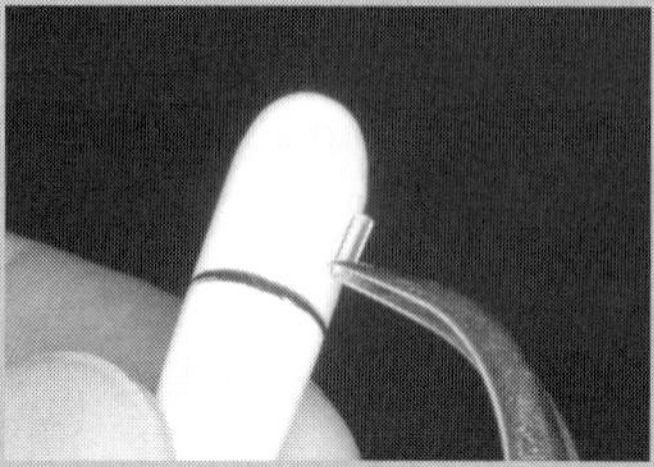

⑤ 外通し式バットウキはこんな感じ

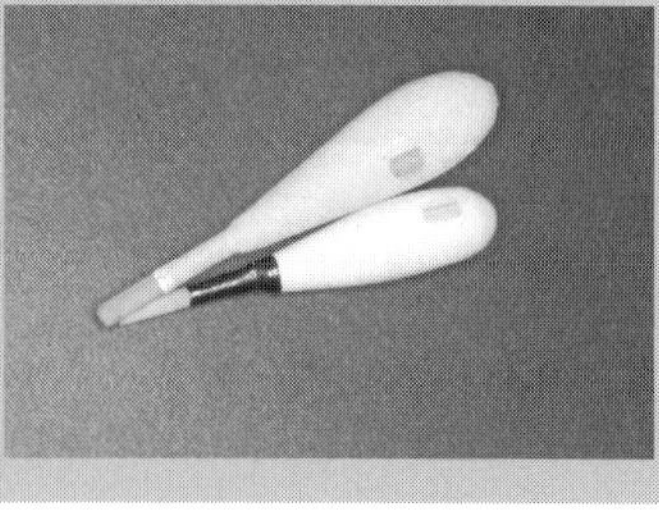

チャレンジ編

立ちウキを作ってみる

突き詰めれば突き詰めるほど奥が深いウキ作りだが、意外にもその素材や塗料の入手は簡単。後は焦らずに根気よく細かな作業に没頭するだけだ。　（作製／田沼光太郎）

●材料

○バルサ材の丸棒○下地用塗料○人工漆のカシュー各色○蛍光塗料各色○つや出しクリア樹脂塗料（以上は釣具店でウキの材料として市販されている）○粗目の整形用ヤスリ○380～400番の紙ヤスリや水ペーパー○焼き鳥用の竹串○木製ボンド（以上はホームセンターや100円ショップで購入）

① 完成形を想定して好みの長さにカットしたら、トップ部とボディーの境界線を決めると同時に、底面の中心部には軸用の穴を開けておく

② カッターナイフと粗目の整形用ヤスリを使っておおよその形まで粗削りをする

③ 続いて380番の紙ヤスリで慎重に削り出して完成形を決める

④ 下地用塗料を1～2回塗る

⑤ ここで400番の目の紙ヤスリで表面のザラ付きをきれいに落とす

⑥ 次にウキの軸を取り付け、ボディーには好みの色のカシューを3～4回塗り重ねる。慣れてきたらラメ入りなどの変わり塗りも楽しい

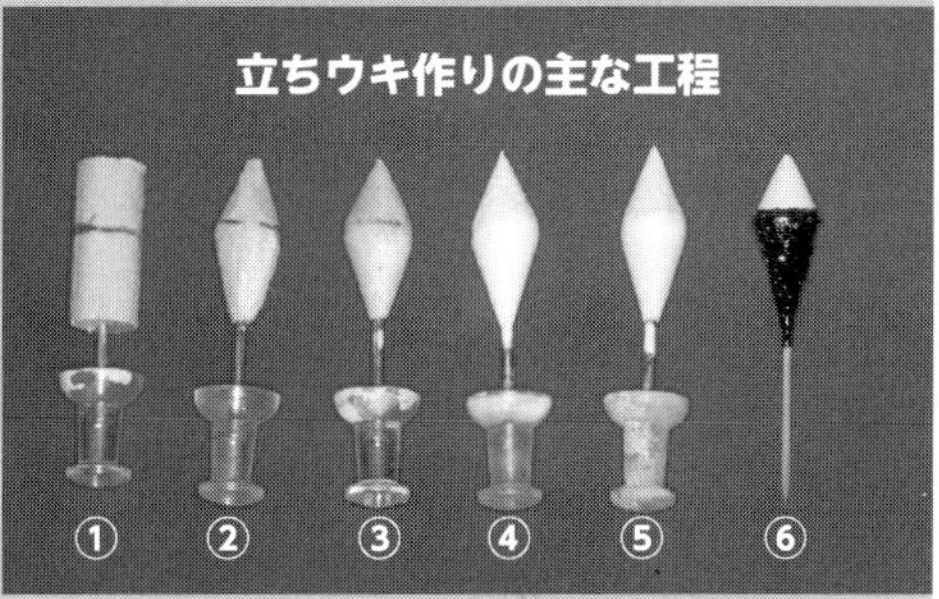

7

ウキの軸に使う焼き鳥用の竹串は底面の穴の径に合わせてカッターなどで細く削り、木製ボンドなど接着剤で本体に固定する

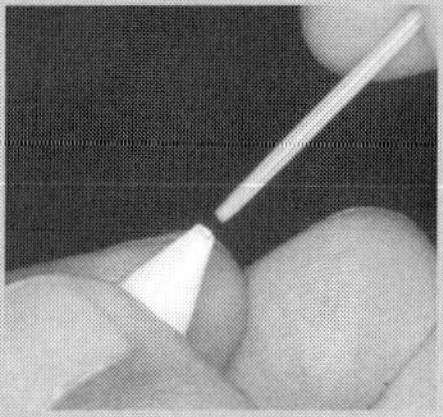

8

ボディーは塗料を塗って乾燥させるたびに水ペーパーで凹凸をなくし、最後に透明カシューで仕上げる。また、トップの蛍光塗料は1～2回塗り重ね、ここはクリア樹脂塗料で仕上げる

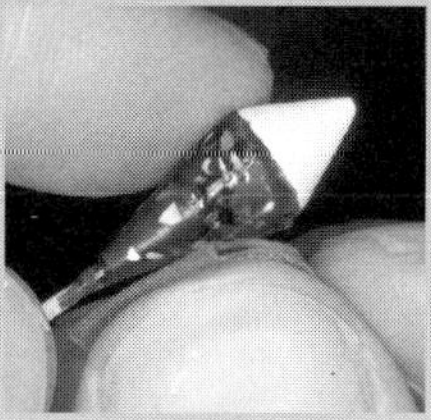

9

バットウキ同様、最後にウレタンパイプを貼り付ければ、外通し式にもできる

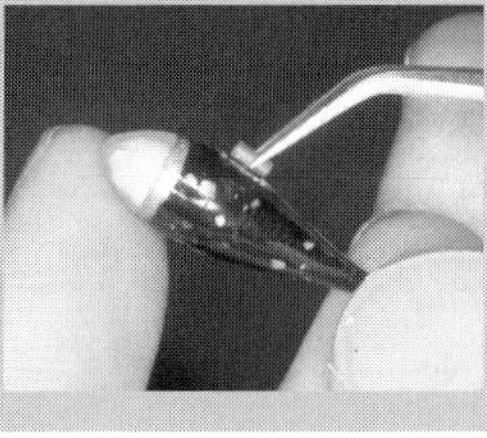

田沼光太郎さんが一つ一つ愛情込めて作り上げた立ちウキコレクション。主に連動シモリ仕掛けの親ウキとして使っている

チャレンジ編

羽根ウキを作ってみる

養鶏や水鳥の羽根の芯で作った羽根ウキは、
中通し玉ウキと一線を画する独特で繊細なアタリを楽しめるのが妙味。
小ブナ釣りには特に定評があり、玉ウキや親ウキと組み合わせた羽根ウキシモリ仕掛けは、
古くて新しいマニアックなフナ釣りに浸れるはずだ。
（作製／榎本圭一）

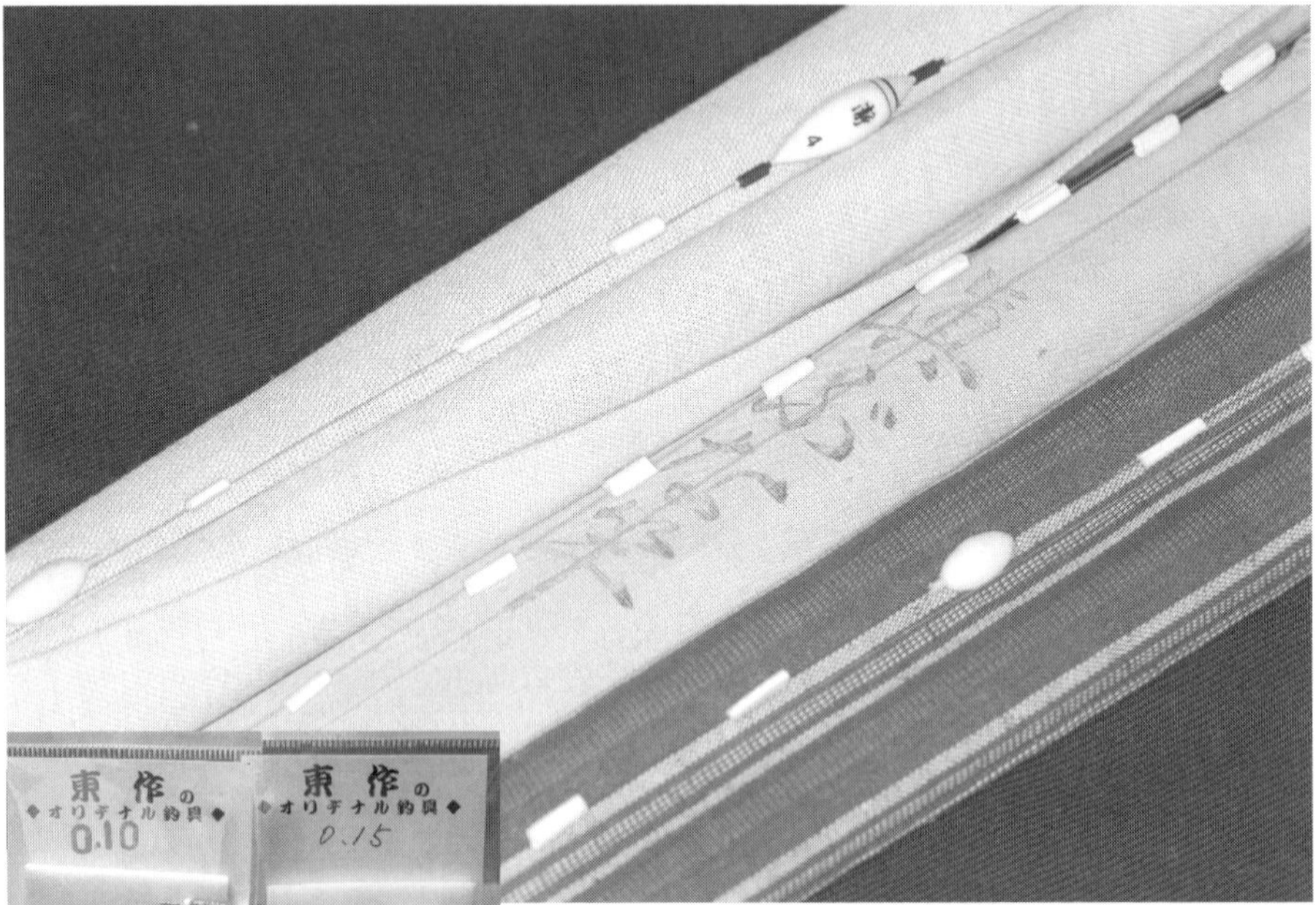

羽根芯専用の穴開け器も前記のような釣具店で市販されている

羽根ウキの素材として好適なのは養鶏（下）か水鳥（上）の羽根。自分で採取できない方は、一部の川の小もの釣りが得意な釣具店などでも入手できる

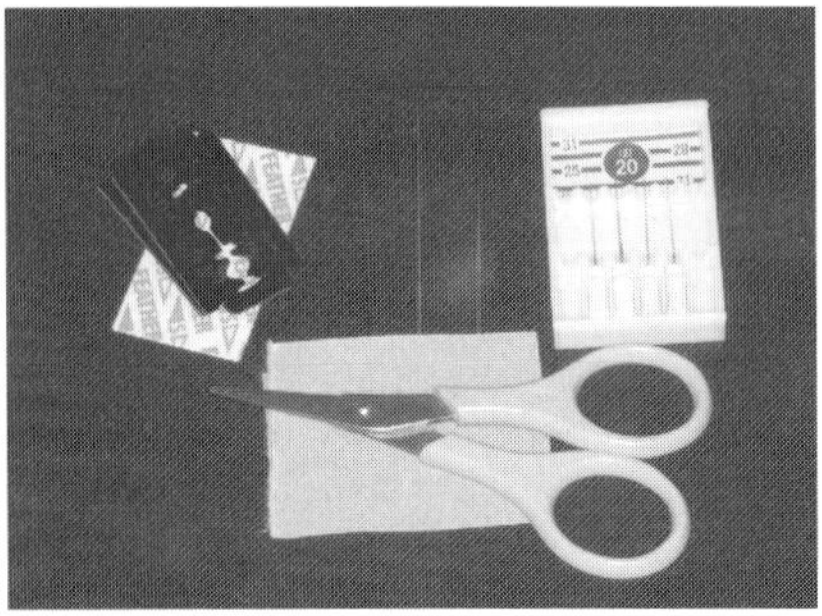

羽根ウキに必要な工具は安全カミソリの刃、羽根芯専用の穴開け器、ハサミ、２４０番前後の紙ヤスリ

チャレンジ編

1

羽根は細すぎる先端部と付け根の透明な個所を切り落とし、芯が詰まった中央部を使う

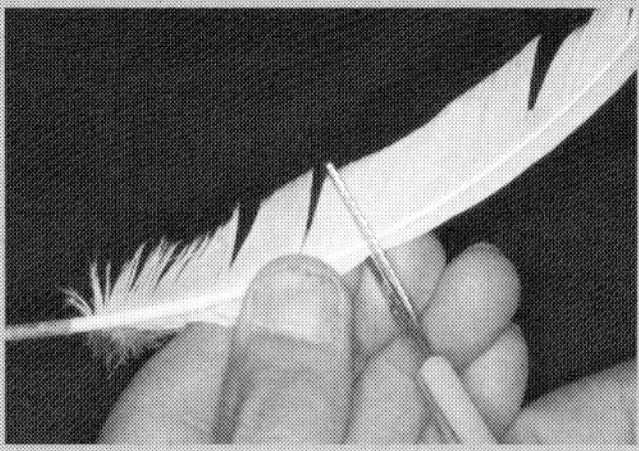

2

芯すれすれでハサミを当てて羽根を切り落とす

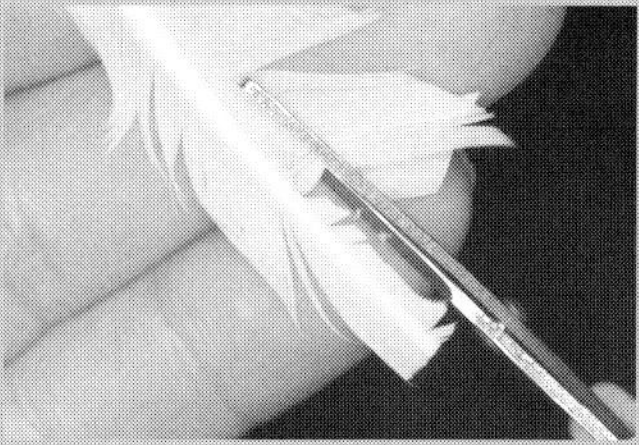

3

芯に残ってしまった羽根は紙ヤスリでこすり落とす

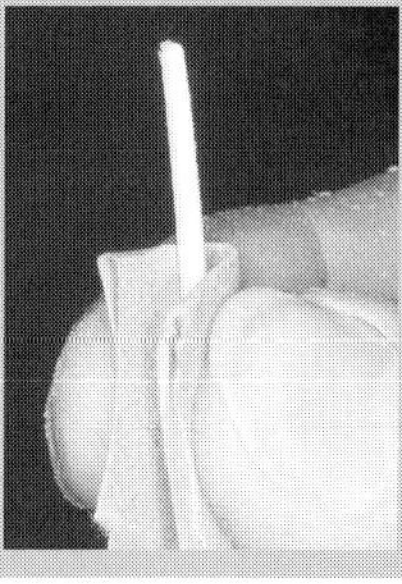

4

次に安全カミソリの刃で必要な長さにカットする。この際、切った瞬間に飛びやすいので粘着の紙テープなどに羽根芯を貼り付けておくとよい

5

芯の中心に穴開け器を突き刺し、クルクルと回転させながら穴を抜く。ちなみに、力を入れ過ぎるとハリが折れやすいので要注意

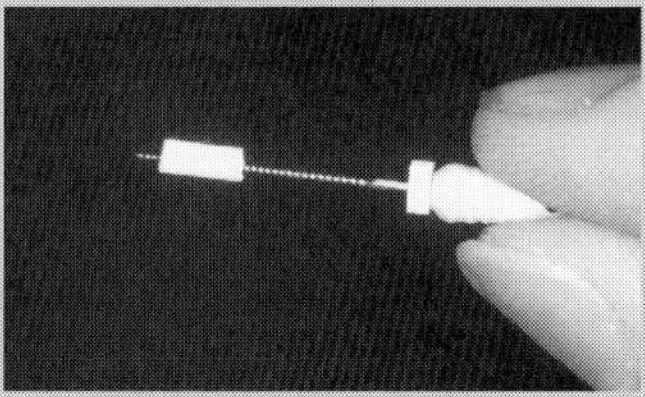

6

羽根にミチイトを通す際のコツは、ミチイトの先端部を斜めにカットし、羽根芯を回しながら穴を探る感じ。なお、ミチイトを通した後に少し緩くても、水に浸すと芯の繊維がキュッと締まって、ちょうどよい感じに固定される

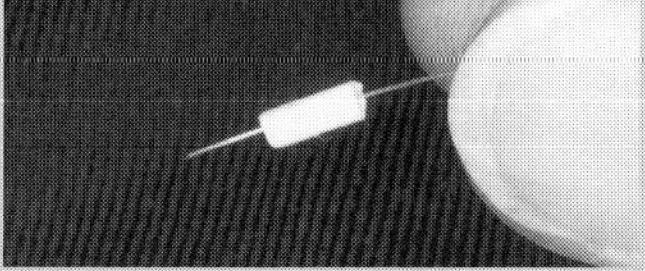

7

榎本圭一さんが小ブナ釣りに使う羽根芯の長さは3〜5㎜が基本。ちなみに、先端のごく細い部分はタナゴ用として使え、また、余った部分は太さや長さを替えて切り溜めておくと便利だ

フナ釣り入門　パート6

フナ仕掛けのバリエーション

複数の玉ウキを使う独特のシモリ仕掛け。そのキモはウキとオモリのバランス。標準シモリ、数珠シモリ、引き釣り、半ヅキシモリ、連動シモリのほか、立ちウキ仕掛けのバランスにも言及する。

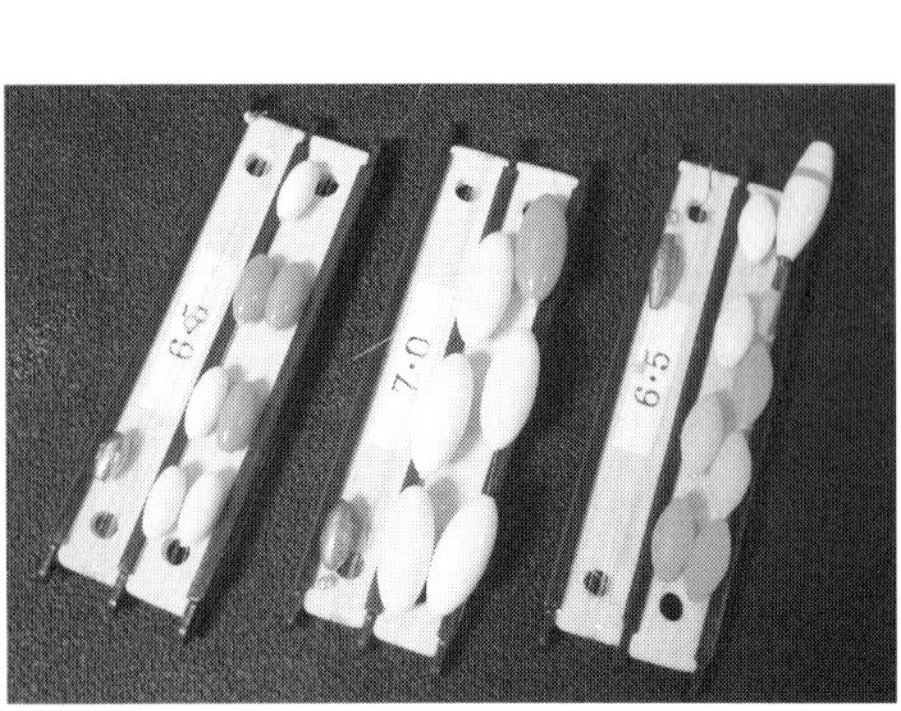

浮力バランスの取り方

ウキとオモリの関係を極める

[遅ジモリの浮力バランス]

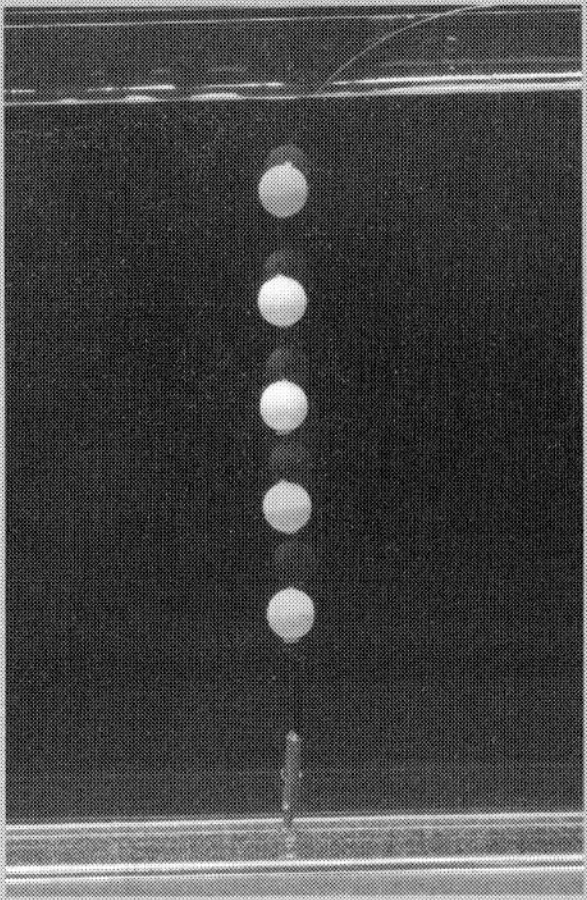

玉ウキ全体が水中に沈むが、板オモリは着底した状態で立つか少し斜めに傾くのが基本

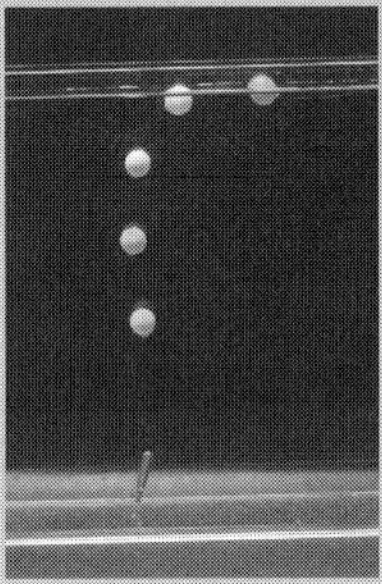

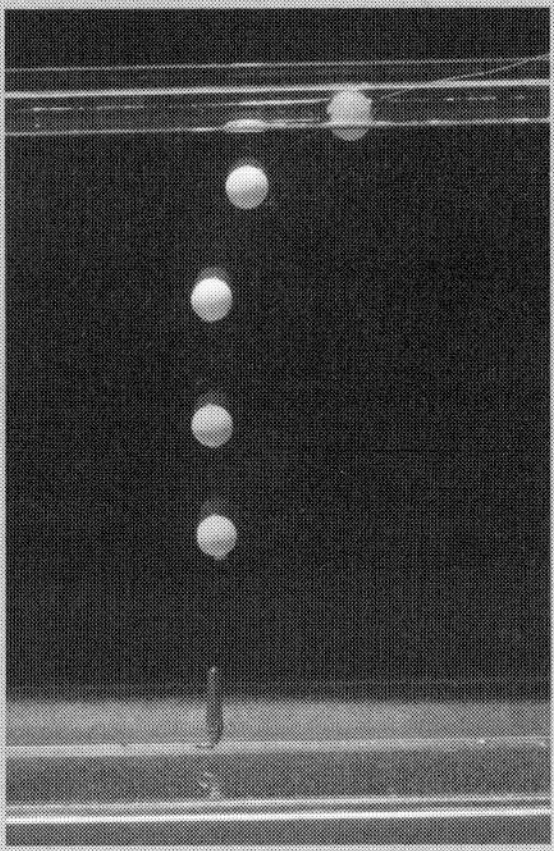

遅ジモリ仕掛けの実釣では、玉ウキの上部1～2個を水面上に出しておくウキ下調節が扱いやすい

シモリ仕掛けは遅ジモリが基本！必要に応じてトップバランス!!

フナ釣りに使われるシモリ仕掛けには、用途によっていろいろなバリエーションがある。しかし、いくつかの例外を除いて、その浮力バランスは、ウキの浮力よりもオモリの重量が勝り、オモリが着底した状態で、水中にウキが沈み切ることが前提だ。

さらにシモリ仕掛けの浮力バランスには大きく分けて、重いオモリで素早く落下させる「早ジモリ」と、最小限のオモリで落下スピードを抑えてじんわりと着底させる「遅ジモリ」の2通りがある。

実際には、軽いバランスの遅ジモリ仕掛けに調節しておけば、早ジモリ仕掛けにスイッチすることはいとも簡単で、必要に応じて、ガン玉などの増しオモリを加えればいいわけだ。

落下速度がスローな遅ジモリ仕掛けは、ゆらゆらと沈んでいく途中で、エサがフナの目に止まりやすい利点があり、着底

[早ジモリの浮力バランス]

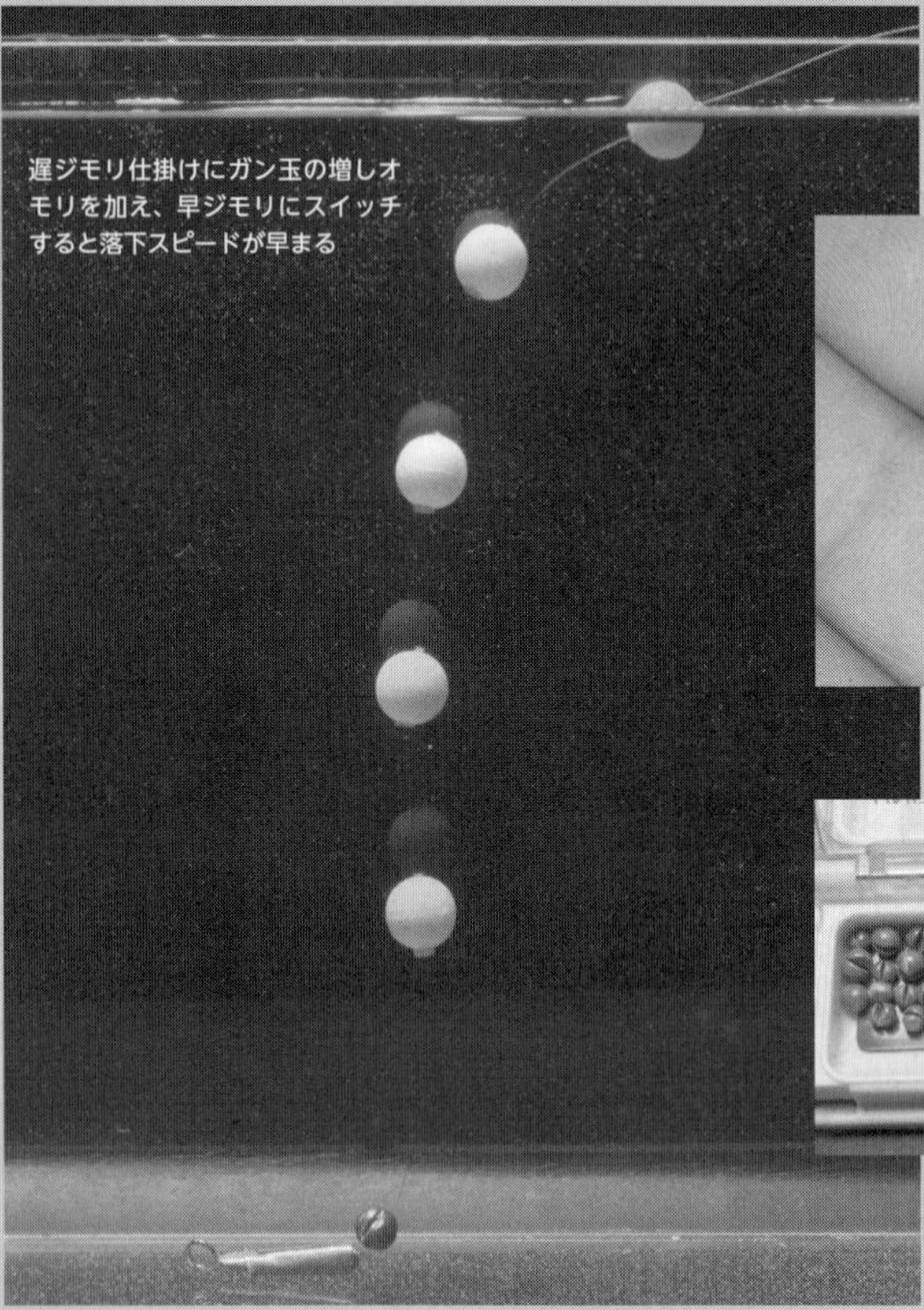

遅ジモリ仕掛けにガン玉の増しオモリを加え、早ジモリにスイッチすると落下スピードが早まる

風が強まって仕掛けが振り込みにくくなった時や、水門などが開いて流れが速まって仕掛けが止まらなくなった場合には、今まで使っていた遅ジモリ仕掛けにガン玉の増しオモリをかませると早ジモリに即スイッチできる

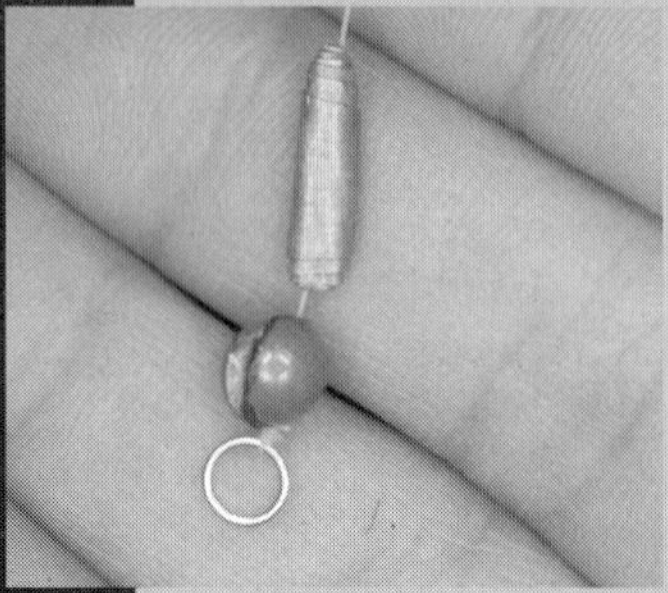

大小数種類のガン玉は携帯用のパーツケースに準備しておこう。脱着が楽なソフトタイプかゴム張りのガン玉がよい

[板オモリでの微調整]

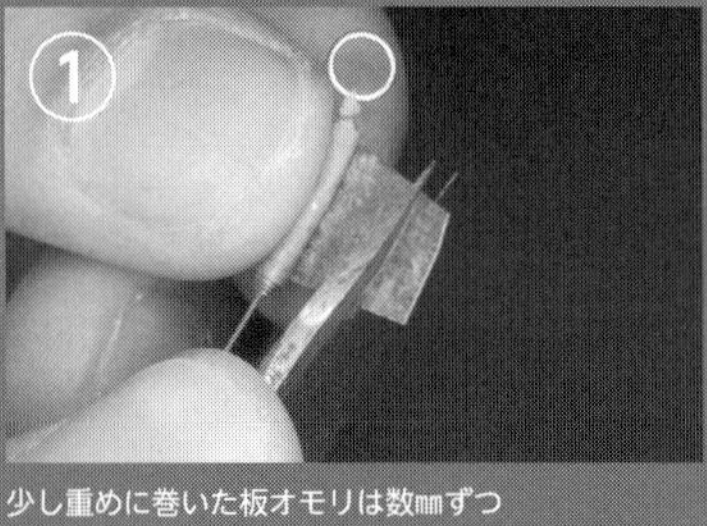

少し重めに巻いた板オモリは数㎜ずつカットしていく

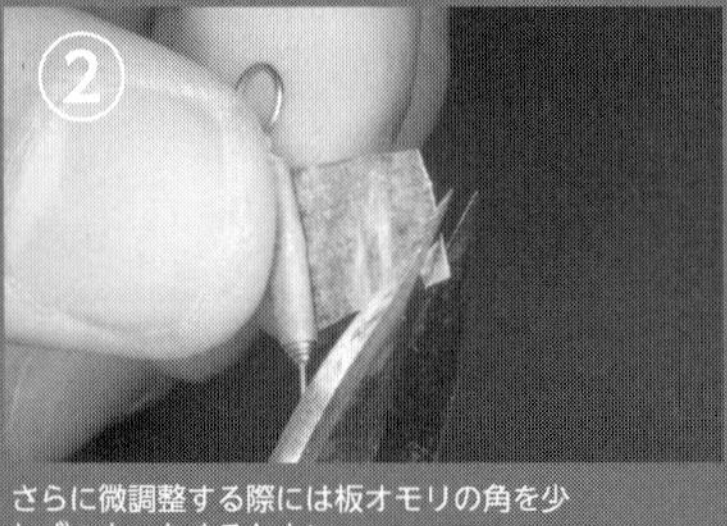

さらに微調整する際には板オモリの角を少しずつカットするとよい

[ウキの浮力を残したトップバランス]

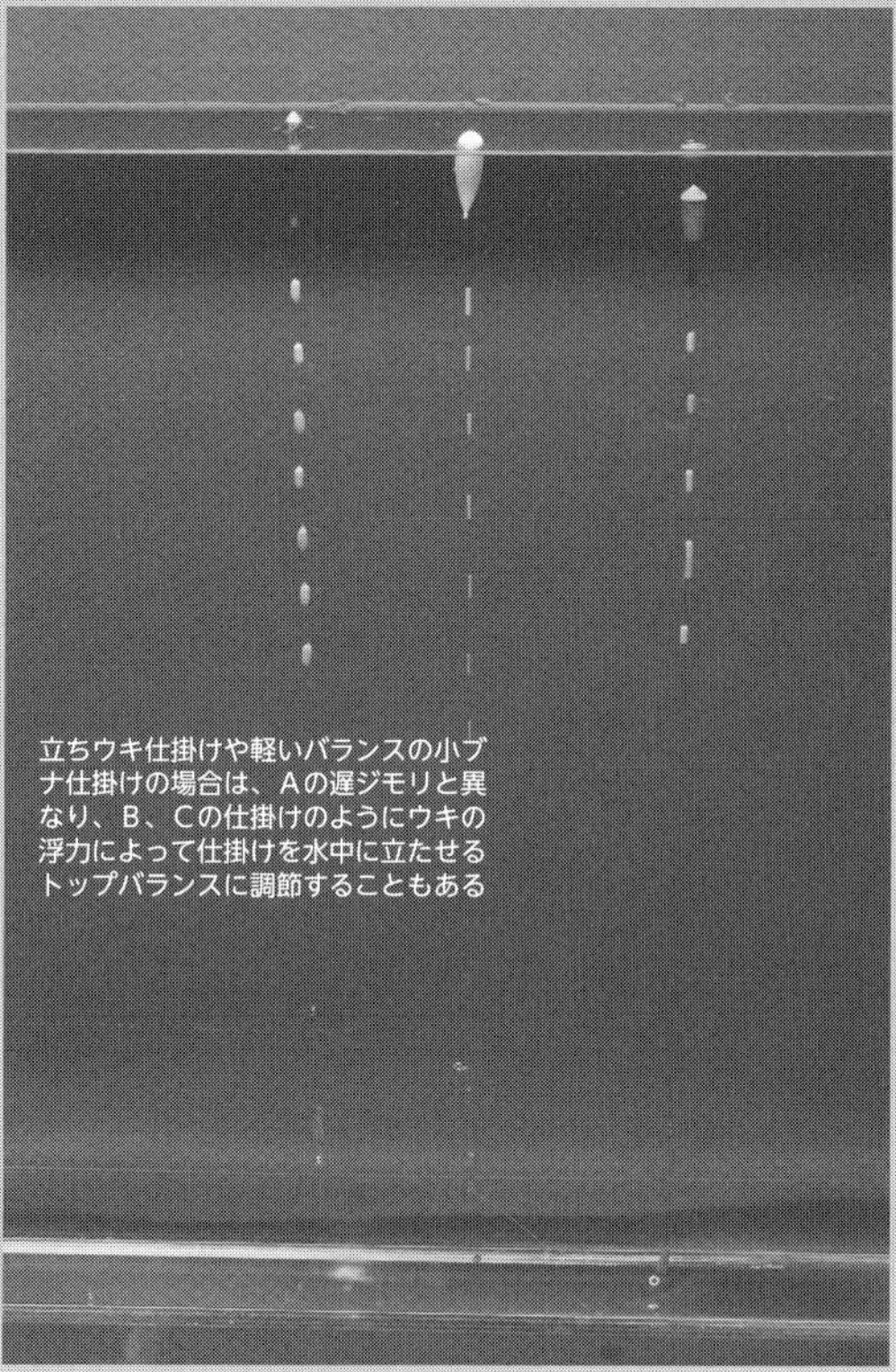

立ちウキ仕掛けや軽いバランスの小ブナ仕掛けの場合は、Aの遅ジモリと異なり、B、Cの仕掛けのようにウキの浮力によって仕掛けを水中に立たせるトップバランスに調節することもある

ウキの浮力を残しながらも、その浮力はできるだけ殺したほうがアタリ感度がよい

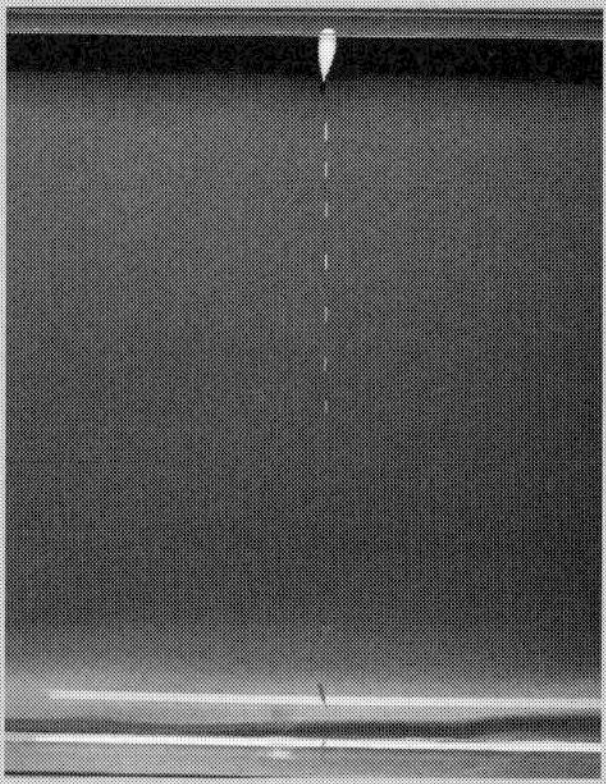

このため、立ちウキや連動シモリ仕掛けの親ウキは水面上にわずか数㎜出すか、水面に張り付く感じの浮力調節がキーポイントだ

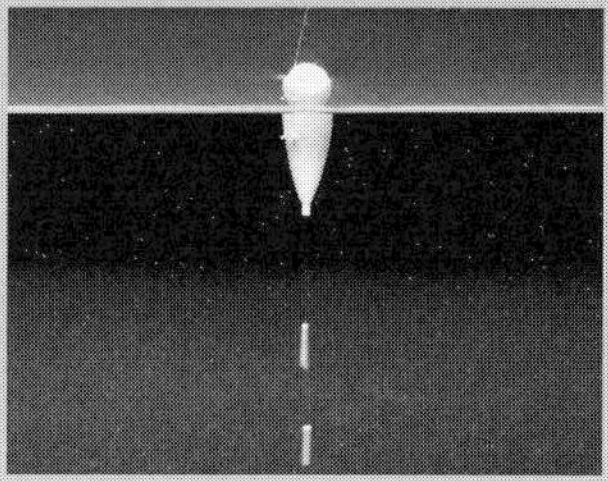

と同時にエサに飛び付いてくる「反射食い」を誘う効果も高い。

　このようなことから、シモリ仕掛けの基本スタイルは遅ジモリの浮力バランスだと考えてよい。

　その一方で、立ちウキ仕掛け、一部の流し釣りや小ブナ用連動シモリ仕掛けの場合には、前記のシモリ仕掛けとは反対に、親ウキの浮力を残して、仕掛けを水中で立たせるバランス、つまり『トップバランス』に調節するケースもままある。

　また、後述するが、季節的にフナが上ずって宙層で定位している時にも、立ちウキ仕掛けと同じトップバランスが適している。

　なお、自宅において、仕掛けの浮力バランスを調節するには、１００円ショップで売っているような、高さ30㎝以上の円筒形のプラスチック製ゴミ箱に水を張るとよい。

　また、風呂場のバスタブを利用する場合は熱めの湯の中で行なうと、小ブナの羽根ウキ仕掛けなど、軽いバランスのものは誤差が生じる心配があるので、必ず冷め切った残り湯などを利用して行なうこと。

標準シモリ仕掛け

探り釣りのスタンダードモデル

春の巣離れブナや乗っ込みブナから晩秋の落ちブナ釣りまで、主に探り釣りに愛用されてきた最もポピュラーなフナ釣り仕掛けといえば、中通し玉ウキを使った標準シモリ仕掛けである。

玉ウキの数によって一ツ玉の本シモリ、二ツ玉の親子シモリといった呼称があるほか、その数が増えるに従って三ツ玉シモリ、四ツ玉シモリ、五ツ玉シモリと続き、さらに玉数が増すと後述する数珠シモリと呼ばれるようになる。

これらの標準シモリ仕掛けには、それぞれ一長一短があるが、ウキの視認性とバランスのよさを考慮すると三ツ玉シモリ、四ツ玉シモリ、五ツ玉シモリの3種類が使いやすい。中でも、ビギナーからベテランまでお勧めできる万能パターンが五ツ玉シモリだ。

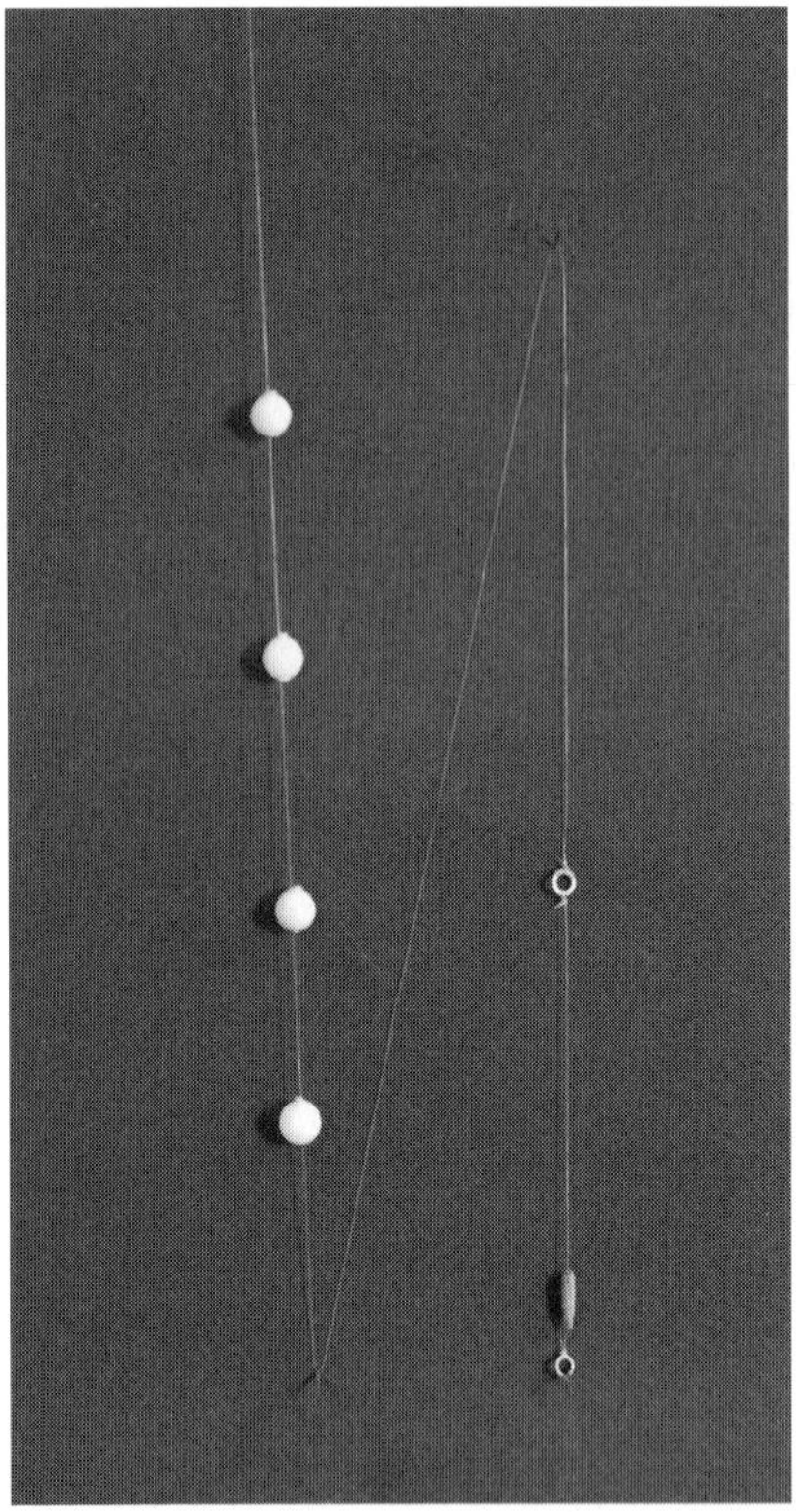

四ツ玉シモリの一例。好みによって三ツ玉シモリや五ツ玉シモリを選べばよく、視認性を考慮した上で、できるだけ小さめの玉ウキを配列するのがキーポイントだ

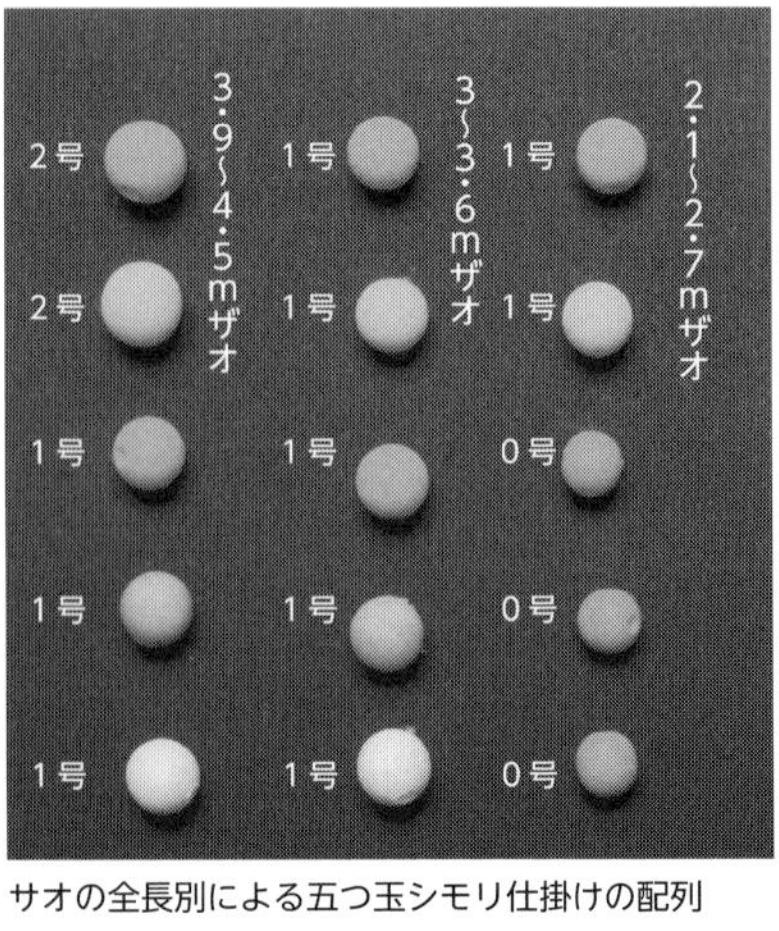

サオの全長別による五つ玉シモリ仕掛けの配列

使用する玉ウキの号数や球形、ナツメ型といった玉ウキの形状には、特に決まりごとはない。しかし、ウキのサイズが小さくて玉数が少ないほど浮力が押さえられ、それだけアタリに対する感度も向上するのが道理。いずれにしろ、遅ジモリの浮力バランスが基本である。

短ザオ仕掛けは短ザオなりに号数の小さな玉ウキで繊細に、一方の長ザオ仕掛けには視認性と振り込みやすさを考慮して、サイズアップした玉ウキの大きさを配列するのが目安だ。また、自分の見やすい玉ウキの配色を選んで仕掛けを組ん

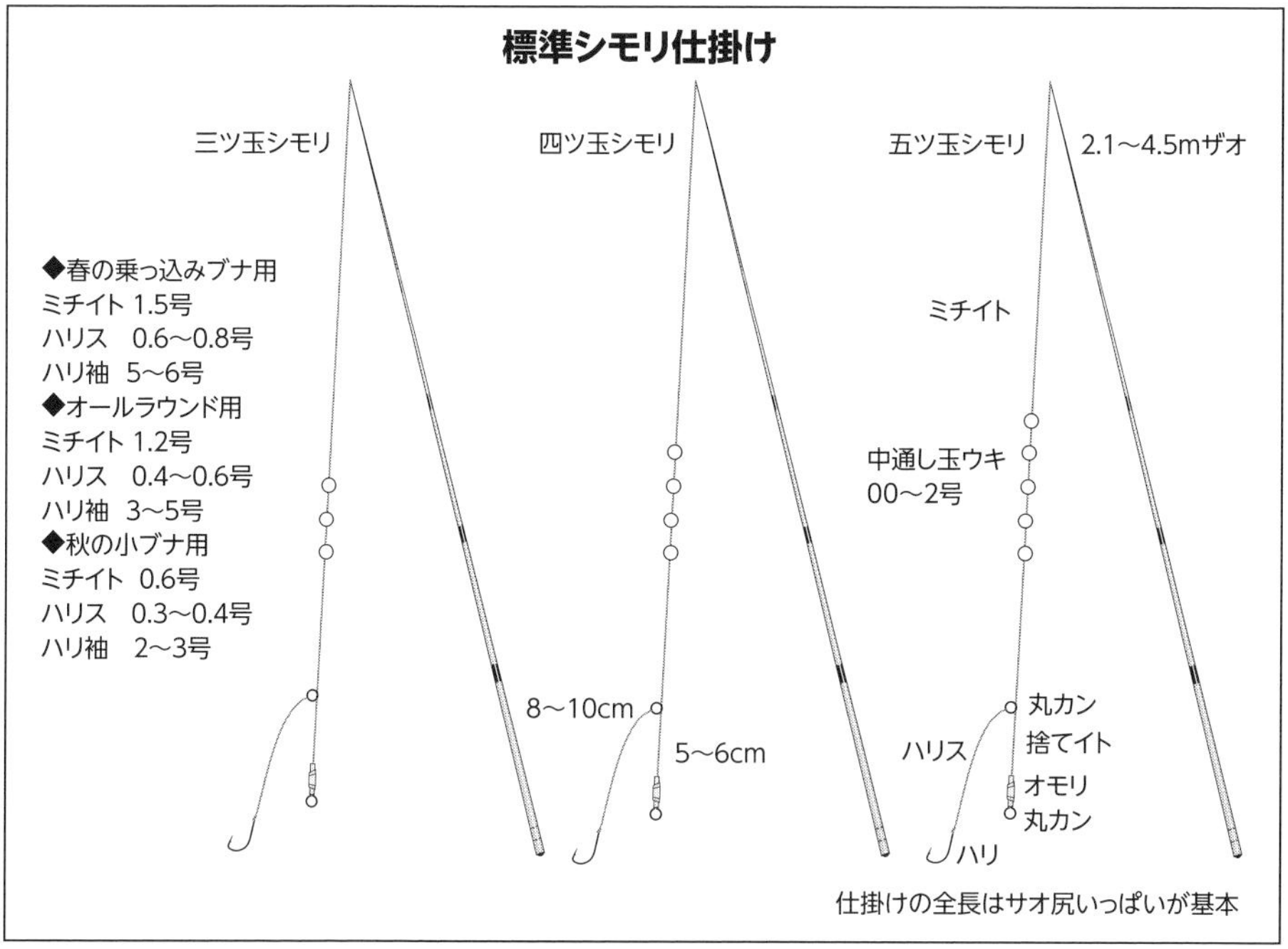

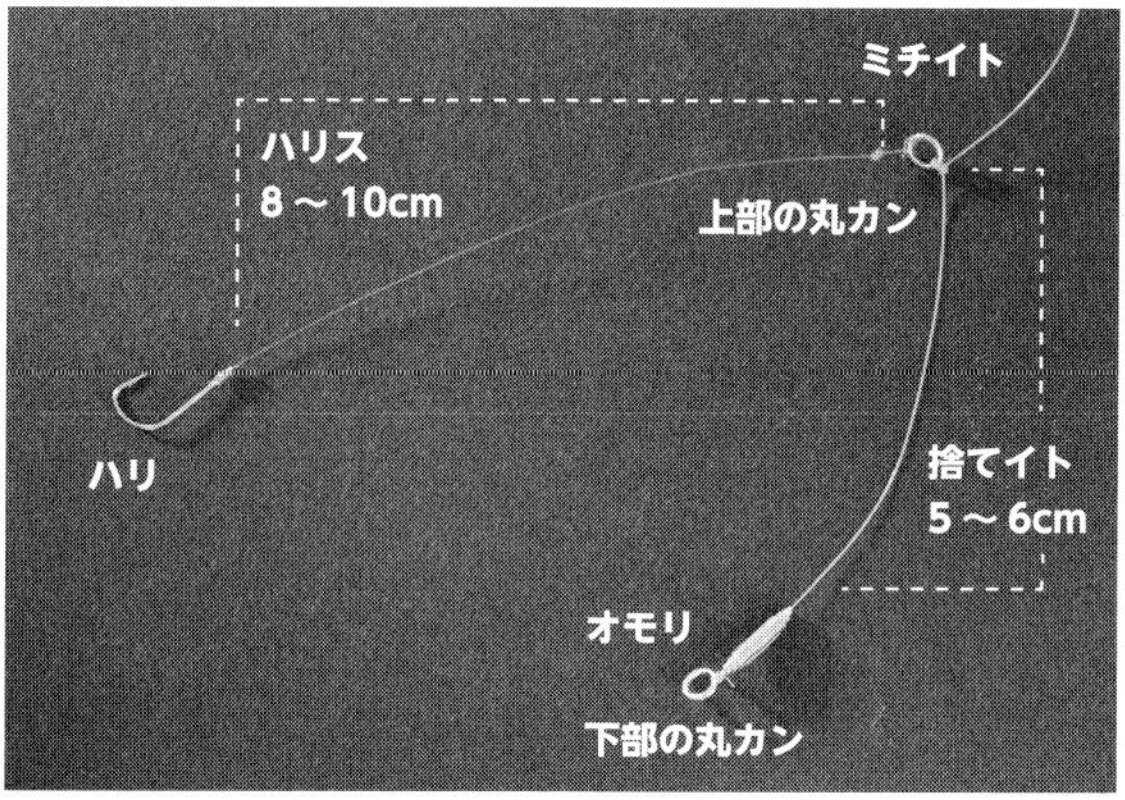

私が愛用している捨てオモリの1本バリ仕掛け。捨てイトとハリスの長さは基本的なバランスなので、仕掛けの種類や釣り方によって各自、臨機応変に替えてみるとよい

でみよう。

なお、私が愛用しているシモリ仕掛けの大半は、上下2個の丸カンを介した捨てオモリ式で統一している。通常は上部の丸カンにハリを接続した1本バリ仕掛けとし、下部の丸カンはオモリ止メの役割をしている。

このような捨てオモリの1本バリ仕掛けは、柔らかい泥状や蓄積した障害物がある川底でもハリに刺したエサが埋もれにくく、フナに対してアピール度が高いのが大きな利点。また、丸カンはその形状から根掛かりにくく、チチワ付きのスペアバリを作っておけば、ハリ交換もしやすいので長年好んで使っている

数珠シモリ仕掛け

より繊細に小ブナを釣る

シモリ仕掛けの中でも、数珠のように玉ウキの数が多いタイプを総称して、数珠シモリと呼んでいる。主に秋から晩秋にかけての小ブナの探り釣りに使われてきた。

　この数珠シモリ仕掛けは、水の抵抗を極力押さえて、アタリ感度を重視するために、イトウキや00号など極小サイズの中通し玉ウキがよく使われる。このほか、極限のアタリ感度を求めるには、羽根ウキシモリ仕掛けと呼ぶ数珠シモリのバリエーション仕掛けもある。

　これらの数珠シモリ仕掛けは、総じてオモリバランスが軽いので、仕掛けの落下速度が緩やかで、エサがフナの目に止まりやすいと同時に、食い渋り時の小さなアタリでもキャッチできるのが大きな長所。その反面、流速を伴うポイントでは仕掛けが流されて釣りづらいことが欠点といえば欠点だ。

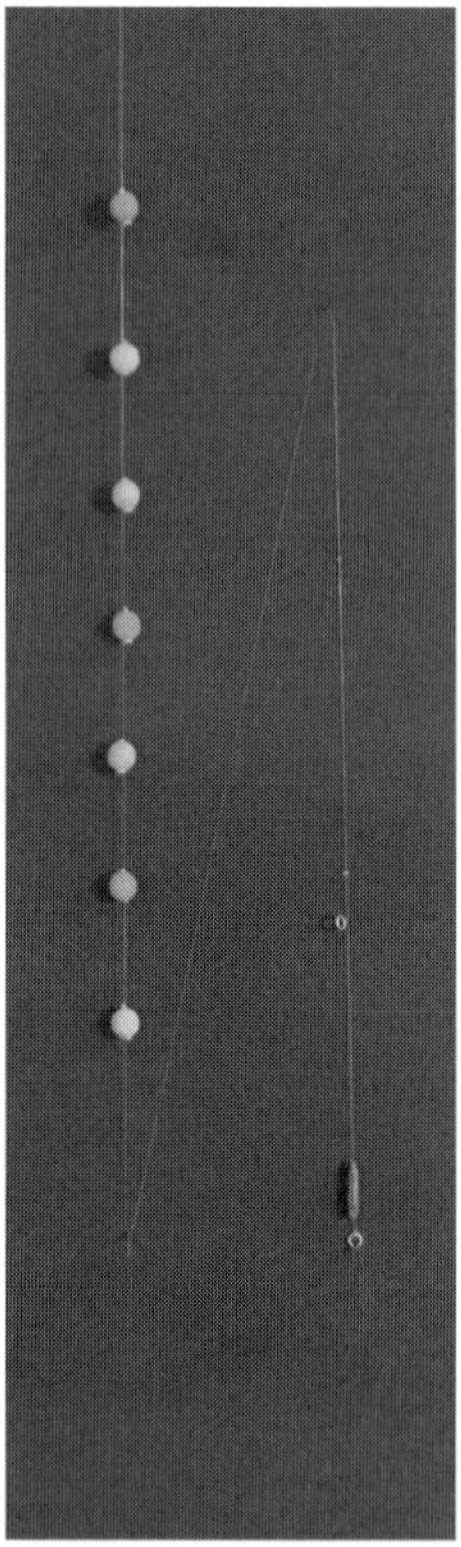

00号の極小玉ウキを使った数珠シモリ仕掛けの一例

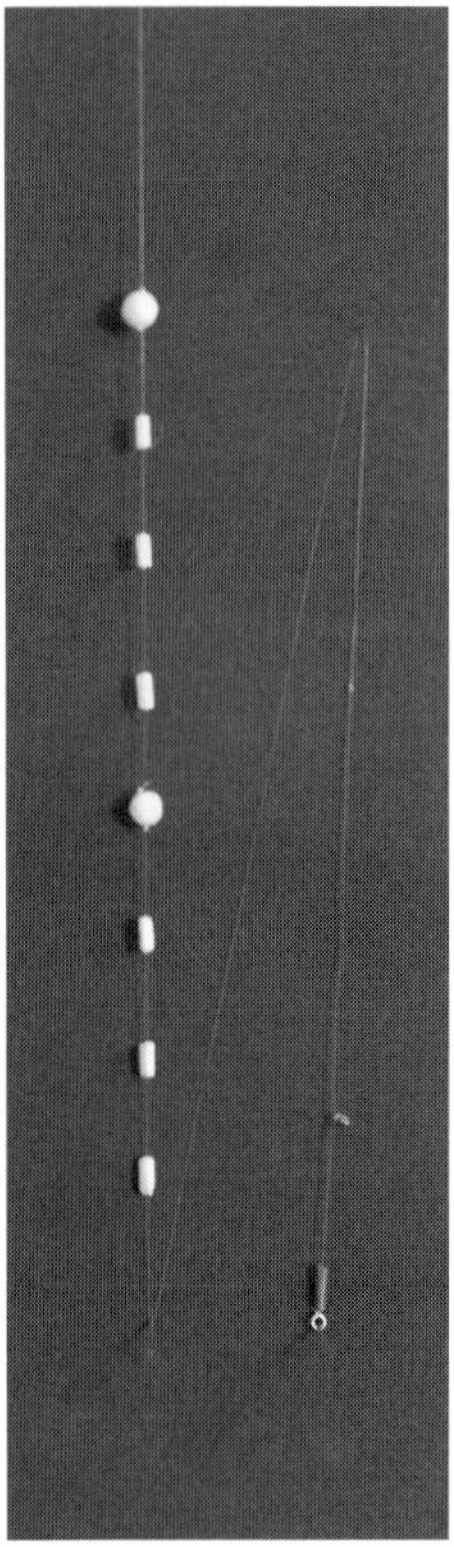

2つの玉ウキと羽根ウキを組み合わせたバリエーションの1つ、2段式数珠シモリ仕掛け

引き釣り仕掛け

寒ブナ専用の大振りなシモリ

厳寒期、水深がある大場所で、越冬している寒ブナをねらうロングロッド専用の特殊なシモリ仕掛けと考えてよい。

　ロングロッド・バージョンの視認性を考慮して、中通し玉ウキの号数は5〜7号と大きく、バットウキなどの親ウキを配した連動シモリタイプでもよい。その浮力バランスは遅ジモリではなく、中通しオモリを使った半遊動式の早ジモリスタイルに整えるのが基本スタイル。

　また、寒ブナは食いが渋いことが多いので、引き釣りに限っては見せエサ効果をねらって、丸カンと丸カン（または自動ハリス止メ）の上下2本バリを使用しており、上バリと下バリの間隔は20〜25cmと長いのが特徴だ。

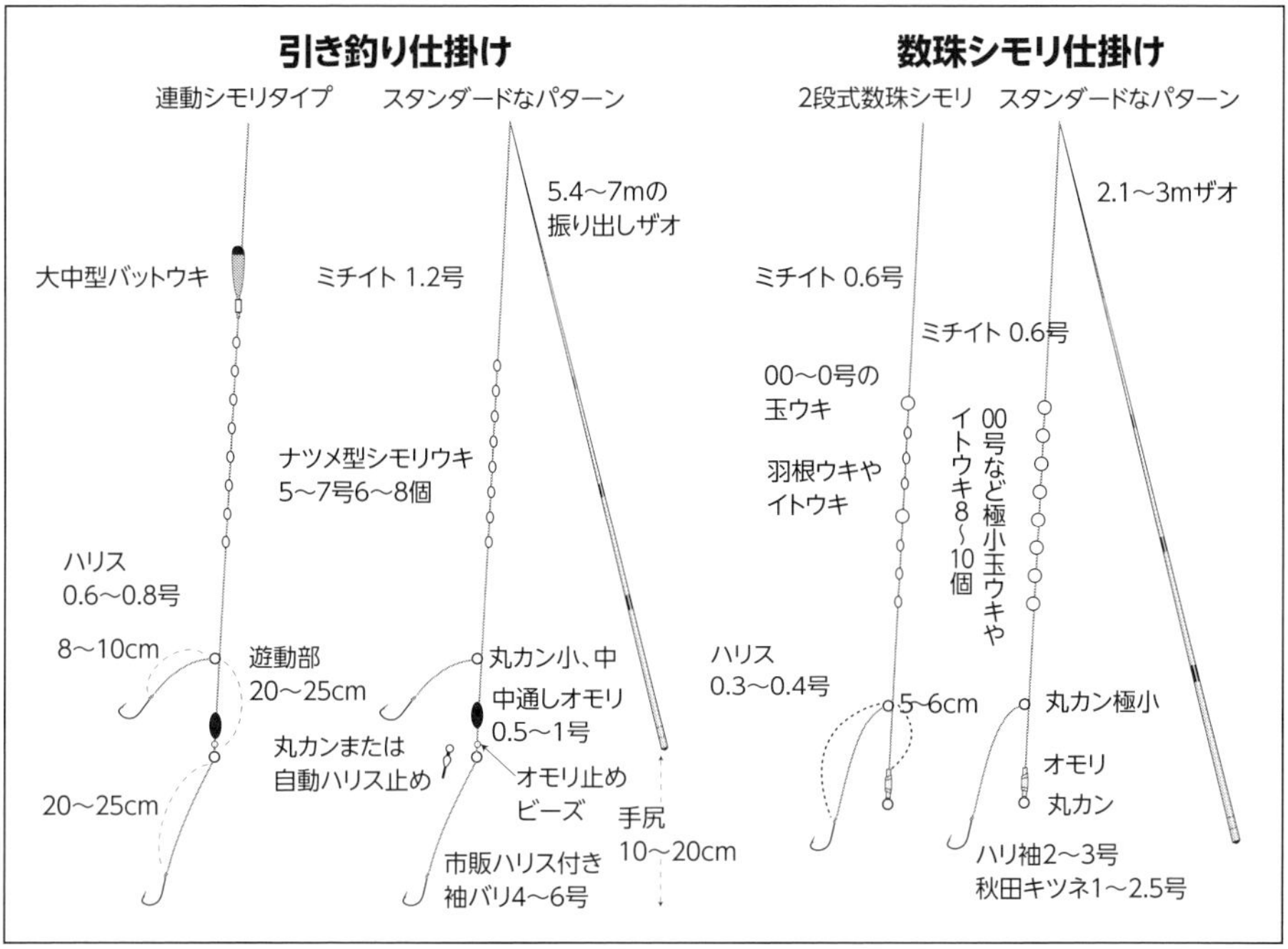

ナツメ型の中通し玉ウキを配列した引き釣り仕掛けの一例。中通しオモリを使った半遊動式の早ジモリスタイルで、ここでは下バリ用に自動ハリス止メを使用

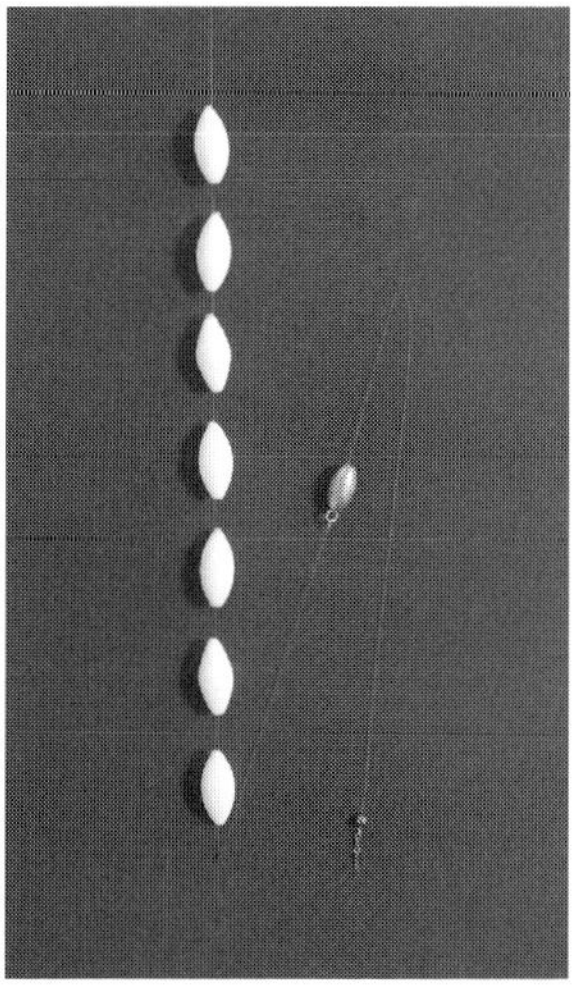

通常はシングル仕掛け巻きを使うが、大きなシモリウキを配列した引き釣り仕掛けには、全長 12 ～ 15㎝のダブル仕掛け巻きが便利。片側にミチイトを巻き込んでしまい、もう片方にはシモリウキだけを巻くのがコツ。上中２組はスタンダードな引き釣り仕掛けで、下が親ウキを使った連動シモリタイプ

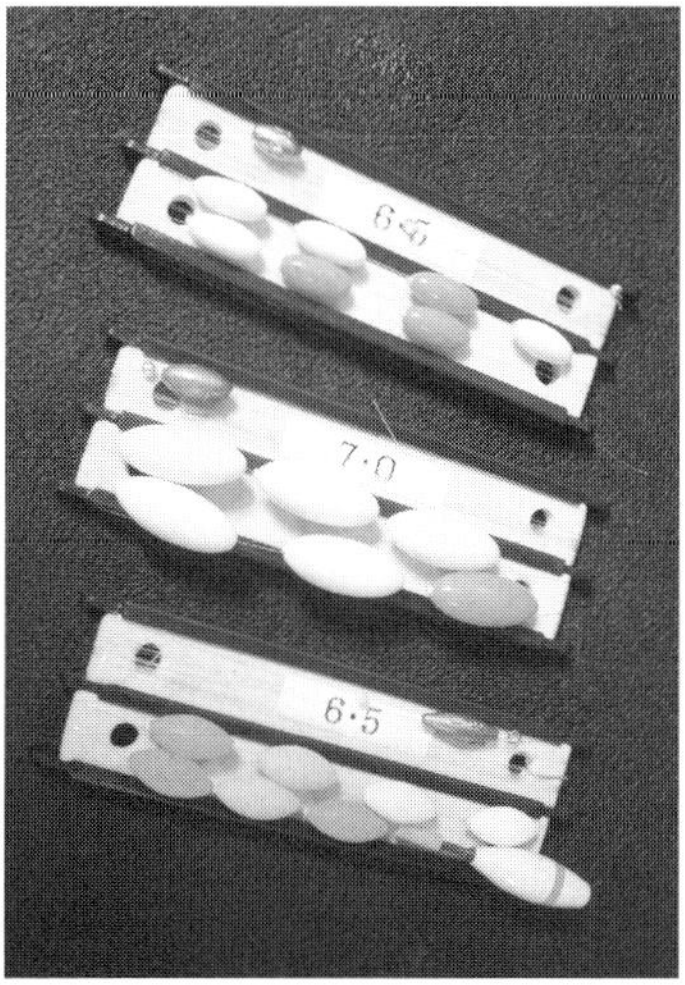

寒ブナの引き釣りは、ウキ自体に明確なアタリが出にくいので、半ミャク釣り的な釣り方をする。そのため、中通し玉ウキの形状は、水の抵抗が少ないナツメ型が好まれている。

半ヅキシモリ仕掛け

春シーズン限定モデル

半ヅキシモリ仕掛けは、主に春の巣離れや乗っ込みの時期、マコモやアシといった水草の群生帯や障害物周りに突っかけてきて、身を隠しているフナをねらう季節限定のシモリ仕掛けだ。

このように根掛かり多発地帯のピンポイントを穴釣りのようにねらうので、仕掛けパターンは簡素に仕上げるほうが無駄なトラブルが防げる。

玉ウキの数は二ツ玉の親子シモリか三ツ玉シモリが使いやすく、後述する外通し式親ウキと組み合わせた連動シモリタイプを使ってもよい。ミチイトの号数もワンランク太めを選ぶこと。

また、ねらいを定めたポイントには、障害物越しに真上から落とし込むことが多いため、オモリが重い早ジモリの浮力バランスのほうが振り込みやすい。また、仕掛けの全長がサオの半分以下と短いのが特徴だ。

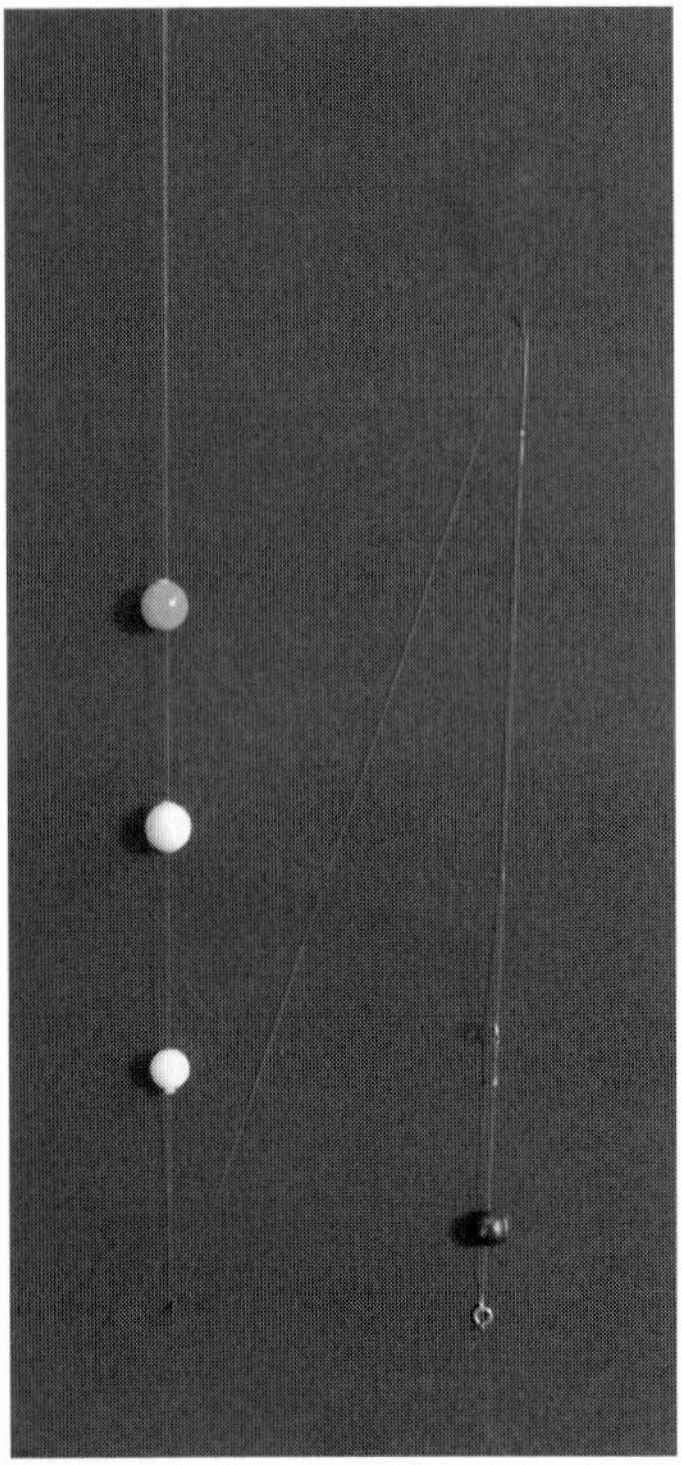

半ヅキシモリ仕掛けの一例。原型は標準シモリ仕掛けで、ピンポイントに振り込みやすい早ジモリの浮力バランスがよい

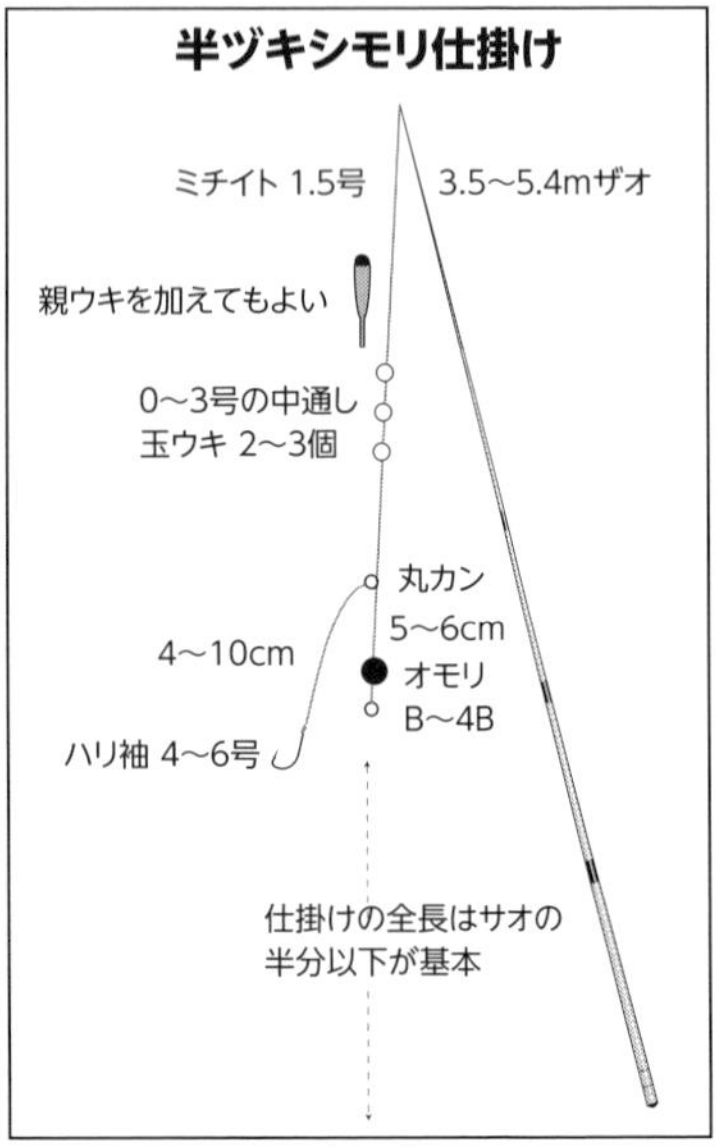

連動シモリ仕掛け

古くて新しい万能モデル

最近、中通し玉ウキを連結した標準シモリ仕掛けの人気を追い越す勢いで、フナの探り釣りファンの間で定番化しているのが、立ちウキタイプの親ウキと中通し玉ウキ、イトウキ、羽根ウキを組み合わせた連動シモリ仕掛けである。

とはいっても、この連動シモリ仕掛けは古くから使われている。

標準シモリ仕掛けの長所を生かしつつ、立ちウキ仕掛けの要素を取り入れたことで、あらゆる釣り場のシチュエーションに対応できる優秀な仕掛けだといえる。

　一例として、凹凸の変化があるポイントの探り釣りでは親ウキが視認性のよい寝ウキのような役割を果たして、標準シモリ仕掛け的な使い方ができる。

　連動シモリ用の親ウキとして好評なのは、野球のバットに似ていることから名がついたバットウキだ。探り釣りには蛍光塗料の単色タイプが適し、前項で作り方を説明した、外通し式のバットウキに改良しても使いやすい。

　親（バット）ウキを垂直に沈ませると、立ちウキ仕掛けとして機能し、水中に並んだ中通し玉ウキや羽根ウキが微妙なアタリを伝えてくれる。

　そして、基本的な遅ジモリの浮力バラ

こちらは小ブナ用の極小立ちウキとイトウキを使った連動シモリ仕掛け。浮力バランスは好みで遅ジモリ、またはトップバランスのどちらでもよい

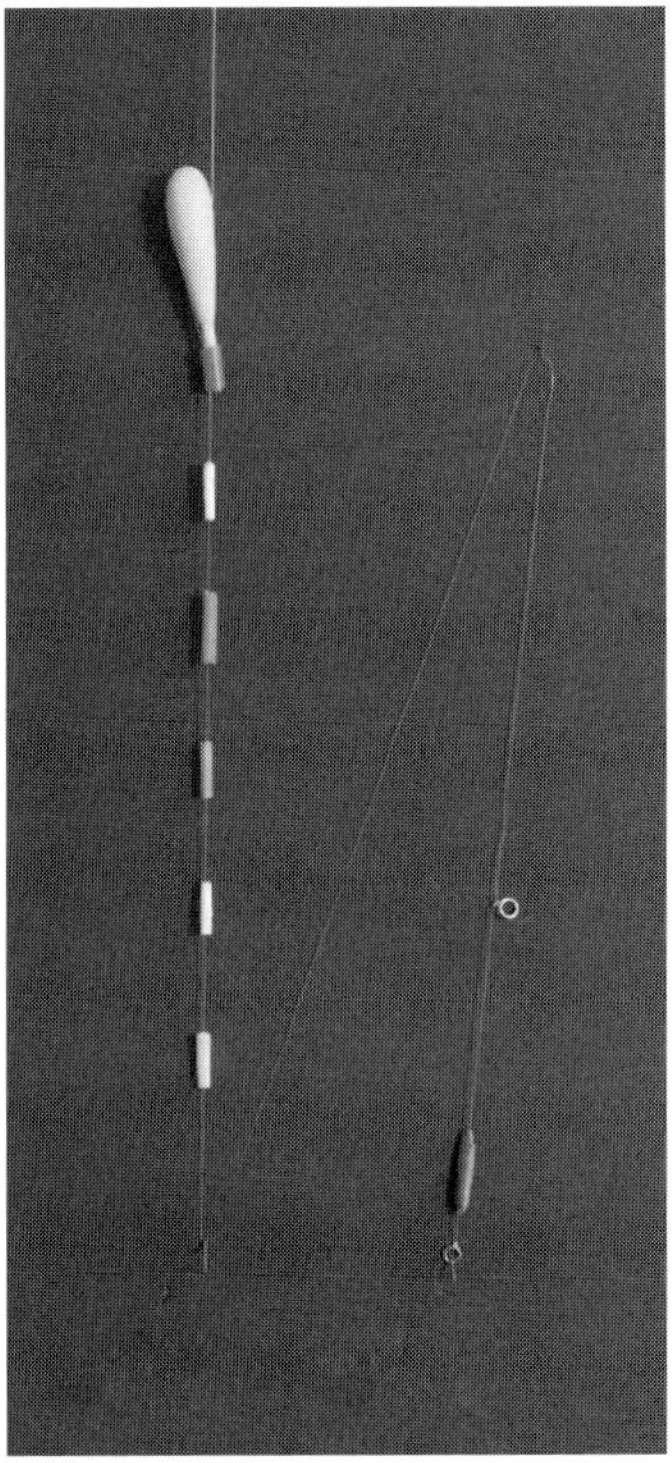
単色バットウキの親ウキと羽根ウキを組み合わせた連動シモリ仕掛けの一例。親ウキの大小とともに中通し玉ウキ、イトウキ、羽根ウキといったシモリウキを選んで組み合わせることで、繊細な仕掛けから大型ブナねらいまで対応できるのが強み

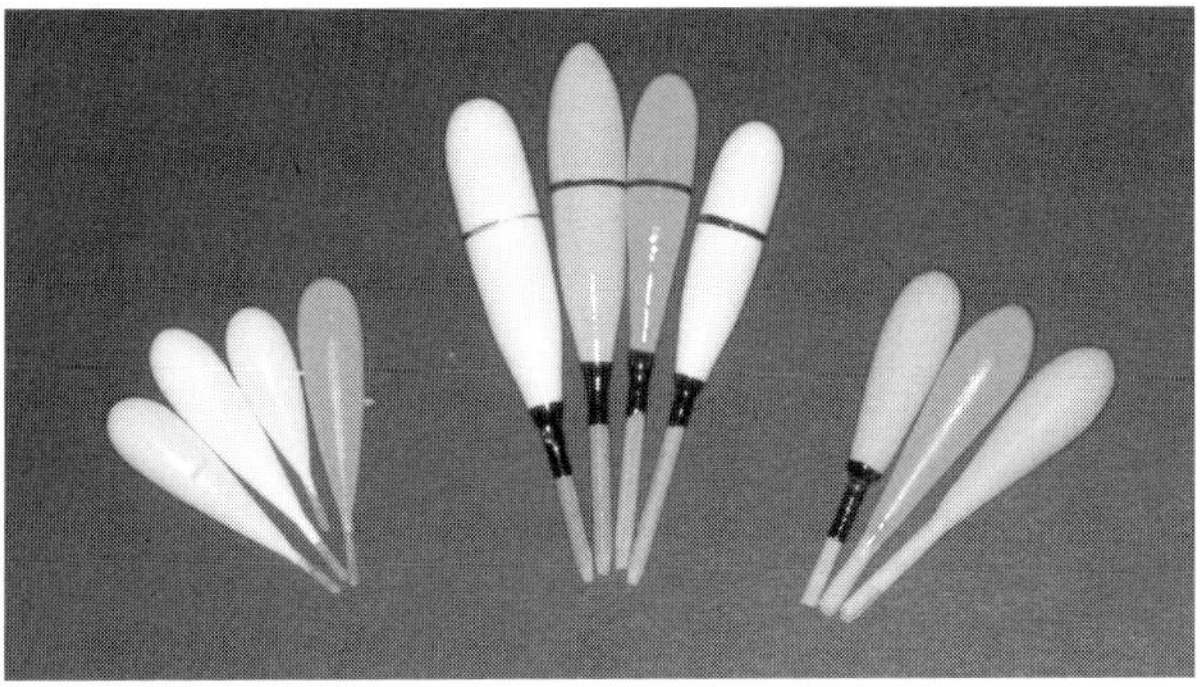
バットウキのバリエーション。遅ジモリで使いたい時は浮力が少ない小型のものが適する。一方、トップバランスの流し釣り仕掛けには、浮力がある太いタイプを配したほうが流下バランスがよい

連動シモリ仕掛け

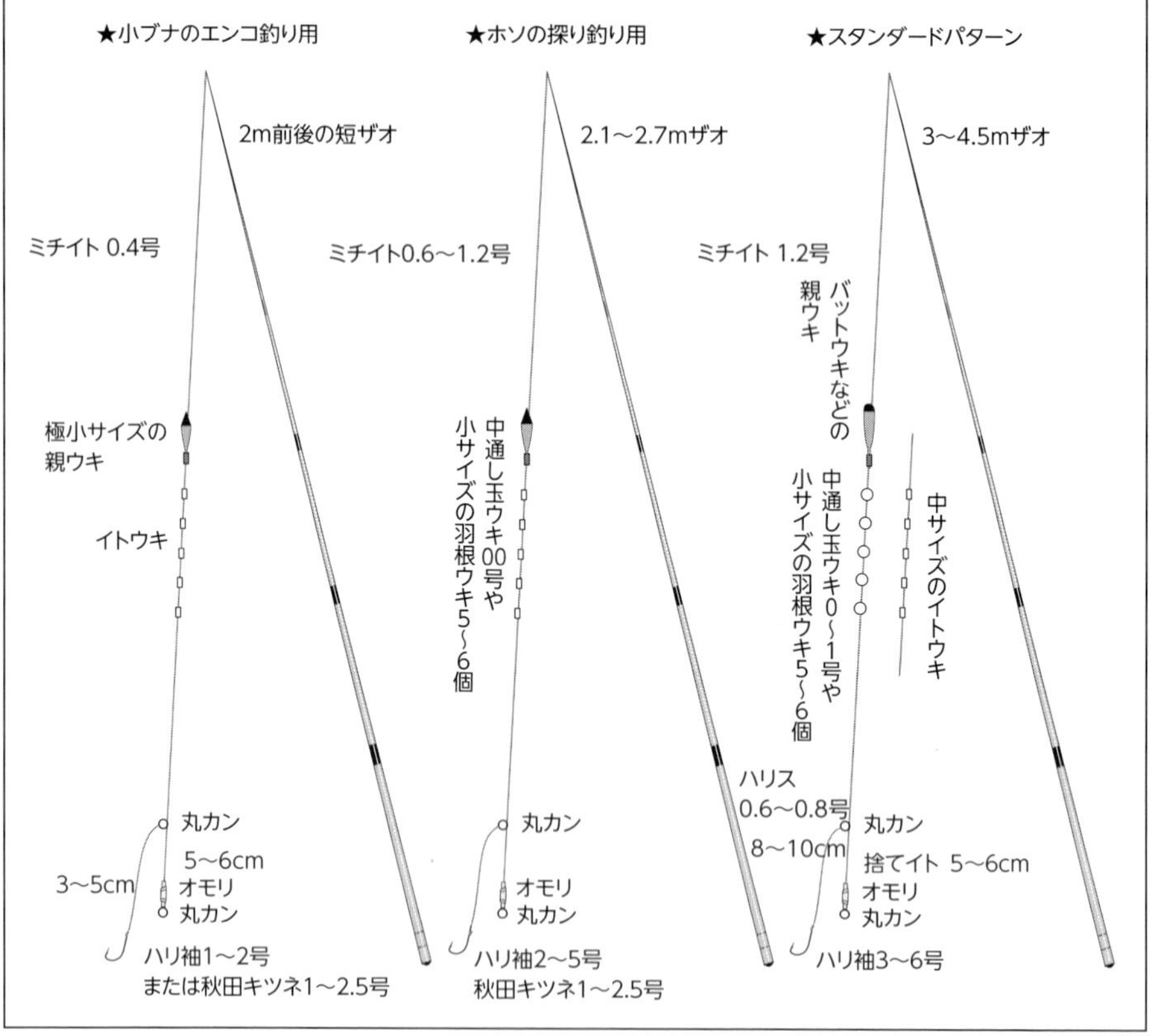

ンスのほかに、親ウキの浮力を残したトップバランスの浮力に調節することも可能だ。

特に流速が伴う河川、通称・流れっ川では、その流れに押されながら、川底にエサを這わせてねらう流し釣り仕掛けとして活用することができる。

さらに、羽根ウキと組み合わせた連動シモリ仕掛けは、極めて軽いバランスに仕上がり、そのアタリ感度のよさは申し分ない。

低水温下などの食い渋り時はもちろんのこと、極小の立ちウキやコマウキと羽根ウキを組み合わせた連動シモリ仕掛けは、小ブナ釣りやミニブナのエンコ釣りには最高である。

このように連動シモリ仕掛けを扱う上で、親ウキの役割は重要だ。親ウキの大小や太細によって仕掛け全体の浮力が大きく変化してしまうので、自分が想定した理想的な仕掛けバランスに仕上げられるかどうかが連動シモリ仕掛けの妙味ともいえる。

立ちウキ仕掛け

並べ釣りの典型的モデル

　フナ釣り仕掛けの双璧といえば、探り釣りの標準シモリ仕掛けに対して、並べ釣りの立ちウキ仕掛けといわれた時代が長かったが、現在では残念ながら、最も簡素なトウガラシウキ1本の立ちウキ仕掛けで、フナ釣りを楽しんでいる姿をあまり見かけなくなってしまった。

　その理由は、立ちウキ仕掛けの発展型である連動シモリ仕掛けが幅を利かせたことも要因の一つだが、とどのつまりはフナの魚影が激減してしまった現在、のんびりとイトを垂れて釣れるようなフナがほとんどいなくなったことが、根本的な原因ではなかろうか。

　しかし、立ちウキ仕掛けは、2～3本ザオの並べ釣りに最適な仕掛けパターンとして捨てがたい。特に、春の乗っ込みシーズンや晩秋から初冬にかけての小ブナ釣りシーズンに、運よくフナの溜まり場を発見した時には、独り占め的な威力を発揮してくれる。

　立ちウキ仕掛けの浮力調節は、立ちウキの浮力を残したトップバランスが定石だ。

　ウキのトップを揺らすような小さいアタリが続いた後、徐々にウキを引き込んでいく様子は、立ちウキ仕掛け独特のアタリ方といえ、何とも郷愁を誘う。

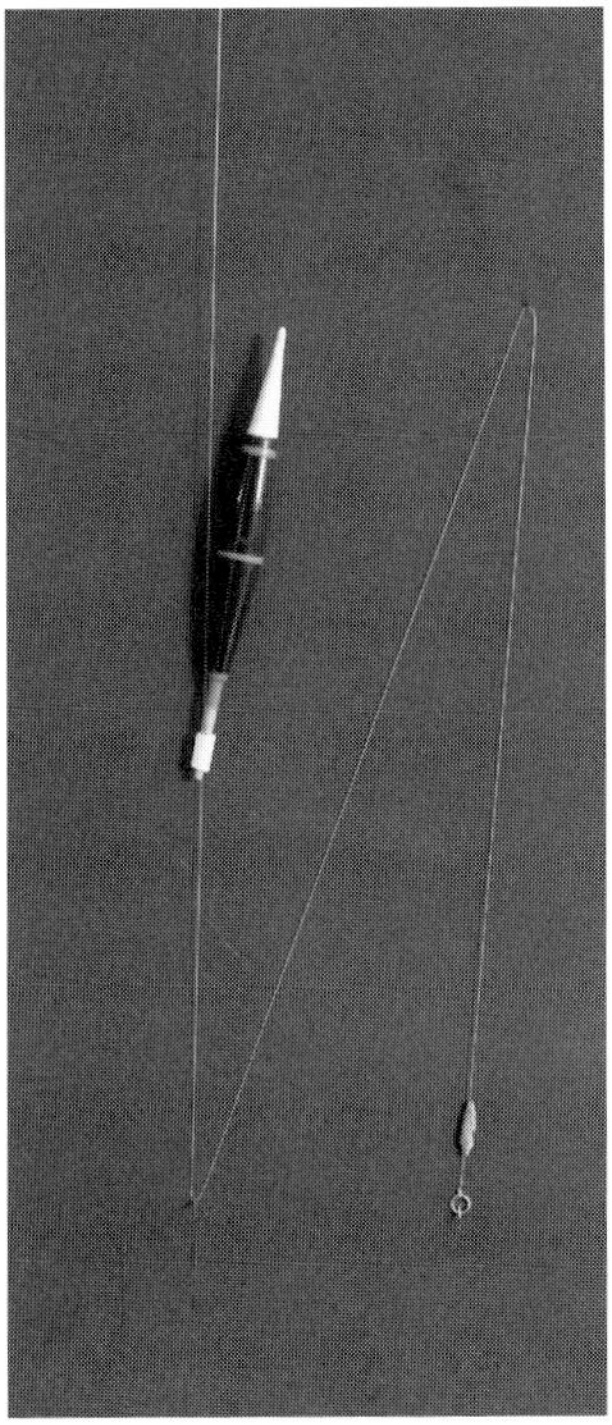

トウガラシウキを使った立ちウキ仕掛けの一例。丸カンや自動ハリス止メを介した1本バリで、ウキの頭が水面から少し出るくらいのトップバランスが理想的だ

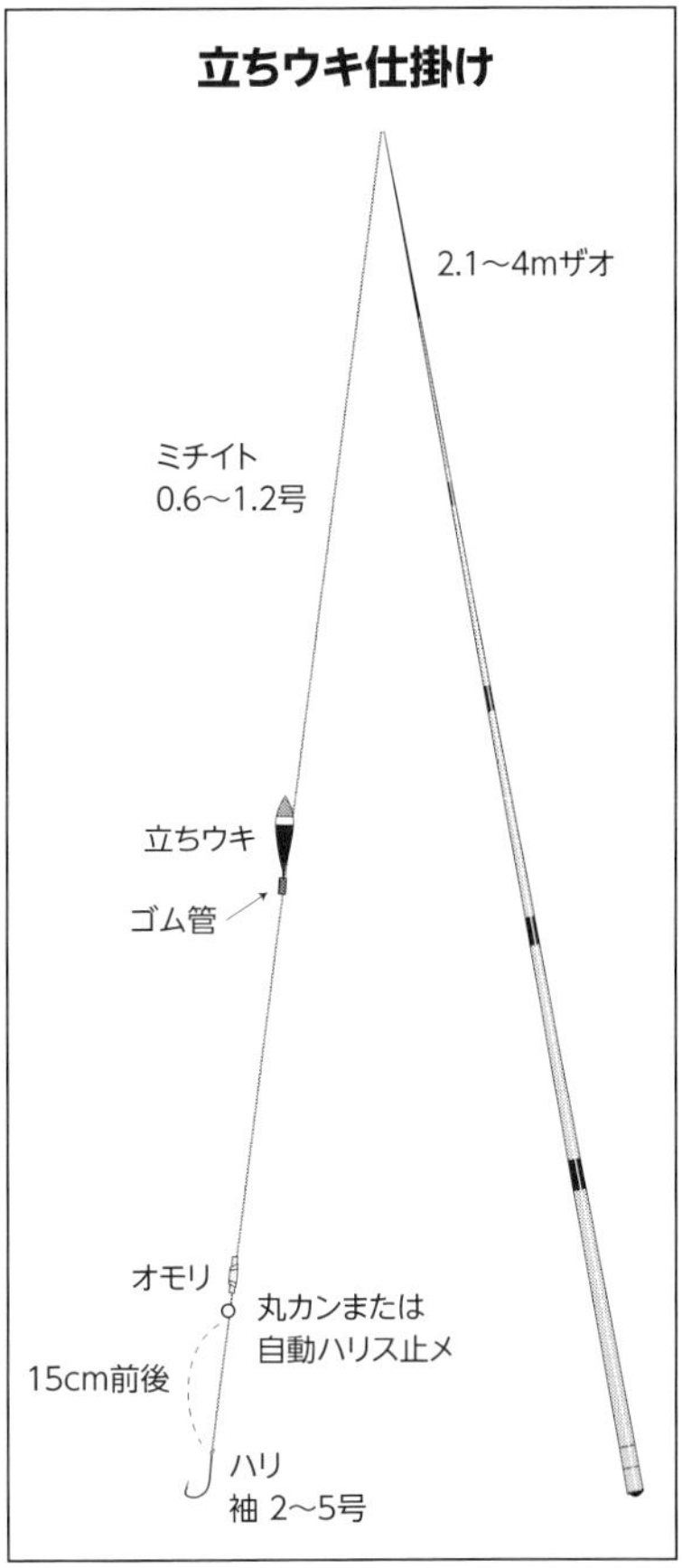

フナ釣り入門　パート7

フナ釣りの代表的な釣りスタイル

フナ釣りは季節によって
魚の居場所が変化するのが面白い。
探り釣り、ドボン釣り、エンコ釣りなど、
釣りスタイルを検証する。

身軽なタックルで釣り歩く探り釣り

【大中河川の釣り】

　霞ヶ浦など、主に本湖と直結している川幅10m以上もある大中河川をねらうのは、フナの活性が低い越冬中の寒ブナや早春の巣離れブナの時期に集中している。水温が低い時期だけに、フナは流心近くの最深部に集まっている可能性が高い。そこで、サオの全長は4・5〜5・4mを中心にして、時には6〜7m級のロングロッドが必要だ。

　仕掛けの種類は、標準シモリ仕掛けや連動シモリ仕掛けのほか、寒ブナ釣りには中通しオモリを使った引き釣り仕掛けが多用される。

　その一方で、比較的水温が高い温暖な地方の河川では、浮力バランスが軽めの流し釣り仕掛けが適している場合も多い。このように、大中河川のフナ釣りは長ザオが主力になるが、探り釣りの基本スタイルは1本ザオである。

ウインターシーズン、大河川で越冬している寒ブナをロングロッドの引き釣りでねらう

指先がこごえる寒さの中、銀色に輝く美しいフナとご対面！

冬場でも比較的水温が高い温暖な地方の河川ではフナの活性も高い。川の流れを利用して流し釣りでねらうのが効果的

晴れ渡った空の下、のびのびとサオを振る探り釣りの爽快感を独り占め！

目測 25㎝の良型ブナに惚れ惚れ！

住宅地を流れる水路にだって、フナの好釣り場がある

【中河川と水路の釣り】

大河川の本流に流入していたり、本湖と直結している川幅が10ｍ以内の中河川や水路は、1年を通してフナの探り釣りのメイン釣り場になっている。

サオは3～4・5ｍの出番が多い。ひと昔前までは30～50㎝刻みの単体ザオで長短をそろえて、釣り場の規模に見合ったサオの全長を選んだものだが、現在では、2段や3段式のズームロッドを1～2本買い求めておけば事足りる。

中河川や水路の探り釣りには、標準シモリ仕掛けが最もなじみ深い。近年では親ウキと玉ウキを組み合わせた連動シモリ仕掛けの人気も急上昇中だ。

また、探り釣りファンのトレードマークとして、古くから水箱と呼ばれる首掛け式の箱ビクが愛用されてきたが、これはこれでなかなか風情がある逸品である。

晩秋の落ちブナ釣り、特にホソの小ブナ釣りは心安らぐ探り釣りを楽しませてくれる

春の乗っ込みシーズン、ズド～ンと円弧を描く短ザオの先には念願の尺ブナか

小は３㎝から大は15㎝くらいまで、落ちブナの数釣りは面白い

【ホソの釣り】

主に農業に用いる水を確保するため、田野の中に縦横無尽に造られたホソ、つまり小水路は本湖や河川、水路につながっており、その川幅は1～1・5ｍくらいの規模しかない。

しかし、春の乗っ込みブナシーズンや秋の落ちブナ、そしてミニブナの数釣りには絶好のポイントを形成している。探り釣りファンにとってとても安らぎの場を提供してくれる。

川幅が狭いだけに長ザオは必要なく、1・8～2・7ｍの短ザオが使いやすい。仕掛けもサオに準じて、浮力バランスが軽いタイプの標準シモリ仕掛けや連動シモリ仕掛け、数珠シモリ仕掛けが適している。

一見単調に見えるホソの流れだが、蓄積した泥や水没している障害物でポイントの変化があるため、ホソの釣りに魅了されてしまう探り釣りファンも意外に多い。

ヘラブナ釣りスタイルでフナを寄せるドボン釣り

寒ブナや巣離れブナの寒い時期には練りエサの威力が絶大。釣り台にサオ掛けをセットして、ヘラブナ釣りスタイルでフナをねらうファンも多くなった

ここ最近は、釣り台にサオ掛けをセットして、練りエサを使ったヘラブナ釣りスタイルでフナをねらう釣り人が増えてきた。

　釣行のたびに赤虫やキヂといった虫エサを買い求める手間がなく、買い置きしておいた袋入りの乾燥エサで間に合う手軽さとともに、集魚効果が高い練りエサによって、釣果が伸びるのが最大の長所だろうか。

　このため、釣りあげたフナの釣果で順位を競う釣りクラブの例会や大会において、上位入賞をねらっている釣り人は探り釣り派よりも、このヘラブナ釣りスタイルが圧倒的に多い。

　特に、巣離れブナなど水温が低い時期や、大中河川では練りエサの集魚効果が絶大である。ラセンの形をした小さな集魚器を使ったドボン釣りと呼ばれる釣り方が主流を占めている。

　このドボン釣りはカンザシウキなどの浮力が大きな大型ヘラウキと、中通し、または外通し式のオモリを組み合わせたオモリベタの底釣り仕掛けでねらうもので、練りエサにはグルテン&バラケを併用している。主に流速が伴う大場所で威力を発揮するようだ。

　ただし、本書ではドボン釣りを取り上げていない。

1カ所に腰を据えてサオをだすエンコ釣り

家族そろってエンコ釣り。トウガラシウキ1本の立ちウキ仕掛けをのんびりと眺めるのもいいものだ

人影が丸見えの浅い流れでも、そっとしゃがみ込んでエンコ釣り。ねらいはズバリ的中、ものの見事にフナが食ってきた

近年はどこでもホソの改修工事が進み、その流れは味気ない。しかし、このエンコの行列みてください。フナも釣り人も甘い水を求めて次々に乗っ込んでくる

エンコ釣りの『エンコ』とは、お母さんが小さな子供に向かって「ここにエンコ（お座り）しなさい」と呼びかける幼児言葉がその語源。つまり、1カ所のポイントに腰を据えてサオをだす釣り方のことを指す。

エンコ釣りは1本ザオの探り釣りとは違って、2～3本のサオを使った並べ釣りでねらう釣り人が多い。はた目にはのんびりとして見える釣り姿ながら、本気モード（？）だと、エサ付けやら仕掛けの振り込み直しなど、複数のサオを扱う分忙しい。ここぞと決めた釣り座が期待どおりの好ポイントに当たった時には、大釣りの確率が高い反面、不幸にも外れポイントを選んでしまった場合には……。腰が重すぎる方は要注意である。

また、秋も深まったころ好機が訪れるホソの小ブナ&ミニブナ釣りにも、エンコ釣りが向いている。運よく小深く掘れた溜まり場を見つけたら、携帯用の折りたたみイスや合切箱に座って、その穴を集中的にねらうのがキーポイントだ。

フナ釣り入門 パート8

釣り場の概略とフナの付き場

フナの移動パターンは移ろいゆく季節の流れに連動している。ここでは大中河川と本湖、中河川と水路、ホソ（小水路）の3つに釣り場を分けて、そのポイントを地図と写真で解明する。

一年を通したフナの移動パターン

フナは一年を通して四季折々、棲みやすい環境を求めて生活水域を変えていく。このフナが棲みやすい条件は水温や水位、水色など水況と気温や日照時間といった自然環境が複雑に絡み合っている。

フナの移動に即した釣りのパターンはプロローグで説明したように、シーズンオフの夏場をはさんでシーズン前半戦とシーズン後半戦に分かれ、フナたちは同じような経路をたどって行き来しているのだ。その移動ルートをもう一度説明しておこう。

シーズン前半戦は水温・気温の上昇に伴い、越冬場所の大中河川や本湖を離れて産卵を意識しながら、水路やホソを伝わって徐々に川幅が狭く水深の浅い水域に向かう。これが巣離れブナから乗っ込みブナ釣りシーズンである。

さらに、ハタキと呼ぶ産卵を終えたフナは一時食欲を失うが、夏に向かって体力回復のために再びエサを追う。この居残りブナを春遅くまでねらうのが春ブナだ。

そして、夏場をはさんでシーズン後半戦の開幕である。秋に入ると、それまで食欲が失せていたフナも水温の低下とともに活性が高まってくる。

しかしながら春の産卵行動とは異なり、シーズン後半戦は来るべき冬に備えて、早くも越冬準備が始まるわけで、秋ブナから落ちブナ釣りシーズンがこれに相当する。

もちろん、落ちブナがたどる移動ルートはシーズン前半戦と全く逆方向で、水深が浅いホソや小河川から中規模の河川や水路をたどって、その最終目的地である越冬場所、水深のある大中河川や本湖を目指すのである。

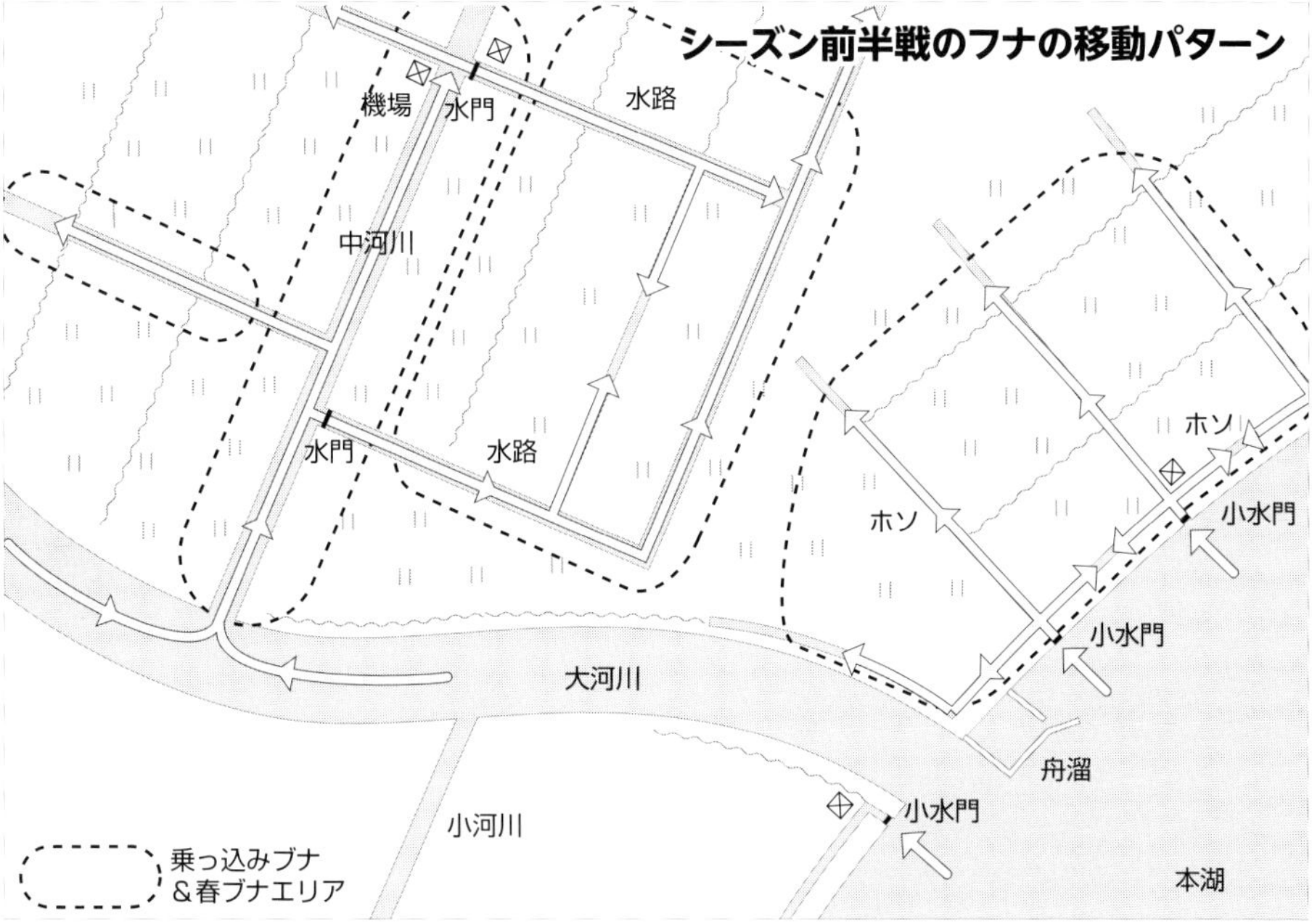
シーズン前半戦のフナの移動パターン
機場
水門
水路
中河川
水門
水路
ホソ
ホソ
小水門
小水門
大河川
舟溜
小水門
小河川
本湖
乗っ込みブナ
＆春ブナエリア

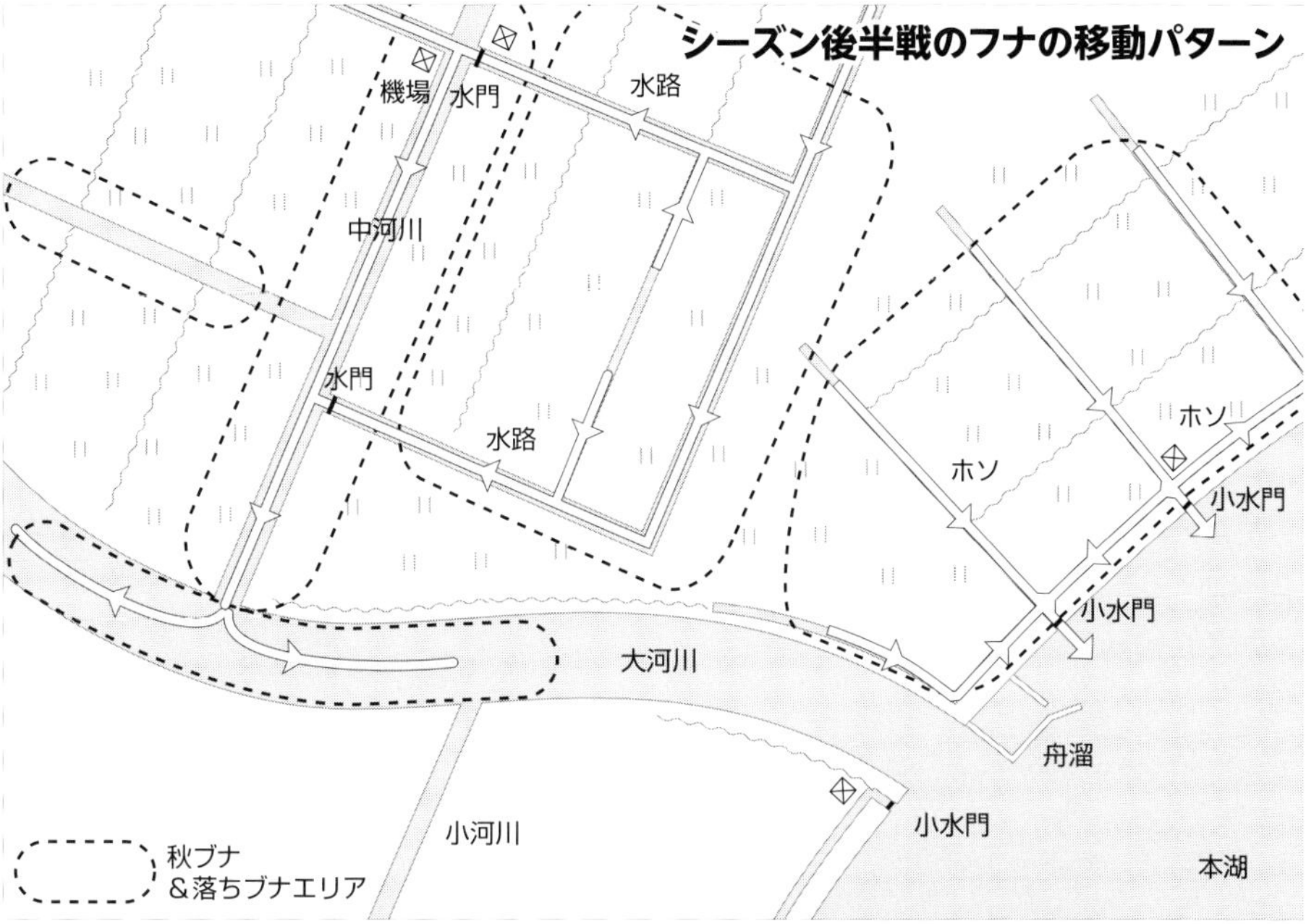
シーズン後半戦のフナの移動パターン
機場
水門
水路
中河川
水門
水路
ホソ
ホソ
小水門
小水門
大河川
舟溜
小水門
小河川
本湖
秋ブナ
＆落ちブナエリア

大中河川と本湖

フナの生息域における大動脈および母体といえるのが、川幅が10mを超えるような大中河川とこれらをつなぐ本湖である。

大中河川といえば、今でこそヘラブナ釣りスタイルのドボン釣りや寒ブナの引き釣りエリアという固定観念が強いものの、昔は違った。

茨城県と千葉県の日本水郷では今から数10年前まで、春の巣離れブナや乗っ込みブナシーズンになると、本湖への吐き出し付近の浅場に集まってきたフナを、ヅキ釣りと呼ぶ長ザオと短い仕掛けを組み合わせた独特のタックルでねらう立ち込み釣りが盛んだったという。

しかし、現在ではうっそうとアシが生い茂る湿地帯が半減するなどフナを取り巻く自然環境の悪化によって、昔ながらのヅキ釣り場はほとんど消滅した形になっている。

とはいうものの、大場所の大中河川や本湖は年間を通して豊富な水量を保つ上に、水深があって水温も安定しているため、フナにとっては温かい越冬場所であり、安住の地になっていることには変わりない。裏を返せば、釣り人にとってはフナの補給源というわけだ。

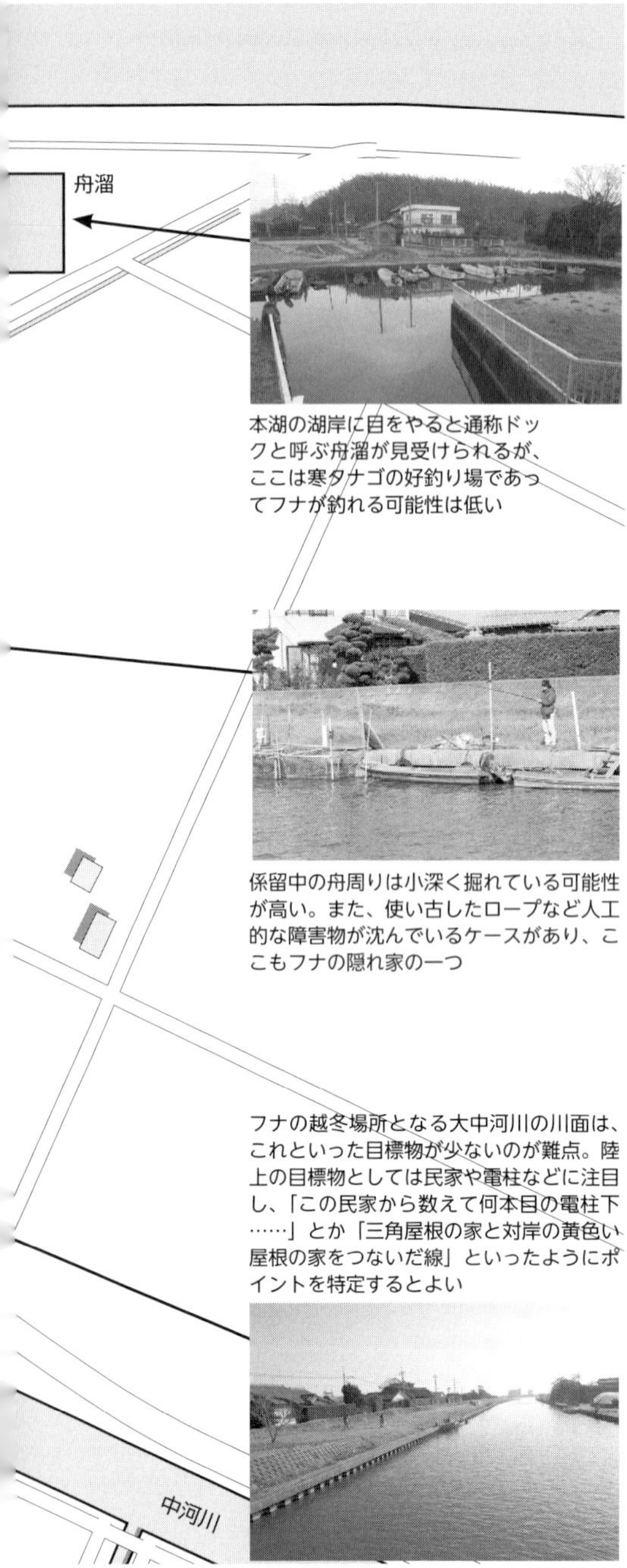

本湖の湖岸に目をやると通称ドックと呼ぶ舟溜が見受けられるが、ここは寒タナゴの好釣り場であってフナが釣れる可能性は低い

係留中の舟周りは小深く掘れている可能性が高い。また、使い古したロープなど人工的な障害物が沈んでいるケースがあり、ここもフナの隠れ家の一つ

フナの越冬場所となる大中河川の川面は、これといった目標物が少ないのが難点。陸上の目標物としては民家や電柱などに注目し、「この民家から数えて何本目の電柱下……」とか「三角屋根の家と対岸の黄色い屋根の家をつないだ線」といったようにポイントを特定するとよい

大河川や本湖の湖岸の要所要所には、地名が付いた樋管や樋門の小水門が設置されている。この小水門にも排水、揚排水の区別があって、主にホソの通水を担当している

橋ゲタ周りは陰の部分や障害物が沈んでいる場所は、絶好のフナの付き場になっている。また、川の流れによって橋ゲタの裏表で水深が異なるので、必ず仕掛けを投入してリサーチする

農耕作業のために稼働する機場は、地域ごとの川の水を動かし、フナの動きにも多大な影響を与えている

機場の種類には排水機場、揚排水機場などがあって、それぞれ地名が付けられていることが多い

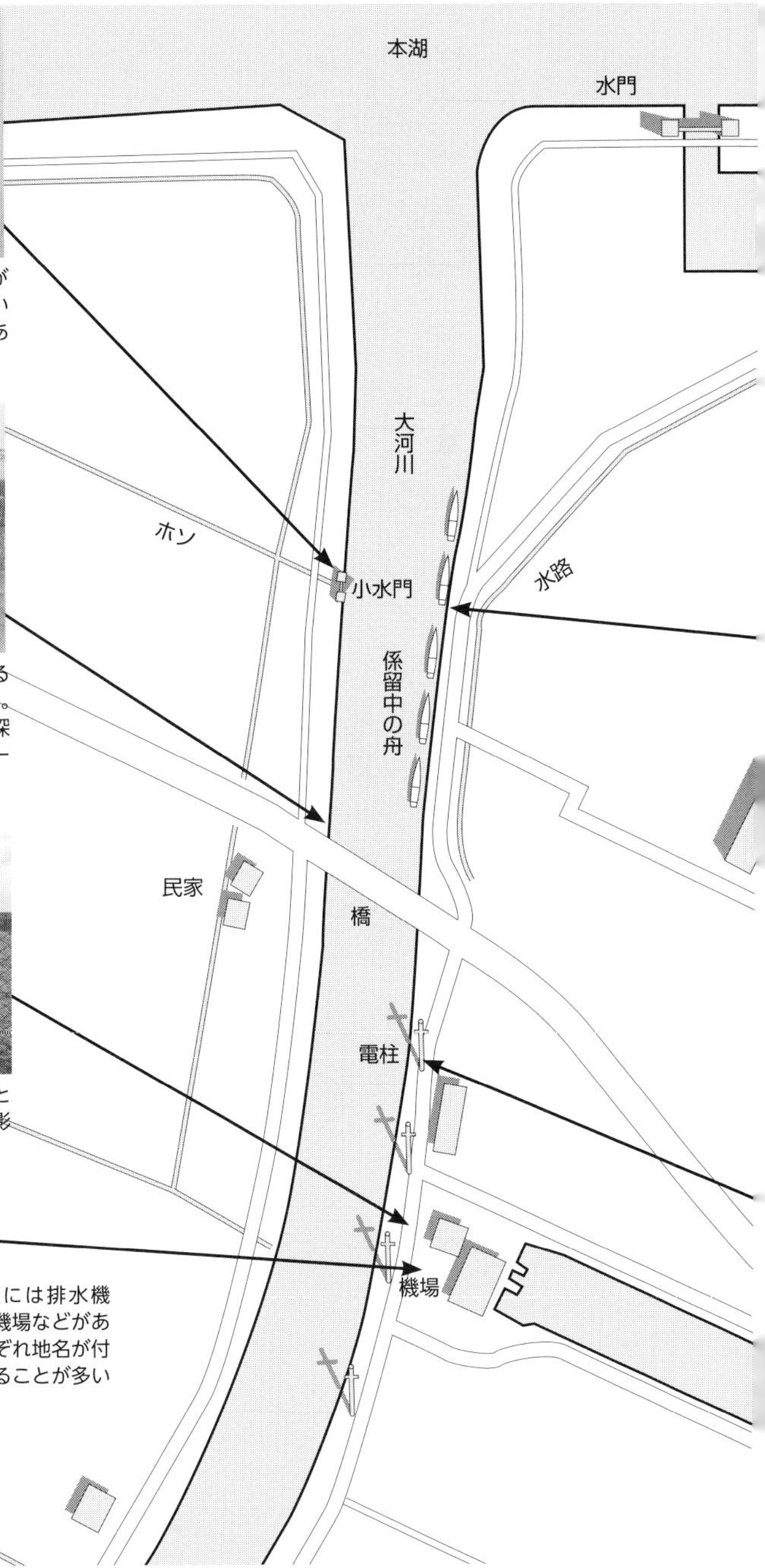

中河川と水路

川幅10m以内の中河川や水路はフナ釣りのメインステージである。その理由は、寒ブナの越冬場所である大中河川と、川幅が細いホソをつなぐ中継点的な水域を果たしているからで、必然的にフナの行き来も豊富というわけだ。

しかし中河川とはいっても、近年は自然の状態に近い素掘りの環境を保つ川が激減してしまい、その大半は人工的なコンクリート河川に造設されている。このため、現在では河川と水路はほとんど同じと理解してもよいだろう。

このようなコンクリート河川や水路は平坦な川底が大きな特徴。その一方で、両岸の側面のコンクリート施工は川の規模にもよるが、ホソと同様な三面パターンのほか、数段の棚を造った階段方式も取り入れられているようだ。

新造されたばかりの時には、コンクリートの素地がむき出しのままで、ストレートに水が流れるためフナの隠れ場所もない。だが、1年2年と時が経つうちに、水田やハス田から土砂が少しずつ流れ込むと同時に、枯れ木など多種多様な障害物が沈み、水生植物も繁殖し始めると、再びフナの川としての生命を取り戻してくる。

また、水位の変動はホソと比べて比較的安定しているものの、時期によっては大きく増減するケースもある。

現在のフナ釣り場の大半はコンクリート水路と化してしまったが、河川工事終了から月日が経つうちに、アシ林がカモフラージュしてくれるのはうれしい限り。寒ブナ釣りシーズンをのぞいて、このアシ林を中心にして格好のフナ釣り場を形成している

現在では柵に囲まれた釣り不能な小水路も多いが、その落とし口は水がよく動き、小深く掘れているためにフナが集まるポイントだ。特に水深が浅い川の落とし口は見逃せない

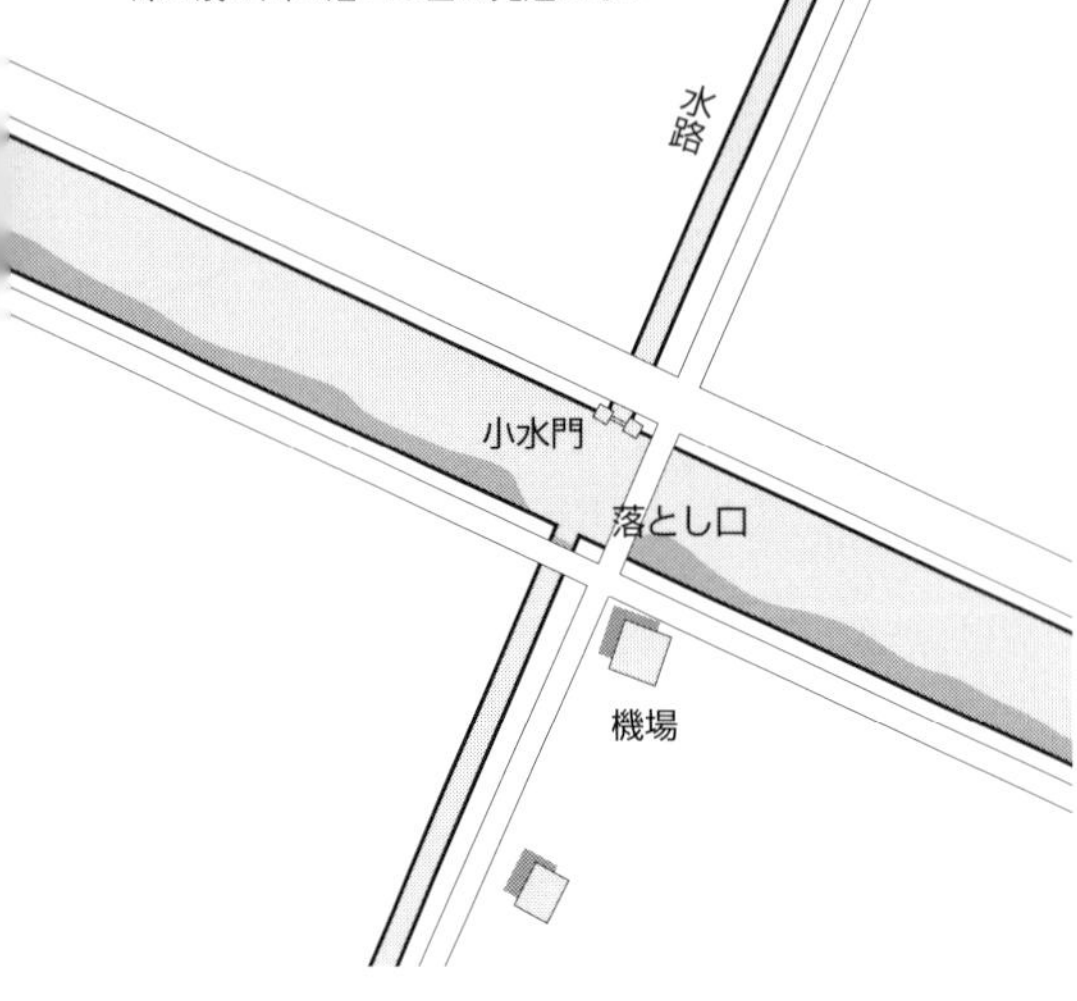

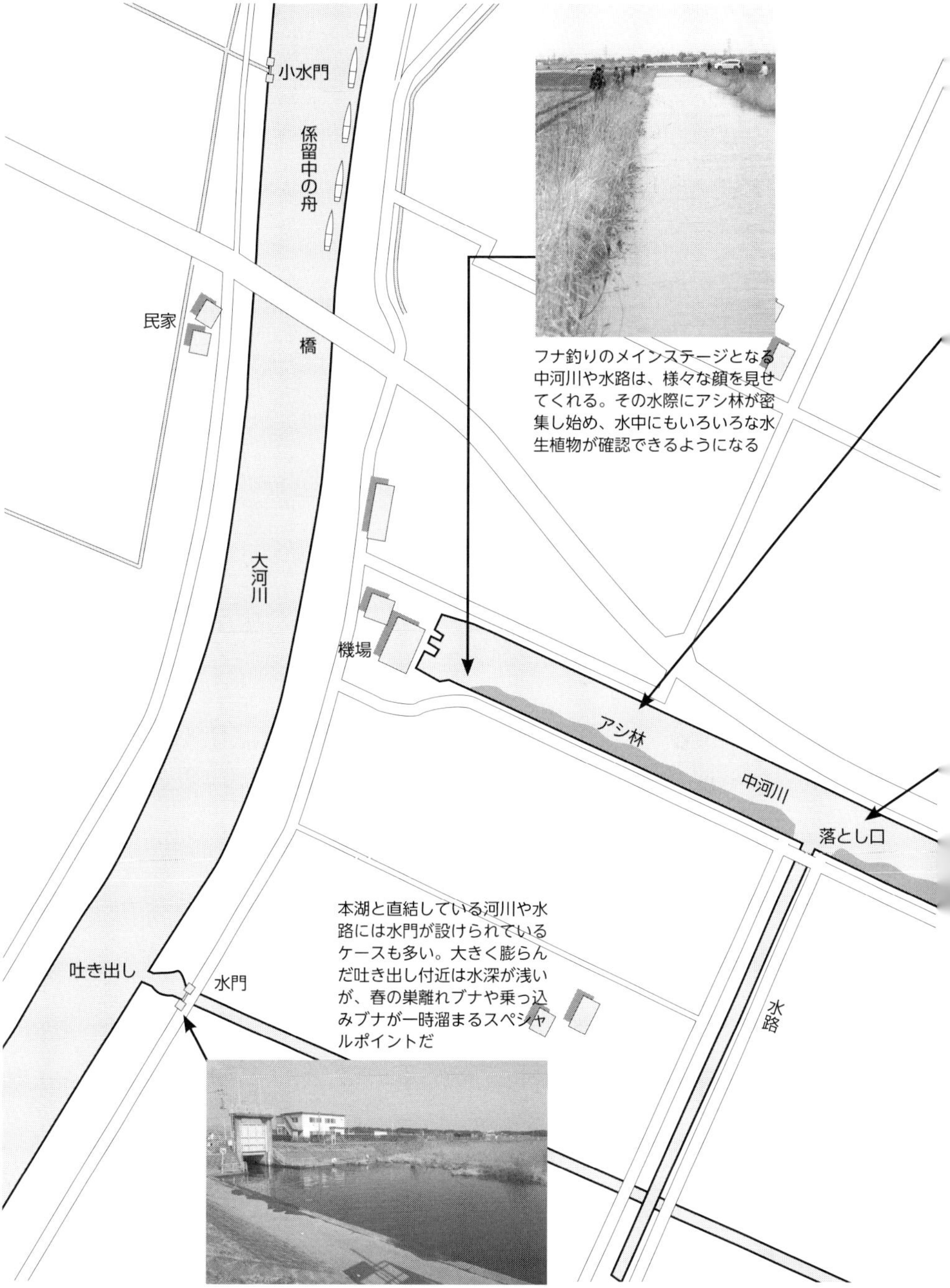

フナ釣りのメインステージとなる中河川や水路は、様々な顔を見せてくれる。その水際にアシ林が密集し始め、水中にもいろいろな水生植物が確認できるようになる

本湖と直結している河川や水路には水門が設けられているケースも多い。大きく膨らんだ吐き出し付近は水深が浅いが、春の巣離れブナや乗っ込みブナが一時溜まるスペシャルポイントだ

ホソ（小水路）

農業用水の目的で造られているホソ、つまり小水路は、川幅が1～2mしかない最も小規模なフナ釣り場である。本湖や河川、水路につながっており、現在では土で固めた素掘りのホソはほとんど見かけず、側面・川底とも三面コンクリート製のホソが大半を占めている。

茨城県の日本水郷を代表する霞ヶ浦や北浦を例にすると、湖岸の土手下には本湖を一周するようにホソが流れ、さらにその周囲の田園の中に、湖岸ホソから分かれた縦ホソが縦横無尽に流れている。

これらのホソ群の出入り口には機場（きじょう）や樋門（ひもん）、樋管（ひかん）などが設置されているとともに、ホソの内部にも小さな水門があって、これらを通じて揚排水が行なわれている。

この機場や小水門の開閉は、農作業の必要に応じて行なわれるため、1年中安定した水位が望めない。このことは、フナ釣りファンにとって大きな痛手だ。

特に、冬場など農作業に水が必要ない時期になると通水を止め、ホソが涸れるほど水を落としてしまうケースも多い。

また、春の田植え時期などには、農作業の過程で揚排水が繰り返されるため、週単位どころか1日のうちに刻々と水位が変化することがままある。それでも、ホソには春になると産卵場所を目指したフナが大挙して押し寄せてきて、乗っ込みブナの絶好期を迎えるし、秋は秋で、小ブナの数釣りが楽しめる。

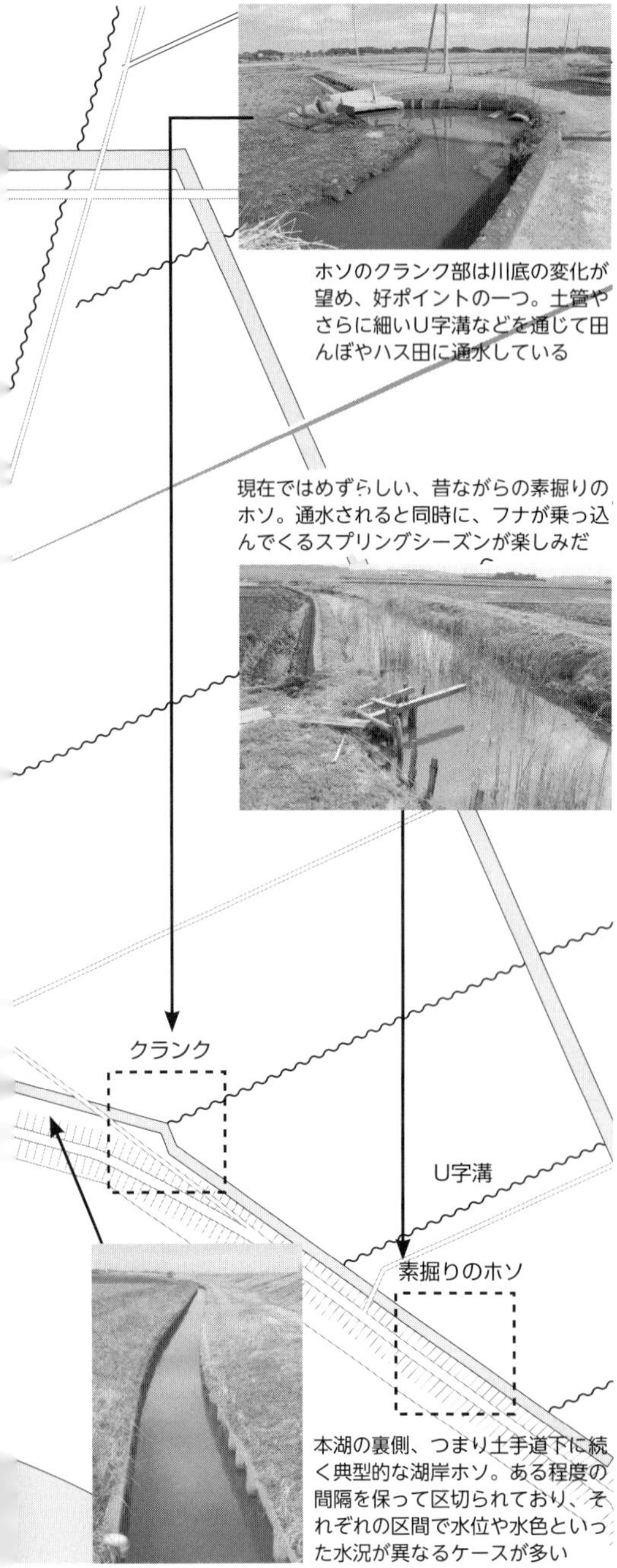

ホソのクランク部は川底の変化が望め、好ポイントの一つ。土管やさらに細いU字溝などを通じて田んぼやハス田に通水している

現在ではめずらしい、昔ながらの素掘りのホソ。通水されると同時に、フナが乗っ込んでくるスプリングシーズンが楽しみだ

本湖の裏側、つまり土手道下に続く典型的な湖岸ホソ。ある程度の間隔を保って区切られており、それぞれの区間で水位や水色といった水況が異なるケースが多い

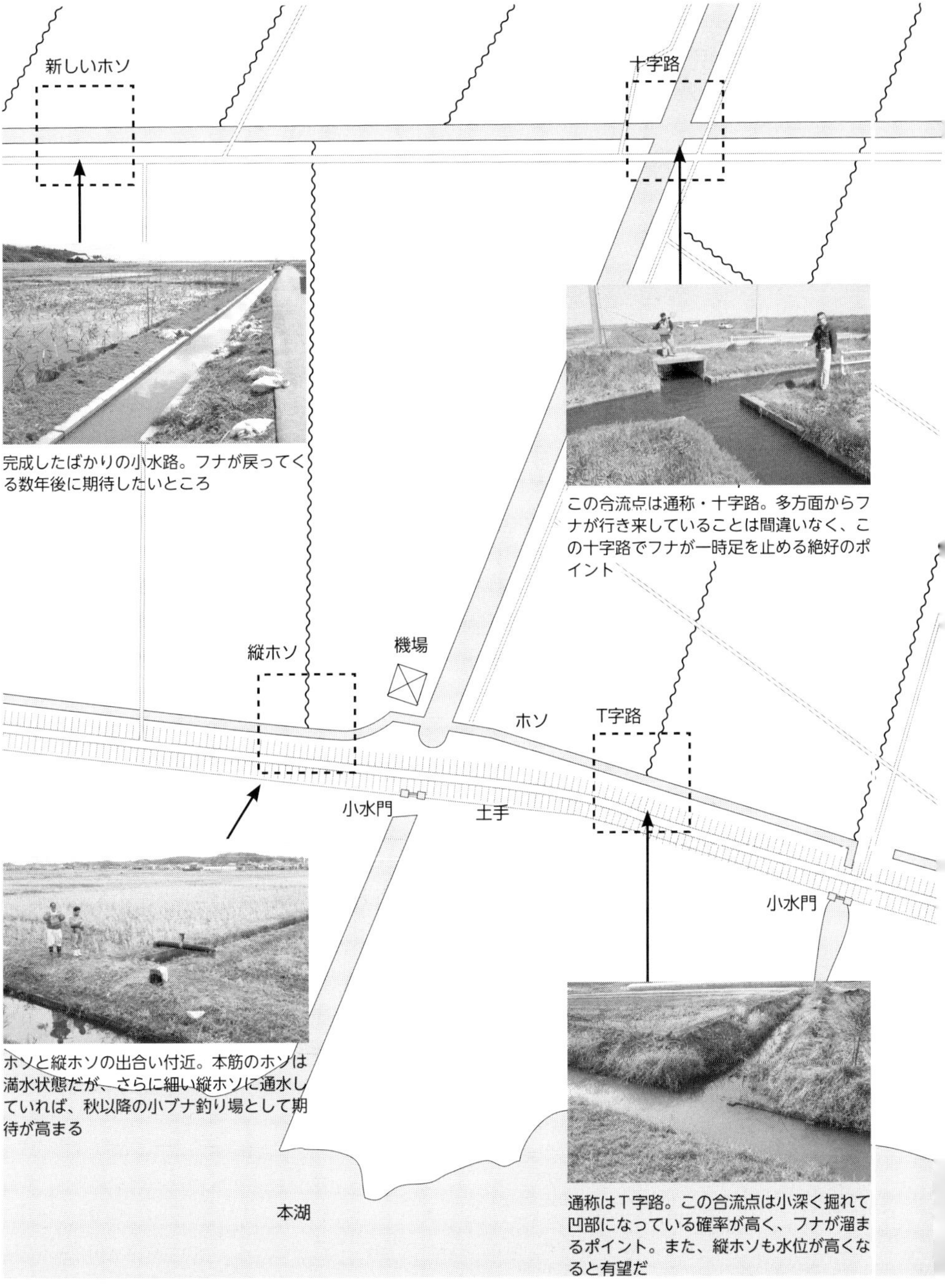

完成したばかりの小水路。フナが戻ってくる数年後に期待したいところ

この合流点は通称・十字路。多方面からフナが行き来していることは間違いなく、この十字路でフナが一時足を止める絶好のポイント

ホソと縦ホソの出合い付近。本筋のホソは満水状態だが、さらに細い縦ホソに通水していれば、秋以降の小ブナ釣り場として期待が高まる

通称はT字路。この合流点は小深く掘れて凹部になっている確率が高く、フナが溜まるポイント。また、縦ホソも水位が高くなると有望だ

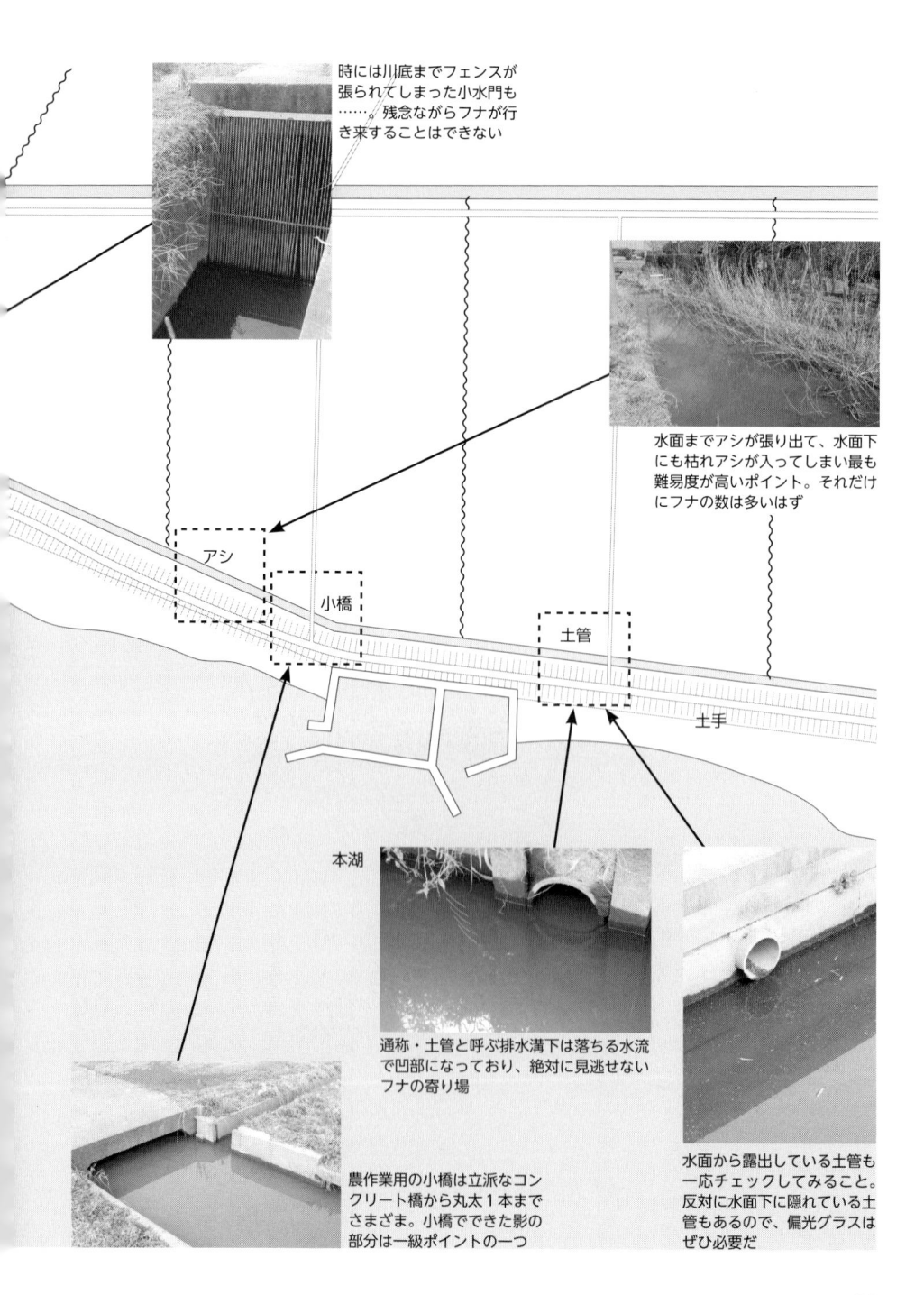

時には川底までフェンスが張られてしまった小水門も……。残念ながらフナが行き来することはできない

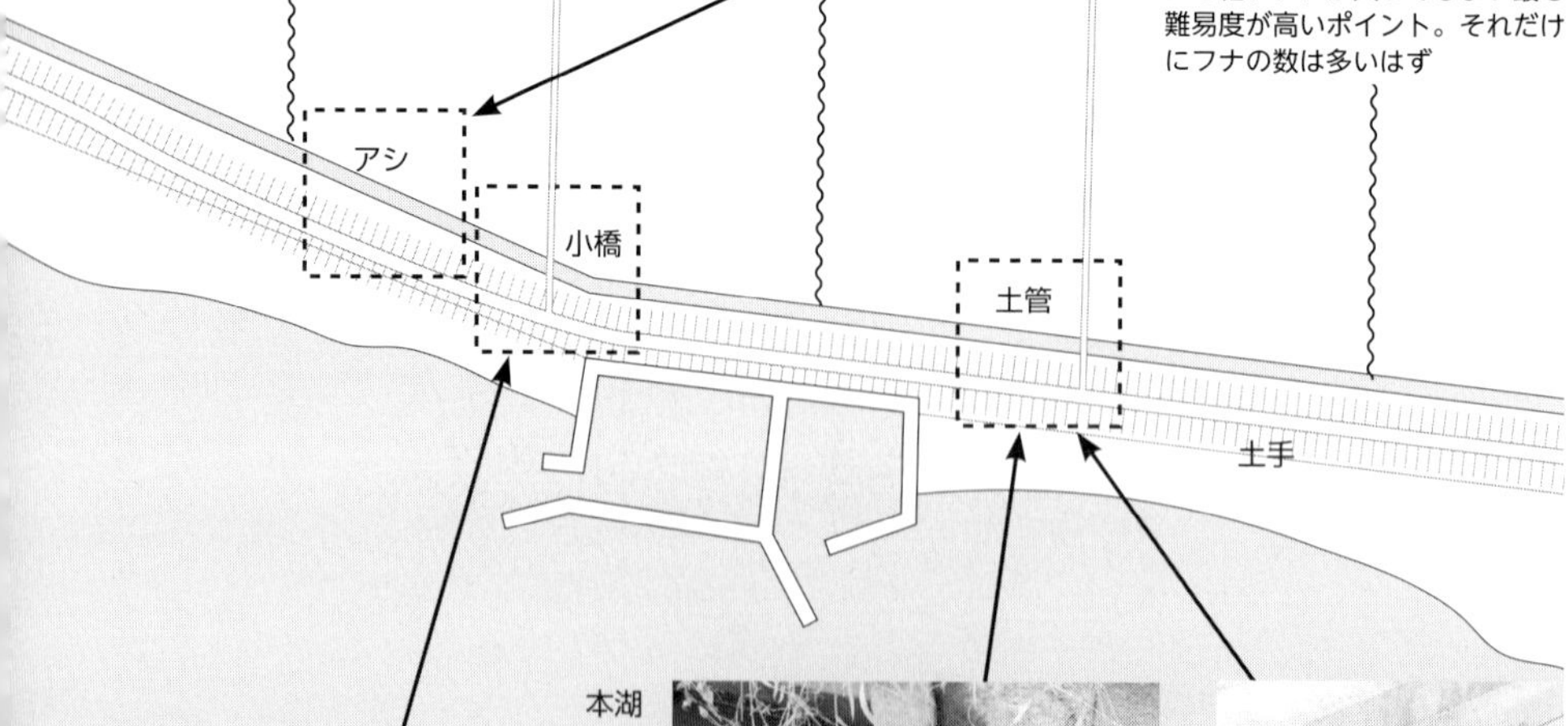

水面までアシが張り出て、水面下にも枯れアシが入ってしまい最も難易度が高いポイント。それだけにフナの数は多いはず

通称・土管と呼ぶ排水溝下は落ちる水流で凹部になっており、絶対に見逃せないフナの寄り場

水面から露出している土管も一応チェックしてみること。反対に水面下に隠れている土管もあるので、偏光グラスはぜひ必要だ

農作業用の小橋は立派なコンクリート橋から丸太１本までさまざま。小橋でできた影の部分は一級ポイントの一つ

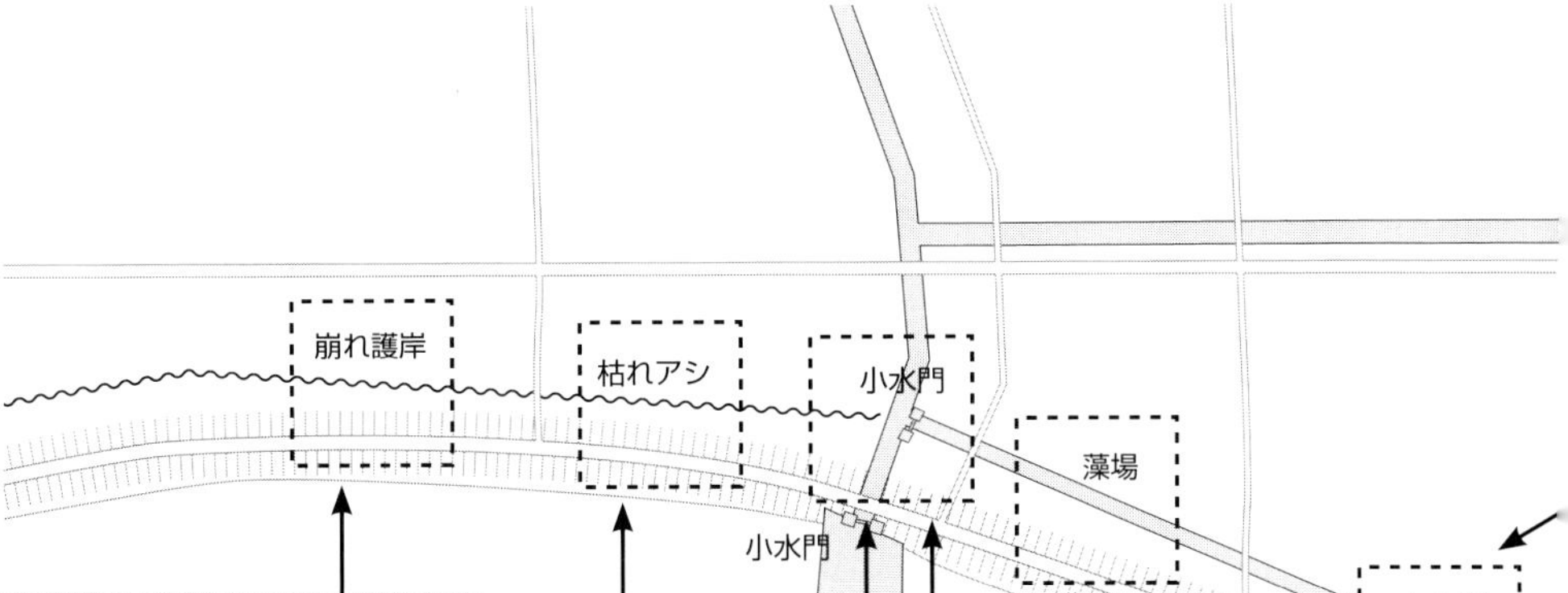

田畑への通水に使われる護岸の切れ目や護岸が崩れた個所は、水の変化がある。乗っ込み終期のハタキを迎えると、この切れ目を通って水田やハス田に突っかけるフナの姿が目撃される

水草が生い茂る通称・藻場もフナの隠れ家

本湖や水路との境に造られている小水門

枯れアシが水没している下はフナにとって安住の地

水位変動式の小水門もある。上下どちらかの水域にフナが溜まっている可能性が高い

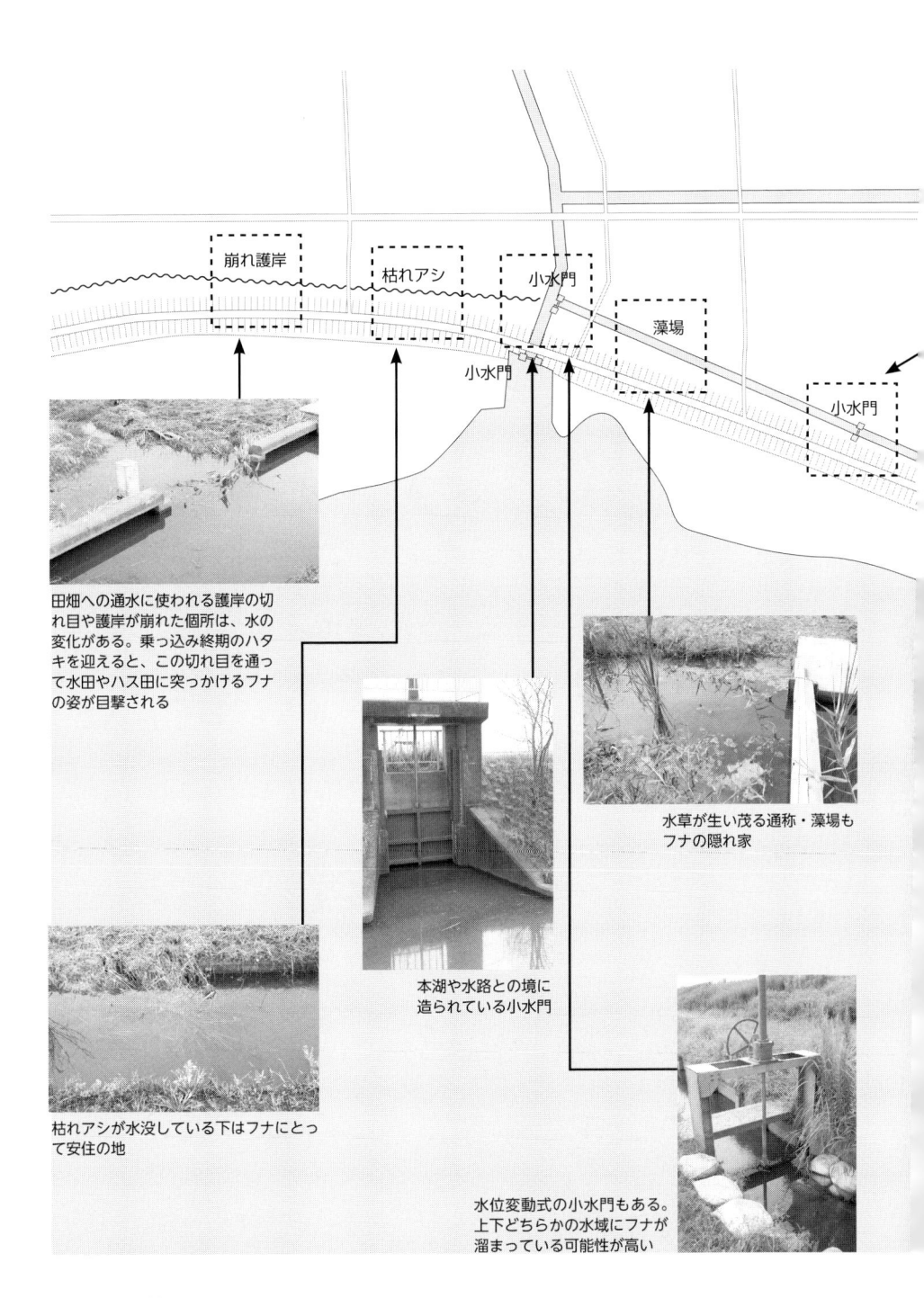

フナ釣り入門　パート9

河川に応じたフナ釣りテクニック

フナを誘い出し、
エサを食わせるテクニックは
基本的には扇形のトレース、
斜めのトレース、横のトレース、
縦のトレースの4パターン。
これに様々な応用を加えると……。

中河川の探り釣りベーシックテクニック

シーズン前半戦＆後半戦に共通する

【基本は4つのトレース】

　一年を通してフナが最も長く住んでいるのは、川幅3～10mくらいの規模がある中河川。現在ではその大半が三面補強されたコンクリート河川、つまりコンクリート水路である＝イラストA参照。

　見た目には不味なコンクリート水路だが、月日が経つうちに田畑から土砂が流れ込み、川底にはカケアガリと呼ぶ傾斜が付いて様々な障害物も沈み、意外なほど変化に富んだフナのポイントを形成している。

　その中河川におけるシーズンそれぞれで変わるフナの付き場を理解するには、川幅を線引きして最深部の流心、カケアガリの中沖、岸寄りのヘチというように3分割すると、川の中の状態を立体的に考えることができるはずだ＝次ページのイラストB参照。

　このような川底や水深の変化を伴うフナの付き場をいち早く把握するにはまず、4通りのパターンの『探りのトレース』でリサーチしてみる。

　その1つめはフナの付き場の目安が付かず、手っ取り早く広範囲を探るのに適

予想したスポットでフナを釣りあげる。フナ釣りは推理ゲームでもあるのだ

A 中小河川の主な形状

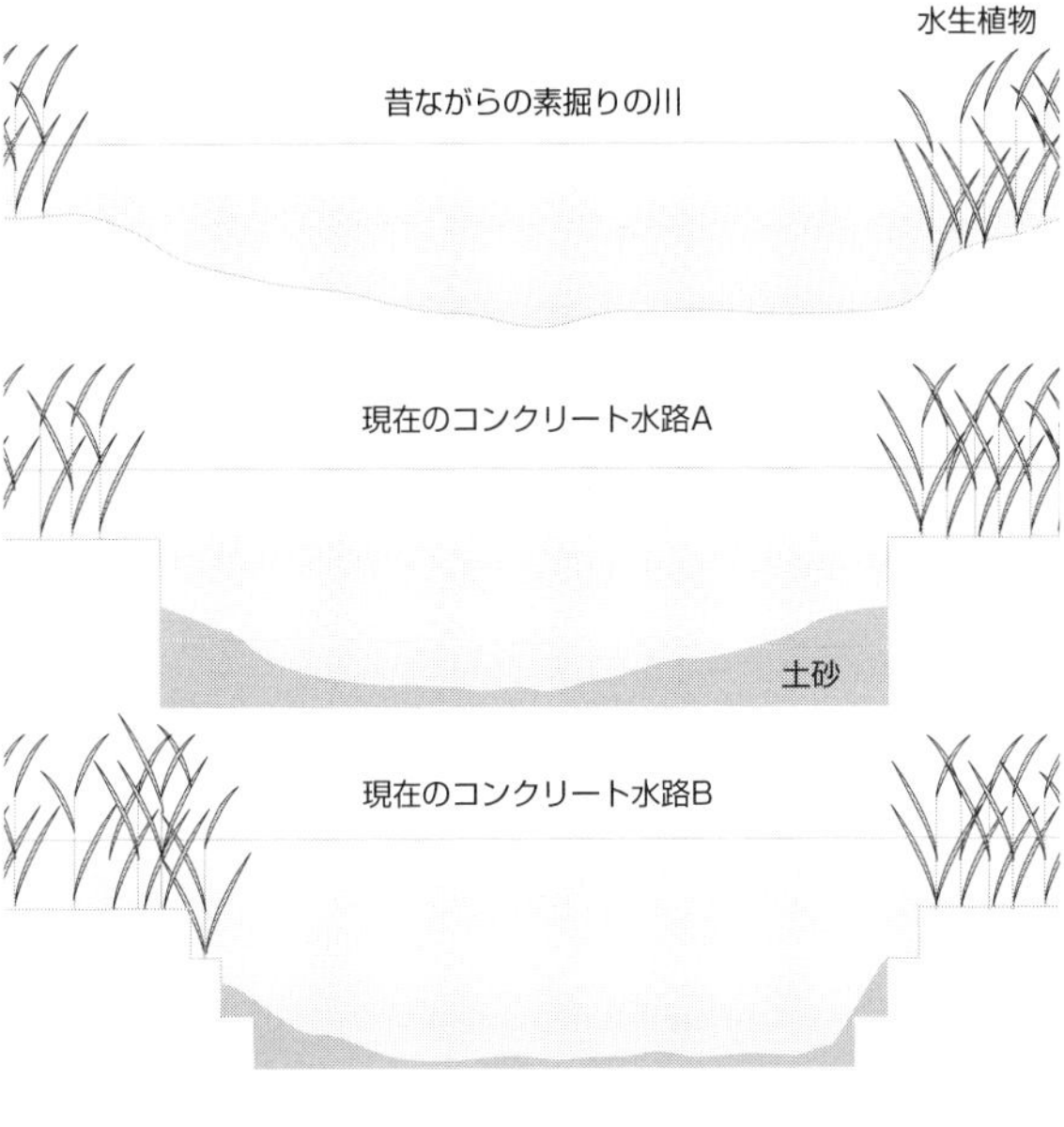

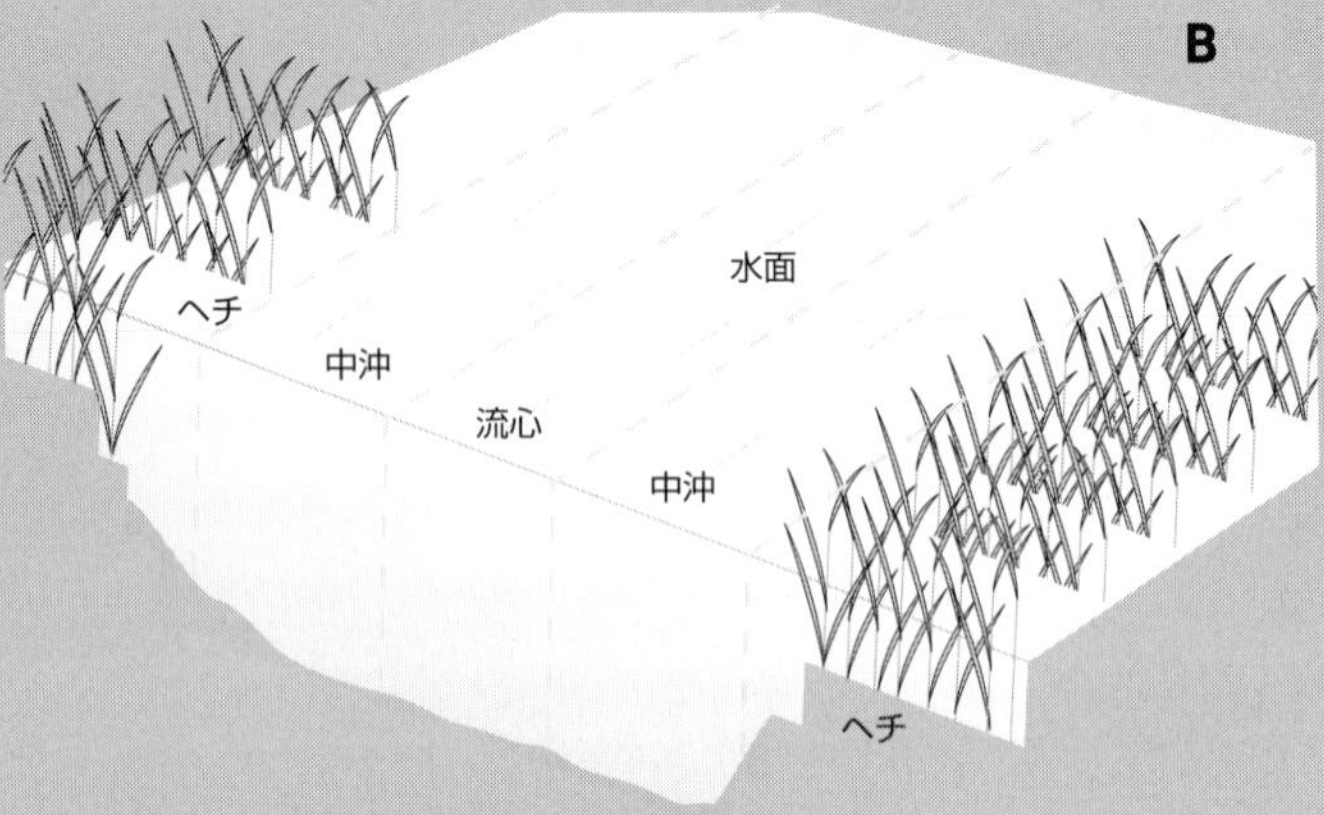

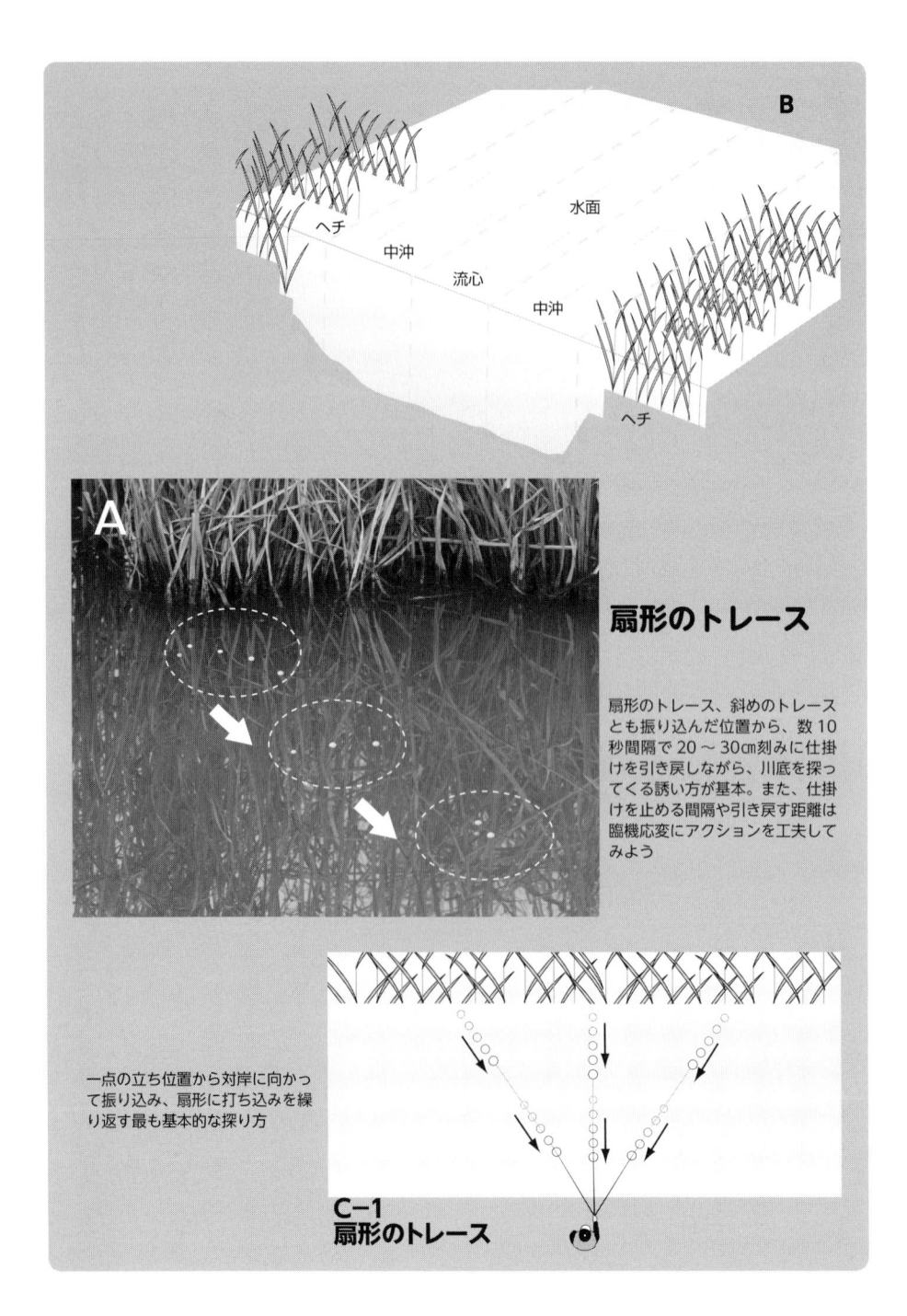

扇形のトレース

扇形のトレース、斜めのトレースとも振り込んだ位置から、数10秒間隔で20～30㎝刻みに仕掛けを引き戻しながら、川底を探ってくる誘い方が基本。また、仕掛けを止める間隔や引き戻す距離は臨機応変にアクションを工夫してみよう

一点の立ち位置から対岸に向かって振り込み、扇形に打ち込みを繰り返す最も基本的な探り方

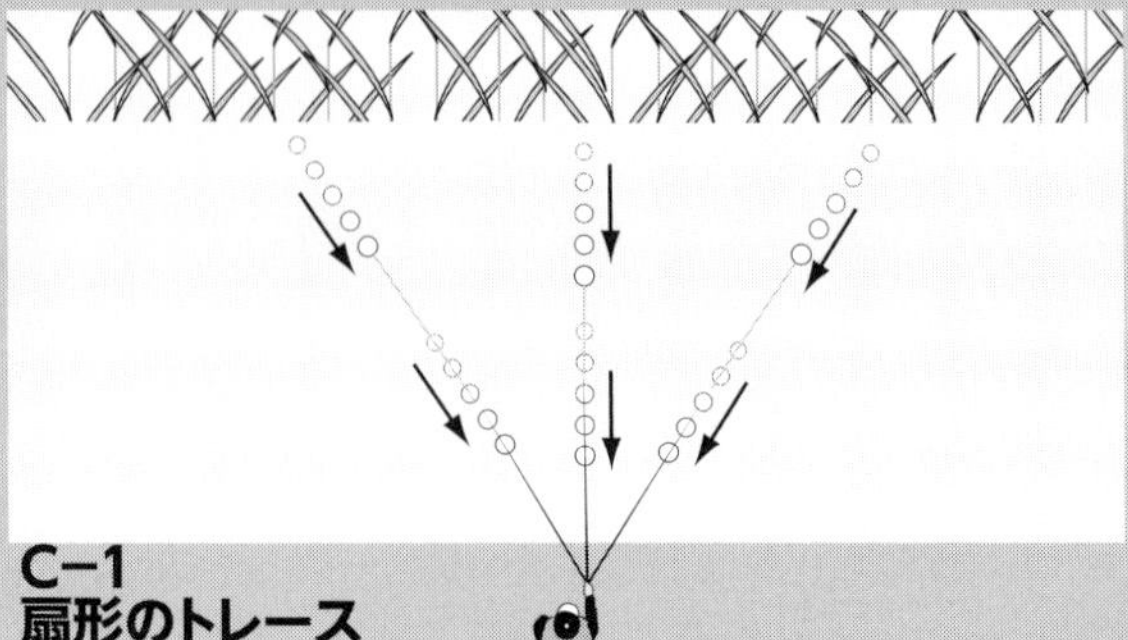

C–1
扇形のトレース

斜めのトレース

カケアガリは流心を中心にして、対岸側は徐々に深くなり、一方の手前側は次第に浅くなるケースが多い。この写真は手前側のカケアガリをねらっており、『扇形のトレース』とは反対に少しずつ玉ウキが浮き上がってきていることに注目してもらいたい

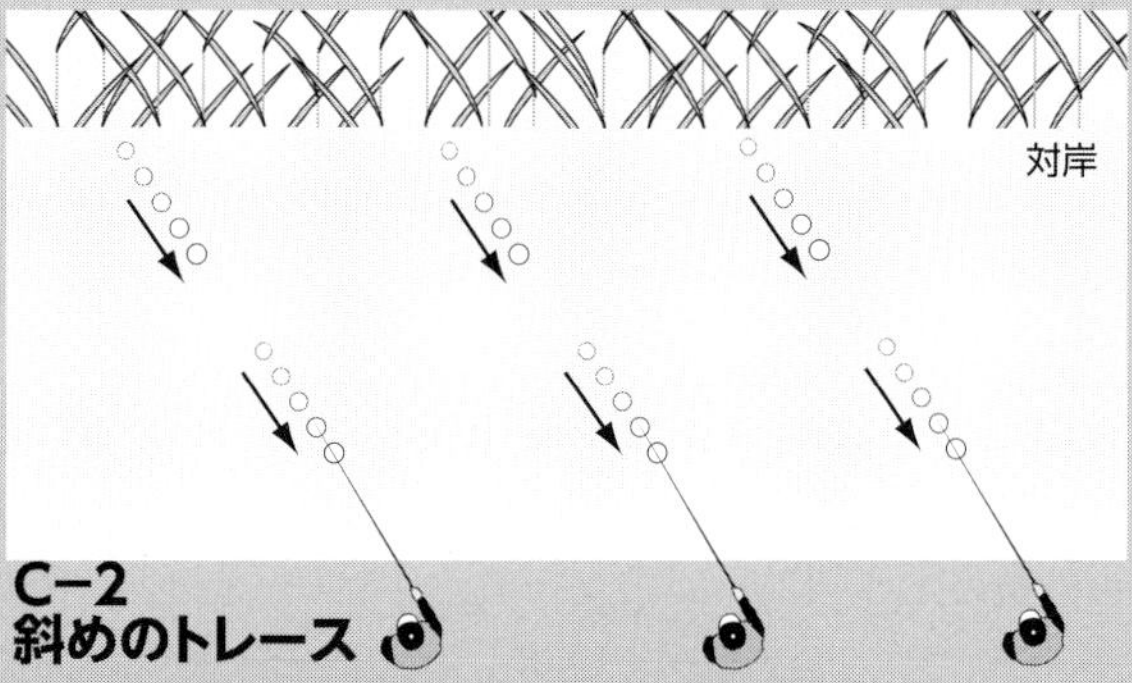

C–2
斜めのトレース

扇形のトレースに比べて広範囲をざっくりと探って、手早くフナの付き場を突き止めたい場合に有効。斜めに振り込みながら1～2歩ずつ左右に移動しながら釣り歩くのが基本

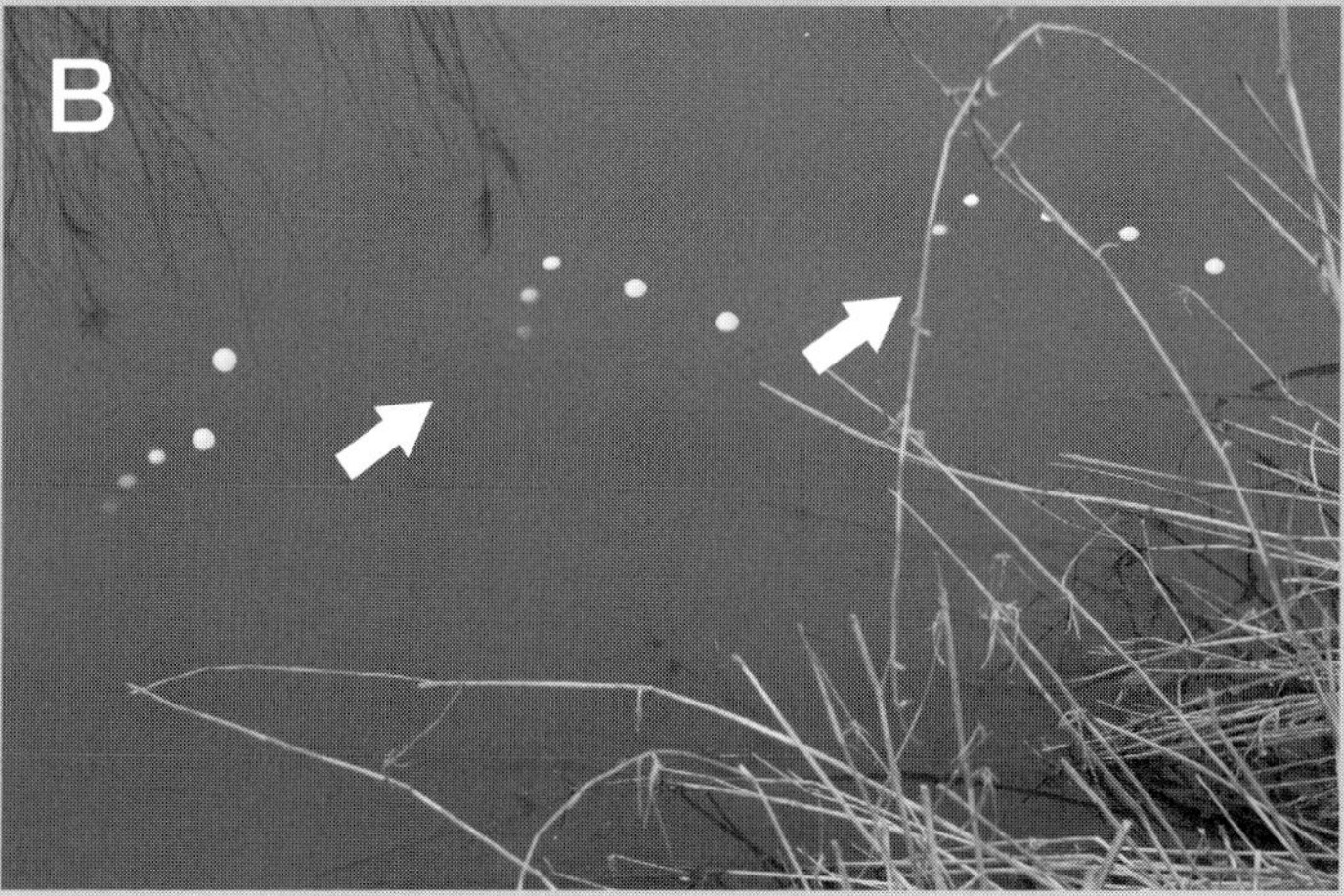

している『扇形のトレース』と『斜めのトレース』だ。扇形のトレースは一点の立ち位置から左右に仕掛けを振り分けて扇形に探る釣り方で、斜めのトレースは一歩一歩前進しながら振り込む探り方と解釈していただこう。

　こうして『扇形のトレース』や『斜めのトレース』を駆使しながらある程度の範囲を探り、フナの付き場がヘチなのか中沖なのか、それとも流心なのかの判断が付いたら、今度は『横のトレース』の出番だ。横のトレースはフナが居付いているであろう水深ラインを、ダイレクトに横引きする釣り方と思ってよい。フナの活性が高い時には次から次へとフナを拾う感じでアタリが続くケースが多い

　しかし、障害物が邪魔するポイントでは、『斜めのトレース』や『横のトレース』といった大胆に仕掛けを動かす誘う方はまず無理。そこで登場するのが仕掛けを1カ所で踊らせる『縦のトレース』で、アシに囲まれた凹部の穴などピンスポットを攻略するにはこの手しかない。場合によっては仕掛けの長さを切り詰めた半ヅキ仕掛けが活躍してくれるはずだ(写真A～D、イラストC1～4参照)。

横のトレース

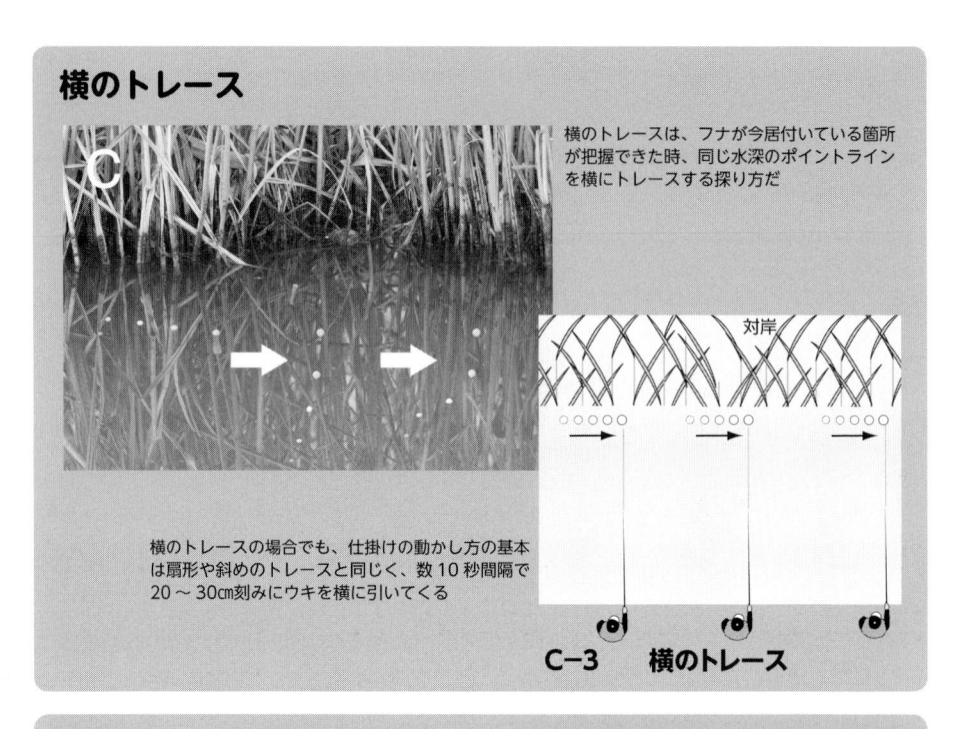

横のトレースは、フナが今居付いている箇所が把握できた時、同じ水深のポイントラインを横にトレースする探り方だ

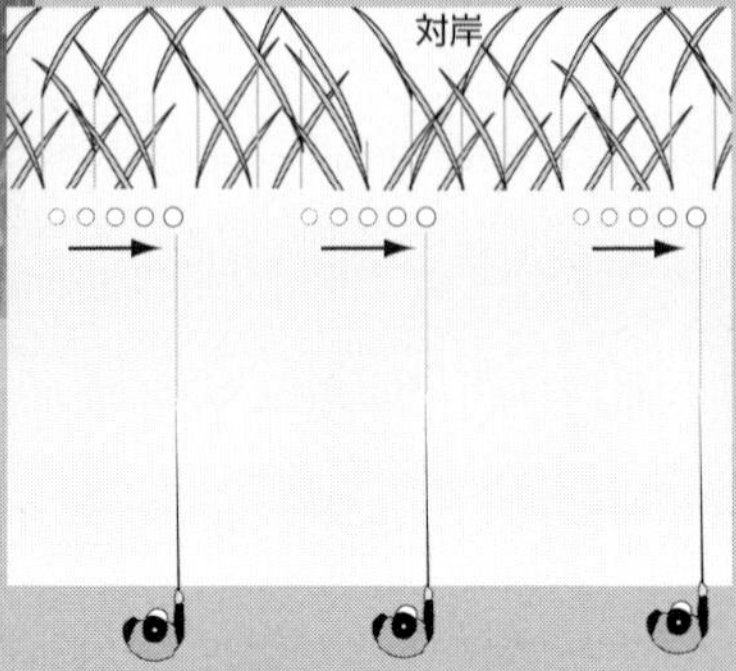

C−3　横のトレース

横のトレースの場合でも、仕掛けの動かし方の基本は扇形や斜めのトレースと同じく、数10秒間隔で20～30㎝刻みにウキを横に引いてくる

縦のトレース

アシなど水生植物が生い茂っているエリアには、そこかしこに穴のようなスポットが見つかるはず。ここがもし小深く掘れていれば、フナが隠れている場合が多く、一点集中型である縦の誘いで食わせることが可能

C−4
縦のトレース

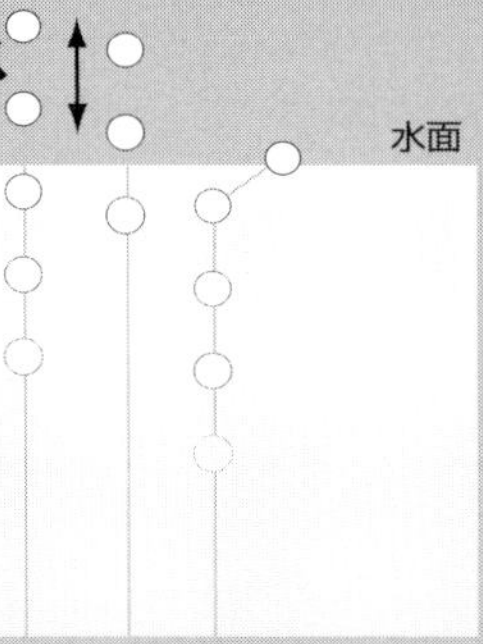

縦の誘いでは、ここぞとねらったスポットを半径10～20㎝に定め、そのピンポイントの中を仕掛けで小突くように上下して、一点でエサを踊らせる

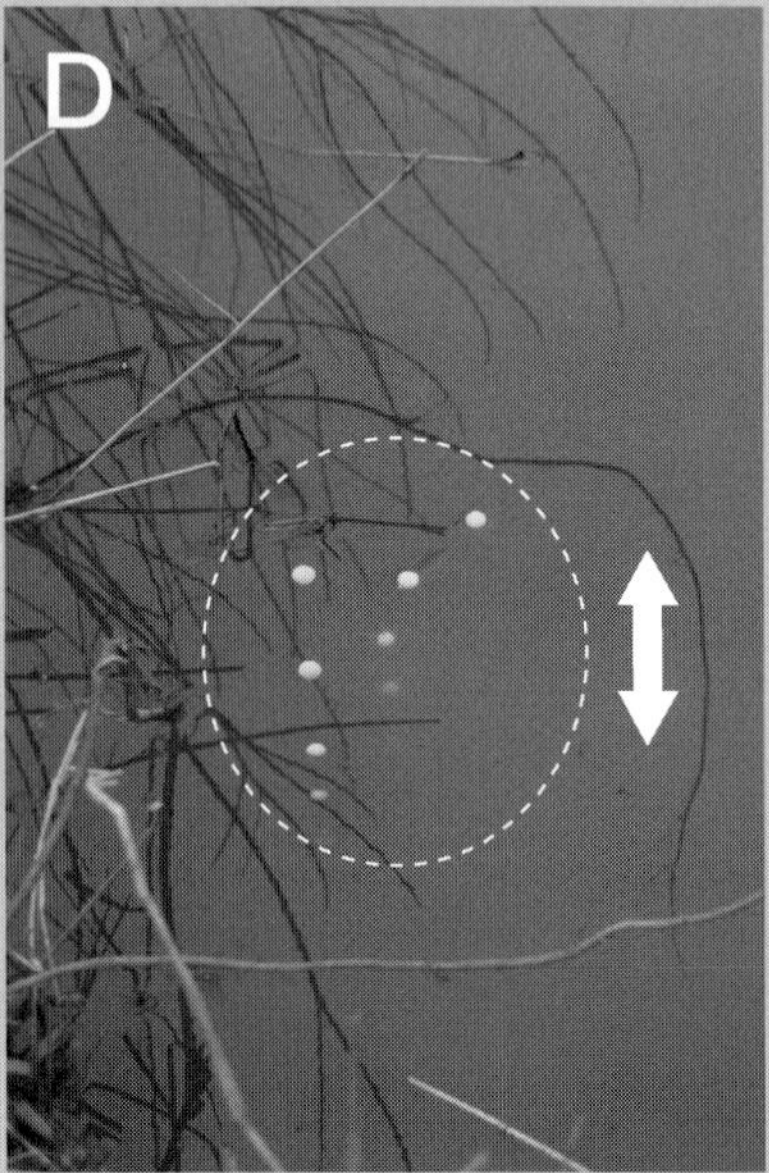

主要シーズンにおけるフナの付き場とねらい方

【巣離れブナシーズン】

まだまだ水温が低い2月下旬から3月上旬は、越冬場所から動き出してきたフナは中河川を目指して行動し始める時期だ。

D　巣離れブナシーズンのねらい方

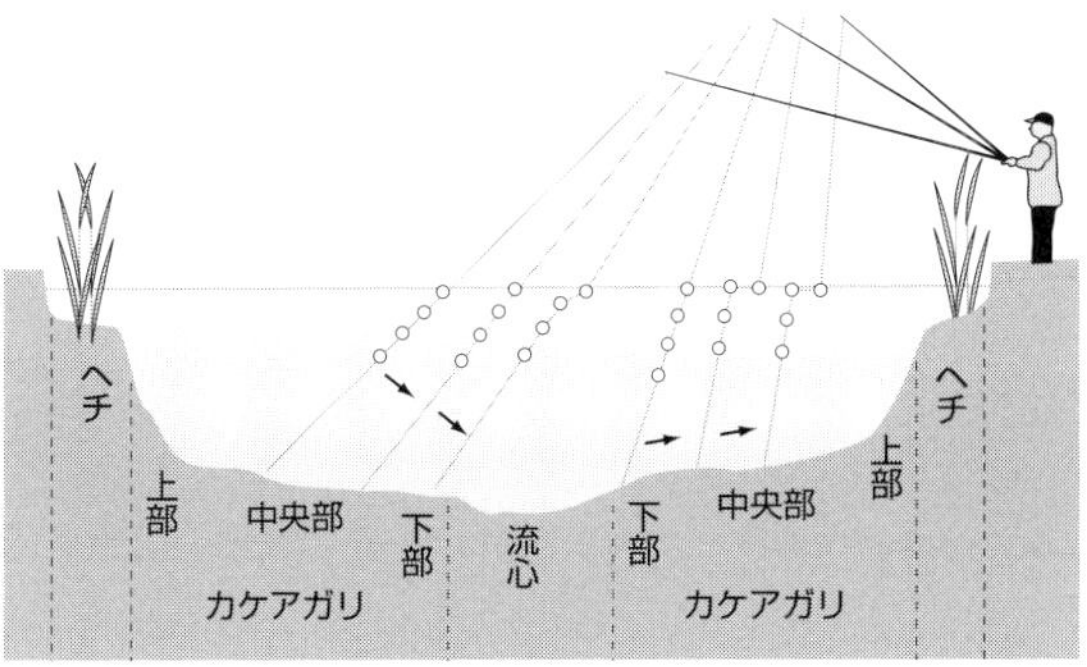

E　ポイントが把握できたら横トレースにスイッチ!

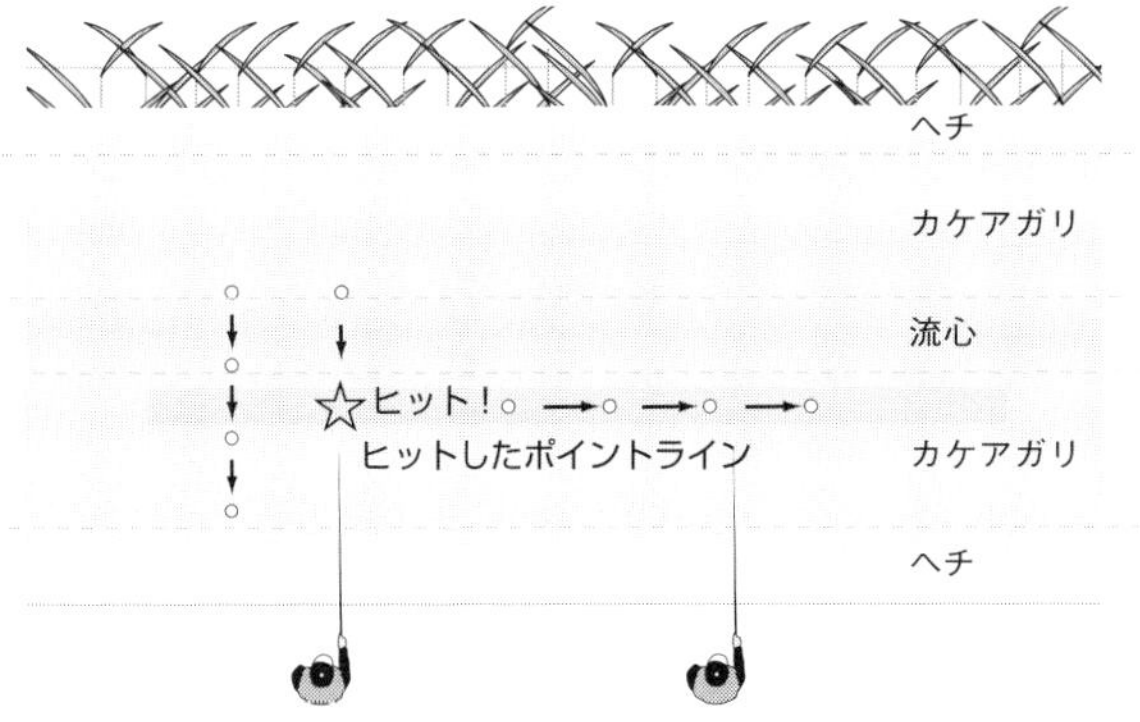

だが、目指す中河川にやっとたどり着いたとしても、まだ流心近くの深みを拠点にして水温が上がる時間帯を待ち、両岸に続く中沖のカケアガリの途中までを行き来している感じである。

このため、巣離れシーズンは最深部と思われる流心を目がけて仕掛けを振り込み、両岸ともカケアガリの下部から中央付近までを重点的にねらうことが基本＝イラストD。

一点の立ち位置から扇形のトレース、または斜めのトレースで振り込みながら、釣り場を左右に少しずつ動いてフナの付き場を探り当てるのだ。

そして首尾よくフナが数尾釣れて、現在行動している付き場やポイントラインがある程度把握できたら、横のトレースにスイッチして効率よくフナをヒットさせよう＝イラストE。

【乗っ込みブナ釣りシーズン】

桜の開花前線と時期を合わせるように、3月の下旬から4月の中旬にかけては、フナ釣りファンにとって、春最大のイベントである乗っ込みブナ釣りの最盛期が訪れる。

この時期になると、産卵を意識したフナはより活発にエサを追うようになり、岸寄りの浅場にやってくる。アシ林の中でうごめきながら上流やホソを目指すフナの姿はその波紋で確認できることも多い。したがって、乗っ込みブナの好ポイントは一目瞭然である。

ねらうのは主にカケアガリの上部からアシが生い茂るヘチ寄りにかけて、水深50～60㎝以内の浅場である＝イラストF。時には水深が20㎝にも満たないアシの中でもヒットするので、根掛かりを恐れずに果敢にねらってみよう。

このように乗っ込みブナは足下などの浅場で行動しているので、特に手前ヘチをねらう場合はフナを脅かさないように、水辺から1歩でも2歩でも下がってサオをだすことを心掛けること。仕掛けの振り込む位置は手前側にしろ対岸にしろ、アシなど水生植物が生い茂っている岸すれすれをねらうことだ。

基本的なサオ操作はもちろん、扇形のトレースに斜めのトレース、横のトレースを必要に応じて操るが、乗っ込みブナ釣りはヘチのごく浅場にポイントエリアが絞られるため、アシ際やその間にのぞく穴をねらって、半ヅキ釣りの縦の誘いで、次から次へと叩くように探っていくのが効果的だ＝イラストG。

乗っ込み本番の荒食いは長続きせず、せいぜい続いて数日間から長くても1週間。それも、地域的にまとまっていっせいに乗っ込み態勢に入るのではなく、一

F　乗っ込みブナシーズンのねらい方

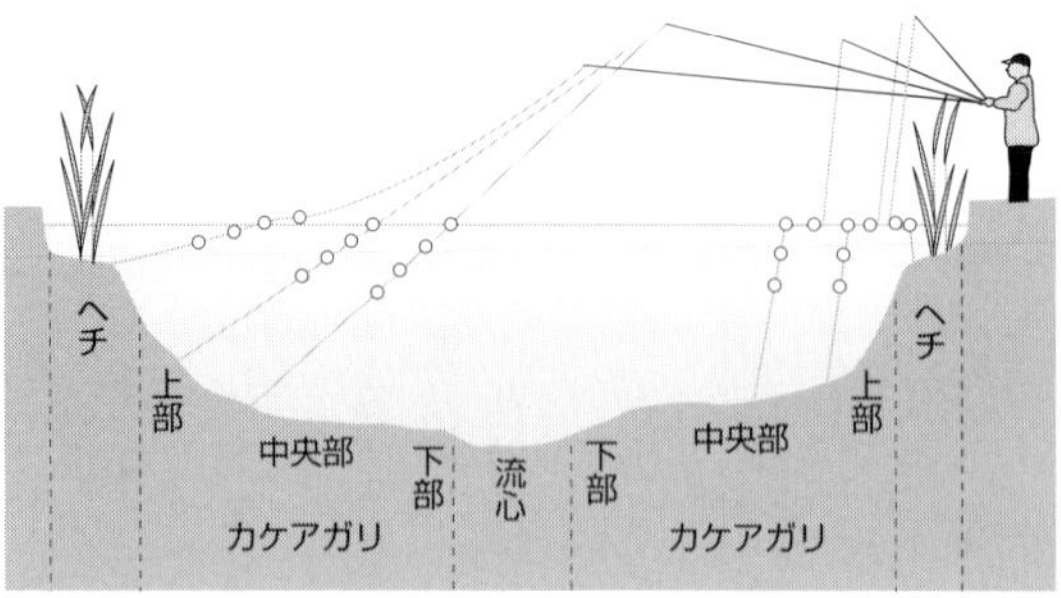

G

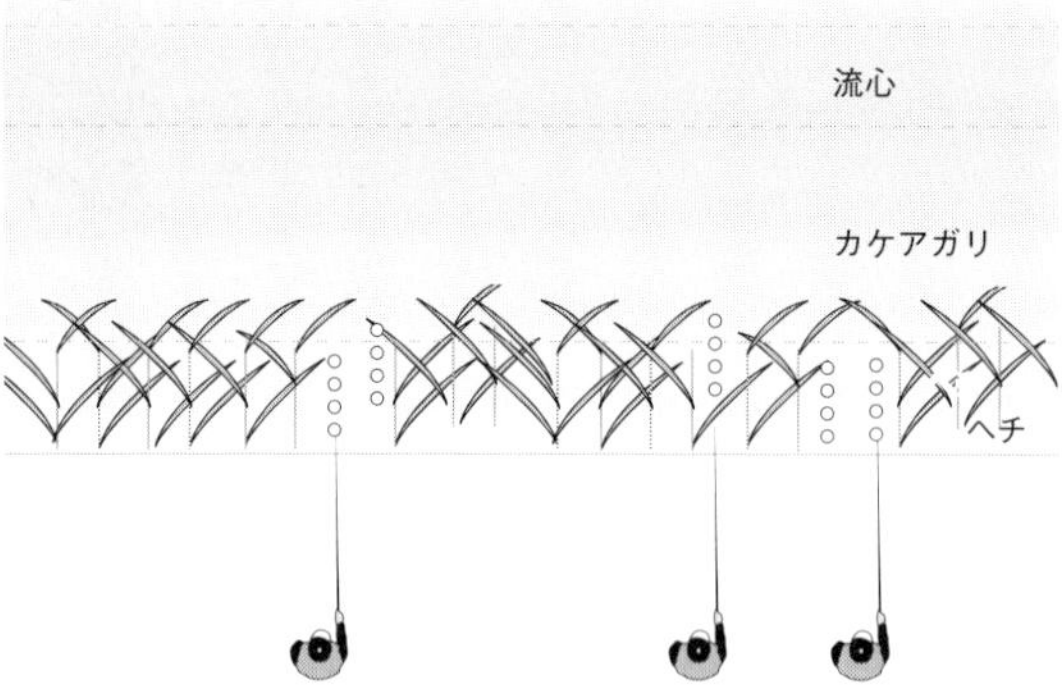

対岸ヘチの草付きからねらいどおりに釣りあげた乗っ込みブナ。ピンスポットへの正確な振り込みが要求される

河川の一部ごとに始まるパターンが大半だ。そして、「ハタキ」と呼ばれる産卵と同時に、乗っ込みブナ釣りのお祭り騒ぎは終わりを告げる。ハタキとは水生植物の茂みやハス田の中にフナが潜り込んで、バシャバシャと派手な水音を立てながら行なわれる子孫繁栄の儀式のことで、この産卵が始まってしまうとフナは口を使おうとしなくなる。

【春ブナ釣りシーズン】

ハタキの終演とともに川は静まり返るものの、中小河川には居残る個体も多い。そして産休が終わると再びエサを食い始める。

この時期はさすがにごく浅いアシの中にはいないが、カケアガリの全域を広く動き回りながらエサを追っている。

春ブナの釣期は5月いっぱいといったところ。その後も夏に向かってフナは釣れるのだが、川の周りにはそろそろ夏草が密集し始め、サオをだすのに苦労するはず。ここでシーズン前半戦のフナ釣りは終了しよう。

産卵直前。腹がパンパンの尺ブナ

【秋ブナ釣りと落ちブナ釣りシーズン】

気の早いフナ釣りファンなら8月の後半からサオをだし始めるが、秋ブナ釣りが本格的にスタートするのは秋分の日をはさんだ秋の彼岸あたりから。このころになると水温が少しずつ下がり始めて、フナの活性も高まってくる。その後、秋も深まり落ちブナ釣りの時期を迎えると、春のシーズン前半戦とは反対に、越冬を意識したフナはさらに食欲が旺盛になる。

秋ブナから落ちブナにかけてのポイントは、最深部の流心と岸寄りの浅いヘチをのぞいた広範囲のカケアガリと考えてもらいたい＝イラストH。

乗っ込みブナ釣りシーズンのような良型は望めないものの、扇形と斜めのトレースを組み合わせて探り歩くと、大らかな気分でフナ釣りが楽しめる。それが秋ブナ釣りと落ちブナ釣りの醍醐味だ。

H　秋ブナ～落ちブナシーズンのねらい方

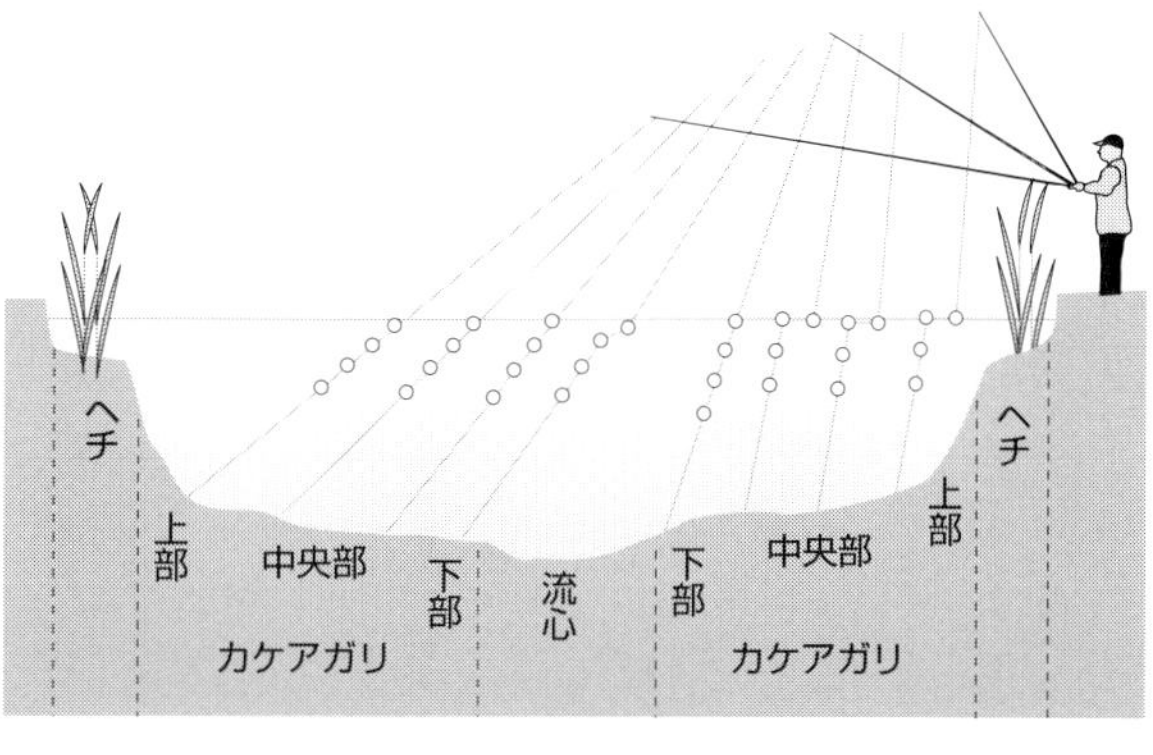

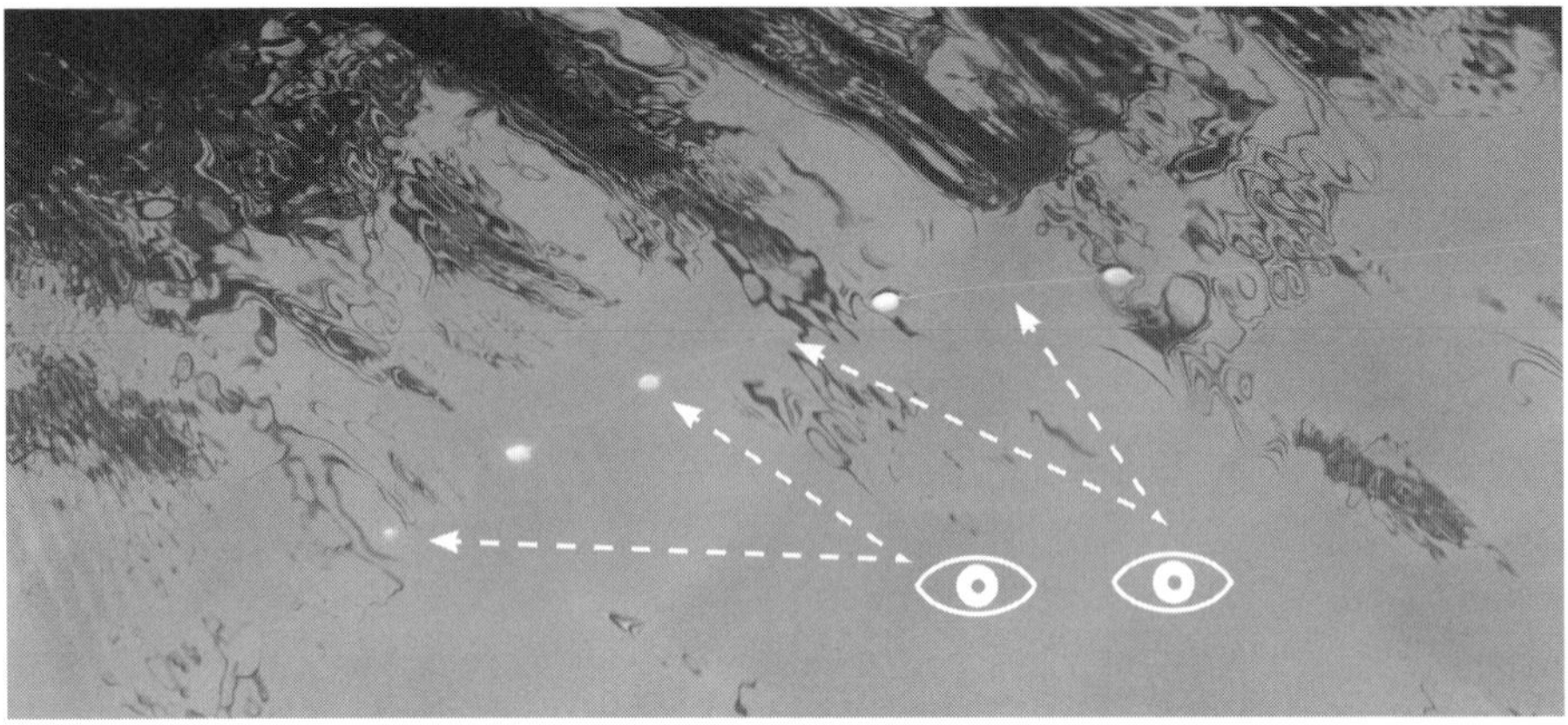

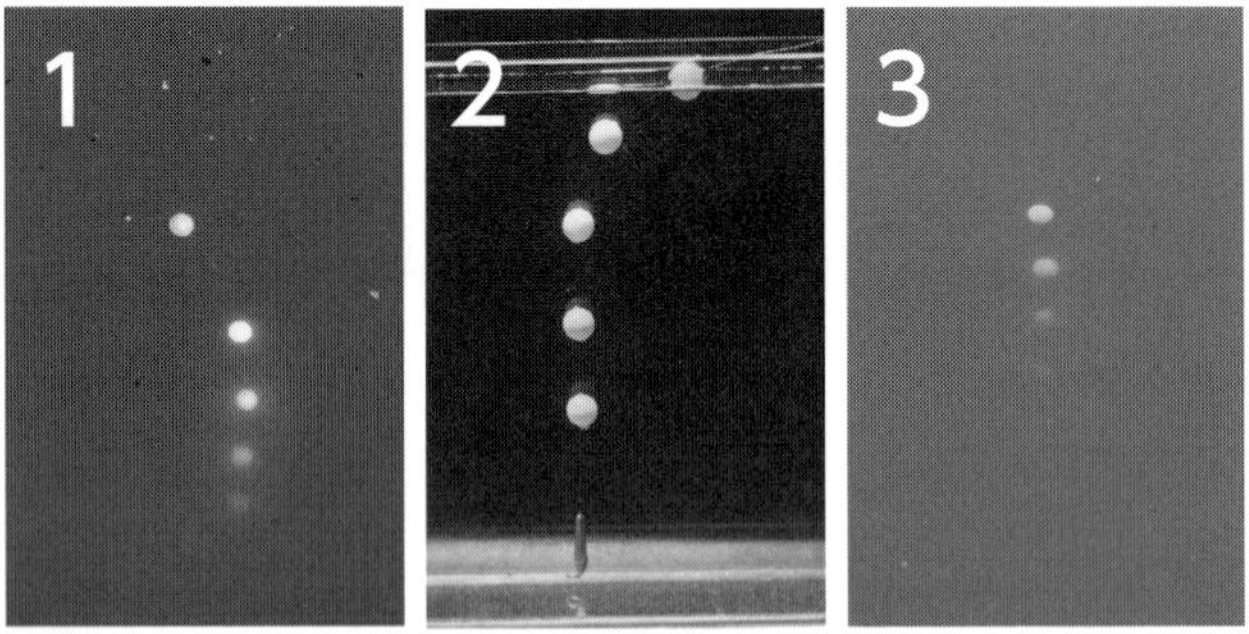

探り釣りのベテランはよく、最上部の玉ウキを水面スレスレに調節したり（写真1、写真2）、故意的にシモリウキ全体を沈めてしまう（写真3）などして、ウキの浮力を半減させるテクニックを使う。特に食い渋り時に有効で、揺れやサワリといった微妙なアタリが取りやすいのが長所だ

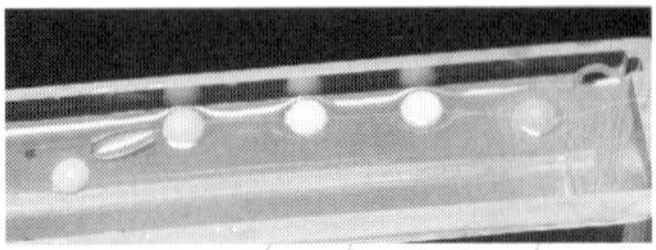

基本的には玉ウキ全部を水面状に出してしまうのはNG。例外としては、アシ際など最浅部に振り込んだ後、一気に水深が深くなるような水路ではこれでよい

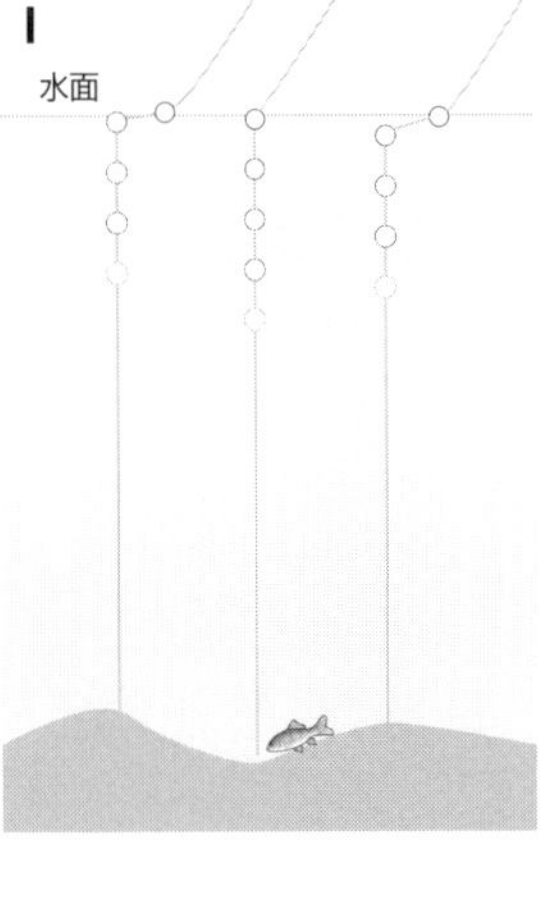

［シモリ仕掛けはどの位置の玉ウキでアタリや川底の状態を判断するのか？］

五ツ玉の標準シモリ仕掛けを基準にした場合、水面上に玉ウキ1個か2個を出して、残りの3～4個が沈んでいる状態が理想的なウキ下調節だ。

ただし、標準シモリ仕掛けでアタリをキャッチするのは、主に水中に没している玉ウキの動き。一方、水面上の玉ウキはちらりちらりと横目で見て、その浮き沈み加減を確かめながら、川底の凹凸など水深の変化や仕掛けの位置を確かめる目印的な役割と考えていただきたい＝イラストI参照。

【フナのアタリを読む】

標準シモリ仕掛けにしろ連動シモリ仕掛けにしろ、フナのアタリをキャッチするのは、基本的に水中に没している玉ウキの動き方である。

もちろん一気に消し込むアタリもたまにはあるが、水中の玉ウキが複雑で微妙なパフォーマンスを演じてくれるアタリの時点で、フナがエサに食いついた反応を察知し、その直後、余裕を持ってスパッとアワセに入るのが、フナ釣り最高の醍醐味といえる。

特に、巣離れブナシーズンなどの水温が低い時期には、水中の玉ウキがフワフワ〜と揺れただけで、居食いのようにアタリが止まってしまうケースが多い。ぜひとも水中に沈んでいる玉ウキの動きで、フナのアタリを読む勉強をしてもらいたい＝イラストJ参照。

シモリ仕掛けへの目線は水中に没している玉ウキの動きでアタリを察知し、水面上の玉ウキはちらりちらりと横目で見ながら、川底の凹凸など水深の変化を確かめるのが基本

J　フナのアタリ方バリエーション

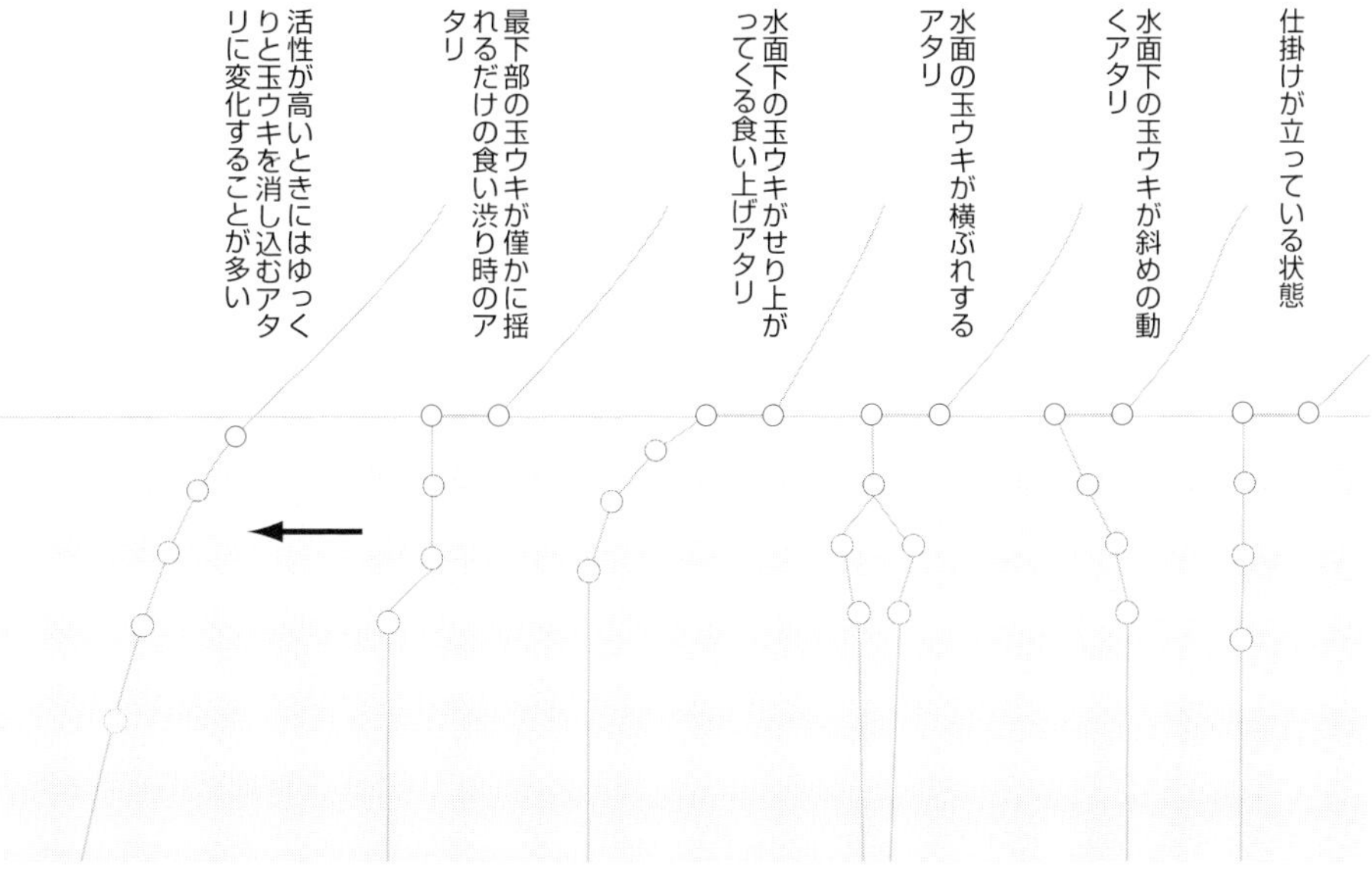
仕掛けが立っている状態
水面下の玉ウキが斜めの動くアタリ
水面の玉ウキが横ぶれするアタリ
水面下の玉ウキがせり上がってくる食い上げアタリ
最下部の玉ウキが僅かに揺れるだけの食い渋り時のアタリ
活性が高いときにはゆっくりと玉ウキを消し込むアタリに変化することが多い

ホソの探り釣りベーシックテクニック

田野の中を縦横無尽に走るホソ。この川幅が2m以内の小水路は、一種独特の雰囲気が漂うフナ釣り道場である。現在では、その大半が三面強化のコンクリート水路と化してしまったが、この細い流れの中でもフナが躍動しているのだ。

しかし、ホソの釣期は中河川と比べると少し限定される。春の乗っ込みブナ釣りと、秋から初冬にかけてがその小ブナ釣りのメインステージだ。

コンクリートで強化された現在のホソの形状は、ほとんどコの字型をしており、コンクリート支柱に支えられたコンクリート枠で造られている。このような本線のホソには、田畑の中からいく筋もの川幅1m未満の通称・縦ホソが合流しているが、この縦ホソに限っては、段がついたステップ付きの水路の場合が多い＝写真A～B、イラストA～B

A 湖岸に沿って延々と続く本線のホソ。また、別名・横ホソとも呼ぶ

B　横ホソとも呼ぶ本線のホソに対して、田畑の中から合流してくる縦ホソはこんなか細い流れ。小ブナのエンコ釣りが楽しい

A　コンクリートホソの形状

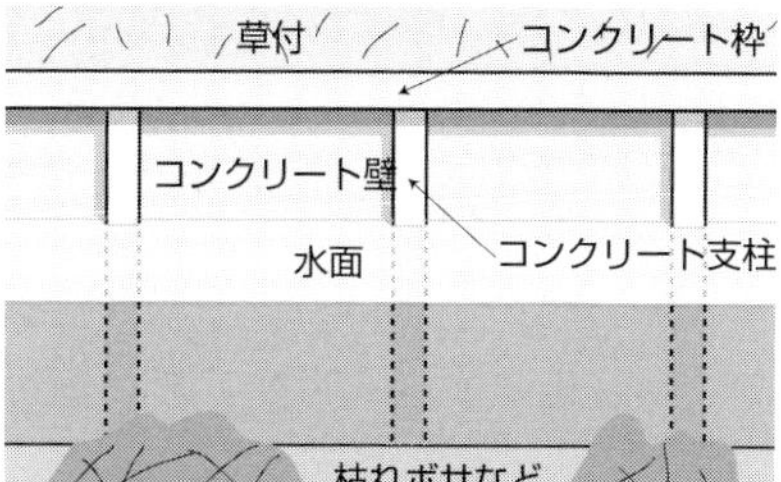

B　縦ホソ、ホソ（横ホソ）

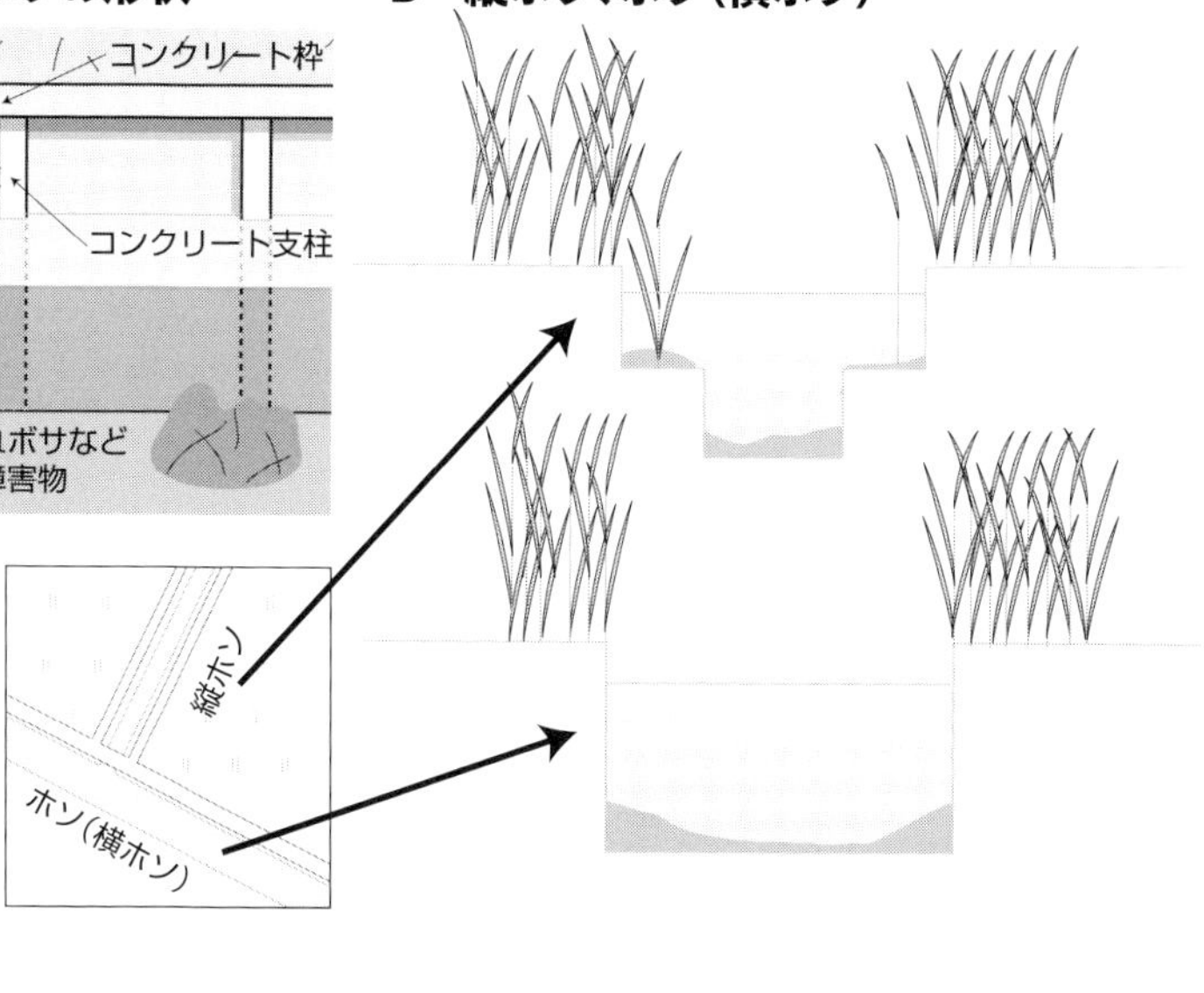

壁際の横トレース

何の変哲もないコの字型のホソでは、フナは十中八九コンクリート壁に身を寄せながら移動していく。このため、障害物のない場所では1～1.5 m間隔で打たれているコンクリート支柱の間をひとコマずつ、壁すれすれにトレースしていくのが基本テクニックだ

支柱際の縦のトレース

コンクリート支柱の両サイドは移動中のフナが小休憩できる個所。このピンポイントに正確に振り込み、数秒待ってアタリがない場合には、同じ個所で上下に仕掛けを動かして誘ってみるのがコツ

コロコロンッとした体型の小ブナ

【乗っ込みブナ釣りシーズン】

春本番、産卵を控えた乗っ込みブナは第一群、第二群といったように、群れを作るようにして集団で中河川を移動して、さらにはホソの奥まで押し寄せてくるため、この小さな流れが一級ポイントとなる。

しかし、ホソの形状は何の変哲もないコの字の平場状態なので、田畑の中からいくら土砂が蓄積しても川底の変化は知れたものだ。

それでは一体フナはホソのどのような場所を伝わっていくのだろうか。臆病な

凹部を探し当てる

水深の変化に乏しいホソだが、長年蓄積された土砂やゴミなどによって川底には多少なりとも凹凸があるものだ。特にコンクリート支柱には水流が当たり、その向きによって支柱のどちら側かが凹部に掘れている場合が多い。写真のように仕掛けを横に 10 数㎝ずらしただけで、ウキ全体が沈んでしまう個所もある。この凹部がフナの休憩イスというわけ

障害物周りは大胆にねらえ

枯れボサなど水中の障害物周りはフナにとって格好の隠れ家。根掛かりを恐れず、大胆に仕掛けを左右奥手前から打ち込み、周囲をくまなく探ってみることだ。食い気のあるフナなら、仕掛けの着底を待たずして落ち込みの途中でエサを捕らえるはずだ。

フナは流れの真ん中の平場を避け、身を寄せられるコンクリート壁沿いを通り道に選ぶ。

　このため、ホソにおけるフナのポイントは、平場に点在する枯れボサなど水中の障害物や、草下の日影部分などフナの隠れ場所がない限り、コンクリート壁すれすれの一点に絞り込んでもよい。

　このようなコンクリート壁沿いを攻略するには、主に横のトレースを繰り返しながら、壁スレスレをくまなく探っていくことが第一だ。特に、コンクリート支柱の両サイドは水流が当たるために川底の凹凸ができやすく、移動中のフナがひと休みするケースが多い。ここでは縦のトレースを組み合わせるのが効果的だ＝写真C～F参照。

　また、田畑への通水の関係で、縦ホソが満水状態になっている時には、フナが乗っ込んできている確率がかなり高いので、ダメモトで一度は仕掛けを入れてみたい。このほかパート8で説明したとおり、ところどころに見え隠れしている排水構下や小水門周り、小橋下など様々な構築物や水流が変化する好ポイントは必ずチェックを入れることだ。

川底の凹凸を探る

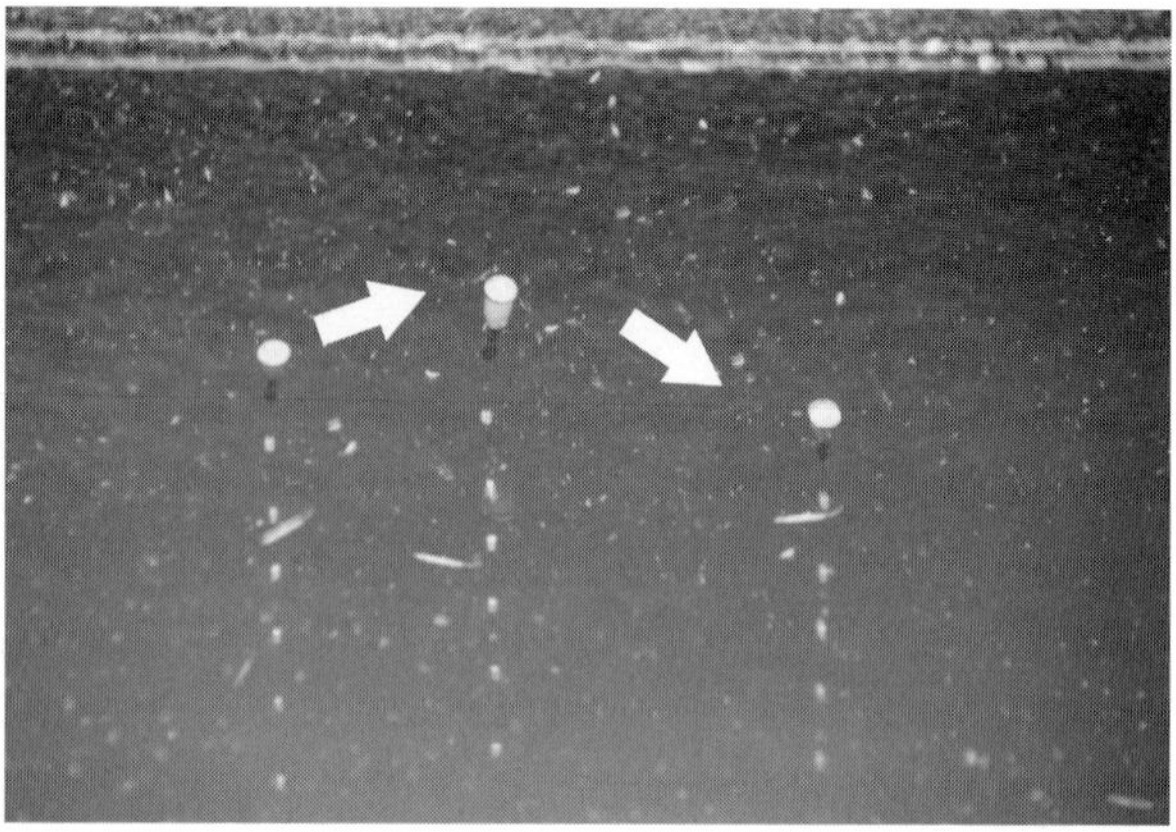

川底の凹凸を探るには、遅ジモリの浮力バランスで左右に小刻みに探ってみると、親ウキの沈む深度が少しずつ変化するのが分かるはず

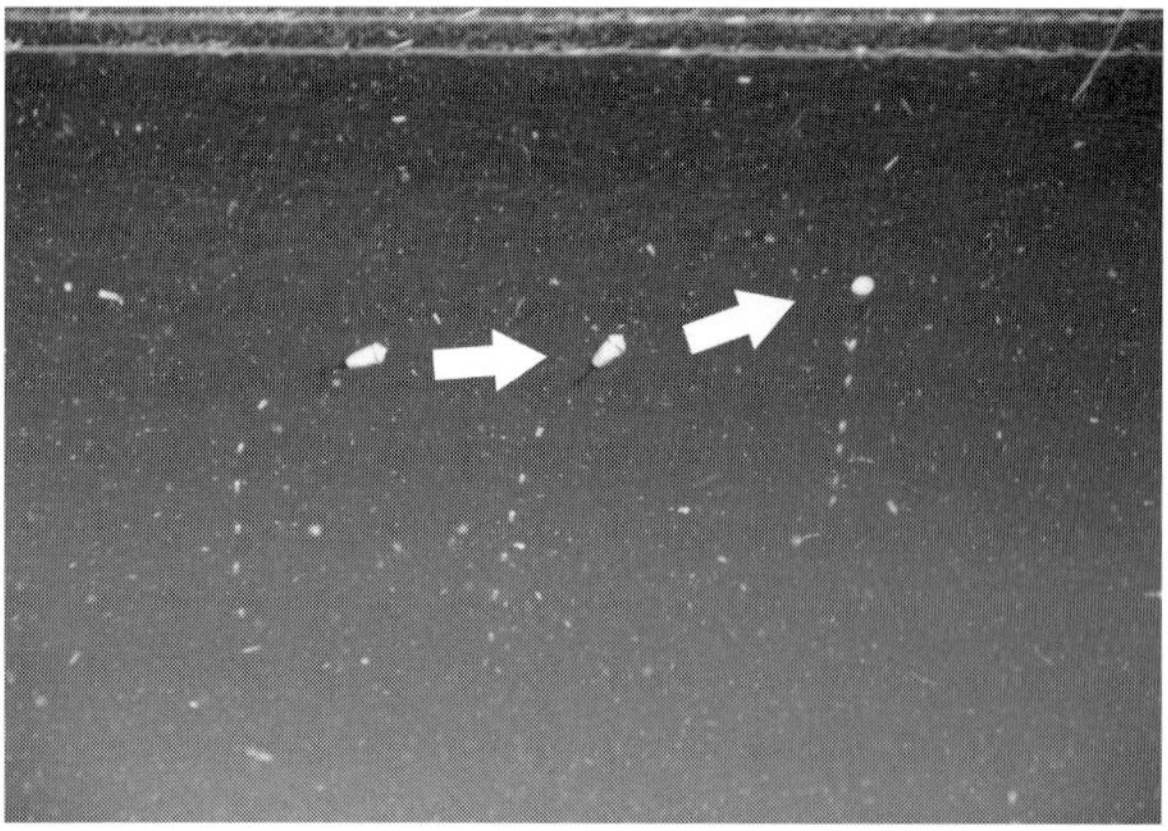

テンポよく誘いながら歩くホソの探り釣りでは、遅ジモリの浮力バランスに整えた連動シモリ仕掛けでも、標準シモリ仕掛けのように親ウキを寝ウキに見立てて釣るのも可能

【小ブナ釣りシーズン】

小ブナ釣りといえば、秋ブナから落ちブナ釣りシーズンが最盛期。シーズン前半戦の春、ホソに乗っ込んできた良型のフナは、夏を待たずにその大半が出てしまう。秋以降のシーズン後半にホソの流れに留まっているのは、この年に生まれた当歳魚を含む小ブナが中心で、大きくても15㎝止まりの中小ブナばかりだ。

特に小ブナは怖いもの知らずで、過ごしやすい水温に落ち着く9月中旬から10月中旬にかけてはホソの全面に広がる平場に散らばって、活発にエサを追う。しかし、ねらう場所はあくまでコンクリート壁際中心であることは間違いない。

その後、気温・水温とも一気に下がる初冬を迎えると、寒さを避けて枯れボサなどの水中の障害物の中に潜り込んだり、川底の凹部にかたまり始める。これらの障害物に群れでかたまるようになると、1ヵ所に陣取って数釣りが期待できるエンコ釣りの出番である。玉ウキのみの標準シモリ仕掛けより、タナゴ仕掛けにも近い繊細な連動シモリ仕掛けが、アタリ感度がよく断然有利だ。

小ブナ釣りに適したシモリのバランス

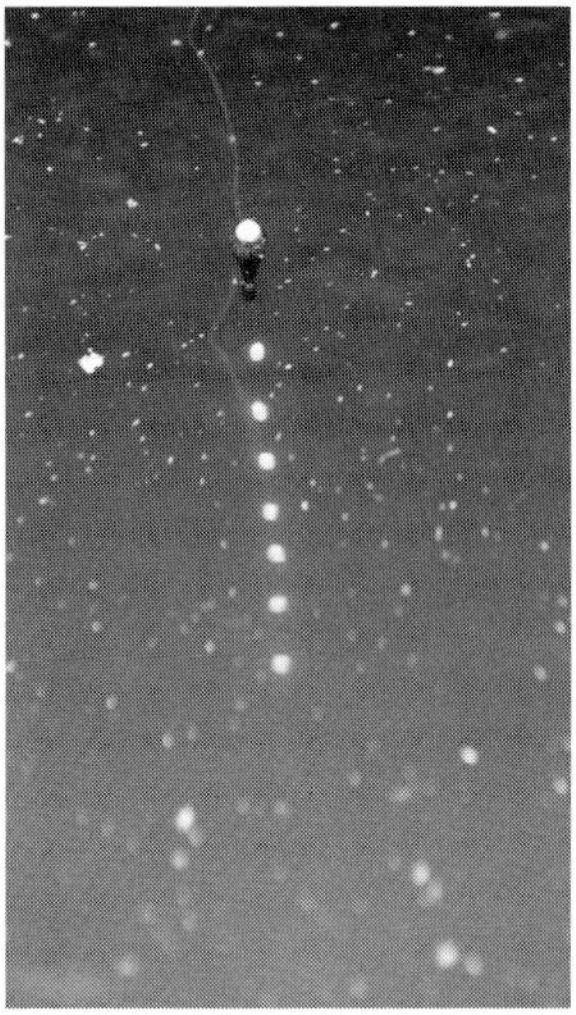

こちらは水面すれすれに親ウキの頭がちょこっと出たトップバランス。ウキの浮力がやや勝っており、小ブナ釣りではハリスベタに調節するのがキーポイント

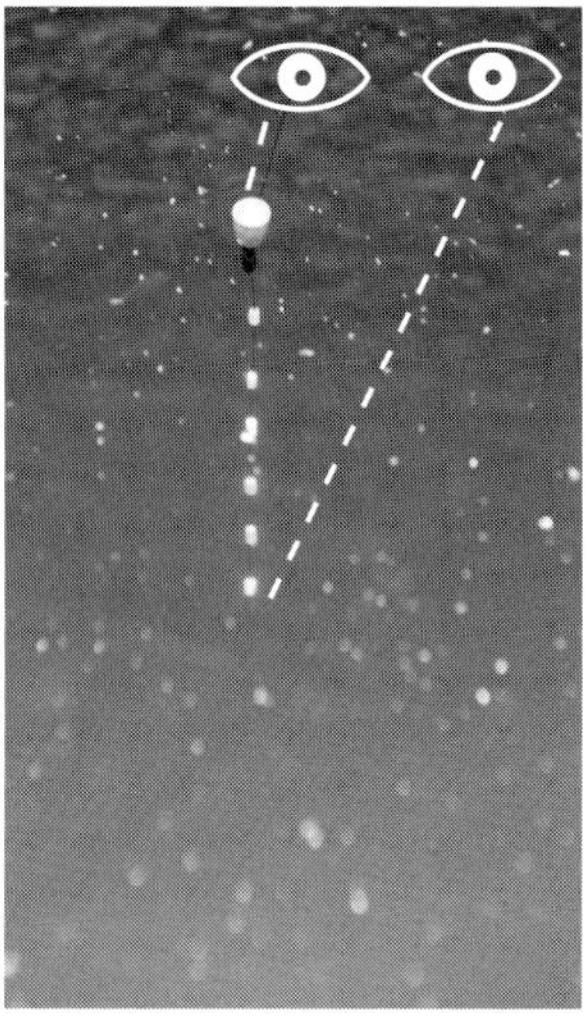

連動シモリ仕掛けを垂直に立たせたウキ下調節の場合は、親ウキと下部のウキを半々で見てアタリをキャッチする感じがよい。これは遅ジモリの浮力バランスで、ウキ下はオモリベタとし、水面下数cmの位置に親ウキが沈んだ状態

ウキの浮力が勝るトップバランスの場合、正確にかつ、素早く水深を計るにはゴム張りガン玉の２Ｂ～３Ｂを用意しておき、捨てイト部分に挟むとよい

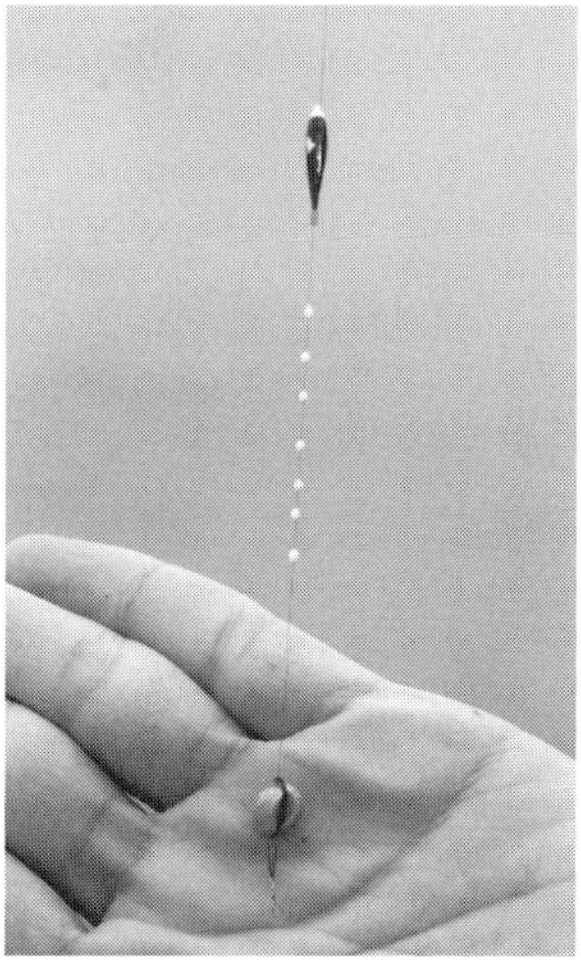

［フナは宙層に浮く？］

里川でねらうフナの遊泳層は、常識的には川底べったりの底層である。ところが、ある一時期だけフナの遊泳層が変化するケースがある。

特に、少し涼しい風が吹き始める9月上旬から9月の中旬にかけて、ホソをはじめ中小河川でフナを釣っていると、一般的な底層ねらいでは全くアタリがなく、おかしいなぁと感じて、ウキ下を短くして宙層のタナに合わせた途端、頻繁にアタリが出始めることが時々ある。

この現象は、湖などで見られるターンオーバーという現象に似ているようにも思えるが、水深の浅いホソなどでも同じことが起きるのか、正確なところは分からない。また、風が吹くなど何らかの原因で川が底荒れを起こし、フナがその濁りを嫌って一時的に中層に定位しているのかもしれない。

もし秋ブナ釣りの一時期、毎年のようにコンスタントに釣れる好釣り場でアタリがない時にはすぐに簡単に諦めず、宙層ねらいのフナ釣りを試してもらいたい。

[初冬になって小ブナが溜まる好ポイント]

小ブナばかりでなく、10 ～ 15㎝の中ブナが小気味よい引き味を楽しませてくれる、落ちブナのホソの探り釣り

機場に流れ込むクランク周りは小ブナの絶好ポイントの一つ

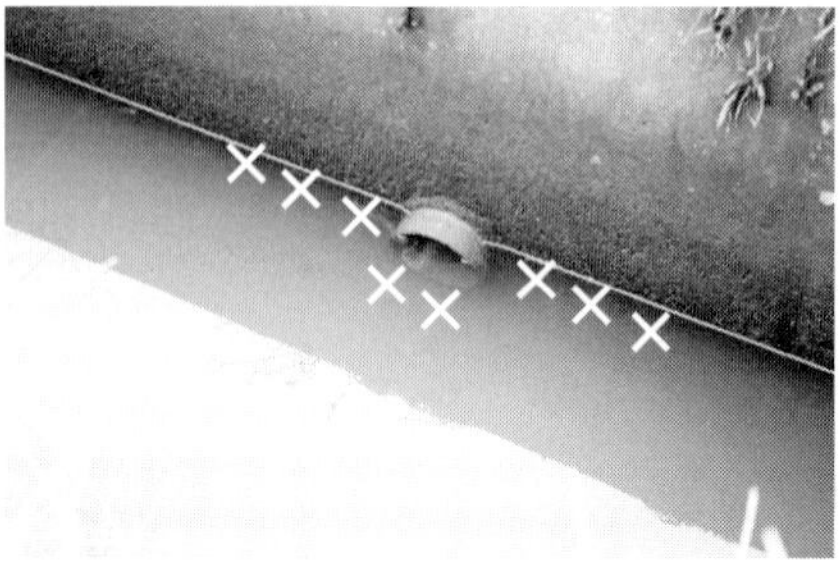

排水構周りは小深くなっている凹部が溜まり場である可能性が高い

枯れボサの障害物周りや小橋の日影部分は最高の溜まり場

大中河川の引き釣りテクニック

釣れた位置をある程度確認するため、川幅を流心、中沖、ヘチに線引きしてポイントを把握しておくこと。×印は寒ブナが居付いている

フナが釣れた位置は陸上に見える水門や木立、電柱などの目標物でもチェックしておこう

厳寒期、初冬までよく釣れたホソや中河川は魚が少なくなっている。居残っているフナもいるものの、水深が浅いだけに極端に活性が低く、めったに口を使うことがない。

その点、ホソや水路が流入している大中河川に落ちてきて、本流の深みで巣ごもりしているフナは越冬態勢とはいえ、釣れるチャンスは充分にある。

しかし、サオをだす時間帯で釣果が大きく左右される。12月の年末から新年1～2月にかけて、最も水温が上がるのは日が高くなる午前10時ごろから、日が陰り始める前の午後3時ごろまで。しかも、風もなく穏やかな日和を選んで出かけるのが、寒ブナ釣りを楽しむためのキーポイントである。

寒ブナの引き釣りの主要釣り場は、本湖などに直結している大中河川の下流部に集中している。その大半は川幅が15m以上もあるだだっ広い大場所で、フナが潜んでいそうなアシ際など、川面に確認できるポイントらしいポイントは皆無に等しい。

そのため、橋ゲタ周りやカーブ付近、水路＆ホソの合流点、護岸の舟付き場な

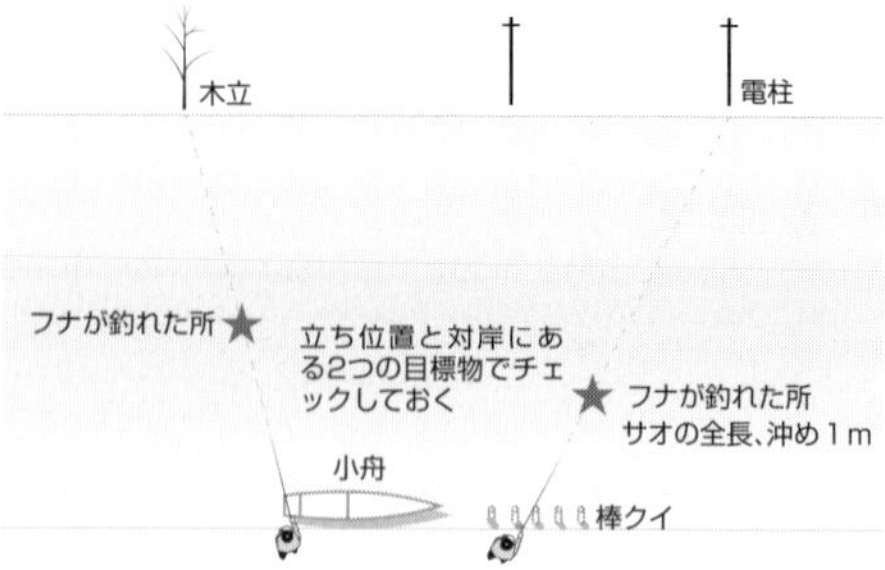

A　釣れた場所を山立てする

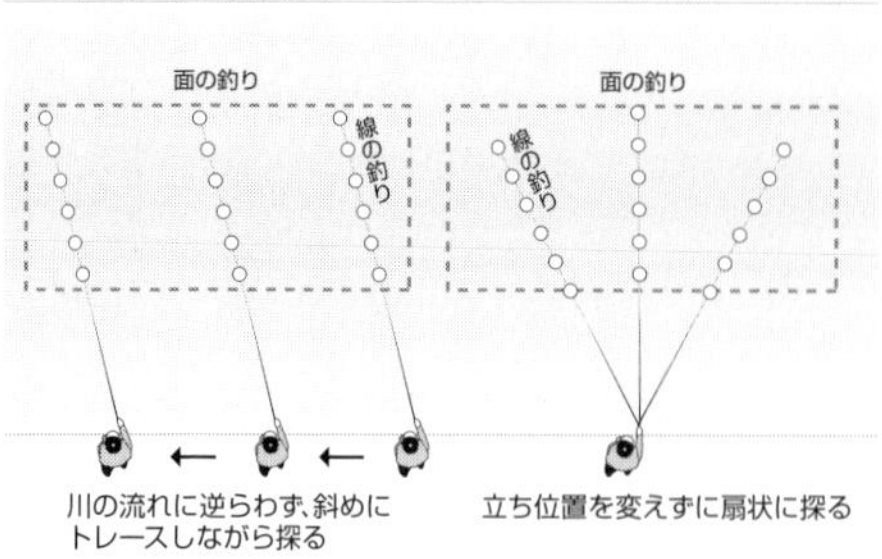

B　基本的な釣り方

C　引き釣りの基本的なサオ操作

①沖めいっぱいに振り込む。玉ウキが全部沈んでもよい
②少し待つ。カウントしてタイミングを見計らい、そっとアタリを聞くように玉ウキ全部を持ち上げ……
③再び仕掛けを落とし込み、フナの就餌を待つ
④②と同じように数回、聞き上げ誘いを繰り返し……
⑤数m探ってみてアタリがない場合は別の場所に再度振り込む

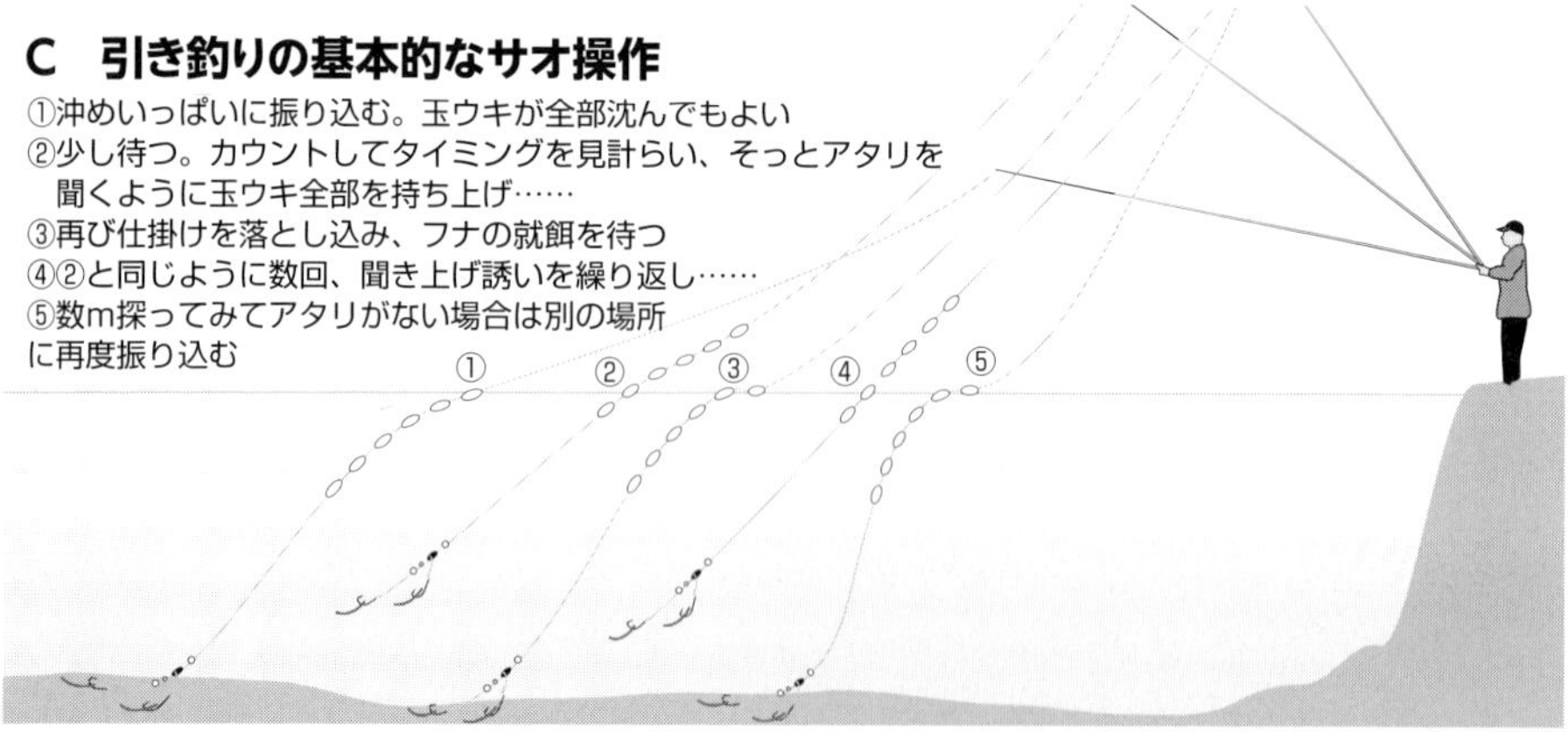

ど水流の変化が予想される場所や、陸上の目標物を頼りにポイントに入って、その周辺を探るしか手がない。

寒ブナの引き釣りは、簡単にいうと、春の乗っ込みシーズンに行なうシモリ仕掛けによる探り釣りの延長線上にあると考えればよい。

そこで、中河川の探り釣りベーシックテクニックの項でも説明したように、川幅を流心、中沖、ヘチと線引きしてポイントを把握しておく。ただし、寒ブナが巣ごもりしているのは、流心から沖めの中沖の最深部周りであることが多い＝写真A～B、イラストA参照。

引き釣りの基本的な釣り方は、ウキ下をまず水深の1・5倍前後の長めに調節しておき、沖めいっぱいに振り込んだ仕掛けで川底をトレースしながら付き場を探り当てる『線の釣り』と『面の釣り』を組み合わせたスタイルだ＝イラストB参照。

仕掛けを振り込む方向は、1カ所の立ち位置から、角度を変えながら振り込む『扇形のトレース』、または、少しずつ移動しながら振り込む『斜めのトレース』でよい。

[引き釣りワンポイント講座]

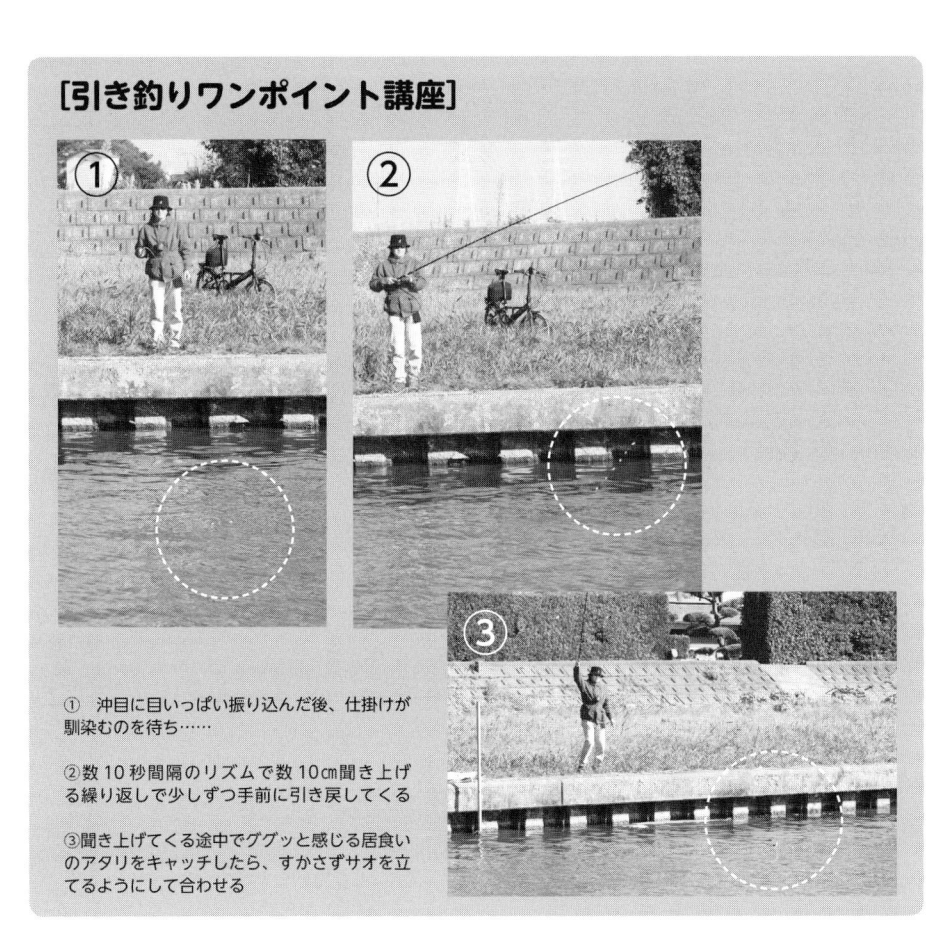

① 沖目に目いっぱい振り込んだ後、仕掛けが馴染むのを待ち……

②数10秒間隔のリズムで数10㎝聞き上げる繰り返しで少しずつ手前に引き戻してくる

③聞き上げてくる途中でググッと感じる居食いのアタリをキャッチしたら、すかさずサオを立てるようにして合わせる

引き釣りのアタリの取り方は、トレースの合間に加えていく『聞き上げ』誘いで行なう＝イラストC参照。

聞き上げ誘いのタイミングや引き幅はこれといった決め手がない。仮に1、2、3……9、10と数えてテン・カウントのタイミングで仕掛けを聞き上げ、50㎝前後の引き幅で落とし込む繰り返しを試すなど、臨機応変に、カウントのタイミングや引き幅の長短を変えてみよう＝イラストD参照。

D 寒ブナ独特の居食いアタリ

①聞き上げ誘いの途中、穂先を軽く叩くと同時に手もとまでアタリが伝わることも多い
②アタリを察知したら、サオの弾力を活かすように聞き上げてくればOK

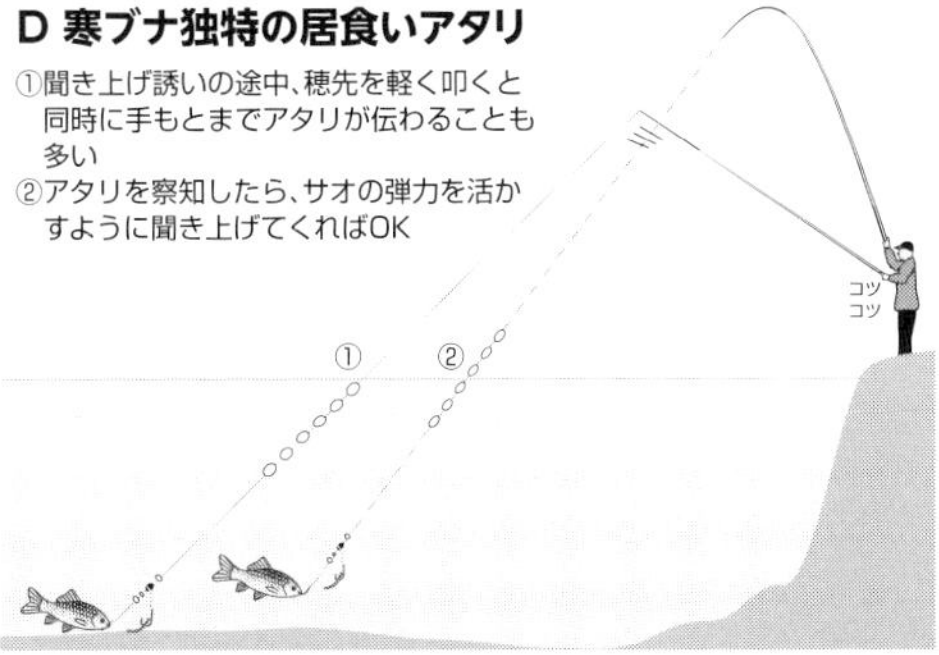

流速が伴う流れっ川の流し釣りテクニック

市街地を流れる汽水域の流れっ川の川相。上手には瀬が見え、全体的に水深が浅いのが特徴

A　流し釣りの基本的な流し方

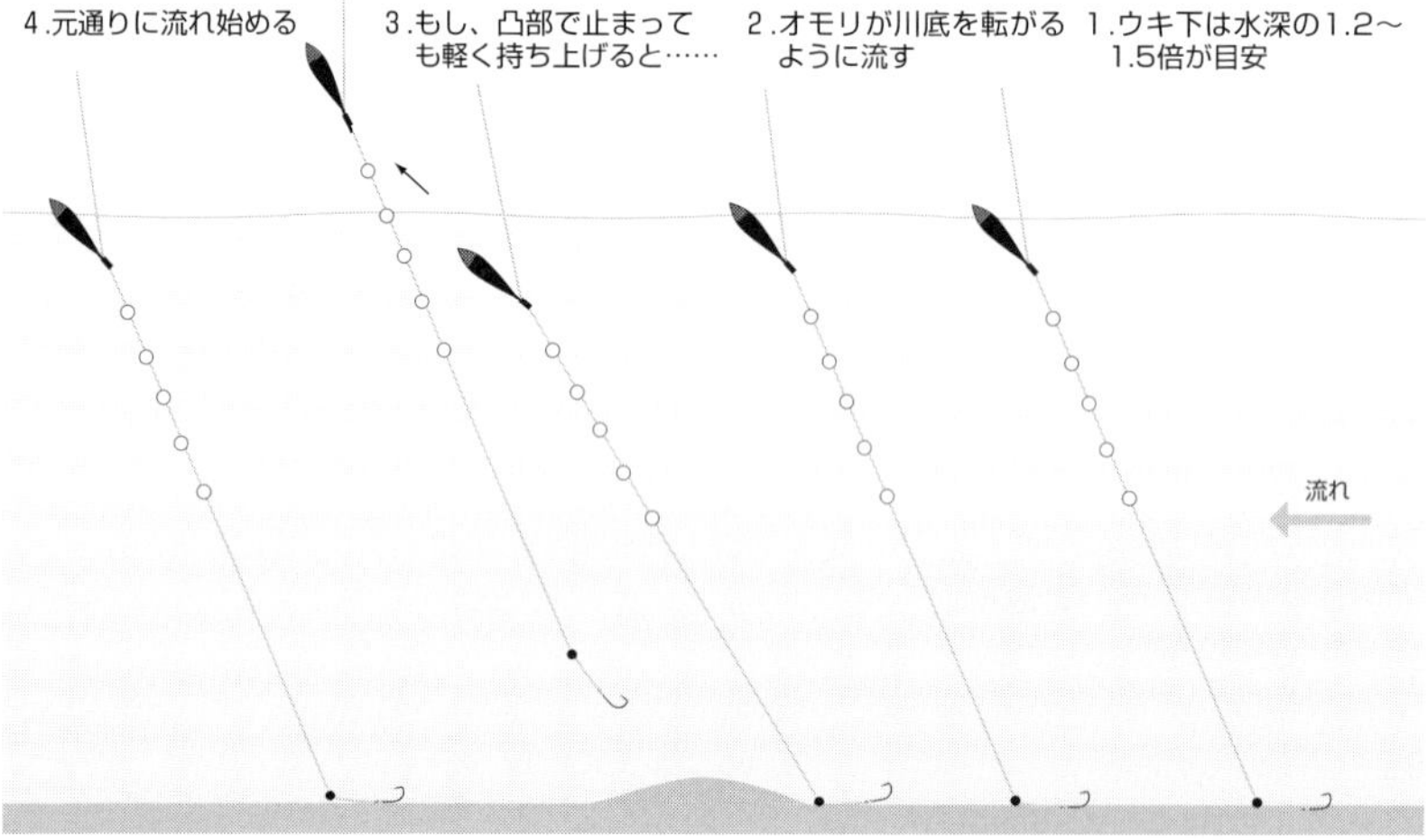

4.元通りに流れ始める
3.もし、凸部で止まっても軽く持ち上げると……
2.オモリが川底を転がるように流す
1.ウキ下は水深の1.2～1.5倍が目安
流れ

流速が伴うフナ釣り河川のことを総称して、釣り人の間では『流れっ川』と呼んでいる。この流れっ川は、潮の影響を受ける汽水域の水深が浅い河川に多いほか、水門の開閉などによって起こる人工的で一時的な流れっ川も含まれている。

流速がある流れっ川に棲むフナは、止水に近い川のフナに比べ、シーズンを通して就餌行動が活発なケースが多い。また、一時的に流速が増すことでもフナの活性が高まるものだ。

流れっ川では、早ジモリや遅ジモリといったウキの浮力よりもオモリの重さが勝った仕掛けは不向きだ。根掛かりでもしたように、一点で止まってウキ全体が斜めに沈んでしまい、どうにも釣りにくい。

この対処策としてお薦めしたいのは、トップバランスに整え

水深が浅いために川底まで丸見え。しかし、ちょっとした凹部には、フナが溜まっているケースが多い

見た目には清流的な雰囲気で、フナとヤマベ、ハヤが混生している流れっ川も多い

た連動シモリ仕掛けや標準シモリ仕掛けで、ウキ下を水深の1・2〜1・5倍の長さに取る。

こうするとオモリが軽いため、仕掛けは斜めに傾きながらも川底を転がるように流れていく。もし川底の凸部で止まったとしても、ふっと仕掛けを持ち上げればと、再び流れ始める仕組みである＝イラストA参照。

また、流速が比較的緩やかな流れっ川なら、同じくトップバランスに浮力を調節した立ちウキ仕掛けでもよく、この場合はオモリで川底を引きずらずにハリスベタで流すと効果的だ。

流れっ川でのアタリ方は、流速の中でフナがエサを止めるように食うため、ウキが一瞬にして水面から消えるような独特な消し込みアタリが楽しめる。

フナ釣り入門　パート10

釣果アップのための豆知識

釣り人なら誰でも、疑問に思うこと、知りたいことをQ＆A方式で解説した。たかがフナ、されどフナ。やればやるほど分からない？

Q：里川のフナ釣りには天候が影響しますか？

A：もちろん、天候によってフナのご機嫌が変わりますから、その日の釣果に大きく響きます。しかし、晴天、曇天、雨天のどれがよいのか一概には決めつけられません。

　たとえば、気温・水温とも低い寒ブナ釣りや巣離れブナのシーズンには、おてんとうさまの恩恵が受けられない曇天や冷たい雨天の日は、当然、フナもじっと動かずに我慢しているので釣果が上がりません。寒ブナと巣離れブナシーズンに限っては、暖かい晴天の日和を選んで釣行してください。

　しかし、これが春本番の乗っ込み時期になると話が変わります。この頃になると気温が一気に上昇して、空から落ちてくる春雨は温かく、乗っ込みブナの活性をより高める恵みの雨になるわけです。フナ釣りファンの間では「甘い水」と呼んでいて、ベテランは、大釣りを期待して多少の雨でも勇んで釣り場へ向かいます。

　とはいってもやはり、晴れ渡った青空の下でサオをだせる幸せこそが、里川のフナ釣りの爽快感です。

Q：フナがよく釣れる時間帯というのはありますか？

A：フナはどちらかというと、人間とは違って1日2食主義のようです。フナを含めて釣魚が活発に餌付く時間帯のことを時合《じあい》といいますが、朝食と夕食をきちんと食べるようです。

　ただし、この1日2回の食事タイムは季節によってズレが生じます。気温や水温、日照時間などの自然条件が影響しているのですが、寒ブナや巣離れブナの水温が低い時期は午前10時～正午頃と午後

2時〜3時の2回。これが温かい季節になりますと早朝〜午前9時頃と、午後3〜5時頃といったように、変化していきます。

Q：風向きでもフナの活性が変わりますか？

A：まず、どう考えても強風時は釣りになりません。風向きに関しては釣り人の間でもいろいろな説があります。

たとえば、最悪の風向きは昔から東風だと言われています。東風は底冷えする風だそうで、この風が吹き出すとフナの食いがピタリと止まるといわれています。

東風とは反対に、最も無難な風向きは北風だといわれています。

Q：ホソは水位変動が激しいように感じるのですが……？

A：全くそのとおりです。先週よく釣れたホソに次の週にもう1度出かけたら、水が涸れて釣りにならないこともしばしばありますし、1日のうちにも午前と午後といったように、水位の増減はよくあることです。

これは田畑への通水を行なう揚排水用の機場や小水門の開閉が影響を及ぼしていることまでは理解できるのですが、水位の増減を調節するサイクルは分かりません。

ただし、ある程度分かったことがあります。それは水田などの農耕地帯を流れるホソは、苗植えから刈り取りまでの細かな作業があるため、水位の増減が顕著であることです。その一方で、ハス田周りのホソは大幅な水位の上下動が少なく感じます。

Q：ところで、私たちが釣っているフナは何種類もいるのですか？

A：フナの種類にはキンブナ、ギンブナ、ゲンゴロウブナ、ニゴロブナなどがいるそうです。そのうち、ゲンゴロウブナを品種改良して、全国に放流されているのがヘラブナですが、里川における私たちのフナ釣りのターゲットは主に、キンブナとギンブナの2種類だそうです。

ギンブナはその名のとおり銀白色をして、キンブナに比べて体高が高くて成長も早いのが特徴です。このため、尺ブナと呼ばれる30㎝超に育つのはこのギンブナといわれています。

一方のキンブナはキンタロウブナ、マルブナなどの別名があるように、丸みを帯びた体型をしており、赤から金が混じったような褐色の体色をしています。また、居着きブナとも呼ばれていて、ギンブナのような大型化はせず、20数㎝止まりの個体が多いようです。

Q：里川でフナを釣っていると、大小いろいろな外道が釣れてきますね。

A：ご愛嬌というか、フナ釣りファンにとっては、外道と呼ばれる脇役がいるからこそ、フナの存在が大きいのではないでしょうか。巨大なコイがヒットしてしまうと閉口しますが、クチボソやタモロコのエサ取りは先ほど説明した時合を告げてくれることがあります。

フナ釣りの外道で釣れる仲間

和名はモツゴ。エサ取りの代表格で強烈なエサ取りには閉口するケースも多い

クチボソと争ってエサを突っつくエサ取り

これくらいのコイっこなら可愛いが、よく掛かるサイズは40～60㎝。これと応戦するのは一苦労。くれぐれもサオを折られないように

ここ数年、幅を利かせてきた外来種の大型タナゴ

マタナゴとは昔からの関東のタナゴ釣りファンの間の俗称。これは和名アカヒレタビラ

和名はタイリクバラタナゴ。秋から初冬にかけて小ブナをねらっていると、まれにハリ掛かりすることがある

サンフィッシュ科の外来魚で、
小型の割に引き味は強烈だ

本名は分からず、釣り人の間では、ハゼのような形をした小さな底層魚を皆ドンコの俗称で呼んでいる

上下のフナを見比べてみて、下のフナの尾ビレが異常に長いことに気付きませんか。金魚と交配したキンギョブナなのだろうか。でも、外道ではないかも？

霞ヶ浦のホソで食ってきたもの。どうして釣れてしまったのか理解ができない外道の２つめ

どうして釣れてしまったのか理解できない外道の１つめ

これはキャットフィッシュの赤ちゃんで、霞ヶ浦などでは大繁殖が大きな問題になっている

タナゴ釣り入門

タナゴ釣り入門　パート1

釣り道具を揃える

伝統が脈々と息づくタナゴの釣り道具。
先人の知恵と現代の釣り人の創意工夫が合体した
最新&伝統の道具類を紹介する。

サオ

4尺ザオ中心に3尺と5尺の最低3本
竹のタナゴザオには日本ならではの美学が

【振り出しザオ】

近年、タナゴ釣りの人気が復活した。このことが好影響を及ぼしたのだろう。小回りがきく中小の釣りザオメーカーが、タナゴ&小ブナ釣り用の振り出し短ザオを手頃な価格で次々に発売した。数多いバリエーションの品揃えは、タナゴ釣りビギナーばかりでなく、淡水の小もの釣りファンにとっても朗報だ。

タナゴ&小ブナ釣り用の短ザオは、渓流や清流の振り出しザオと同様に、カーボンザオが大半だ。しかし、高級品の中には、竹のタナゴザオと見間違えるほど、素晴らしい並み継ぎザオもある。

仕舞い寸法は、竹のタナゴザオに倣《なら》って25〜30㎝の小継ぎ仕様が主流で、タナゴ釣りのトレードマークである合切箱（後述）に収納できる程度のコンパクトなサイズで、持ち運びについても配慮されている。

これら短ザオの全長のバリエーションは、1尺（約30㎝）または5〜6寸（約15〜18㎝）刻みで定められているものが多い。そのため、短尺ものは3尺（約90㎝）前後から4尺（約1・2ｍ）、5尺（約1・5ｍ）といったように、10尺（約3ｍ）くらいまでの長さのサオを揃えることができる。

近年、このような単体ザオのほか、2段式のズームロッドも市販されている。

また、サオの調子に関しても硬調、軟調、本調子といったマニアックなシリーズが登場し、自分の手や好みに合ったサオが選べることはありがたい。

さて、実釣において問題になるのがサオの全長だ。釣り場の規模、水深といった諸条件を踏まえて、それぞれの釣り場にマッチした長さのサオを使い分けることが、短ザオによるタナゴ釣りの常道である。

江戸前スタイルの短ザオを使ったタナゴ釣りにおいて、最もポピュラーな釣り場が湖岸の舟溜まり（ドック）や土手下に広がる田野の中のホソだが、それらをねらう場合に、まず基本となるサオが4尺（約1・2ｍ）ザオである。そして、水面から釣り座までの高低や、ねらうポイント位置などを考慮しながら、釣りやすい姿勢を前提にして選ぶと、4尺ザオを中心に3尺（約90㎝）ザオと5尺（約1・5ｍ）ザオを追加した最低3本を揃えたいところだ。

さらに、出番は少ないものの、沖目のポイントねらい用として6尺（約1・8ｍ）ザオを加えて、長短4本のタナゴザオを準備しておけば、短ザオのタナゴ釣りの世界が広がるはずだ。

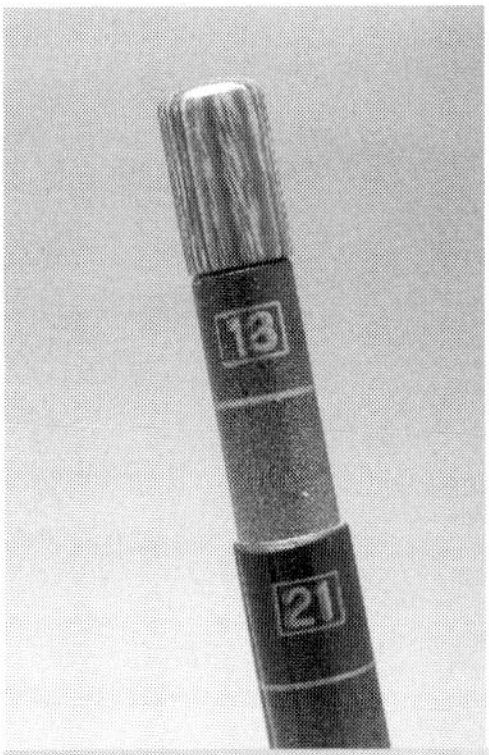

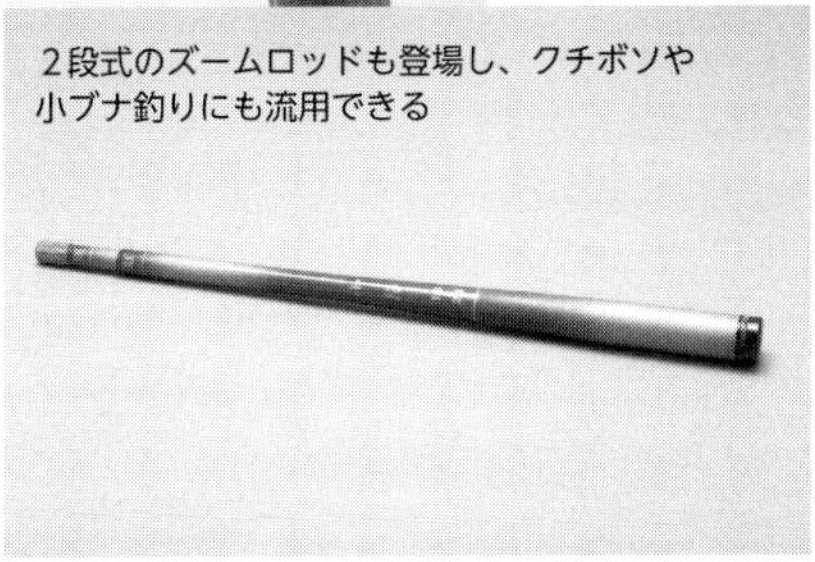

2段式のズームロッドも登場し、クチボソや小ブナ釣りにも流用できる

タナゴ用の振り出しザオはシリーズ化して、長短のバリエーションが揃っている。好みによって硬調や軟調を選ぶことも可能だ

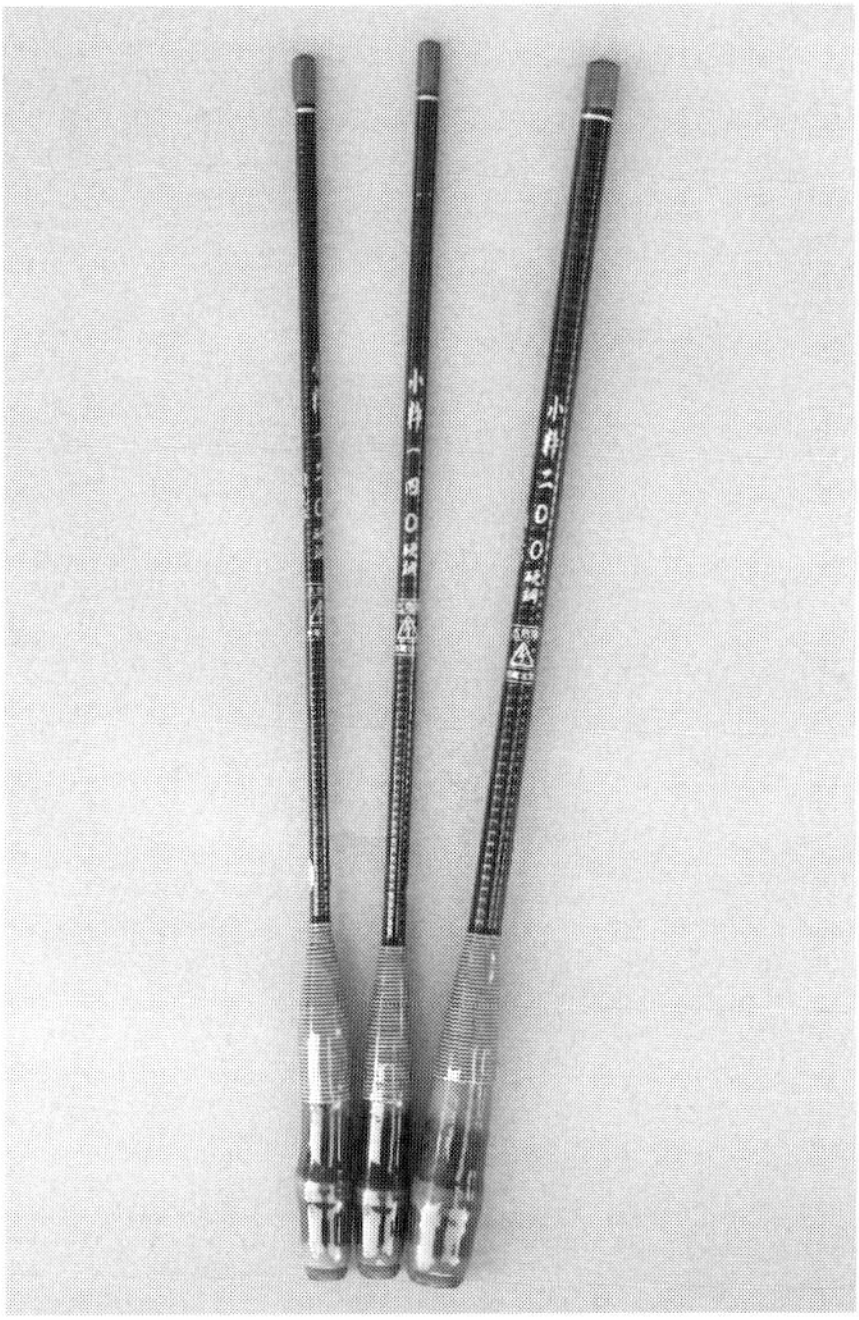

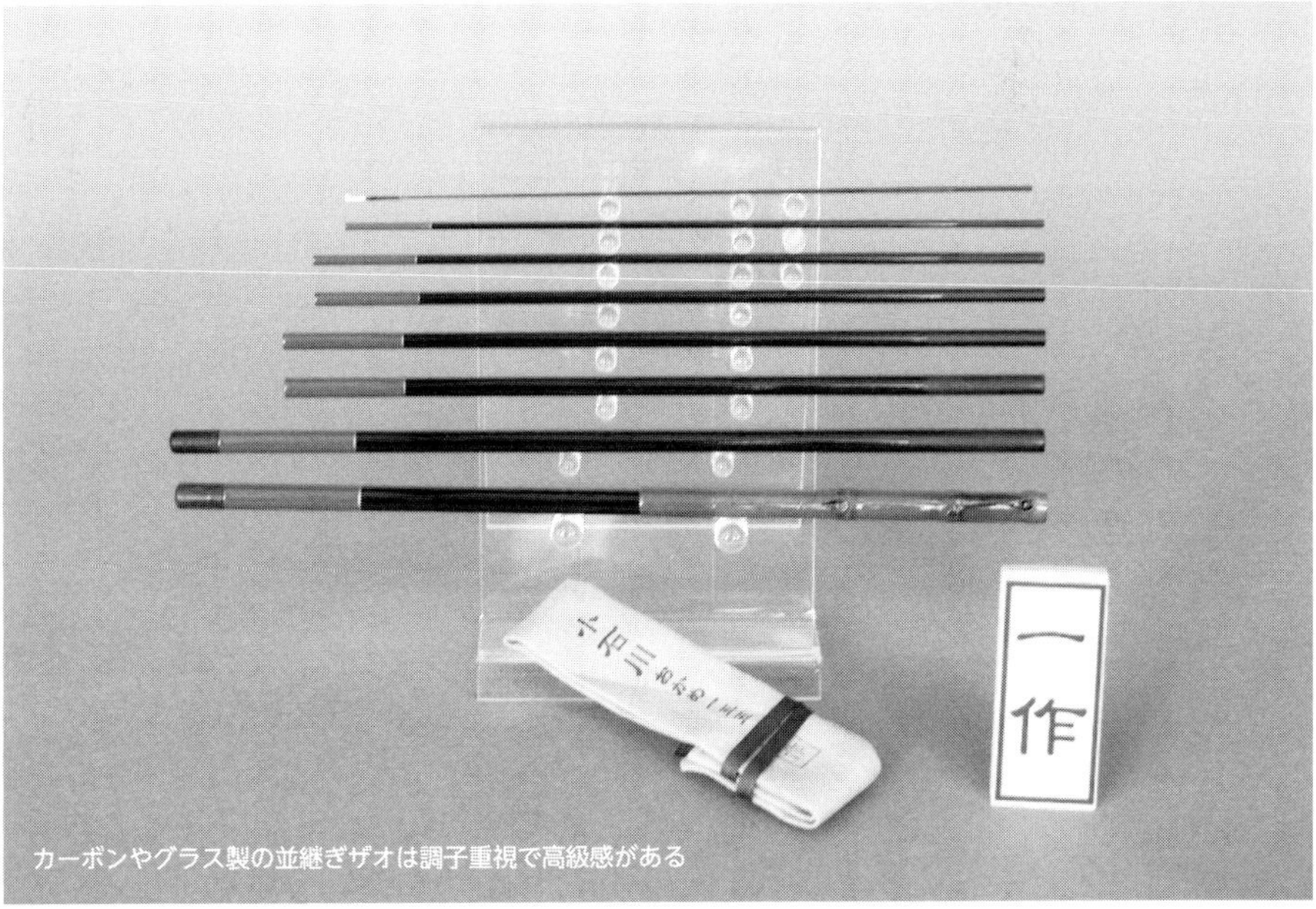

カーボンやグラス製の並継ぎザオは調子重視で高級感がある

【竹のタナゴザオ】

竹のタナゴザオ、つまり元祖江戸前スタイルのタナゴ釣り用の和ザオは、都内と、その近郊に居住する江戸和ザオ師、さらに川口や鳩ケ谷など埼玉県内で活躍している和ザオ職人によって、1本1本手作りされている伝統工芸の逸品である。

現在、和ザオ作りの伝統を受け継ぐ後継者はごく少なく、関東における和ザオ職人の行く末が心配される。ところが、竹のタナゴザオ人気は衰えるどころか、ここ数年の間にタナゴ釣りの魅力に取り憑《つ》かれたヤング層を中心に、和ザオブームの再来と思えるほどその人気は沸騰している。

それもそのはず、竹のタナゴザオには日本ならではの美学とでもいおうか、繊細で巧みな漆塗りや、やさしい竹肌が持つ気品など、何とも捨てがたい魅力が潜んでいるのだから……。

カーボンザオで入門したタナゴ釣りファンにとって、いつの日か必ず手にしたいと思うほど、竹のタナゴザオは羨望の的になっている。

竹のタナゴザオの仕様は真竹の削り穂が付いた矢竹の並み継ぎが一般的。その仕舞い寸法は8寸（約24㎝）が定寸といわれる。サオの全長に応じて継ぎ数は3本、4本……8本、10本と増えていくが、最終的には3本仕舞いに収めることができる。

そして、仕舞い寸法8寸の定寸ザオは、通常、すげ込みの長さが1寸5分（約4・5㎝）。穂先から元ザオにかけてのパーツの長さは少しずつ違うものの、すげ込みをすげ口に差し込むと継ぎザオ1本は約20㎝に縮まる計算だ。

ということは、仕舞い寸法8寸のタナゴザオの全長を換算すると、5本継ぎの場合は20㎝×5本で約1mザオ、6本継ぎだとは約1・2mザオといったように、約20㎝刻みで長短が変化すると考えてよい。

このため竹のタナゴザオの場合、釣り場に見合ったサオの全長は、尺単位やセンチ単位では表現せず、「このポイントは5本がちょうどよい長さかな。でも、あそこなら7本がいいよ……」といった感じで、サオの継ぎ数で言い表わすことが多い。

数10年も昔のタナゴザオといえば、仕舞い寸法8寸の10本継ぎで、約2mザオが定番だった。しかし、近年は最も使う頻度が多い5本、6本、7本継ぎの約1〜1・4mザオの人気が高い。

また、竹のタナゴザオの大きな特徴として、1本のサオを元にして、その長短が変えられる替え元と呼ぶスペアパーツがあることが挙げられる。たとえば8本継ぎザオをベースにして、1〜2本の替え元を付属しておくと、4本継ぎや5本継ぎ、6本継ぎといったようにサオの全長が変えられるわけだ。

竹のタナゴザオには、矢竹ザオのほか、印籠継ぎの総布袋竹ザオや昔ミャク釣りで好まれたクジラ穂、また変わったところでは中通しザオや外通しザオもある。

さらに、昔、旦那集が人目を避けて好きなタナゴ釣りに出かける目的で作らせたといわれる、仕舞い寸法数寸しかないミニチュアザオの珍品も数多い。

【サオの手入れ】

天候にかかわらず、その日使ったサオには目に見えないゴミや泥が付着しているので、帰宅後の手入れは必ず行なう。

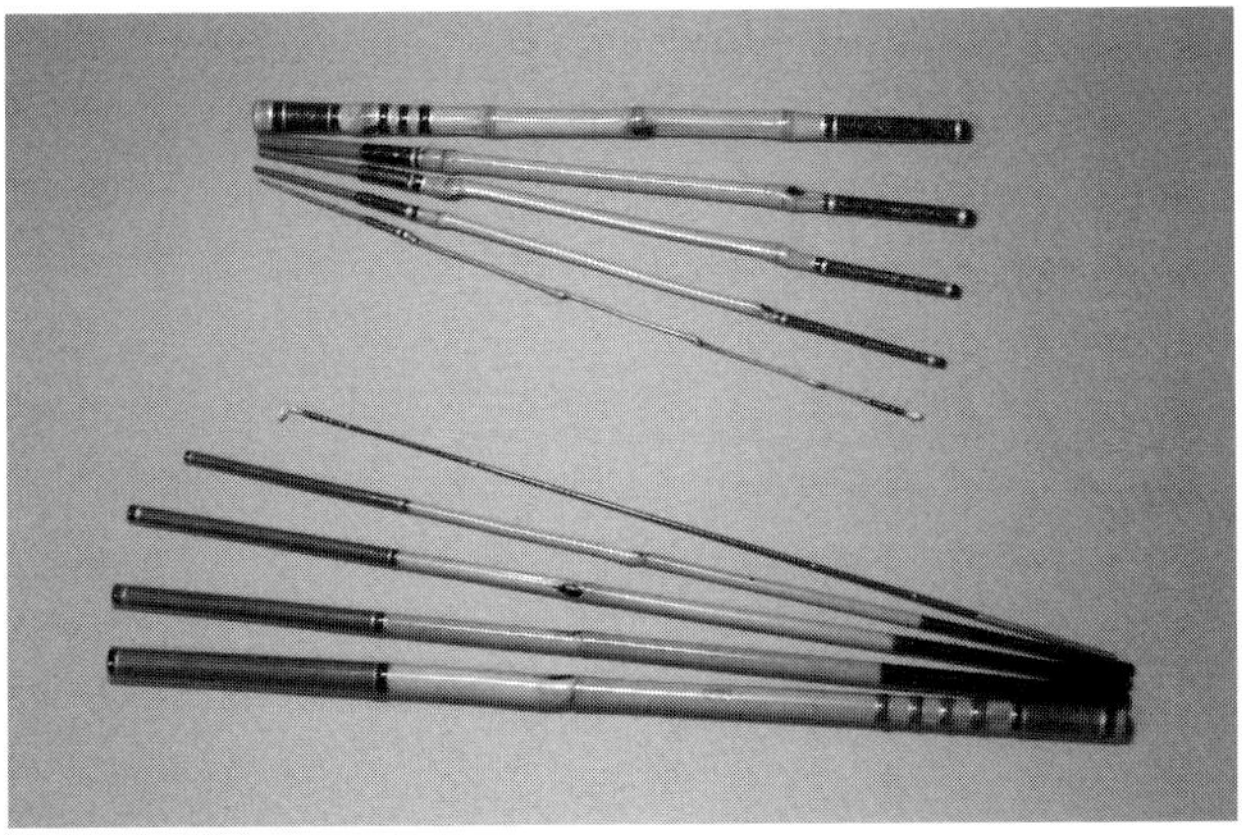

タナゴ用竹ザオは普及品だと1～2万円台から購入可能。ただし、上を見たら切りがない

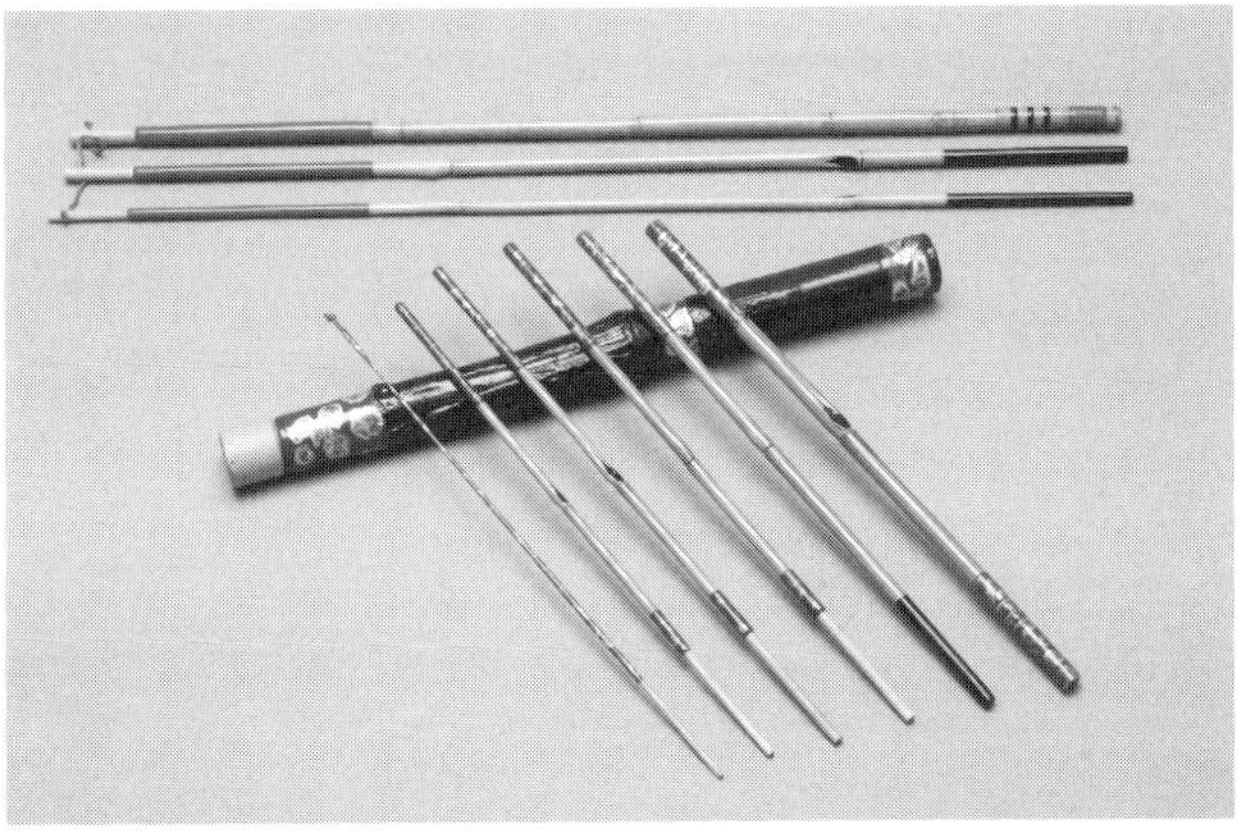

極小の釣りならではの小粋な世界。上は定寸の8寸（約24cm）元、下が4寸5分（約13.5cm）元のミニチュアザオ

カーボンザオは元ザオの尻栓を抜き、1本ずつにして流水で洗い流し、ざっと水分を拭いた後、風通しのよい場所に立てかけて、サオの内部まで乾燥させたら改めて組み直しておく。

さらに1年に1～2回、釣りザオ用のフッ素樹脂コーティング剤でメンテナンスをしておけば、サオの保護は完璧だ。

一方、竹のタナゴザオは1本ずつにバラして、ボロ布などで乾拭きをした後、1、2日間、風通しのよい場所に立てかけて水気を飛ばしておく。

乾燥後は専用のサオ油で油拭きを施すが、油の付け過ぎは禁物。日頃の油拭きは、ある程度油をしみ込ませた専用のボロ布1枚を用意しておき、これでサオ全体を軽く磨くだけでよい。

サオの継ぎ口が硬くなり、継ぎが不十分になった時などは、素人修理は無理。買い求めた釣具店、もしくは和ザオ職人に修理を依頼すること。

ビク

使い勝手がよい自立型の折りたたみ式
ノスタルジックでおしゃれな小型の水箱

【活かしビク】

１ヵ所のポイントに居座ってサオをだすタナゴのエンコ釣りには、自分のすぐ脇に置いておく活かしビクが便利。

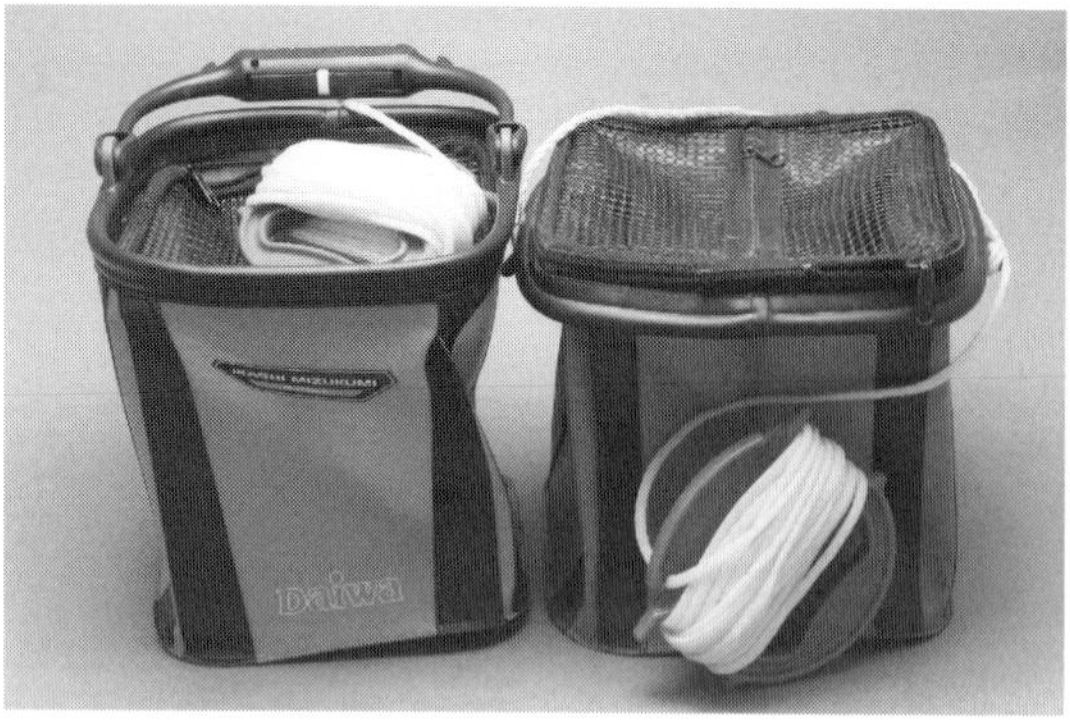

磯釣りや堤防釣り用品として市販されている自立型の「折りたたみ式水くみバッカン」は、そのまま水の交換ができる網フタ付きがお薦め

最も使い勝手がよく実用的なのは、磯釣りや堤防釣り用品として市販されている自立型の「折りたたみ式水くみバッカン」や、エアポンプ取り付けポケット付きのエビエサ活かしビクだ。

収納時、平たく折りたためるうえに、尻手ロープが付属しているタイプなら高い足場から簡単に水をくむことができ、また、ジッパー式の網フタ付きを選べば、魚を生かしたまま水を取り換えられるので、酸素不足などでタナゴを弱らせることが少ない。

このほか、大型雑貨店や１００円ショップを捜してみると、活かしビクの代わりになる製品は数多い。大ざっぱに釣り具が積み込めるマイカー釣行の場合だったら、家庭用のバケツでも充分だし、透明プラスチック製の箱にタナゴを入れて鑑賞するというのも名案である。

【水箱】

近年、キャッチ・アンド・リリース、もしくは自宅に持ち帰って観賞魚として楽しむタナゴ釣りファンが増えてきた。それにともない江戸前スタイルのタナゴ釣りのトレードマークだった首掛け式の水箱は、魚が弱りやすい魚入れの道具として釣り場で使う姿を滅多に見ることがなくなった。

しかし、水箱の人気は未だに健在だ。最近では、ノスタルジックでお洒落なグッズとして水箱を買い求めるタナゴ釣りファンが急増し、後述する合切箱とともに、ファン憧れのグッズとなっている。

と同時に、往年のベテランたちが、首筋が寂しいとばかりにこの水箱を首からぶら下げ、エサ入れや仕掛け入れとして愛用している何とも微笑ましい姿にも遭遇する。

タナゴ用の水箱はタナゴ箱、箱ビクとも呼ばれ、フナ釣りに使う水箱の小型版。また、フナ釣りのそれと同様に、水箱のほかに極上品の桶ビクもあって、それぞれ横幅の定寸が決められている。

首掛け式のタナゴ用水箱は横幅６寸

右が６寸のタナゴ用水箱。左はフナ釣り用の桶ビクだが、足元に置いておく魚入れとして重宝する

上／タナゴ用には通常、中籠（なかご）が付属している
中／フタを開けて折りたたむと右側に魚の投入口、そして左側のフタには玉虫や赤虫を乗せておく小出しが付いている
下／中籠はいろいろと工夫されており、これは引き戸の左側がエサ入れになっている

（約18㎝）箱が標準的な大きさで、好みによっては5寸（約15㎝）箱や、小ブナ釣りにも適した7寸（約21㎝）箱でもよい。また、フナ釣り用として8寸（約24㎝）とか尺（約30㎝）箱など大きめの水箱を持っている人なら、これを釣り座のすぐ脇に置き、活かしビクとして使うのもなかなか洒落ている。

　なお、ビクや後述するエサ箱は帰宅後、ざっと水洗いして魚臭さや汚れを落とした後、風通しのよい場所でよく乾燥させるだけで長持ちする。

小道具あれこれ

小道具にも タナゴ釣り独特の世界感が

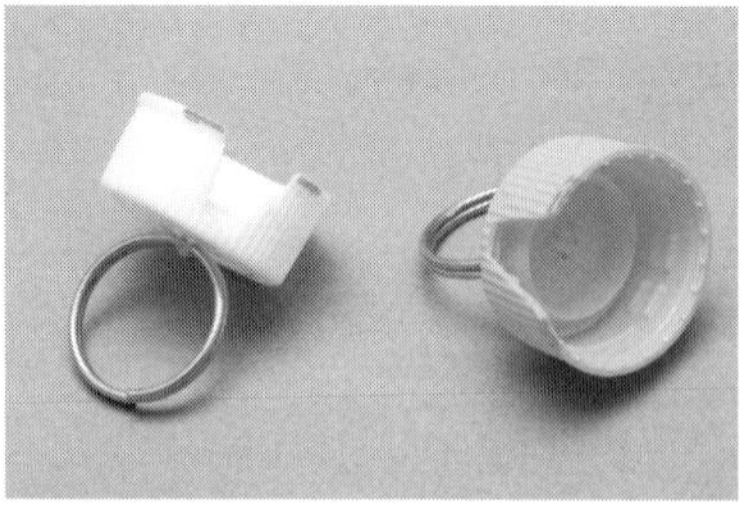

小もの釣りの大ベテラン大作芳男さんが考案した“グルテンリング”

グルテンエサ作りには、こびり付きにくいヘラブナ用のグルテンボール（左）が使い勝手がよく、小型の計量カップ（右）もあると便利

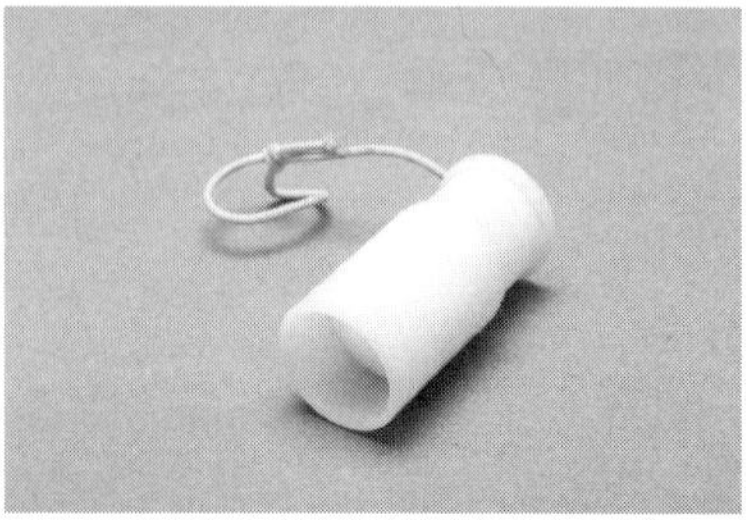

これは黄身練りポンプの先端部を平らにカットし、著者が自作した“グルテンポンプ”。乾燥しやすいグルテンの表面を取り除きながら、新しい部分を押し出して使えるのが利点。中指か人差し指に吊るしておく

【エサ入れ】

タナゴ釣り用として多用されているグルテンや黄身練りといった練りエサには、専用のエサ入れやグッズがある。

　グルテンエサを作る時は、ヘラブナ用のグルテンボールを使うと、器にエサがこびり付かずに済む。作り置きする際には、風や日光が当たってグルテンが変化しないように、小型の密封容器に入れておくとよい。

　一般的にはグルテンエサをピンポン玉大に取って、手のひらで持ちながらエサ付けするのだが、粘度が高いグルテンがこびりついて手が汚れてしまうのが欠点だった。

　そこで、小もの釣りの大ベテランである大作芳男さんが考案したのが「グルテンリング」。材料はペットボトルのキャップと直径2〜2・5㎝の金属リング（人差し指か中指にちょうどよい内径）、ナイロンイト2〜3号の3つだけ。

　作り方は至って簡単で、ペットボトルのキャップに錐《きり》などで穴を2個開けたら、ナイロンイトを使って金属リングを固定。最後にキャップの縁の1ヵ所をVの字にカットすればでき上がり。

　その使い方は……グルテン指輪を人差し指または中指にはめてグルテンエサを詰め込み、Vの字にカットした個所でグルテンエサを引っかくようにエサ付けする。

　一方、黄身練りには、タナゴ釣り専用の黄身練りポンプが市販されており、素早くエサが付けられるように指先や手首、また、首に吊るすように工夫されている。

黄身練りの押し出し量が微調整できる回転式の黄身練りポンプ

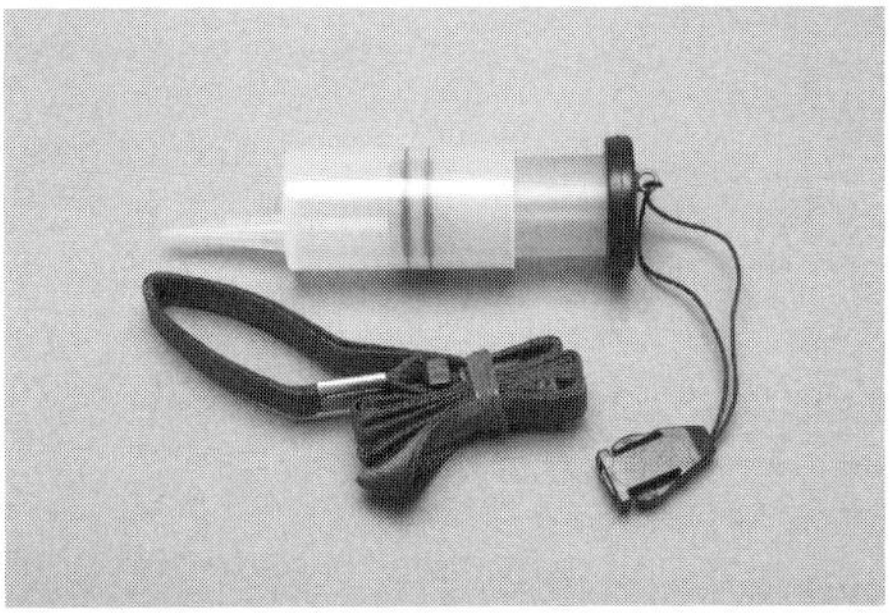

首から吊るしておける黄身練りポンプ

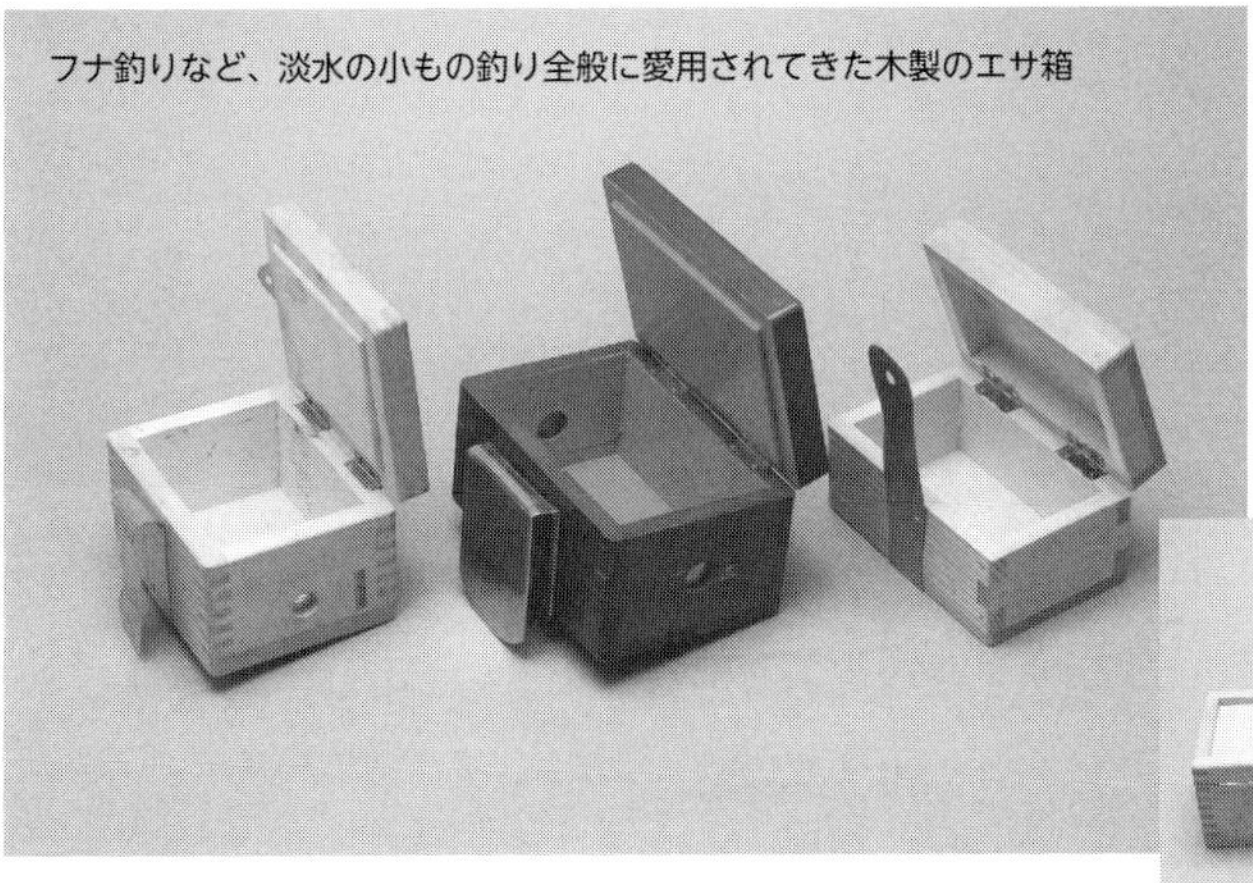

フナ釣りなど、淡水の小もの釣り全般に愛用されてきた木製のエサ箱

金属製のベロを折り曲げ、ビクなどにセットして使う

虫エサの赤虫には、フナ釣りなどにも使われる小型のエサ箱がベスト。プラスチック製と木製があるが、昔ながらの木製のほうが通気性がよく、虫エサの鮮度が保てる。このほか、渓流釣りの川虫やイクラエサ用として売られている木製の首掛け式エサ入れも、赤虫入れとして使い勝手がよい。

ちなみに、昔からタナゴ釣りの特エサといわれる玉虫用のエサ入れには、これといった特別なものがないので、小型の密封容器などに収納して持参すればＯＫ。

渓流釣り用の首掛け式エサ筒は携帯しやすく、赤虫入れに便利

100円ショップなどで買い求められるボール型の茶こし器

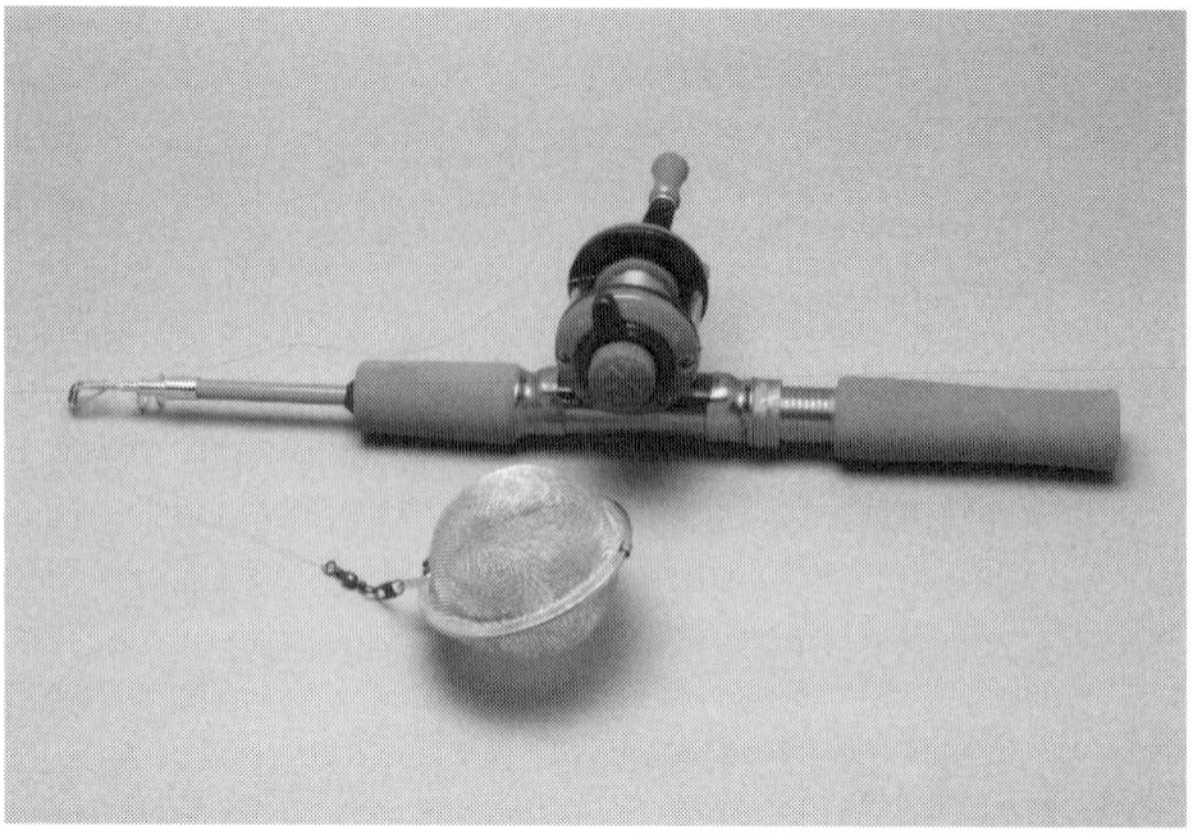

寄せエサ用の吊るし棒として、海釣り用のコンパクトタックルが重宝。リールには太めのミチイトを巻いておき、スナップスイベルで脱着可能にする

［寄せエサ入れ］

冬季の寒タナゴ釣りでは、水温が低すぎて、食いが極端に渋いケースもままある。こんな時にはタナゴの活性を促す目的で、寄せエサを併用する場面も出てくる。

ヘラブナ釣り用のバラケエサなどの寄せエサを容器に入れて、宙層に吊るしておくのがタナゴ釣り流の寄せエサ術。

寄せエサ入れの容器は、タナゴ専用の網の目の小袋が市販されているほか、100円ショップなどで売っているボール型の茶こし器の愛用者も多い。

また、やや沖目のポイントをねらう場合には、海釣り用のコンパクトロッドと超小型両軸リールを組み合わせた、寄せエサ用の吊るし棒を準備しておくと重宝する。

海用のコンパクトロッドと太めのミチイト（5～6号）を巻いた小型両軸リールのタックルに、スナップスイベルを介して寄せエサ入れをセットすると脱着が便利

【合切箱】

江戸前スタイルのタナゴ釣りの世界では、ステータスシンボル的な存在の合切箱。その名のとおり、釣り具から弁当まで、その日必要な道具類を一切合切収納でき、肩にかけて持ち運ぶ。蓋の上部にはクッションが装着されているので、イス代わりにもなる実釣主義の携帯用木箱である。

　古きよき時代の釣り本によると、「雑《ざつ》嚢《のう》兼帯」の腰掛け箱と名付けられており、合切箱と呼ばれるようになったのはおそらく昭和40年以降。

　その当時の大きさは、幅30㎝×奥行き18㎝×高さ18～20㎝くらいだったらしく、現在の合切箱に比べてひと回り小さい。これは時代を追って成長した日本人の体格の差からくるものだと思われる。

　現在、市販されている合切箱は幅30～33㎝×奥行き20～25㎝×高さ30㎝が標準サイズだ。箱の内側にはサオや仕掛け類などが収納できる中籠《なかご》がセットされたものが多い。

　合切箱は必要不可欠なタナゴ釣り道具ではないが、一端《いっぱし》のタナゴ釣り人を気取るとともに、ノスタルジックな世界に浸るには、格好の道楽品かもしれない。

最もスタンダードなクッション付きの合切箱

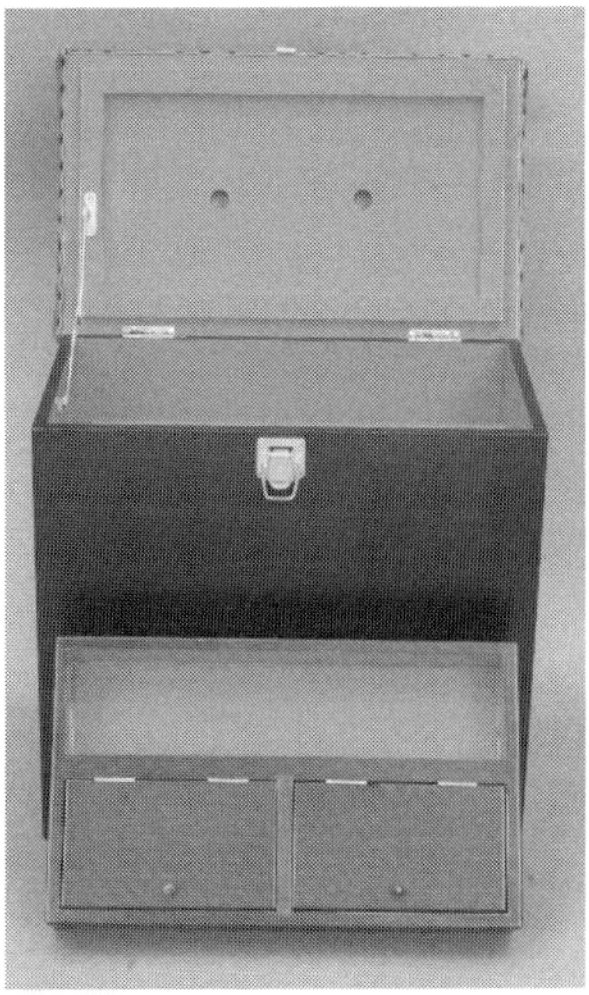

クッション付きの上ブタを開けると、取り外し式の中籠（なかご）が入っている

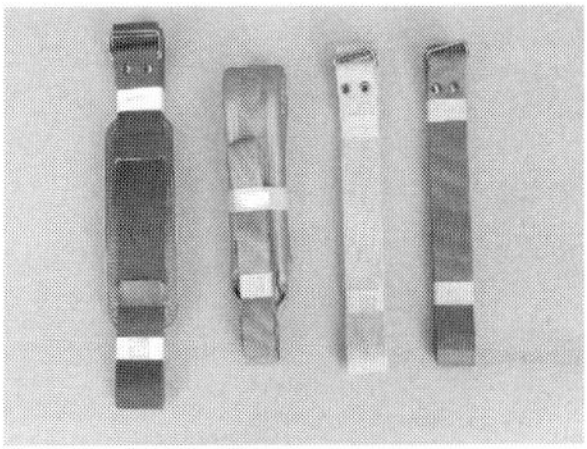

合切箱や水箱用のベルト幅はバリエーションがあるので、それぞれの箱にマッチしたサイズをチョイスしよう

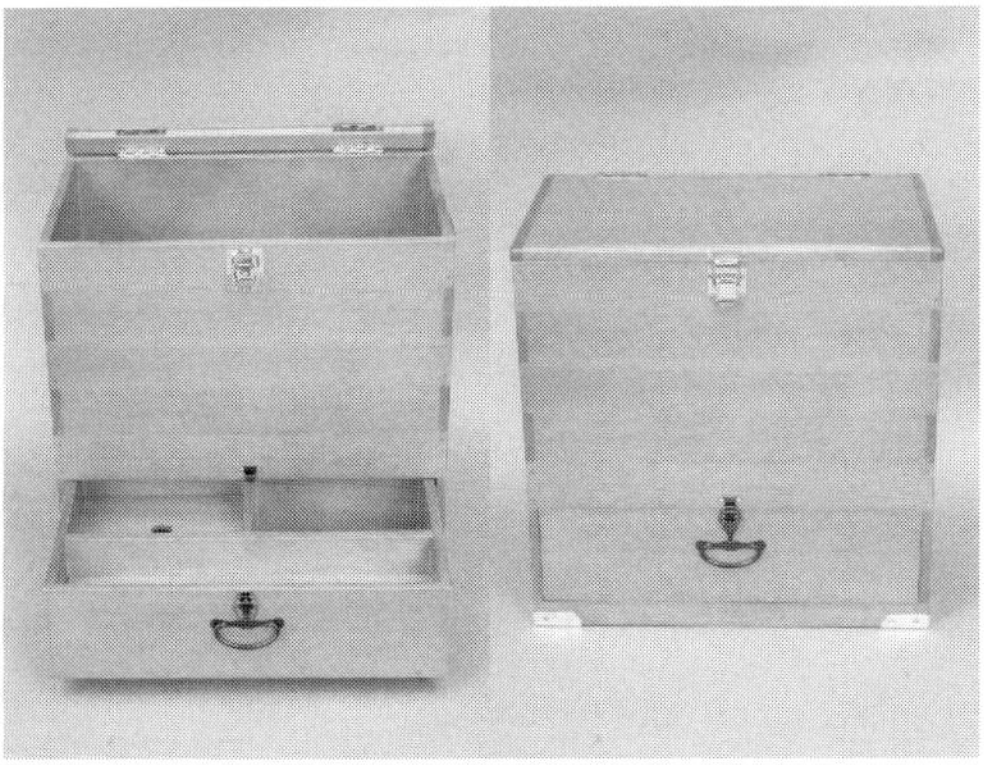

クッションはないが、ちょっと凝った作りの合切箱。中籠の代わりに、外箱の下部に引き出しが付いている

大公開！『マイ合切箱』

20年くらい前に買った著者のタナゴ用合切箱。
外箱の塗料を塗り替え、クッションも劣化したので数年前に張り替えた

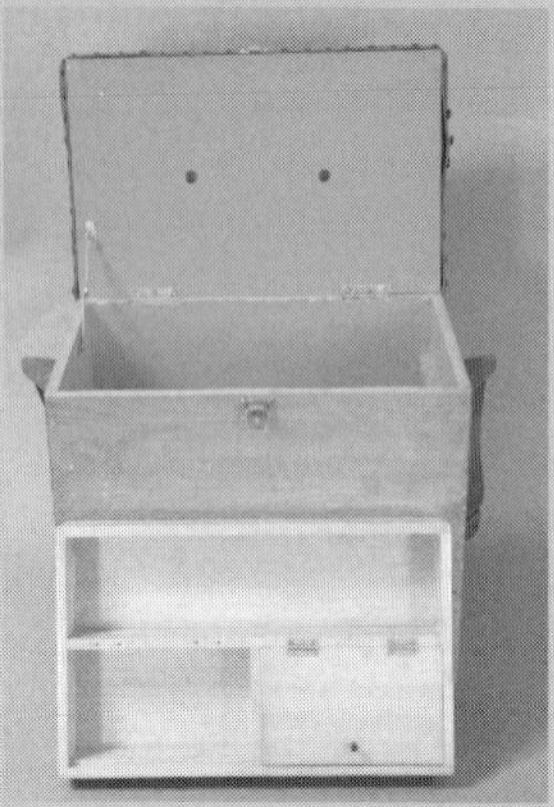

左下の中籠のコマにもフタが取り付けてあったが、使い勝手を考慮して取り外してしまった

中籠の収納はこんな感じに配置する

左下のコマには常時使う仕掛け入れとハサミ、応急処置用の板オモリ

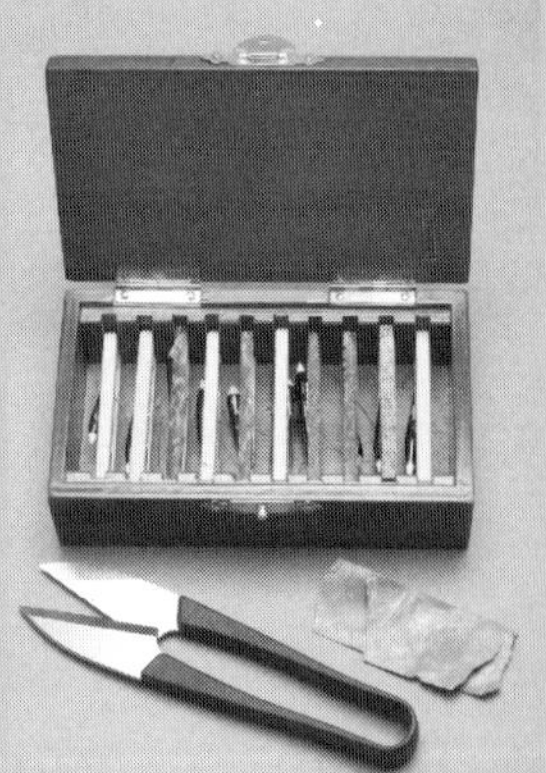

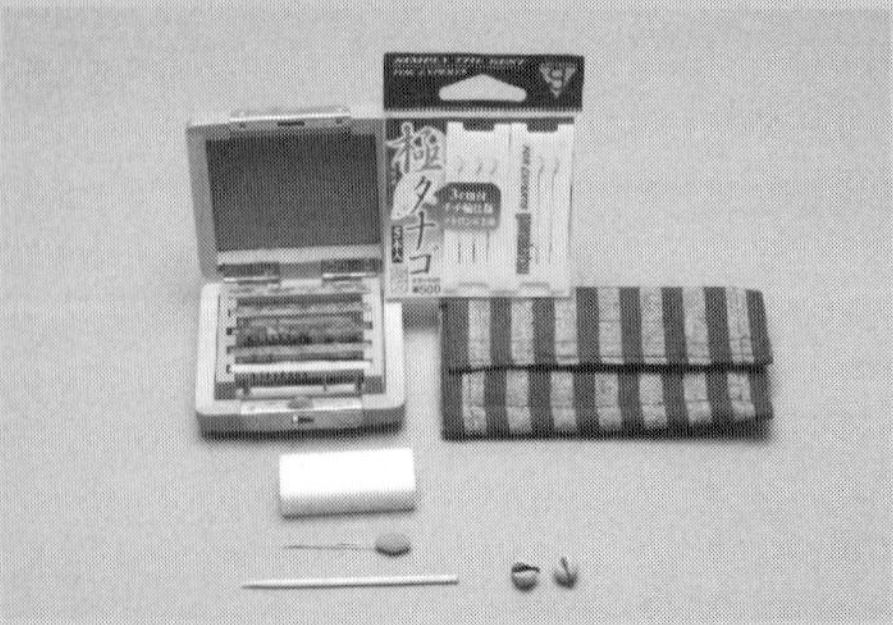

右下のコマには常用バリとスペア仕掛け入れのほか、消しゴム（小休憩時のハリ掛け用）、ゴム張りガン玉（水深測定用）、そして楊枝やピン（オマツリほどきなどに用いる）が収納されている

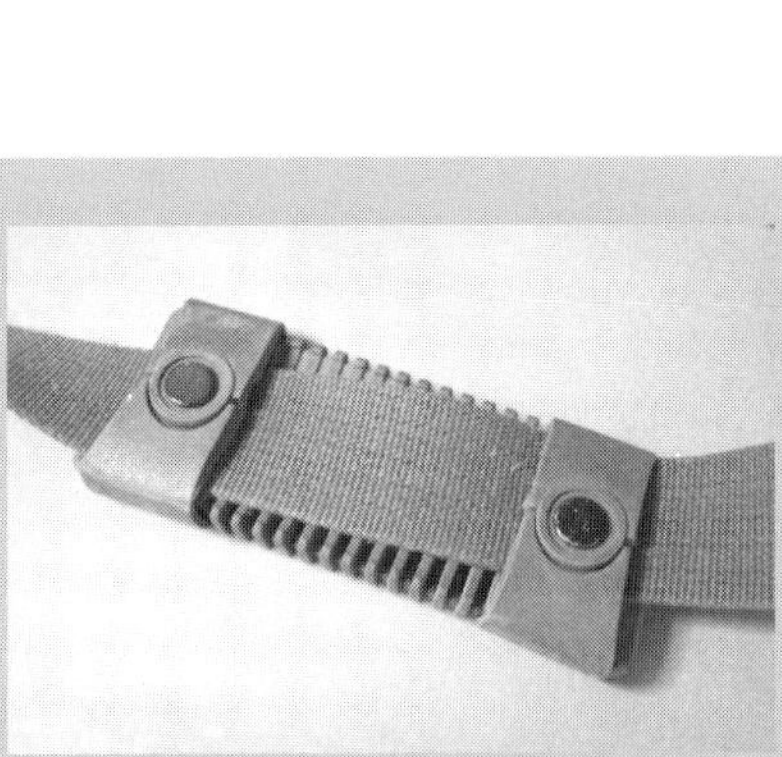

肩パットは、カメラバッグや旅行かばんによく使われている滑りにくいゴム製

細長いコマはタナゴザオとともに、鎌や伸び縮み式の仕掛けキャッチャーを入れておくこともある

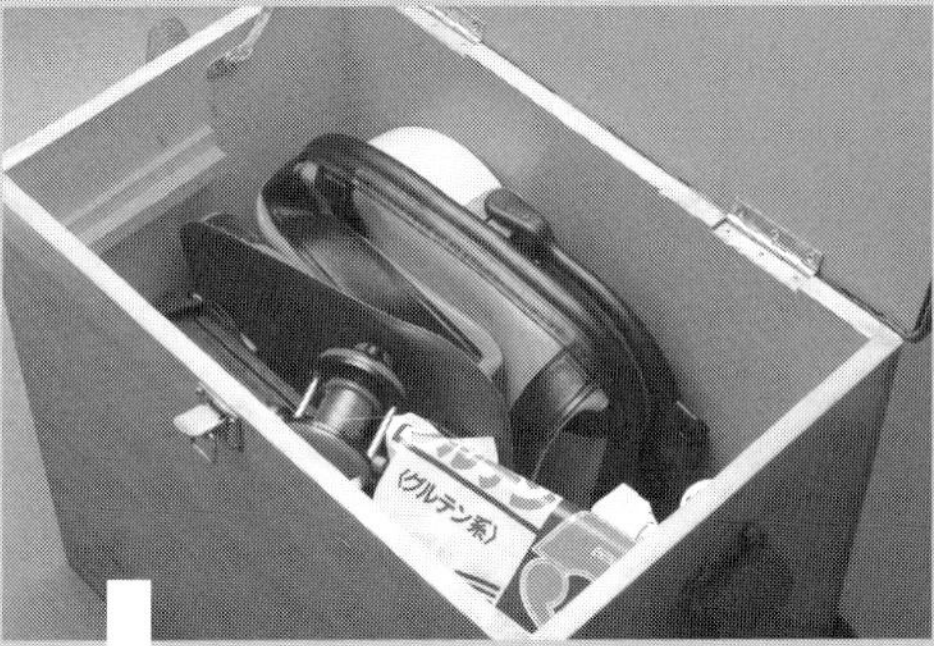

外箱の中身はその時に応じて臨機応変に

小型のタナゴ箱は予備仕掛け入れと化しているほか、中央にある３００㎖のペットボトルは寄せエサ入れ、また、時期によってはホソの小ブナ釣りに素早くスイッチできるように「隠し仕掛け」も入っている

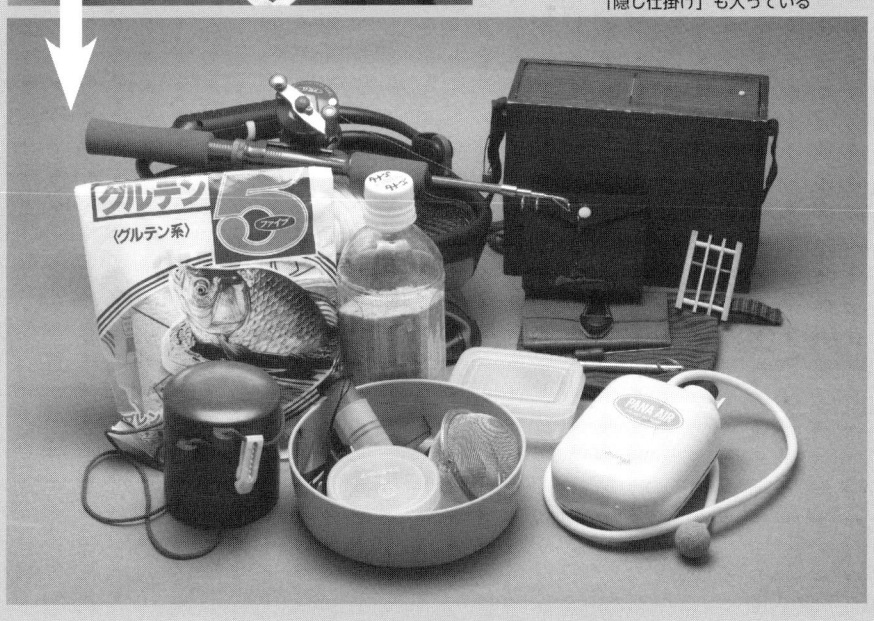

【サオケース】

古くから淡水釣りファンに愛用され続けているソフトタイプのたすき掛け式サオケースは、長短のサイズが揃っている。タナゴザオ用として30～50㎝タイプの中から選ぶとよい。

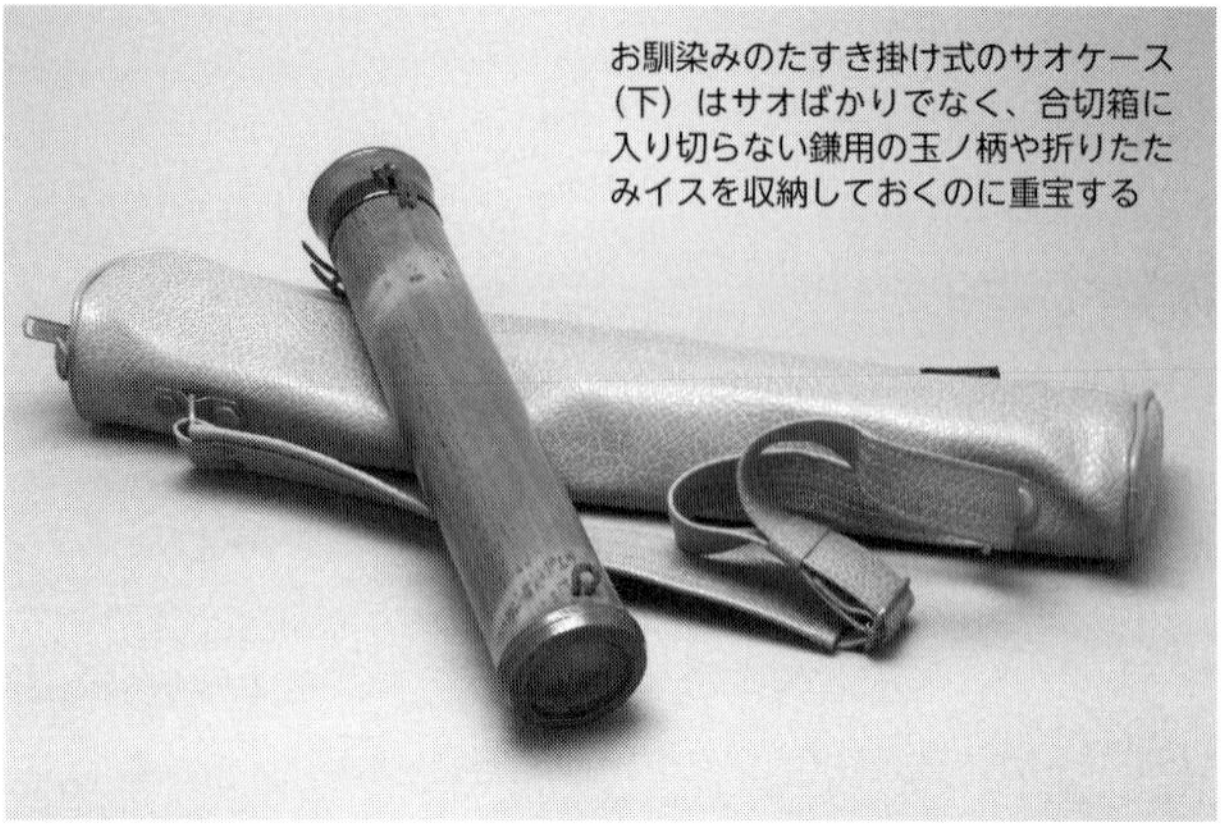

お馴染みのたすき掛け式のサオケース（下）はサオばかりでなく、合切箱に入り切らない鎌用の玉ノ柄や折りたたみイスを収納しておくのに重宝する

合切箱に収納し切れない長さのサオのほか、自宅でタナゴザオをひとまとめに整理しておくのにも便利だ。

また、ちょっと贅沢だが、和ザオ職人に注文して、数本のタナゴザオが収納できる竹筒のサオケースを作ってもらう手もある。

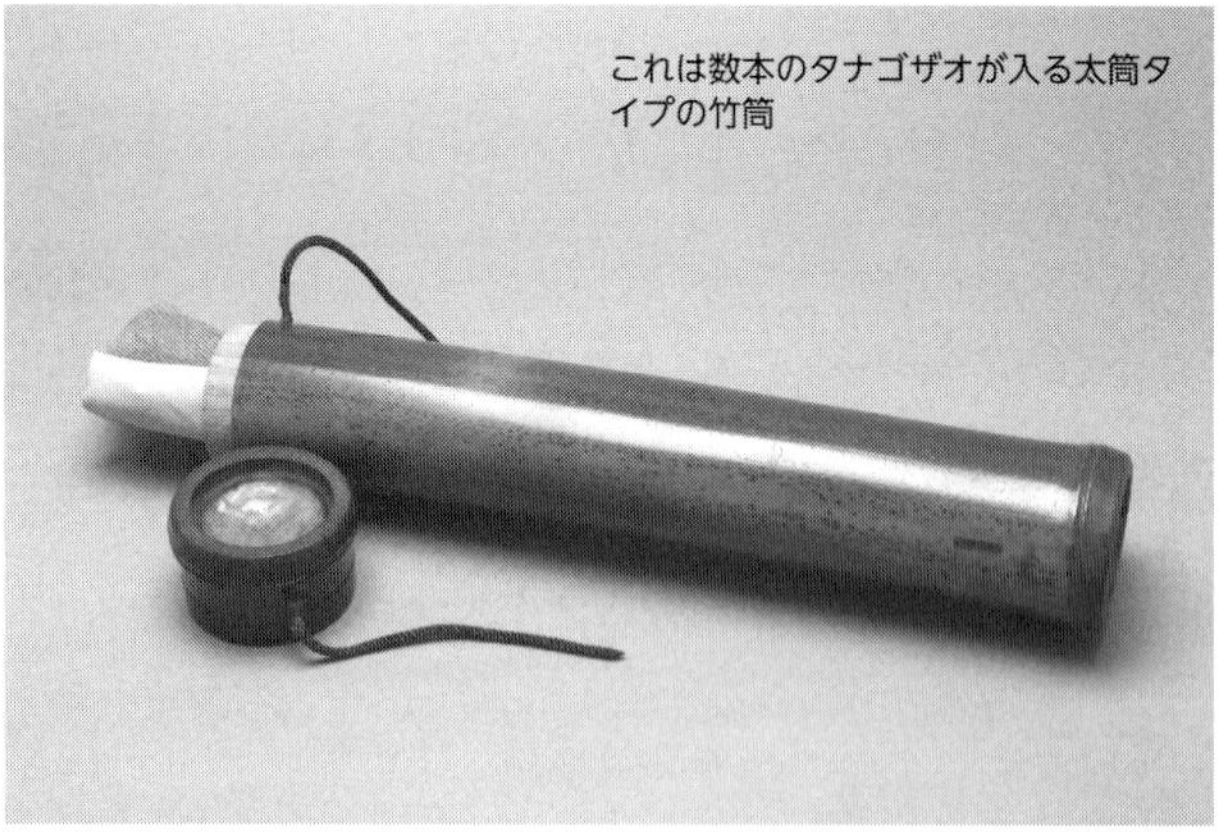

これは数本のタナゴザオが入る太筒タイプの竹筒

【エアポンプ】

最近ではほぼ周年タナゴ釣りを楽しむファンが増えた。そこで、春5月あたりから秋10月ごろまでの気温・水温が高い時期には、小型エアポンプの併用が望ましい。

自立型の折りたたみ式活かしビクには、エアポンプ付属の引っ掛け金具をビクの縁に掛けておけばよい。とはいうものの、タナゴが弱る前に早めのリリースを心がけたい。

最近はタバコのパッケージよりも小さなエアポンプが市販されている

［折りたたみイス&ヘラクッション］

1ヵ所に腰を下ろしてねらうことが多いタナゴ釣りでは、折りたたみイスが必需品。特に、電車釣行を考慮して、コンパクトに収納できる超小型タイプを選ぶとよい。

　また、釣り座回りが平坦な草地やコンクリート護岸の場合には、ヘラブナ釣り用として市販されている2、3段折りのヘラクッションにあぐらをかいて座るのも楽チンだ。この際、ビニール製のレジャーシートを敷いておくと、足回りが汚れずに済む。

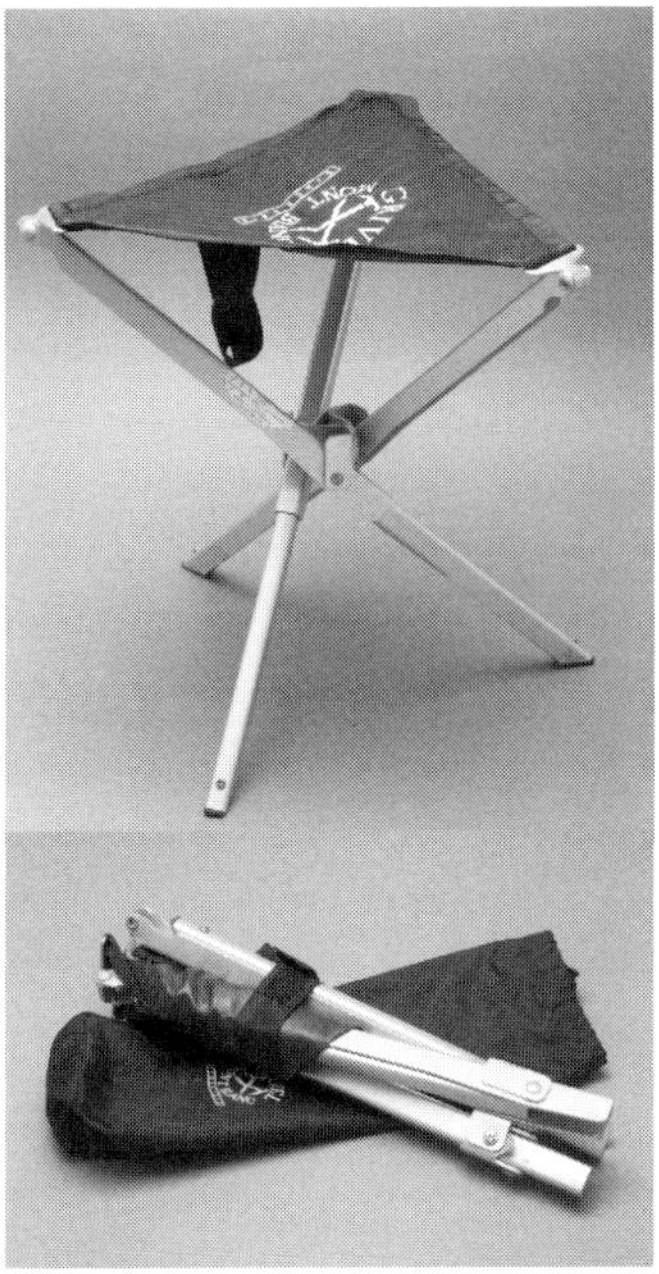

合切箱を使わないのなら、折りたたみイス持参で

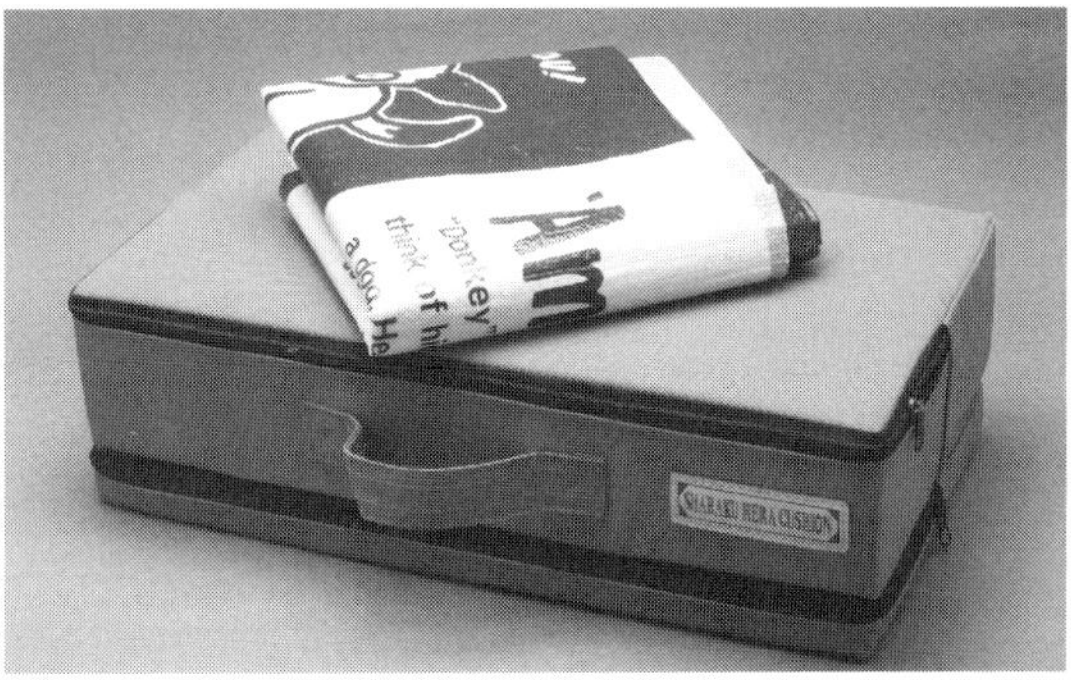

ポイントによっては、ベタ座りのほうが釣りやすい場合もある。マイカー釣行ならヘラクッションもよい。また、レジャーシートは合切箱にも収納できて荷物にもならないし、ちょっとした雨も防いでくれる

［接写撮影用ケース］

デジタルカメラの普及によって、釣魚の接写撮影も簡単にできるようになった。透明アクリル製の接写ケースを使って、タナゴのリアルな姿や美しさを手軽に撮ることもできるので、釣りがより楽しくなった。専用の接写用ケースが市販されているほか、大型雑貨店などには幅の狭いアクリルケースがあり、これでも充分代用できる。

　ちびっ子たちといっしょに、タナゴたちの泳ぐ姿をじっくりと観察することもできる。

上／釣りあげた美しいタナゴを、その場でゆっくり観察できるとともに、デジカメで手軽に撮影も可能な便利グッズだ
下／これは「無印良品」のアクリル製の引き出しを利用した接写ケース。このほか魚専用の接写ケースも市販されている

【鎌&仕掛けキャッチャー】

雑草が生い茂るホソの釣り場では、小さな釣り空間を確保するため、草刈りを余儀なくされるケースも多い。そんな時に必要なのが小型の鎌で、釣具店で買い求めることができる。この際、フナ釣り用の玉ノ柄を流用するとよく、ネジ径サイズが合う鎌を選ぶこと。

　また、アユの友釣り用として市販されているテレスコピック（振り出し式）の根掛かり外しは、水中の藻や対岸から張り出した枝に絡まってしまった仕掛けを回収する時に、大変に便利なグッズだ。

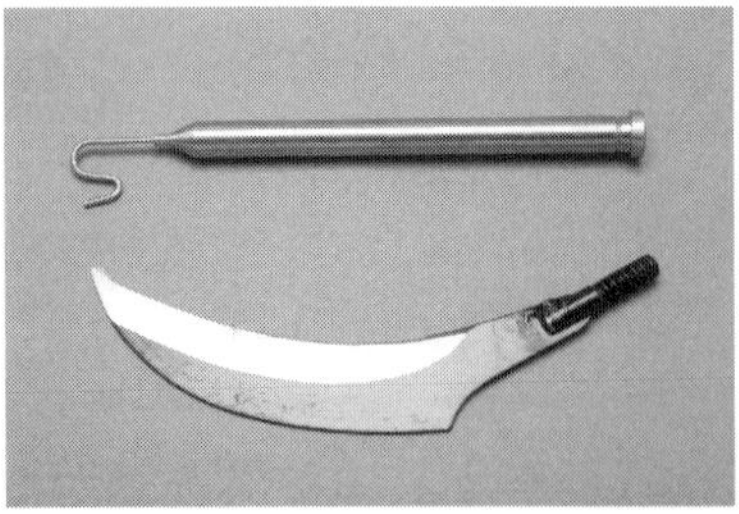
上がアユ友釣り用の根掛かり外し、下は小型の鎌

【デジタルカメラ&パソコン、折りたたみ自転車】

今や携帯電話などで手軽に写メを楽しめる時代だが、釣り場の風景、家族や釣り仲間の笑顔など釣行ごとの大切な記録を残すのなら、ポケットに入る超小型のコンパクト・デジタルカメラの携行をお薦めする。そして、このデジカメライフを満喫するには、撮り溜めた写真を保存しておくパソコンも併せて必需品。著者の場合、撮影当日の6ケタ日付と釣り場、魚種をファイル名にして整理している。たとえば、２００８年11月20日に霞ヶ浦のタナゴ釣りへ行った時のファイル名は「０８１１２０霞ヶ浦タナゴ」と記入することにしている。

　また、フォールディングバイクこと折りたたみ自転車は著者にとって、釣り場捜しで小回りが利く小もの釣りアイテムの1つ。小さく折りたたんで輪行袋に入れて電車釣行、またはマイカーに1台積んでおくのも手だ。

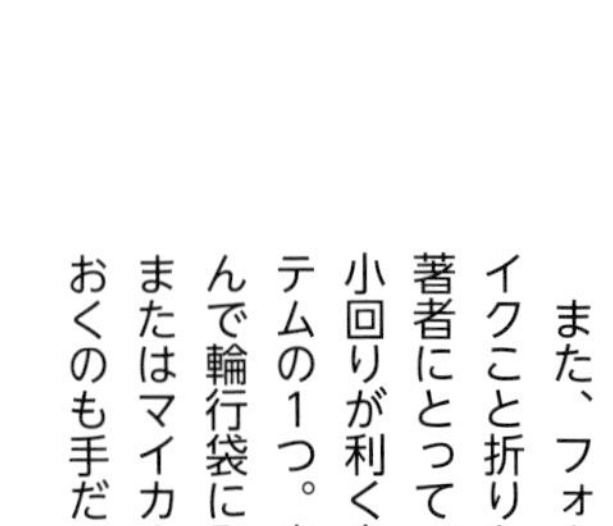

前述した透明アクリル製の接写撮影用ケースを持っていけば、現場でしか見ることができない自然そのままの美しいタナゴを撮影することもできる

平坦な地形の釣り場がほとんどのタナゴ釣りだから、ポイント移動に便利。ただし、うっかり釣り場に置いてこないように注意

タナゴ釣り入門 パート2

タナゴ釣りのエサ

タナゴ釣りの特エサ、玉虫のほか、黄身練り、グルテンが一般的だが、良型ねらいなら赤虫も。寄せエサも厳冬のころには必需品だ。

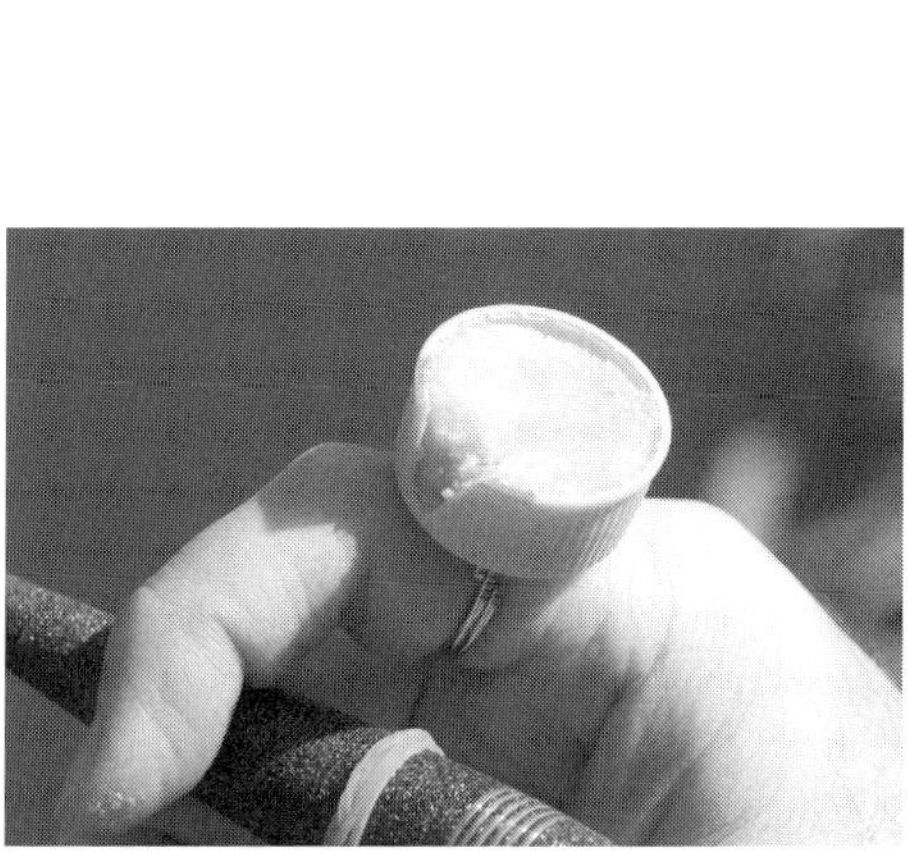

黄身練り

鶏卵の黄身と薄力粉をベースに、集魚剤などを練り込む工夫も

黄身練りはタナゴ用のエサとして最もポピュラーで、釣れるエサとしての信頼性も高い。通常、投入するたびに1回1回エサを付け直す手間があるものの、水中で広がる乳白色の煙幕とともに、その匂いが集魚効果を発揮する。

使う材料は鶏卵の卵黄と薄力粉の2つが基本。このほか、粉類にはおかゆ粉やホットケーキミックスの素、ヘラブナ用の魔法の粉（主に粘りを出す）などが使われる。さらにベテランの中には、菓子用のバニラエッセンスや液体の集魚剤を数滴入れたり、グルタミン酸の化学調味料を微量加えるなど、オリジナルの特エサ作りで釣果アップをねらう人も多い。

黄身練りの練り加減は、へらで持ち上げてみて、垂れ落ちない程度の粘り気が基本的な目安。ただし、この練り加減はなかなか微妙で、柔らかめに仕上げて煙幕の集魚効果を高めたり、反対に硬めに練ってエサ持ちをよくするといった工夫をするのも一考だ。

卵黄1個で作った黄身練りは、3～5回の釣行に使える量がある。

このため、作った黄身練りは小型のビニール袋に小分けにし、冷凍保存しておくとよい。

使用する際は専用の黄身練りポンプに移し替えるが、ビニール袋の角をごく小さくカットして、黄身練りを絞り出しながら使うこともできる。

[黄身練りの基本的な作り方とエサ付け法]

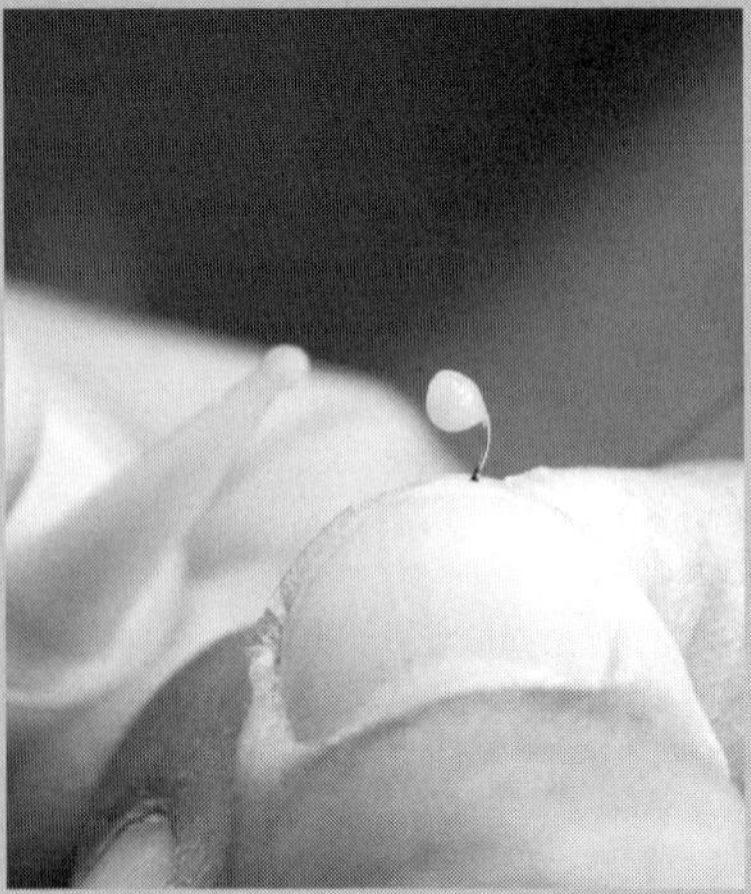

小型容器に卵黄を入れ、バター用などのへらでつぶして滑らかに混ぜておく

卵黄の中に粉を少しずつ加え……

粉の粒が残らないようによく混ぜ合わせていく

緩いようなら少しずつ粉を加えて調節しながら練り込み……

へらで持ち上げてみて、垂れ落ちない程度の粘り気が基本的な練り加減

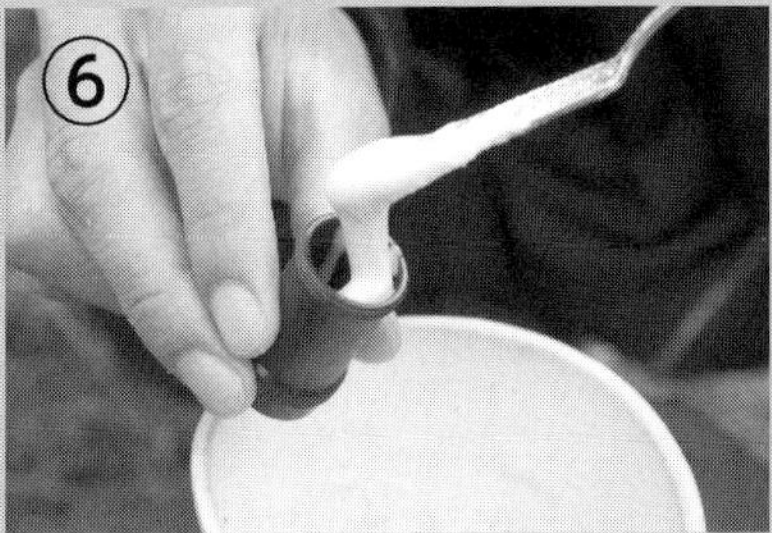

黄身練り専用のミニポンプには３分の１～２分の１詰めればセットＯＫ

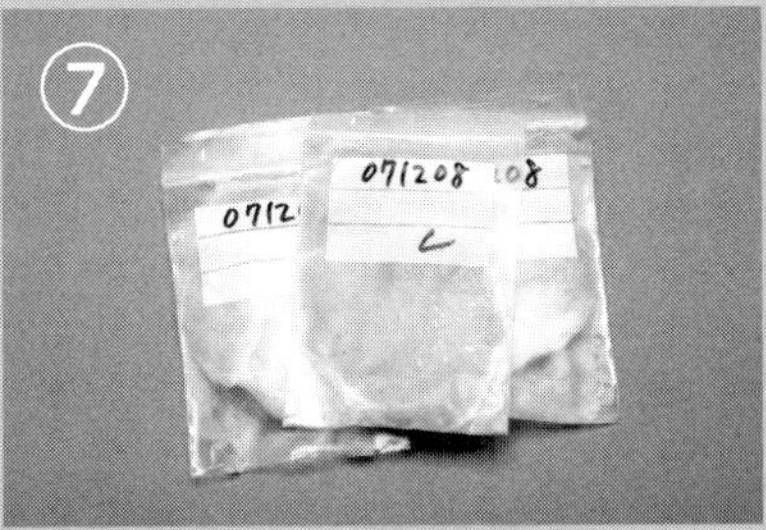

自宅で作ったら、小型ジップバッグ数個に小分けにして、冷凍保存しておくとよい

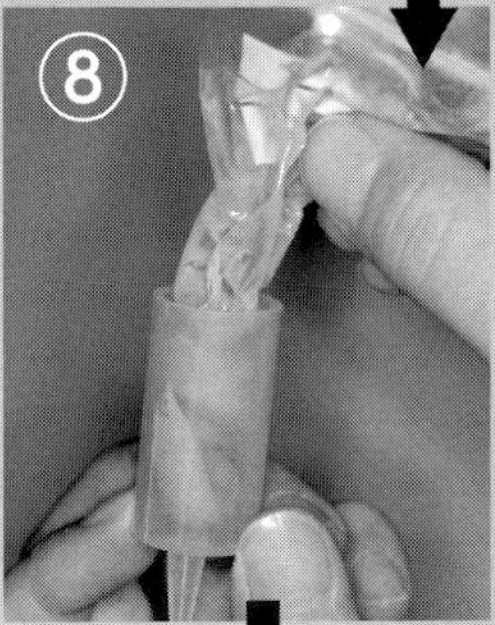

冷凍保存しておいた黄身練りを自然解凍し、黄身練り専用のミニポンプに入れるか、ジップバッグの隅を小さく切って押し出すように使ってもよい

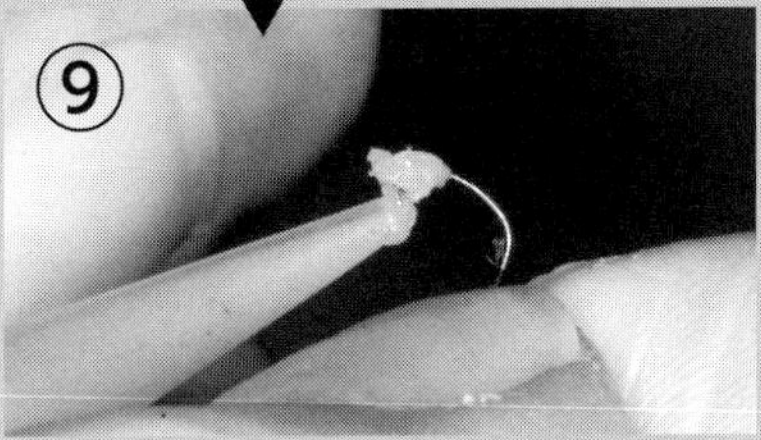

ミニポンプのノズルから少量の黄身練りを押し出しながら、ハリ先ですくい取るようにエサ付けする

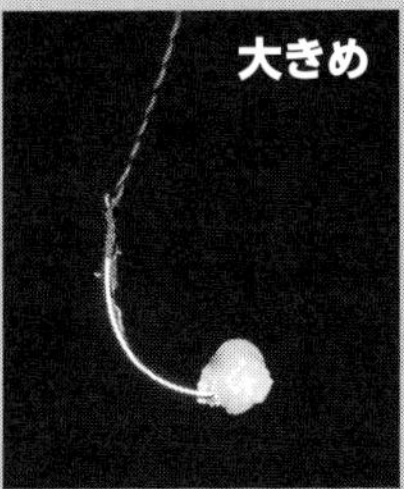

釣り始めは集魚効果を高めるため、大きめにエサ付けして、水中でエサを切ってバラケエサにする手もある

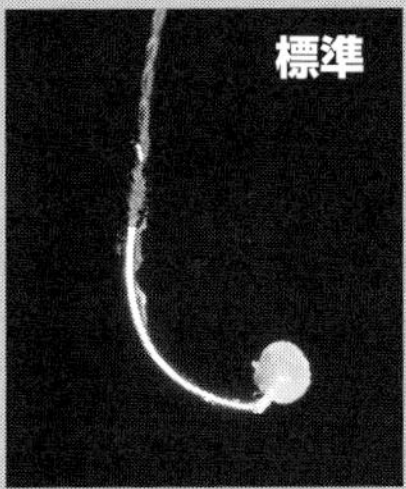

黄身練りのエサ付けはハリ先が隠れるくらいの大きさが標準サイズ

グルテン

エサ付けが簡単なうえに、エサ持ちもよい ヘラブナのエサを流用

主にヘラブナ釣りの食わせエサとして数多くの商品が発売されているグルテンは、植物性の繊維を多く含んだ練りエサだ。

このグルテンエサがタナゴ釣りに使われ始めた歴史は、ほかのエサと比べて最も浅い。釣り場で手軽に作れるうえに、エサ付けはハリ先で引っ掛けるようにすくい取るだけと簡単。あっという間にタナゴ釣りファンに広く受け入れられた。特にビギナーに最適な付けエサだ。

水中で広がる煙幕と匂いの集魚効果は黄身練りと比べても遜色なく、しかもグルテンに含まれる植物性の繊維は、ハリ先にうまく絡みついて残り、吸い込みがよい柔らかい粒になる。

このグルテン玉は、タナゴの活性が高い時には1つのエサで何尾か続けて釣れ、玉虫エサと同様の効果がある。

市販されているヘラブナ用のグルテンエサの袋にはグルテン量、バラケ性、重さなどが明記されており、タナゴ釣りに使う場合は、グルテン量の多いタイプが好まれている。

また、数種類のエサをミックスしたグルテン量やバラケ性を操作したオリジナルエサで釣果を伸ばすベテランも多い。

グルテンエサの作り方は、説明書どおりの分量でグルテンと水を合わせたら、ざっくりと混ぜて全体に水を含ませた後、数分間放置するだけ。

でき上がったグルテンエサは、ひとまとめにしてジップバッグや密封容器に入れておく。ただし、時間の経過や温度などで少しずつ変化していくので作り溜めは禁物。

ヘラブナ釣り用に市販されているグルテンの粉末エサは種類が多く、それぞれグルテン量などの分量が異なるので、好みに合ったタイプを選ぶ

タナゴ釣りでは少量しか必要としないため、袋入りのグルテンエサを小型密封容器に入れて保存する。ヘラブナ釣り用のミニ計量カップで計って作ってもよい

[グルテンエサの基本的な作り方とエサ付け法]

専用のグルテンボールなどの容器にグルテンエサを入れ、説明書どおりの水を正確に計って入れる。硬め、柔らかめは水の量で微調整すること

手早く水が染み渡るまでざっくりと混ぜ合わせたら、数分間そのまま寝かせておく

作ったグルテンエサは、ひとまとめにして密封容器などに収納しておくこと。必要に応じてもみ込んで粘り加減を調節する

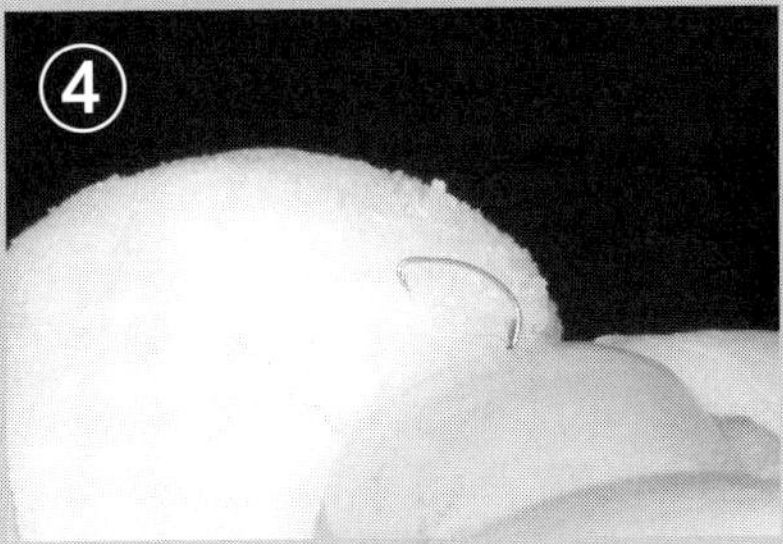

使う時はピンポン玉大に丸めて持ち、ハリ先で何回か引っ掛けるようにすくい取るだけ

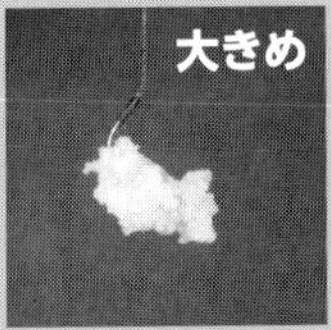

アタリがない時にはわざと大きめにエサ付けをし、バラケエサにして集魚効果を高める

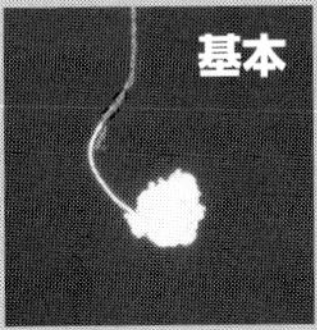

グルテンのエサ付けはハリ先に小さくまとめるのが基本。バサバサの状態で付いてしまった場合は、爪の先で突っついてまとめる

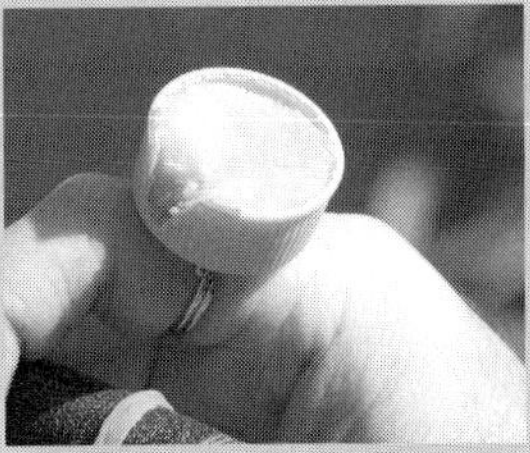

パート1で紹介した「グルテンリング」には、このようにグルテンエサを詰めておく

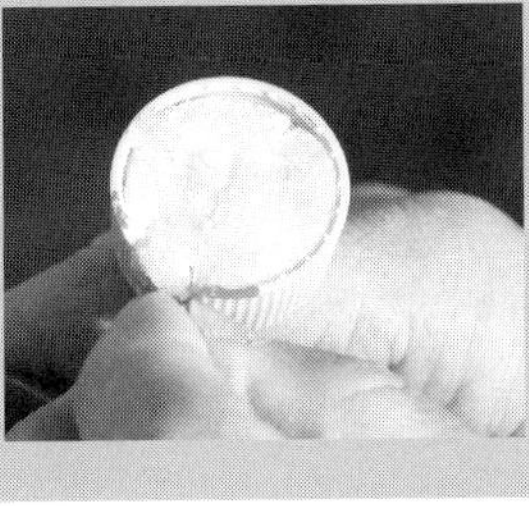

④と同じようにハリ先で引っ掛けるようにすくい取るが、手や指先がグルテンエサで汚れない。また、グルテンの表面が乾燥したら薄くはぎ取って、常にフレッシュな部分を使うことができるのが利点だ

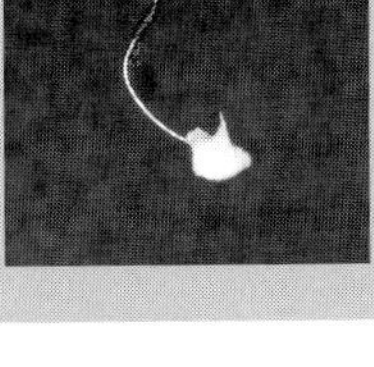

グルテンエサは、水中でバラケ成分が溶けると、グルテンの繊維だけがハリ先に残ってグルテン玉になる。タナゴの活性が高い時にはこのグルテン玉1つで連釣も可能

玉虫

タナゴ釣り独特のエサ、玉虫は今も昔も効果絶大

江戸前スタイルのタナゴ釣りの極上エサとして、ベテラン勢に永年愛用されてきた玉虫は、蛾の仲間であるイラガの幼虫だ。

　秋から冬にかけてサクラやカキなどの木の幹をよく観察すると、ところどころに、ウズラの卵のような楕円形の小さな殻が付着しているのを見ることができる。これがタナゴ釣りに使う玉虫である。

　タナゴ釣り愛好家の中には、この時期に1シーズン分の玉虫を採集する人も多いが、都内にある一部のエサ専門店や釣具店では、寒タナゴ釣りシーズンの直前になると毎年、玉虫エサが店頭に並ぶようになる。

　しかし、そのほかの地域で、この玉虫を買い求めることはまず無理。このような事情から、ヤング層のタナゴ釣りファンには、玉虫離れの傾向が強いようだ。

　しかしながら、タナゴ釣りのベテランは未だに玉虫エサに固執する。それは吸い込みのよさと同時に手返しのスピード、そして、クリーム状の体液の煙幕とその匂いの集魚力が、ほかのタナゴ用エサの追従を許さない点にある。

　特に、厳寒期の豆タナゴの数釣りにおいては、「玉虫エサが絶対有利」が定説になっており、1つのエサで何尾も連釣するのがベテラン技といわれている。

　玉虫エサは殻を割って、サナギになる前の幼虫状態を取り出し、頭部の切り口や尻穴からハリ先を入れて内臓を使う。

　エサ付けには「クリーム状の体液を絡ませた皮をカットして使う方法」、「腸を巻き付ける方法」、「皮の内壁に付着している細い繊維にクリーム状の体液を絡ませる方法」と、3通りを紹介した古書が多い。

　しかし、最近は形がまとまりにくい皮エサを使うことが少ないので、ここでは「腸」と「繊維」のエサ付け方法を説明しよう。

　玉虫エサはエサ付けした後、もしくは1尾釣りあげるごとに爪先でハリ先に丸く形を整えることが肝心で、エサのサイズはケシ粒から仁丹粒大。

　このように玉虫のエサ付けにはちょっとしたコツを習得する必要があるので、もし玉虫が入手できたら納得するまで練習してみること。また、慣れないうちは無駄が多いので、1日分として玉虫20個は持参しよう。

サクラの木の枝に付着している玉虫。保有林も多いので採集する際は気をつけること

これが殻に入っている状態の玉虫で、長さ1～1.5cm くらいの楕円形をしている。都内など一部の釣具店やエサ専門店では、シーズンになると1個 35～40円で売られている

[玉虫の下処理]　実演／島田清

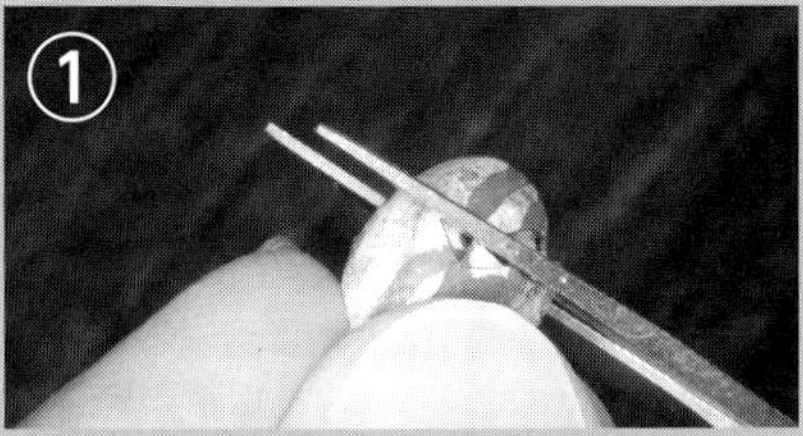

玉虫の殻はハサミや細口ペンチなどで割ってもよいが、タナゴ釣りのベテランたちは、自分の歯でカチッと割っている

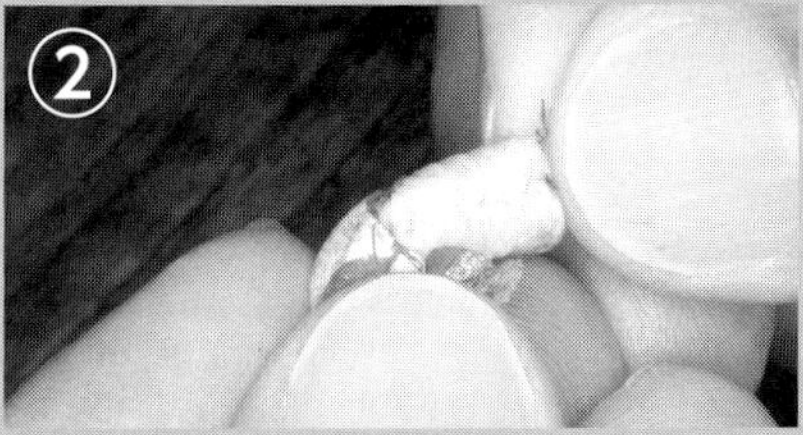

割り口から黄色っぽい体色をした玉虫の幼虫を取り出す

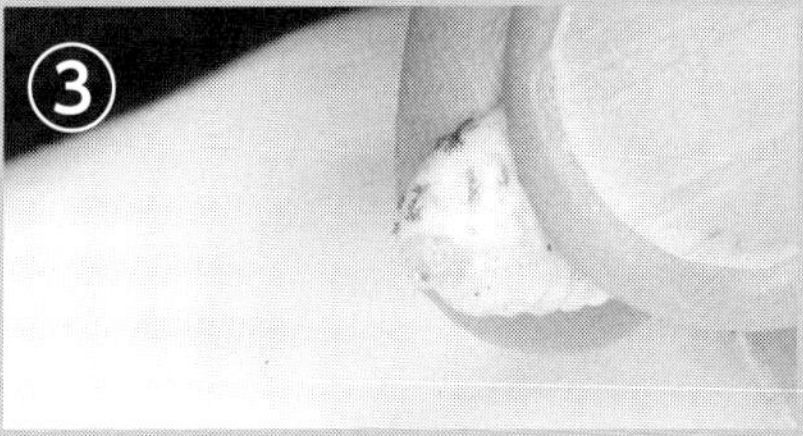

下処理は2通りあって、1つめは尻穴を使う方法。まず尻の部分をつかんで少し強く押すと……

黄色い液体が入った袋が出てくる

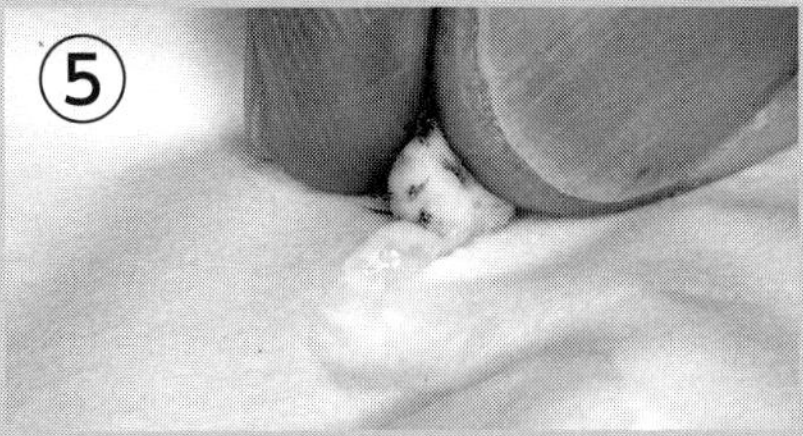

この袋をティッシュペーパーの上でつぶして、黄色い液体をすい取る

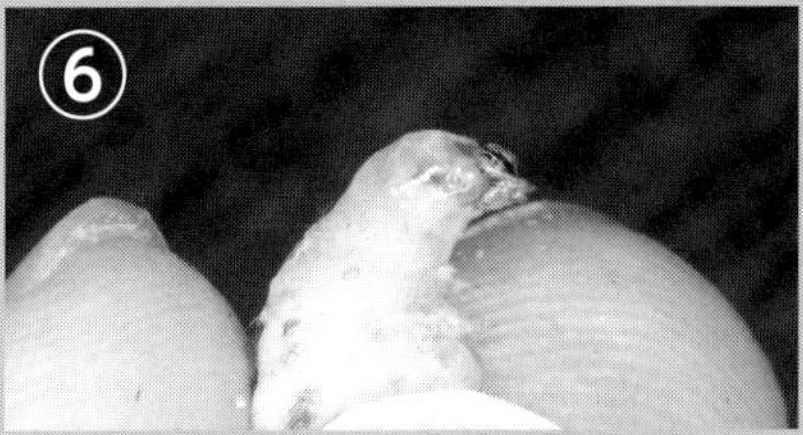

もう1つは頭を切る方法。頭部の後ろを少し強く押すと、硬い頭が飛び出るので……

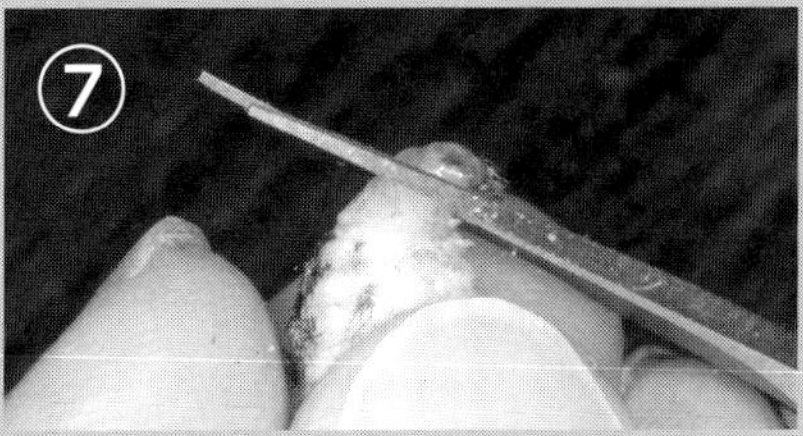

硬い頭をハサミで切り取った後、同じようにティッシュペーパーの上で黄色い液体をすい取る

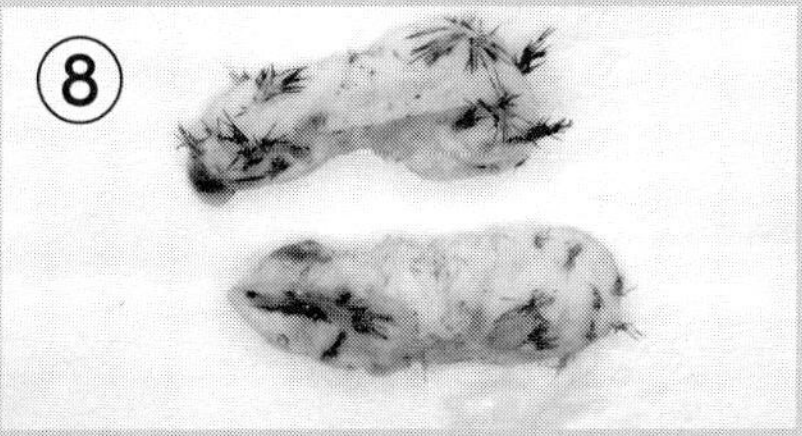

釣行前、または釣り場で玉虫の下処理を行ない、必要分だけティッシュペーパーに並べて収納しておく。冬季の場合、残った分は翌週くらいまで冷蔵保存が可能

[玉虫のエサ付け法]

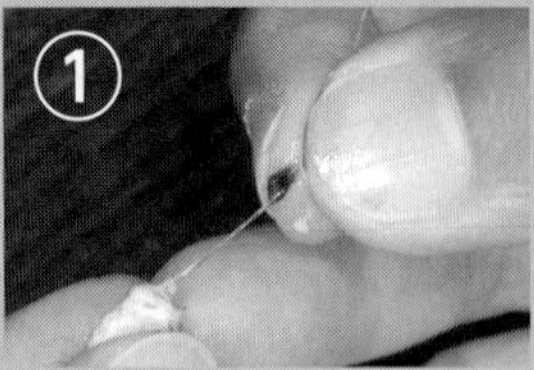

頭または尻穴からハリ先を突っ込んでさぐると、最初に出てくるのが腸と呼ばれる部分。この腸は褐色の小さな内臓に付着しており、褐色の粒は外す

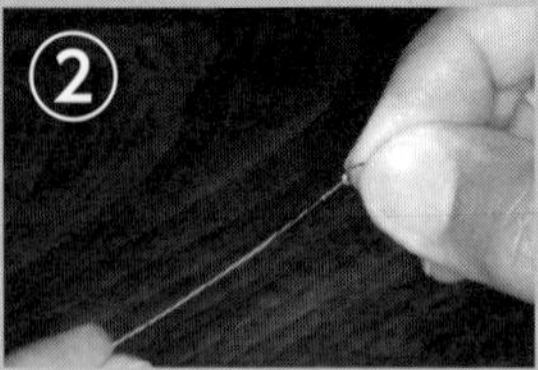

腸を伸ばすとご覧のとおり。１本の腸でせいぜい２～３回分のエサの量

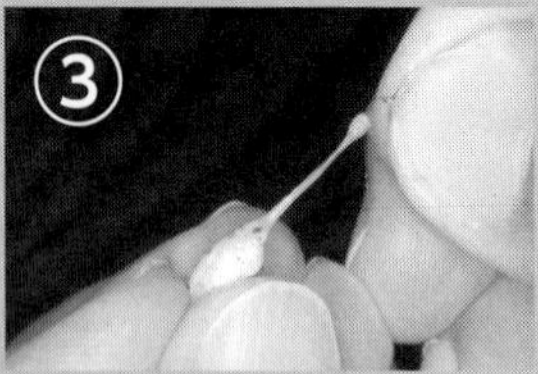

まず腸をハリ先で引っ掛けて取ったら……

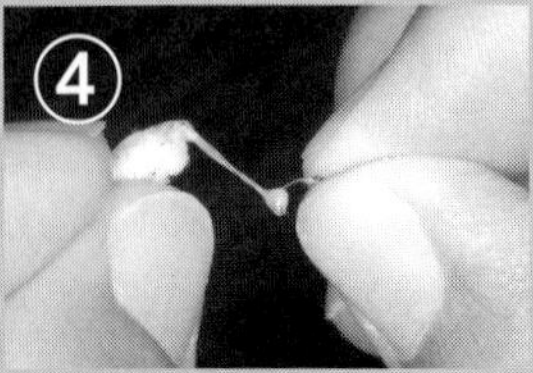

ハリ先の部分に腸をくるくると回しながら巻き付ける

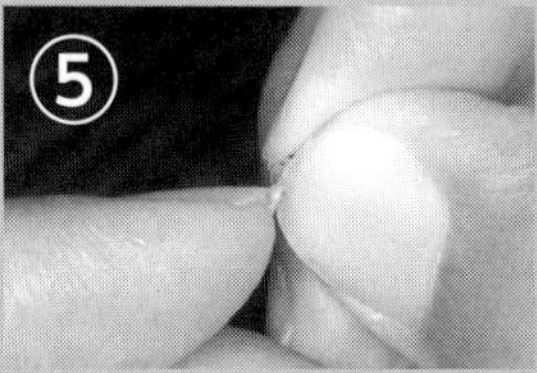

適当な大きさまで巻いたら爪の先で腸の端を切り、同じく爪の先を使ってエサの形を整える

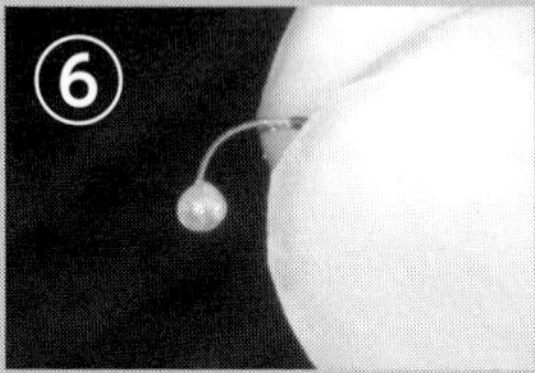

仕上がった腸のエサ付け。なお、腸エサは繊維エサに比べて硬く、食い込みが悪いのが欠点

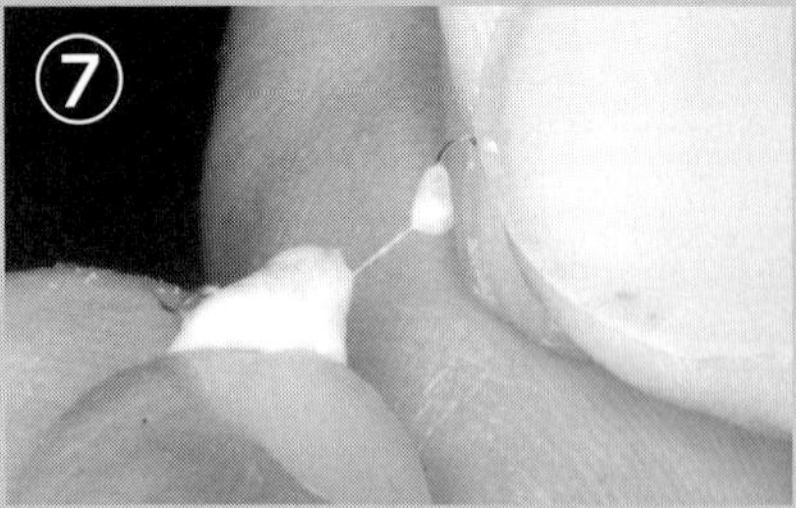

腸エサは活性が高い時期に用いることが多く、食いが渋ってきた時は腸の上からクリーム状の体液と繊維を絡めて使う

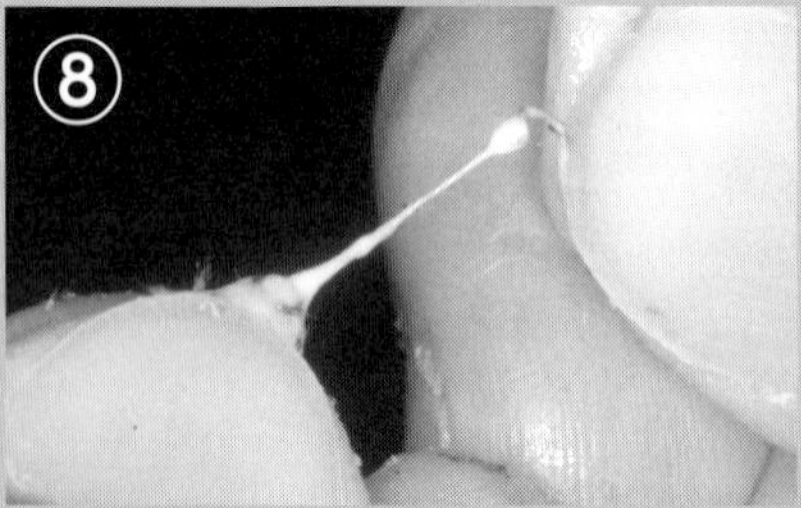

一方、繊維エサの場合は玉虫の内壁をハリ先で何回も引っかくようにして繊維を絡めて引き出したら……

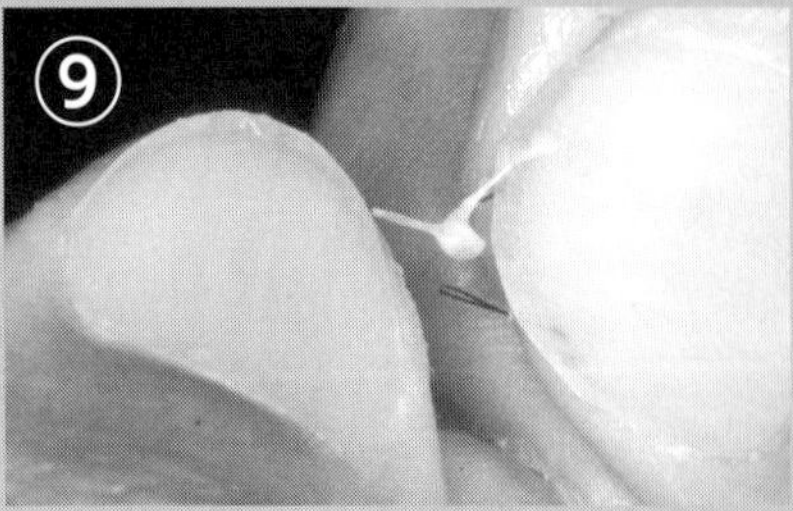

クリーム状の体液とともにハリ先の部分に回しながら巻き取り、好みの大きさになったら爪の先で余分をカットし、同じく爪の先で丸く形を整える

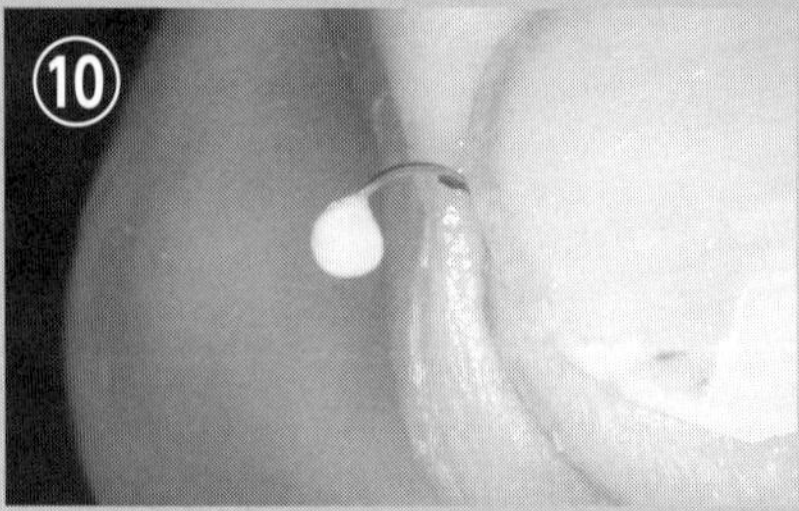

１投ごとに爪の先で形を整えると同時に、クリーム状の体液を足していく。繊維エサは腸エサに比べてエサ持ちが悪い半面、食い込みが断然よく、特に寒タナゴ釣りでのミニタナゴねらいには絶大な効果を発揮する

赤虫

良型のタナゴねらいに

赤虫は短ザオによるタナゴ釣りには出番が少ないエサだが、マタナゴやヤリタナゴ、カネヒラといった良型のタナゴをねらう時にはよく使う。

淡水の小もの釣りの万能エサとして評価が高い赤虫。良型タナゴねらいによく使われるエサで、１匹のチョン掛けが基本

通常は赤虫1匹のチョン掛けでよく、赤い体液が少しでも薄まったら（ピンク色になる前に）付け替えること。

このほか、タナゴ釣りのエサとして過去にはボッタやキギ、黄虫などの虫エサが使われていたようだが、現在ではほとんど使用しない。

寄せエサ

厳冬の釣りに必携

主に低水温の影響で、極端な食い渋りが予想される厳寒期の寒タナゴ釣りには、タナゴの活性を促すために、寄せエサがよく使われる。

特に、湖岸ドックなどのように水深が深い場所をねらう場合に多用され、ボール型の茶こしなどを利用した寄せエサ入れに詰め、吊るして使う。この際、食いダナを下げないように、タナゴの遊泳層よりも上層に置くのがキーポイントだ。

タナゴ釣りに使う寄せエサは水中での沈下が遅く、匂いの煙幕を作って浮遊してくれるヘラブナ用のバラケエサを流用するのが一般的だ。

その使い方は、粉のまま寄せエサ入れに入れるパターンと、水を含ませて練りエサ状に形を整えたパターンの2通りがある。

どちらにしても、水中で派手に振って大量に寄せエサを散らすのではなく、じんわりと自然に寄せエサを漂わせるイメージで、タナゴに対する集魚効果を高めるほうがよい。

タナゴ釣りの寄せエサとして使われているヘラブナ用のバラケエサ

タナゴ釣り入門　パート3

仕掛けのパーツを準備する

小さなタナゴが伝える
微妙なアタリを感知するために、
繊細な心遣いで仕掛けのパーツを選びたい。
ミチイト、ハリス、ウキ、
接続具、オモリ、ハリ……。
自分の思い入れを仕掛けに込めて。

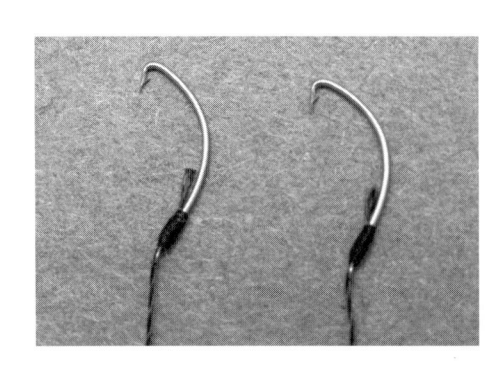

ミチイト

使いやすい色染めナイロン

短ザオのタナゴ釣りでは、ナイロンのミチイトが愛用されている。特に黒と赤染めのナイロンラーヂが好まれ、0・2〜0・3号の極細イトが使われる。

タナゴ釣りファンにナイロンラーヂ愛用者が多いのは、色染めによる視認性のよさとともに、極細イトでも張りと質感があるので仕掛けさばきがよい、というのがその理由だ。

最近では強度抜群のアユ、渓流、ヘラブナ専用の極細イトも注目されているが、染めイトが非常に少なく、着色してあっても薄いのが欠点といえば欠点か。

また、0・2〜0・3号の極細イトを使う理由は、小魚ねらいだからではない。浮力が少ないタナゴ用のウキと軽量オモリでバランスを整える「ウキシステム」を水に馴染みやすくして、アタリ感度を向上させるためだ。

強度的な問題を差し引いても、ここ当分は、黒染めと赤染めナイロンラーヂの0・2〜0・3号が、短ザオによるタナゴ釣りの定番イトとしての地位を持続するだろう。

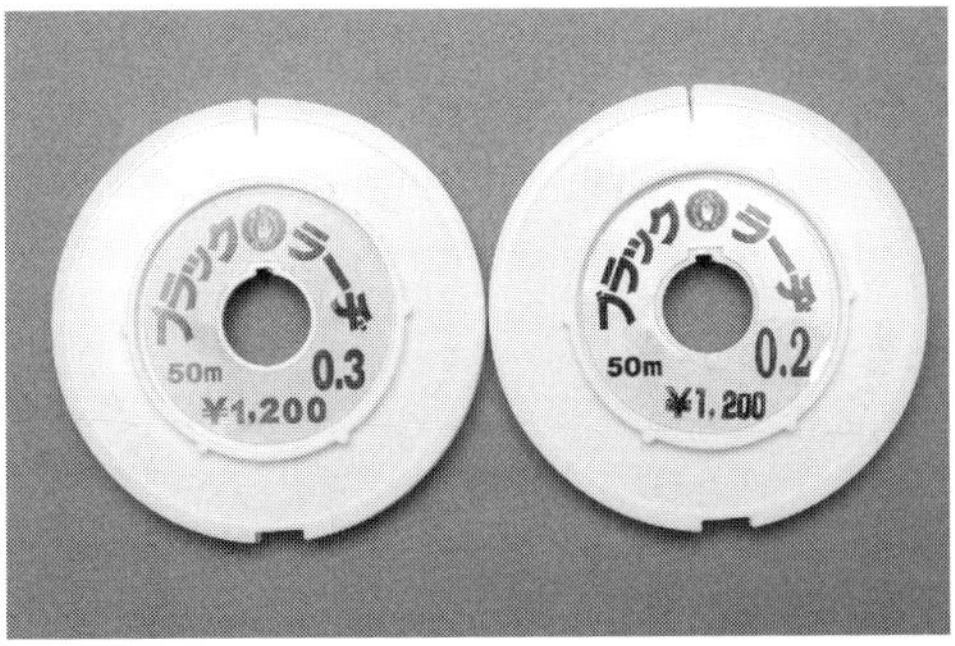

タナゴ釣りファンに愛用され続けてきたミチイトのブラックラーヂ

ハリス

テトロンもしくは絹糸

長くても4㎝以内の短ハリスを常用する短ザオのタナゴ釣りには、昔からテトロンイト、または絹イトの＃100〜120が定番だ。

短ハリスの場合、ナイロンイトだと0・3号以下の極細を結んでもイトの張りが強すぎる。そのため、タナゴがエサを吸い込んでもハリスの反発でハリが弾かれてしまい、ハリ掛かりが極端に低下する。

その点、腰がなく柔らかい素材のテトロンイトや絹イトは、食い込み、吸い込みともによく、ナイロンと比較すると、ハリ掛かり率が数段アップする。

タナゴ用の短ハリスはハリ交換用のチチワ5㎜前後を含め、長さ3〜4㎝に仕上げるのが標準だ。

タナゴ釣りに力を入れている釣具店で購入可能なハリス用のテトロンイト＃120

ウキ

連動シモリ仕掛けに最適なものを選択

［親ウキ］

江戸前スタイルの短ザオによるタナゴ釣りには、親ウキと呼ぶ極小の立ちウキと、数個のイトウキを組み合わせた連動シモリ仕掛けが主力として使われている。

親ウキの種類は多種多彩だが、すべてが全長1㎝から3~4㎝止まりのミニチュアウキ。大きく分けるとスリム型とファット（太っちょ）型の2種類だが、形状の見分け方には個人差があり、その判断は微妙なところ。

スリム型の親ウキはオモリ負荷、表面張力とも小さくて、水抵抗が少ない分だけ素直に沈下していくのが特徴。このため、アタリ感度を最優先したシチュエーションで活躍してくれる。特に湖岸ドックの寒タナゴを中心とした中小型タナゴや豆タナゴねらいに適している。

しかし、スリム型の親ウキでも、トップと胴体の境目の肩が張った形に変化してくると、これに応じて表面張力と水抵抗が増すので沈下スピードが遅くなる。このような利点を生かせば、仕掛けをゆっくりと落とし込みたい場合に有効で、ホソなど水深が浅いポイントや意識的に沈下速度を遅くしたい場面に好都合だ。

一方、ファット型の親ウキは、スリムタイプに比べてオモリ負荷とともに浮力が大きくなり、当然アタリ感度も鈍くなる傾向がある。このため、沖目ねらいの大中型タナゴに使われるケースが多い。

また、親ウキはわずかなサイズの違いやバルサ、桐、硬質発泡など使われた素材によっても、浮力が大きく変わってくることを認識しておきたいものだ。

これらタナゴ用の親ウキは中通しウキタイプが主流である。最も人気が高いのは「横中通し式」とも呼ぶ「斜め通し式」で、ウキの上部と下部に貫通した小さな穴にミチイトを通し、さらに足の部分をゴム管で固定する方法だ。この3点保持によって、親ウキが遊ばずに仕掛けと一体化してくれるので、微妙にコントロールできることが最大の利点だ。このため、ゼロバランスやシモリバランスに浮力調節した連動シモリ仕掛けを用い、タナゴ釣り独特の誘いアクションを演出するには最適なタイプの親ウキといえる。

もう一つは、「上中通し式」とも呼んでいる「中通し式」。ゴム管用の足がなく、中通しにしたミチイトは箒や水鳥の芯、太めのナイロンミチイトなどを用いて尻栓で止める。上から下に向かってストレートにミチイトが通っているので、真上から仕掛けを吊るすように操作する釣りスタイルに適している。横中通し式や斜め通し式の親ウキ以上に反応が鋭いため、食い渋りが予想される寒タナゴ釣りに使うベテランも多い。

その一方、昔からポピュラーなゴム管止めの立ちウキは、仕掛けを上げ下げするたびにウキが動いてしまうため、細かな誘いが苦手で、微妙なアタリを取り逃がすことも多い。したがって繊細なタナゴ釣りには不向きといえる。

このように親ウキ1つの選択にしても、釣り場の状況や釣れるタナゴの型にマッチしたウキの大小や形状を吟味しながら、自分なりに仕掛けのトータルバランスを整えたうえで、タナゴ釣りを探求していくことが大切である。なお、親ウキの作り方は175ページ参照のこと。

ずんぐりむっくりとしたファット型。浮力が大きく感度も鈍ってくるが、使い方は釣り場のシチュエーション次第で

スリムとファットの中間的な形。このタイプでも寸詰まりの親ウキを選ぶと、浮力が小さくなる

スリム型でも少し肩が張っているタイプ。オールマイティなタナゴ用の親ウキとして定評がある

最も細身のスリム型。水抵抗が小さく沈下スピードも速い

ゴム管式の立ちウキ

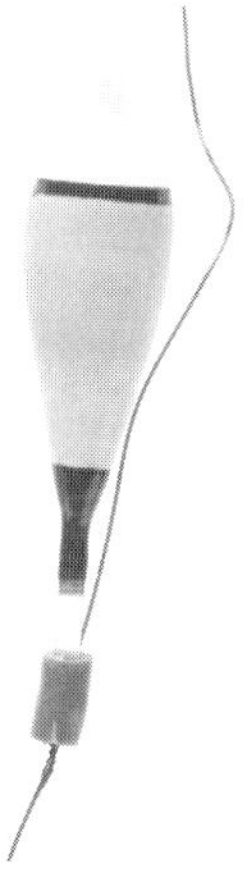

繊細な誘いには向かないが、良型タナゴねらいに使われている

中通し式

ゴム管用の足がなく、箒や水鳥の芯、太めのナイロンミチイトなどのストッパーで止める

斜め通し式

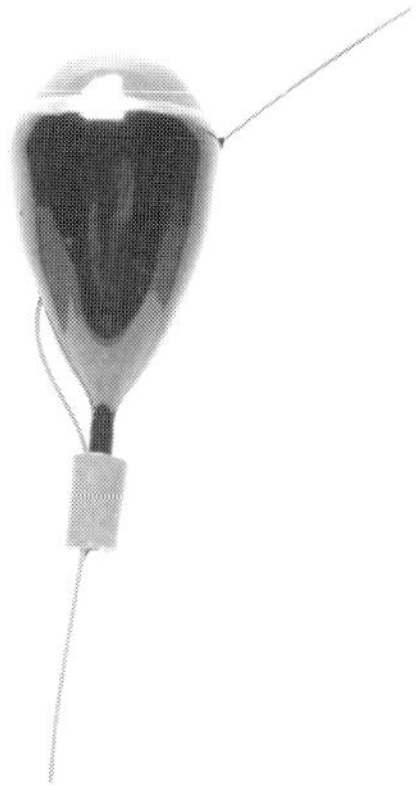

上下に開けた小さな穴にミチイトを通し、足の部分をゴム管で固定する

【イトウキ】

イトウキは親ウキには伝わりにくい、横ブレや食い上げなど微妙な前アタリをキャッチするための水中ウキである。

連動シモリ仕掛けの名のとおり、親ウキと連動して水中ウキの役目を果たす仕掛けスタイルとして使われている。

タナゴ用のイトウキは、0・2～0・3号のナイロンミチイトに6～8個のイトウキが通してあり、イトウキ仕掛けとして市販されているものが大半。その小さな粒状のイトウキは、樹脂や下地用塗料、水鳥の芯などの、浮力がほとんどない素材で作られており、視認性を高める目的で蛍光塗料が塗られている。

市販のイトウキ仕掛けを買い求めれば、親ウキを通してハリス止メなどの接続具を介し、板オモリで浮力調節するとタナゴ用の連動シモリ仕掛けが完成する。

これら市販のイトウキには大小サイズの規定がなく、購入する際は中小型タナゴ用としてケシ粒大の小小サイズ、良型タナゴ用には仁丹粒大の小～中小サイズを目安にするとよい。

なお、イトウキの作り方は178ページ参照のこと。

最近市販されているゴム系の目印はタナゴ用のイトウキとしても流用できる

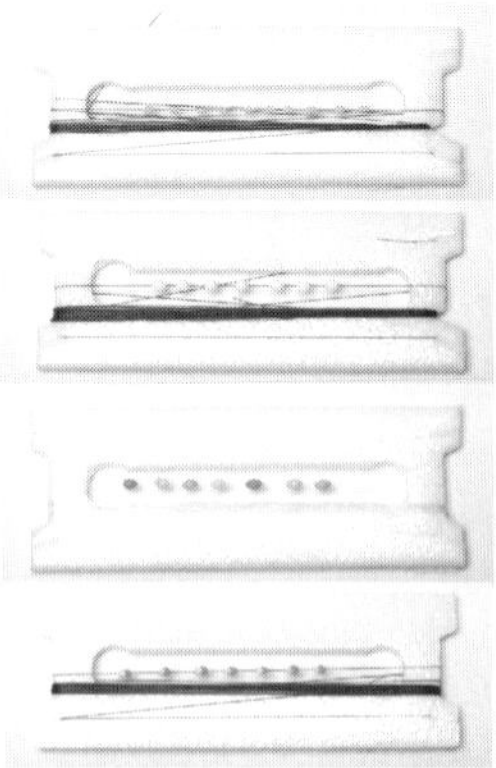

タナゴ釣りに力を注いでいる釣具店ではオリジナルのイトウキ仕掛けが置いてある。イトウキのカラーはお好みで、サイズは仕掛けサイズによって選ぶこと

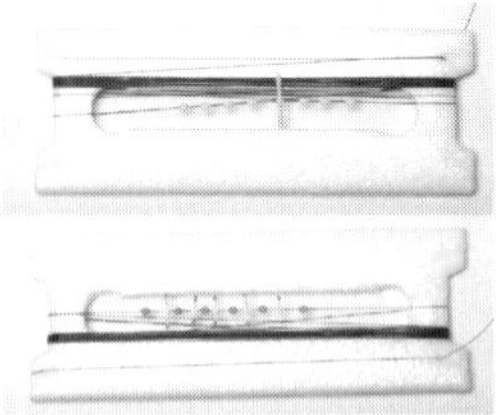

トンボ付きのイトウキ仕掛けバリエーションもある。このトンボはミャク釣り仕掛けのそれを応用したもので、アタると水中でくるりと反転してくれるのが楽しい

タナゴバリ

小は大を兼ねる

極小、新半月、流線、三腰、半月、ハリマ、新型、豆小袖、三日月などなど、手打ちバリの時代から、これまで世に出たタナゴバリはおそらく数10種類を下らない。そのうち現在でも、大手の釣りバリメーカーが市販しているのは、7～8種類ではないだろうか。

その後、機械打ちバリの時代を迎えたとはいえ、数10年前まではハリを鋳造する工程で出来にムラがあった。そのため「20～30本買い求めたタナゴバリの中から、研ぎ直しがきく優秀なハリを数本だけ厳選し、残ったハリは惜しげもなく捨ててしまった」という、数釣り競技に長けたタナゴ釣り名手の逸話が今でも語り継がれている。

このようにタナゴ釣りにおいて、ハリはその良し悪しで釣果を大きく左右してしまう最も重要なパーツだ。したがってタナゴ釣りファンは日々策を練ってきたのである。

テトロンハリス付き タナゴバリ

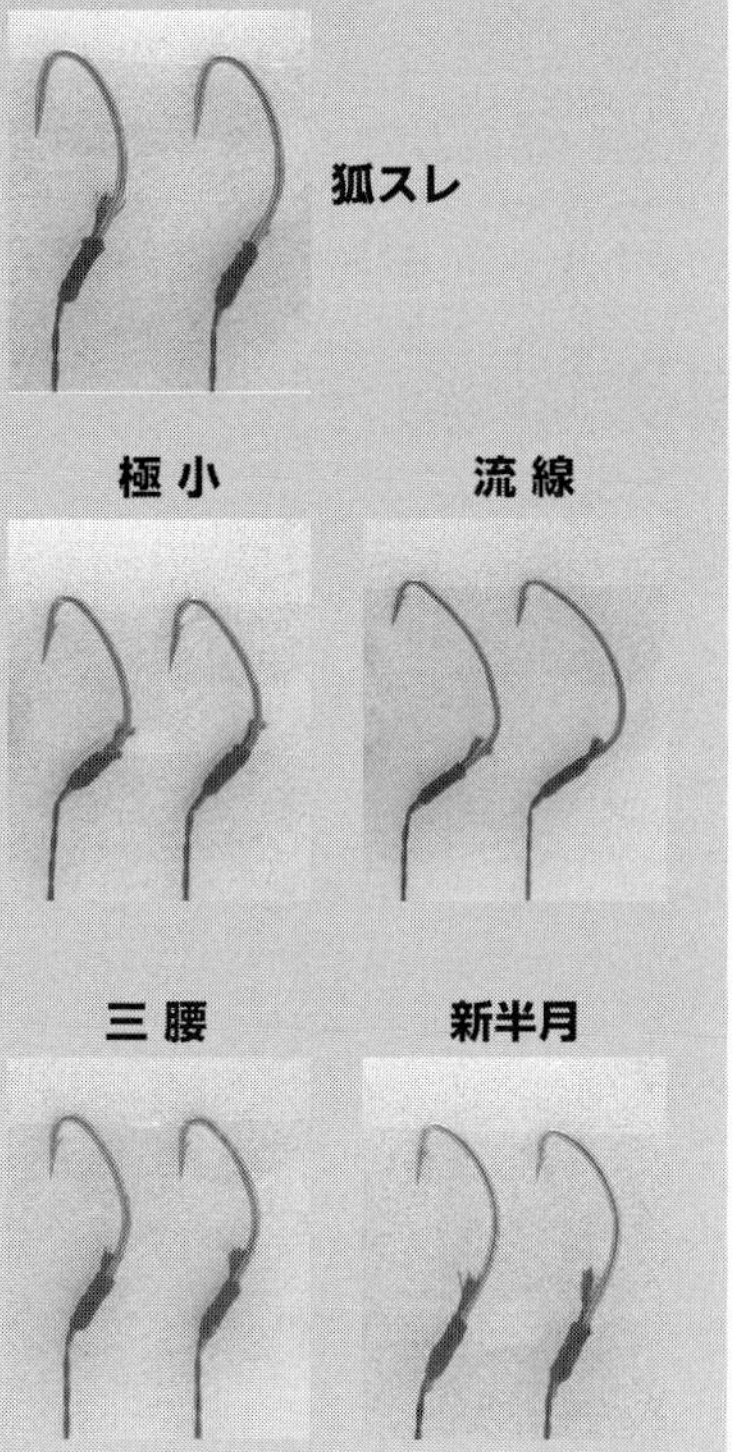

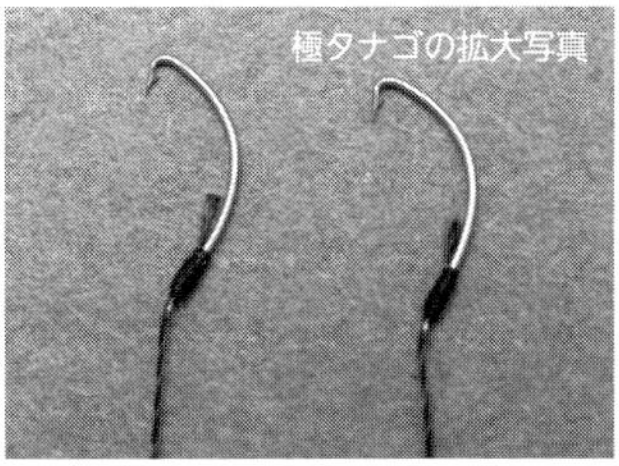

がまかつの「極タナゴ」。短ザオのタナゴ釣りを楽しむには、まずこの１本から

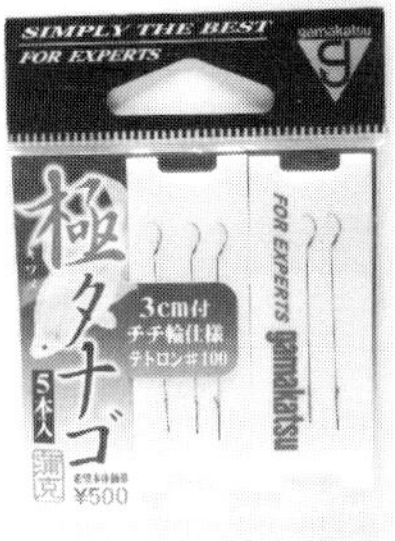

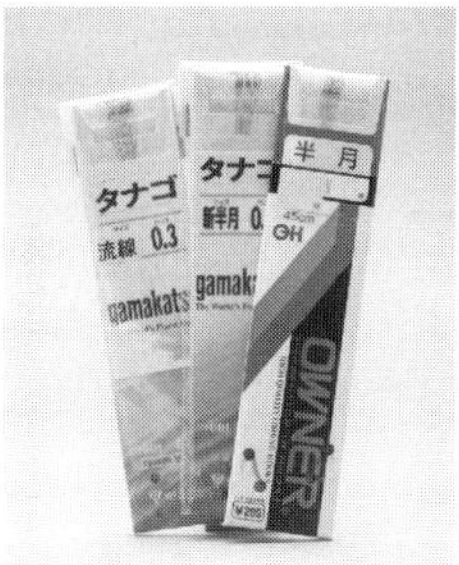

ナイロンのロングハリス付きタナゴバリは主にオオタナゴ用

スタンダードなタナゴバリのテトロンハリス付きは大中型タナゴ向き

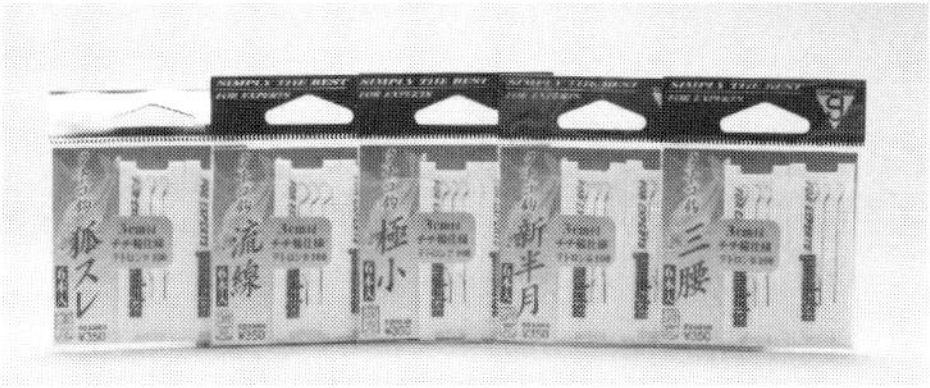

その最たる秘策が現在の手研ぎバリである。高倍率の顕微鏡、ダイヤモンドヤスリをはじめとするタナゴバリ専用の研ぎ工具の数々を駆使して、1本1本丹念に研ぎ直す技は、まさにミクロのインドアフィッシングの世界だ。

しかし、手研ぎバリ作りには高度なテクニックを要するだけに、ちょっとやそっとでは手が出ない。やはり、手研ぎバリの完成品は、タナゴ釣りを得意とする都内の釣具店で買い求めるほうが得策だ。

ただし、タナゴ用の手研ぎバリは1本500円以上、最も精密な特上品では2000円を超えるほど高価。それでもフッキングのよさは、値段に変えられない価値がある。

タナゴのハリには多くの種類があるが、それぞれ大きさは一定で、型の選択は大きさの選択でもある。人それぞれ好みがあると思うが、ハリの大きさに関してはタナゴ釣りの場合、「大は小を兼ねる」ではなくて「小は大を兼ねる」が通説だ。

最もオールマイティーなハリ型は新半月で、寒タナゴや小タナゴねらいには三腰や極小が人気。この反対に良型タナゴが揃う場合には、半月や流線を使う人も

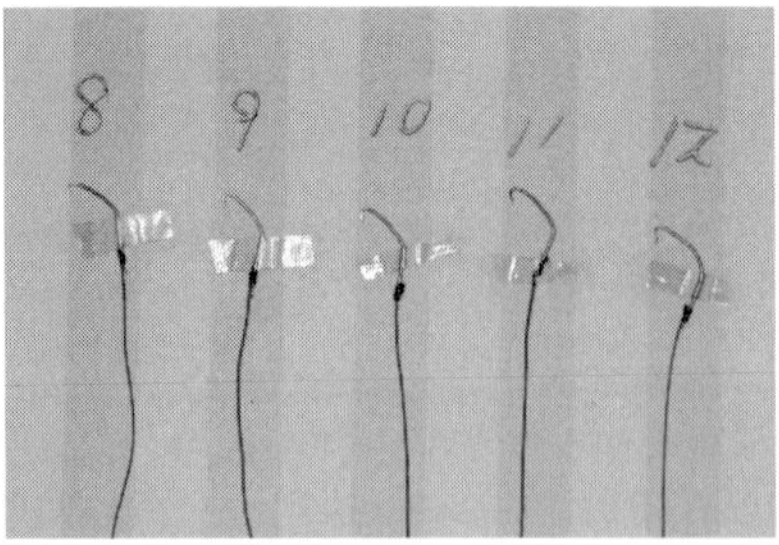

東京たなご釣り研究会の名手・成田臣孝さんが研ぎ上げた手研ぎバリ

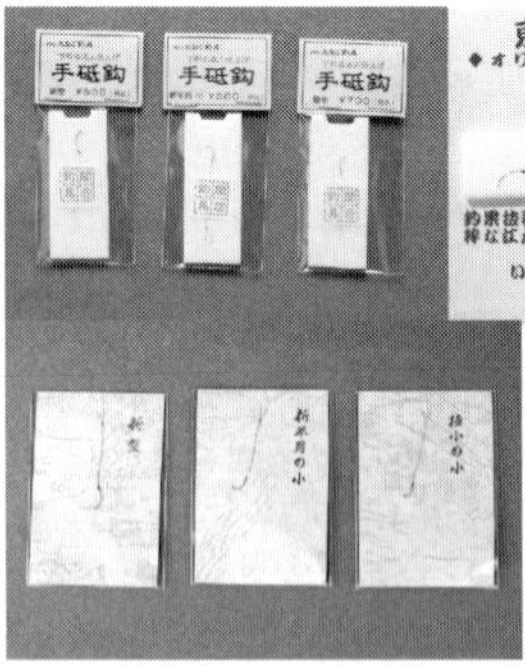

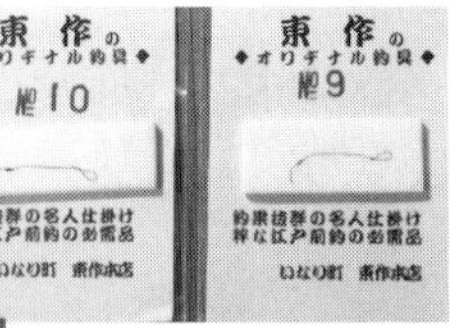

タナゴ釣りに力を入れている釣具店では手研ぎバリが買い求められる

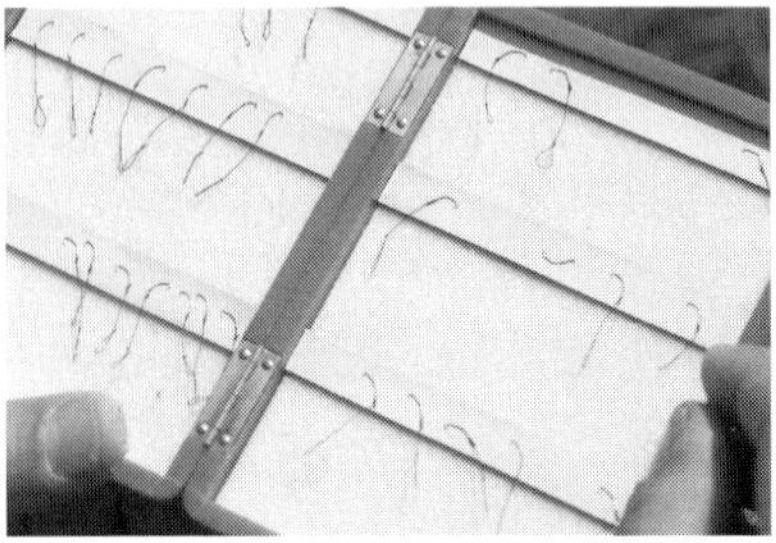

夜な夜な顕微鏡をのぞき込みながら苦心して研ぎ上げた手研ぎバリ。市販の特上品は高価だが、その精度は抜群

昔、手研ぎバリ用として人気があったフックキーパー。精度の高いハリを研ぐにはイマイチか

単体のバラバリから選りすぐってハリを研ぐ

多い。

　このようにタナゴの数釣りの歴史は手研ぎバリとともにあったとも言えるが、数年前、がまかつから「極《きわめ》タナゴ」と名付けられた新しいタナゴバリが発売され、これまでの手研ぎバリの常識が覆されてしまった。手研ぎバリを得意とするベテランまでもが「爪の上に乗ってしまう豆タナゴは別格として、一般的な中小型のタナゴをねらうには極タナゴで充分」と太鼓判を押すでき栄えだ。

　さらに、がまかつではタナゴ釣りファンのニーズに応えて、極と同じく、テトロンハリス3㎝付きとバラバリのタナゴバリ5種類を新発売。こちらは大中型のタナゴを照準にしたスタンダードなハリだが、従来のナイロンハリスをテトロンイト＃100に換えたことによって、食い込みのよさが数段向上した。

　短ザオのタナゴ釣りにおけるハリの選択は、オールマイティーな万能バリとしてがまかつの極をメインに、極でも手に負えない小型タナゴや豆タナゴ用は特上品の手研ぎバリ。良型用にはテトロンハリス付き、オオタナゴ用にはナイロンハリス付きのタナゴバリといったように、状況を考慮しながらうまく使い回すのが最善の方法だろう。

　なお、手研ぎバリの作り方は180ページ参照のこと。

オモリ

微調整が可能な極薄板オモリ

微妙で正確無比なオモリ調整が要求されるタナゴ用の連動シモリ仕掛けの浮力バランスには、通常、板オモリが使われる。市販されている板オモリの厚さはいろいろあるが、タナゴには極薄の0・1㎜厚が扱いやすい。

　板オモリの欠点は長期間の使用に耐えられずに腐食劣化することで、ごく軽い連動シモリ仕掛けだと、浮力バランスの崩れ加減は顕著。この予防対策として、巻いた板オモリを、透明マニキュアで塗り固めて劣化を防ぐ方法もあるが、ワンシーズンごとに浮力バランスを整え直すほうが良策だ。

0.1㎜厚の板オモリがベスト

接続具とウキ止メ

これも極小のものを選ぶ

短ザオのタナゴ釣りに用いる金属製の接続具は唯一、ハリの交換が楽なハリス止メのみ。主にハリスに作った小さなチチワを介してハリを交換するため、フック式が使われている。

　一般的な片足タイプのフック式ハリス止メは、小小または極小サイズを使用するが、このほかタナゴ釣り用の特殊なものとして、両足タイプのフック式ハリス止メもある。

　上下の末端にフックが付いている両足タイプのフック式ハリス止メは、片方のフックにミチイトを接続し、そのフックを包むように板オモリを固定する仕組み。ハリス止メと板オモリが一体化するため、仕掛けのブレが抑えられてアタリ感度が向上する。

　また、連動シモリ仕掛けの親ウキをミチイトに固定するには、ウキ止メが必要。しかし、タナゴ釣りに使われる親ウキは全長4㎝以下の極小サイズがほとんど。そのぶんウキ止メを通す親ウキの軸足もごく細いので、フナ釣り用などの一般的な立ちウキで使うゴム管では、内径が太すぎてマッチしない。

　このため、小型立ちウキ専用のミニゴム管や、ウレタンチューブを使うことが前提だ。とはいえ、タナゴ用の親ウキも製品によって

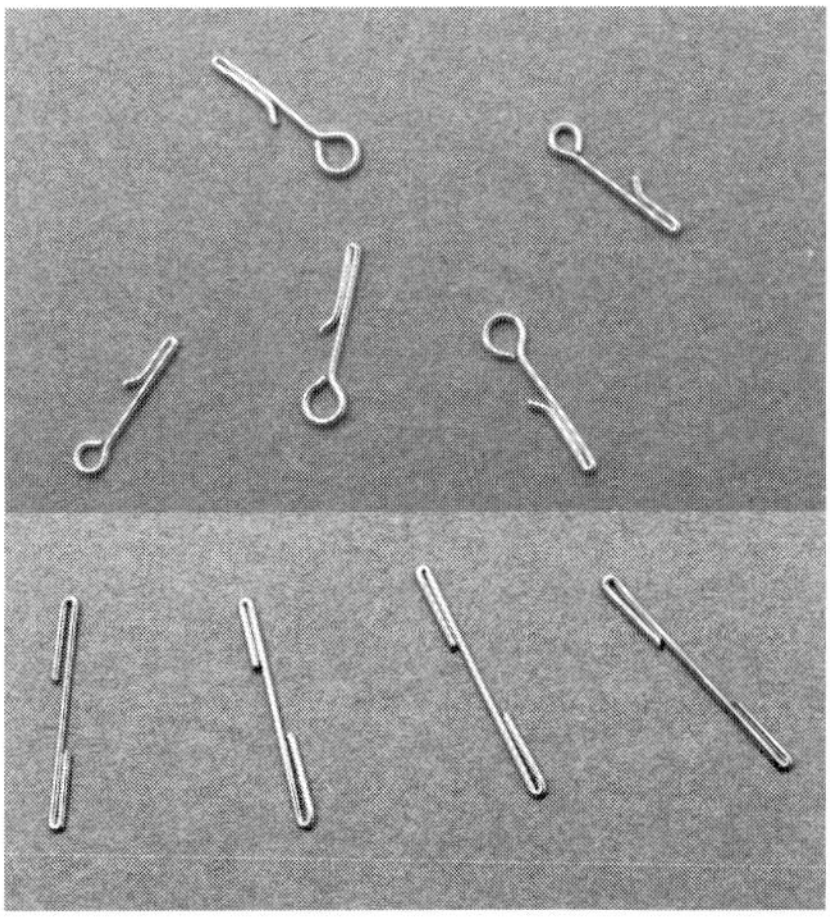
上／片足タイプのフック式ハリス止メは小小または極小サイズがよい
下／両足タイプのフック式ハリス止メは、タナゴ釣りに力を入れている釣具店で売られている

軸足の太さがまちまちなので、0・3～1㎜径のミニゴム管やウレタンチューブを数種類常備しておき、ジャストフィットする内径のものを選ぶこと。

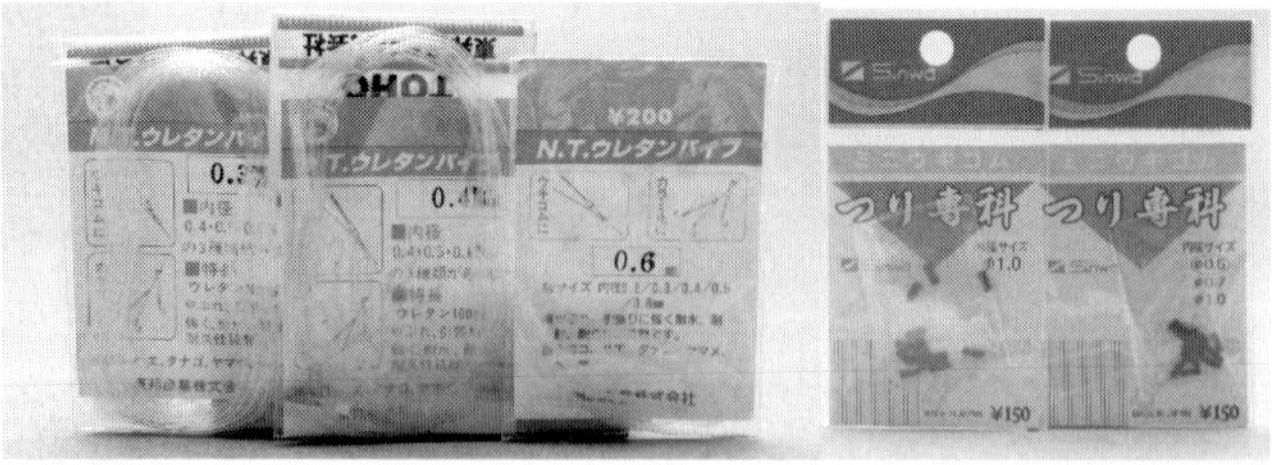

左／ウレタンチューブは内径の違うものを数種類を揃えておくとウキ止メとしても重宝する
右／0.5～1㎜径のミニゴム管の出番は多い

完全仕掛け

各釣具店オリジナルがお薦め

これからタナゴ釣りを始めたい人には、まず、タナゴ釣り用の連動シモリ仕掛けの完成品を買い求めてみることを薦めたい。ビギナーにとって0・2～0・3号の極細ミチイトや細かなウキ、接続具を組み立てながら結ぶのは意外と難しいものだ。

しかし、全くのビギナーだからといって1組数100円しかしない安価なタナゴ仕掛けを買うのは失敗の元。このような仕掛けはウキの品質やバランスが悪く、それが原因で、微妙なアタリがキャッチができず、安物買いのゼニ失いになるのがオチ。やはりここは奮発して、タナゴ釣りが得意な釣具店オリジナルの完成仕掛けを購入しよう。1組2000円前後と高価だが、親ウキやイトウキなどすべてのパーツは一級品が使われ、そのできは文句のつけようがない。タナゴ釣りのベテランと同等の連動シモリ仕掛けが入手できるのだ。

釣具店オリジナルの完成仕掛けを使っているうちに、親ウキやイトウキの大小を換えたくなったり、そのほかさまざまな疑問がわいてきたら、好みのパーツを買い求めて、オリジナルの連動シモリ仕掛けを作って試してみよう。

完全仕掛けの市販品

親ウキやイトウキの大小サイズを吟味して、好みのカラーを選ぶとよい

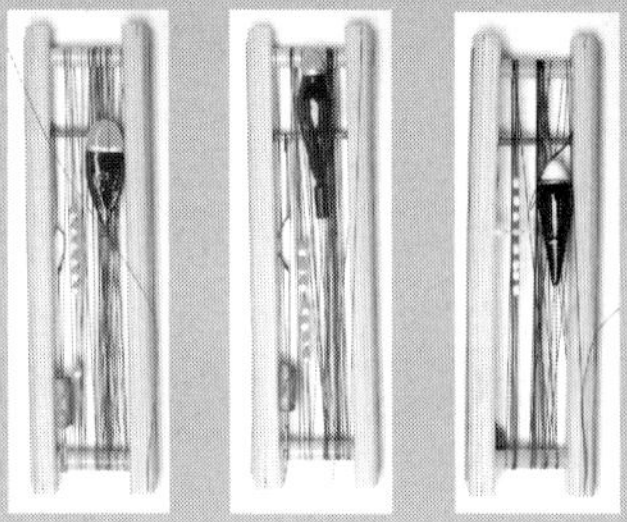

タナゴ釣り入門　パート4

仕掛け周りの便利グッズとケース類

タナゴ釣りのアイテムはミニサイズが多い。自分なりの整理術を見つけよう。仕掛け巻き、仕掛け入れ、ハリケースのほか、道具箱も紹介する。

仕掛け巻き

整理しやすい竹製がお薦め

大切なタナゴ用の連動シモリ仕掛けには、今でも竹製の仕掛け巻きを愛用する人が多い。というのも、後述する木製の仕掛け入れにきちんと整理しておくにも都合がよいからだ。

フナやタナゴをはじめとする、小もの釣り全般に使われてきた竹製の仕掛け巻きは、その長さが1寸（約3㎝）、1寸5分（約4・5㎝）、2寸（約6㎝）、2寸5分（約7・5㎝）3寸（約9㎝）といったように、通常5分（約1・5㎝）刻みの定寸で作られている。

これら仕掛け巻きの中で、タナゴ仕掛けは1寸5分を中心に、1寸、2寸のスリーサイズが好まれてきた。タナゴ用の木製仕掛け入れは、1寸5分の仕掛け巻きを収納するタイプが大半なので、この寸法だけで揃えてもよい。

また、昨今はあまり見かけなくなった1寸のミニサイズ仕掛け巻きは、主に昔、タナゴの釣り方の主流であった、ミャク釣り仕掛けを巻いておくために使われていた。

このほか、アユ&渓流用として市販されている発泡スチロール製の薄い仕掛け巻きは、安価な消耗品ながら、全長5・5㎝前後と小さく、ミチイトも傷まないので意外に使いやすい。ただし、非常に軽いので、強風などに飛ばされて紛失しやすい。

ちなみに、竹製の仕掛け巻きは発泡スチロール製やスポンジ製などと比べて値段が高いものの、長い間使い込むと、竹独特の風合いが増すのが魅力でもある。

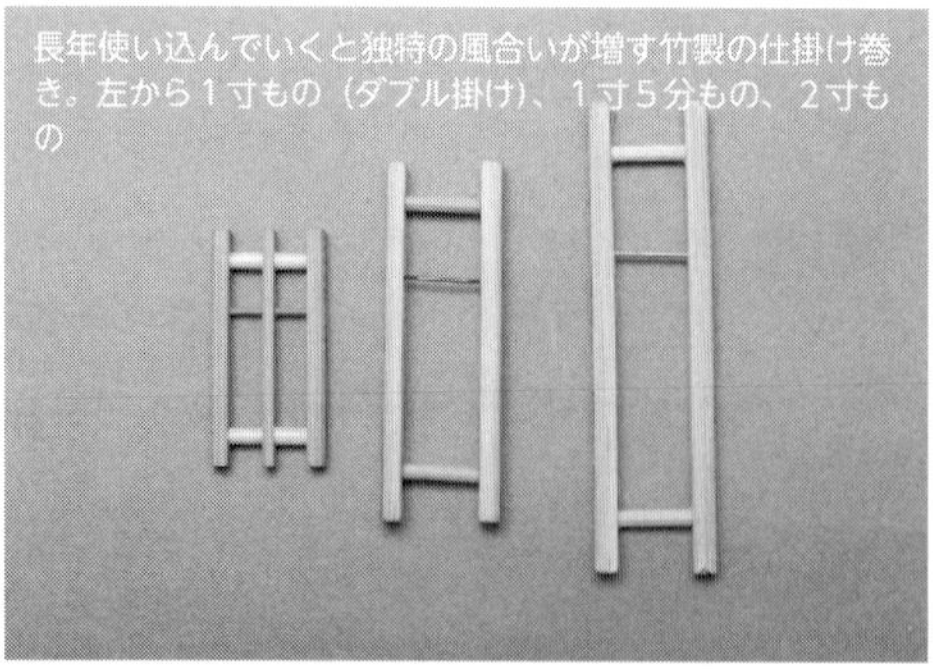
長年使い込んでいくと独特の風合いが増す竹製の仕掛け巻き。左から1寸もの（ダブル掛け）、1寸5分もの、2寸もの

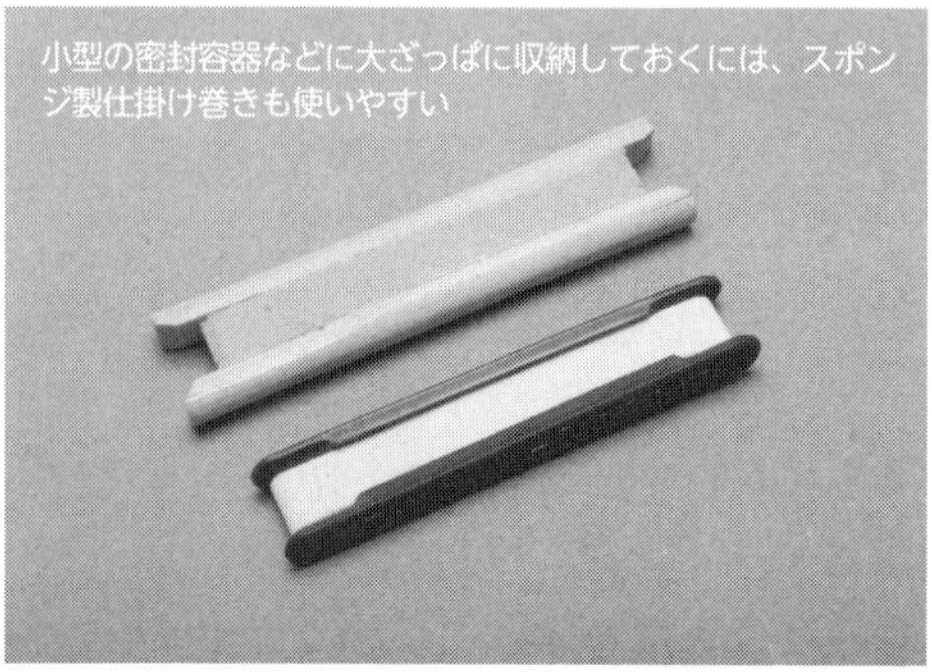
小型の密封容器などに大ざっぱに収納しておくには、スポンジ製仕掛け巻きも使いやすい

薄い発泡スチロール製の仕掛け巻きはミチイトが傷まない

仕掛け入れ

使い込んで味が出る木製

タナゴ釣りに使われている竹製の仕掛け巻きを整理整頓して収納し、釣り場へ持ち運ぶとともに自宅での保存用としても重宝するのが木製の仕掛け入れだ。

タナゴ用の仕掛け入れは桐などの銘木で作られており、仕切り板によって竹製の仕掛け巻きが5枚から10数枚並べられるような構造になっている。

和の釣り道具やタナゴ釣りをメインにしている釣具店では、それぞれオリジナルの仕掛け入れを販売していることが多い。数１０００円から数万円と値は張るが、一生ものの価値がある。

このほか、器用な人なら１００円ショップや大型雑貨店で小型のプラスチック箱を買い求め、箱内の仕切り用として発泡スチロールなどの素材を組み合わせると、自製の仕掛け入れが作れるはずだ。

木製の仕掛け入れは、主に銘木で作ったオリジナル品が市販されている

内部は仕切り板によって仕掛け巻きが並べられる構造。木製の仕掛け入れは1寸5分の仕掛け巻き用が大半だ

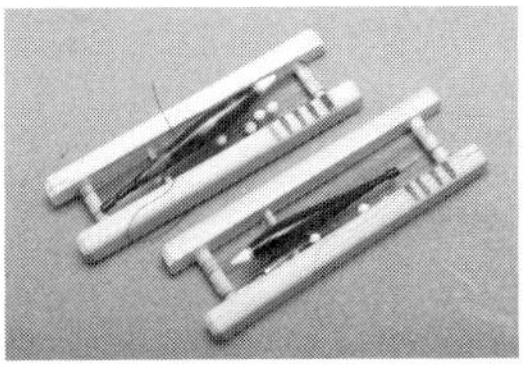

著者の場合、仕掛け巻きにはそれぞれの仕掛けの全長が分かるように、サオの継ぎ数分だけ焼き筋を入れてある

ハリケース

使いやすいブックタイプ

テトロンイトや絹イトの短いハリス付きのタナゴバリを取っ換え引っ換え使う江戸前スタイルのタナゴ釣りには、ハリケースが必要不可欠だ。中でも、フェルト数枚をはさんだブックタイプのハリケースが最も使いやすく、市販品の長短サイズのうち、タナゴ用には、長さ7～8㎝のものがちょうどよい。

このブックタイプのハリケースは、フェルトと透明ビニールシートを使っただけの簡単な構造なので、手作りすることもできる。

淡水の釣りものに愛用されてきたブックタイプのハリケース。短ハリスのタナゴ用には長さ7～8cmの小型サイズが使いやすい

パーツケース

コマの多いケースで細かく整理

ウキから接続具に至るまで、どれもこれもミニチュアサイズのタナゴ仕掛けのパーツは紛失しないように、日ごろから市販のパーツケースをたくさん用意して整理整頓を心がけよう。

パーツケースの種類は多種多彩。釣具店で売っている専用パーツケースばかりでなく、100円ショップのピルケースまで、使いやすい製品を選択すればよいだろう。自宅用とは別に、携帯用パーツケースは常に釣り場で持ち歩く仕掛けの応急処理に便利な救急箱である。

収納しておく小物類は板オモリやハリス止メ、ゴム管、親ウキのスペアのウキ止め栓などさまざま。そのほか、必要と思われるパーツを少量ずつ忍ばせておくとよい。

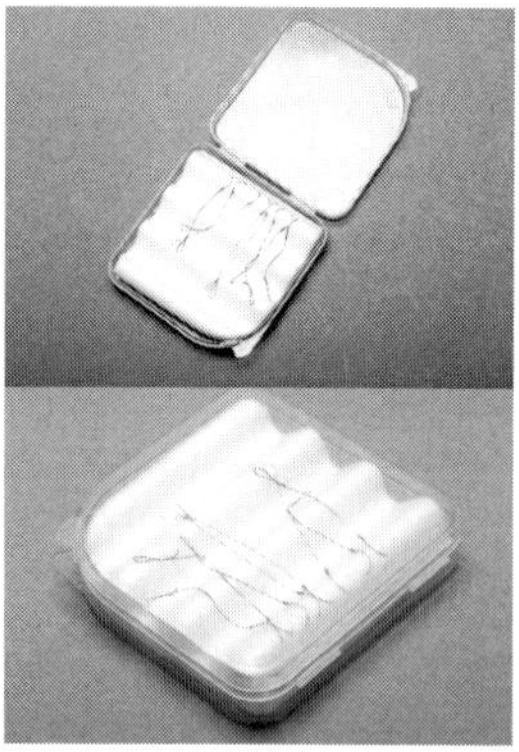

ミチイトが入っていたプラスチックケースの内側に、発泡スチロールを貼り付けて自作したハリケース。内部も見えて使い勝手がよい

細かな接続具やウキを整理するには、このパーツケースが必要不可欠

道具箱

タナゴ釣りの道具をひとまとめに整理

著者は自宅用としてタナゴやフナ、ハゼ、テナガエビといったように、主だったターゲットの専用道具箱を用意して使い分けている。

これらの道具箱にはそれぞれ、ハサミやカッター、千枚通しといった細工道具からウキやオモリ、接続具、ミチイト&ハリスに至るまで収納してあり、仕掛け作り道具一式が詰まった自分一人の小さな工房になっている。

道具箱として愛用しているのは100円ショップにある安価なものから、釣具店で売っている1000円前後の中級品まで、全部がプラスチック製タックルボックスだ。前述したパーツケースを利用するとともに、1～2段の仕切りしてある中籠《なかご》が入っていたほうが、細工道具など小物類の整理がしやすい。

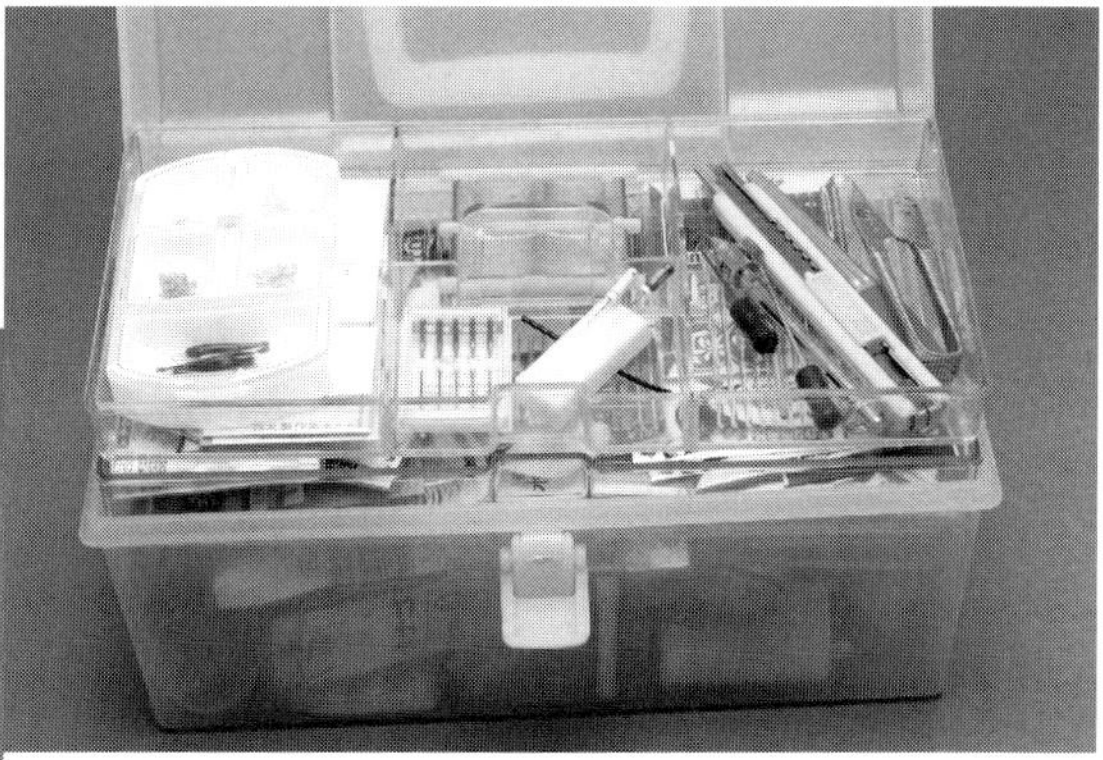

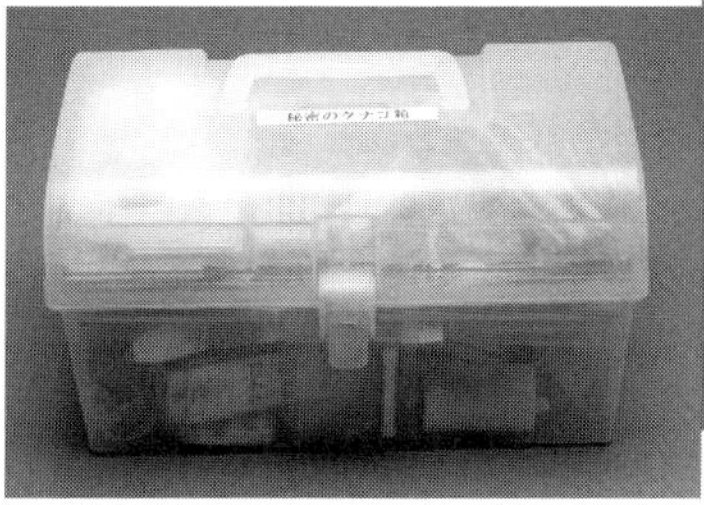

タナゴ用の道具箱は釣具店で買い求めたタックルボックスを愛用。中籠の上段にはハサミやカッターなど工具類とパーツ類が収納してある

【天眼鏡&ヘッドルーペ】

中年以上の老眼世代になると、小さなものが見えない。もちろん遠近両用や老眼鏡のお世話になるのだが、それでも見づらい場合には捜査官になった気分で、天眼鏡（ルーペ）をかざして竹のタナゴザオの焼き印を観察したり、また、頭に被るタイプの天眼鏡・ヘッドルーペはタナゴバリにハリスを結ぶなど仕掛け作りには欠かせない。

しかし、これらのルーペは数倍の倍率しかないので、タナゴバリの精密なハリ研ぎには少々物足りないのが欠点といえば欠点か。

ルーペは中高年の強い味方だ。仕掛け作りなど、両手を使う作業をする時には、ヘッドルーペが欠かせない。ライト付きもあるが、重量があって使い勝手が悪いようだ

タナゴ釣り入門　パート5

タナゴの仕掛けを作る

繊細さが求められる釣りだから、
仕掛け作りも丁寧さと確実性が求められる。
板オモリの巻き方、
仕掛け巻きへのセットにもキモがある。

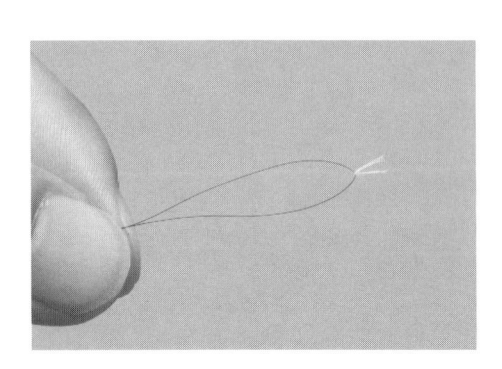

穂先への接続

8の字結びのチチワ

タナゴザオは通常カーボンザオ、竹ザオを問わず、穂先にはナイロンリリアンが付いている。
このリリアンにタナゴ仕掛けを接続する際はチチワによって脱着を行なうため、
まずは8の字結びのチチワの作り方を覚えよう。この8の字結びのチチワは穂先への接続ばかりでなく、
交換バリ用の小さなハリスチチワにも使う必須の結び方だ。

1 まずはイトの端を2折りにする。慣れないうちは10cm程度と、長めに持ったほうが作業が楽

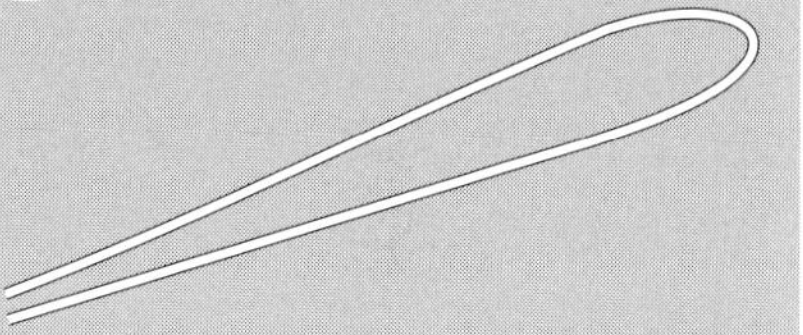

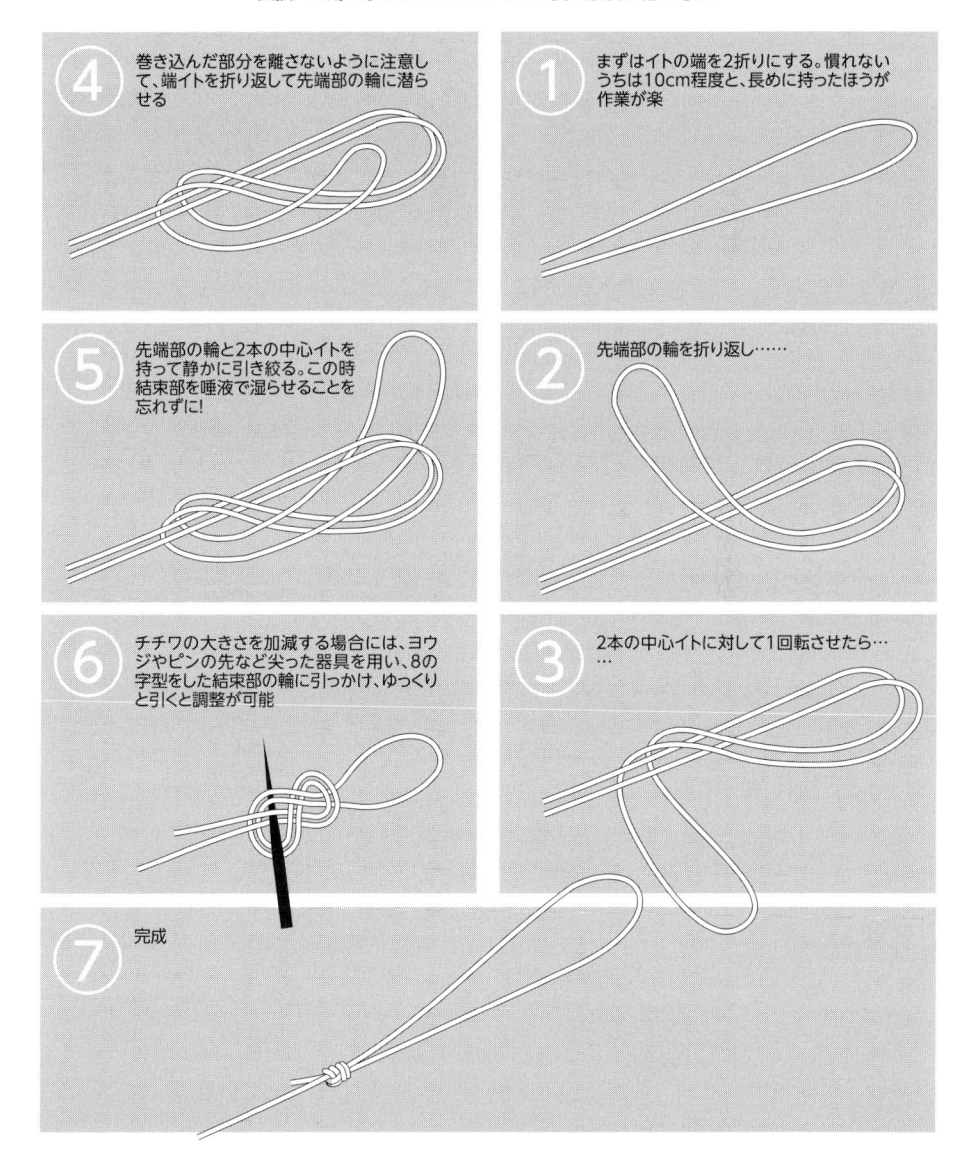

2 先端部の輪を折り返し……

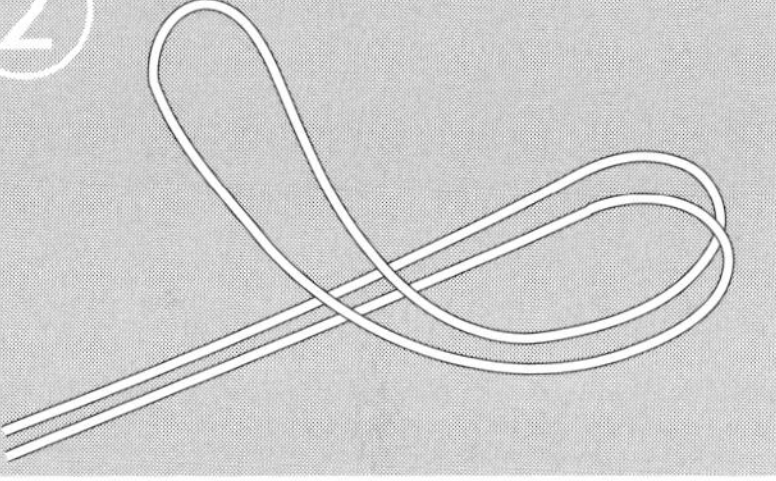

3 2本の中心イトに対して1回転させたら……

4 巻き込んだ部分を離さないように注意して、端イトを折り返して先端部の輪に潜らせる

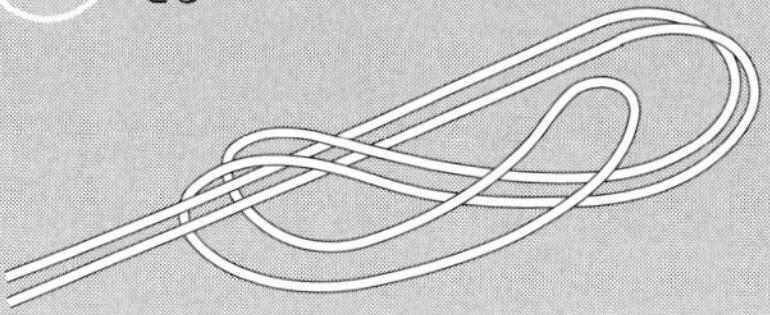

5 先端部の輪と2本の中心イトを持って静かに引き絞る。この時結束部を唾液で湿らせることを忘れずに!

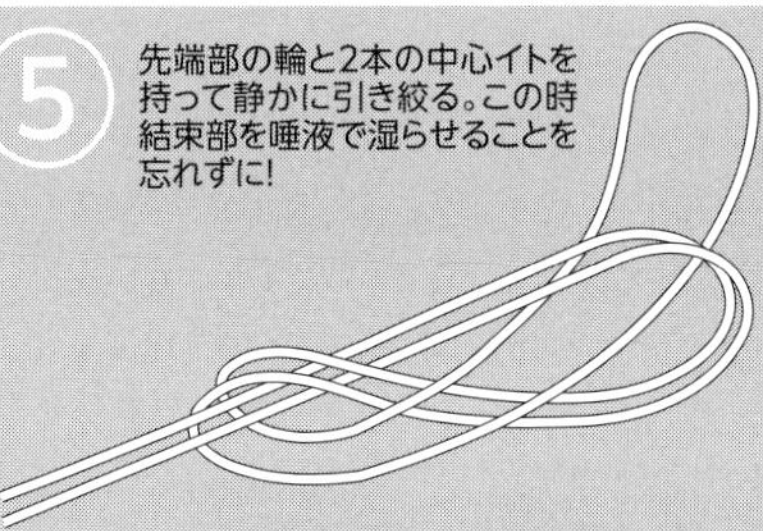

6 チチワの大きさを加減する場合には、ヨウジやピンの先など尖った器具を用い、8の字型をした結束部の輪に引っかけ、ゆっくりと引くと調整が可能

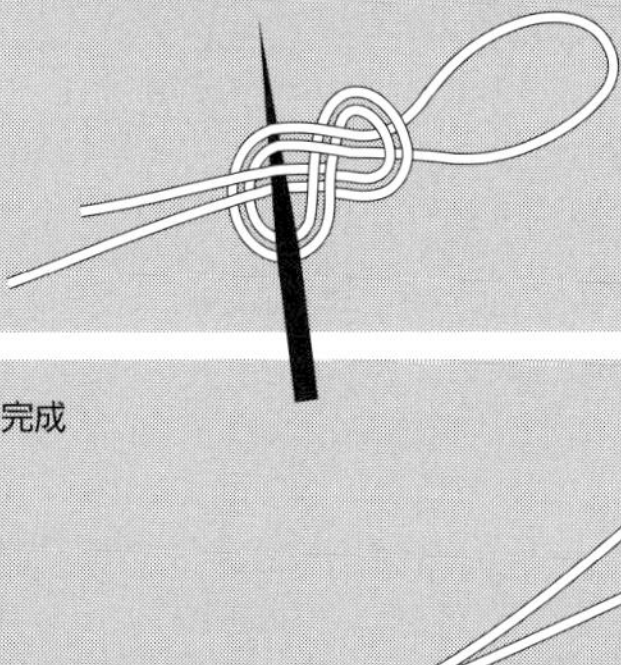

7 完成

ぶしょう付け

基本的には8の字結びを使って、大小2つのチチワを作る。
大きなチチワは穂先への接続用、一方、先端部の小さなチチワは脱着時のつまみ用。
また、小さなチチワのつまみ代わりに、
アユ&渓流用の化学繊維製の目印やテトロンイトの別イトでつまみを結んでもよい。

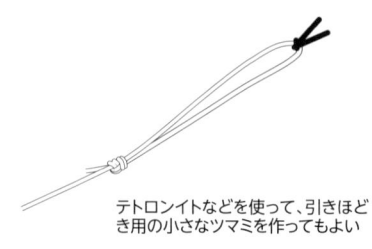

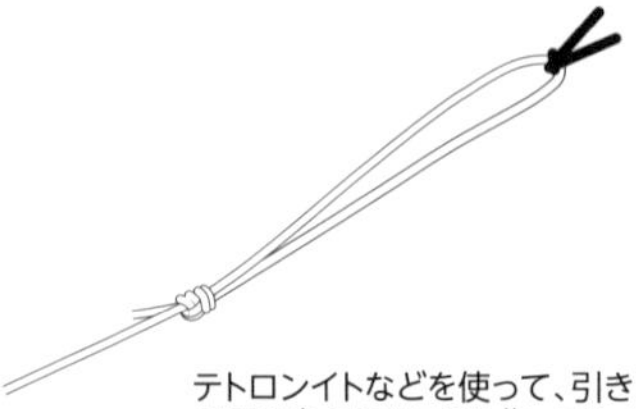

テトロンイトなどを使って、引きほどき用の小さなツマミを作ってもよい

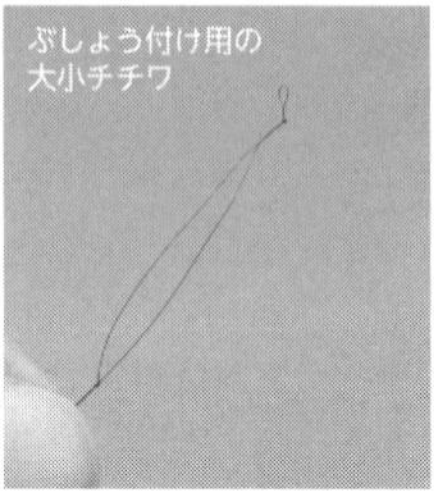
ぶしょう付け用の
大小チチワ

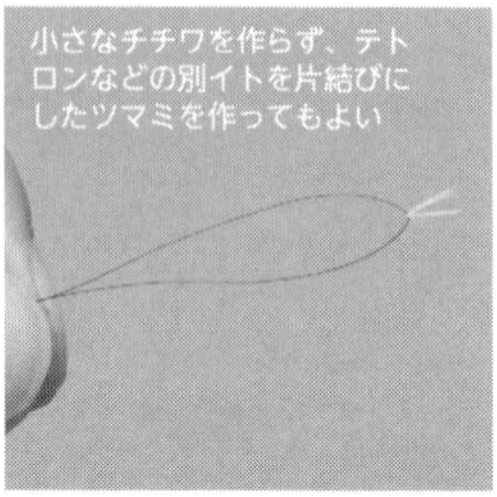
小さなチチワを作らず、テトロンなどの別イトを片結びにしたツマミを作ってもよい

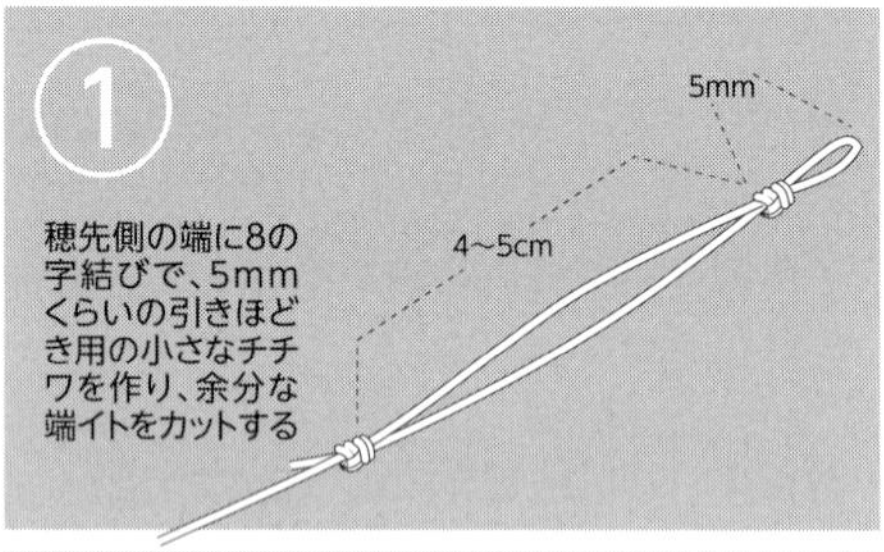
1
5mm
4~5cm
穂先側の端に8の字結びで、5mmくらいの引きほどき用の小さなチチワを作り、余分な端イトをカットする

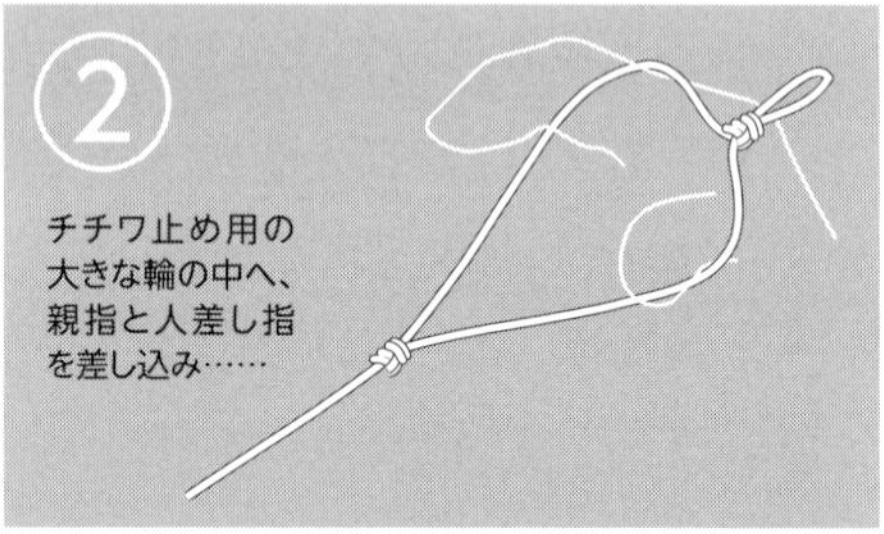
2
チチワ止め用の大きな輪の中へ、親指と人差し指を差し込み……

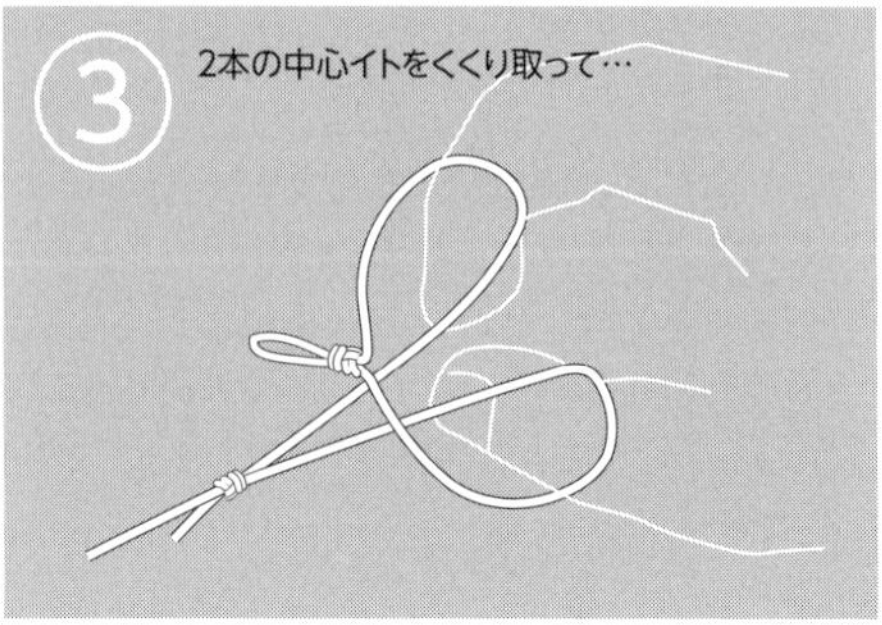
3
2本の中心イトをくくり取って…

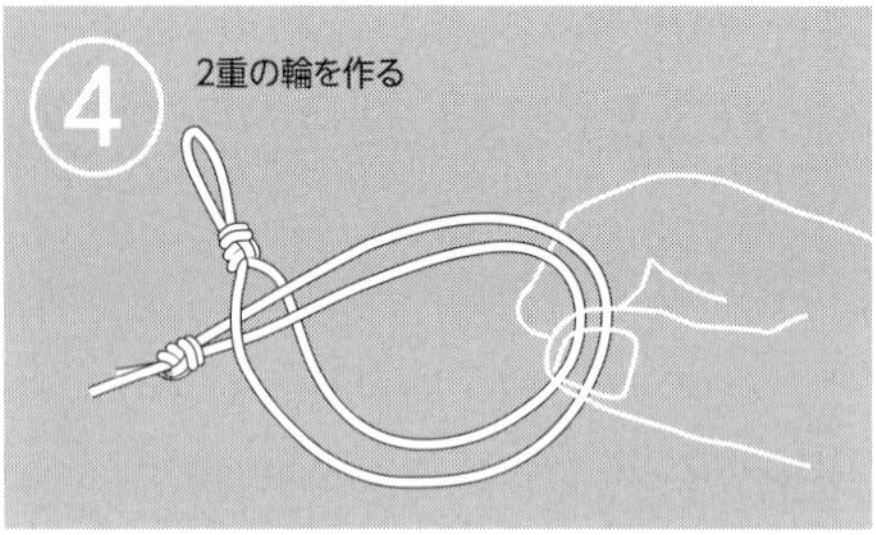
4
2重の輪を作る

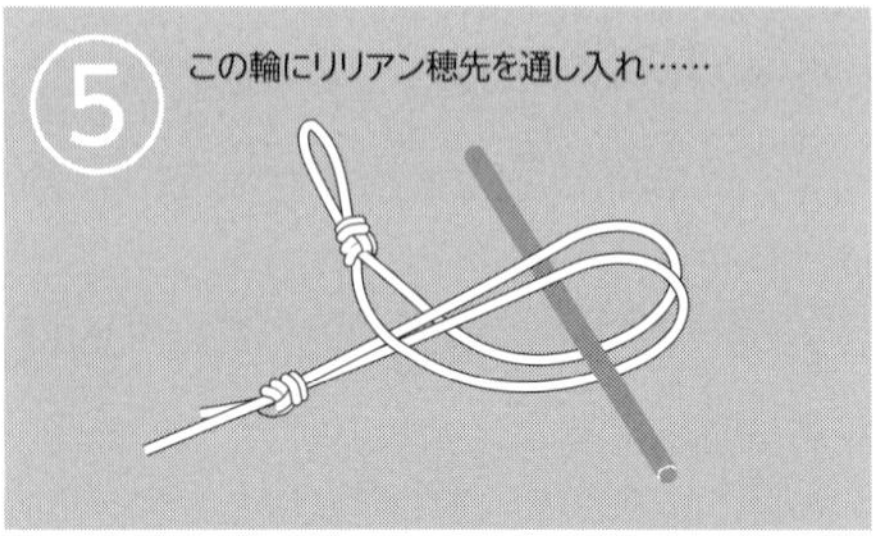
5
この輪にリリアン穂先を通し入れ……

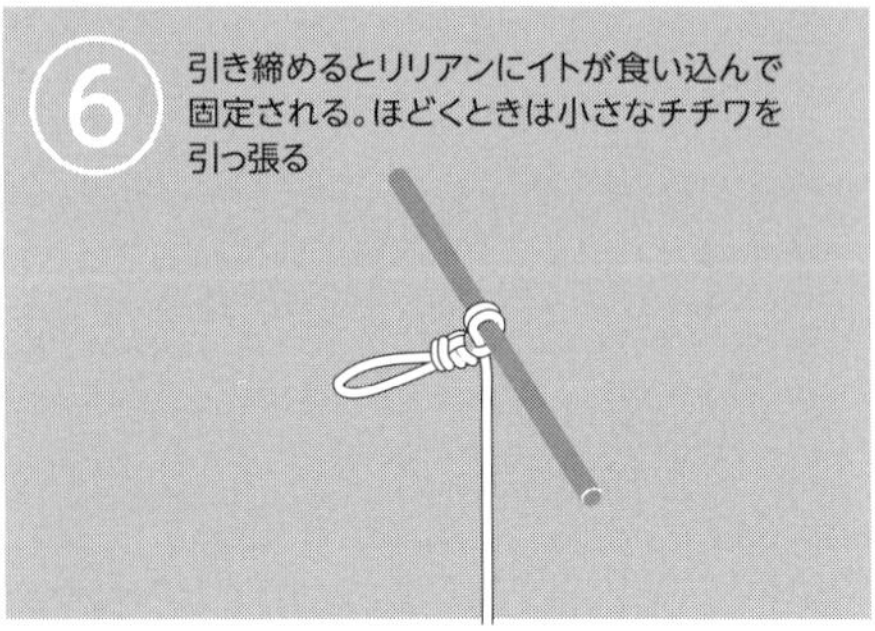
6
引き締めるとリリアンにイトが食い込んで固定される。ほどくときは小さなチチワを引っ張る

チチワを作る便利な小道具と使い方

チチワの大小は自由自在！

チチワの大小を思ったとおりの長さに作るのは意外と難しい。

ここに紹介する『8の字フック』や『速攻8の字むすび』、『ハイテクチチワニードル』は8の字結び専用の小道具。

これさえあれば、チチワのサイズが自由自在に操れる。また、手先の器用な人ならピンセットや爪楊枝でも代用可能。

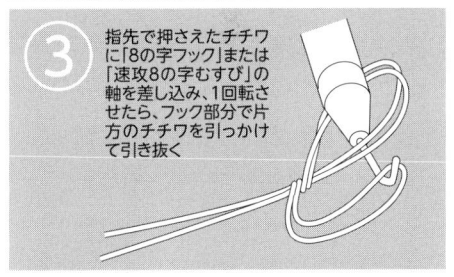

①

イトを2つ折りにする。長さは10cmくらい

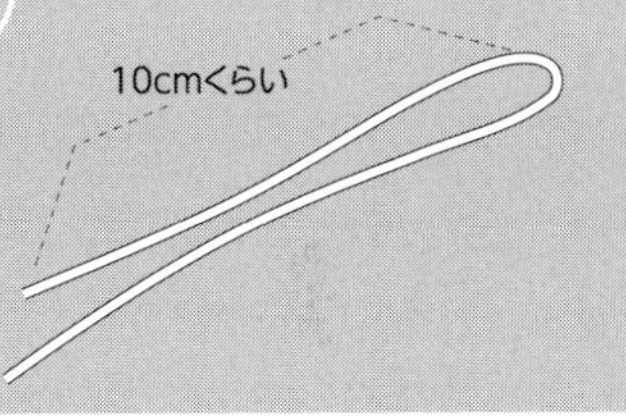

②

2本のイトを交差させて作った輪を作る

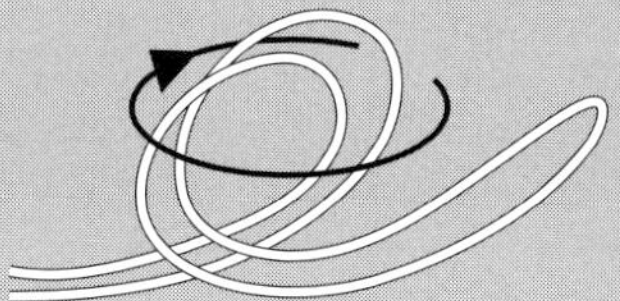

③

指先で押さえたチチワに「8の字フック」または「速攻8の字むすび」の軸を差し込み、1回転させたら、フック部分で片方のチチワを引っかけて引き抜く

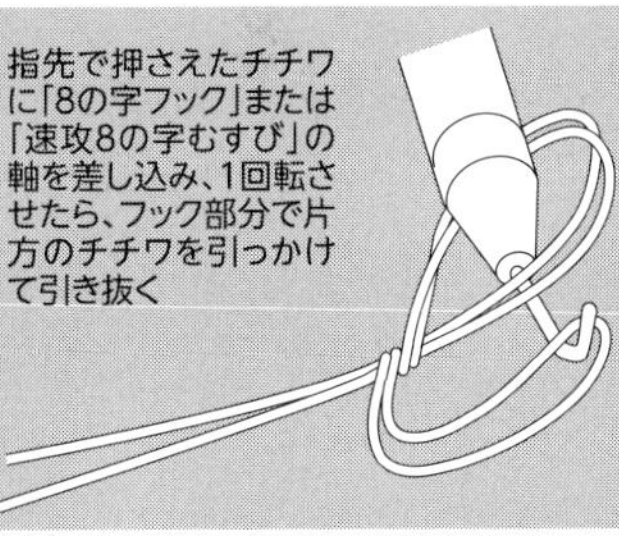

④

8の字を緩く作った状態で、「ハイテクチチワニードル」を使い、前後の2つの突起部分を8の字前方の2本イトと先端部の輪の中に差し込む

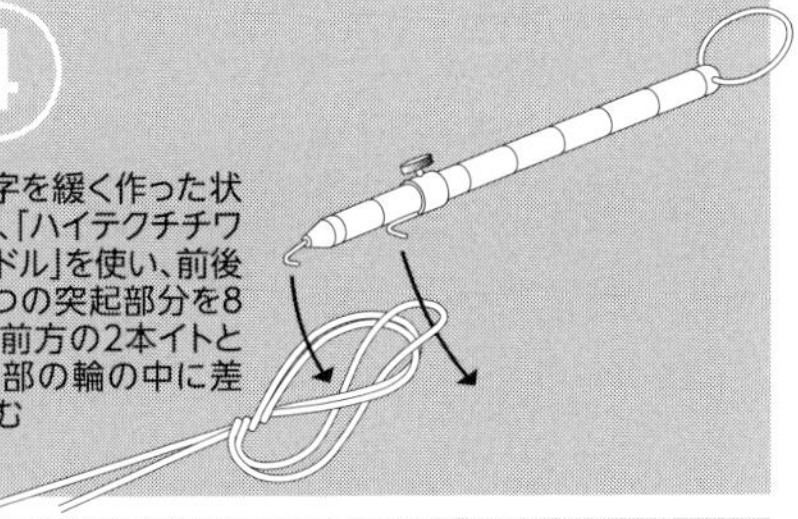

⑤

結束部全体を唾液で湿らせてから、ゆっくりと引き抜く

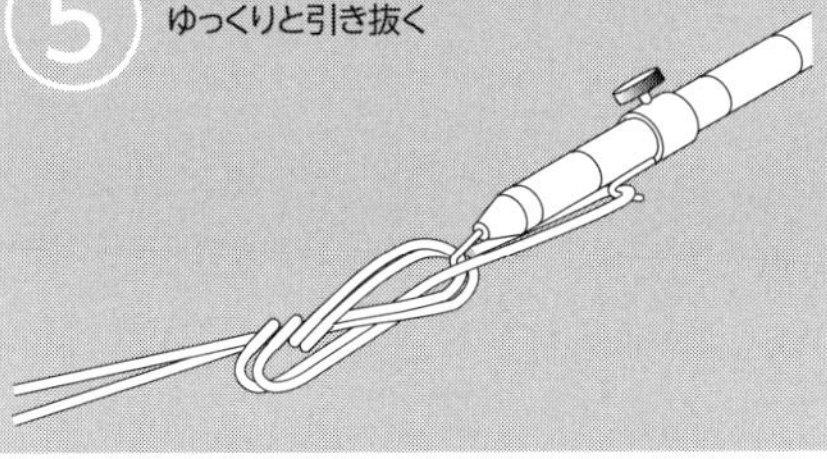

⑥

引き絞る1歩手前で「ハイテクチチワニードル」を外し……

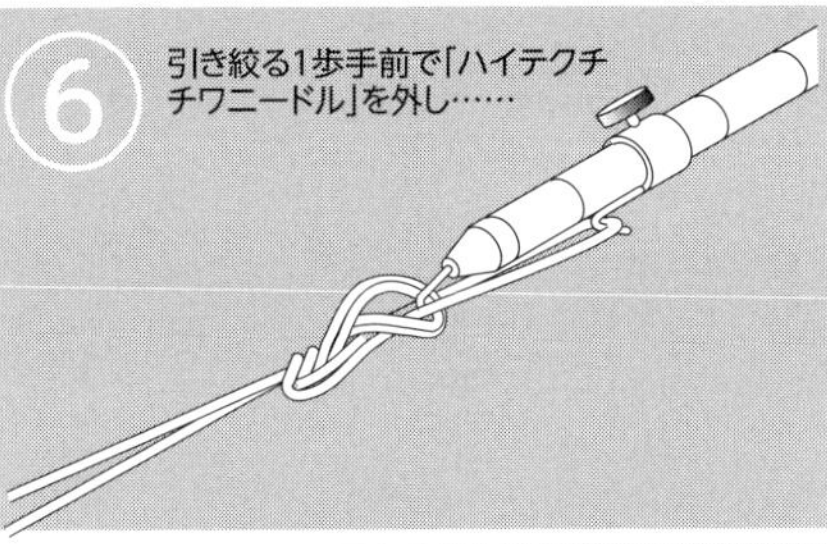

⑦

改めて唾液を付け直してしっかりと締める

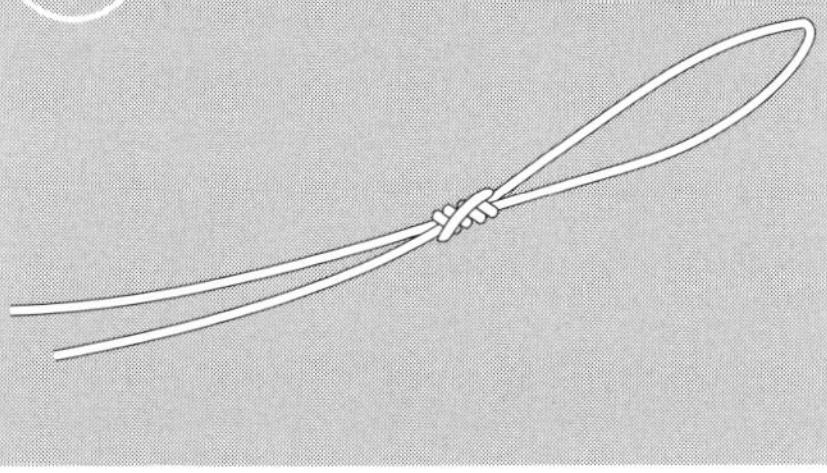

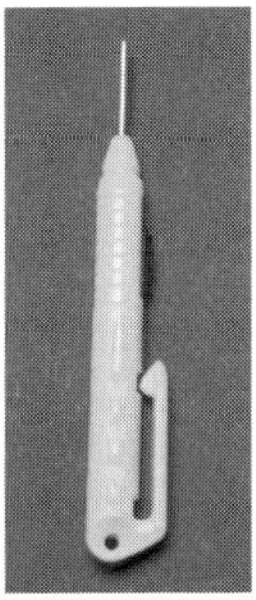

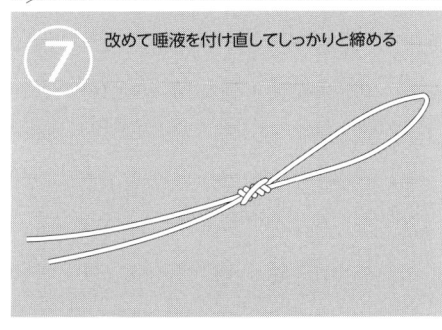

ダイワ『速攻8の字むすび』

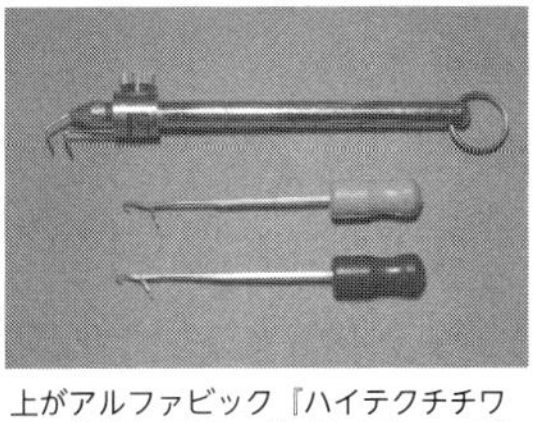

上がアルファビック『ハイテクチチワニードル』、下2つが『8の字フック』

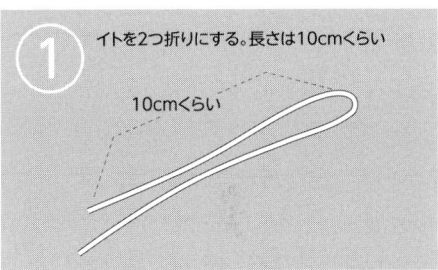

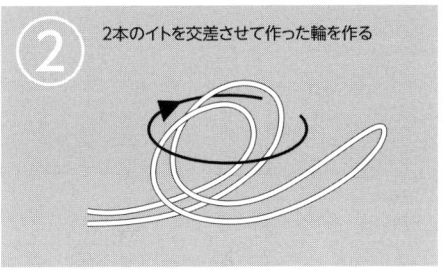

イトとイトの接続

電車結び

仕掛けが枝などに引っ掛かって切れた時など、
イトとイトを結びたい時やミチイトを継ぎ足したい時の応急処置に覚えておきたい最も簡単な接続法。
強度的にも問題ない

① 結びしろ分を考慮して2本のイトを合わせ、まずは1本の端イトを折り返し……

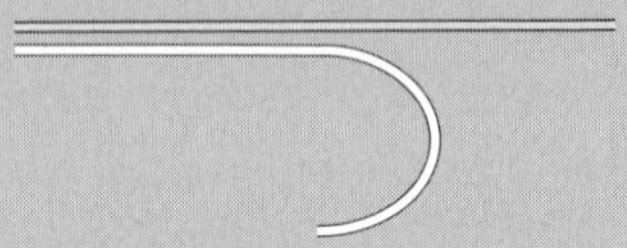

② 片方の軸イトを中心にして端イトを潜らせる

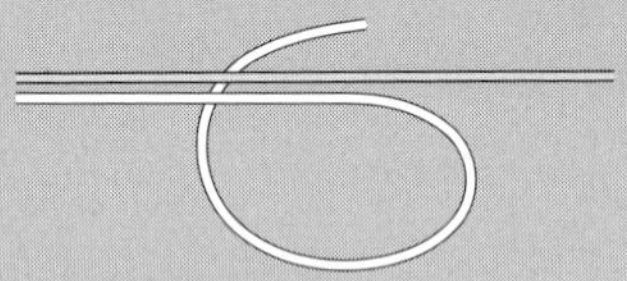

③ 3〜5回転させたら、結び目を唾液で湿らせて軽く引き絞る

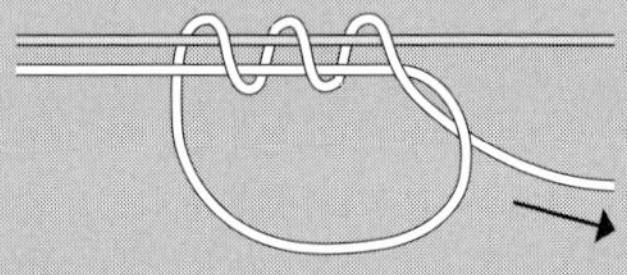

④ 一方の結び目ができあがった

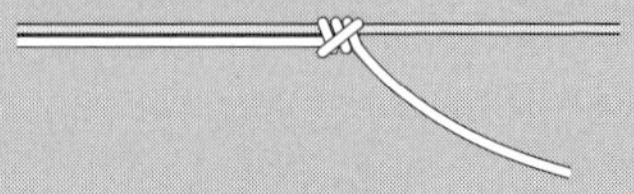

⑤ 続いて、反対側も同じ要領で結び目を作る

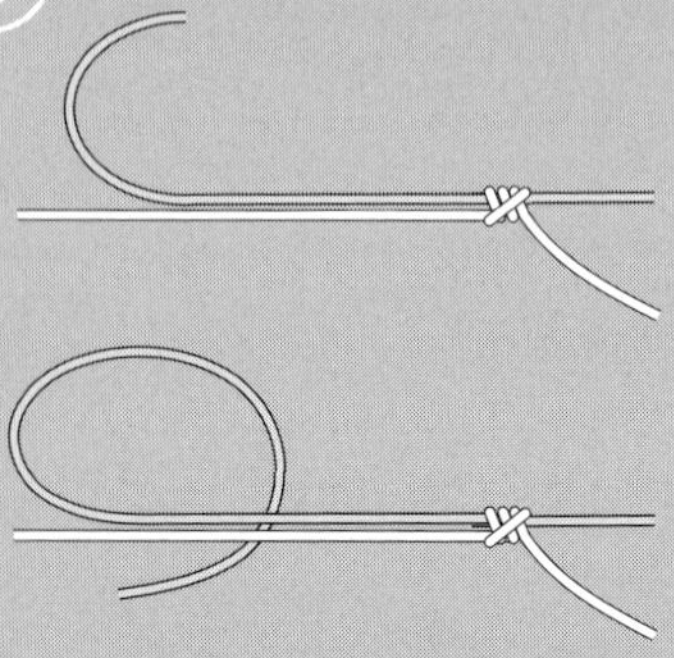

⑥ 両端に結び目ができたら、もう1度結び目部分を唾液で湿らせてから…

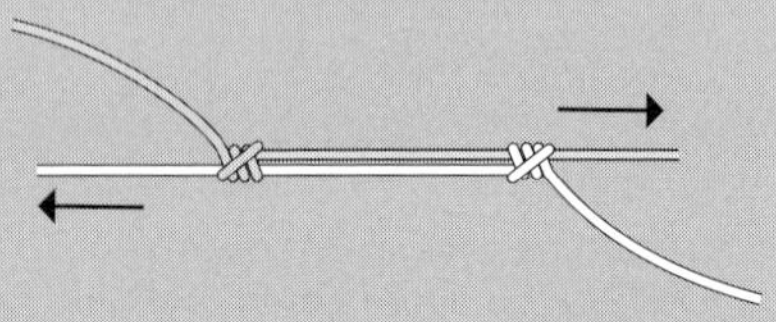

⑦ 両端のイトをゆっくりと絞って、その結束部でしっかりと締め直す

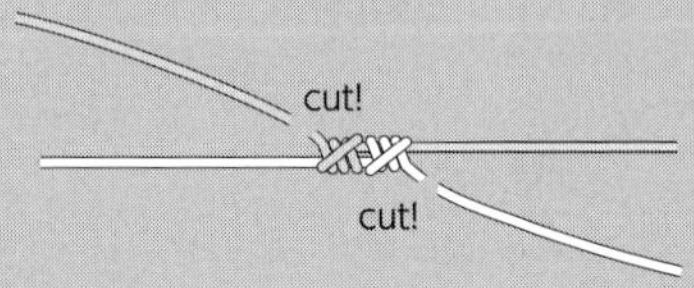

イトとイトの接続

ブラッドノット

イトとイトを結び止める方法として世界的に信頼されている基本的なノットの一つ。
最初は前述した電車結びまたはブラッドノットのどちらか一つを覚えておけばよい。

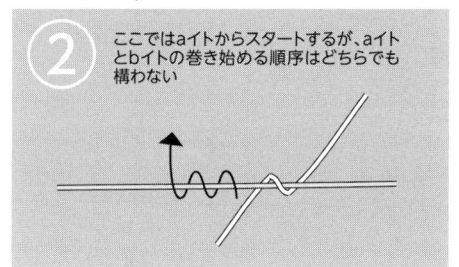

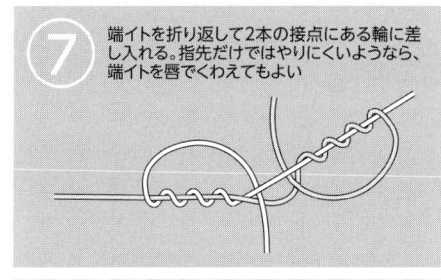

① 結び止める2本のイトを交差させ、その接点を押さえて持つ

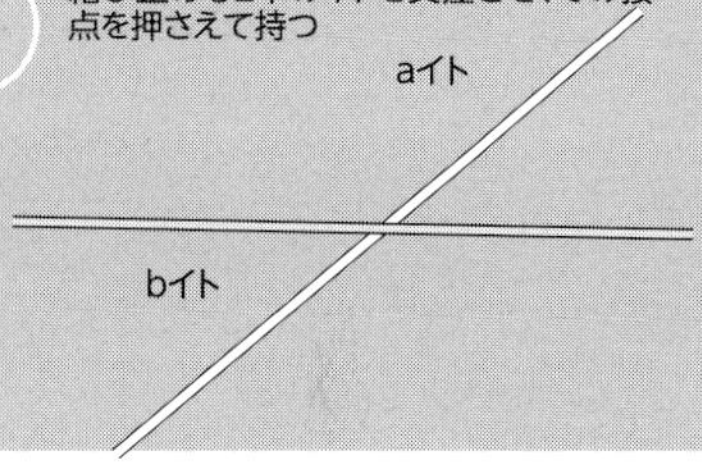

② ここではaイトからスタートするが、aイトとbイトの巻き始める順序はどちらでも構わない

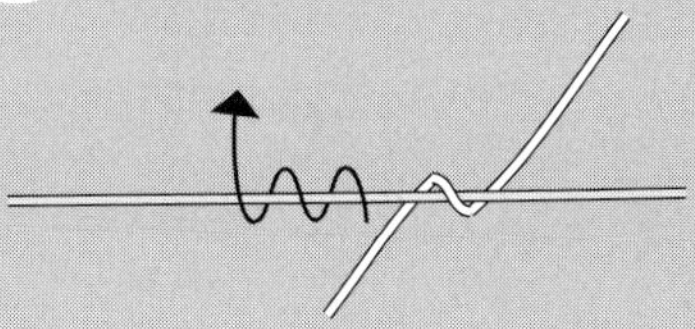

③ 2本のイトの接点を押さえた状態で、aイトをbイトに対して3〜5回転させたら、aイトの端イトを折り返し……

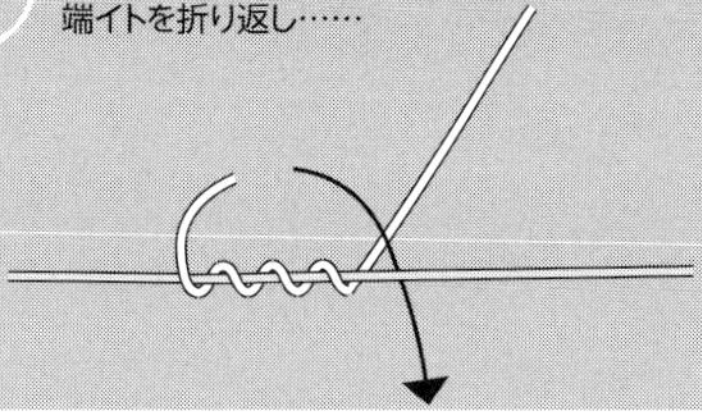

④ 2本のイトの間に挟んで、その結び目を押さえておく

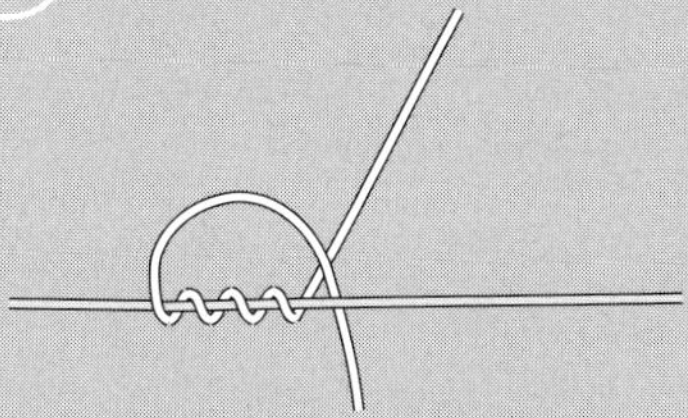

⑤ 今度はbイトをaイトに対して3〜5回転させて……

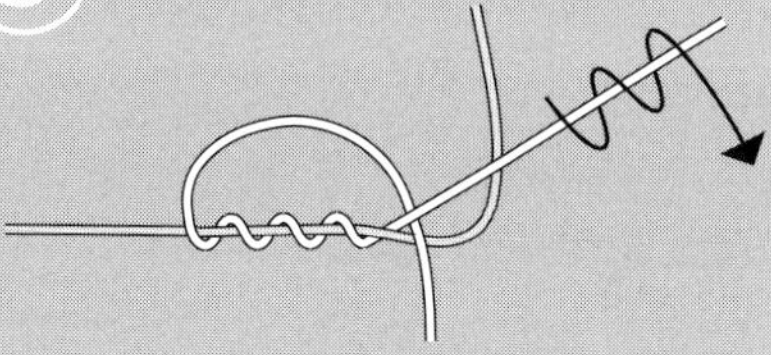

⑥ この時も結び目はしっかりとキープしたまま……

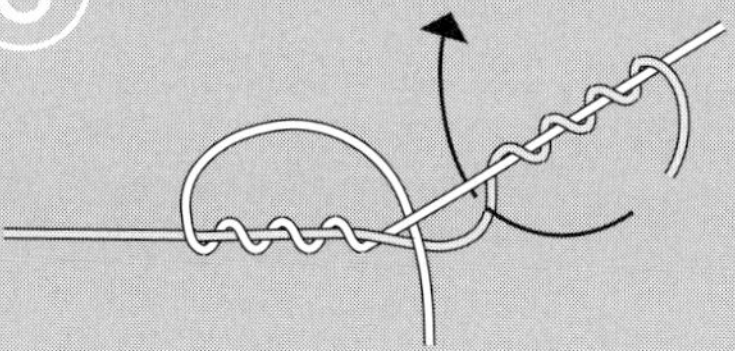

⑦ 端イトを折り返して2本の接点にある輪に差し入れる。指先だけではやりにくいようなら、端イトを唇でくわえてもよい

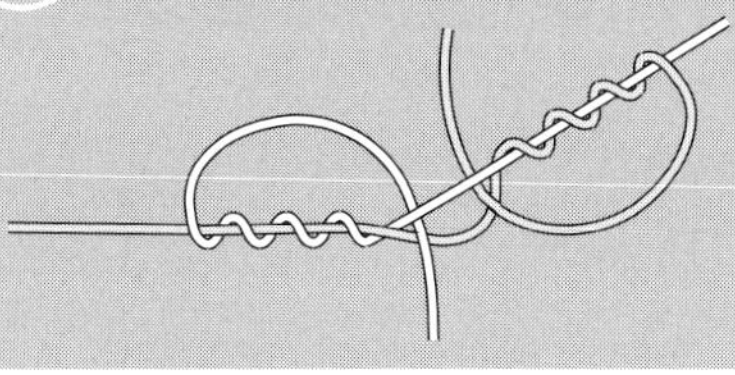

⑧ 結び止める時は、必ず結び目周辺を唾液で湿らせる

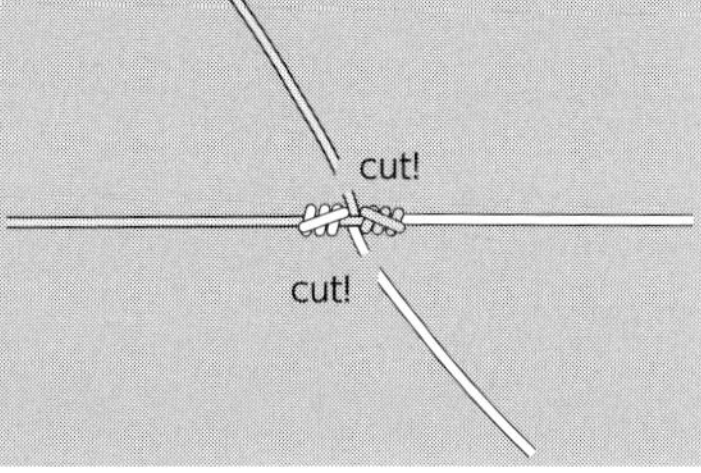

イトと接続具の結び方

ユニノット

簡単で信用性が高いノット。

タナゴ釣りで多用する自動ハリス止メの接続にはこれを1つマスターしておけば問題ない。

①　丸カンなどの接続具にイトを通したら……

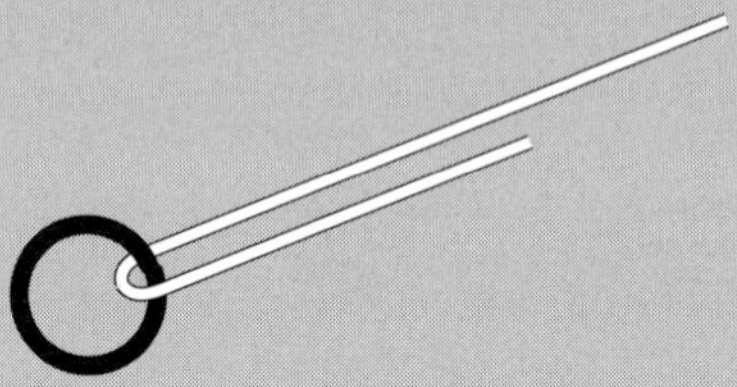

②　端イトを折り返し、輪を作る

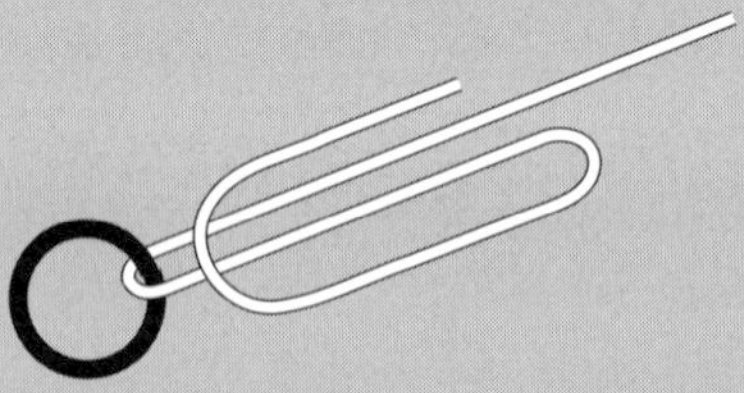

③　その輪に端イトを潜らせていく。巻き込む回数は5〜6回

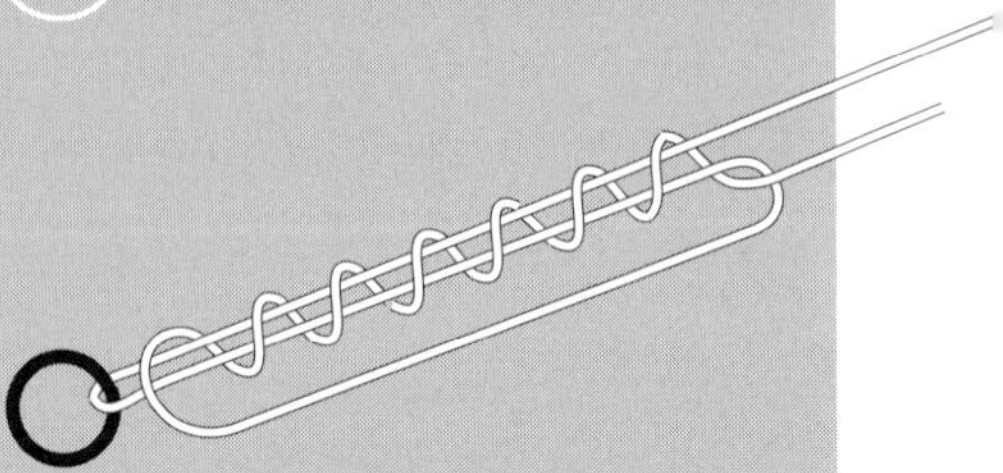

④　端イトを引いて軽く締めたら唾液で湿らせてから……

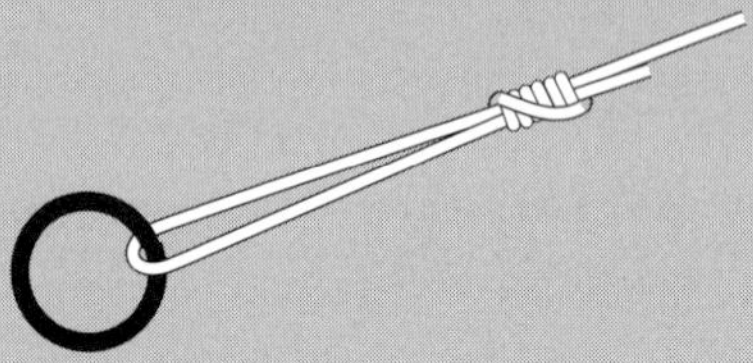

⑤　本線のイトを絞り込む

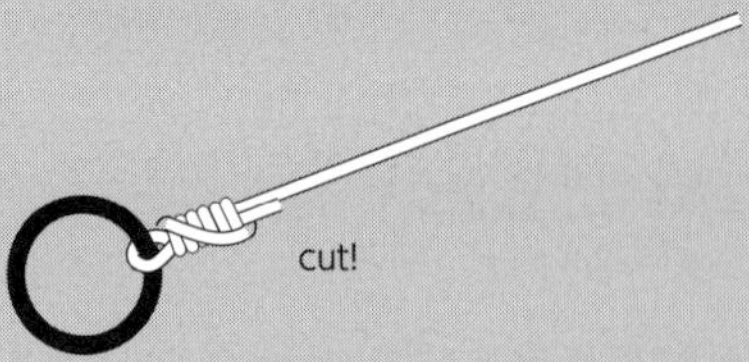

⑥　完成

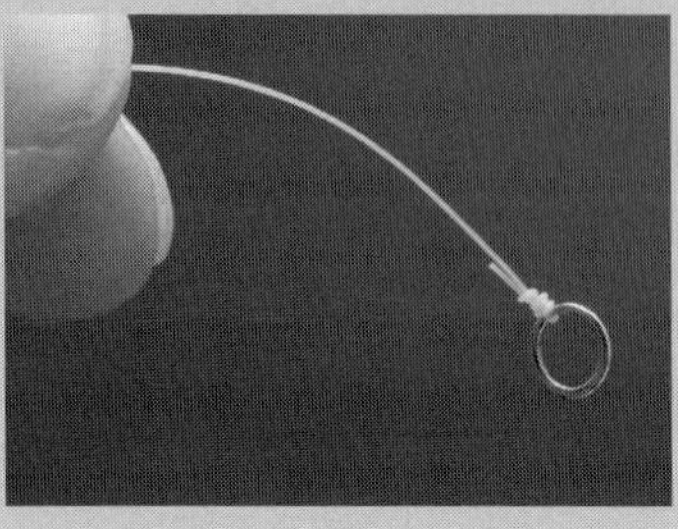

ハリの結び方

内掛け結び

昔から小もの結びの別名があるように、淡水の小もの釣りファンにはなじみ深いハリの結び方だ。

特に、極小サイズのタナゴバリを結ぶのに最も適している。

1 ハリ軸に添わせるように小さな輪を作り、ハリのチモトに近い位置を指先で押さえる

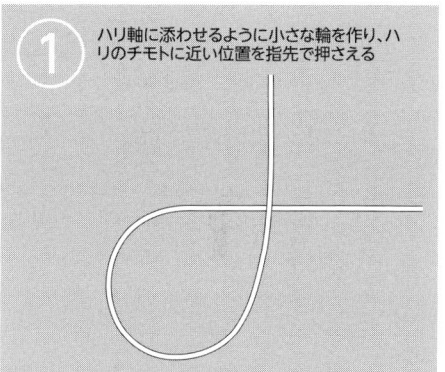

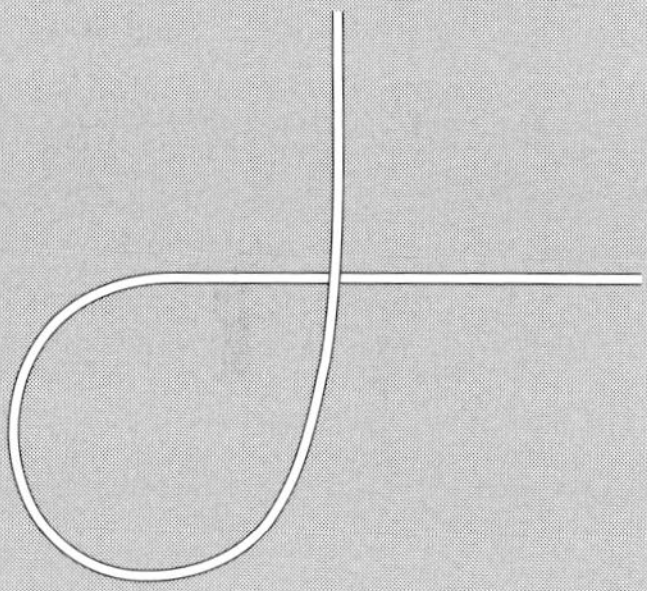

2 押さえた指先を離さないように注意し……

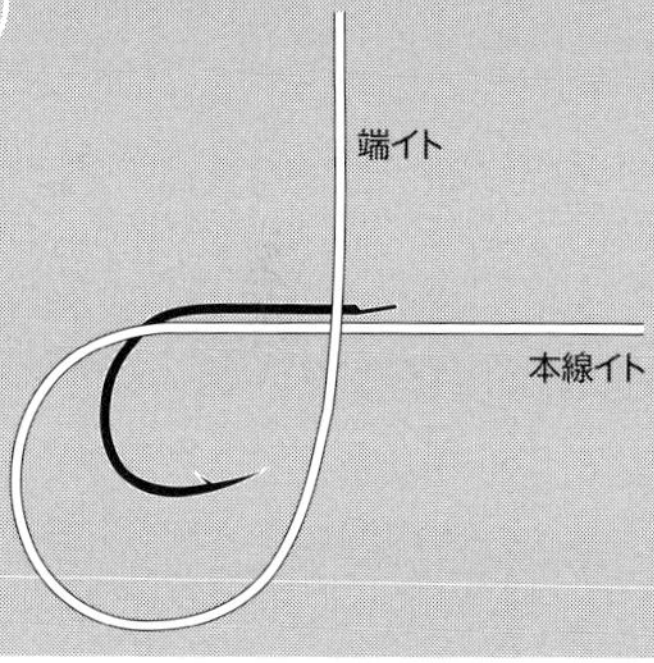

3 端イトはハリ軸と本線イトを回して、輪の中に潜らせる

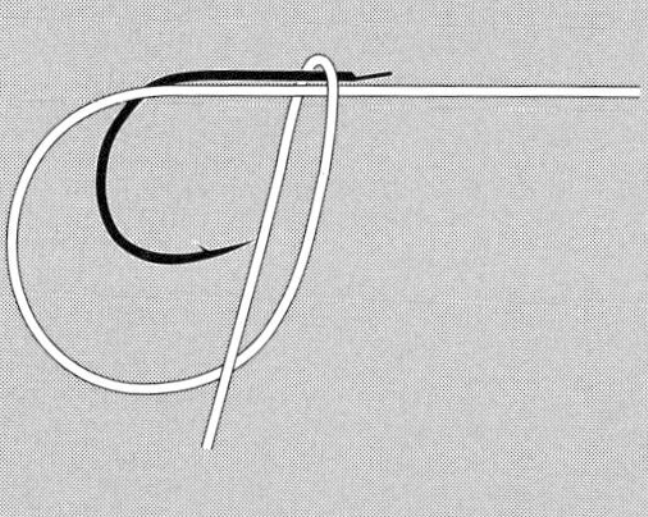

4 巻き数は4～6回転でよい

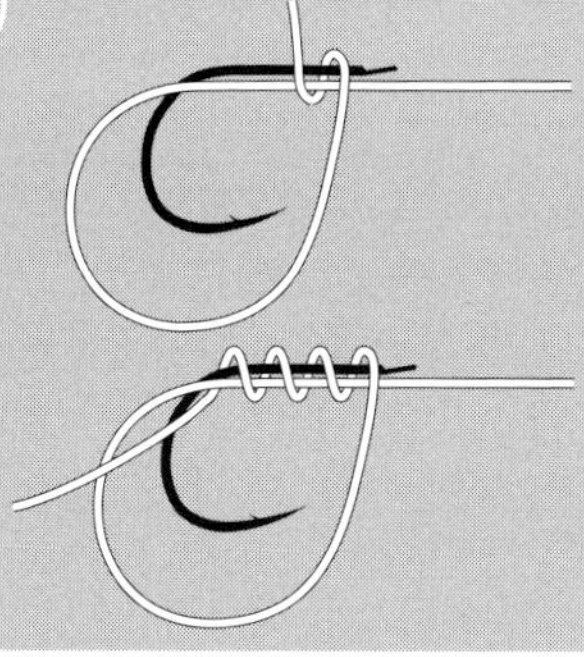

5 ここでも巻いた場所を押さえた状態で、端イトを張りつつ本線イトをゆっくりと引いて仮止め

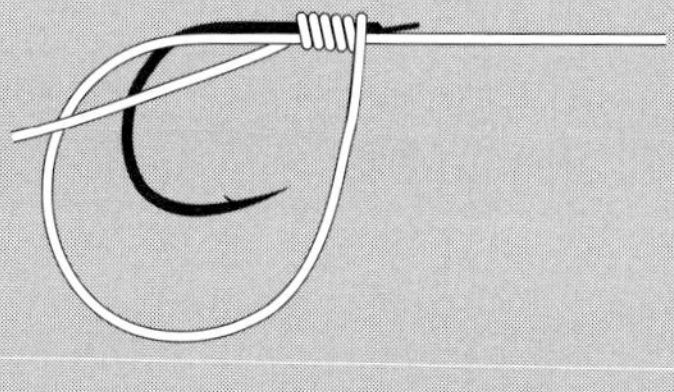

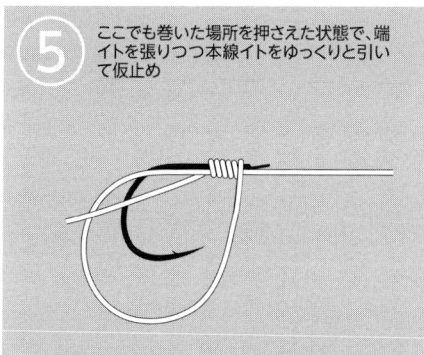

6 最後にハリのチモト内側から本線イトが出るように調整してから、もう一度締め直す

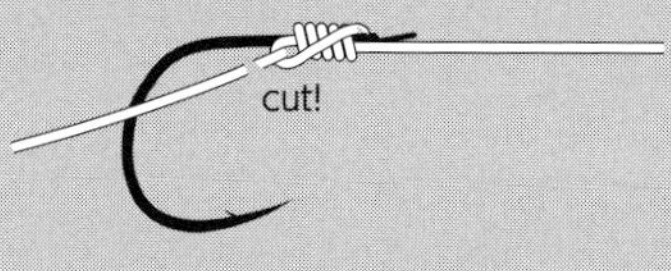

外掛け結び

淡水から海釣りまでオールラウンドに通用するハリの結び方。
ナイロンの細イトを結ぶ場合は癖が付きやすいのが欠点か

① 先端部に1cm前後の小さな輪を作るように端イトを6〜7cmを残してハリ軸に添える

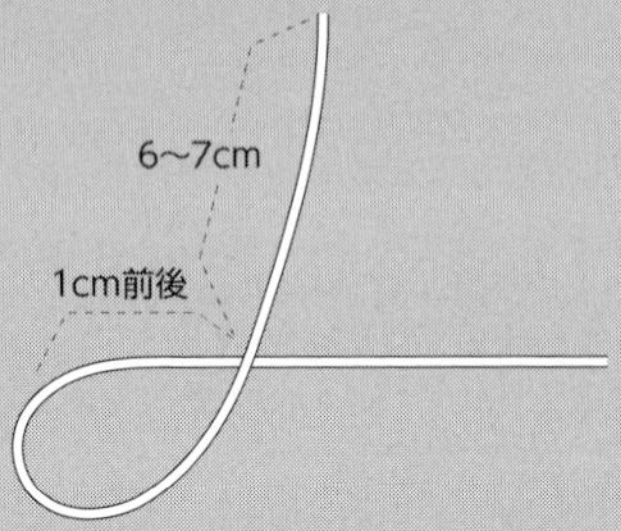

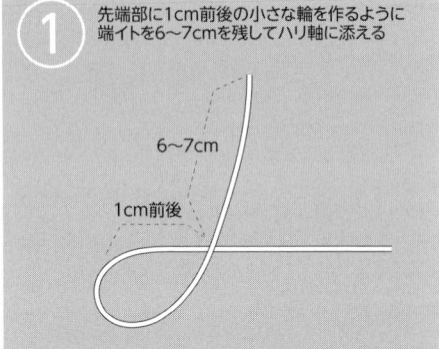

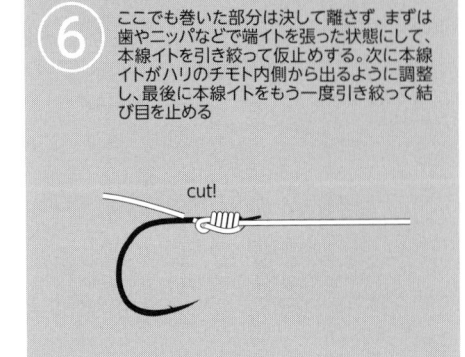

② イトを交差させた部分を押さえ、本線イトを張りながら端イトで巻き始める

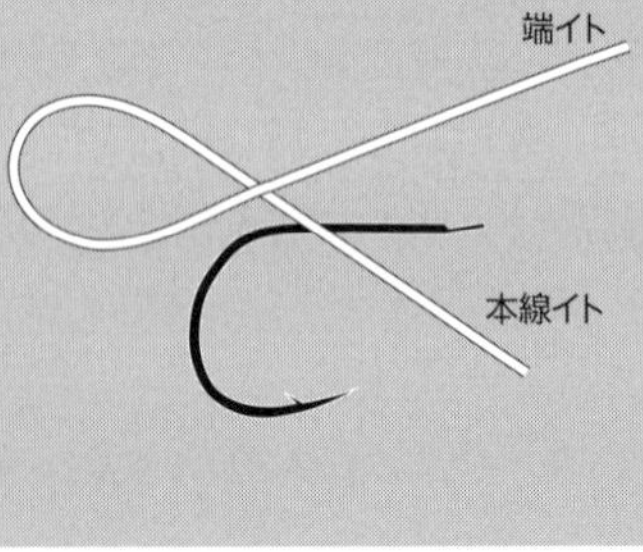

③ 1回転させるごとに、巻いた部分をしっかりと押さえ直し……

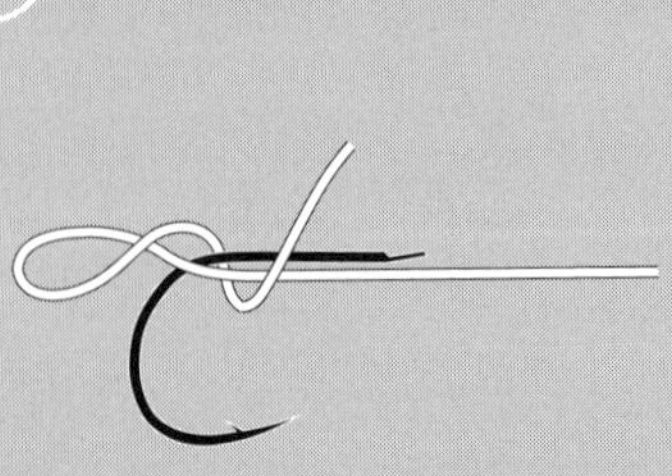

④ 4〜6回転させる

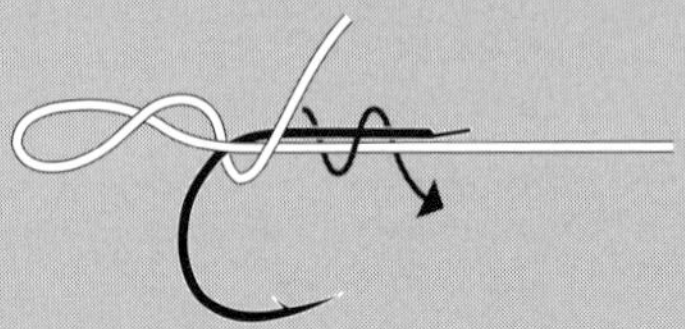

⑤ 巻いた部分を離さないように注意して、端イトを折り返して先端部の輪に潜らせる

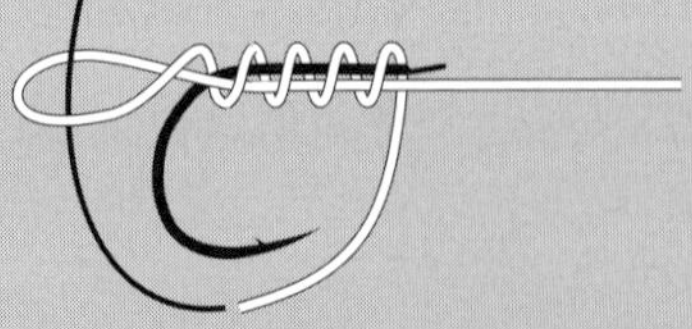

⑥ ここでも巻いた部分は決して離さず、まずは歯やニッパなどで端イトを張った状態にして、本線イトを引き絞って仮止めする。次に本線イトがハリのチモト内側から出るように調整し、最後に本線イトをもう一度引き絞って結び目を止める

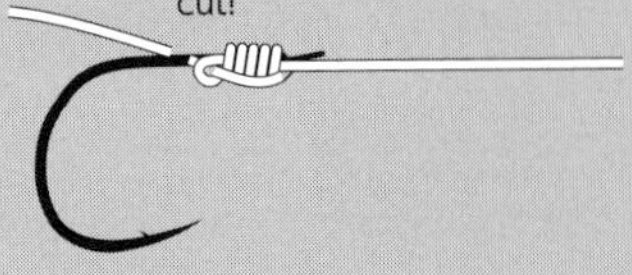

板オモリの巻き方

片足フック式ハリス止メの場合

アタリ感度を重視する短ザオのタナゴ釣りでは、振り込んだ仕掛けが上下にふらつかないように、板オモリを固定しておくことがキーポイントだ。

タナゴ用のウキ仕掛けは浮力が小さいので、使用する板オモリも軽く小さい。このため、板オモリは柔らかくて加工しやすい極薄の0.1㎜厚が適している。

片足フック式のハリス止メの場合は、巻いた板オモリをハリス止メのチモトでしっかりと固定しておく。

一方、両足フック式のハリス止メはミチイトを結んだ側のフックを包み隠すように、ハリス止メの軸の上から板オモリを巻いて一体化させるとよい。

微調整が可能な極薄0.1㎜厚の板オモリが好適

1 片足フック式ハリス止メはユニノットで結び、板オモリはウキの浮力よりも重めに想定し、写真のように切っておく

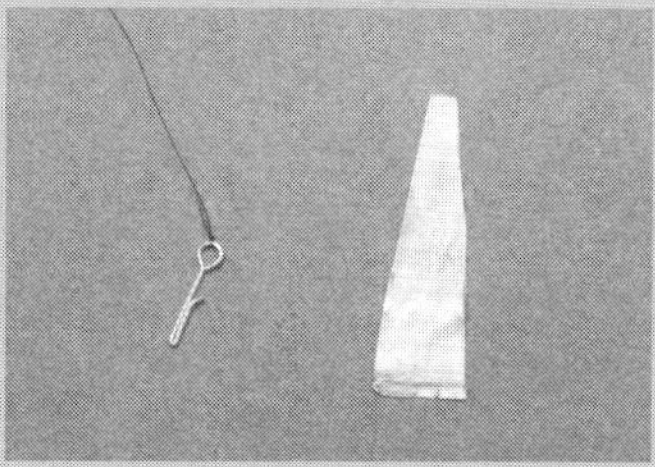

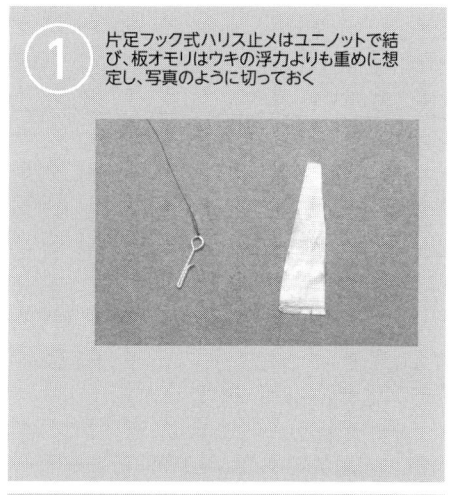

2 まずはハサミの刃を使ってイトをはさむリード部分を1㎜程度折り曲げたら……

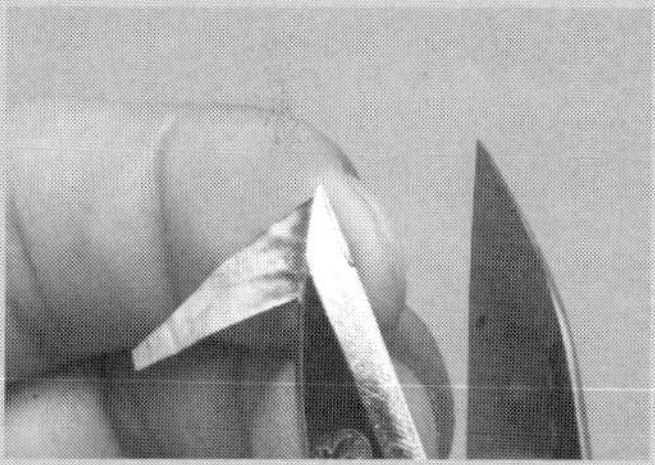

3 ミチイトにはさんで仮止めする

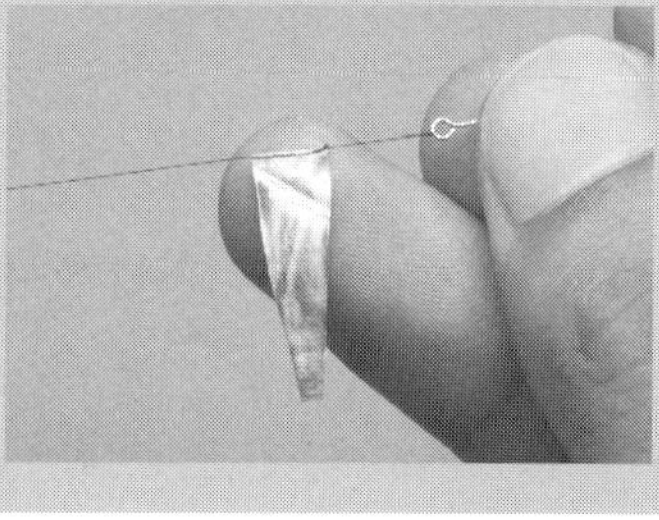

4 ここからは刃先の刃と指先の腹でフォローしながら一片一片を形よく折りたたんでいく

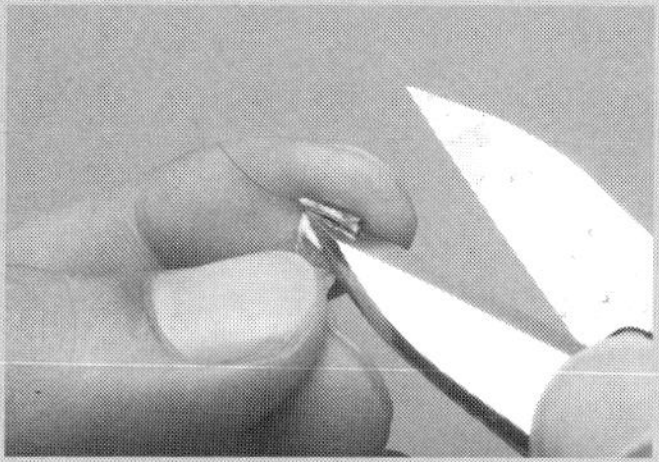

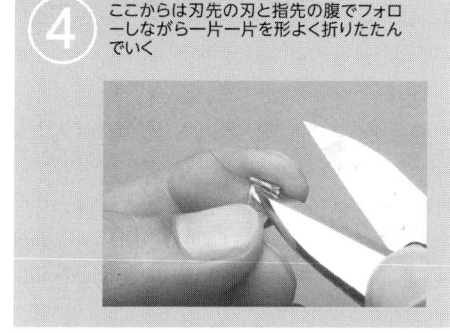

5 最後にハリス止メのチモトに密着させ、強く押さえ付けて固定すればOK

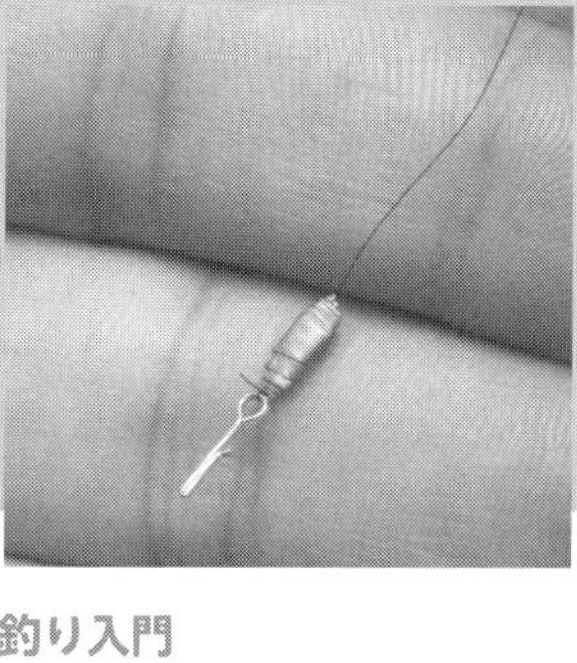

板オモリの巻き方

両フック式ハリス止メの場合

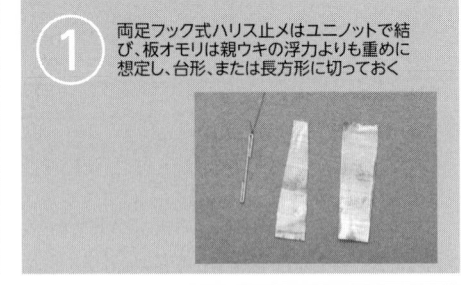

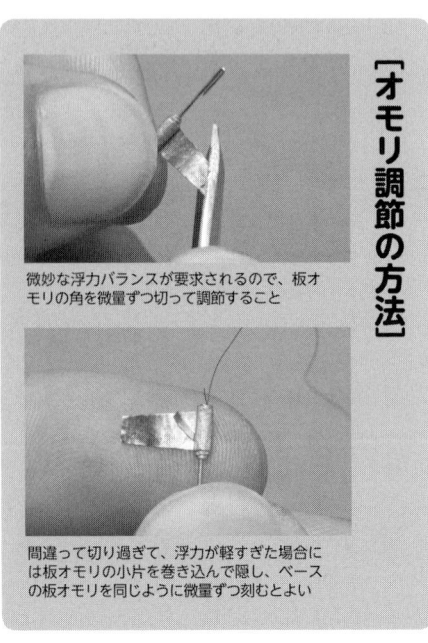

① 両足フック式ハリス止メはユニノットで結び、板オモリは親ウキの浮力よりも重めに想定し、台形、または長方形に切っておく

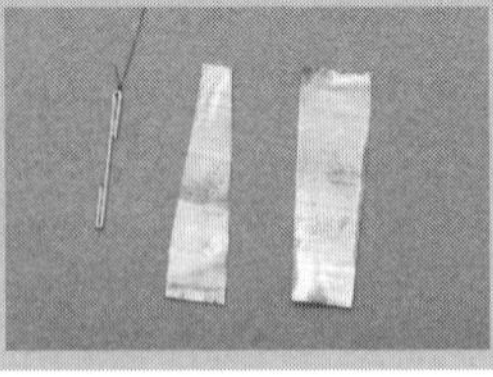

② 最初にイトをはさむリード部分として、フック幅を目安に2㎜くらい折り曲げたら……

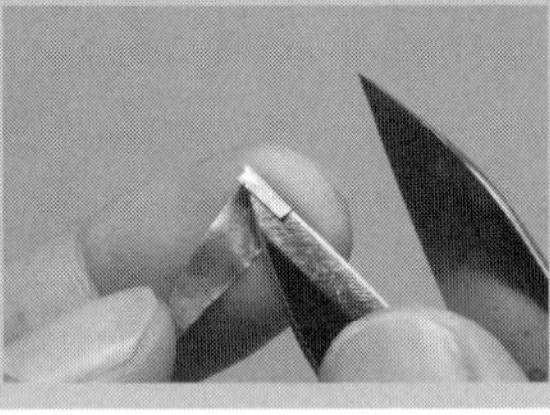

③ ミチイトを結んだ片方のフックを包むようにはさんで固定する

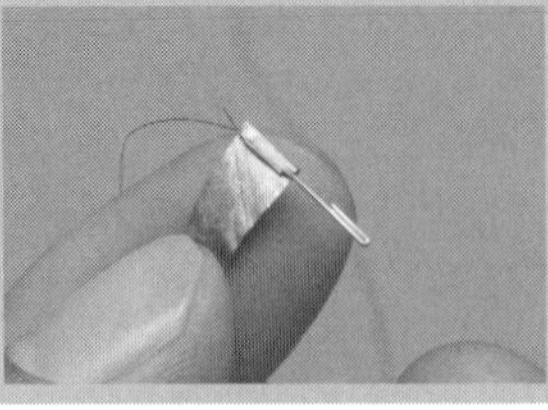

④ 続いて、ハサミの刃と指先の腹でフォローしながら形よく、しっかりと巻き込んでいく

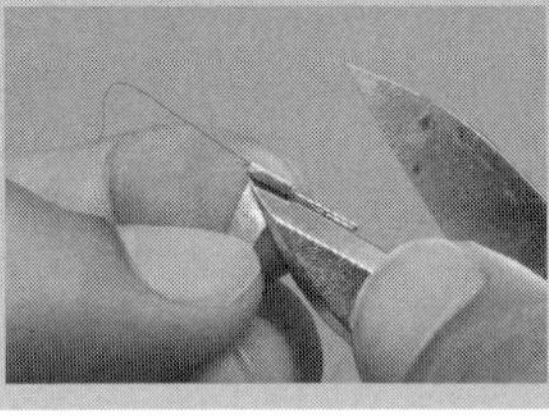

⑤ 最後に強く圧迫して固定すればでき上がり

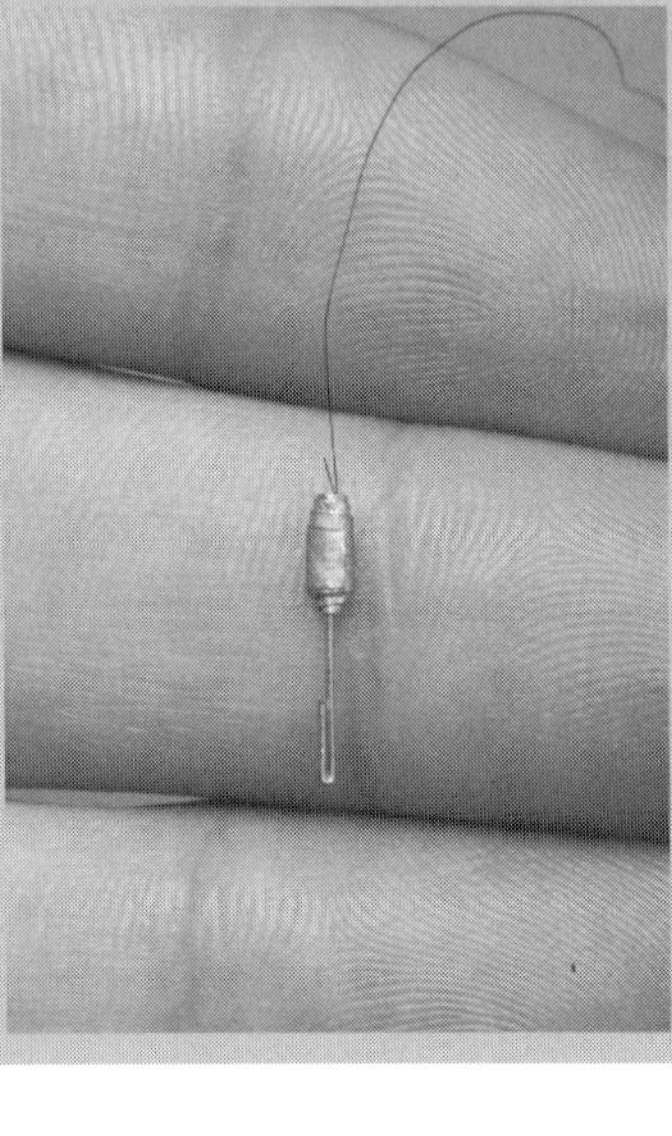

［オモリ調節の方法］

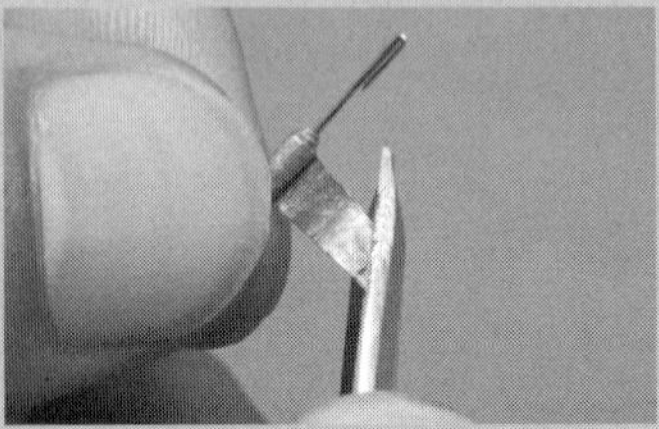

微妙な浮力バランスが要求されるので、板オモリの角を微量ずつ切って調節すること

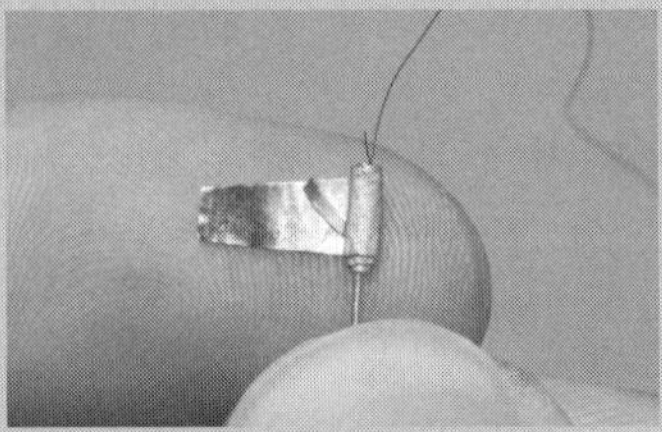

間違って切り過ぎて、浮力が軽すぎた場合には板オモリの小片を巻き込んで隠し、ベースの板オモリを同じように微量ずつ刻むとよい

正しい仕掛けの巻き方

ナイロンイトの自作フックキーパーを利用する

タナゴ釣りでは、通常、釣り終えたらハリを外した状態で、連動シモリ仕掛けを仕掛け巻きに収納しておく。このため、仕掛け巻きには、ナイロンイトを使って、フック式ハリス止メ用のフックキーパーを付けておくと脱着が簡単だ。

①

フックキーパーには長さ3〜4cmに切ったナイロンイト0.2〜0.3号を用い、仕掛け巻き止めとフック止め用として3カ所の結びコブ(固結び)を作る。まずは仕掛け巻きに端の結びコブを引っ掛けて止める

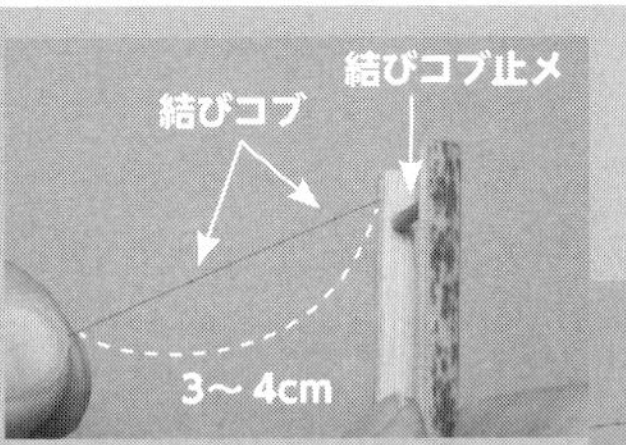

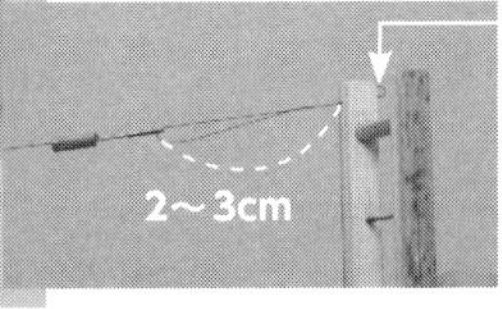

結びコブ止メ

②

次にハリス止メのフックを結びコブに引っ掛け、仕掛けを巻き始める。仕掛け巻きとハリス止メとの兼ね合いで、2つの結びコブのどちらかを使う

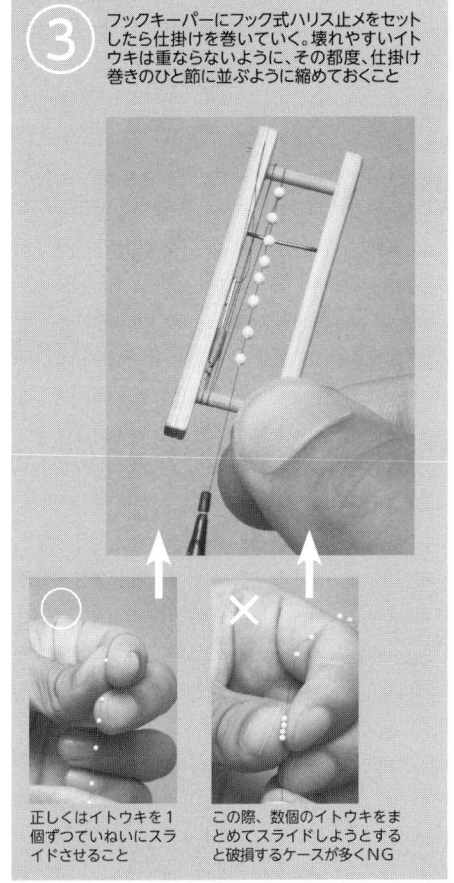

④

親ウキも同じく、イトウキと重ならないように平行に並べ……

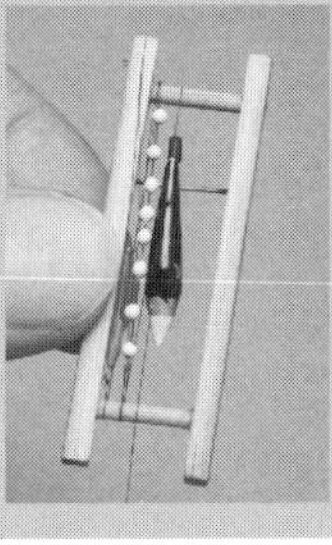

⑤

ミチイトも親ウキとイトウキの上に重ねず、残した部分に巻き取っていく

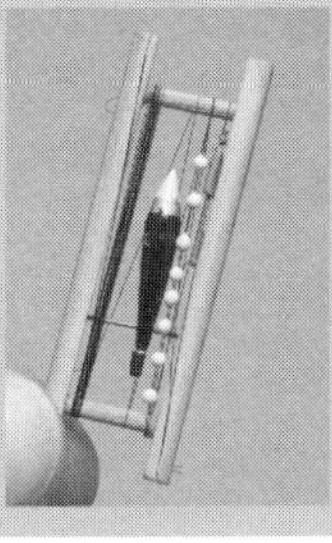

③

フックキーパーにフック式ハリス止メをセットしたら仕掛けを巻いていく。壊れやすいイトウキは重ならないように、その都度、仕掛け巻きのひと節に並ぶように縮めておくこと

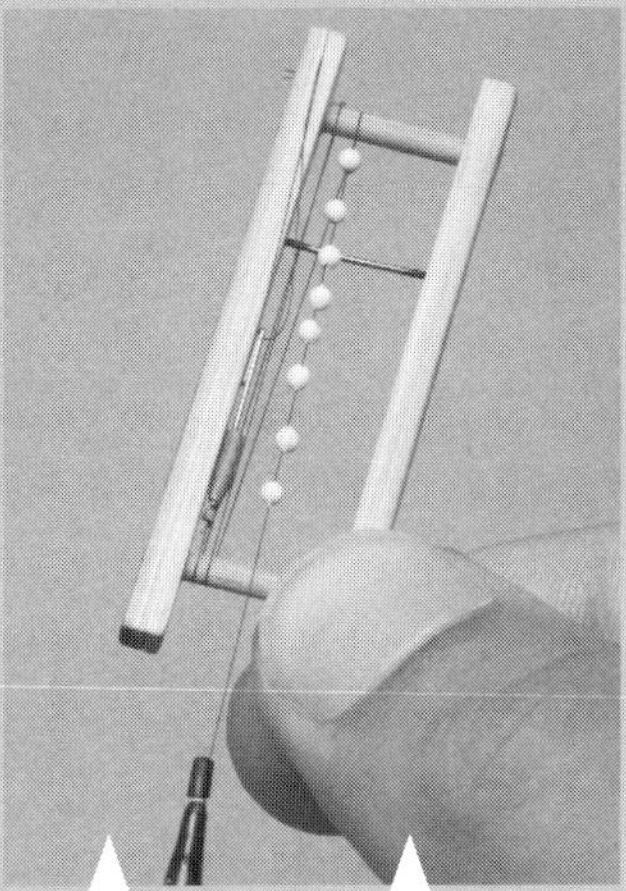

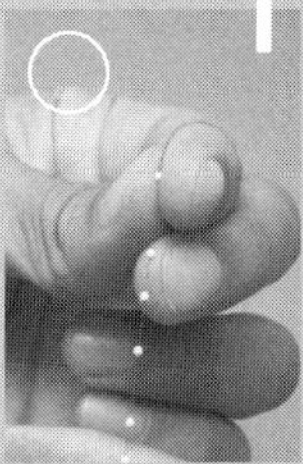

正しくはイトウキを1個ずつていねいにスライドさせること

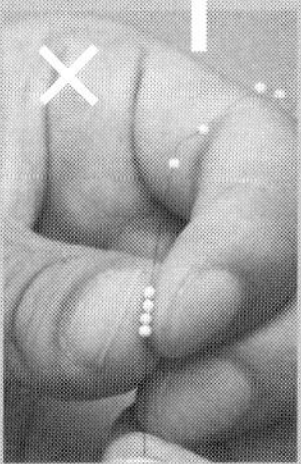

この際、数個のイトウキをまとめてスライドしようとすると破損するケースが多くNG

タナゴ釣り入門　パート6

親ウキ＆イトウキ作りとハリ研ぎにチャレンジ

タナゴ釣りはミクロの世界。
ウキやハリの微妙なバランスが釣果を分ける。
作る楽しさが釣りの快楽に直結。

タナゴ用親ウキを作る

作製／新谷一大

高い精度とともに、繊細なバランスが要求されるタナゴ用の親ウキを手作りするには、模型をはじめとするホビーの世界で愛用されているルーター（工作機械）がぜひ欲しい。ここではプロクソン製のハンディールーターとドリルスタンドを使ったタナゴ用の親ウキ作りを紹介しよう。

［材料］ ボディー用のバルサ材丸棒 10㎜径、足用のソリッドグラス１㎜径

［塗料＆接着剤］ 合成樹脂塗料クリア、下地用塗料ホワイト、人工漆各色、蛍光塗料各色、木工用ボンド

［ヤスリ］ 紙ヤスリ＝粗削り用 80 ～ 100 番、仕上げ用 180 ～ 320 番、研ぎ出し用の 400 ～ 600 番耐水ペーパー、コンパウンド

［そのほかの工具］ プロクソン製のハンディールーター、ドリルスタンド、ドリル 0.8㎜径（購入価格＝計３万円前後）、ハンドドリル 0.3 ～ 0.4㎜径、工作用ノコギリ、0.3 ～ 0.4㎜径の針金、カッター、研ぎ出し用のヘチマや細筆、乾燥台用の洗濯バサミ

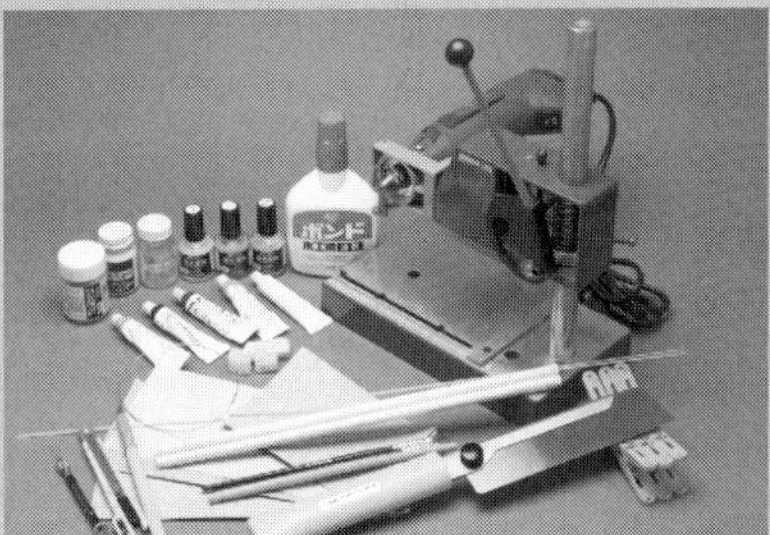

丸棒は素材が均一な柔らかいものがよく、工具用ノコギリで想定した完成品よりも少し長めにカットしておく。細身の親ウキを作る場合でも、太めの 10㎜棒から削り出したほうが工作しやすい

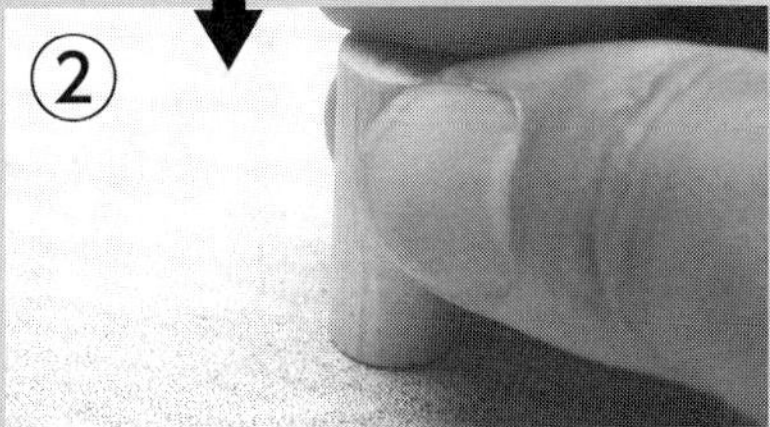

丸棒の切り口を１８０番の紙ヤスリでざっと平らに削っておく

足用のソリッドグラスを丸棒に当てて寸法を測る。丸棒のボディーに対して、４分の３くらいまでソリッドグラスを通すのが目安

ソリッドグラスは足の部分としてプラス２㎝くらいでカットする。足は最終的に好適な長さにカットし、ゴム管が通しやすい形状に整える

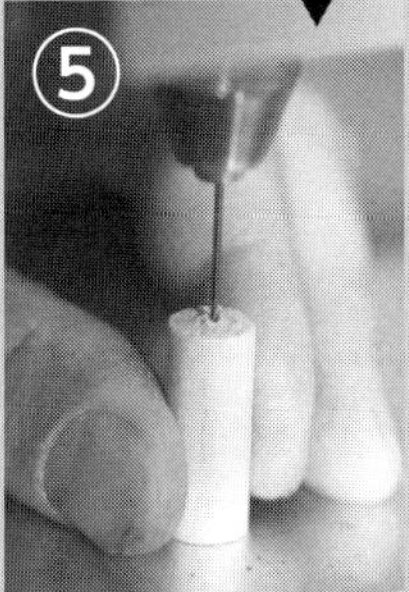

丸棒の切り口にはセンターの印を打ち、約４分の３の位置まで穴を開ける。この際、ドリル径はワンサイズ小さな 0.8㎜径を選ぶこと

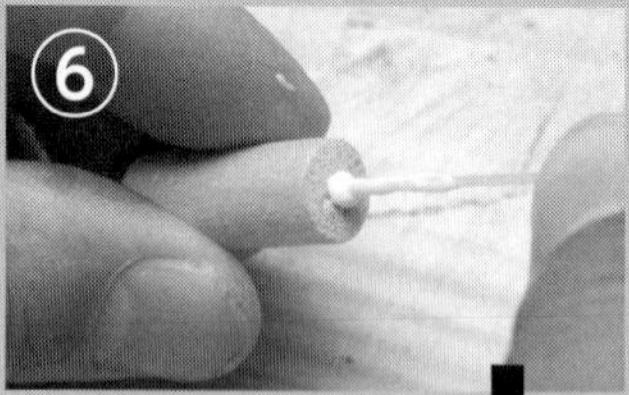

足用に切ったソリッドグラスは丸棒に仮通しをした後、木工用ボンドで接着して一晩以上固着を待つ

ソリッドグラスの部分をルーターのチャックにはさんでルーターに固定する。この際、振れないように根元まで深く差し込むこと

粗削り用８０～１００番の紙ヤスリで、大まかな形に削り上げていく

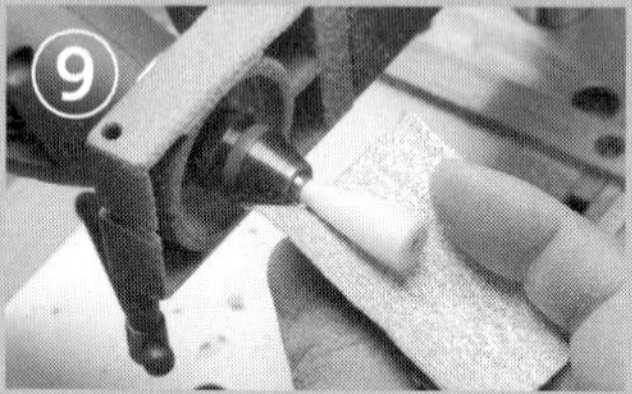

紙ヤスリを強く当てすぎるとソリッドグラスが折れたり、回転が湾曲してうまく削れないので軽く当てる感じでよい

基本的なボディーの円錐形に削り上がった段階

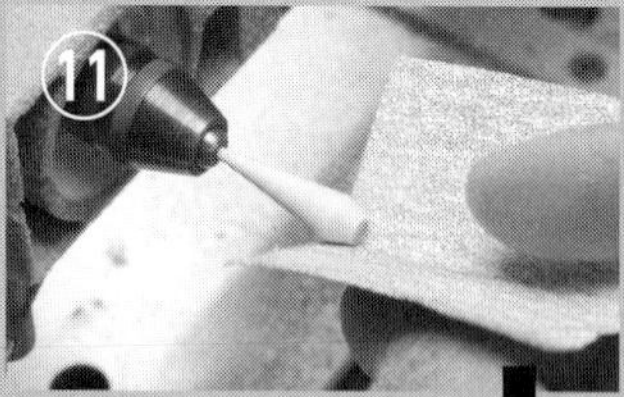

次に、トップの形を削り上げていく

細部は紙ヤスリの端を使って慎重に行なうこと

イメージしていた親ウキのプロポーションに削り上げた段階

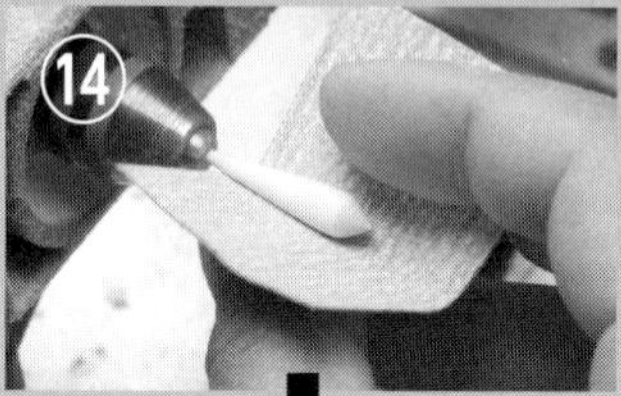

ここで中研ぎ用の１８０～３２０番に切り替え、最終的な形に成型していく

ボディーと足の継ぎ目部分も段差がないように削っておくこと

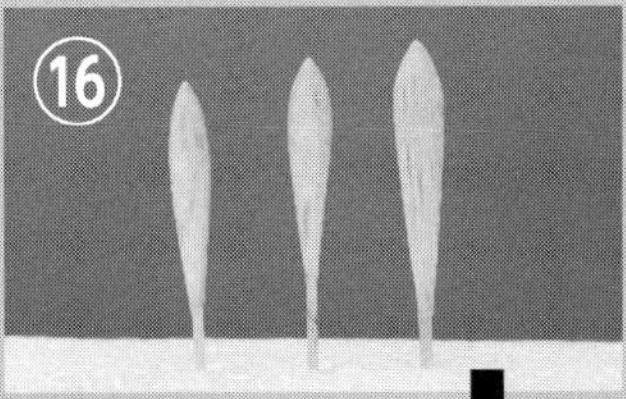

スリム型でもそれぞれ個性的。ファット型に至るまで、親ウキのデザインはお好み次第

防水性と強度を高めるため、合成樹脂塗料クリアにドブ漬けし、充分に乾燥させながら、これを２～３回繰り返す

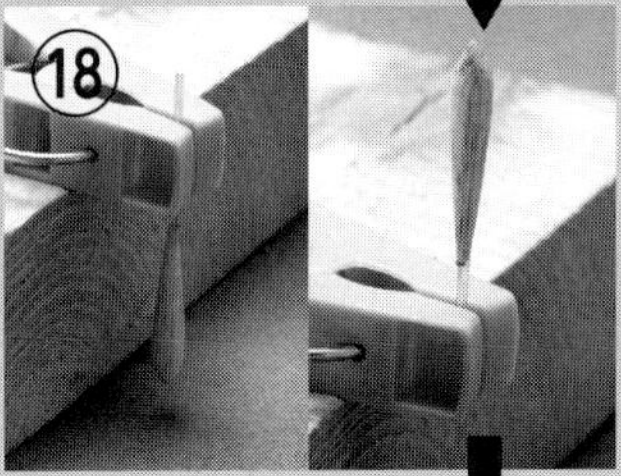

乾燥台の洗濯バサミで足の部分をはさみ、時々上下に向きを変えると塗料が均等に塗れる

続いて発色をよくするため、下地用塗料ホワイトを乾燥させつつ２回塗った後、トップ部分を残してボディーには好みの人工漆を数回塗り重ねる本塗りを行なう

本塗りのバリエーションとしては、研ぎ出しの変わり塗りが楽しい。たとえば黒地の上に朱や茶、緑といった人工漆を塗り重ねて紋様を描くにはヘチマやスポンジの小片で軽くスタンプしたり、細筆で波状にプッシュする方法がある

水に濡らした４００～６００番の耐水ペーパーで念入りに研ぎ出した後、もう一度、合成樹脂塗料クリアを塗ってコンパウンドで１回磨き上げる

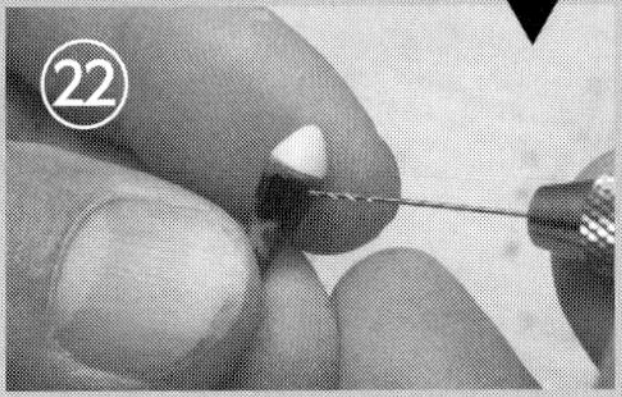

トップ部分に好みの色の蛍光塗料を１～２回塗って足の長さと形を整えたら、ボディーに斜め中通し用の穴を開ける。まず千枚通しなどでリード穴を決め、ハンドドリルでボディーを抜き通す

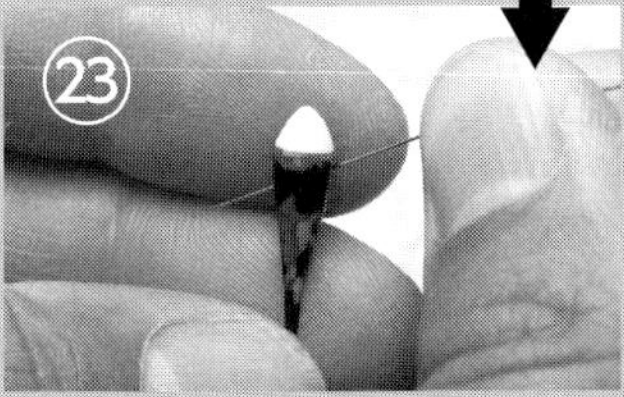

斜め中通し用の穴には防水用として、針金を使って合成樹脂塗料クリアを充分流し込んでおくこと

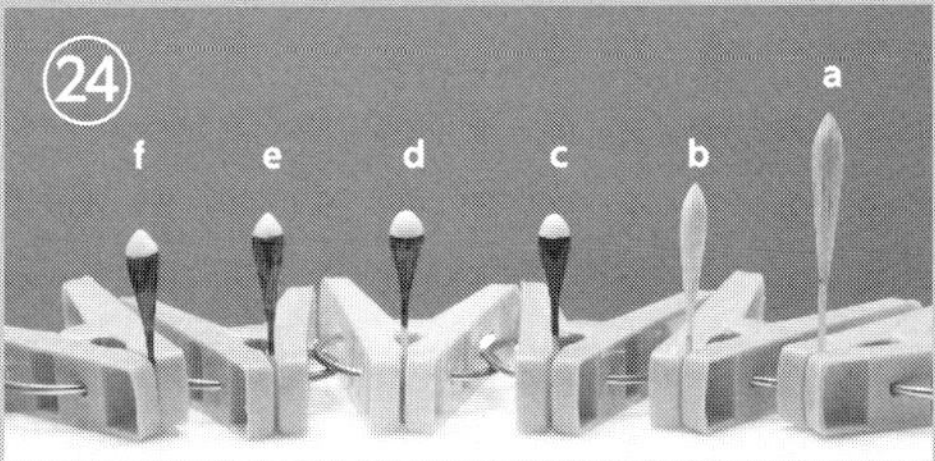

成型後の主な塗装工程は次のとおり。
右から
ⓐ合成樹脂塗料クリアのドブ漬け工程
ⓑ下地用塗料ホワイトを塗った工程
ⓒ人工漆を塗り重ねたボディーの本塗り工程
ⓓ研ぎ出し用の紋様を描いた工程
ⓔ研ぎ出しの変わり塗りが完成
ⓕトップが塗り上がり斜め中通し穴もできて完成したタナゴ用親ウキ

タナゴ用イトウキを作る　作製／新谷一大

［材料］ブラックラーチなどミチイト 0.2 ～ 0.3 号、下地用塗料ホワイト、蛍光塗料各色、養鶏や水鳥の羽根芯
［そのほかの工具や小道具］カッターまたは安全カミソリの刃、羽根芯の穴開けに使う歯医者用の神経抜き、楊枝、細筆、発泡製の薄い仕掛け巻き、イトウキ乾燥台

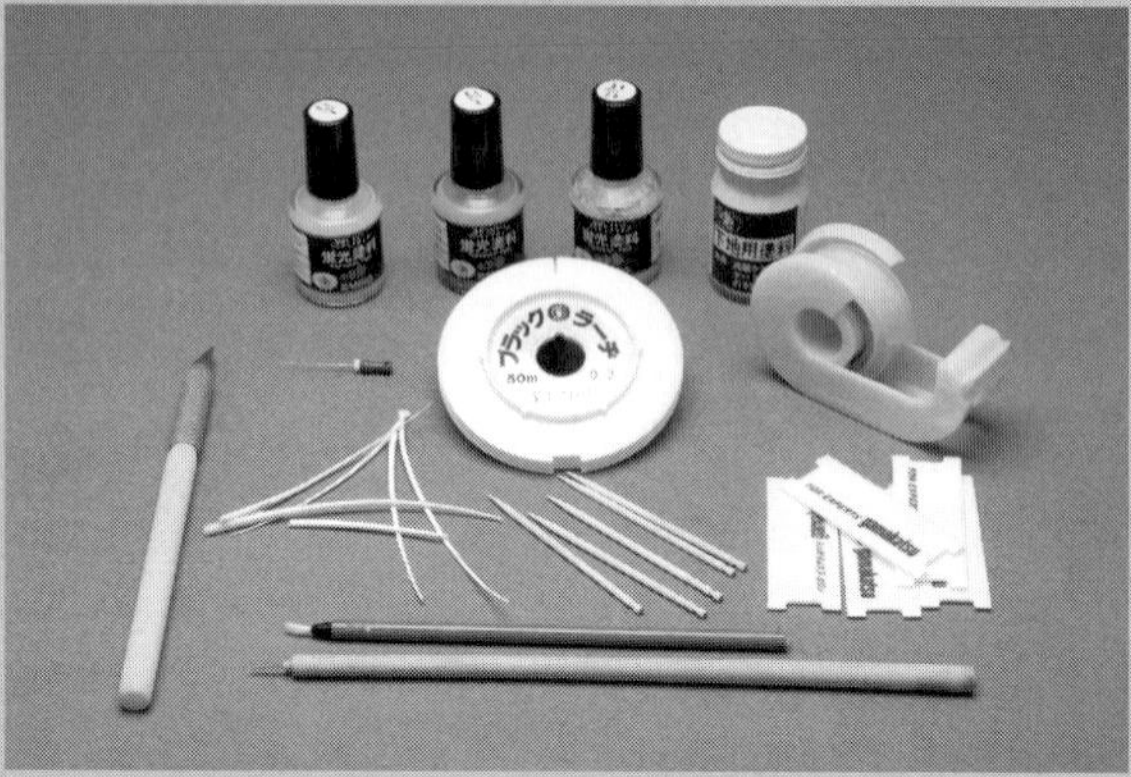

水中でのアタリウキとして重要な役割を果たすタナゴ用イトウキには、オリジナリティー豊かないろいろな作り方がある。これらの中で最もポピュラーなものが下地用塗料ホワイトを活用したイトウキ作りだ。今回は極小イトウキが作りやすい下地用塗料ホワイトを塗り固めたパターンと、少し大きめのイトウキ作りに適した羽根の芯を使ったパターンの 2 種類を紹介しよう。

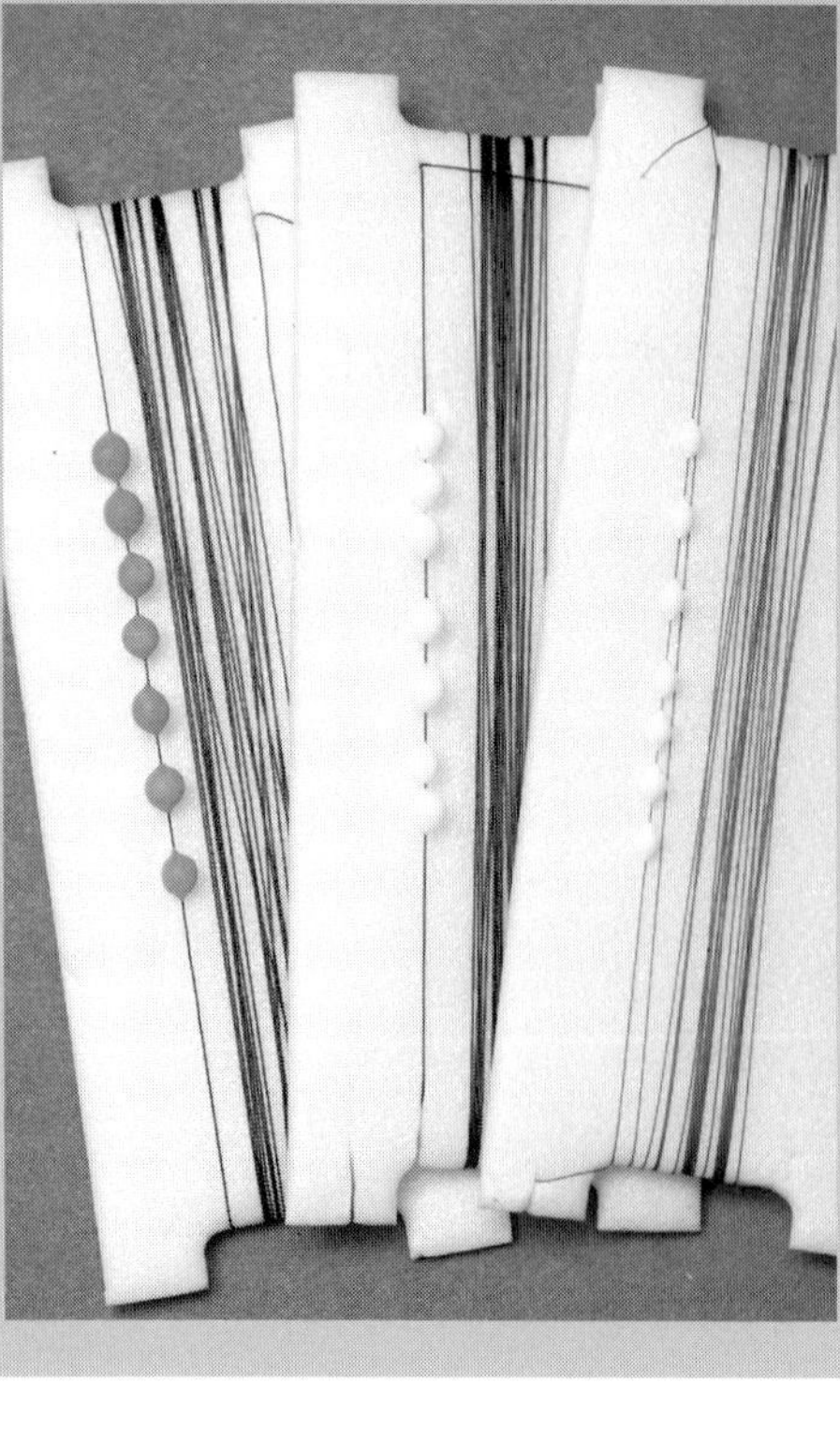

新谷さんが使っているイトウキ乾燥台は 100 円ショップで売っていた圧縮紙製の MD ラックを利用したもの。上下の板にミチイトを 2 ～ 2.5 m 巻いた仕掛け巻きとその末端を、セロテープなどでピーンと張ってイトウキ作りの作業を行なっている

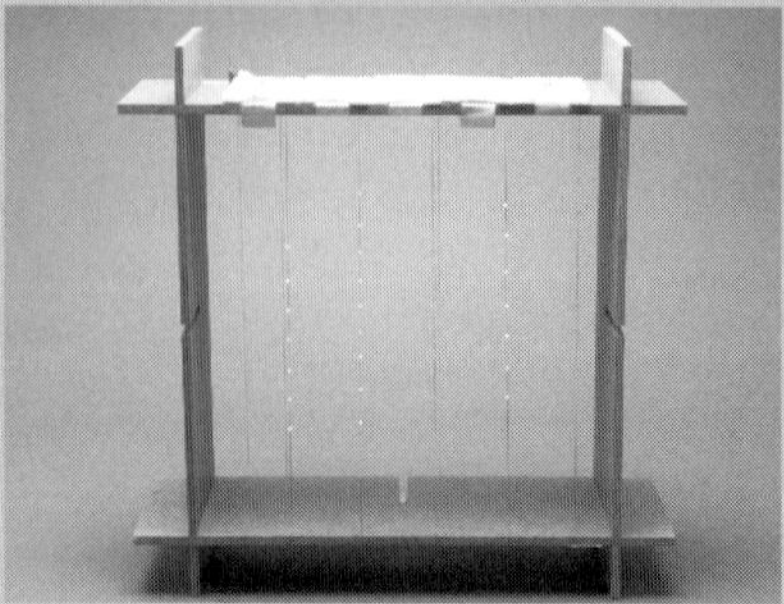

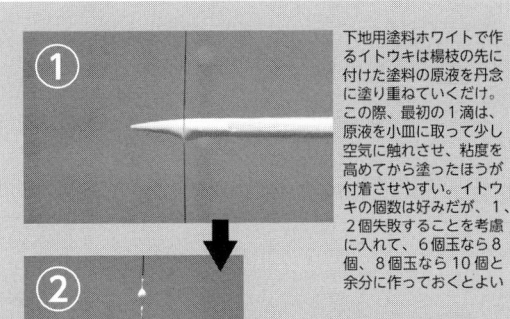

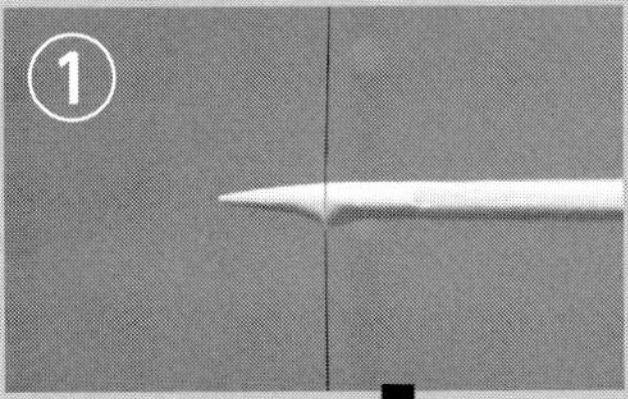

下地用塗料ホワイトで作るイトウキは楊枝の先に付けた塗料の原液を丹念に塗り重ねていくだけ。この際、最初の1滴は、原液を小皿に取って少し空気に触れさせ、粘度を高めてから塗ったほうが付着させやすい。イトウキの個数は好みだが、1、2個失敗することを考慮に入れて、6個玉なら8個、8個玉なら10個と余分に作っておくとよい

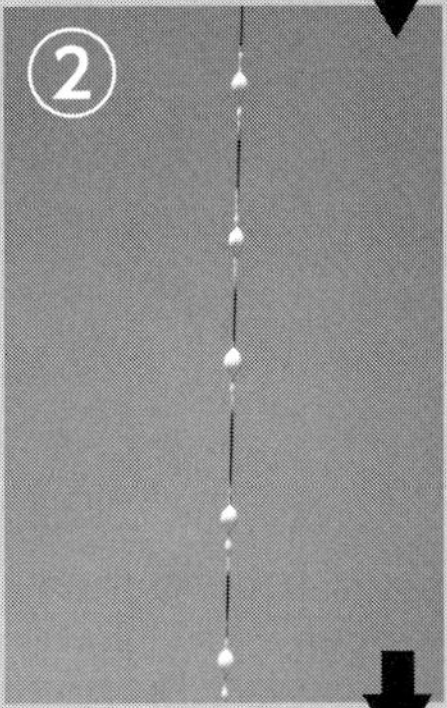

下地用塗料ホワイトの乾燥時間は1回塗ったら2～3日待つくらい気長に行ない、最低5回塗り重ねてから、⑦の蛍光塗料を塗る行程に進むこと

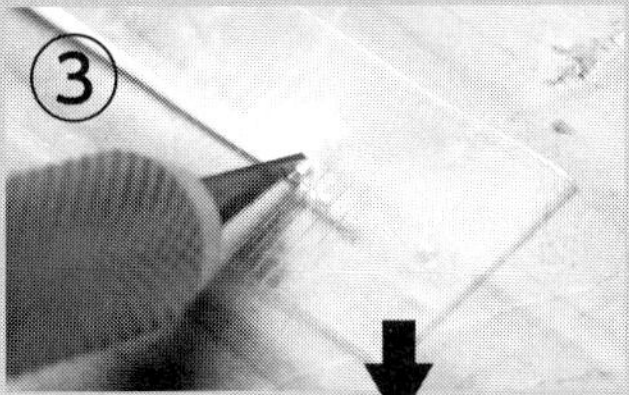

一方、羽根芯で作るイトウキはまず先端部にある極細の0.5～1㎜径を選び、カッターや安全カミソリの刃で長さ0.5～1㎜にカットする。この際、切った羽根芯が飛び散らないように、セロテープに羽根芯を張って作業するとよい

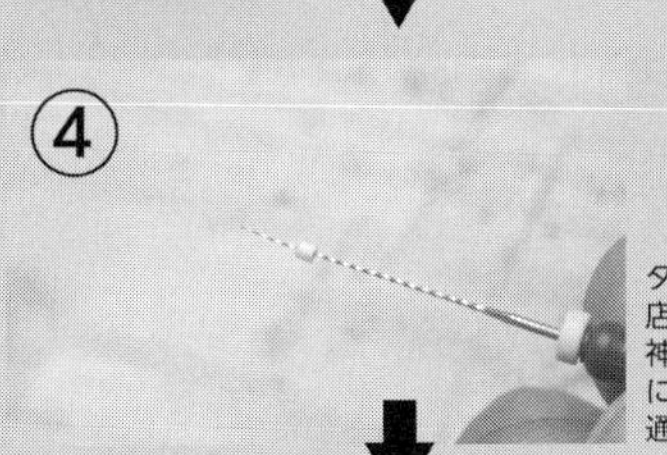

タナゴ釣りの得意な釣具店で入手した歯医者用の神経抜きを使って羽根芯に穴を開け、ミチイトを通す

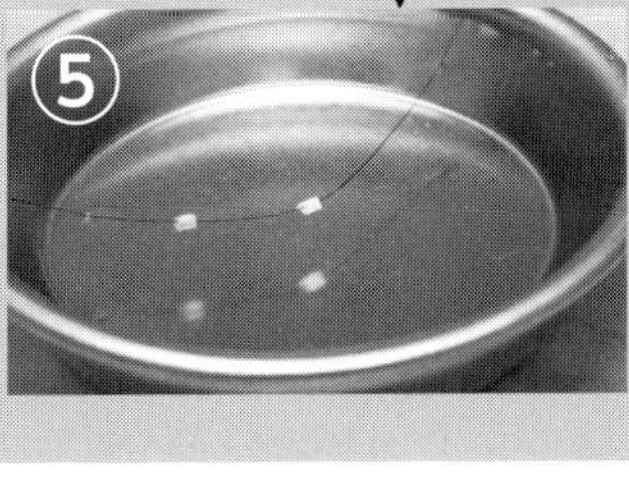

ミチイトに通した羽根芯を、1時間くらい水に浸して穴を締めた後、最低1日以上乾燥させておく

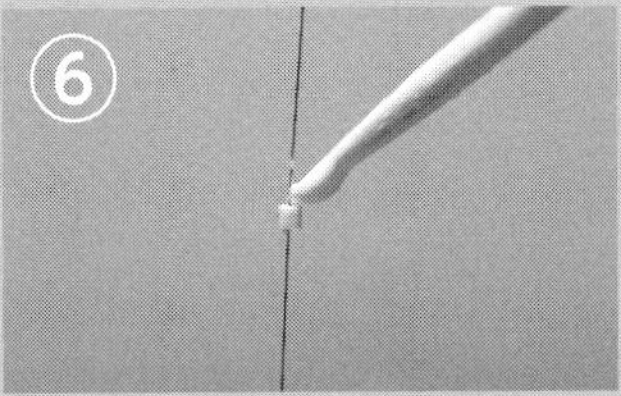

楊枝または細筆を使って、前述した①～②と同じく下地用塗料ホワイトの原液を塗り重ねながら、楕円形やナツメ型に仕上げていく。この際、乾燥台を上下に返しながら乾燥させるのがコツ

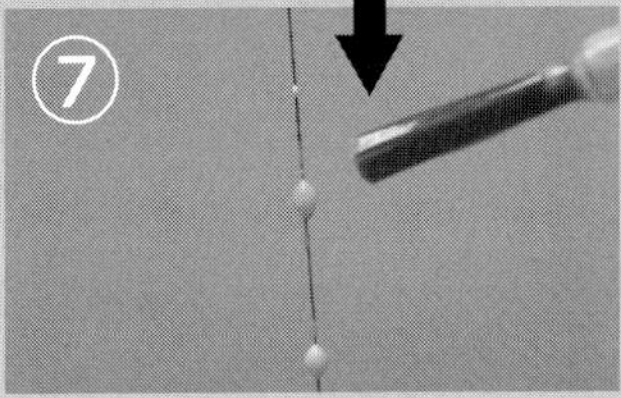

下地用塗料ホワイトのみのパターン、羽根芯パターンとも好みの大きさにまとまったら、充分に乾燥させてから視認性がよい蛍光塗料を2～3回塗り重ねる

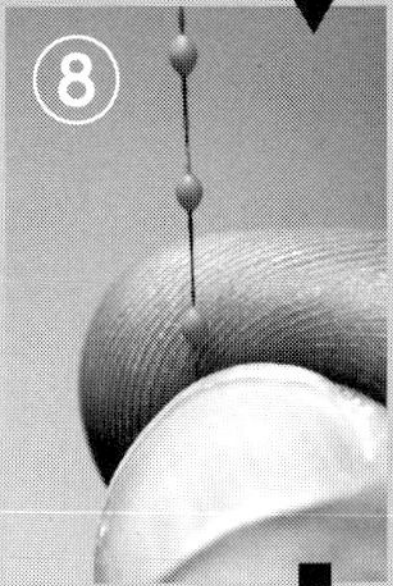

イトウキの玉の上下にできているバリは爪の先を使うと簡単にこそげ落とせる

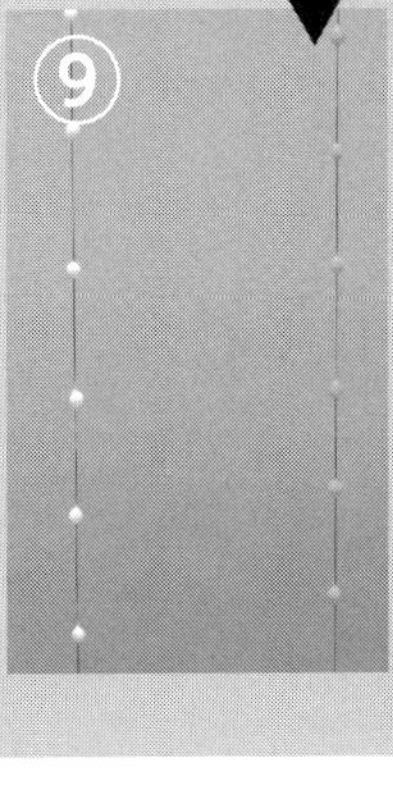

最後に成型状態などをチェックし、失敗作はつぶしてしまう。なお、イトウキを上下に動かして多少緩くても、実釣で使うと微粒子のゴミが詰まってちょうどよくなるケースが多い

タナゴバリの研ぎ方

実演／成田臣孝

手研ぎバリ、つまりタナゴバリの研ぎ方を教えていただいたのは、「東京タナゴ釣り研究会」の最高位8段に君臨している名手・成田臣孝さん。晩秋の10月から翌春4月までの7ヵ月間、毎月2回行われるタナ研例会のほか、毎週1回は個人釣行も楽しんでいるタナゴ釣りフリークの一人である。

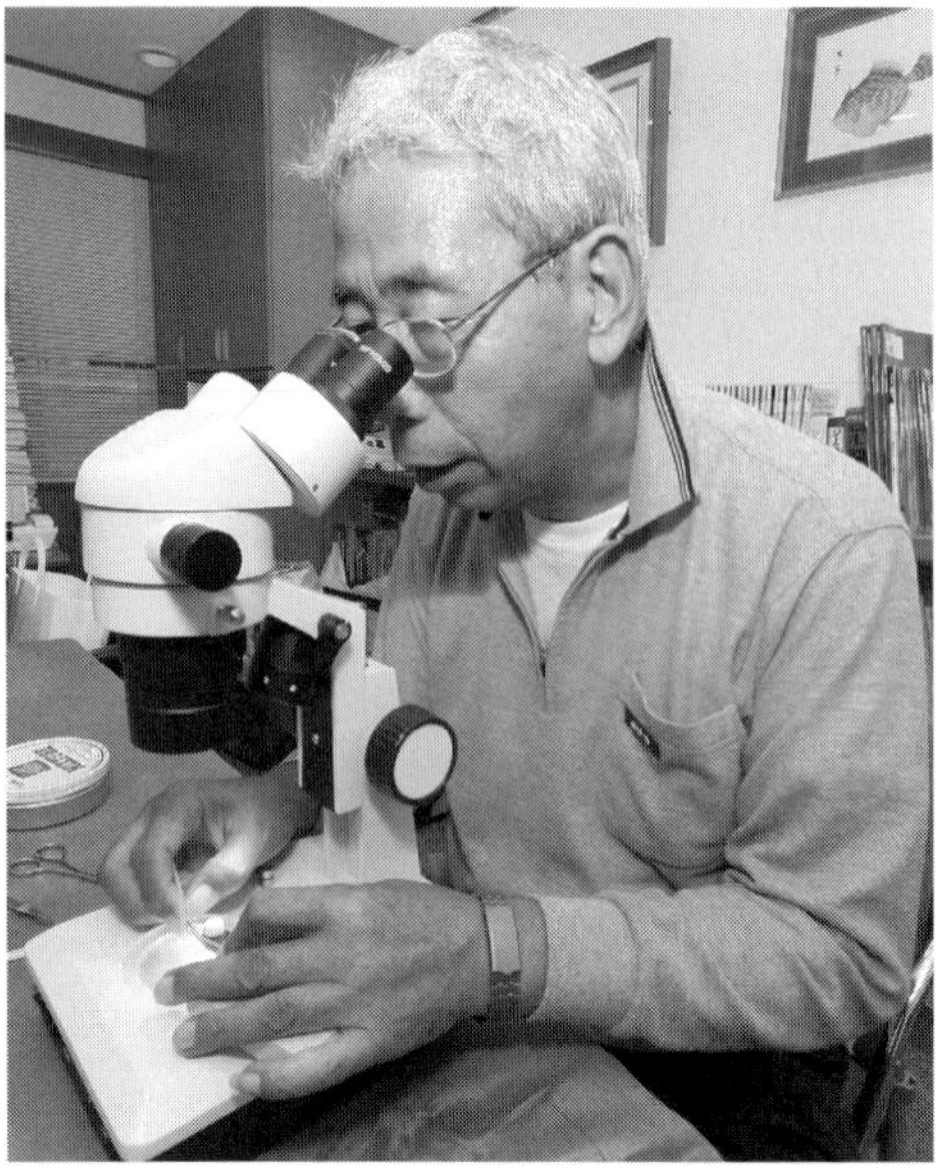

「数釣りゲームで釣果を伸ばすためには、その場所で釣れるタナゴの大小にマッチしたハリ合わせが重要課題になってきます。5㎝前後もある良型のマタナゴねらいなら、市販のタナゴバリでも釣れますが、超ミニのオカメタナゴだと50回アタリがあっても間違って掛かるのは数尾がやっと……」と、成田さん。

成田さんが手研ぎバリのフックサイズを決めるのは、ハリ先から先腰までの長さ（イラストA）を基準にしている。

たとえば、ハリ先から先腰までの長さが0・8㎜ならフックサイズ8、0・9㎜ならフックサイズ9……1・2㎜ならフックサイズ12といったように、それぞれの数字を割り当てているのだ。

「タナゴの大きさと手研ぎバリのサイズを合わせる目安は2～3㎝のミニタナゴならフックサイズ8、3～4㎝の中型にはフックサイズ9か10、それ以上の良型がフックサイズ11か12といった感じです。しかし、釣れてくるタナゴが大小バラバラの時には、正直、今でもハリ合わせに悩んでしまいます」

ところが実釣でのハリ合わせ以前に、手研ぎバリに適した「鋼タイプ」のタナゴバリが数種類しかないという深刻な悩みを抱えている。

現在市販されている釣りバリの大半は、何層にも重ねた特殊コーティングを施すことでハリ先の鋭利さを作り出しており、むやみやたらに研ぎ直すと大切なコーテ

A ハリ各部の名称

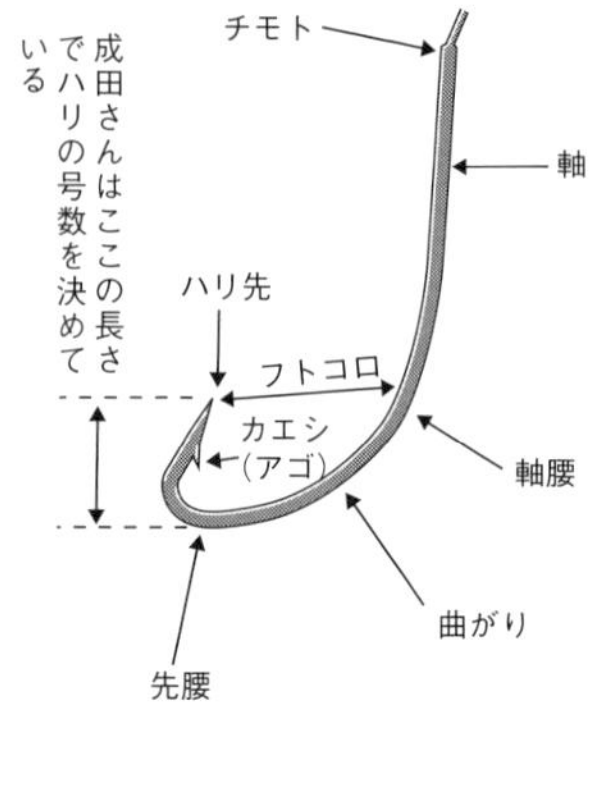

ィングをはがす結果となって、本来の切れ味を鈍らせてしまう。

　しかも、最新型のタナゴバリは釣りバリの加工技術が進歩したため、昔のタナゴバリに比べて数段ハリのカエシ部分が小さい。

　その分ハリ掛かり率は向上したのだが、手研ぎバリ派にとってはカエシが小さすぎて、今回のようにハリ先を平らに削り落とし、改めてカエシを成型するなど大胆な研ぎ直し作業をすることは不可能になってしまったのだ。

「現在残っている手研ぎバリに適したタナゴバリはオーナーの『タナゴ三腰』と鬼印の『新型』の2種類だけかもしれません。ハリ型の小さな三腰はオールラウンドタイプ、一方の新型はハリ型がふた回りほど大きいので、大中型のマタナゴ用と考えています。

　とはいっても、パックの中のタナゴバリがすべて使えるわけではありません。まずはハリ先の角度を吟味（イラストB参照）し、次にカエシの大きさも厳選すると、最終的には1パックの中で数本しか残らないケースもあります」

　こんな成田さんが年間研ぐタナゴバリ

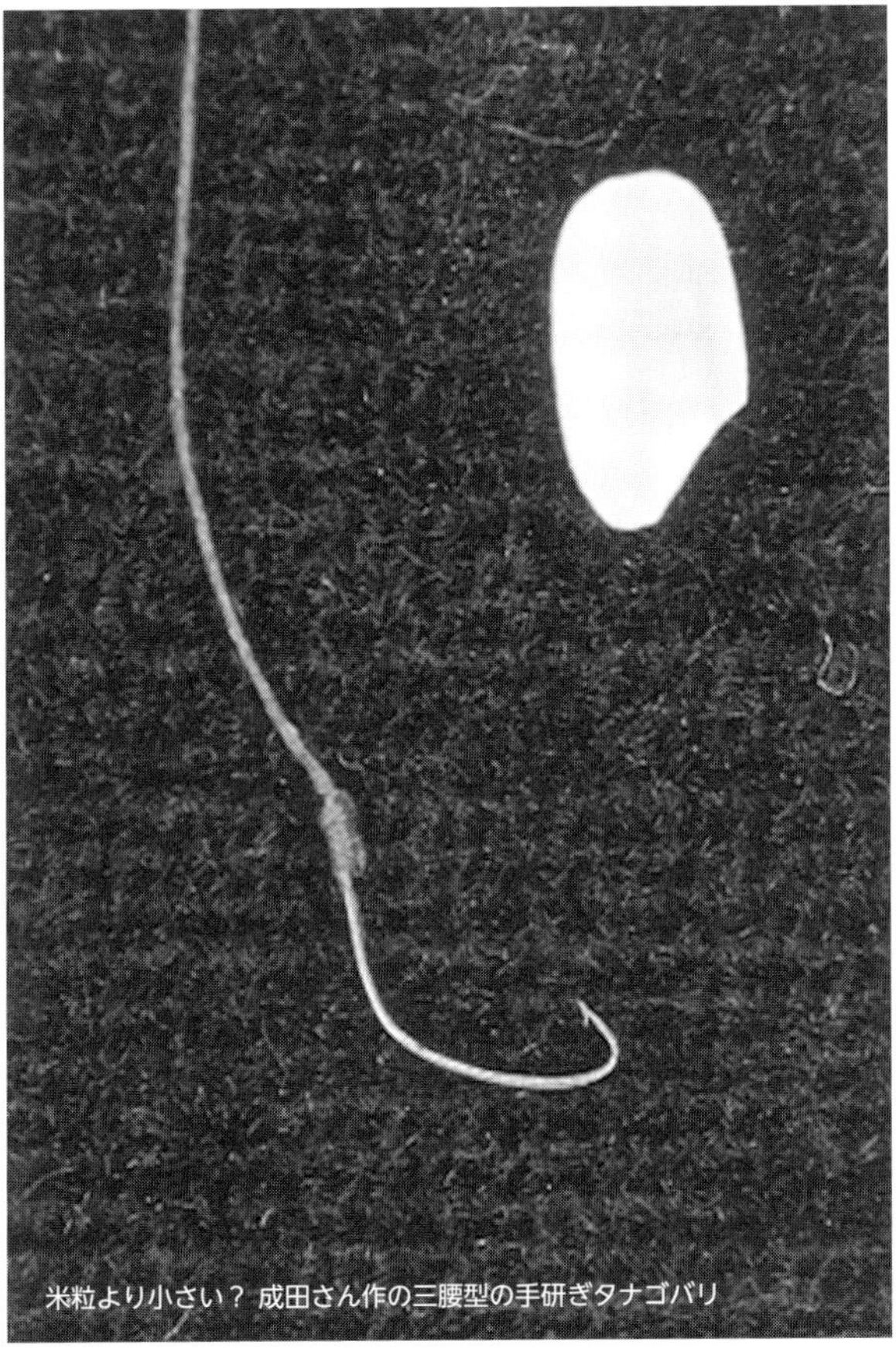

米粒より小さい？ 成田さん作の三腰型の手研ぎタナゴバリ

B　手研ぎバリに適したハリ先の角度

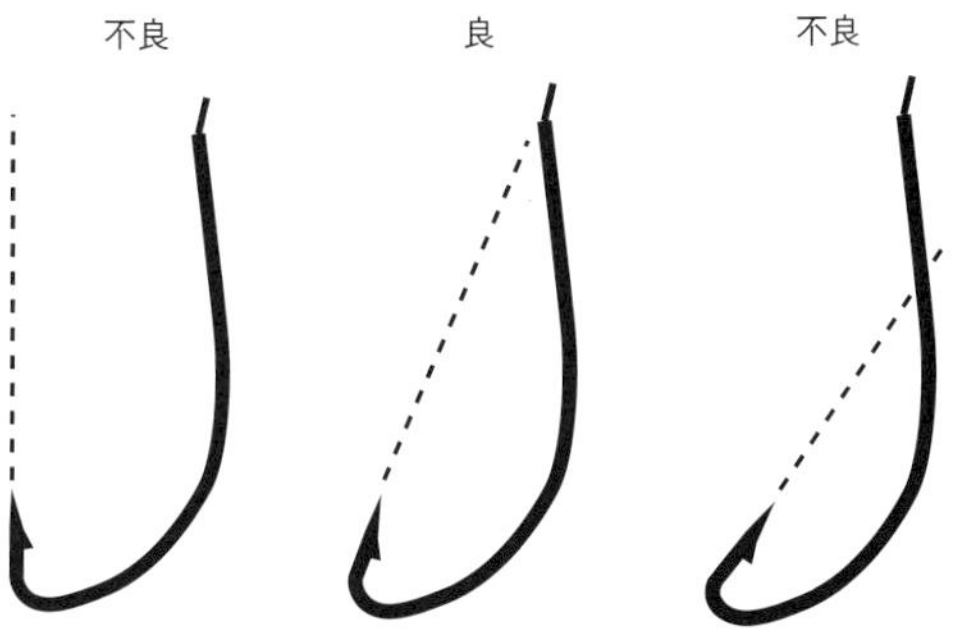

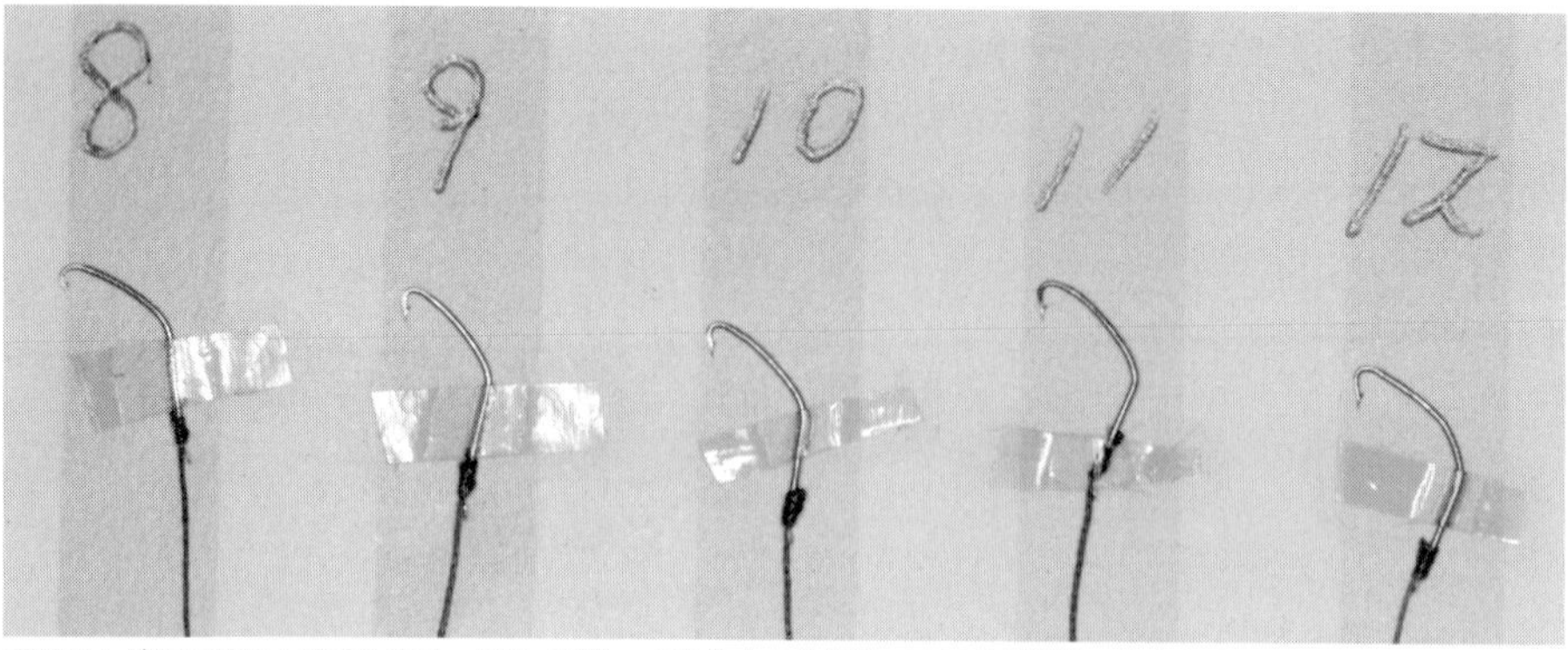

成田さんが研いだタナゴバリのフックサイズは、ハリ先から先腰までの長さが基準。左から8、9、10、11、12と小さい順に並んでいる完成品

の本数は300~400本。精密な電子顕微鏡をのぞき込み、拡大されたタナゴバリとダイヤモンドヤスリに目を凝らして、太い指先を器用に動かしながら大胆かつ繊細にハリ先を成型していく。その成型テクニックはまるで歯科医の矯正技術を眺めているようだ。

「事実、タナゴバリを研ぐ小道具のほとんどは、歯科医が使う医療器具の転用といっても過言ではありません。ダイヤモンドディスクやアール研ぎ、カエシ研ぎはすべて歯を削るダイヤモンドヤスリなんですよ」

手慣れた作業とはいえ、成田さんがタナゴバリを1本研ぎ終えるのには約30分かかるそうだ。慣れないうちは、自分なりにある程度納得できるハリ先に整うまでには、おそらく2時間くらい要するという。

「力みすぎるとポキリと簡単に折れてしまうし、急ぎすぎれば変形して使い物にならない。でも、形よく研ぎ上げたタナゴバリは、ハリ掛かりが甘くなった場合、2000番の耐水ペーパーでハリ先の表面を軽く擦るだけでも切れ味が戻ります」

「タナゴバリと遊ぶくらいの気持ちで、焦らず余裕をもって手研ぎバリ作りを楽しみ、その成果は実釣で試してみれば、よりタナゴ釣りの奥が深まります」

自分だけのハリが研げる！

Tワールド（つり人社）

成田式
タナゴバリ研ぎセット

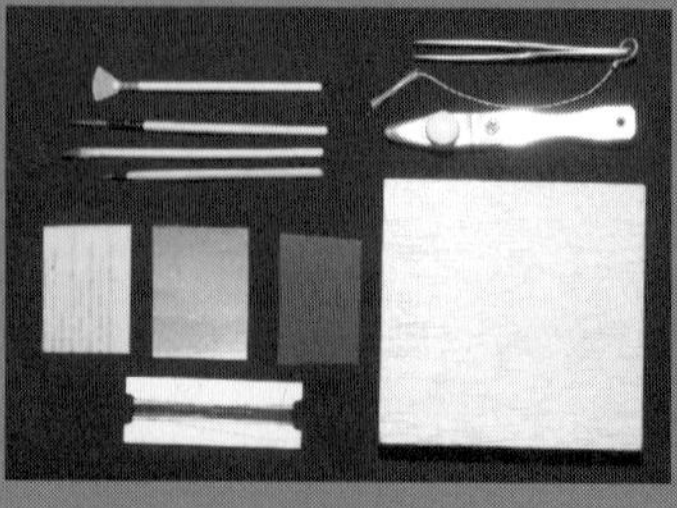

成田さん考案の研ぎバリ用ダイヤモンドヤスリ、ペーパーヤスリや顕微鏡台（写真）のほか、ハリを研ぐ工程が分かる研ぎバリ見本がセットになっている。

価格等詳細はつり人社ＨＰ（http://www.tsuribito.co.jp）までアクセス。

タナゴバリの研ぎ方

研ぎ方の手順

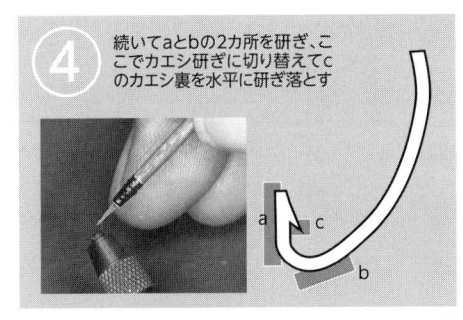

①
ハリホルダーのチャックでタナゴバリの軸腰付近をはさんで固定する

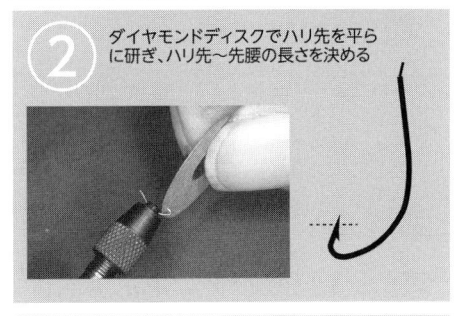

②
ダイヤモンドディスクでハリ先を平らに研ぎ、ハリ先〜先腰の長さを決める

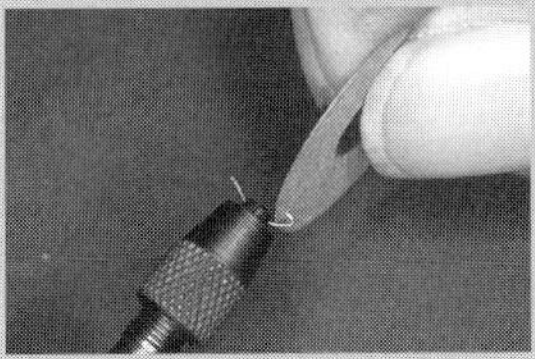

③
同じくダイヤモンドディスクを使って、ハリ先〜先腰部分の両側面を研いだら……

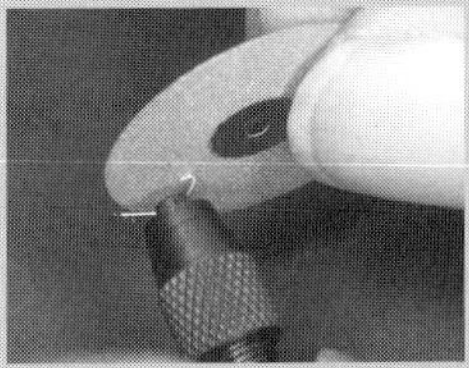

④
続いてaとbの2カ所を研ぎ、ここでカエシ研ぎに切り替えてcのカエシ裏を水平に研ぎ落とす

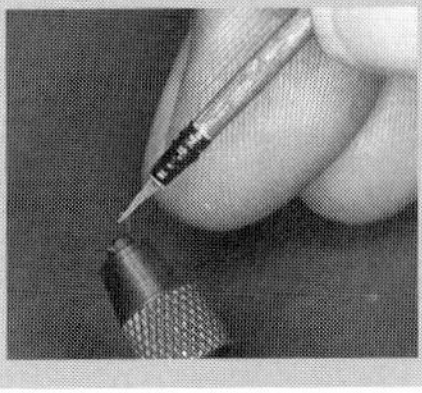

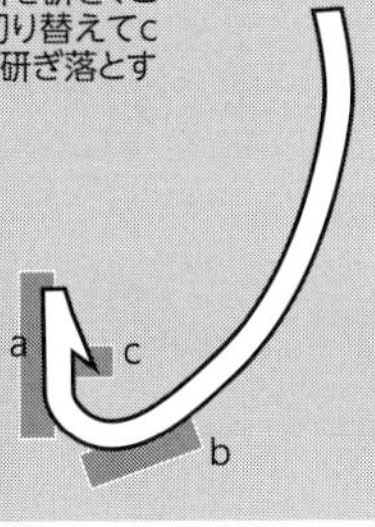

⑤
さらにアール研ぎに持ち替えて、ハリ先を鋭く研ぎ上げる

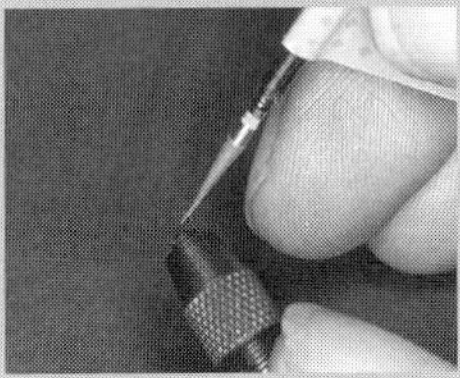

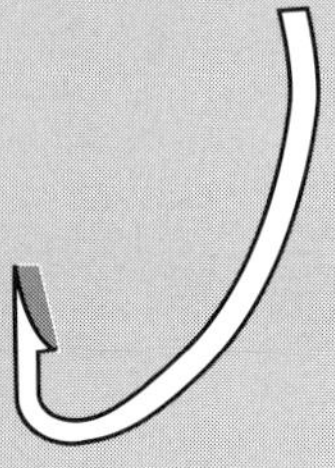

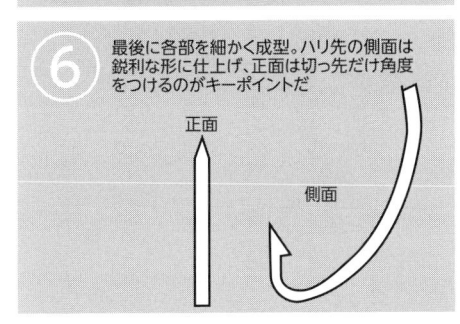

⑥
最後に各部を細かく成型。ハリ先の側面は鋭利な形に仕上げ、正面は切っ先だけ角度をつけるのがキーポイントだ

[タナゴバリの形状変化]

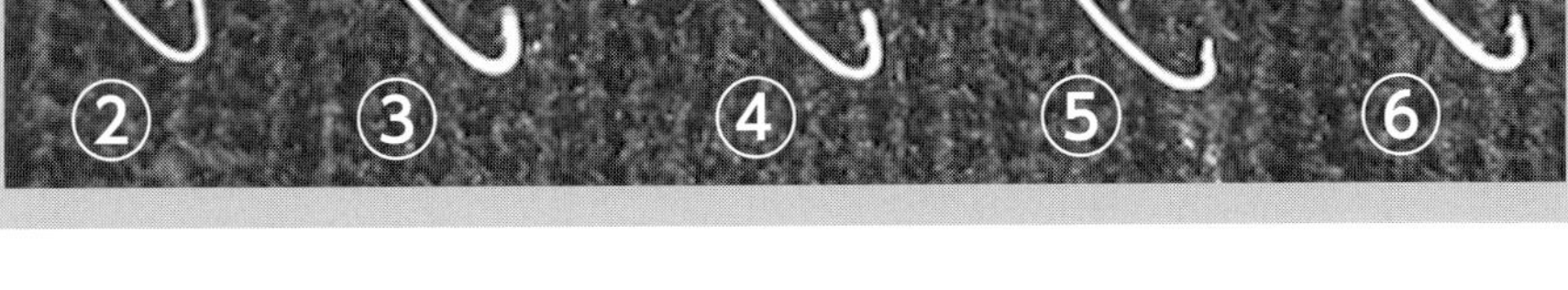

タナゴ釣り入門　パート7

連動シモリ仕掛けの バリエーション

現代のタナゴ釣り仕掛けの主流、連動シモリ仕掛けを、その日、その時の状況に合わせた浮力バランスに調整する。この釣りの重要なキモの1つだ。

連動タナゴ仕掛け

【基本的な連動シモリ仕掛け】

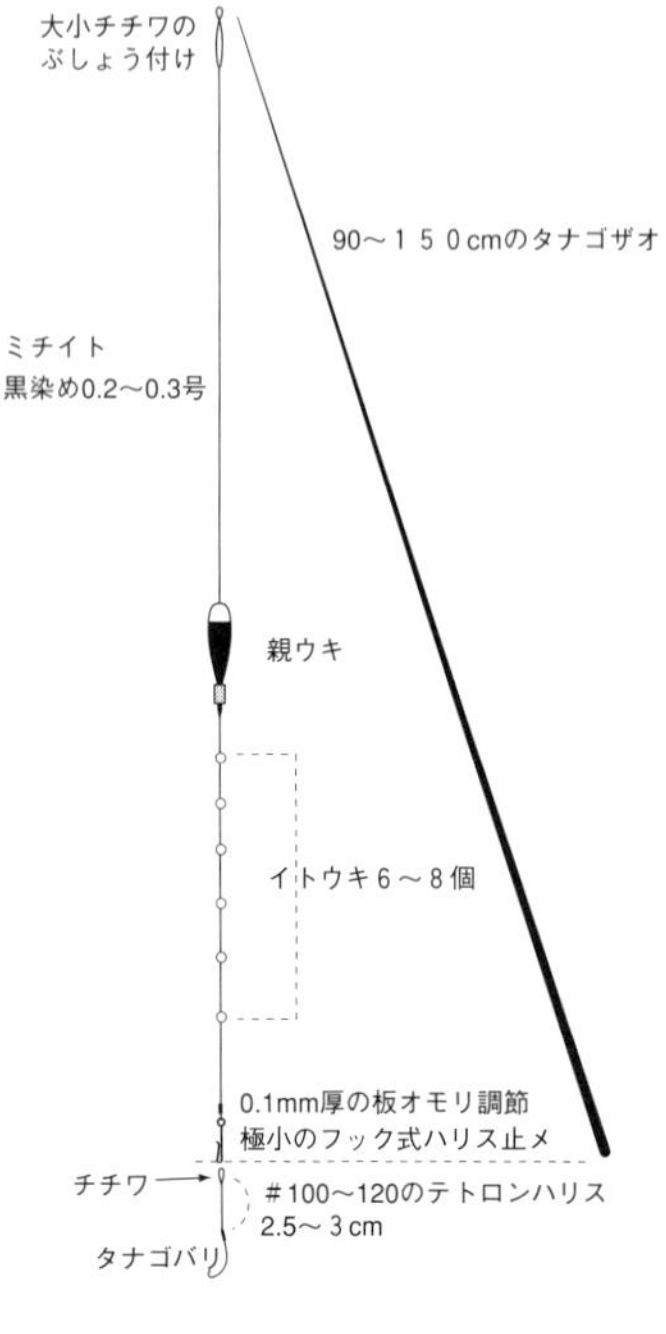

仕掛けの浮力バランスの取り方

オモリの微調整で、タナゴのレンジに合わせてウキを定位

江戸前スタイルの短ザオによるタナゴ釣りでは、現在、ほぼ100%近くの釣り人が、立ちウキタイプの親ウキと6〜8個程度のイトウキを配列させた連動シモリ仕掛けを愛用している。

フナ釣りのようにベタ底を釣ることがなく、下層から上層までの宙層に群泳しているタナゴをねらうには、その日、その時によって変化するタナゴの遊泳層、つまり食いダナを効率よく探り当てることが前提だ。

このような理由から、江戸前スタイルのタナゴ釣りで定番として使われている連動シモリ仕掛けの浮力バランスには3通りある。

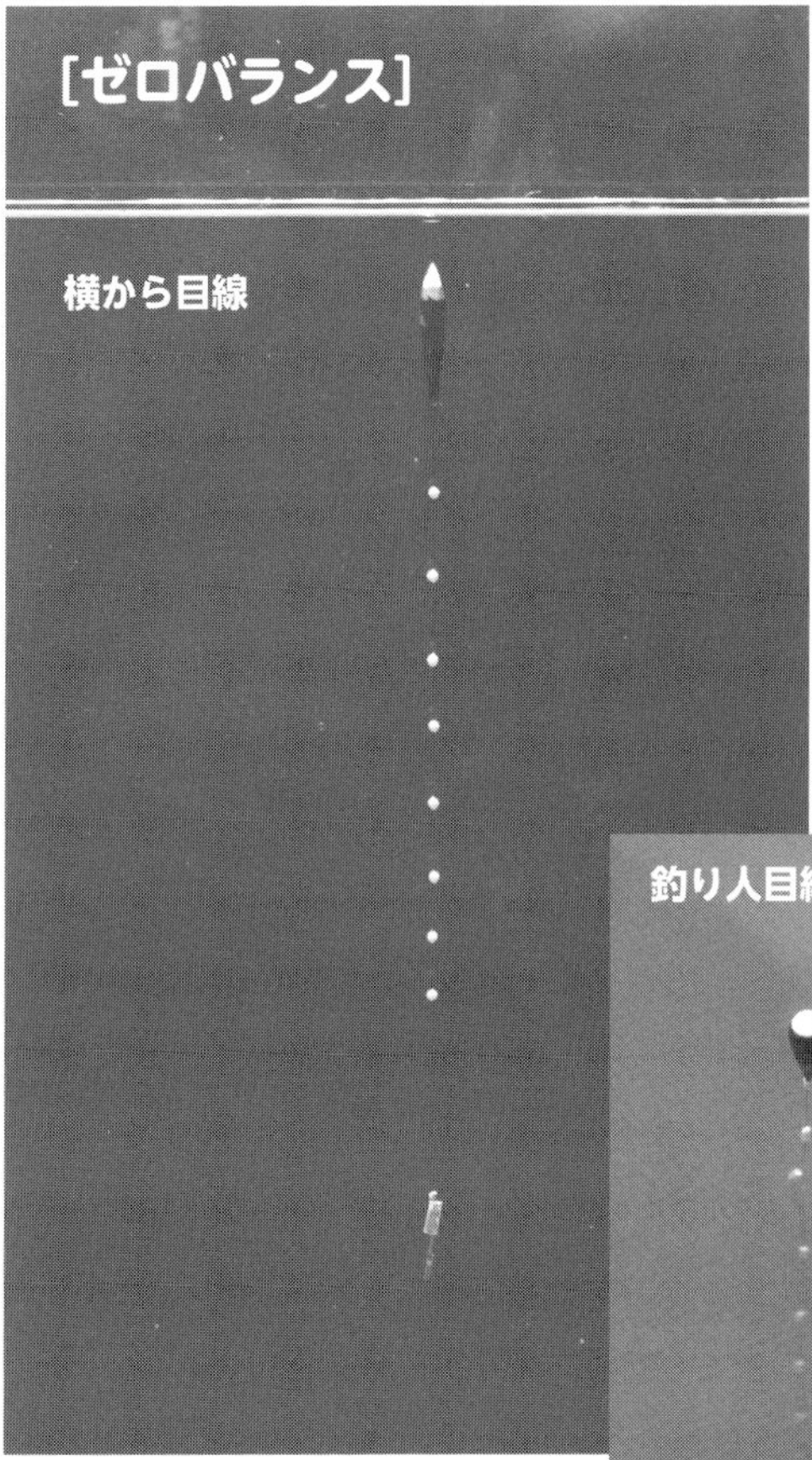

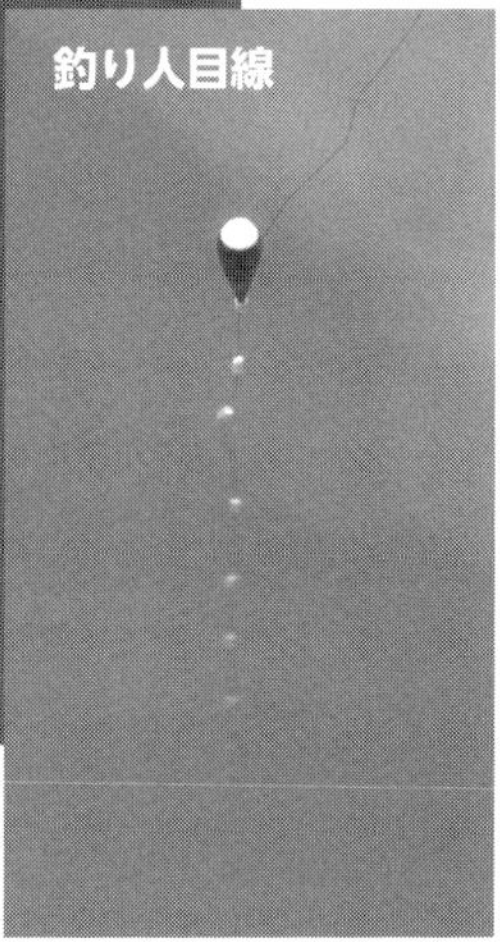

水面下1〜2㎝に親ウキが沈んだ状態で定位させておく「ゼロバランス」。浮力バランスは、あらかじめウキ全体を水に馴染ませておいてから調節したほうが狂いがない

【ゼロバランス】

1つめは、水面直下で仕掛けを定位させておく「ゼロバランス」だ。これはウキ全体の浮力を微調整してゼロに近い状態にし、水面下1〜2㎝に親ウキが沈んだ状態で静止しているバランスと考えてよい。

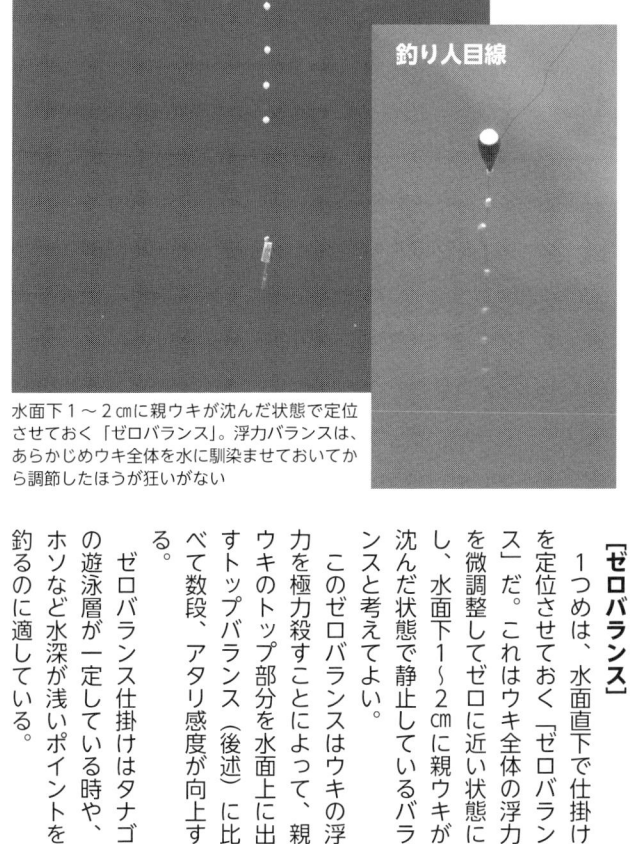

このゼロバランスはウキの浮力を極力殺すことによって、親ウキのトップ部分を水面上に出すトップバランス（後述）に比べて数段、アタリ感度が向上する。

ゼロバランス仕掛けはタナゴの遊泳層が一定している時や、ホソなど水深が浅いポイントを釣るのに適している。

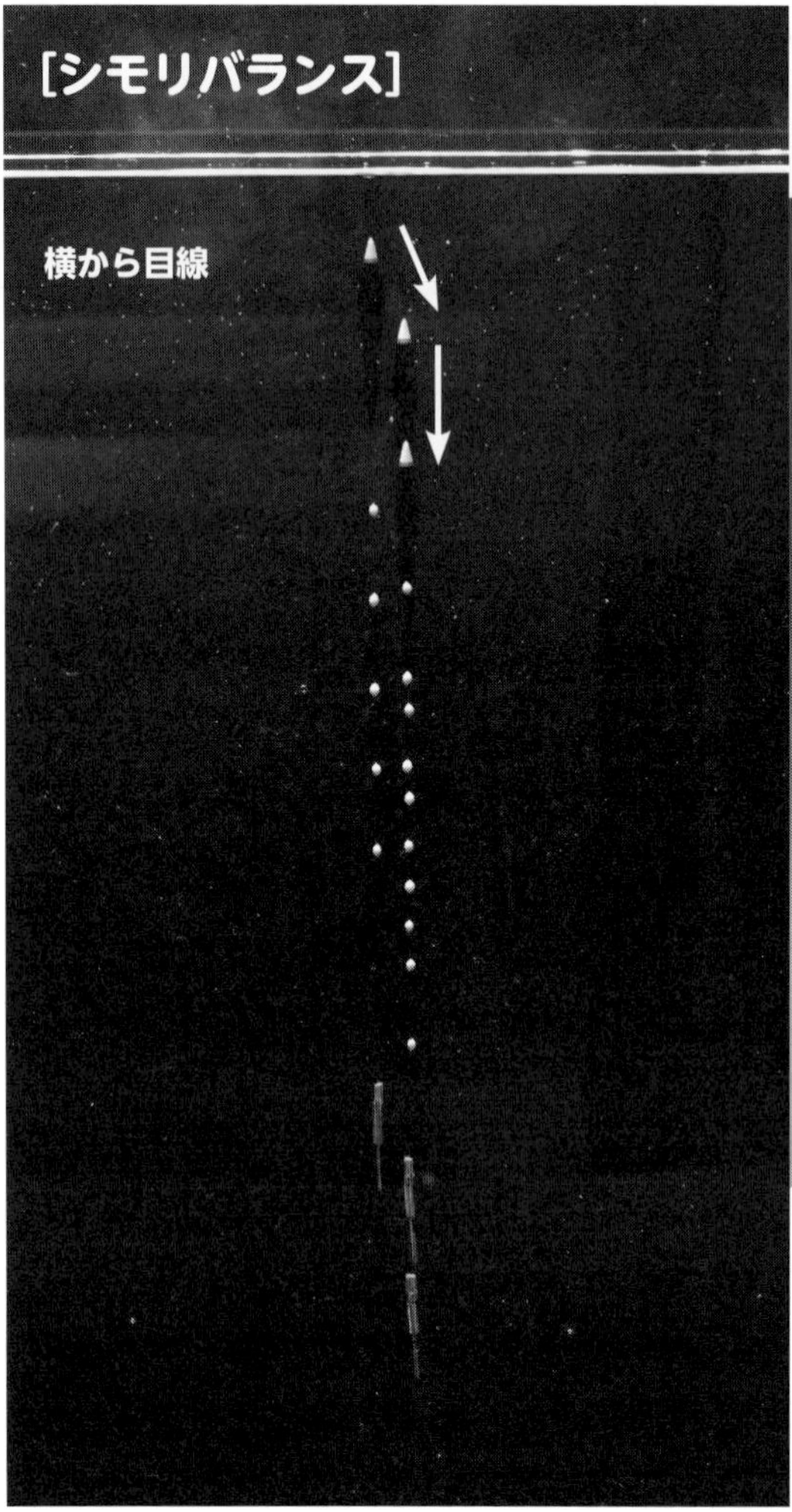

「シモリバランス」は江戸前スタイルとっておきの浮力バランスだ。秒速１〜３cmくらいの超低速の落下スピードで潜っていくように、微妙な浮力調節が必要だ

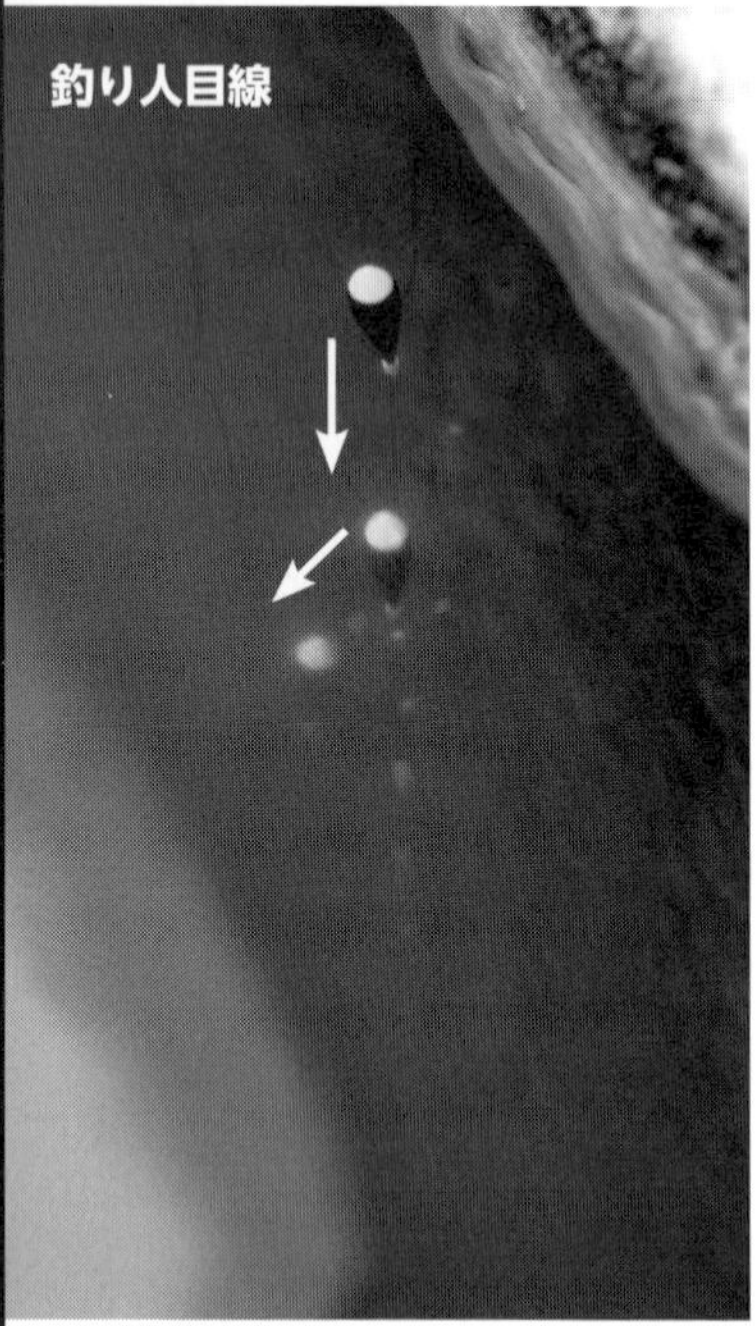

【シモリバランス】

2つめは、上層から下層に向かって超低速の落下スピードで潜っていく「シモリバランス」である。

フナ釣りでいう遅ジモリのバランスと混同しやすいが、タナゴ用のシモリバランスの落下スピードは秒速1〜3㎝くらい。より微妙な浮力調節が必要だ。

このシモリバランスは、江戸前スタイルの独特の浮力バランスとして、タナゴ釣りのベテラン勢が好んで用いている。

タナゴの群泳層が上下層に広く散っていて、ねらうタナを判断しかねる場合はもちろんのこと、誘いを加えながら反射食いを誘う時には絶大な効果を発揮する。特に水深が深い湖岸ドックねらいや、極端な食い渋りが予想される寒タナゴ釣りで活躍してくれる。

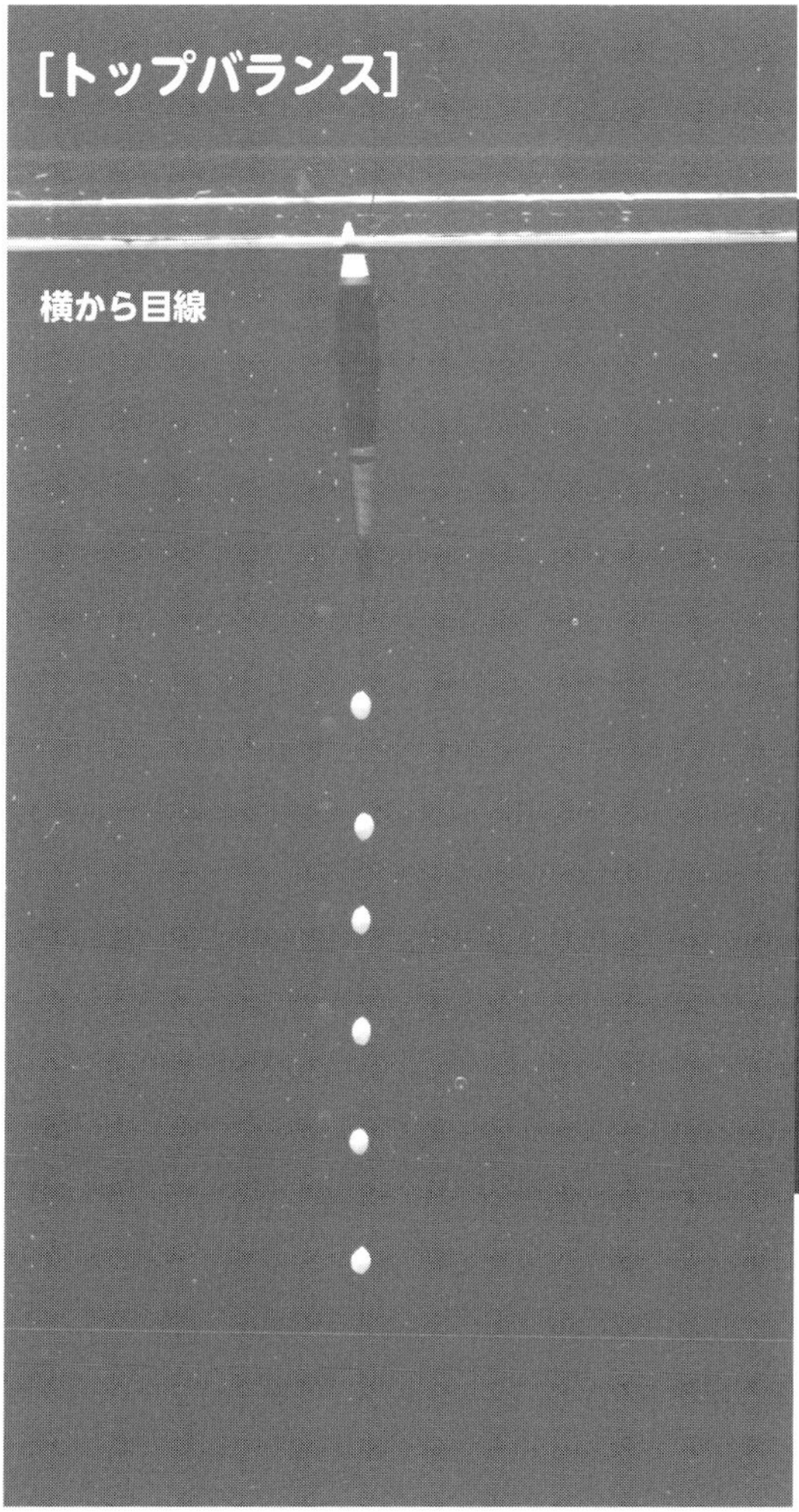

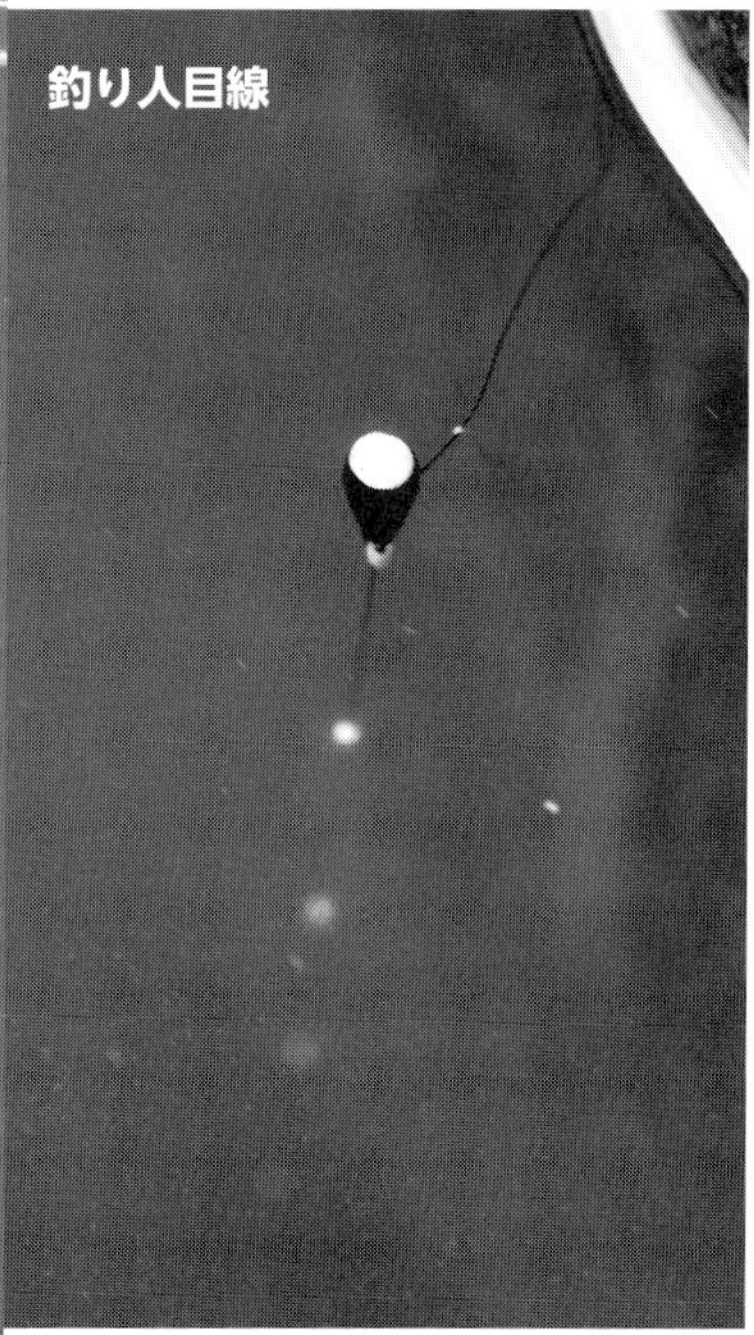

親ウキのトップを水面からわずか数㎜出す「トップバランス」。トップ部分の出し過ぎはアタリ感度が落ちるので要注意

【トップバランス】

一方で、沖目のポイントをねらう際にウキの視認性を高める時や、タナゴの活性が高い春から初冬の時期には、親ウキのトップを水面からわずかに出す「トップバランス」も使う。

このトップバランスは、連動シモリ仕掛けばかりでなく、イトウキを使わない親ウキ1本だけの、立ちウキ仕掛けにもよく使われている。

釣行前など、自宅で仕掛けの浮力バランスを調節する場合は、高さ30㎝以上の円筒形をしたゴミ箱に水を張ると簡単にできる。風呂場のバスタブを利用する時には必ず冷め切った水を使うこと。

この際、親ウキやイトウキは多少水分を吸収して浮力が変化するため、少しの間、水に馴染ませてから浮力調節を行なうと同時に、ハリス付きのハリをセットした状態の仕掛けで浮力バランスを整えること。

[親ウキのサイズ]

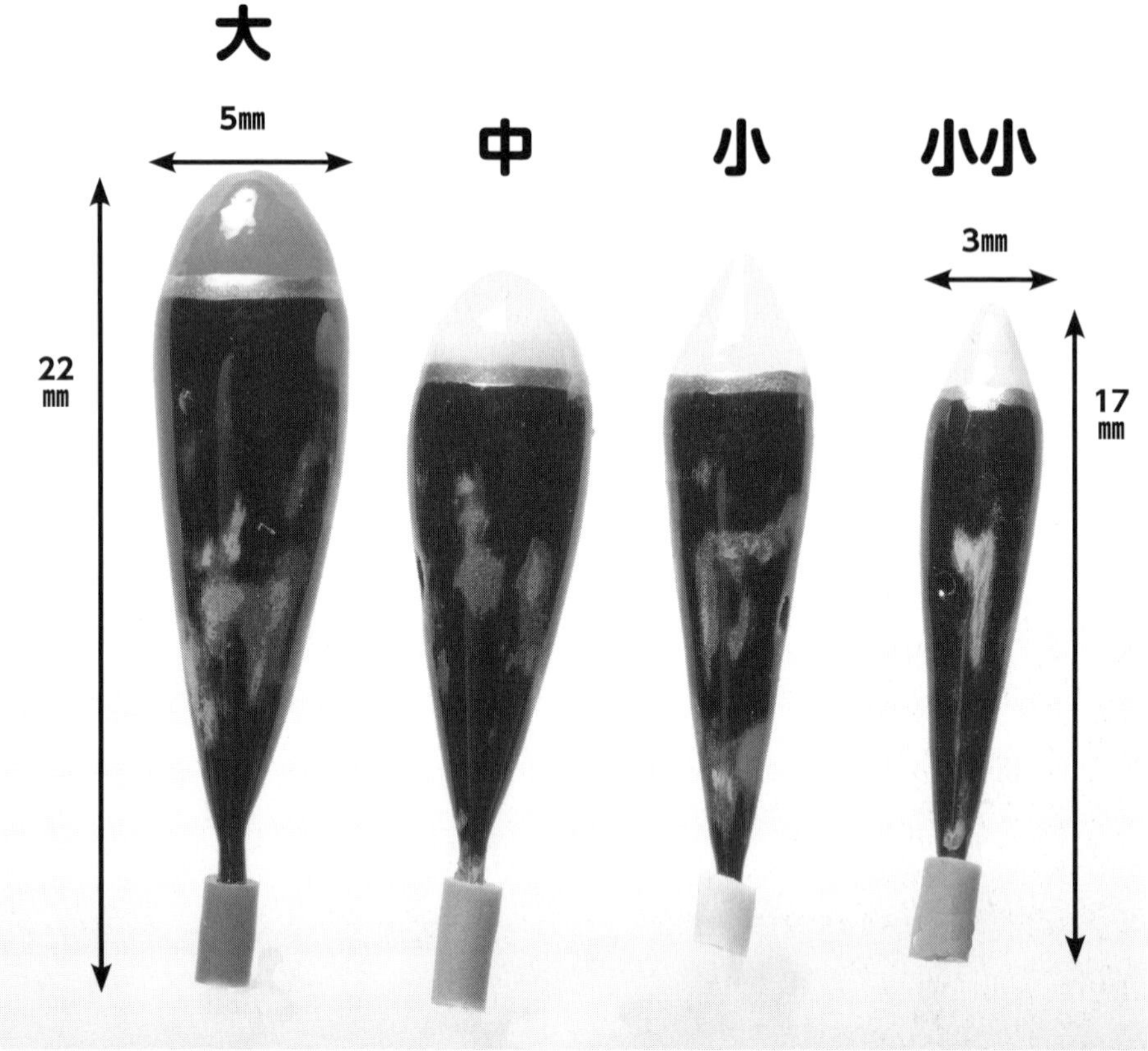

連動シモリ仕掛け

微妙なタナゴのアタリを察知するために考え出された繊細仕掛け

連動シモリ仕掛けの最大の特徴は、ほかのウキ仕掛けパターンに比べて、アタリ感度に長けている点だ。それを使いこなすには、仕掛けにセットした親ウキとイトウキが、それぞれどのような役割を果たしているのかを理解しておく必要がある。

まず、仕掛け最上部にセットする親ウキは、アタリをキャッチする目的のウキではなく、仕掛けの位置確認とともに仕掛け自体の浮力バランスを整えてコントロールするのが主な役割だ。

一方、親ウキの下部に並ぶイトウキは浮力がほとんどなく、水中の変化を素早く察知して敏感に反応してくれるアタリウキの役割を担っている。

このようなことから、親ウキの形状やサイズ、それにイトウキのサイズと個数の組み合わせによって、浮力バランスや視認性が自由自在に操れて、多種多彩な連動シモリ仕掛けパターンを作ることが可能だ。

それぞれ条件が異なる釣り場シチュエーションにマッチした連動シモリ仕掛けパターンをある程度揃えておくことが、好釣果につながるキーポイントといえるだろう。

主な釣り場シチュエーションをもとに、それぞれ好適な連動シモリ仕掛けをそろえる代表的な例としては、

①サオの長短別パターン
②タナゴの大小サイズ別パターン
③季節別パターン
④水況別のパターン

に大別できる。

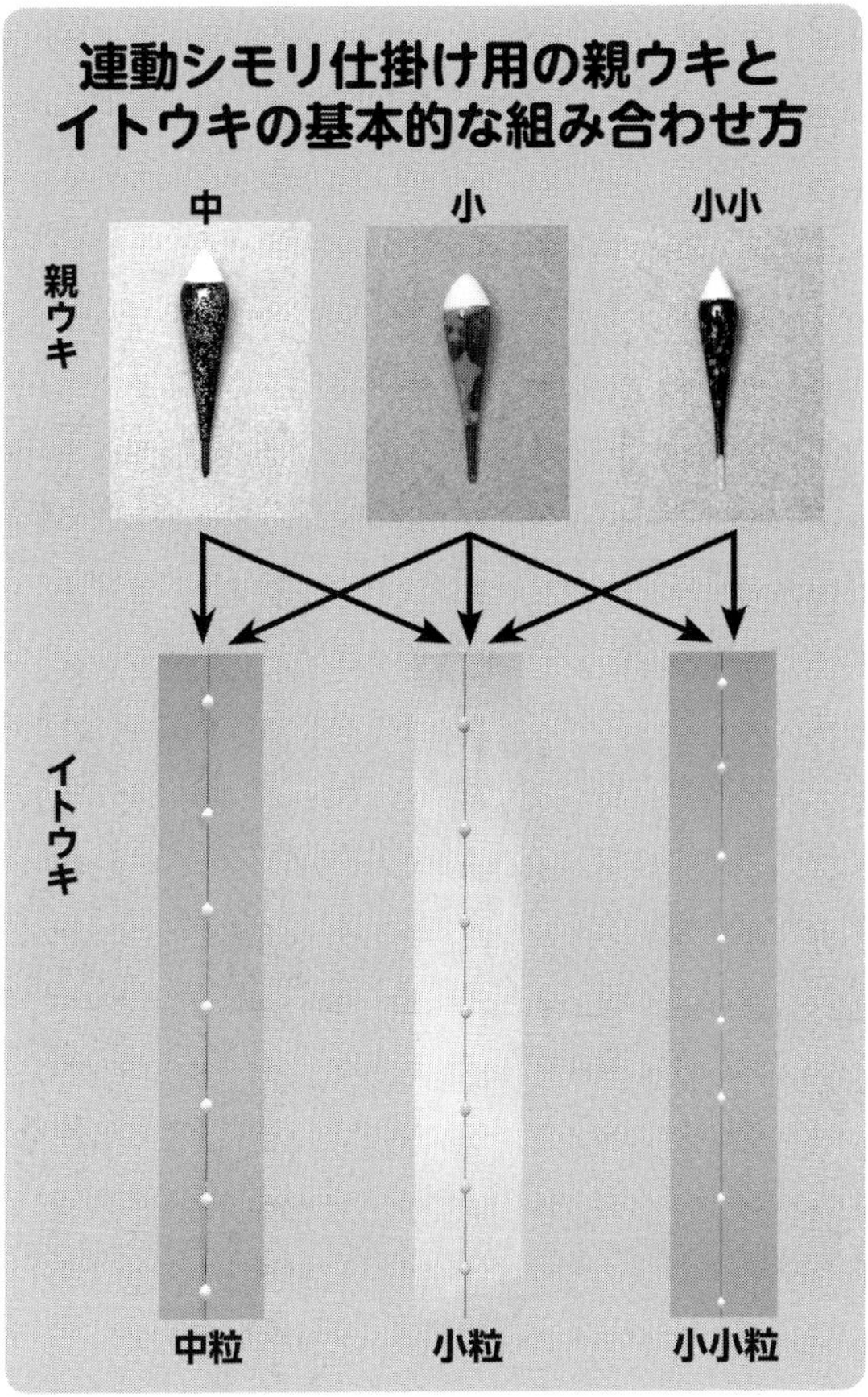

基本的な考え方としては、①サオの長短別パターンの場合は、全長が長くなるほど視認性が高い仕掛けが求められるし、②タナゴの大小サイズ別パターンや③季節別パターンなら、小型タナゴで食い渋りが予想されるほど、より敏感なアタリ感度が要求される。

また、④水深や流速、透明度など水況別パターンだと、スリム型やファット型といった親ウキの浮力バランスとともに、イトウキの大小サイズや個数を選択する必要性も出てくる。

ただし、これら連動シモリ仕掛けのパターンは単一の条件で満たすのではなく、常に複数の条件が組み合わさって、それぞれの釣り場シチュエーションに適した一つの仕掛けが完成することになる。

とはいっても、これら全部の条件を満たす連動シモリ仕掛けをすべて作るとなると、膨大な数にのぼってしまう。

そこで最初はあれやこれやと欲張らず、よく出かけるホームグラウンドの釣り場や自分のタナゴ釣りスタイルを軸にして、連動シモリ仕掛けを揃えていくことをお薦めしたい。

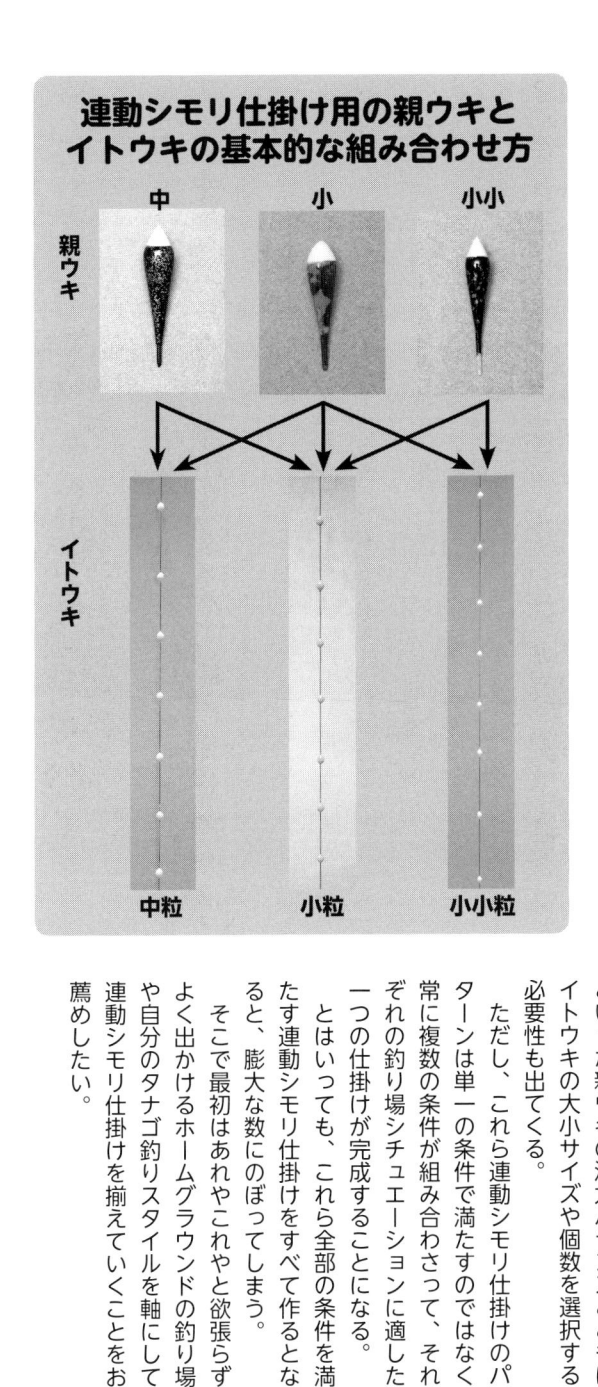

タナゴ釣り入門 パート8

釣り場の概略とタナゴの付き場

タナゴの移動パターンといっても、日本全国に棲むタナゴの種類は10数種類に及び、その習性はそれぞれ異なる。また、同じ種類のタナゴであっても、生息地の条件次第で行動に違いがある。したがって、ここでは、関東エリアの一大タナゴ釣り場である霞ヶ浦&北浦をモデルケースにして、主役ターゲットになっているタイリクバラタナゴ（通称オカメタナゴ）と、アカヒレタビラを中心にタナゴ、ヤリタナゴを含む総称になっているマタナゴをピックアップ。概略地図と写真を織り交ぜながら、1年を通した移動パターンを説明しよう。

1年を通したタナゴの移動パターン

タナゴは同じような水域に生息しているフナやモロコ、モツゴ（通称クチボソ）といったほかの魚種と同じように、居心地がよく、棲みやすい環境を求めて行動しており、四季折々それぞれの条件に適合した水域で生活している。したがって、タナゴが棲みやすい条件は、水温や水色、水位などの水況と、気温や日照時間といった自然環境の変化がバロメーターになっていることはいうまでもない。

タナゴの1年を通した行動パターンを簡単にいえば、暖かい季節はホソと呼ぶ小水路や水深が浅い水域で自由気ままに動き回り、寒い季節になると、水況の変化が少ない深みの1ヵ所に集まってじっと時を過ごすといった感じだ。

本来、江戸前スタイルの短ザオで楽しむタナゴ釣りは、寒い季節、つまり、師走から翌年2月にかけての厳寒期に盛んな「寒タナゴ釣り」が盛んであった。

昭和の中期あたりまでは、本湖へ流入している通称、流れっ川と呼ぶ流速が伴う大中小河川でマタナゴを中心にねらっていた。しかし、その後、自然環境の変化によって残念ながら衰退。近年は主に湖岸の要所要所に造られた舟溜まりのドックで越冬しているタイリクバラタナゴを主体とした、難易度が高い寒タナゴ釣りがクローズアップされてきた。

ところが、最近のタナゴ釣り事情はさ

冬の主な居場所

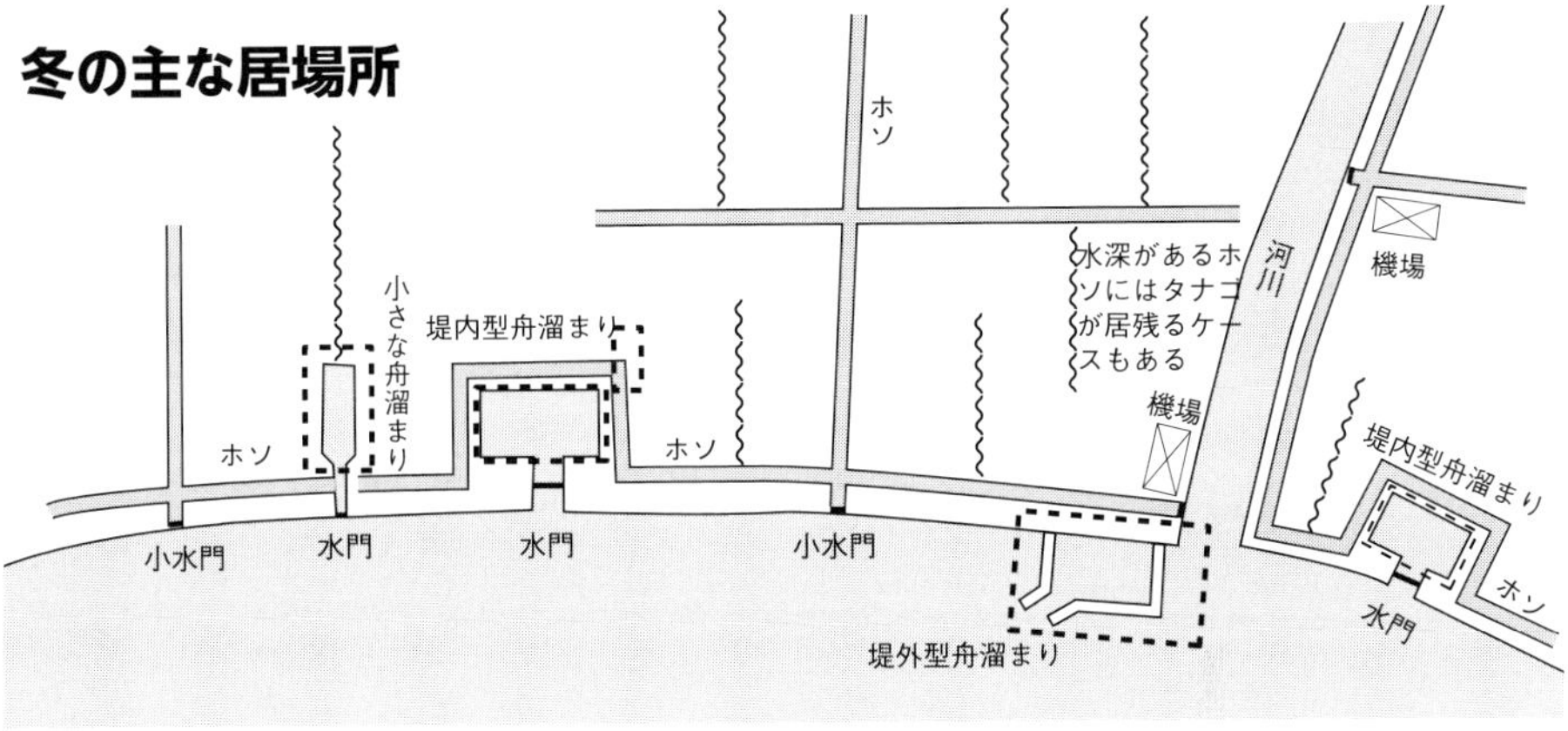

春〜初夏＆秋〜初冬の主な居場所

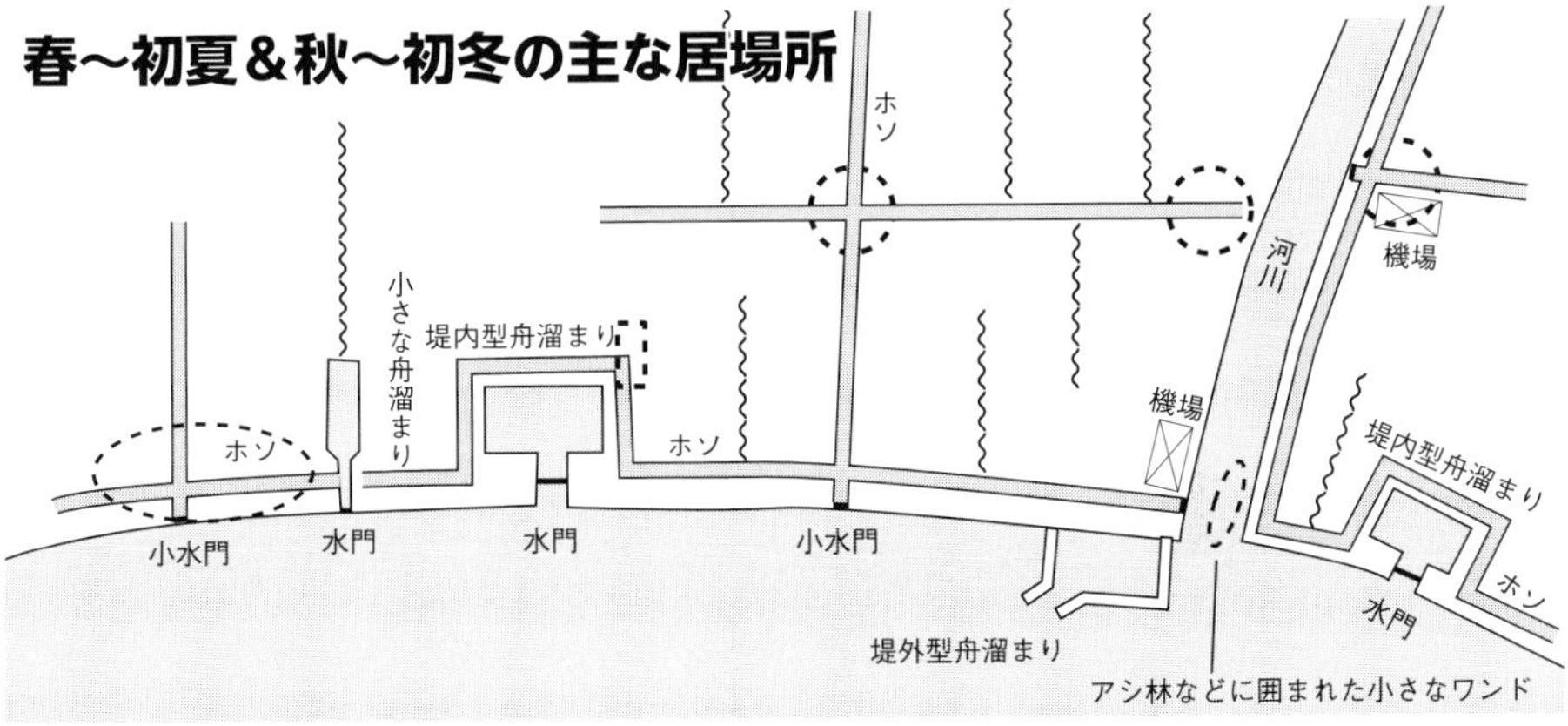

らに一変。昔ながらの寒タナゴ釣りの風潮にとらわれず、活性が高く釣りやすい時期のタナゴと遊ぼうと、暑さが厳しい夏の閑散期をはさんで、産卵期を迎える春〜初夏の乗っ込みシーズンから、水温低下に伴う秋〜初冬の落ちシーズンまでの暖かい季節に、タナゴ釣りを楽しむファンが増えてきている。

春〜初夏のシーズン前半戦、そして秋〜初冬のシーズン後半戦の暖かい季節になると、タナゴは深みを離れて湖岸裏側の田野の中を縦横無尽に走る流れの緩やかなホソに入り込んでくる。

ちなみに、産卵期や暖かい季節の雄タナゴは活性が高く、婚姻色のコントラストやグラデーションが美しい。

一方、ヤリタナゴなどは流れのある小河川を好む傾向も強い。しかし、関東エリアでは、何10年も前にミャク釣り＆ゴツンコ釣りが楽しめた流速が強い流れっ川や、東京近郊に点在していた往年のタナゴ釣り場が壊滅してしまった。実に残念だ。

湖岸周り

暖かい季節は湖岸一帯、冬季にはドック内がねらいめ

ここでタナゴ釣り場のモデルケースにしている関東の茨城・千葉両県にまたがる「霞ヶ浦と北浦の湖岸周り」には、数多くの河川が流入し、また、湖岸一円の要所要所には、漁船中心の係留場所である舟溜まり、通称ドックが造られている。

このドックは、越冬を目的にタナゴが集まる「寒タナゴ釣り」のメインステージになっている。

ドックの造成場所は湖岸を1周する土手道をはさんで、湖面に面した堤外型と湖面の内側に造られた堤内型があり、その規模や形状はさまざま。

ドックは船舶の係留基地であることから、水深が深く、平均1m以上ある。このため水深が浅いホソなどに比べて、冬場でも水温など水況の変化が少なく、越冬場所としてタナゴに棲みやすい環境を提供している。

しかも、ドック内はどこもかしこもタナゴが好む障害物の宝庫。係留されている漁舟、沈んでいる廃舟や河岸着け用の古タイヤに杭、船揚げ用のスロープ、網イケスといった水面から見える障害物はもちろんのこと、水中にもロープの残骸など人工的な障害物が沈んでおり、タナゴにとって格好の隠れ家になる溜まり場を形成している。

また、ドックの寒タナゴ釣りと前後する春から初冬にかけての暖かい季節には、タナゴはホソのほか、水深の浅い湖岸周りから流入している河川へと広く散っていく。湖岸一帯は、主に後述する湖岸のタナゴ五目釣りのポイントになるわけだが、特に河川の河口付近に見られる小さなワンドなど水草に囲まれた水域には、タイリクバラタナゴやマタナゴが集まり、江戸前スタイルの短ザオの釣りが楽しめるケースもある。

本湖に流入している中小河川の中でも、流速を伴う流れっ川は、ヤリタナゴが好む傾向が強い

大中河川のところどころにできている、アシ林など水生植物に囲まれた小さなワンドもタナゴが居着く場所の1つ

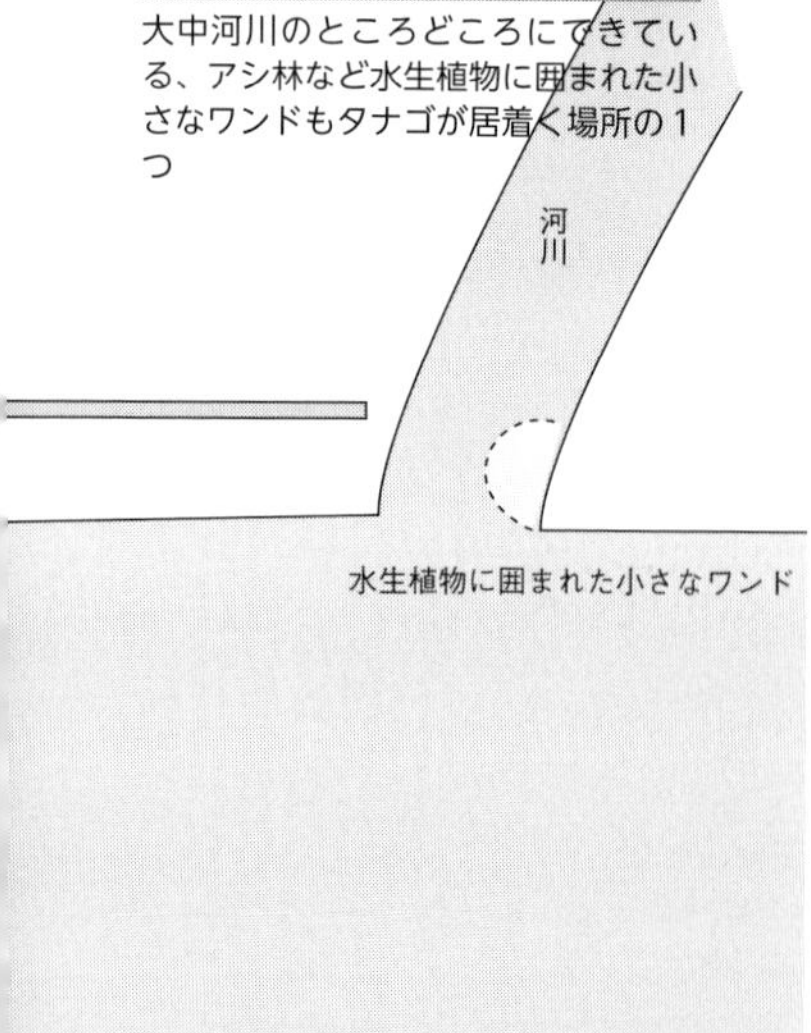

舟揚げ用のスロープとともに、舟溜まり内のあちらこちらに設置された河岸着け用の古タイヤ

風の影響を受けにくく、寒期のタナゴの生息に適した堤内型舟溜まり。これは中規模クラス

漁船からプレジャーボートまで係留されている大規模な堤内型舟溜まり

堤内型舟溜まりを取り巻くように流れるホソ。水深が深い場合には寒タナゴ釣りでも有望なねらい場

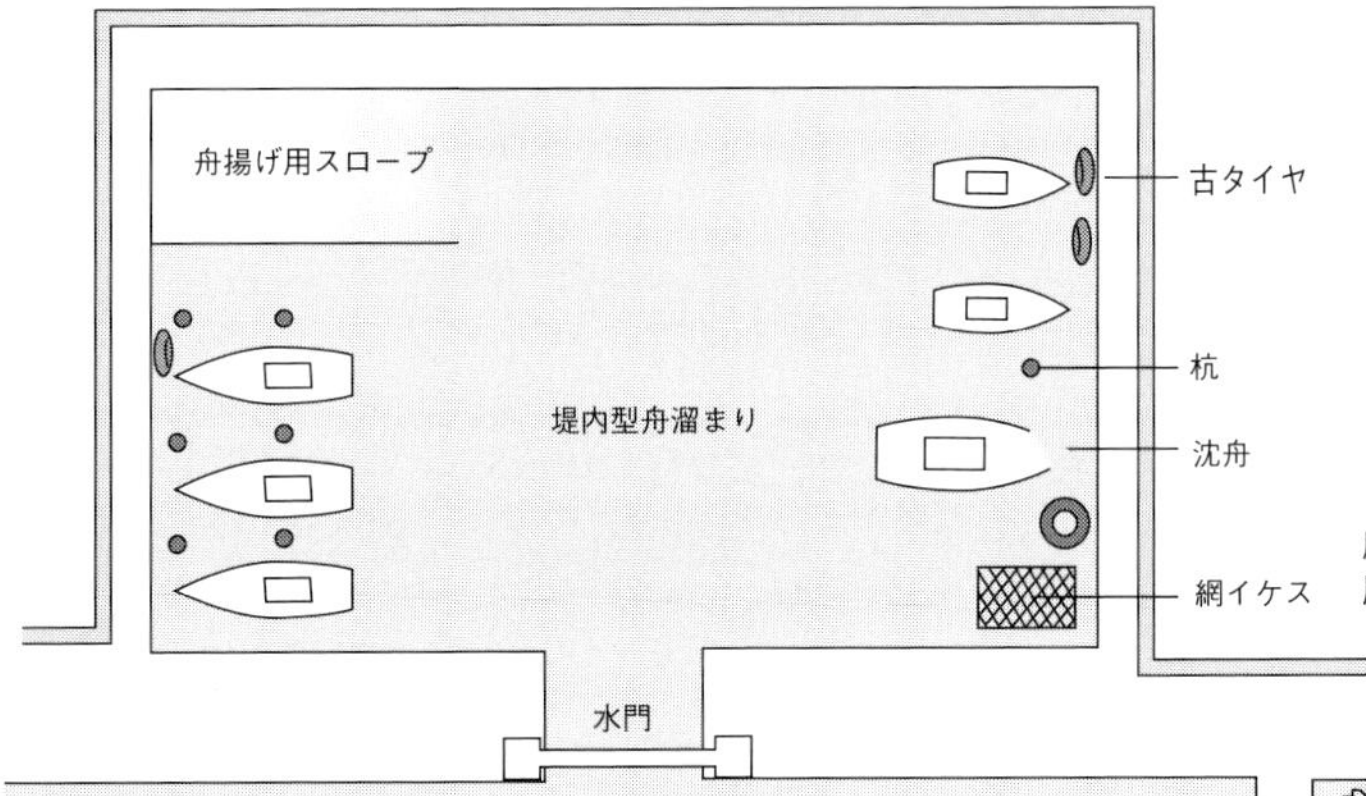
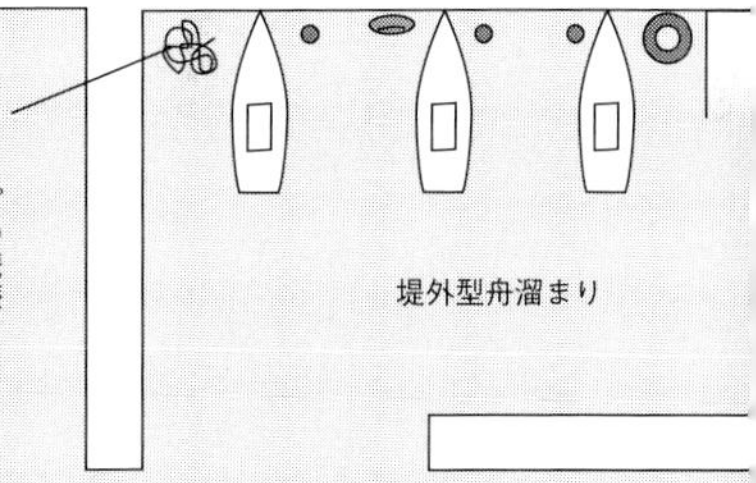

廃舟がそのまま残された沈舟周りは見逃せない

水路のような形をした小規模な堤内型舟溜まりもある

網イケス周りもタナゴが好む個所だが、水中にはロープの残骸など根掛かりも多いので要注意

係留中の船舶周りは代表的なポイント

本湖に面した堤外型舟溜まりは風の影響を受けやすいのが難点

ホソ（小水路）と中小河川

水量が不足する冬季以外のポイント

霞ヶ浦や北浦を例に上げると、湖岸の土手道の裏側には田んぼやハス田などの田園が広がり、これらをうるおす農業用水目的で造られた川幅1～2mの小水路、通称ホソが縦横無尽に流れている。

本湖から直接通水し、湖岸を取り巻くように続く通称・土手下のホソのほか、流入している大中河川から枝分かれしているホソもある。ところが現在、霞ヶ浦や北浦あたりでは、側面・川底とも三面コンクリート製が大半だ。

これらホソの通水口には機場《きじょう》や樋門樋《ひもんひ》管《かん》が設置され、それぞれ水門や小水門によって揚排水が行われている。しかし、通水口は農作業の必要に応じて開閉されるため、水位など周年安定した水況を望むのはまず無理だ。特に休耕期の冬場は通水を止めてしまい、水涸れするホソも多い。

このような理由から、ホソのタナゴ釣りは、比較的水位が保てる春から初冬までのシーズンに限定されてしまう。しかしながら、農作業がスタートする春は、タナゴにとって越冬から覚めた巣離れ、産卵のための乗っ込みと続き、秋は秋で越冬を前にした体力温存の時期だけに、ホソの流れは住み心地のよい停滞場所になっている。

また、ホソの水中には水藻や枯れ枝といった障害物をはじめ、排水溝下の小深い個所、さらには小橋や水門などもあってタナゴが身を隠す物陰が目白押しだ。

東北や九州などへ行くと、タナゴに適した自然環境が温存された中小河川があるようだが、関東エリアではごく限られてしまうのが現状だ。

ごく細い縦ホソとの合流点のT字路も絶好ポイントだ

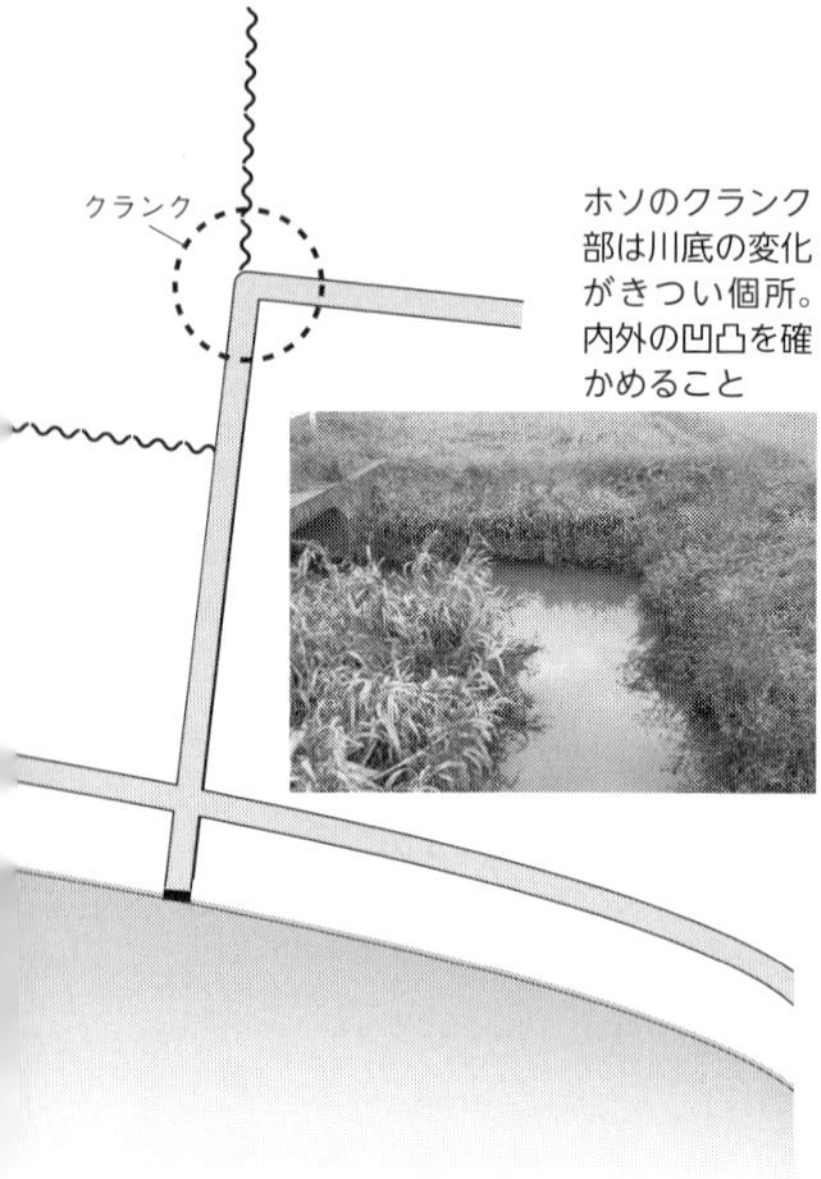

ホソのクランク部は川底の変化がきつい個所。内外の凹凸を確かめること

ハス池や水田とつながっている排水溝。その周辺の水深が浅くても、排水溝下だけは凹部があるため要チェック

改修工事によって新しくできたホソ。まだ三面のコンクリートがむき出しのままだ。数年後、泥や障害物が蓄積されて川底に変化が付き、タナゴの付き場になることを願うだけ

通称オンドマリと呼ぶホソの水止め個所。しかし、水中の通水口によって、ほかのホソにつながっているケースもある

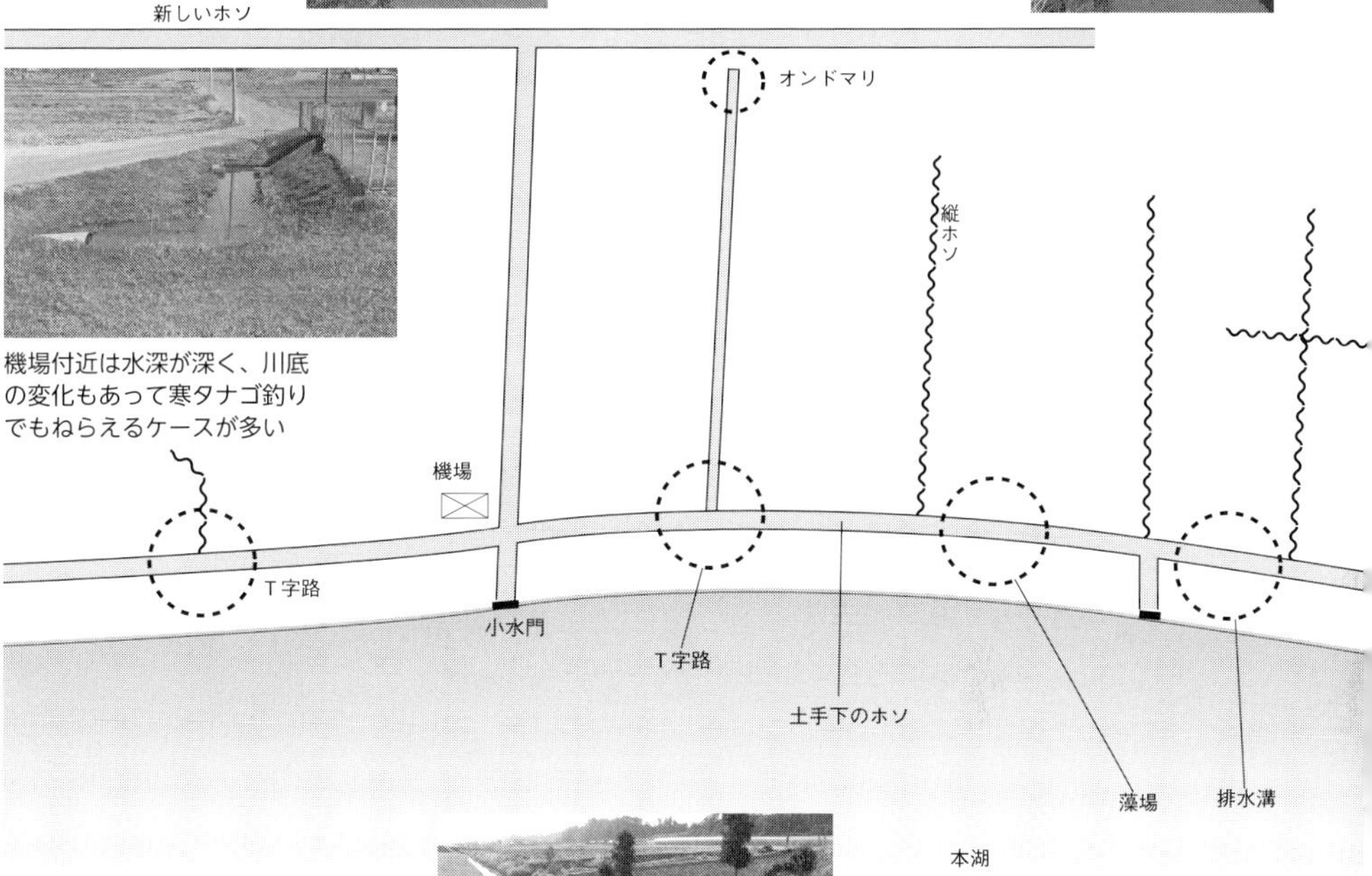

機場付近は水深が深く、川底の変化もあって寒タナゴ釣りでもねらえるケースが多い

ホソとホソが合流するT字路（写真）や十字路は通水がよく、タナゴの行き来も多い

典型的な土手下のホソの流れ。ところどころには小橋が架けられ、その橋ゲタ周りもポイント

本湖周りに続く土手下のホソを離れ、流入している河川の脇を走るホソも多い

水生植物が生い茂る藻場は暖かい季節のタナゴの遊び場。運がよければ、そこかしこでヒラを打つ姿が確認できるはずだ

タナゴ釣り入門　パート9

タナゴ釣りのテクニック

和ザオの扱い方、握り方、
アワセ方などの釣り方のテクニックをはじめ、
シーズンごとのポイントの解説、
釣り方を詳細にアドバイス

[和ザオの継ぎ方]

和ザオ職人が精魂込めて作り上げた竹のタナゴザオは華麗で繊細な手工芸品である。しかし、所詮は釣り道具。正しい扱い方を実践していれば、大きな故障は考えられない。

その扱い方の第一歩は、サオの継ぎ方から始まる。フナザオやヤマベザオといった小継ぎザオと同様の手順で、タナゴザオの継ぎ差しを行なう。

釣り場に到着したらサオ袋から取り出し、サオ栓を抜く

次に通常３本仕舞いに仕立ててあるタナゴザオの継ぎザオを、すべて抜き出す

サオを継ぐ順序は最も細い穂先からが基本だ。まずは穂先と穂持ちを継ぐ

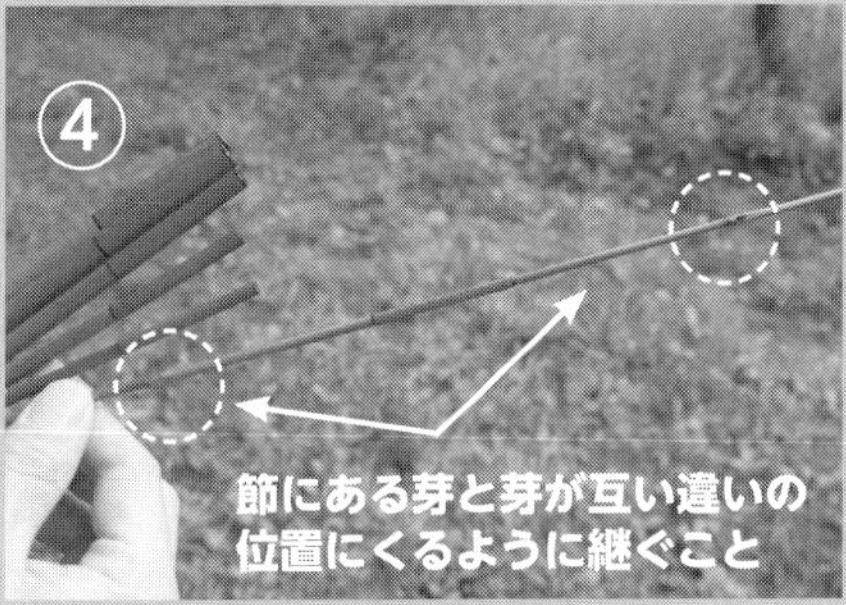

穂先と穂持ちに続き、穂持ち下から手元ザオに向かって継ぎ足していく。この際、節にある芽と芽が互い違いになるように継ぐと同時に、すげ込みの黒漆部分がすげ口に隠れるまでしっかりと差し込んでおくことが大切

こうしてすべて継ぎ終わったら、仕掛けをセットする前に軽く振ってみて、サオの継ぎ具合をチェック。カタッ、カタッと異音がした時は、サオの差し込みが不十分な場合が多く、各継ぎ目をもう一度継ぎ直すこと

※サオを収める順序は継ぐ時と反対で、手元ザオから穂先に向かって１本ずつ抜いていく。納竿時に手ぬぐいなどでサオの表面の汚れをさっと拭き取っておけば万全だ。

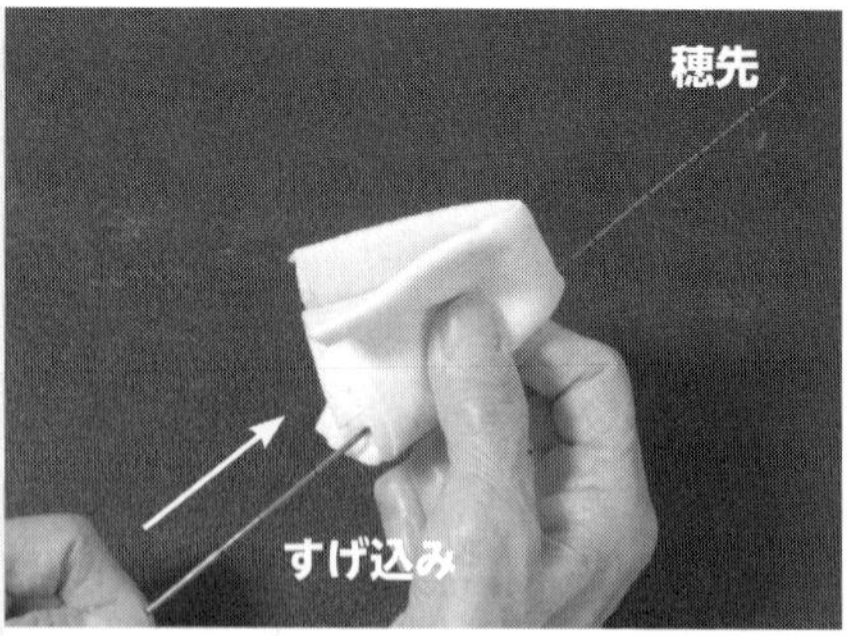

乾拭きや油拭きはサオが折れないよう、太いすげ込みからつぼまったすげ口に向かって一定方向が鉄則だ。特に、穂先や穂持ちといった細い部分は布を往復させるように拭くと、間違って折ってしまう危険性があるので気を付けること

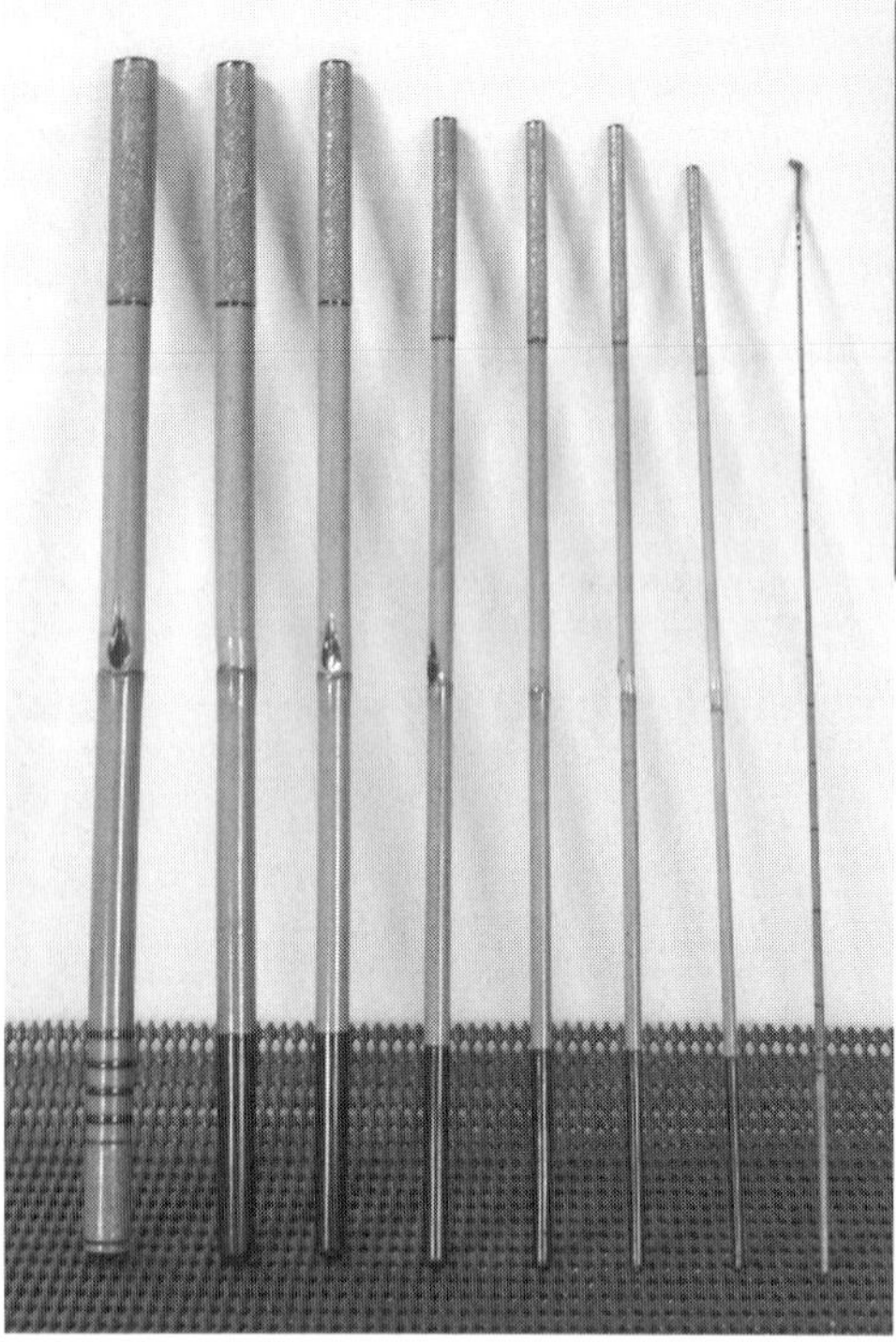

帰宅後は乾拭きをしてから、風干しにして乾燥させるておく。この際、市販の滑り止めマットの上に立てかけておくと、サオが転びにくい

【自宅でのメンテナンス】

帰宅したら、使用したサオは全部抜き出して1～2日間、風干しにしておこう。直接日が当たらない風通しのよい場所が最適で、冷房や暖房下で乾かすのは絶対に避けること。

乾燥後はある程度油をしみ込ませた専用のボロ布1枚を用意しておき、これでサオ全体を軽く磨くだけでよい。油の付け過ぎは禁物。

このようなサオの胴中の油拭きは釣行のたびに行なう日常のメンテナンス。こうしておけば和ザオを常に美しく輝いた状態に保つことができる。

【竹のタナゴザオが故障した時はどうするの?】

タナゴザオの故障のほとんどは、すげ口とすげ込みが合わなくなる不十分な継ぎだ。購入した際には、すげ口にはすげ込みの黒漆部分が、ピタリと隠れるまで挿入できるよう仕上げてある。ところが、多量の水分を含んでしまった時などは竹が膨張して戻らなくなることが多い。素人補修はせずに、和ザオ師、または購入した釣具店に持ち込んで調整してもらうこと。

また、長年使い込んだサオは竹が痩《や》せてしまうため、継ぎが少し入り過ぎることがあるが、この際も専門家に継ぎの調整をお願いしよう。このようなサオの調整修理は安価で済む。

一方、すげ口が割れて楕円に変形してしまうなど破損したタナゴザオは重症なので、まずは和ザオ師に相談してみるのが良策だ。

タナゴザオの正しい握り方

[人差し指と中指ではさむ握り方]

タナゴ釣りをはじめとするクチボソやモロコ釣り、小ブナ釣りに愛用される小継ぎの短ザオは、サオを握るというよりも、「サオをつまむ」感じで保持するのが前提である。

人それぞれ個性があるが、ここではエサ付けなどの細かな作業がしやすい基本的なタナゴザオの握り方を説明しよう。

真上からみると……人差し指と中指の第１関節と第２関節で軽くはさんでいる。この時､写真のように軽く握るが、好みで各指を開き気味にしてもよい

側面から見ると……親指は人差し指に軽く触れるかフリー状態でもよい

裏から見ると……サオ尻は必ず手の平に当てておくことが肝心。それぞれの指は軽く握りしめた状態だ

エサを付け替えたり仕掛けを点検するなど、細かな作業をする際には、中指と手の平でサオ尻を支えることができる。このため、サオを握った手の親指と人差し指、そして片方の手の指も自由に動く

[3本指でつまむ握り方]

上から見ると……人差し指と中指で上部を押さえつつ、下から親指で支えている感じでサオをつまんでいる

サオ尻は人差し指と中指ではさむ握り方と同じように、手の平に当てて保持する

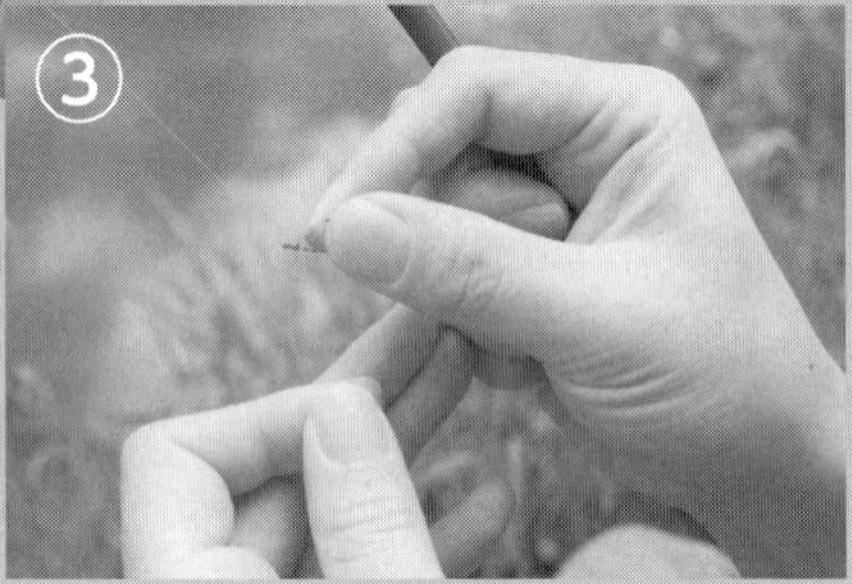

３本指でつまんだ場合は、手の平の中でサオを切り返すようにして、人差し指と中指ではさみ直すと細かな作業がやりやすい

[サオ尻を出す握り方]

基本的なタナゴザオの握り方ではないが、ねらったポイントよりも手前にポイントがずれてしまった時、サオを短めに握って対処する方法がこれ

[短ザオでのアワセ方]

江戸前スタイルの短ザオを使ったアワセは意外と難しい。水中に馴染んでいる連動シモリ仕掛けが目と鼻の先の位置にあるため、ついついサオを大きくはね上げてしまう「ビックリアワセ」をして、大切な仕掛けを絡める失態を演ずるケースが多いのだ。短ザオのアワセ方をマスターするには、まず、前述したタナゴザオの握り方を覚えること。これによって、間違ったアワセ方が正せると同時にサオさばきも制御できる。

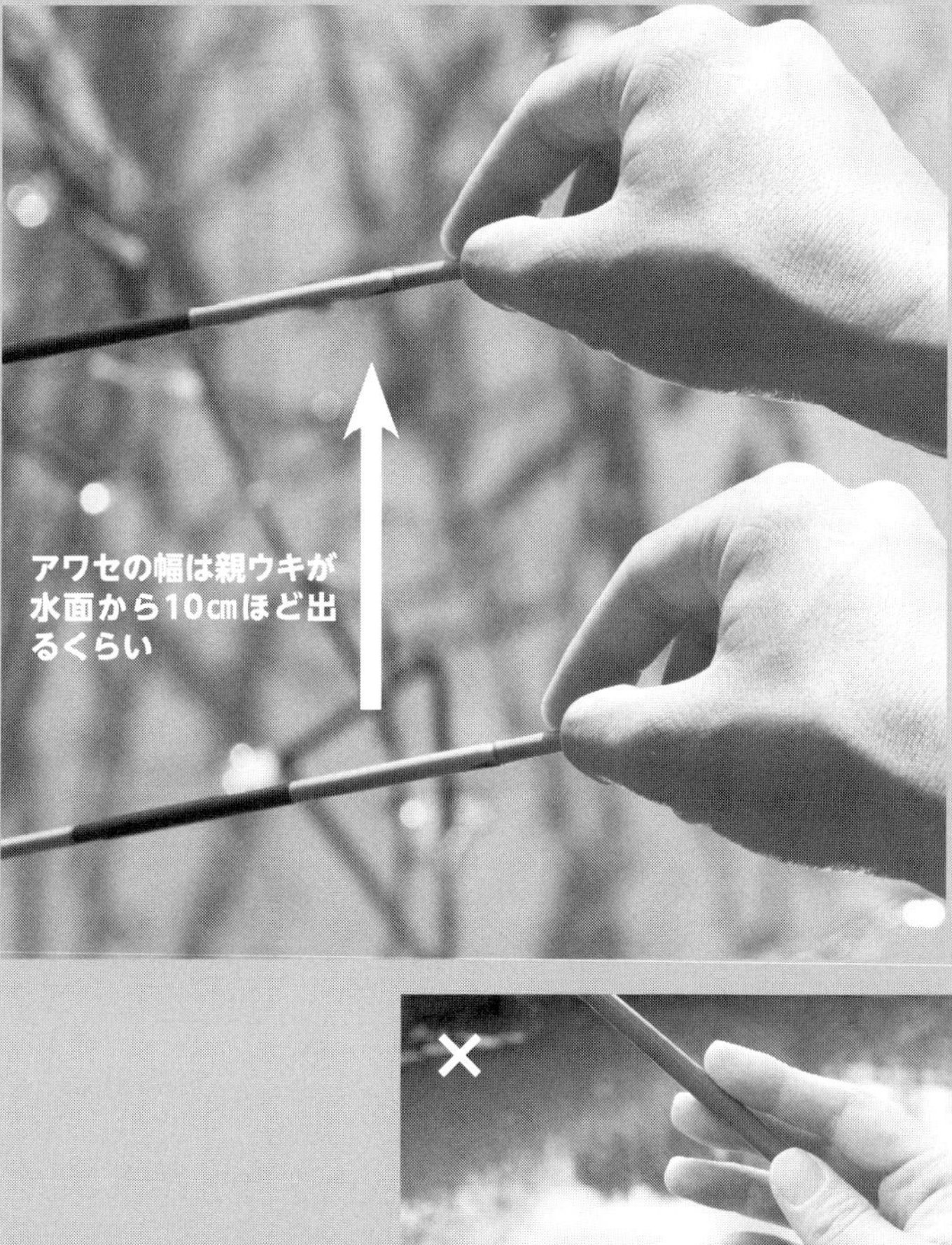

短ザオでのアワセ方の基本は、タナゴザオをつまんだグリップとサオの角度を固定したまま、上に向かって平行移動する感じ。そのアワセ幅は親ウキが水面を10cmほど割るくらいがベスト

グリップを返してサオを突き上げてしまうと、ビックリアワセになって手前マツリしやすいので要注意

[正しい姿勢で釣る]

仕掛け投入から待ち

まずは自分の楽な姿勢でサオを保持。主にアタリウキの役割を果たす水中に没しているイトウキの部分を注視し続ける

アタリからアワセ

アタリと同時にグリップを固定したまま、ス〜ッと持ち上げる感じで垂直移動してアワセを入れる

アワセから取り込み

ここで初めてグリップを開くようにサオを引きつけ、掛かった魚やハリを手の平で受け止めて取る。総体的には肘を中心にして、サオさばきをコントロールすると考えてよい

冬期　ドック（舟溜まり）の寒タナゴ釣りベーシック

寒タナゴの越冬場所として注目したい舟溜まりのドック

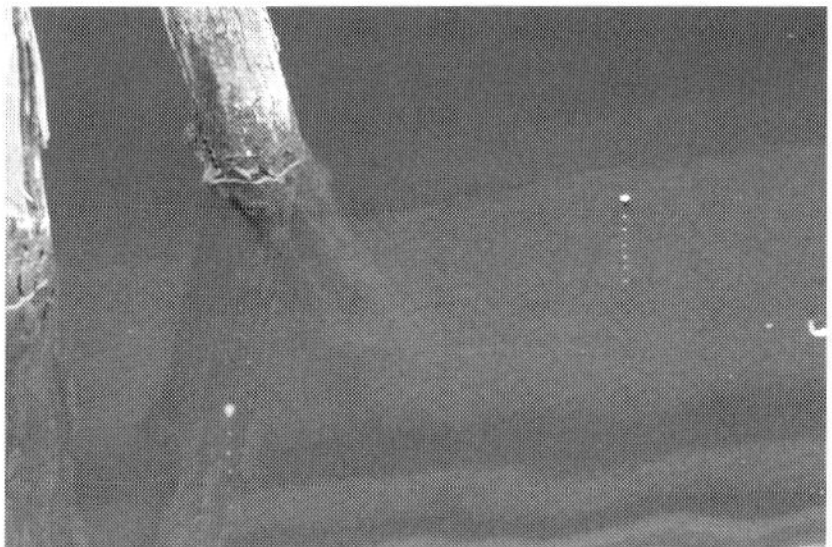
杭周りをねらって、水面直下に沈めた連動シモリ仕掛けが微妙なアタリを伝えてくれる

全長3㎝前後しかない小型のタイリクバラタナゴは、ビギナーファンにとって手ごわい相手！

本湖の湖岸に沿った外側、内側に点在している舟溜まりのドックは、その規模や形状がそれぞれ異なっている。

ドックの内側には、係留中の漁舟をはじめとする人工的な障害物が数多く、水深も1m以上と水路などに比べて深い。そのため、水温も比較的安定しているので、越冬のために入り込んできたタナゴたちにとっては絶好の住処を提供している。

北浦と霞ヶ浦を含む「日本水郷」を例に解説すると、ドック内は、例年、師走の12月から釣れ出して、翌年の2月いっぱいあたりまで釣れ続く。つまりドックは厳寒期の寒タナゴ釣りのメインステージなのである。

釣れるタナゴの種類は、タイリクバラタナゴとアカヒレタビラ中心のマタナゴが大半を占めるようで、この2種が混生していることも多い。

しかし、水深があるドックの場合、タイリクバラタナゴとマタナゴの群泳層はそれぞれの習性上異なり、タイリクバラタナゴが上層から宙層にかけて、一方のマタナゴは宙層から低層にかけて群れを作っているケースが大半だ。

これらのタナゴが棲みついているところは、外敵から身を守ることができる漁舟や沈舟、杭、網イケスなどの障害物周りである。しかし、ドック内のすべての障害物周りが、タナゴの安住の場所になるわけではない。

しかも、寒タナゴが越冬場所に選ぶドックは、その年の水況など諸条件によって大きく変動する。したがって、ドックによって好不調の差が顕著だ。このため、シーズン初期に、湖岸に点在するドックを回って下調べを行ない、その年の溜まり場をいち早く発見するのも寒タナゴの楽しみ方の一つだ。

ドック回りを行なうにあたっては、寒タナゴが少しでも水温が高い場所を好むことを念頭に置き、障害物周りの中でも「風当たりが弱い風裏部分」であることと同時に、「日向の日陰部分」を重点的にリサーチすること。これがポイント選択のカギを握っている。

[ドック内の主な寒タナゴポイント]

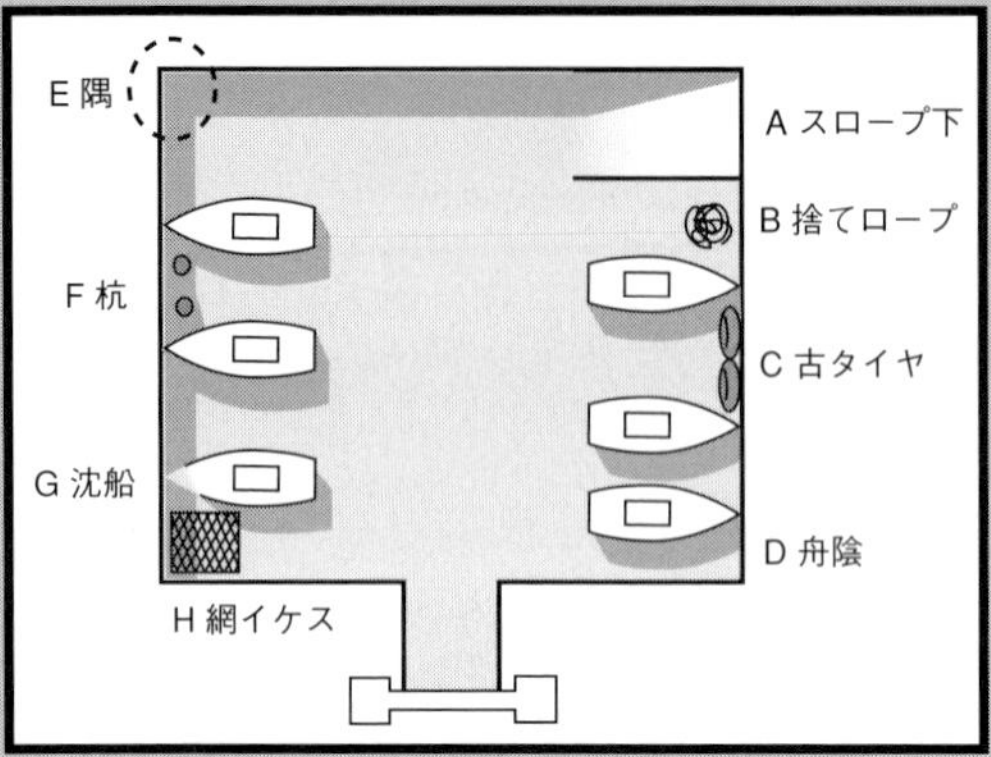

A スロープ下

日陰になると、奥まったスロープの内部は格好の隠れ家になっている

B 捨てロープ周り

複雑に入り組んでいるケースが大半だが、その宙層に群れていることが多い。透明度が高い時には偏光グラスでよく確認してから釣りはじめること

D 舟陰 漁舟の左右どちらかには必ず日陰ができ、ここにタナゴが集まる

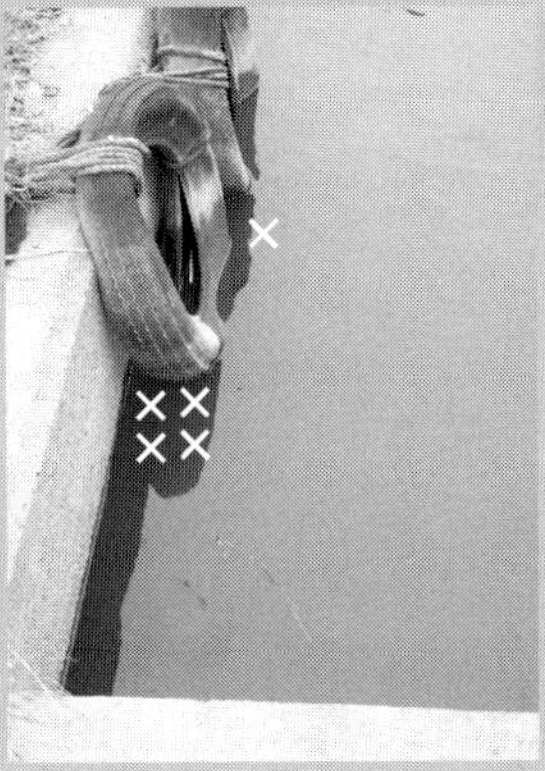

C 古タイヤ周り

杭と同じく係留用として使われる古タイヤも、絶好の住処になっている

E ドックの隅

風当たりが弱い風裏で、日なたにできた日陰部分にタナゴが集まるケースが多い

F 杭周り

木製や金属製の杭周りは、針金などが絡み付いていて根掛かりが心配だが、タナゴにとっては好都合な居場所

G 沈舟周り

放置されている沈舟の下は最も安全な隠れ家の一つ。特に、沈舟の沖目ポイントは手を付けていない場合が多く、長めのサオでねらってみたい

H 網イケス周り

写真は水温が上昇した日中の時間帯、網イケスの縁まで浮上してきてコケをはむミニタナゴの群れ

【タナゴの群泳層を探るには？】

前述したように、タイリクバラタナゴとマタナゴではそれぞれの群泳層が異なるため、タナゴの種類によってねらうタナを変えることがこの釣りのキーポイントだ。

たとえば、タイリクバラタナゴとマタナゴが混生しているドックで釣果を伸ばしたい場合には、通常、上層から宙層にかけての浅いタナがねらえるタイリクバラタナゴに的を絞るほうが断然有利。

腕達者なベテラン勢は、水面直下で姿を見せて、ヒラを打っているミニサイズのタイリクバラタナゴを器用に釣りあげていくが、ビギナーならこれには無理に手を出さず、その下層に群れているであろう中小型のタナゴをねらったほうが無難だ。

このように上層から宙層、さらに低層にかけて群れているタナゴの群泳層を探るには、シモリバランスに調整した連動シモリ仕掛けが効果を発揮する。

タイリクバラタナゴねらいの場合は、上層のタナから少しずつウキ下を長く伸ばしながら、下層を探っていくのが常套手段。水深1ｍ以上あるドックでは、偏光グラスを通しても上層にタナゴの群れが確認できない時は、まずウキ下を40～50㎝にセットして、仕掛けをシモらせながら探りはじめる。アタリがない場合にはさらに10㎝、20㎝とウキ下を長く調節して、下層へと探りを入れてみる。

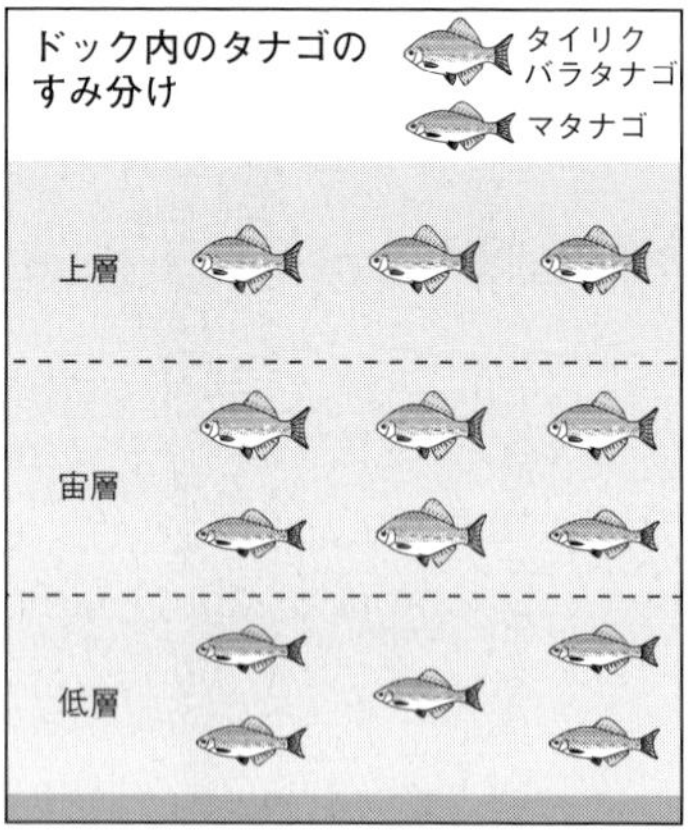

一方、マタナゴが低層に群れていることが分かっていたら、最初にオモリを着底させて底ダチを計り、タイリクバラタナゴとは反対に、低層から宙層に向かってタナを探ってみる手もある。

ちなみに、タナゴが群泳しているタナが把握できている場合には、ゼロバランスの連動シモリ仕掛けに切り替えてもよいだろう。

【釣る位置の良し悪し】

江戸前スタイルの短ザオを使ったタナゴ釣りは、穂先のトップを軸にして仕掛けを垂らし、その直下の半径10～15㎝エリアをねらうのが大前提。このように狭いエリアに絞ることによって、仕掛けを吊るすようにダイレクトな操作を行なうことができ、誘いやアワセにも無駄がなくなる。

逆に、サオいっぱいの沖目などをねらうと、穂先と仕掛けの角度が広がり、誘いをかけるたびに仕掛けが動いてしまい、正確な仕掛けの操作が不可能になる。

このような理由から、ねらうポイントによって、どのくらいの長さのサオを選ぶかは、江戸前スタイルのタナゴ釣りにとって重要な要素になっている

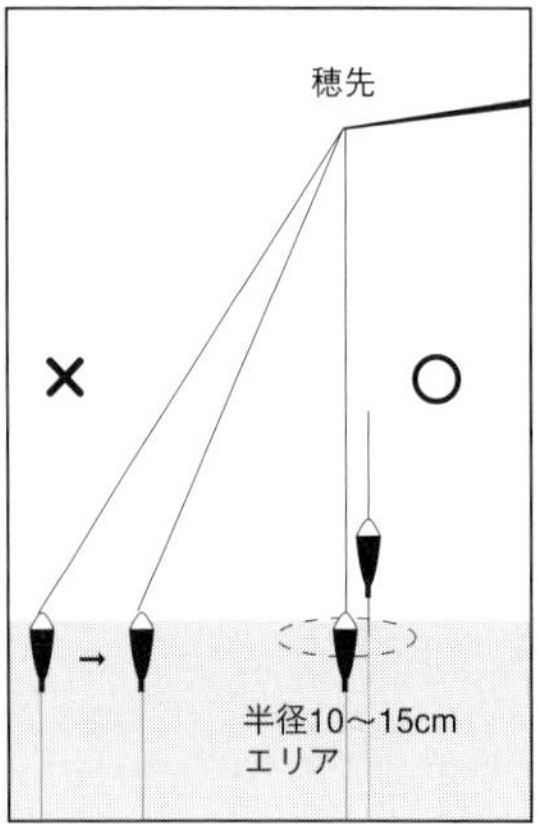

[シモリバランスの連動シモリ仕掛けの誘い方]

誘いの基本操作

シモリバランスに調整した連動シモリ仕掛けは、ミチイトに若干のタルミを作るようにして、沈下させていくのが基本操作

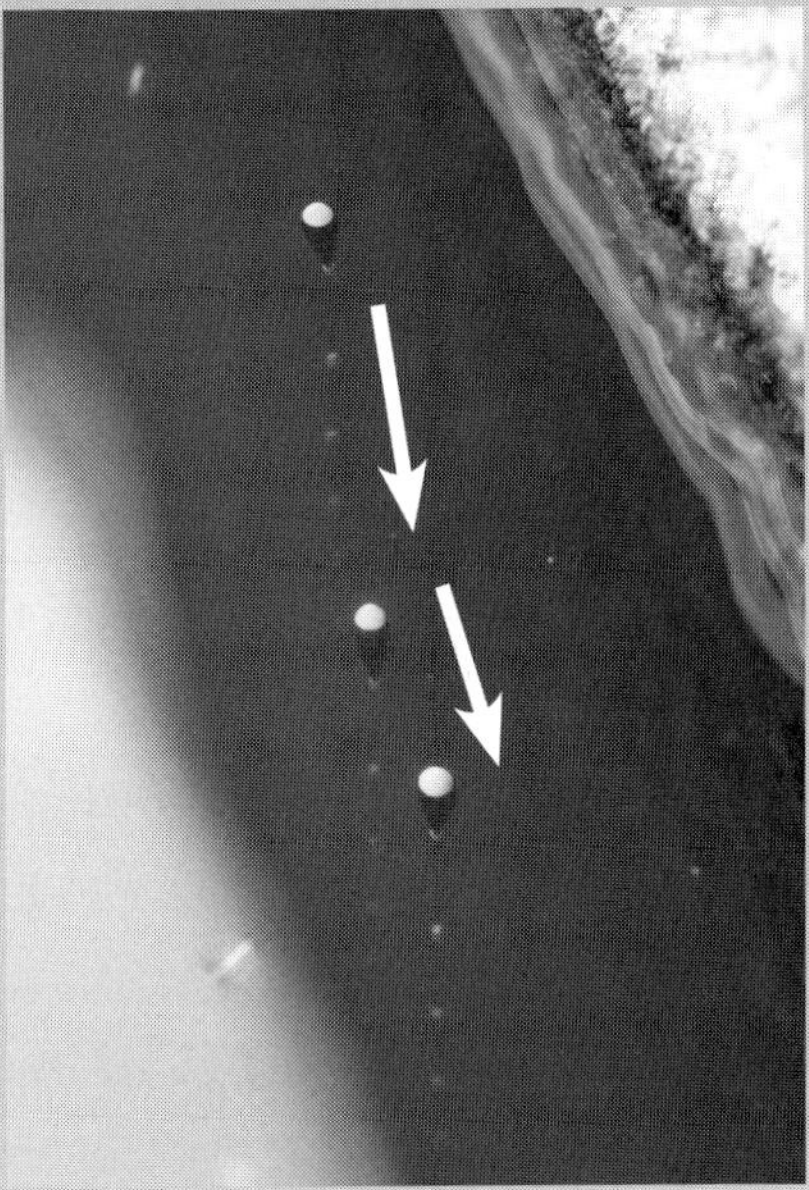

真横から見ると……

水槽で仕掛けが沈んでいく様子を、連続して撮影すると、このように見える

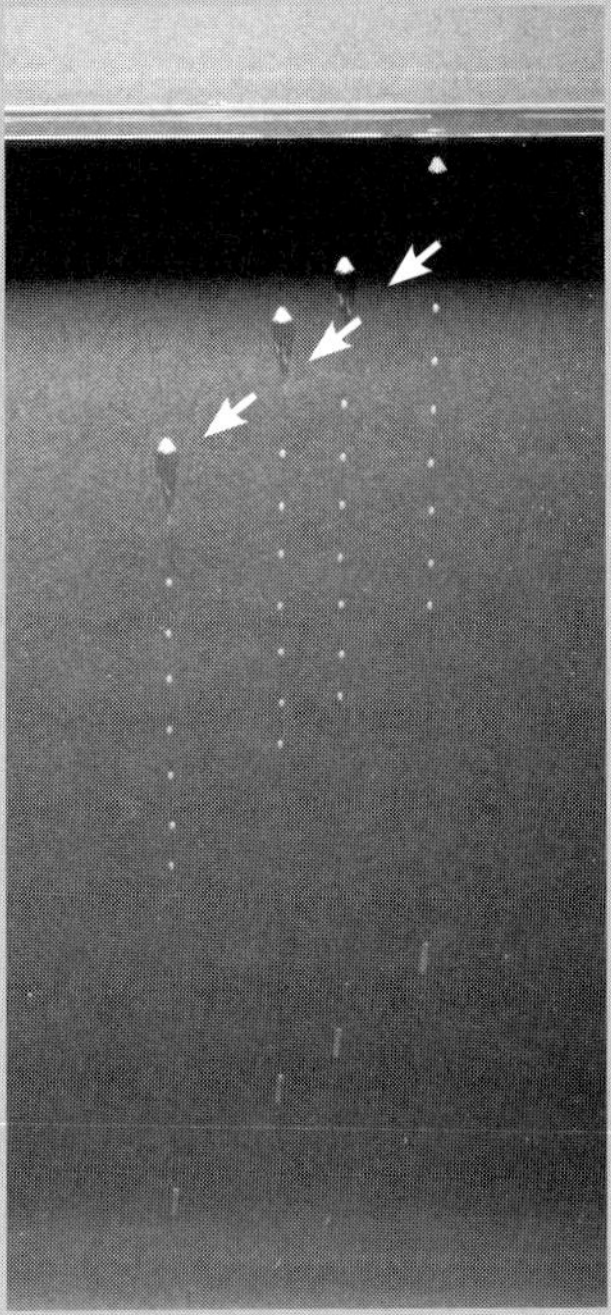

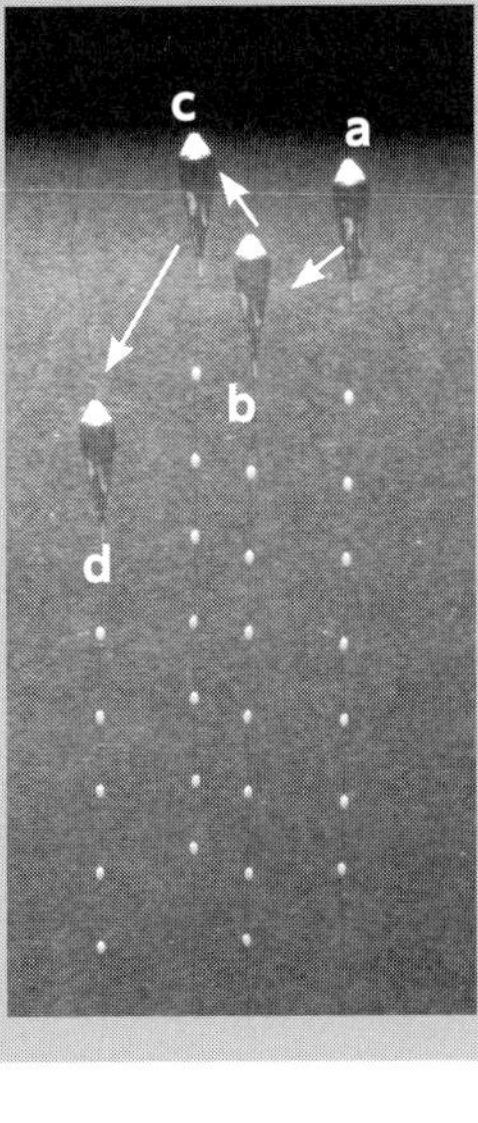

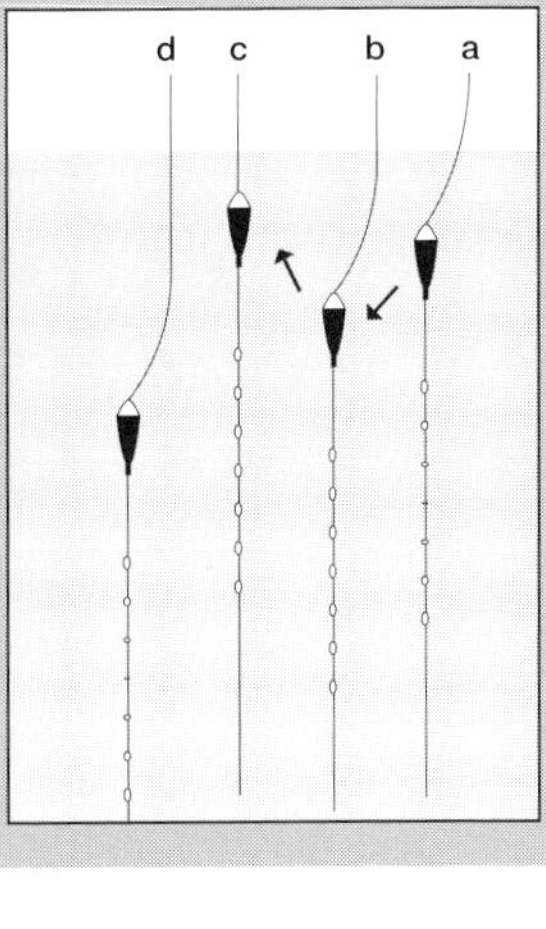

ストップ&ゴーの誘い

ただ単に沈下させていくだけでは効果が薄く、シモリバランスの連動シモリ仕掛けは「ストップ&ゴー」の誘いを加えるのがキモだ。

その誘い方は、ミチイトにタルミを持たせて数㎝沈下させたら（a～b）、一瞬フッとミチイトを張る感じで親ウキの頭を突っつき、仕掛け全体を数㎝浮上させた後（c）、再びミチイトを緩めて沈ませる（d）を繰り返しを行なう。

このストップ&ゴーの誘いは、各自でいろいろなパターンを試してみるとよい

[ゼロバランスの連動シモリ仕掛けの誘い方]

水面下で定位するゼロバランスの連動シモリ仕掛けの場合にも、数秒ごとにミチイトを張って親ウキの頭を小さく突っつき、エサを上下に動かしてアピールし、反射食いをねらう誘いが効果的

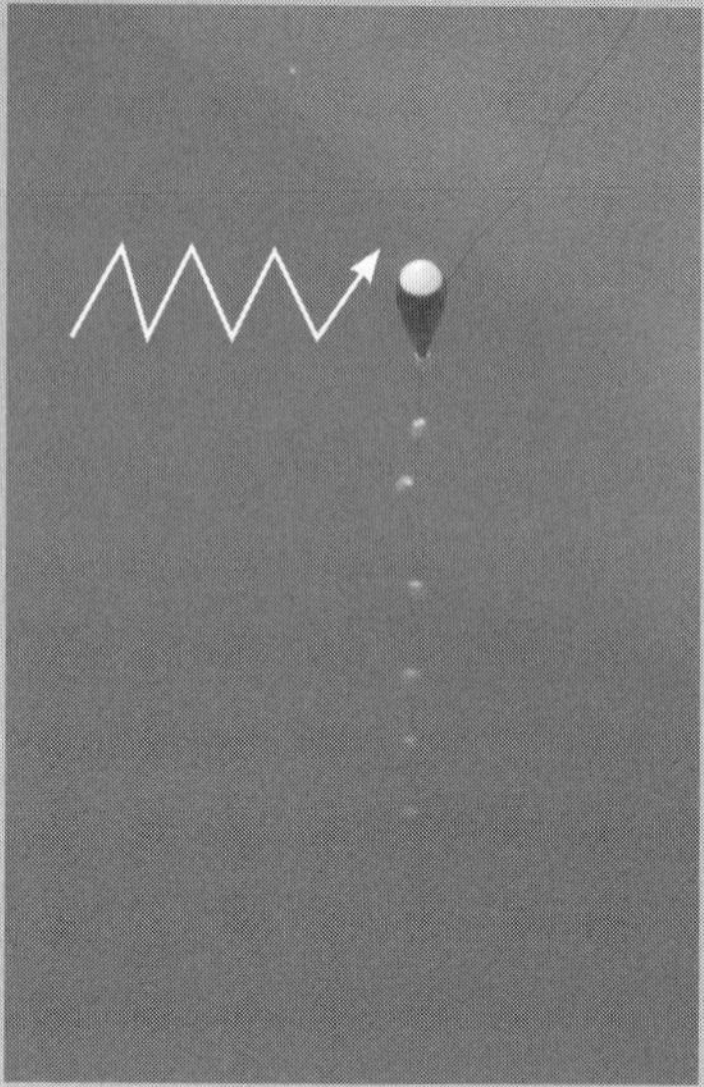

水深が深いドック用の連動シモリ仕掛けは、寒タナゴ独特の繊細なアタリを察知しやすいように、親ウキにはアタリ感度がよい細い形状をしたスリム型が好まれている。釣れるタナゴが小さく、微妙なアタリになるほど親ウキ・イトウキとも小型サイズを選択して対応しよう

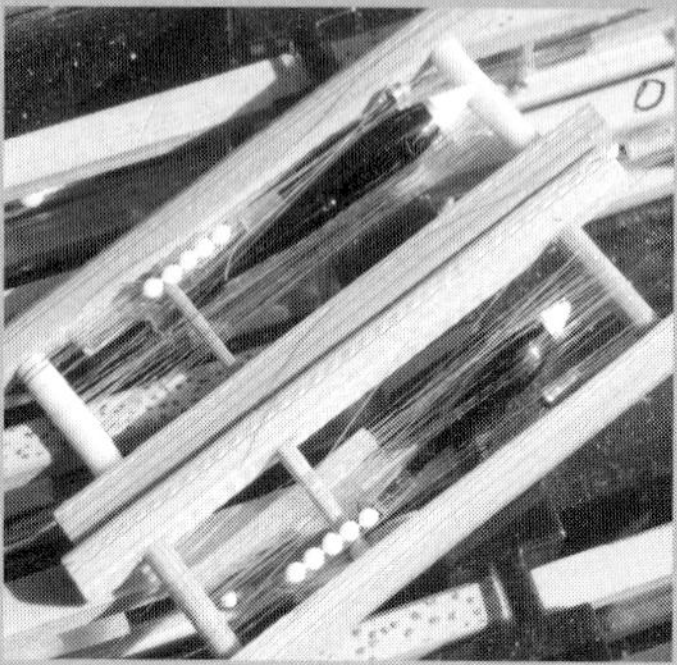

[アタリ方のバリエーション]

寒タナゴに限らず江戸前スタイルのタナゴ釣りは、親ウキの下部に配列してあるイトウキの微妙な動きでアタリをキャッチするのが基本

a食い止めアタリ シモリバランスで少しずつ沈んでいく途中で突然フッと止まる

bよれアタリ 親ウキ、イトウキともウキ全体をゆっくりと横に引いていくパターンで、タナゴの活性が高い時によく出る

cよれアタリ イトウキだけが横に引かれる最もポピュラーなアタリ方のパターン

d食い上げアタリ 食い止めアタリと似ているが、これはイトウキだけを持ち上げるパターン

e引き込みアタリ a～dのアタリを見逃した後、食い逃げしようとするタナゴの行動。またはモツゴなど外道の場合が多く、ハリ掛かりしない

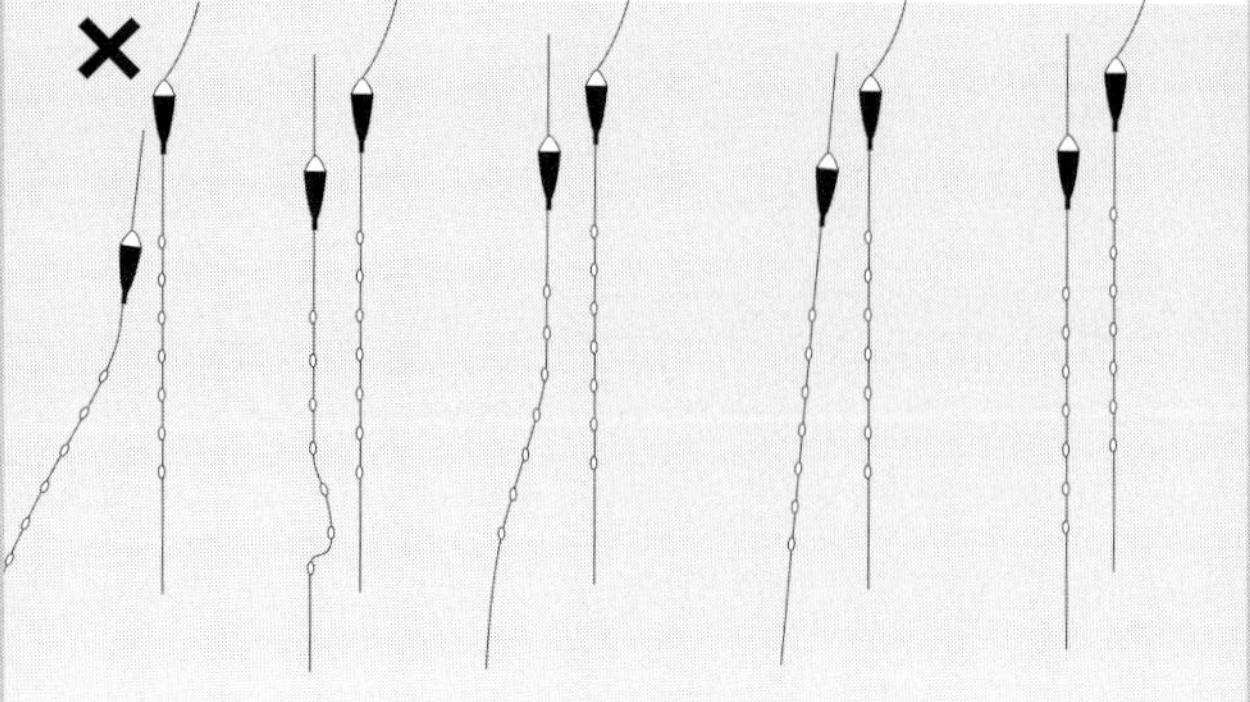

[グルテンエサのワンポイントテクニック]

ヘラブナ釣り用として市販されているグルテンは、練り込まないのが常識。しかし、タナゴ釣りではエサ持ちをよくして、グルテン独特の繊維がハリ先に残る工夫として、よく練り込んで使うケースも多い。

実釣でのグルテンエサ活用法は、タナゴがまだ散っている釣りはじめには、練り込んでいないノーマルなエサを大きくハリ付けして集魚効果を高め、ある程度タナゴが寄ってきた時点で、しっかりと練り込んだ小さなエサに切り替えるなどの工夫をするとよい。

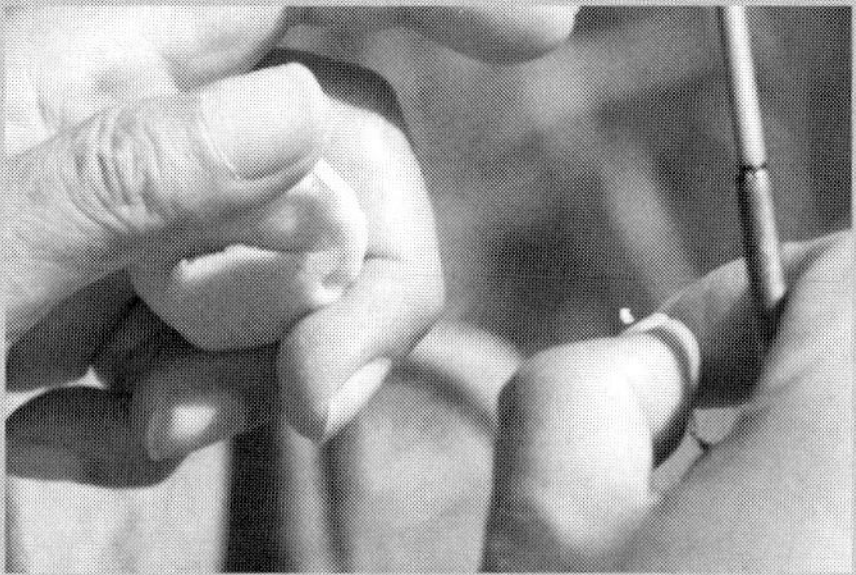

グルテンエサの練り込み加減によって、エサ持ちも自在に操れる

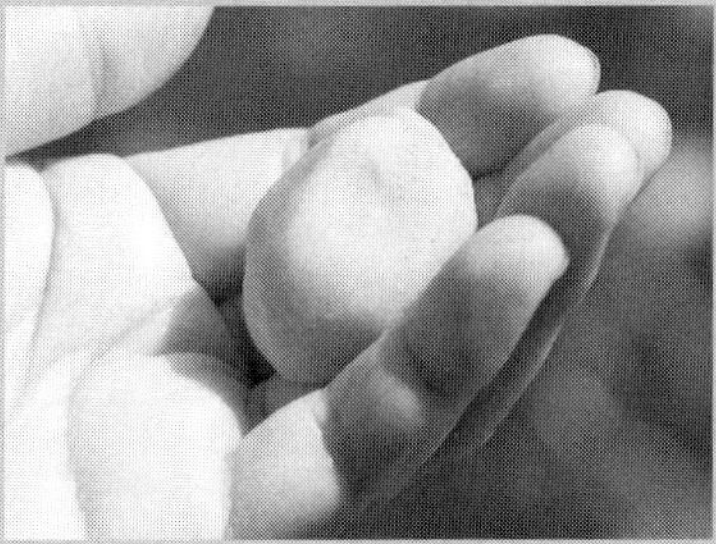

しっかりと練り込み、滑らかな肌になったグルテンエサ

[アワセの最良タイミング]

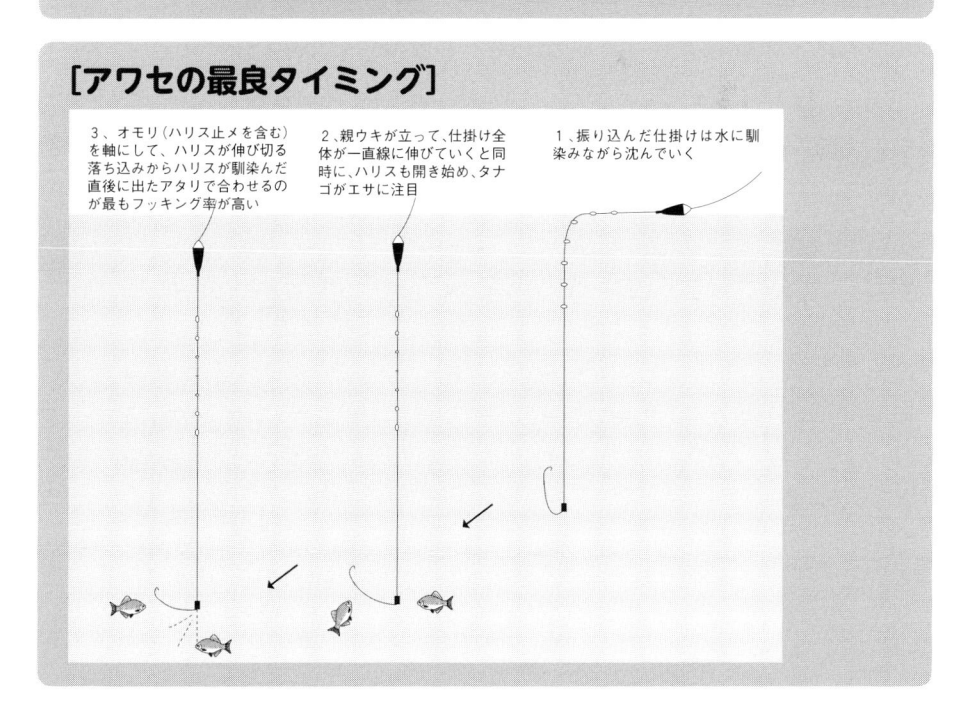

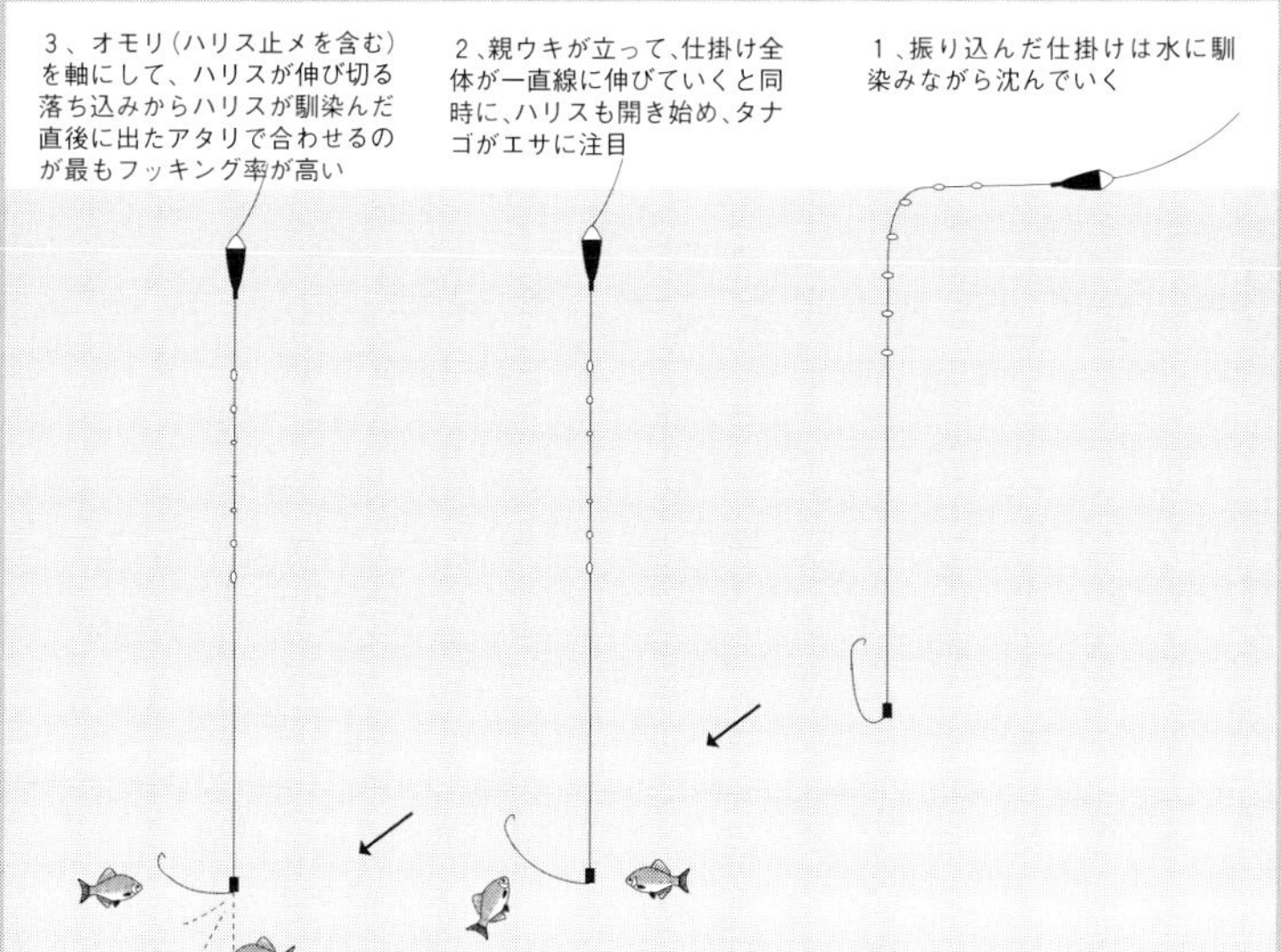

3、オモリ(ハリス止メを含む)を軸にして、ハリスが伸び切る落ち込みからハリスが馴染んだ直後に出たアタリで合わせるのが最もフッキング率が高い
2、親ウキが立って、仕掛け全体が一直線に伸びていくと同時に、ハリスも開き始め、タナゴがエサに注目
1、振り込んだ仕掛けは水に馴染みながら沈んでいく

[寒タナゴ釣りには寄せエサも併用]

厳寒期の寒タナゴ釣りでは水温が低すぎて、極端に食いが渋いケースも多く、タナゴの活性を促すため寄せエサを併用する場面もある。

寄せエサにはヘラブナ釣り用のバラケエサを流用。粉のまま、もしくは水で練って寄せエサ入れに収納する

海釣り用のコンパクトロッドと、超小型両軸リールを組み合わせた「寄せエサ用の吊るし棒」を準備しておくと重宝する。寄せエサ入れは、１００円ショップなどで売っているボール型の茶こし器を愛用する人が多い

タナゴ釣り流の寄せエサ術は、寄せエサ入れをねらうタナよりも上層へ吊るしておくのがキーポイント。寄せエサは大きく振らず、水中で少しずつ溶かし、その匂いでタナゴを寄せること

水中への落下防止用として、ロッドのグリップに沖釣り用のオモリ（30～50号）をセットしておくとよい

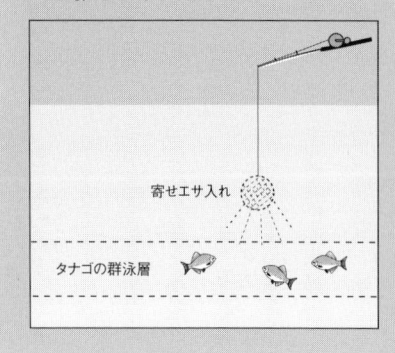

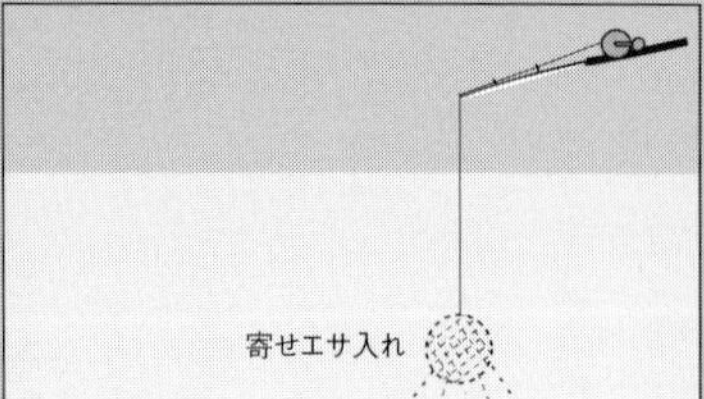

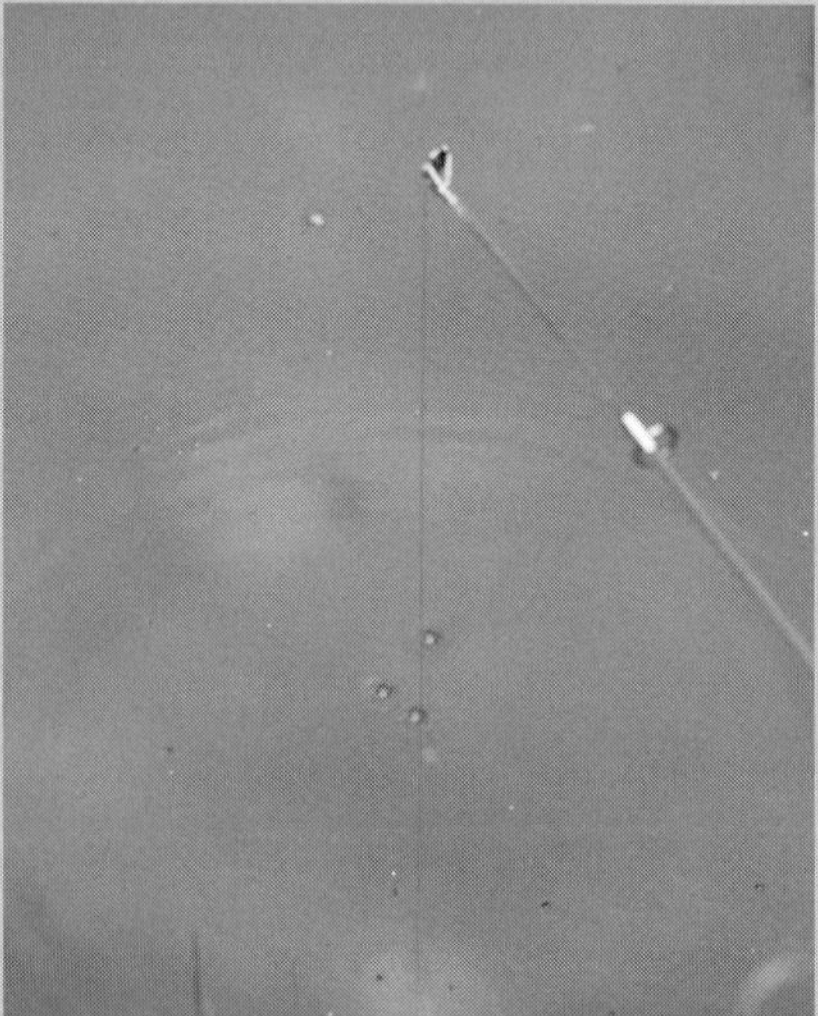

冬季〜初夏・晩秋〜初冬

ホソのタナゴ釣りベーシックテクニック

師走を迎え、ホソのタナゴは少しでも水深がある機場周りに集まってくる

水草に囲まれたホソは水深が浅くても期待充分

タイリクバラタナゴとマタナゴが混じってうれしい釣果

北浦と霞ヶ浦にまたがる日本水郷。このダイナミックな水域を取り巻くように続く土手道をはさんだ本湖の裏側には、田園風景が広大な姿を見せる。

その田野の中にはいく筋ものホソと呼ぶ小水路が流れ、延々と続く水田やハス田をうるおしている。この小水路には、豊かな水の恩恵を享受するかのように、何10種類もの淡水の小ものたちが息づいているのだ。その小ものの仲間の1つがタナゴである。日本各地で、それぞれ生息しているタナゴの種類は異なるが、ここ日本水郷に絞れば、タイリクバラタナゴやアカヒレタビラ中心のマタナゴが主役を務め、このほかヤリタナゴやカネヒラなどが釣れる中小河川もある。

農業用水の目的で造られているホソは、川幅が1〜2mしかない小規模な水路で、本湖や河川などにつながっている。現在では土で固めた素掘りのホソはほぼ姿を消し、側面・川底の3面ともコンクリート製のホソが大半を占めている。

ホソでのタナゴ釣りの釣期は、通水と

ともに水温が上昇しはじめる春4月あたりから初夏、夏をはさんで秋9月から師走の12月いっぱいと考えてよい。

　これらのホソ群は、一部の例外を除いて水深が50㎝未満と浅いことから、越冬期のタナゴの生息に適さない。そのうえ、冬場など農作業の水が必要のない時期になると通水を止めて、ホソが涸れるほど水を落としてしまうケースも多い。

　しかし、冬季と夏季を除く2シーズンのホソは、タナゴにとって自由気ままに過ごせる別天地。水中には水草が繁殖して身を隠してくれ、さらにそこかしこにある人工的な障害物や排水口下の凹部などども格好の寄り場になっている。

　前述した水深が深いドックでは、ある程度群泳層の棲み分けがあるが、ホソの場合には水深が浅いことが影響し、タイリクバラタナゴとマタナゴは宙層から低層にかけて混生しているケースが多い。

　とはいっても、生息場所に対するタナゴの選り好みは著しく、地域を流れるホソ群全域が、タナゴ釣りのポイントになるわけではない。ホソの水質や水量が、ところどころに架けられた小橋や小水門などが影響して大きな変化を見せるように、タナゴも水況の変動をいち早く察知して、移動を繰り返す。これを念頭において、あちらこちらとタナゴの寄り場を捜すことがこの釣りのキモである。

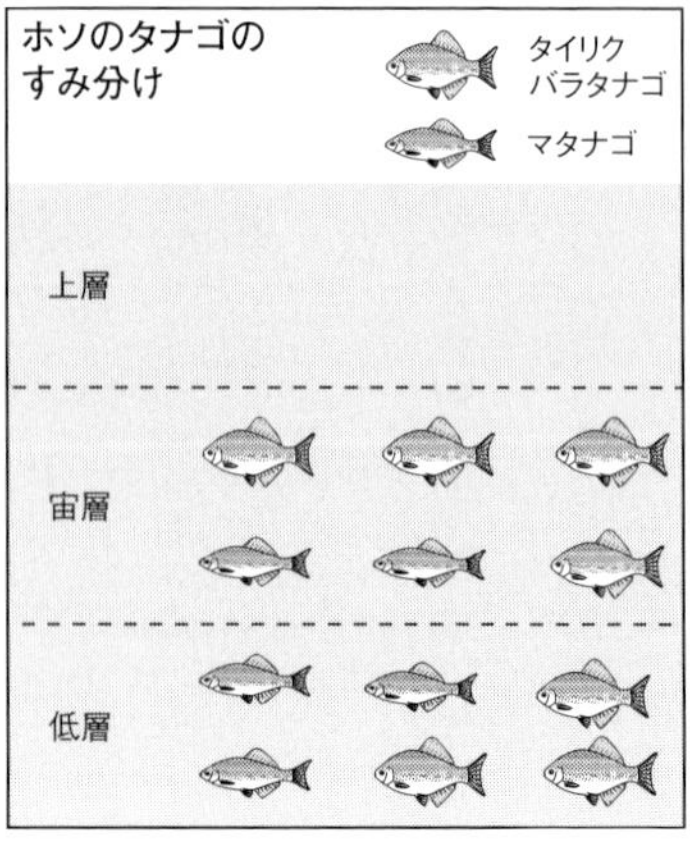

A 縦ホソとの出合

U字構が多い縦ホソだが、縦ホソが流れ込む出合付近は、水深が一段深く掘れていることが多く、通水もよい好ポイント

B 排水溝下

排水溝の落ち口は通水がない時でも凹んでいることが大半。水草が生えている切れ目をねらう

C 小橋周り

日陰ができる小橋の下からタナゴが出入りしている。その周辺にある杭などの物陰がポイント

[ホソの主なタナゴポイント]

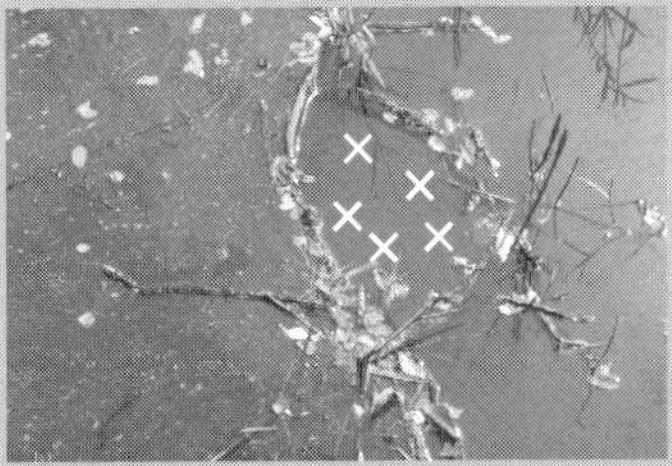

F 水草周り②

風の向きによって水面に浮遊しているゴミは左右に移動する。そのゴミを遮る枯れ草の脇にできたスポットは絶好のポイントだ

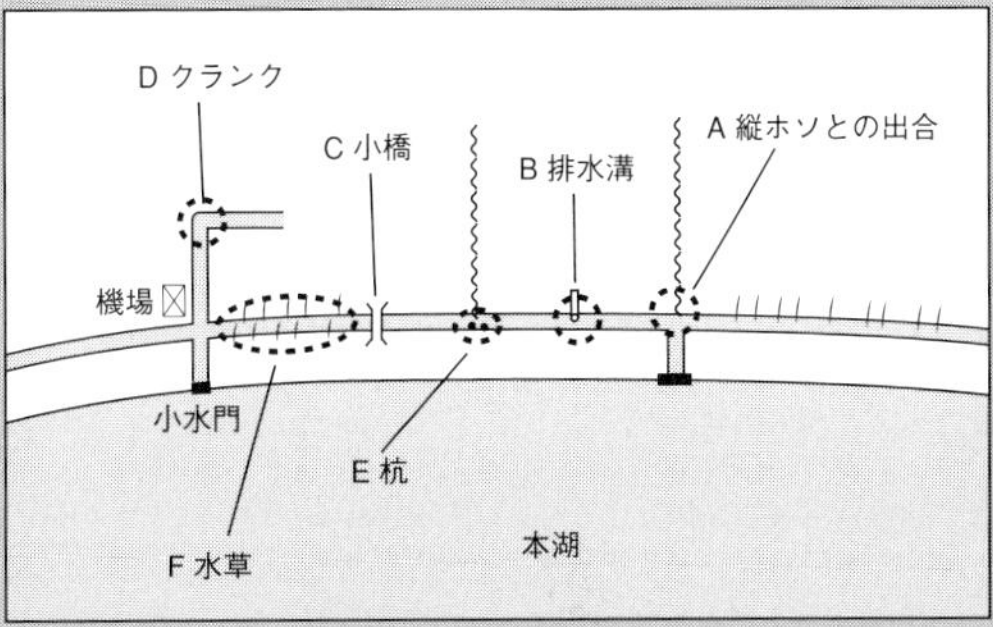

D クランク周り

流れの方向が変わるクランク部は川底に変化がある。通常は水流が当たる外側が掘れている

F 水草周り③

普通はとまどうほどの水草の密集地帯。わずかな隙間スポットをシビアにねらうこと

E 杭周り

古びた杭周りや壊れたコンクリート壁の切れ目など、人工的な障害物が没している場所も見逃せない

F 水草周り④

浮き草が水面を覆う水草周りは、タナゴにとって外部から遮断された安全地帯。ところどころにある“水草の窓”に仕掛けを投入する

F 水草周り①

水面のスペースが広い水草周りだが、水中に没している枯れ草に寄り添うようにタナゴが潜んでいることがある

[ゼロバランスでの基本的な釣り方]

ホソの中でも、機場周りなど水深が深い個所ではドックと同じシモリバランスの連動シモリ仕掛けを駆使して、上層から宙層、低層にかけての幅広い上下層を探る。

しかし、ホソの水域は水深 30 ～ 50㎝程度の浅いポイントが大半で、タナゴの群泳層が宙層から低層に絞り込めるのでタナ取りが決めやすい。

このため、仕掛けを無理やりシモらせる必要がないので、水面直下で定位してくれるゼロバランスの連動シモリ仕掛けにスイッチして、安定した明確なアタリに期待することも可能だ。

とはいえ、食いを促す積極的な誘いは大切。頃合いを見計らって、ミチイトを張る感じで親ウキの頭を上下に小さく突っついてエサの存在をアピールして、反射食いを誘うテクニックを加えたほうがより有効だ。

水面直下で定位しているゼロバランスの連動シモリ仕掛け

ストレートな細い形をしたスリム型の親ウキがドックの寒タナゴ釣りに好まれる傾向が強い一方、活性が高く食いが活発な季節をねらうホソのタナゴ釣りには、スリム型に比べると水抵抗が大きいミディアムボディから、ファット型の親ウキも使いやすい。

また、フラットな水面のドックに対して、生い茂る水草が邪魔をするホソの釣りではファット型のように親ウキのトップ面積が広いほうが視認性がよく、水中での安定性もよい。

ゼロバランスの連動シモリ仕掛けの誘い方

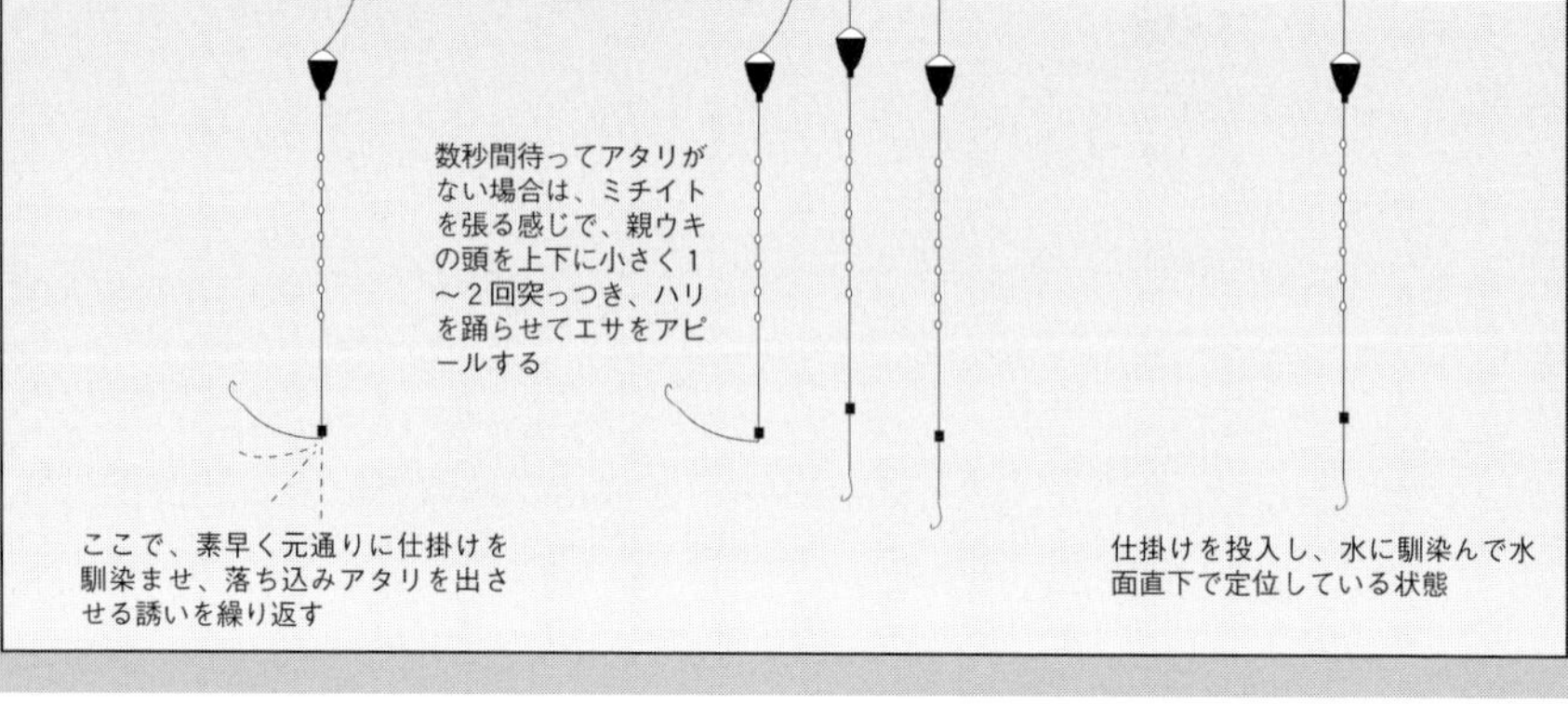

数秒間待ってアタリがない場合は、ミチイトを張る感じで、親ウキの頭を上下に小さく1～2回突っつき、ハリを踊らせてエサをアピールする
ここで、素早く元通りに仕掛けを馴染ませ、落ち込みアタリを出させる誘いを繰り返す
仕掛けを投入し、水に馴染んで水面直下で定位している状態

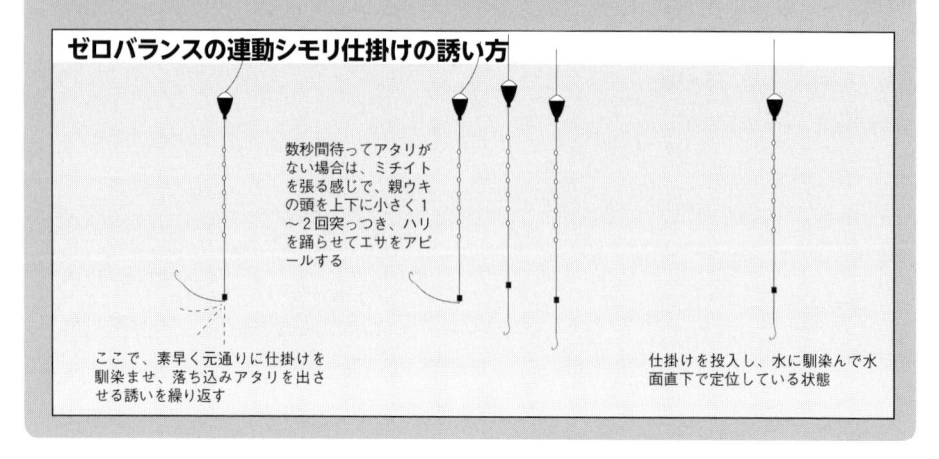

[イトウキの間隔幅による視認性の違い]

みなさんは、イトウキの間隔幅をおろそかにしてないだろうか。イトウキが連動シモリ仕掛けのアタリウキとして、重要な役割を果たしていることはだれもが知っているが、イトウキの間隔幅まで気を配る釣り人は中級者以上の腕前だ。

水中でのアタリをいち早くキャッチするためには、イトウキの間隔幅が広ければ広いほど対応レンジも広くなるのが道理だが、水の透明度がくせ者なのだ。

常にニゴリ気味の水色をしていることが多いホソと、冬場で透明度が高いドックを比べると、適切なイトウキの間隔幅が大きく違ってくるので、それぞれの条件にマッチしたイトウキの間隔幅にセッティングすることをお薦めしたい。

また、イトウキの視認性をより高めるためには、個々の釣り人が、最も見やすいイトウキの色を選択することも肝心だ。

実験①

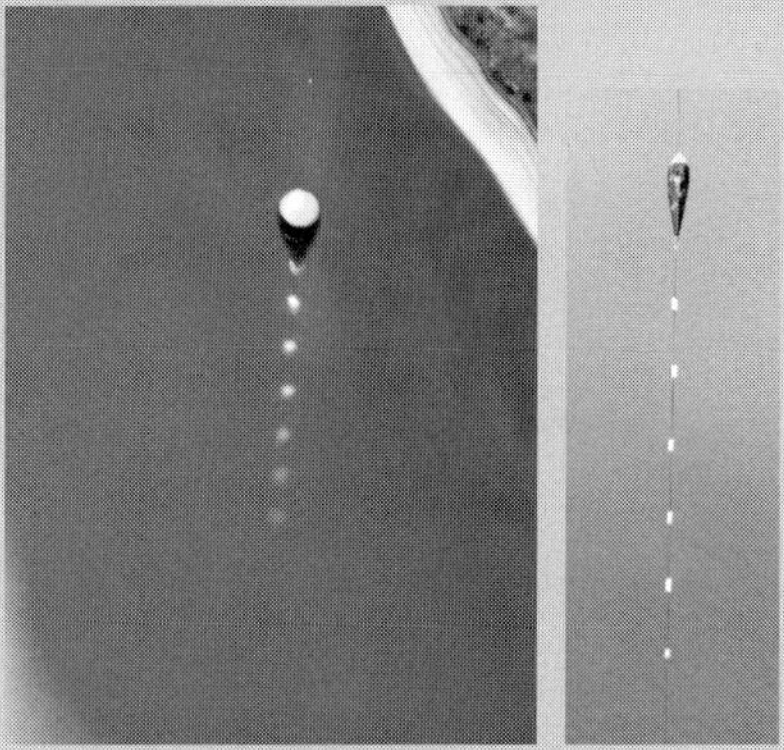

イトウキの間隔幅 1.5cm
イトウキ上部〜下部約 11cm

斜め上方からの釣り人の目線で見ると、視認性は抜群。しかし、間隔幅が極端に狭いため、イトウキの位置よりも下方を揺らす微妙なアタリがキャッチできない

実験②

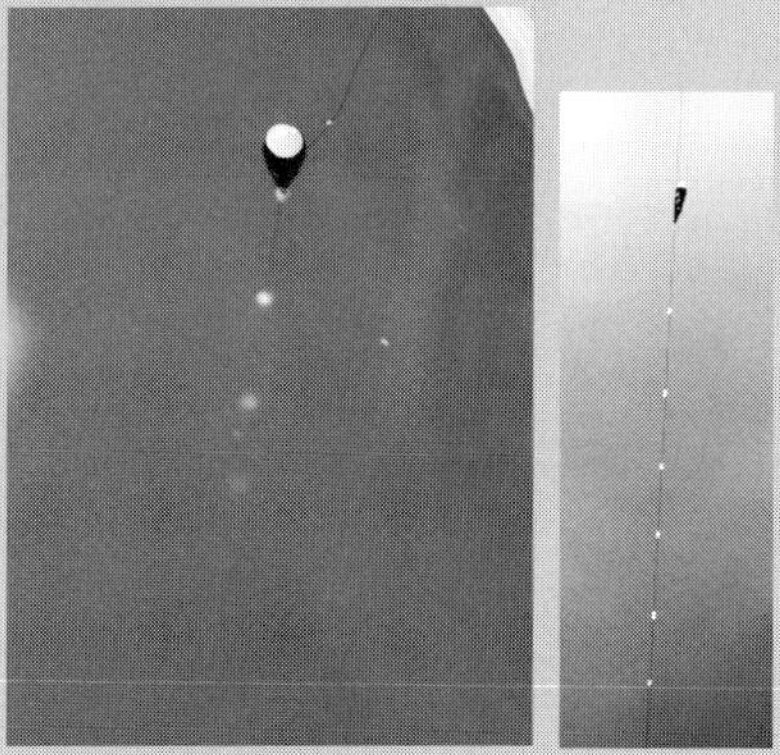

イトウキ間隔幅 3 cm
イトウキ上部〜下部約 20cm

親ウキからイトウキ下部までの全長は約２倍に広がって、間隔幅１・５㎝の場合に反応しなかったアタリがイトウキの下部でキャッチできる。この水色なら間隔幅３㎝前後が妥当な線か

実験③

イトウキ間隔幅 5 cm
イトウキ上部〜下部の約 32cm

間隔幅が広すぎて、イトウキの下部が見えず、アタリウキとしての役割が半減してしまった

[釣りやすい姿勢を保つ座り方]

舟溜まりのドックやホソをはじめとするタナゴ釣り場の立地条件は、それぞれ異なる。自然な態勢でタナゴザオを構え、釣りやすい姿勢を保ち続けるには、立地条件に合った座り方を工夫することが先決だ。

ホソのタナゴ釣り場は草付きの水分を含んだ泥地が多いので、合切箱や折りたたみイスに座るのが基本

足場が高い釣り座でベタ座りする時や、雨後や冬季にはヘラブナ用クッションと併用するとよい。常時、合切箱に忍ばせておくと何かと便利だ

ヘラブナ釣り用として市販されている極厚のクッションを利用すると、座ってあぐらがかけるのが利点。特にドックなどフラットなコンクリート護岸に座る時にお薦めだ

[応急処置に便利な仕掛けの浮力調節グッズ]

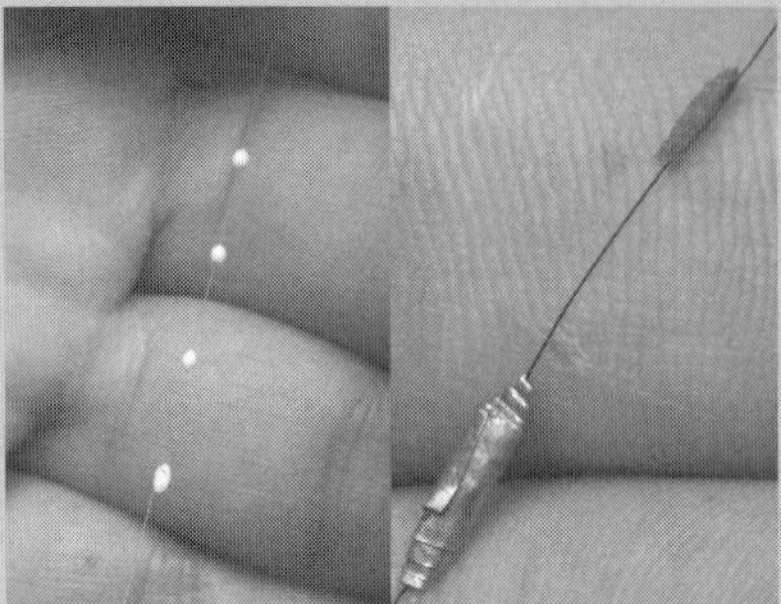

左／粘土ウキは球形に丸めて、イトウキの一つ（末端）として利用するとよい
右／粘土オモリはミチイトに付着させたら、柔らかいうちに板オモリに密着させて使用する。何回でも取り外しが可能

これらはフライフィッシング用として市販されている粘土タイプのウキ（左）とオモリ（右）。使い方は適量をちぎり取って、指先でこねるうちに体温によって軟化するのでミチイトに付着させ、これを水中に入れると再び硬化して固定するスグレもの

釣果アップのための豆知識

薄氷が張った厳寒期のドック。日中の時間帯になって薄氷が溶けても、残念ながら水温の上昇は望めない

Q：水郷のタナゴ釣りは、その日の天候に左右されますか？

A：タナゴの仲間は淡水の小もの釣りのジャンルの中で、最も天候に敏感だと思います。特に、冬場の寒タナゴ釣りは1年のうちでいちばん寒い季節ですから、水温が上がらない曇天や雨天は、障害物の奥のほうにじっと潜んでしまい、口を使おうとしません。

　もっとも雨天や雪が降るような日は、指先がかじかんでエサ付けもままなりません。いくら好きなタナゴ釣りでも腰が上がらず、コタツで丸くなっていたほうが賢明でしょう。

　寒タナゴ釣りに最適な日和とは、穏やかな晴天です。風もなく静まり返った水面はウキが見やすく、微妙なアタリが取りやすいことはいうまでもありません。

　また、春から師走にかけてねらうホソのタナゴ釣りでは、季節によって少々様子が変わります。三寒四温を繰り返す春先はまだ水温が低過ぎるため、寒タナゴ釣りの延長戦ですから、水温が上がってタナゴの活性も高まる晴天を選ぶことが大切です。

　ところが春本番以降、初夏を迎えると気温・水温とも一気に上昇してくるので、薄曇りなどの曇天日のほうがタナゴの活性が高まるものです。

　そして秋も深まり、初冬から師走に近づいてくると再び水温が低下し始めます。こうなると、ポカポカと暖かい小春日和によく釣れます。

Q：1日のうちでタナゴの活性が高まる時間帯はありますか。

A：タナゴの仲間は本来寒がりで朝寝坊です。ということは、寝起きが悪い早朝はまず釣果が伸びません。特に寒タナゴ釣りでは顕著で、日が高くなる午前10時を過ぎて、水温が上昇するとやっと活性が高まり、午後の3時から3時半を過ぎて急に冷え込んでくると、ピタリと食いが止まります。

　ですから、寒タナゴ釣りの場合、午前

中に全く当たらなかった釣り場でも、午後からもう一度サオをだしてみると、入れ掛かりというパターンに遭遇することがままあります。このように、四季折々のタナゴ釣りは気温や水温、日照時間といった自然条件が大きく影響していることを忘れてなりません。

釣行当日の好不調を大きく左右するポイント探し。偏光グラス越しに水中の障害物周りをよく観察しよう

Q：風向きや風力によってもタナゴの活性が変わりますか？

A：タナゴ釣り場選びで最も大切なのは、常に風裏を意識して行動することです。小高い山や森林で風を遮ってくれる風裏なら、多少風が強くても釣りは可能で、風を背に受ける釣り座を選ぶことです。

一方、風向きに関しては昔から東風が嫌われています。東風は底冷えする風といわれ、この風が吹き出すとタナゴはもちろん、どんな魚種でも食い渋ることが定説になっています。

反対に、最も釣りに適した風向きは北風といわれています。

Q：ホソのタナゴ釣り場は水位変動が大きく、いつもポイント捜しに悩みます。打開策はありませんか？

A：田畑への水補給を目的として造られたホソ群は、本湖や流入河川とつながっており、揚排水用の機場や小水門の開閉によって通水が行なわれ、水位の増減が生じます。

この通水の作業は自動または手動によって行なわれているそうですが、1日のうちでも、午前と午後の2回大きな水位変動があることもザラです。しかし、通水の間隔や時間帯などのサイクルは分かりません。

特に、稲の刈り入れが終了した秋以降になると、区間ごとに歯抜けのように水が抜かれていき、初冬のころには水涸れして、全く釣りにならないホソもでてきます。

まずは、水位が正常近くまであるホソの地域を捜し回ることが第一です。そして、偏光グラス越しに水中へ没している水草などの障害物周りをくまなく観察してみてください。薄濁り程度の水色なら、タイリクバラタナゴがヒラを打っている場面に出合えるかもしれません。また、釣り仲間数人と連れ立って、そこかしこにエサを入れてみる人海戦術を繰り広げる手もあります。

タナゴ釣り入門　パート10

湖岸のタナゴ五目釣り

江戸前スタイルとはガラリと釣趣が変わり、
湖岸のタナゴ五目釣りは長ザオねらいが主流。
ファミリーでも楽しめる
「何でもござれ」の新しいジャンルの釣りだ。

タックル＆仕掛け

【サオ】

だだっ広い本湖に面した湖岸からねらうタナゴ五目釣りには、短ザオが主力の江戸前スタイルのタナゴ釣りとは反対に、3～4・5mクラスの長ザオが活躍してくれる。

長ザオは、フナ釣りをはじめとする淡水の小もの釣りに使用する「清流＆渓流用」の振り出しロッドがちょうどよく、引き味を楽しむのなら、軟調子のハエザオでも面白い。

また、2・9→3・2→3・6m、3・9→4・2→4・5mなどの3段式ズームロッドを2本揃えれば、3～4・5mの「振り込みエリア」をカバーすることができる。

このほか、コンクリート護岸や流入河川などのピンポイントねらい用として、江戸前スタイルに準じた1・5～2・1m級の小継ぎ振り出しザオや、竹のタナゴザオを用意しておけば万全だ

3～4.5m級の長ザオが主力。2～3段式のズームロッドが便利だ

ポイントを小移動する際、仕掛けの脱着は意外に面倒。振り出しザオにセットできる市販の仕掛け巻きがあると便利だ

【仕掛け】

風の影響で波が立ちやすい湖岸のタナゴ五目釣りには、立ちウキ仕掛けが使いやすい。長ザオでねらう場合は、立ちウキの下部にイトウキをつないでも見えにくく、役に立たないケースも多い。

このような理由から、波立つ水面でも視認性が高くアタリ感度がよい、ヤマベ釣り用ハエウキやヘラブナ釣り用のヘラウキが、この釣りには適している。

ハエウキやヘラウキの浮力調節は、トップの部分を水面上に出すトップバランスとする。ボディ部分まで大きく水面上に露出してしまうとウキの安定が悪く、アタリ感度も鈍るので注意したい。

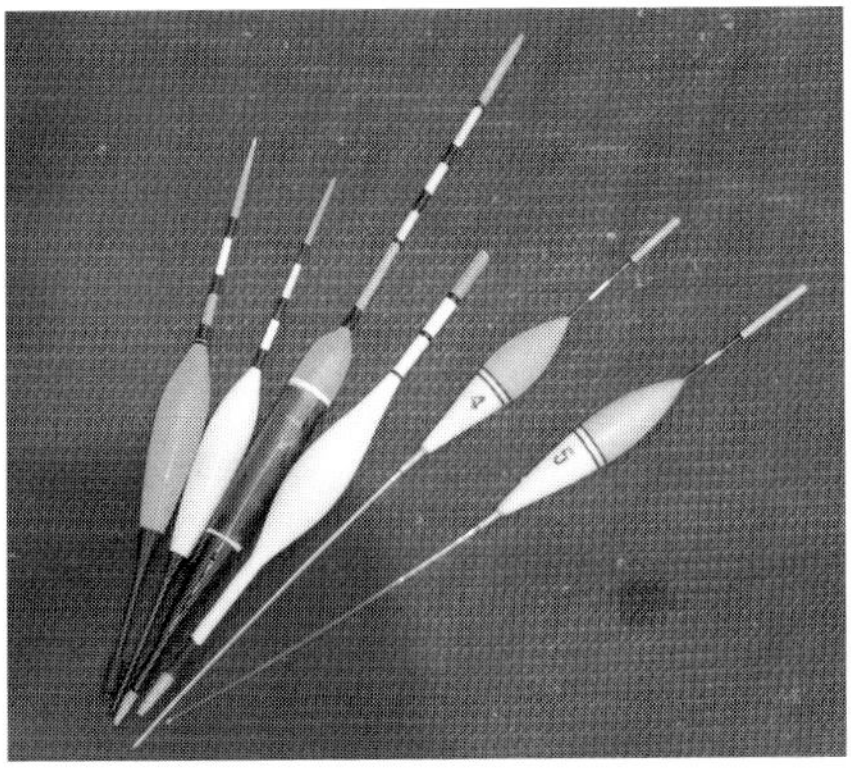

ハエウキ（右）は通常、ボディに明記されているガン玉８号の個数により、多段シズで浮力バランスを取るが、護岸のタナゴ五目釣りでは板オモリを使ったほうがよい。また、一般的な立ちウキ（左）を選ぶ場合には長めのトップ付きのほうが見やすい

一方、1・5～2・1m級の短ザオで、近距離のポイントをねらう場合には、江戸前スタイルの連動シモリ仕掛けが使いやすいほか、ポピュラーな立ちウキ1本仕掛けでもよい。

短ザオの浮力調節もトップバランスが基本になるが、水面が穏やかなナギ日和には、ゼロバランスにするとアタリ感度

長ザオ仕掛け

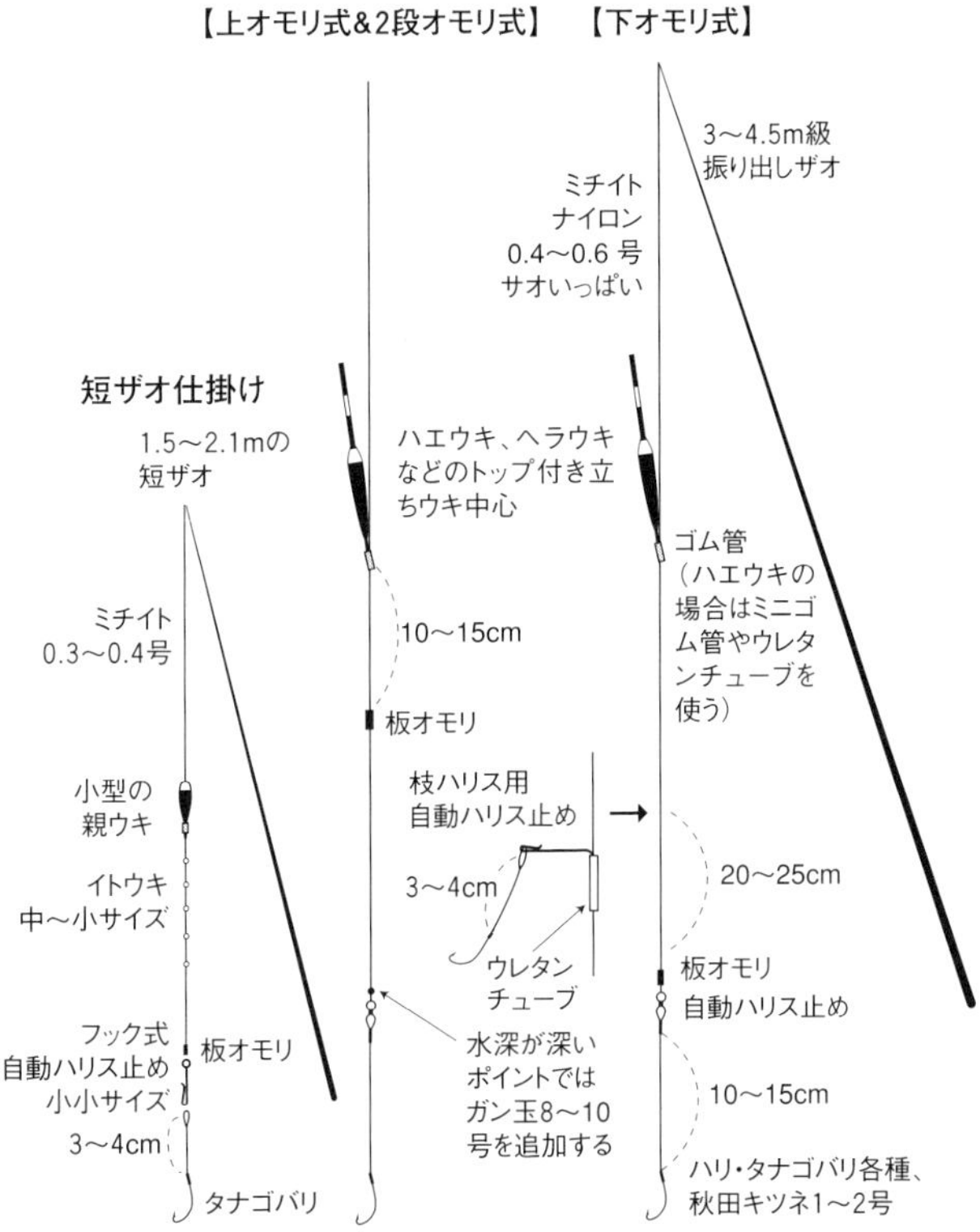

がよい。

ミチイトの号数は、長ザオが0・4〜0・6号、短ザオなら0・3〜0・4号が標準だ。魚の活性が高いシーズンに楽しむ湖岸のタナゴ五目釣りには、ナイロンハリス付きの市販バリが多用される。下バリハリスの長さは10〜15㎝と長めがよい。

水深の浅いポイントでは、下バリのみの1本バリでよいが、水深が深い水門周りなどでタナゴの群泳層を探る場合には、上バリ&下バリの2本バリ仕掛けが有効。ただし、2本バリは仕掛けが絡みやすい。

ハリの使い分けは、型のよいオオタナゴ中心の時には半月、流線といった大きめのタナゴバリや秋田キツネの1〜2号が適している。

反対に、アカヒレタビラやタイリクバラタナゴが多く混じる場合は、新半月や極小など小さなフォルムのタナゴバリが好適だ。

このほか、連動シモリ仕掛けをセットした短ザオでねらう時には、テトロンの短ハリス付きタナゴバリが使いやすい。

また、立ちウキや連動シモリ仕掛けでオモリを固定する位置は、ハリス止メ上

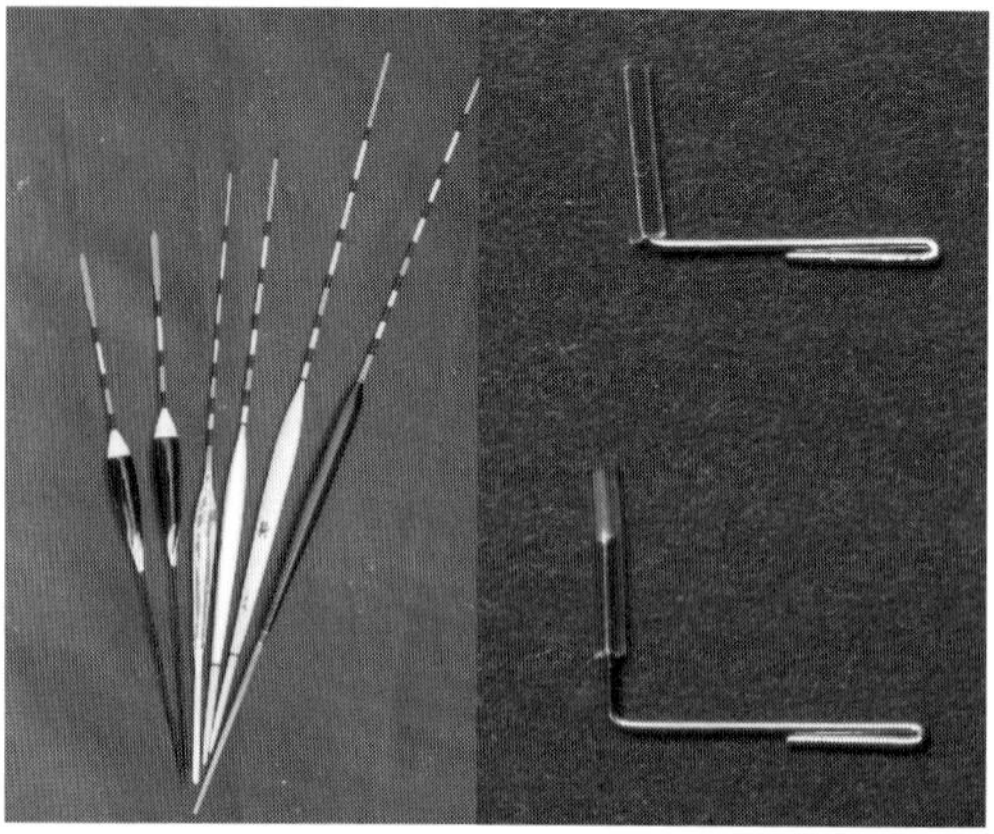

左／へラウキ（右）はカッツケ釣り用などのショートタイプが使いやすい。ハエウキ（左）には、ショートボディのほかロングボディもある
右／上バリの枝ハリス用に市販されている自動ハリス止メ。使い方は付属のウレタンチューブをミチイトに通し、ハリス止メを刺して固定。先端部のフックにチチワを作ったハリスを通すだけ

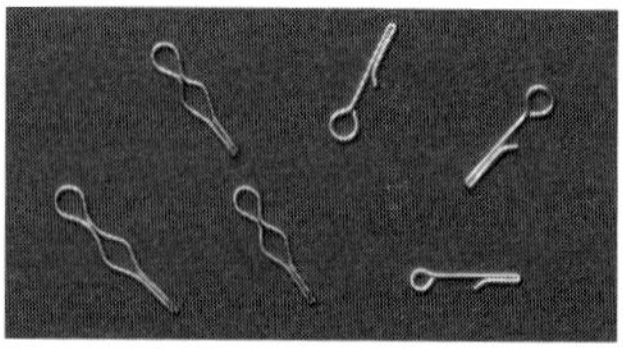

ハリの交換が楽なハリス止メは、一般タイプ（左）、片足フックタイプのどちらでもよく、小小サイズが好適

下オモリ式と上オモリ式&2段オモリ式の違い

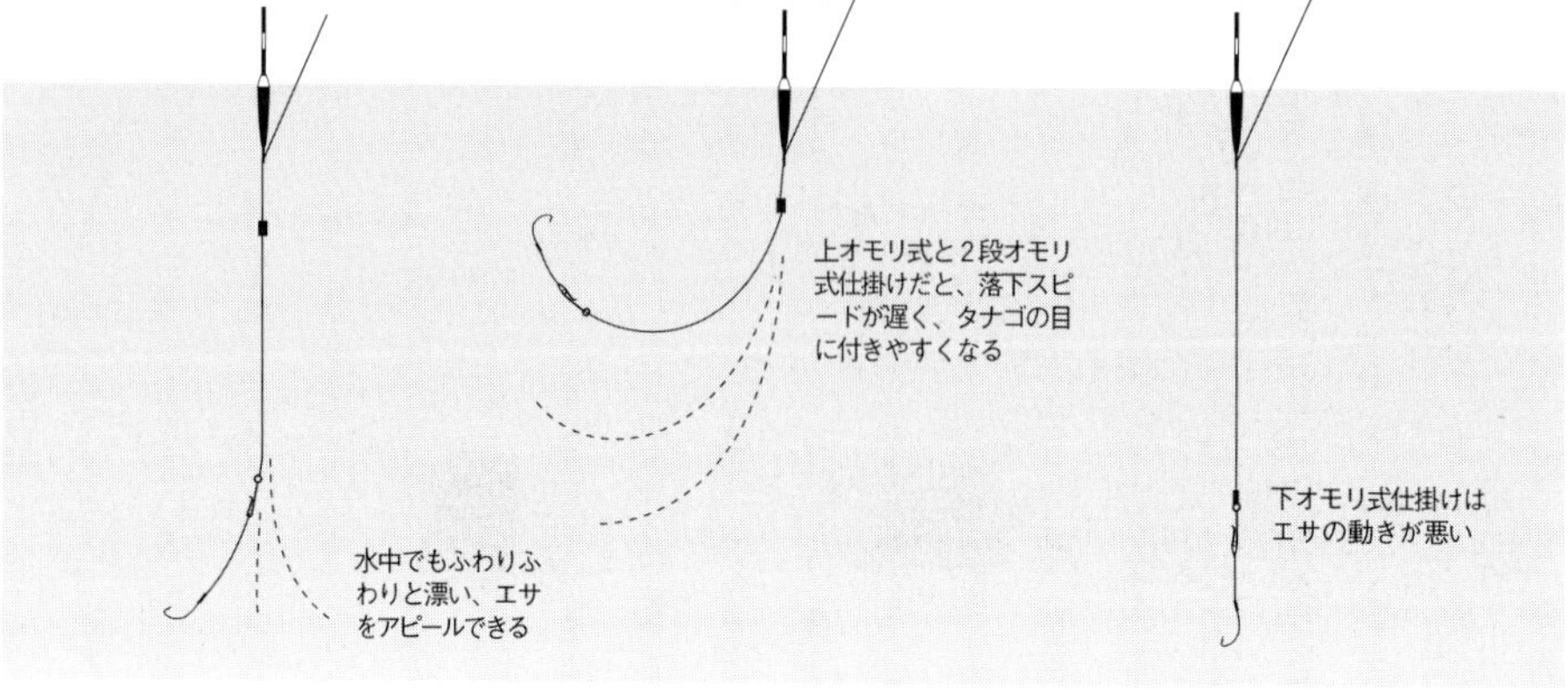

上オモリ式と2段オモリ式仕掛けだと、落下スピードが遅く、タナゴの目に付きやすくなる
下オモリ式仕掛けはエサの動きが悪い
水中でもふわりふわりと漂い、エサをアピールできる

が基本。しかし、浮力が強いハエウキやヘラウキだと負荷オモリが重くなりがちで、ハリスを長めにセットしてもエサの動きが悪い。

　そこでお薦めしたいのが、「上オモリ式」または「2段オモリ式」仕掛けだ。これは立ちウキの下10～15㎝の位置に調整オモリ（板オモリ）を仮固定するスタイルで、水深の浅いポイントでは、ハリス止メ上にオモリを付けず、その反対に水深が深い水門周りなどをねらう時には、ハリス止メ上にごく軽いガン玉オモリ8～10号を打つ方法である。

　ハリス止メ周りを軽くすることによって、エサがゆっくりと落下して、タナゴの目に付きやすくさせると同時に、ふわりふわりと水中で漂うエサの浮遊感を演出できるわけだ。

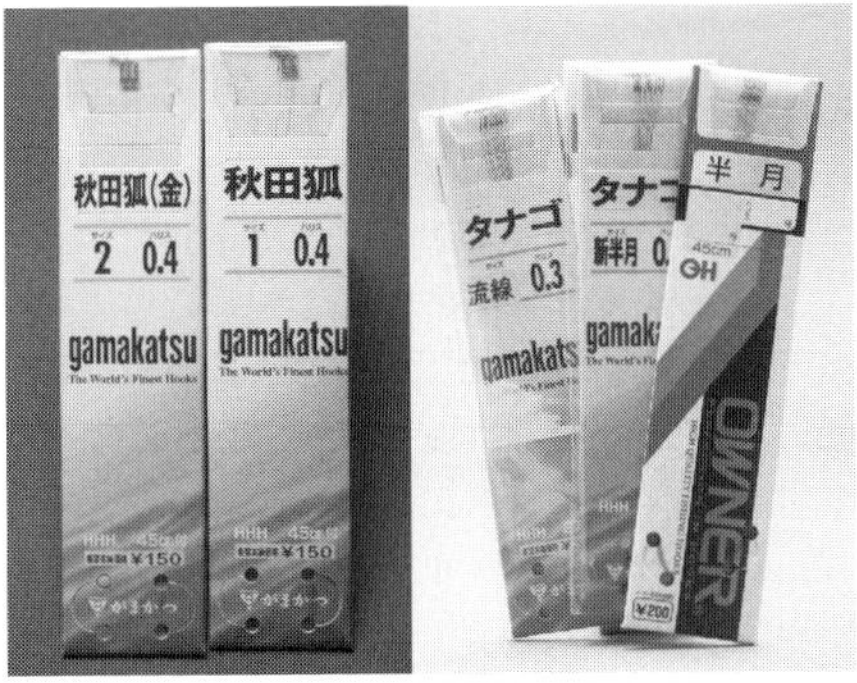
左／型がいいオオタナゴが揃う時には秋田キツネ１～２号
右／ノーマルな市販のナイロンハリス付きタナゴバリ

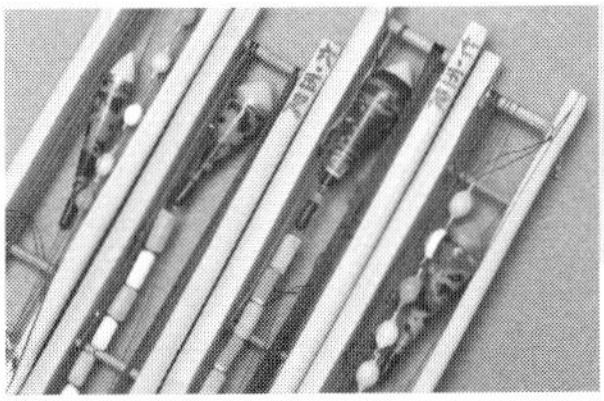

左／コンクリート護岸などのヘチねらいには江戸前スタイルに準じた連動シモリ仕掛けが使いやすい
右／テトロンの短ハリス付きタナゴバリは短ザオの釣りに適している

活かしビクは必需品。気温の高い時期にはエアポンプを使いたい

【湖岸のタナゴ五目釣りに適した立ちウキの浮力バランスの調節法】

風で水面が波立っている時は、ボディの上部を少し出すくらいに調節すると、視認性が高まる。アタリ感度が鈍るのが難点

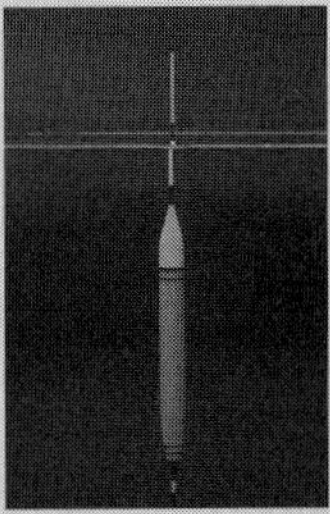
風もなく穏やかな水面の時には、トップを3分の1から2分の1まで沈めたほうがアタリ感度が向上する

基本はトップ部分を水面上に出すトップバランス。トップとボディの境目くらい

【エサ】

【赤虫】

湖岸のタナゴ五目釣りでは、この赤虫が万能エサである。特に、長ザオを使ったオオタナゴ中心のタナゴ五目釣りには、赤虫エサを用意しておけば、まず問題ない。

付け方は1～2匹のチョン掛けが基本。黒っぽい頭にこだわらず、赤い胴体に掛けてもよい。しかし、赤い体液が流れ出て、体色がピンク色に変わってくると食いが落ちるので、早め早めに付け替えることが肝心だ。

このほか、湖岸のタナゴ五目釣りに使われる虫エサにはキヂ（ミミズ）や白サシなどがあるが、一般的ではないので解説を割愛する。

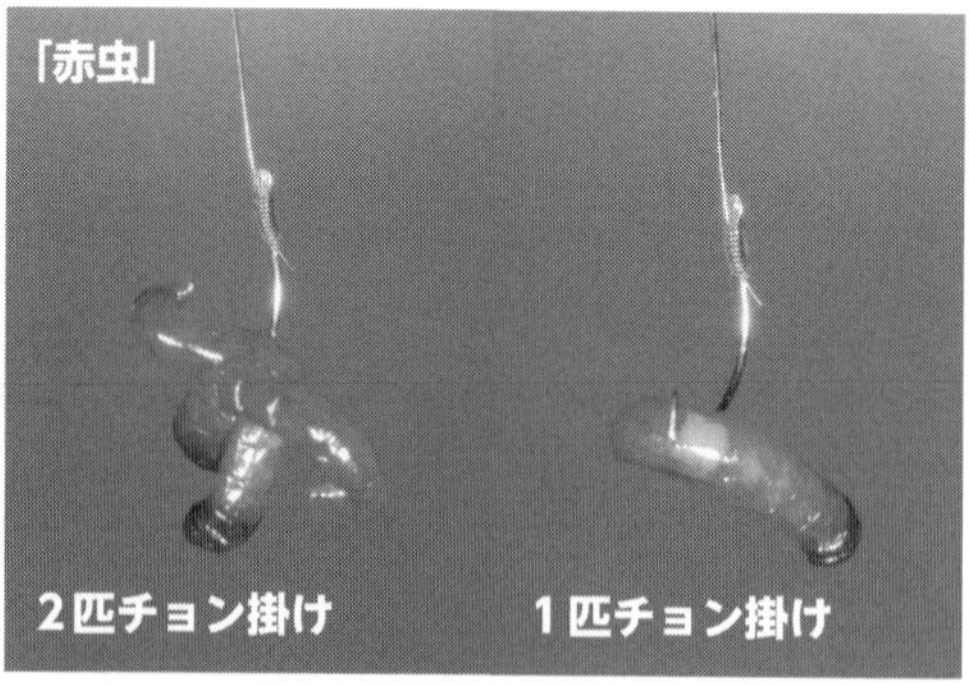

【グルテン】

最近、江戸前スタイルのタナゴ釣りで多用されているヘラブナ釣り用のグルテンエサは、湖岸のタナゴ五目釣りでも集魚効果が期待できるが、どちらかというとコンクリート護岸のヘチをねらう短ザオの釣り向き。

市販のグルテンエサは、グルテン量が多いタイプを選ぶとともに、練り込み加減を調節して、少し粘り気が強いエサに調整するのがキーポイント。

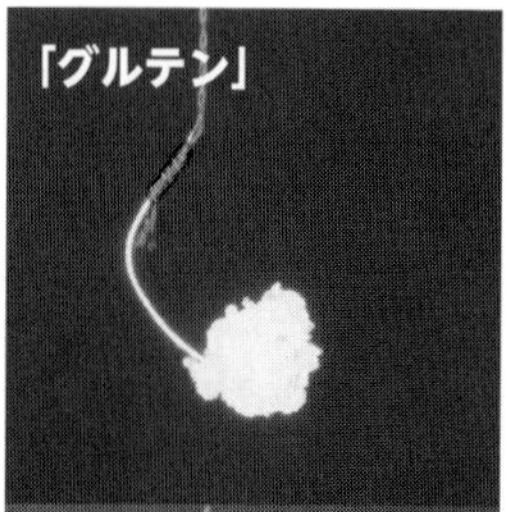

グルテンエサはハリ先で引っ掛けるように取り、ハリ先に小さくまとめる

【黄身練り】

グルテンエサと並んで、江戸前スタイルの人気エサである黄身練りも、湖岸のタナゴ五目釣りでは主に短ザオ用として使われる。それでも1・5～2・1mザオが主体なので、エサ持ちをよくする意味で硬めに練り上げておくとよい。

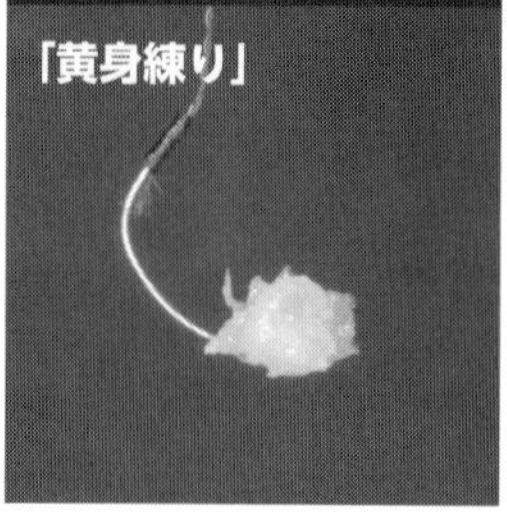

黄身練りはハリ先にこぢんまりと付けること

【寄せエサ】

食いが渋い条件の日には、寄せエサを打つと効果がある。ヘラブナ釣り用のバラケエサを水で硬めに仕上げ、ねらったポイント周辺に少量ずつ投げ入れる。ただし、寄ってくるのはタナゴばかりでなく、その匂いとうまそうな小魚に、キャットフィッシュなどの難敵まで集まってしまうケースも多いので、寄せエサはあまり使わないほうが無難だ。

釣り場と付き場

湖岸のタナゴ五目釣りは、近年、関東エリアの一大タナゴ釣り場である霞ヶ浦と北浦の両エリアで盛んな、新しいスタイルのタナゴ釣りだ。

湖岸のタナゴ五目釣りといわれるように、本湖に面したコンクリート護岸帯をメインにして、流入している中小河川の河口付近などが主な釣り場になっている。

釣れるタナゴは新参の外来種であるオオタナゴを主体にして、アカヒレタビラ中心のマタナゴやタイリクバラタナゴ(通称オカメタナゴ)、カネヒラが混じることもある。さらには否応なしにモツゴ(通称クチボソ)やタモロコ、ブルーギルといったさまざまな淡水の小ものが顔を見せてくれる。

湖岸のタナゴ五目釣りの釣期は、タナゴが本湖に出てきて、沿岸の水域で広く群れ遊ぶ春から晩秋にかけて。

[釣りやすい姿勢を保つ座り方]

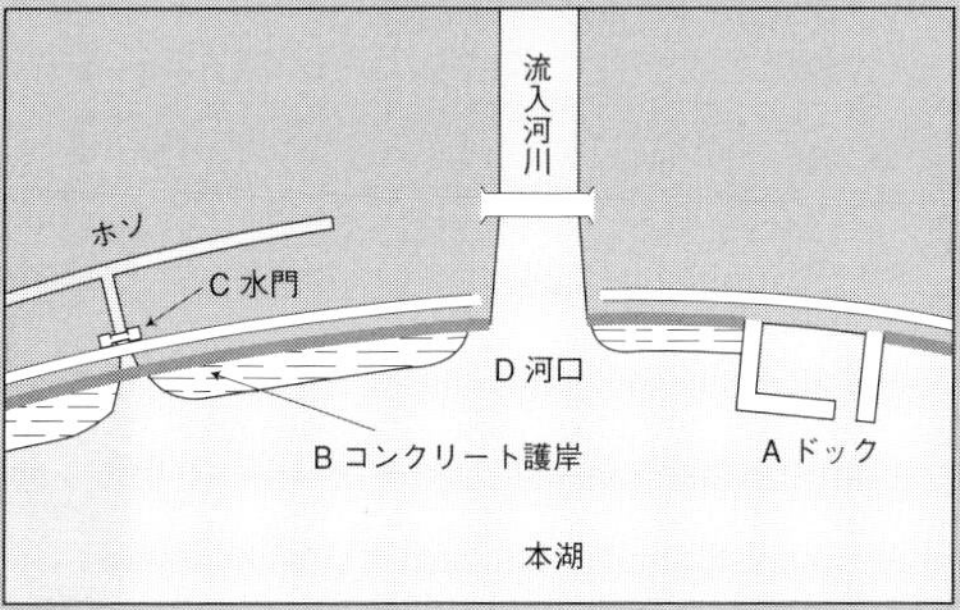

A ドックの外側と内側

舟溜まりのドックは本湖にある最も大きな人工物。このドックの外側は水流の変化が望める一級ポイントだ。また、ドックの内側には小型サイズのカネヒラが集まることもある

B コンクリート護岸

本湖に沿って続くコンクリート護岸は、湖岸のタナゴ五目釣りのメインステージ。何の変哲もないように見えるが、護岸を区切るように茂る水生植物の群生や、沖合の波止堤が水流に変化をもたらしてくれる

C 水門付近

ホソなどの出合に造られた水門周りは水深の変化が大きく、タナゴが集まる好ポイントの一つ

D 河口付近

流入河川の流れ込み付近は水の動きもよく、常にチェックしておきたい絶好ポイント

春～晩秋　湖岸のタナゴ五目釣りベーシックテクニック

霞ヶ浦や北浦の本湖に沿って延々と伸びるコンクリート護岸帯は、一見何の変哲もなく見える。しかし、よく観察してみると、コンクリート護岸は左右に湾曲しながら続いており、ところどころには護岸を区切るように、点々とアシ林などの水生植物が群生している。

さらに、要所要所には舟溜まりのドックが造られ、流入河川や大小の水門を通じてホソが流れ込んでいるなど、長大なコンクリート護岸帯は殺風景どころでなく、タナゴ五目釣りに好適な数多くのポイントを形成している。

つまり、アシ林やドックといった湖岸にできた凸部、そして、中小河川の流れ込みやホソの出入口は、水流の変化をもたらし、エサとなる珪藻類を豊富に繁殖させるなど、タナゴたちに棲みやすい環境を提供しているのだ。

湖岸のタナゴ釣りポイントは、これら水流の変化がある個所を基点として選ぶことが基本。水深は捨て石や崩れ護岸周りの30～40㎝のごく浅場から、水流によって掘れた水門周りの2m近い深場まである。

全般に水温が高い季節をねらうため、食い気が立つ時間帯は、早朝から午前10時ごろまでの朝マヅメ、午後3時過ぎから日が落ちる寸前までの夕マヅメという1日2回に集中することが多い。

ちなみに、梅雨から夏にかけての高水温時には、曇天や小雨模様の日のほうがタナゴの活性が高まり、好釣が期待できる。

また、風の影響を受けやすい本湖のコンクリート護岸では、背から風を受ける釣り座を選ぶことが前提である。

※

湖岸のタナゴ五目釣りで釣果を上げるには、前述したポイント選びが第一。そして、釣り方ではウキ下を調節するタナ取りと、食い気を促す誘い方のテクニックが大切だ。

まずはタナ取り。平均水深が50～60㎝のコンクリート護岸帯は、低層を中心にしてタナゴの群泳している。このため、

湖岸タナゴ五目釣りの誘い方

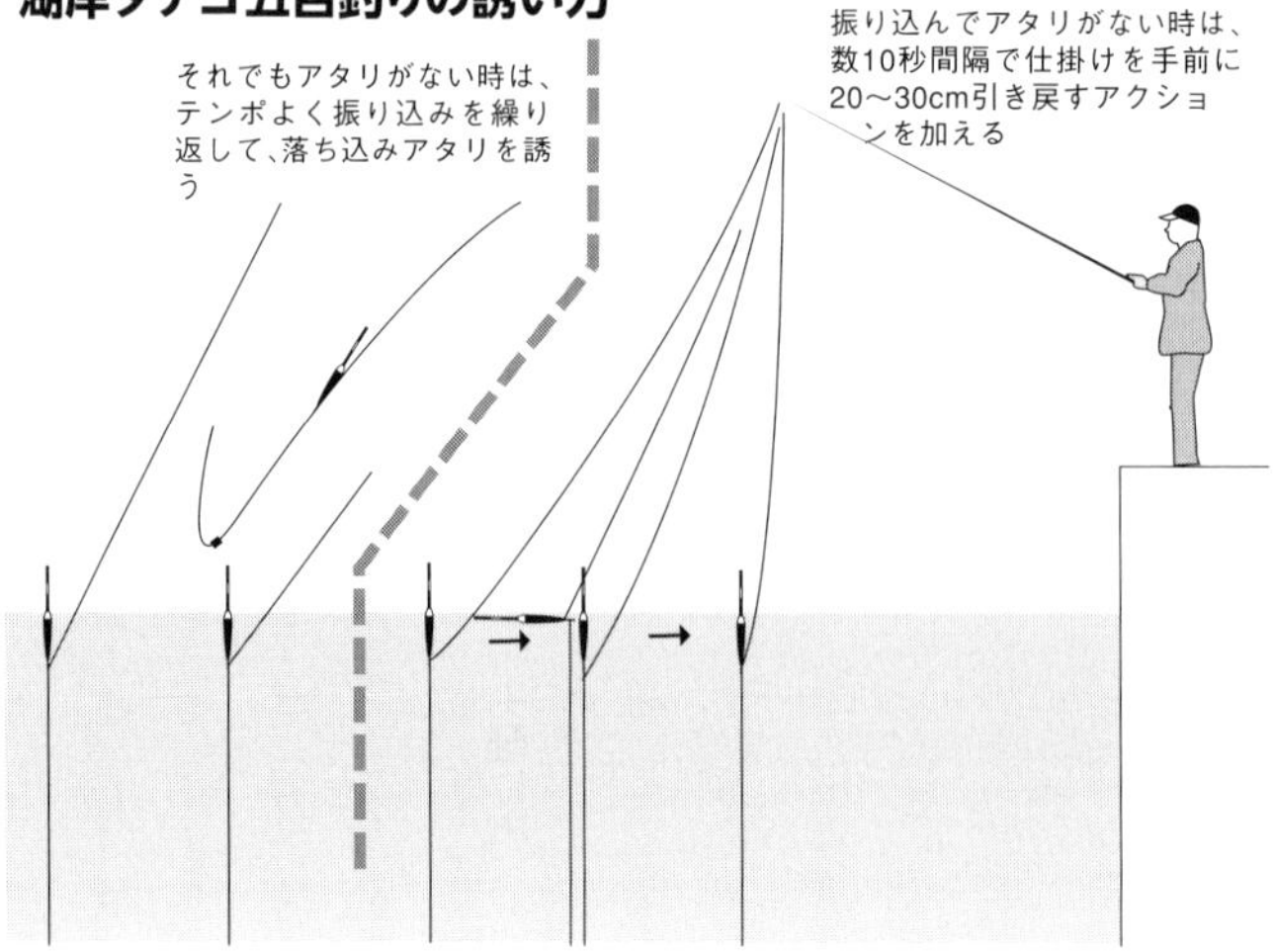
それでもアタリがない時は、テンポよく振り込みを繰り返して、落ち込みアタリを誘う
振り込んでアタリがない時は、数10秒間隔で仕掛けを手前に20～30cm引き戻すアクションを加える

エサが底スレスレから5㎝くらい上を浮遊する感じにウキ下を調節する。

一方、水門付近など水深が1・5～2m近くある釣り場では、タナゴの群泳層が宙層から低層にかけて上下に分散していることもある。たとえば水深1・5mのポイントの場合、1mの宙層からスタートして15～20㎝刻みで徐々にウキ下を深くしながら、その日その時のタナゴの食いダナを探っていくとよい。

護岸のタナゴ釣りシーズンはどちらかというと、タナゴの活性が高い時期だけに、ポ～ンと振り込んだ仕掛けが馴染んだ途端、ウキが反応する落とし込みアタリのパターンが多い。

こんなことから、アタリがない場合には、仕掛けを波の揺れに任せず、数10秒ごとに20～30㎝ずつ手前に引き戻すようにアクションを加えるか、テンポよく振り込みを繰り返し、積極的にエサをアピールする誘い方が効果的である。

また、湖岸一帯や河川の流れ込み付近の沿岸域にいるタナゴは、ある一定のエリアを回遊しているようで、一時パタパタと釣れ盛った後に食いが止まり、再び少し間があって食いが立つことが特徴だ。

釣れるタナゴの中でも、魚体が大きなオオタナゴは、スポッと水中にウキを引き込むような明確な消し込みアタリが多く、アワセのタイミングは簡単。

中小サイズのマタナゴやタイリクバラタナゴは、ウキのトップを上下に揺らす程度の小さなアタリ方もあるので、ウキの動き方がおかしいと思ったら、すかさず合わせてみよう。

このように湖岸のタナゴ五目釣りは、アウトドア用のリクライニングチェアなどに腰かけてでもねらえる、のんびりとした立ちウキ釣りだ。チビッコ連れのファミリーフィッシングでも手軽に楽しめるのが、大きな利点といえる。

湖岸タナゴの主役たち

アカヒレタビラ。湖岸のタナゴ五目釣りシーズンは雄タナゴの婚姻色が美しい

オオタナゴは湖岸のタナゴ五目釣りの主役

オカメタナゴの愛称で親しまれるタイリクバラタナゴ

ぽっちゃりとした体型のカネヒラは観賞魚としても大人気

アタリのバリエーション

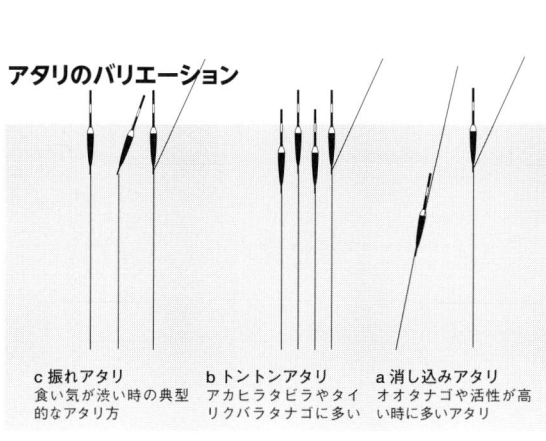

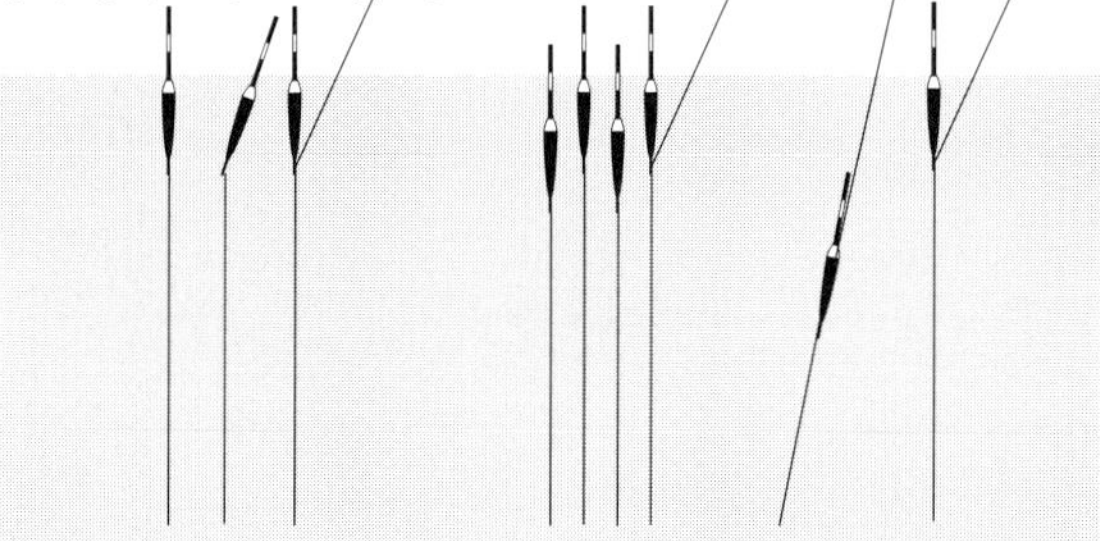
c 振れアタリ
食い気が渋い時の典型的なアタリ方

b トントンアタリ
アカヒラタビラやタイリクバラタナゴに多い

a 消し込みアタリ
オオタナゴや活性が高い時に多いアタリ

【湖岸のタナゴ五目釣りの主なポイント】

捨て石周り

偏光グラス越しに、水中に黒っぽく見えるのは、捨て石などの障害物だ。水流の変化とともに珪藻類の繁殖もよい。根掛かり覚悟で積極的にねらいたいポイント

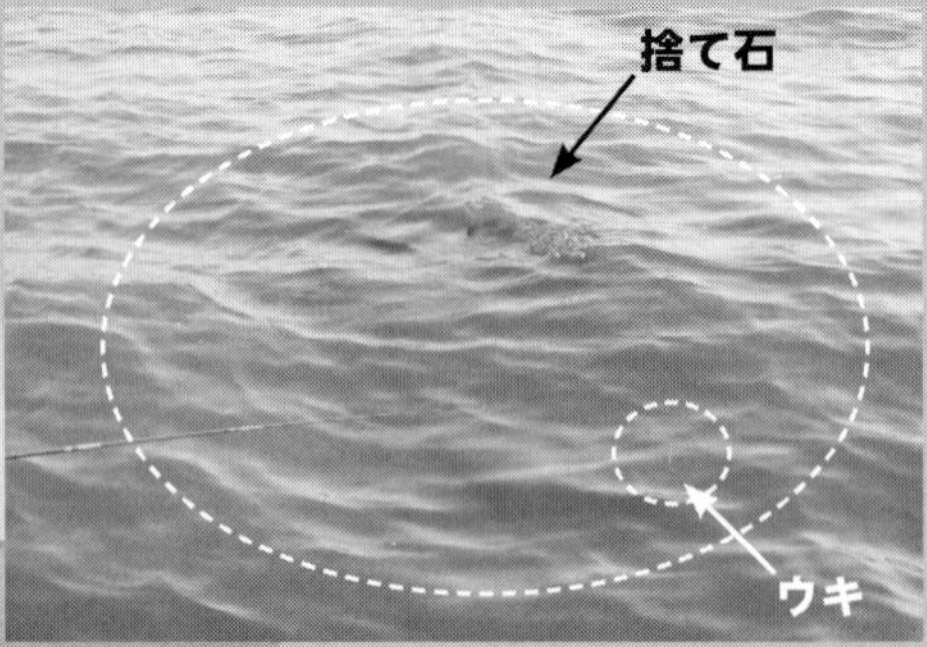

コンクリート護岸の前面

時間帯によって付き場が変わるため、ヘチから沖目まで広く探ってみること

斜め護岸のカケアガリ

水中に向かって徐々に落ち込むような斜め護岸のカケアガリには、朝夕マヅメ時になると、タナゴが接岸して、エサの珪藻類をはむケースが多い。１歩２歩下がって静かにサオをだすことが肝心だ

水生植物周り

水深が浅いケースが多いものの、絶好の隠れ家だけに見逃せない

崩れ護岸帯

護岸が崩れて積み重なった崩れ護岸帯は水の変化があって、この周辺に集まったタナゴの活性は高い

突堤周り

水門や内堤型ドックから突き出た突堤周りは水中の障害物が多く、ぜひ探ってみたい好ポイント

水門周り

水門からの通水によって、本湖側は小深く掘れた溝が形成されていることが多い。この溝とともに水生植物に向かって続くカケアガリも探ってみること

ドック周り

外堤型ドックの周りには、古い杭などが残っていてタナゴの付き場として申し分ない。ドックを基点にして一帯を回遊しているケースが多い

日本にすむタナゴたち

解説／熊谷正裕

関東に生息するタナゴ類

ヤリタナゴ（全長10㎝）

北海道と九州南部を除く日本全国に分布。槍のような体型が本種名の由来である。平野部の河川や用水路などの流れのあるところを好む。

産卵期は3～8月頃で、マツカサガイなどに産卵する。口ヒゲは長い。かつては、関東地方、特に霞ヶ浦でのタナゴ釣りの代表種で、土浦市桜川でのタナゴ釣りが有名だった。しかし、今日の霞ヶ浦では数箇所の流入河川にのみ生息が確認されている。

タナゴ（全長6～10㎝）

関東以北から青森県までの太平洋側に分布。平野部の河川や用水路、池沼などに生息する。タナゴ類の中では最も体高が低い。

産卵期は3～6月頃でカラスガイ、ドブガイなどの比較的大型の二枚貝に産卵する。

オスの婚姻色は特徴的で、ニキビのような追星を吻に付け、腹部は黒くなる。関東地方では、このタナゴ、ヤリタナゴ、アカヒレタビラの細長い体型のタナゴ類を合わせて「マタナゴ」と呼んでいるが、本種をほかのタナゴ類と区別するために「マタナゴ」と呼ぶこともある。

アカヒレタビラ（全長6～8㎝）

2007年にアカヒレタビラは3亜種に分類された。本州東部の太平洋側（関東地方～宮城県）に生息するものがアカヒレタビラ、本州東部の日本海側（新潟県～秋田県・含む福島県）に生息するものがキタノアカヒレタビラ、本州西部の日本海側（富山県～島根県）に生息するものがミナミアカヒレタビラとされた。それぞれ卵形や幼魚期の背ビレ黒点の有無、体型、オスの婚姻色などに違いがある。

平野部の河川や用水路、池沼、潟に流入する河川の河口などに生息する。産卵期は4～6月頃で、イシガイ、ドブガイ、マツカサガイ、ニセマツカサガイ、カワシンジュガイなどに産卵する。本種は霞ヶ浦で普通に見られるタナゴ類である。

タイリクバラタナゴ（全長5～7㎝）

中国原産で、1940年代初めにハクレンなどにまぎれて利根川へ移入され、現在では北海道を含む全国に分布。平野部の河川や用水路、池沼など広範囲に生息する。比較的止水域を好むが、流水域にも適応して生息している。中層から上層を好み、舟溜まりなどでは係留ロープや杭などに腹部をこすり付ける「ヒラ打ち」という現象をよく見ることができる。ほかの在来タナゴ類が生息していないような、3面コンクリート護岸の水路にも生息しており、富栄養化の進んだ水にも強い。

産卵期は3～9月頃と在来タナゴ類よりも長い。釣り人には「オカメタナゴ」の愛称で親しまれ、小型で口が小さく釣りの難易度が高いため数釣りの対象となっている。ペットショップなどでもよく見かけ、タナゴというと本種を指す人が多いほど一般的に知られているタナゴ類となっている。しかし、一方では各地域で在来タナゴ類との競合が報告されている。

カネヒラ（全長10㎝）

琵琶湖以西の本州、九州北部に分布するが、移殖により東北地方や各地域に分布域が広がっている。関東地方へは、1970年頃、琵琶湖から霞ヶ浦へ移入されたセタシジミに混入していたイシガイ科の二枚貝に、本種の卵や仔魚が産みこまれて繁殖したと思われる。産卵期は9～11月頃で、イシガイやタテボシなどの比較的小型の二枚貝に産卵する。

産みこまれた卵は仔魚期に貝の中で冬の低温気になると成長を止めて越冬し、翌春の水温上昇とともに再び成長する。稚魚は4～5月頃に貝から浮上する。大型になりオスの婚姻色が派手で綺麗なことから人気が出て、意図的に放流された地域が多々あり、現在でも後を絶たない。

平野部の河川や用水路、湖沼などの比較的流れのある場所を好み、タナゴ類の中でも1年を通して移動の大きい種である。琵琶湖や霞ヶ浦では産卵期が近づくと、二枚貝の生息する湖岸の捨て石周りで見かけることが多くなる。成魚の食性は極端に植物質に偏っており、水草や付着藻類などを好んで食べる。

オオタナゴ（全長12㎝）

原産地は東アジア（アムール川流域、朝鮮半島、中国沿岸、海南島）で、2000年頃、霞ヶ浦で確認されるようになった。現在では手賀沼、印旛沼などにも分布が広がっている。霞ヶ浦でも北浦を含め分布が拡大しており、本種と在来タナゴ類の構成比がここ数年で逆転している。産卵期は4～6月頃で、イシガイやヒレイケチョウガイなどに産卵する。流入河川や湖岸等に生息するが、ほかのタナゴ類と違い、沖合まで広く生息し冬季には4m程度のかなり深い場所に集まる。

そのほかのタナゴ類

アブラボテ（全長4～7㎝）

濃尾平野以西の本州、四国瀬戸内海側、鹿児島県北西部までの九州に分布。体色が重油色で、この特徴が本種名の由来である。平野部の湧水のある細流や用水路などを好みタナゴ類としては比較的上流部まで生息する。

産卵期は4～8月頃で、マツカサガイ、ドブガイ、カワシンジュガイなどに産卵する。オスの縄張りは大変強く他魚を追い払う。好奇心が大変旺盛なタナゴ類で、特に小型の個体は見ながら釣ることができる。口ひげは長い。

ニッポンバラタナゴ（全長5㎝）

現在では大阪府、香川県、九州北部に分布。琵琶湖淀川水系、兵庫県、岡山県にもかつては分布していたが、生息地の多くはタイリクバラタナゴの進入により雑種化している。タイリクバラタナゴと比較すると本種はやや小型で、体高も低く、腹ビレの白線がないことなどの違いがあるが、外観だけでは判別できない場合が多い。ため池など比較的水の淀んだ場所を好む。産卵期は5～7月頃で、ドブガイなどに産卵する。なお、香川県では指定希少野生生物に指定され、捕獲、飼育は禁止されている。

カゼトゲタナゴ（全長5㎝）

九州北部にのみ分布。平野部の水の澄んだ細流や、やや浅い用水路に生息し、比較的流れのある砂泥域を好む。

産卵期は4～7月で、マツカサガイなどの小型の二枚貝に産卵する。オスの婚姻色は口紅を塗ったようになり可愛らしい。

ゼニタナゴ（全長6～8㎝）

関東地方から青森県を除く東北地方に分布するが、各地域では絶滅している地域も多くある。霞ヶ浦でもかつては見られたが、2001年以降は情報がない。平野部のため池やそこから流出・流入する流れの緩やかな用水路などに生息する。現在ではタイリクバラタナゴをオカメタナゴと呼ぶが、「マタナゴ」よりも口が小さく、オスの婚姻色はほっぺた（エラブタ周辺）が赤くなることから、戦中に移入されたタイリクバラタナゴが繁殖し拡散する以前までは本種をオカメタナゴと呼んでいた。

産卵期は9～11月で、イシガイやドブガイなどに産卵する。うろこが大変細かく、群馬県周辺ではヤスリメと呼ばれていたほど。なお、福島県では特定希少野生動植物に指定され、捕獲、飼育は禁止されている。

イチモンジタナゴ（全長8㎝）

濃尾平野、三方湖、琵琶湖淀川水系が本来の分布域とされるが、移入により九州、四国などにも分布。体側に太く長い青色の縦帯があり、これが本種名の由来である。平野部の河川や用水路の流れの緩やかなところや池沼などに生息する。比較的水の汚れた場所にも生息していて、釣りあげると大変綺麗なオスの婚姻色にハッとさせられることがある。

産卵期は4～7月で、ドブガイなどに産卵する。メスの輸卵管はタナゴ類の中では最も長く、尾ビレの先端を超える。なお、滋賀県では指定希少野生動植物種に指定され、捕獲、飼育は禁止されている。

シロヒレタビラ（全長6～8㎝）

濃尾平野、琵琶湖淀川水系、岡山県に分布。移入により東北地方にも生息している。アカヒレタビラ、セボシタビラとは亜種であり、オスの婚姻色の尻ビレが白くなることが本種名の由来である。平野部の河川や用水路などに生息する。琵琶湖では水深の深い所まで生息しているようだが、捨て石や護岸の石組、テトラポッドの周辺やそれぞれの隙間などに多く見られる。

産卵期は4月～8月でイシガイ、タテボシ、ドブガイ、カタハガイなどに産卵する。

セボシタビラ（全長6～9㎝）

九州北西部にのみ分布。メスやオスの未成魚の背ビレに黒点が認められることが本種名の由来。オスの婚姻色はアカヒレタビラとシロヒレタビラを足したような感じである。平野部の河川や用水路などに生息し、やや流れがあり、捨て石や護岸の石組などに多く見られる。泳いでいる様子を上から見ると体全体が黒く、特に産卵期には黒く見えるため他のタナゴ類と区別できる。産卵期は2月下旬～8月で、ほかのタナゴ類よりも長く、マツカサガイやカタハガイなどに産卵する。

※日本に生息するタナゴ類は現在16種類。ここに紹介したほかに、天然記念物であるミヤコタナゴが関東地方にのみ、同じくイタセンパラが富山県、岐阜県、大阪府に生息している。また、岡山県、広島県芦田川にのみ生息するスイゲンゼニタナゴは、種の保存法により2002年から捕獲・飼育が禁止されている。

付録

中小河川のモツゴ&タモロコ釣り

タックル&仕掛け、エサ

【サオ】

中小の水路で遊ぶモツゴ（通称クチボソ）とタモロコ（通称モロコ）釣りには、江戸前スタイルのタナゴ釣りに用いる1・5〜2・1mの短ザオの出番が多く、長くても2・7m止まりの振り出しザオが使いやすい。

　最近は淡水の小もの釣りの人気がリバイバル傾向にあるためか、タナゴや小ブナ用の振り出しザオが数多く出回っている。しかも、サオの全長は昔ながらの尺貫法で記されており、3尺（約90㎝）前後から4尺（約1・2m）、5尺（約1・5m）といったように、10尺（約3m）くらいまでの短ザオが揃っている。

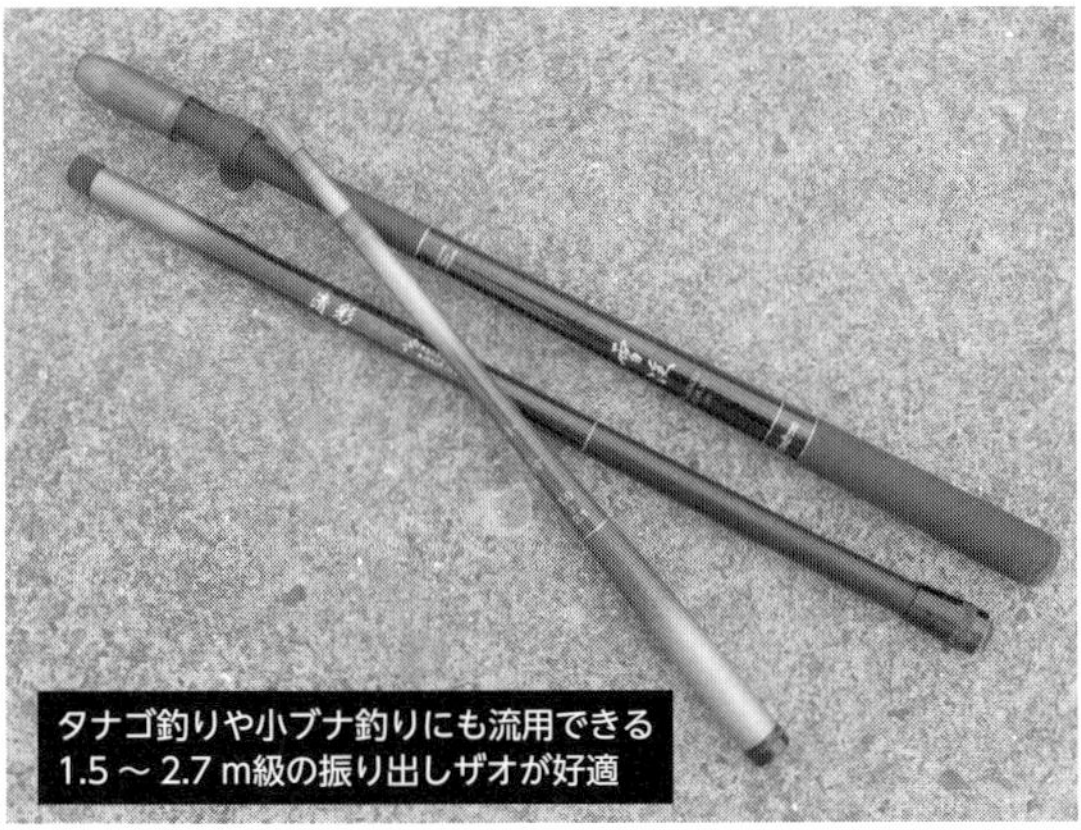
タナゴ釣りや小ブナ釣りにも流用できる
1.5～2.7m級の振り出しザオが好適

【仕掛け】

おちょぼ口のモツゴとタモロコをねらうには、江戸前スタイルのタナゴ釣りと同等、もしくはごく近い繊細な仕掛けを使ったほうが釣果が伸びる。

　仕掛けの種類はシンプルな立ちウキ1本仕掛け、または連動シモリ仕掛けのどちらか。立ちウキ1本仕掛けの場合でも、連動シモリ仕掛けの親ウキに準じたアタリ感度がよい小型タイプを選ぶことが大切だ。

浮力調節は立ちウキのトップ部分を水面からちょこんと出すトップバランスが基本。しかし、初冬から春にかけて食い渋りが予想される冬季には、江戸前スタイルのタナゴ釣りで解説したゼロバランスやシモリバランスに整えると、数段アタリ感度がよい。

　この釣りに用いるハリは、口が小さな小魚なのでタナゴバリを主体にして、大きくても秋田キツネ1号まで。厳寒期やミニサイズねらいにはテトロンの短ハリス付きタナゴバリを忍ばせておこう。

モツゴ&タモロコ仕掛け

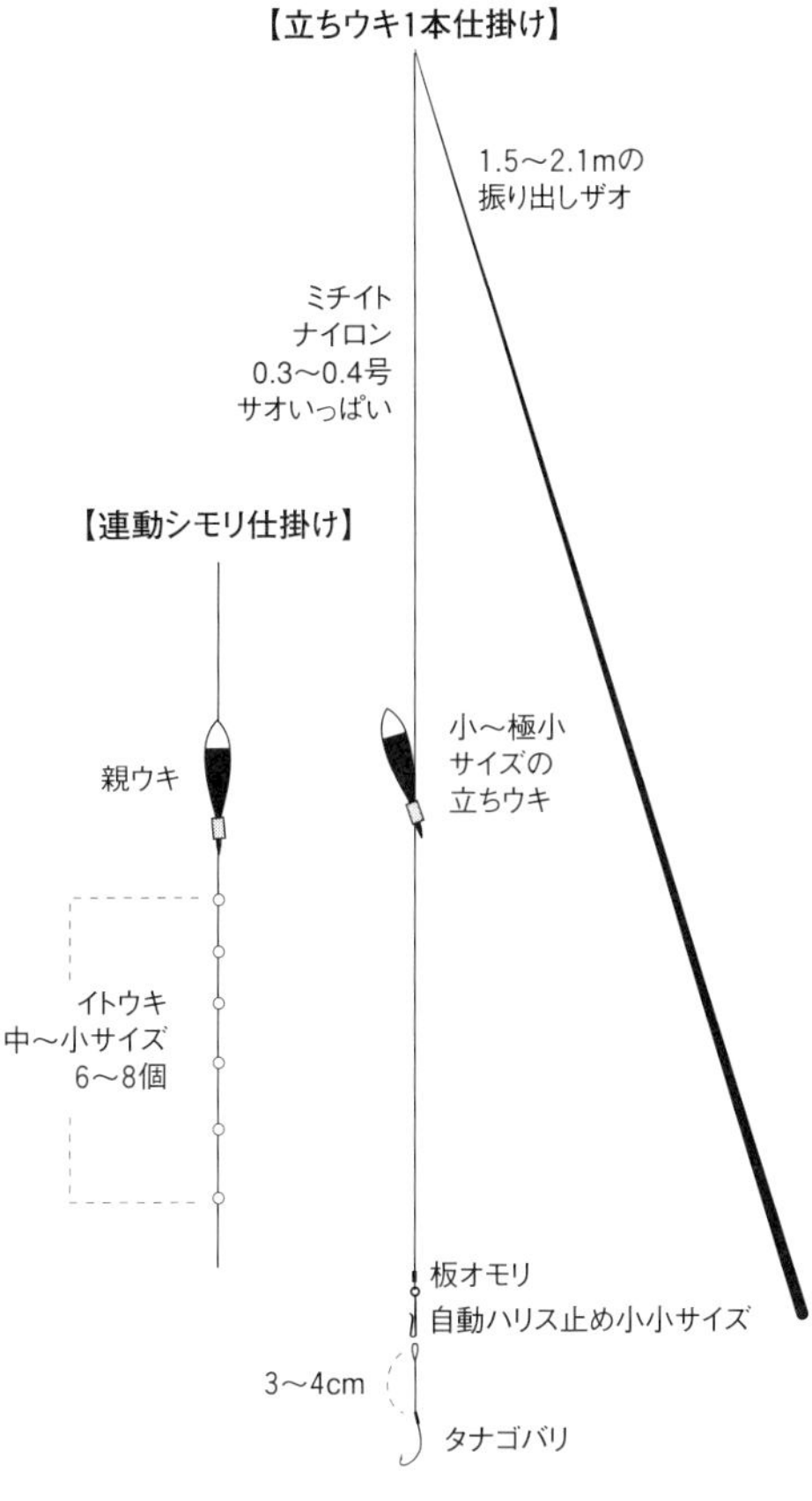

モツゴ＆タモロコ釣りはもちろんのこと、淡水の小ものに使われる小～極小サイズの立ちウキのバリエーション

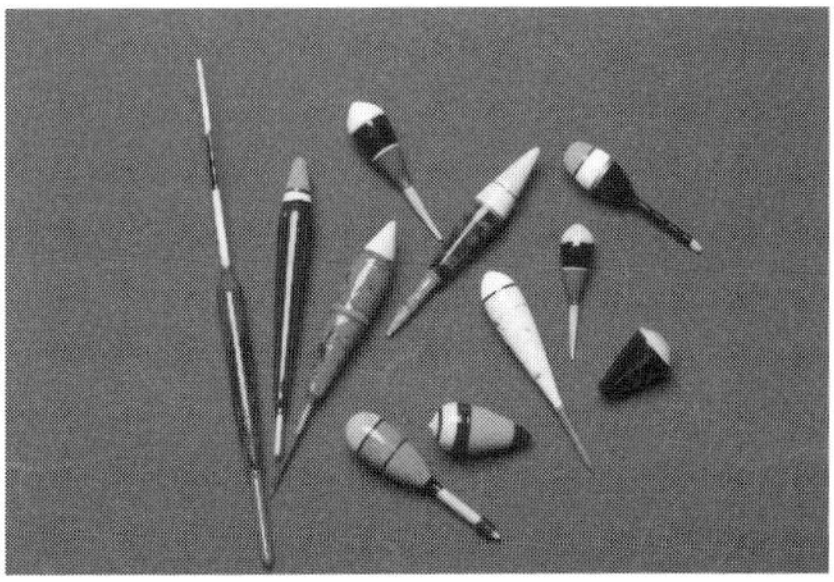

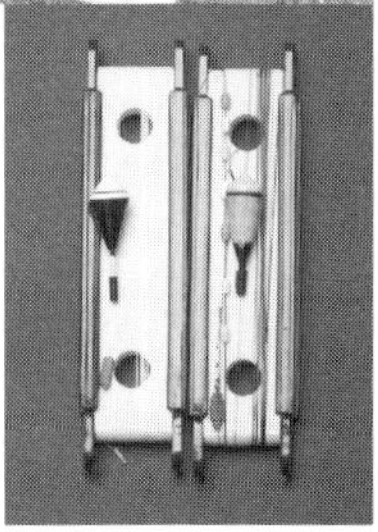

上／テトロンの短ハリス付きタナゴバリはこの釣りにも好適
下／ファミリーフィッシングの場合、ちびっ子やお母さんは立ちウキ１本仕掛け(左)、お父さんは連動シモリ仕掛けで数釣り勝負！

[トップバランスの調節法]

ウキの胴体までせり上がってしまう浮力バランスはアタリ感度、安定性とも悪くNG

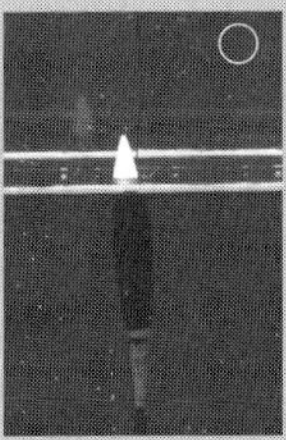

まずまずのアタリ感度が期待できる。ビギナーやちびっ子にはウキが見やすい

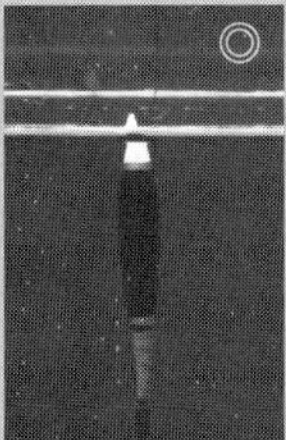

トップの先端部が水面からわずかに顔を出す最良のトップバランス

【エサ】

ファミリーフィッシングなどで、手軽に楽しむには赤虫が一番。1匹のチョン掛けにし、赤い体液が抜けてきたら即交換すること。

また、食いが渋くなる冬場には、集魚効果が期待できるグルテンエサも効果的だ。このほか黄身練りもよく使われる。なお、モツゴ&タモロコ釣りのエサは、タナゴ釣りと全く同じものでよい。

子供たちとモツゴ&タモロコ釣りを楽しむのなら、エサはハリに付けやすい赤虫が一番

赤虫、グルテン、黄身練りは、この釣りの三種の神器的なエサ

赤虫エサは1匹のチョン掛け

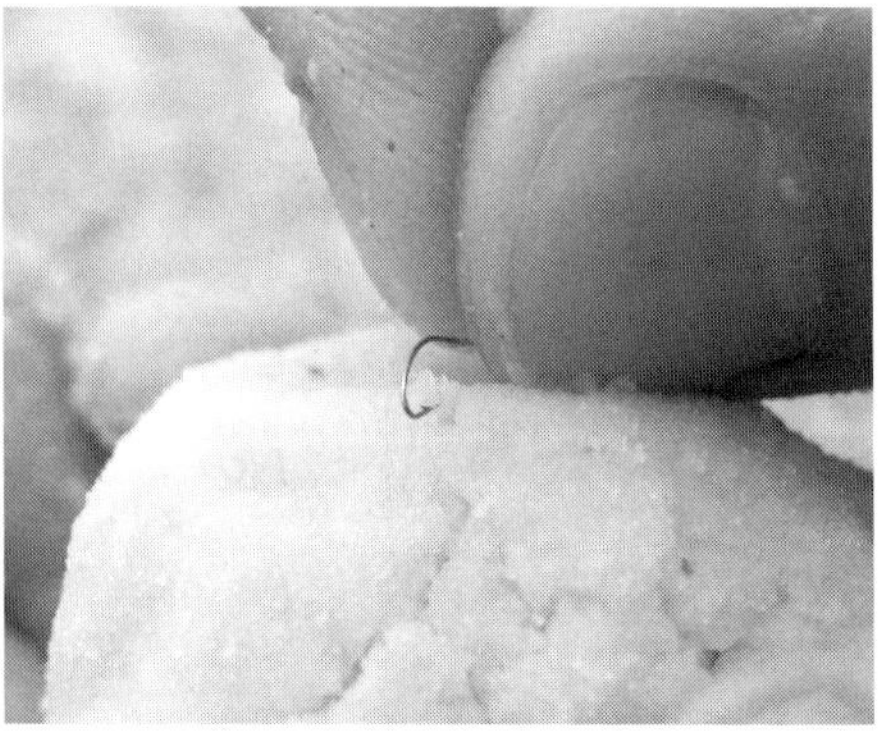

グルテンエサは、ハリ先で引っ掛けるように、ハリ先に小さくまとめる

釣り場の概要

クチボソの通称で呼ばれるモツゴ、そして、ただ単にモロコと呼ばれてしまうことが多いタモロコは、同じ場所に同居しているケースもあるが、河川や釣り場によっては、どちらか一方の魚種が単独で棲んでいる場合もある。

　また、タナゴやフナの釣り場と同じような水域を好むものの、上層から宙層、さらに低層まで広いレンジで群泳しているのが大きな特徴だ

　ただし、ねらうポイントは川底が平坦な場所よりも、少し掘れた凸部とともに日陰部分がある水門や小橋下など、地形などに変化のある場所を目安にしたほうが釣りやすい。モツゴやタモロコは、流れが伴う通称・流れっ川では、流心を避けて、水生植物の脇にできた反転流の個所が溜まり場になっているのだ。

おとなしい体表の平常期のモツゴ

荒々しくウロコを浮かび上がらせた婚姻色を見せる雄のモツゴ

昔ながらの素掘りの水路は小もの釣り天国！

モツゴに比べ、少し優しい顔をしたタモロコ

三面護岸の水路でも、水生植物が生い茂ってくると、淡水の小ものたちの活性が高まる

釣り方

モツゴとタモロコは、タナゴや小ブナ釣りを楽しんでいると頻繁にエサを突っつき回し、ちょくちょくハリ掛かりしてくる典型的な外道。多くの人に「雑魚《ざこ》」の一言で片づけられてしまう可愛そうな小魚たちだ。

しかし、モツゴ&タモロコ専門の数釣りに挑戦するとなると、これが一筋縄ではいかないほど難易度の高いターゲットに変貌する。淡水の小もの釣りファンにとっては、江戸前スタイルのタナゴ釣りに匹敵するくらいに闘志が燃えるはず。

まず、タナ取りはねらうポイントの水深の半分以下から3分の2程度に、ウキ下を調節しておくと釣りやすい。

釣り方のコツは仕掛けを振り込んで、ウキが立って水に馴染む直前直後のアタリに集中することが第一。モツゴやタモロコのアタリは、ウキを引ったくるような突発的な消し込みアタリの印象が強いが、このアタリで合わせても、十中八九ハリ掛かりしない。

よく注意していると、その消し込みアタリの前には、立ちウキの頭がピクッと動いたり、水中に没している胴の部分が左右に揺れるなど小さなアタリがあるはずだ。

また、連動シモリ仕掛けの場合には、親ウキ下部のイトウキにシグナルが伝わっているので、この前アタリを見逃さずに小さく鋭く合わせると、フッキング率が大幅にアップすることは間違いない。

ファミリーフィッシングの好ターゲットだが、本格的に釣るとなったらそれなりのノウハウがいる

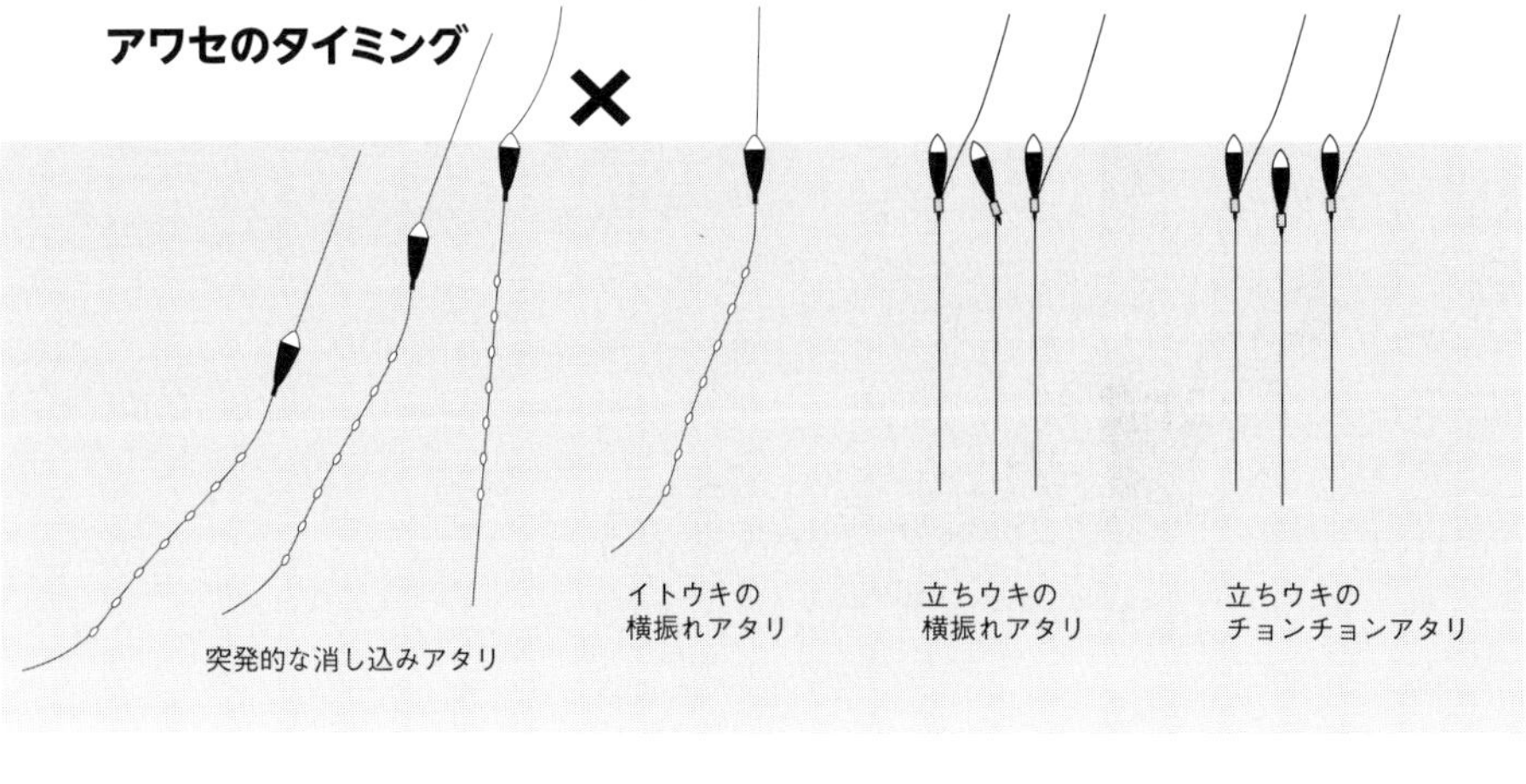

[モツゴ&タモロコの主なポイント]

反転流

流速がある流れっ川では、水生植物にぶつかって形成された反転流の中がねらいやすい

排水溝や小水門下

ほかの場所に比べ、小深く掘れていることが多く、絶好の付き場の一つ

小橋下

小橋下にできる日陰部分は必ずサオをだしたい好ポイント

あとがき

ここ数年の間というよりも五十路の坂に差しかかるころから、僕自身が仕事抜き（？）で心から楽しむ1年間の釣り暦には大きな偏りが出始めていた。不謹慎ながらも有名な釣りの格言をもじってみれば「春のフナ釣りに始まって、冬のタナゴ釣りで終わる」といった感じ。そして、フナとタナゴの合間を縫って同じく旬を追いかけて釣るのは、汽水域に釣り場を移してのテナガエビとハゼくらいなもの。どれもこれも幼いころから慣れ親しんできた顔なじみの対象魚ばかりなのである。

傍《はた》から見ると、全く新鮮味のない簡素な年間スケジュールのようではあるが、本気でやるとなると、それはそれは忙しいことになる。

フナ釣りはまだ冷え冷えとした春先の巣離れブナ釣りからスタートし、桜の開花とともに訪れる春本番には30㎝を超す尺上も期待できる乗っ込みブナ釣りの一大イベントで盛り上がる。そして秋は秋で、木々が色付き始める晩秋になると、「柿の種」と称する小ブナを中心とした数釣りシーズンが待ち構えている。

一方、タナゴ釣りの世界では江戸前流といえば、江戸っ子のやせ我慢ではないが古くから師走から翌年の2月いっぱいまでの短い期間、背を丸めて凍える手をこすりながらエンコ釣りでねらう厳冬期の寒タナゴ釣りと相場が決まっていた。

ところが近年、他の釣りジャンルからの移籍組を含むタナゴ釣り歴の浅いファンや、タナゴを主体とする淡水小魚の水槽飼育を趣味とするアクアリスト系アングラーの間で、美しい婚姻色をまとった産卵期のタナゴ釣りが大人気になっている。しかも、東北から九州まで全国規模でファン層の広がりが感じられるのだから驚きだ。

このようなタナゴ釣り新人類に触発されて、僕も遅ればせながら春や秋の暖かい季節にも出かけてみた。そして想像以上の面白さに惚れ込み、レインボーカラーに輝く小さな宝石たちに目を輝かせるようになった。

しかし、産卵期の色気たっぷり（?）なオスタナゴにあまりうつつを抜かしていると、春秋2回訪れるフナ釣りの好シーズンを疎かにしてしまう弊害もあって、以前にも増して大忙し。そんなわけで釣り暦のバランスがだいぶ変わってきたのだが、うれしい悲鳴をあげているのも実情なのだ。

関東エリアに住む淡水の小もの釣りファンにとって、千葉県と茨城県にまたがる広大な霞ヶ浦水系が今も昔もよき遊び場であることに異論を唱える人はいないはず。四季折々のみならず、刻一刻と変化していくフナ&タナゴ釣りにおいて、関東ナンバーワンの情報発信フィールドといえるほど懐の深さを誇っている。

「野に憩う魚と遊ぶパスポート」と題したつり人社の単行本シリーズがある。同シリーズから２００８年（平成20年）春と冬に上梓した著書『里川のフナ釣り』と『水郷のタナゴ釣り』では、僕が長年釣り歩いてきた霞ヶ浦水系をモデルフィールドとしてイメージし、それぞれの道具立てや釣り方を解説した。

そして出版から4年目を迎え、増版のタイミングを機に、これらの2冊をまとめて2大淡水小もの釣りの実用書とすることになった。書名も新しく『決定版フナ釣り タナゴ釣り入門』とした。

刊行にあたっては、釣輪具雑魚団のメンバー、『日本タナゴ釣り紀行』の相棒を務めてくれた熊谷正裕さん、フナ釣り&タナゴ釣り仲間たち、つり人社社長で東京ハゼ釣り研究会会長でもある鈴木康友さんに、心から感謝いたします。

六十の手習いともいうように、歳老いても探究心を忘れず、末長く釣りを楽しみましょう。ありがとうございました。

平成24年2月吉日

葛島一美

●本書は『水郷のタナゴ釣り』『里川のフナ釣り』（葛島一美／つり人社）を再編したものです。

著者プロフィール

葛島一美（かつしま・かずみ）

1955 年、東京生まれ。幼少時代よりフナ、タナゴ、ハゼなどの小もの釣りに親しむ。東京中日スポーツの釣り欄担当を約 20 年務めた後、オールラウンダーのカメラマン兼ライターとしてフリー宣言。月刊『つり人』で毎号グラビアを担当するほか、釣り全般にムックの取材も多い。
主な著書に、『平成の竹竿職人』『釣り具 CLASSICO モノ語り』『続・平成の竹竿職人　焼き印の顔』『沖釣り釣れる人釣れない人』『アユ釣り渓流釣り／結び方図鑑』『里川のフナ釣り』『水郷のタナゴ釣り』『ワカサギ釣り』『小さな魚を巡る小さな自転車の釣り散歩』『日本タナゴ釣り紀行』『タナゴ ポケット図鑑』（以上、つり人社）、『釣魚の食卓～葛島一美の旬魚食彩～』（辰巳出版）など多数。東京ハゼ釣り研究会副会長。

決定版《けっていばん》　フナ釣《つ》り タナゴ釣《つ》り入門《にゅうもん》

2012 年 3 月 1 日発行
2018 年 6 月 1 日第 2 刷発行

著　者　葛島一美
発行者　山根和明
発行所　株式会社つり人社

〒101－8408　東京都千代田区神田神保町 1 －30－13
TEL 03－3294－0781（営業部）
TEL 03－3294－0766（編集部）
印刷・製本　図書印刷株式会社

乱丁、落丁などありましたらお取り替えいたします。

ISBN978-4-86447-013-1 C2075
つり人社ホームページ　https://tsuribito.co.jp/
つり人オンライン　https://web.tsuribito.co.jp/
釣り人道具店　http://tsuribito-dougu.com/